新编21世纪公共管理系列教材

—— 学科基础课与方法课系列 ——

公共管理学
理论、实践与方法

主　编　汪大海
副主编　刘金发　钟振明

Public Management
Theory, Practice and Methods

中国人民大学出版社
·北京·

内容简介

汪大海教授主编的《公共管理学：理论、实践与方法》是一部本土化特色鲜明的公共管理学入门教材，全书聚焦中国国家治理实践，为读者提供了一个与中国本土治理实践更加契合的公共管理学知识框架。作者认为，与改革开放同步的中国本土公共管理变革实践已开展了40多年，但从知识供给角度来看，中国公共管理学仍然面临着重“局部”轻“系统”、重“器”轻“道”、重“西”轻“中”、重“硬知识”轻“软技能”等问题。基于此，本书构建了一个以公共管理的公共性、服务性、共治性三大基石和公共管理的多元主体、核心内容、工具方法、中国式创新、发展趋势五大模块为基础的公共管理学知识体系，系统阐述了公共管理学的基本概念、原理、实践与方法。在内容安排上，本书设置专章论述了绿色公共管理、数字化公共治理、全球公共治理、中国式“制度之治”、中国式“政策之治”等同类教材较少涉及的内容，系统反映了公共管理领域的理论研究新进展，既是对绿色转型、数字化转型和全球化转型等公共管理实践新挑战的回应，也是中国公共管理现代化的核心要义之所在。

主编简介

汪大海　北京师范大学政府管理学院二级教授、博士生导师，曾任北京师范大学MPA教育中心主任、公共管理系主任。主要研究领域为公共管理、社会治理、社区管理等。出版《公共管理学》《公共危机管理》《现代公共政策学》《社区管理》《社会管理》《无缝隙政府》等教材、专著和译著30余部。发表学术论文近百篇，其中多篇文章被《新华文摘》、《中国社会科学文摘》及中国人民大学复印报刊资料《公共行政》等转载。多份研究报告得到党和国家领导人的批示，相关政策建议被中共中央办公厅、国务院办公厅、教育部等部门采纳。主持国家社会科学基金项目（包括重大项目、重点项目、一般项目）、教育部人文社会科学研究项目、北京市社会科学基金规划项目等科研课题数十项。

出版说明

现代意义上的公共行政与公共管理研究和教育始于20世纪初。时至今日，随着公共管理职业化的发展，公共行政与公共管理的研究和教育事业在许多国家方兴未艾。自20世纪80年代起，为了适应政府改革与公共管理人才培养的需要，我国的公共行政与公共管理研究和教育在经历了发展的挫折之后，开始了恢复和重建的工作。经过多年的发展，特别是公共管理一级学科的设置和我国公共管理硕士（MPA）教育的启动以及高校公共管理类本科专业的大量开设，公共管理已成为当代中国社会科学和管理科学领域的一个充满生机活力、具有远大发展前景的学科。

为了满足广大高校公共管理类专业的教学需要，在历届教育部高等学校公共管理类学科专业教学指导委员会的指导和支持下，中国人民大学出版社自1999年起，陆续出版了“21世纪公共行政系列教材”“21世纪公共管理系列教材”“21世纪公共事业管理系列教材”“公共管理系列教材”“公共管理核心课程系列教材”等多个系列教材。这些教材被国内高校公共管理类专业广泛选用，并得到了公共管理学界的支持和认可，数十种教材被评为“十五”“十一五”“十二五”国家级规划教材、普通高等教育精品教材，以及各省市精品教材、规划教材，为我国公共管理学科发展和人才培养做出了积极的贡献。

我国高等教育改革的进一步深化，以及新技术和新媒体的不断发展，对高校教材提出了更高的要求。为了回应这种要求，我们在广泛调研的基础上，对上述系列教材进行整合和提升，推出“新编21世纪公共管理系列教材”，以满足国内高校公共管理一级学科下设的行政管理、公共事业管理、劳动与社会保障、土地资源管理、城市管理、海关管理、交通管理、海事管理、公共关系学、健康服务与管理等专业的教学需要。

“新编21世纪公共管理系列教材”将秉承中国人民大学出版社“出教材学术精品，育人文社科英才”的宗旨，从公共管理教育的特点出发，为广大高校公共管理类专业师生提供一套高质量的教材。在教材编写和内容安排上，“新编21世纪公共管理系列教材”

强调基础知识、基本理论和基本技能，同时，也尽可能地体现创新性和前沿性，反映相关领域理论与实践的最新发展情况。

“新编 21 世纪公共管理系列教材”由中国人民大学、中山大学、北京大学、清华大学、复旦大学、厦门大学、武汉大学、浙江大学、吉林大学、东北大学、北京师范大学、山东大学、四川大学、暨南大学、西北大学等著名高校的知名学者领衔著述。我们期望通过这种强强联合、优势互补、资源共享的方式，为公共管理学界奉上一套体现系统性、权威性、通用性，并兼具创新性、前沿性、启发性的精品教材。

公共管理的实践是不断发展和变化的。随着公共管理实践的不断发展，公共管理学科研究的范围、主题和内容也在不断地发展和变化。我们将紧跟公共管理学科的发展，与所有作者一起，不断对本套教材进行修订和完善。望广大读者给我们反馈信息，对本套教材提出批评和建议，以使我们能够在所有读者和作者的帮助下，与中国公共管理学科共同成长。

中国人民大学出版社

前言

构建中国公共管理学自主知识体系

悠悠岁月，缘起缘灭，聚散离合，七个春秋如同浮云飞鸟从千山万水间掠过，可我对“公共管理”的迷思依旧。你会发现，公共管理学这门学科概念繁多，体系庞杂，方法和工具各异，甚至有些还互相矛盾。而这也恰恰为本书提供了新挑战和新价值：以用不同方法帮助学习者为唯一目标，以为学习者带去学习的确定性为依归。如果用一个字概括，那就是“适”字：一是适合，适合学习者是最好的标准；二是适应，适者生存的能力是学习者的核心能力；三是适度，过犹不及，中庸之道；四是适己，自得、舒适，“适己物可忽”。正是遵循“适”字原则，从提纲到成稿，七年磨一“剑”，《公共管理学：理论、实践与方法》终于出版了。

从学科渊源上看，公共管理学脱胎于公共行政学，诞生于西方发达国家的改革实践与学术总结，其核心议题无非是政府与市场、政府与社会、管制与自由、公平与效率等。公共管理不等于“管理”，而是意味着一种“新治理”。公共管理在“什么”与“为何”层面上是沿袭公共行政或公共政策，回答“为什么做”与“为谁做”的“公共”问题；而在“如何做”的层面上沿袭行政管理或企业管理，回答如何解决“管理”问题。公共管理以多元主体合作治理替代了公共行政框架下的政府单独治理，公共服务质量才是第一位的。20 世纪 70 年代以来，全球公共管理变革风起云涌。“政府再造”“顾客选择”“竞争导向”“以市场为基础”等思想，夹杂着“新右派”“新自由主义”“管理主义”等意识形态语言，为人们耳熟能详，在西方社会的官学两界激荡起无数波澜，并已成为公共管理学科发展的主导力量和实务探索的时尚选择。近年来，随着“治理”“伙伴关系”“合作治理”“全球治理”“网络化治理”等成为改革者与理论者分享的概念，公共管理的发展让人眼花缭乱、应接不暇，公共管理已是“洋”气扑鼻。

几乎与西方这股公共管理变革的浪潮同步，中国改革开放40多年也启动了本土公共管理变革的实践，可谓方兴未艾、筚路蓝缕。从知识需求角度看，随着接受市场经济原则与加入WTO，在全球化转型、社会转型、绿色转型与数字化转型的四重压力下，我国走上了改革开放的道路、社会主义市场经济的道路、全球化的道路和中国式现代化的道路，其中，政府角色尤为关键，对公共管理知识也更加渴求。欧文·休斯曾强调："传统的官僚制模式不能很好地为发展中国家服务，但随着民营部门作用的增强而引起的管理主义变革，可以帮助发展中国家向较为发达的国家转变。"[①] 尤其是，以中国式现代化创造人类文明新形态，中国公共管理现代化成为中国式现代化的核心要义。由此，系统引进和追踪国外公共管理的研究成果，加快公共管理的本土化进程，可以为理论发展、学科完善与实践创新拓展更大的空间。然而，从知识供给角度看，我国公共管理教育还处于探索阶段，更多地处于大规模引进和介绍国外思想的层面，缺乏实践经验的累积与成熟的系统思考，更缺少操作性、现实性、权威性的中国式知识表达。中国公共管理学面临重"局部"轻"系统"、重"器"轻"道"、重"西"轻"中"、重"硬知识"轻"软技能"等主要问题。

基于此，我们编写了本书，并作为"新编21世纪公共管理系列教材"之一。我们认为，紧扣中国式现代化与推进中国公共管理现代化这一主题，构建一个具有国际化视野并与本土治理实践相契合的中国公共管理学自主知识体系，既是应对全球化转型、绿色转型和数字化转型等中国式知识表达的新挑战和新需求，也是推进中国公共管理现代化的核心要义。具体来说，本书的编写尽力体现了以下四个方面的特点和优势。

1. 提供一张更科学、更合理、更完整的公共管理学知识地图

公共管理学因其广泛吸收其他学科的观点，而缺乏自己的创新，被称为一门"借来的学科"[②]。中国公共管理学面临重"局部"轻"系统"的问题，即过度关注局部问题而忽视整体系统性。本书不是简单介绍孤立、庞杂而无所适从的公共管理学知识碎片，而是力图把那些纷繁复杂的概念、理论、实务、人名、工具、技术与方法等，更科学、更合理地放进一个对读者更有用的公共管理学科体系框架里。本书从公共管理的概念界定和本质特征入手，在公共管理的公共性、服务性与共治性三大基石之上，建构公共管理的多元主体、核心内容、工具方法、中国式创新和发展趋势五大模块，形成公共管理学导航地图（见图0-1）。

其中，三大基石是公共管理的三大支柱，公共性是公共管理合法性的首要基础，服务性体现了公共管理变革的根本要求，共治性是合作型社会治理模式的本质属性；五大模块是建构在公共管理三大支柱基础上的五个子系统：政府、社会自治组织、事业单位等公共管理多元主体子系统；公共管理的战略、公共管理的政治与法律基础、公共管理的资源、公共管理的过程、公共危机管理、绿色公共管理、数字化公共治理、全球公共治理、公共管理的责任与伦理等公共管理核心内容子系统；公共管理的工具方法子系统；

---

① 欧文·休斯．公共管理导论：第4版．北京：中国人民大学出版社，2015.

② Stallings R A. Doctoral Programs in Public Administration：An Outsiders Perspective. Public Administration Review，1986，46（3）.

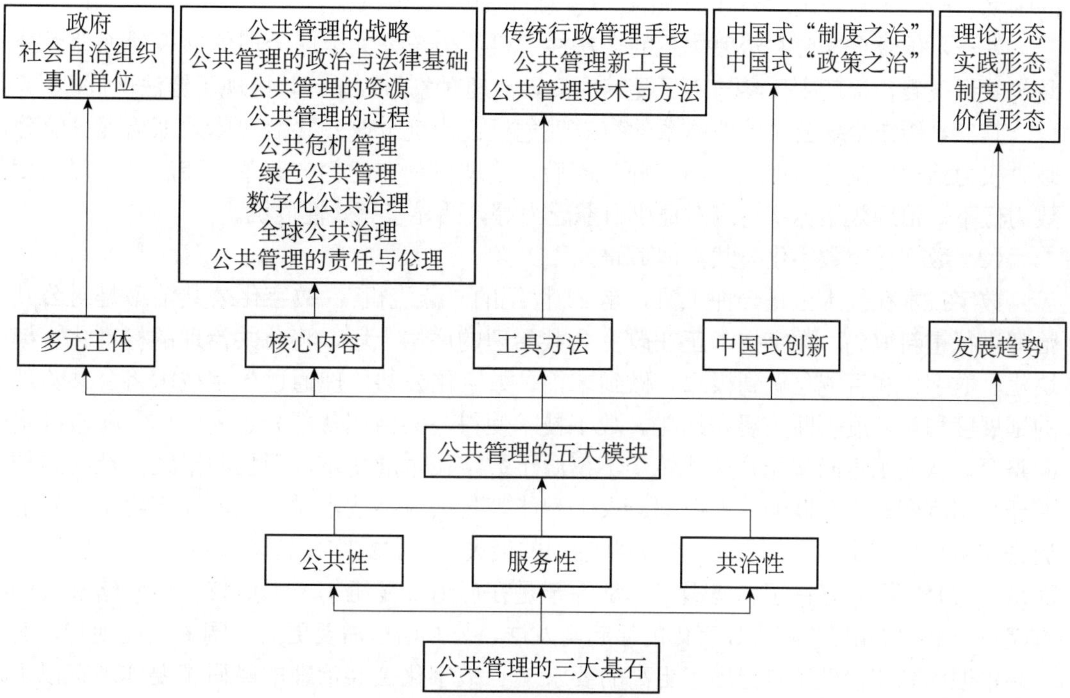

图 0-1 公共管理学导航地图

中国式“制度之治”和中国式“政策之治”等公共管理的中国式创新子系统；作为理论形态、实践形态、制度形态和价值形态的公共管理发展趋势子系统。这样，由三大基石和五大模块拼合的公共管理知识地图，既能确保读者对公共管理学体系有一个全局性的理解，又能让他们在遇到具体的问题和场景时，能够随时按图高效精准地导航与调取，真正做到学以致用。

2. 提供一个价值理性与工具理性相统一的“国际化公共管理观”

从更宏大的全球历史和社会背景看，公共管理学是时代的产物，其演进与每个时代的发展息息相关，政治、经济、社会、科技、文化和全球化等一直是公共管理学产生和发展的重要推动力。因此，中国的公共管理学不应局限于国内治理变革，而应紧紧围绕国家治理与全球治理，坚持“全球化的视野和本土化的实践相结合”的原则。从国际化的层面，力求把握国外公共管理的基础理论、方法、典型模式及其发展趋势，是研究和学习公共管理学的重要基础。

近现代以来，由西方主导的全球公共治理以韦伯官僚制和新自由制度主义为基础，以工具理性为方法论，在发挥重要作用的同时，也日益凸显了其内在缺陷和转型困境。尤其表现在以下两个方面：

(1) 全球化与全球公共治理危机。

近年来，随着西方喊出全球化“将死”甚至“已死”，过去半个世纪的全球化浪潮正被本土化取代。“去全球化”、“半球化”还是“再全球化”将给全球公共治理新的注解。而全球公共治理转型因全球化内嵌的“副作用”没有得到有效实现，全球化与全球公共治理不匹配等问题导致全球公共治理失效与失序。新冠疫情再一次暴露出全球公共治理的困境，凸显了当今全球公共治理的合法性危机和有效性危机：

其一，传统全球公共治理体系的合法性危机：传统公共全球治理体系因治理理念分歧与共识破裂，治理主体参与不足及其冲突，治理对象分散化等，出现了合法性危机。

其二，传统全球公共治理体系的有效性危机：传统全球公共治理体系因治理价值分歧，权力治理向制度治理过渡不充分与滞后，治理机制在建构与改革上滞后，治理制度效力低下，治理效用赤字与应对危机日益乏力等，凸显了有效性危机。

(2) 数字化与数字化公共治理障碍。

数字技术在技术上是一种工具，是 21 世纪的“蒸汽机”。数字化公共治理是对公共治理进行重新编码。数字技术正在改变公共治理的底层土壤，将公共治理的标准化、模块化、数字化和智能化做到极致，做到末梢。数字化公共治理通过数字技术将公共治理的延展度和颗粒度不断拓展和细化。数字技术使得公共治理从部分走向整体、从破碎走向整合、从人工走向智能，这种转变不仅源于数字技术的变革，而且源于经济社会结构变迁与制度变革。互联网、大数据、人工智能等新兴数字技术对公共治理产生了积极的促进作用。数字化转型是未来十年公共治理的最大红利。数字化转型，不是一道选择题，而是一道必答题，答错了、答慢了，都等于是在后退。曼纽尔·卡斯特在《网络社会的崛起》一书中提出：“随着数字化的崛起与发展，公共治理需要更为开阔的治理视野，对公共治理体系和治理工具提出了更高的要求。”① 数字化公共治理的障碍主要体现在以下四个方面：

其一，数字化公共治理局限于“器物”层面的工具意义追求。缺乏人本价值指导的数字化公共治理技术应用存在单向度的危险，难以计算的“人”就变成了可以计算的数据。韦伯把这种特征形象地概括为“现代的铁笼”。技术中心主义的数字化公共治理，与数字技术和公共价值融合的数字化公共治理背道而驰。

其二，数字化公共治理规则滞后于数字技术变革。数字治理规则为数字化公共治理提供了确定性、稳定性及问责框架。与数字技术的迭代更新和社会结构的加速变革相比，数字化公共治理的制度与规则的更新往往相对缓慢，甚至呈现出“前数字时代状态”，导致现有监管机构对数字技术所带来快速变化的挑战感到无力，处于规范真空下的数字技术行动难以受到有效约束，公共治理活动的保障、修复与救济更是难以实现。

其三，“电子衙门”与新型官僚主义。伴随数字化转型，公共部门经历了从传统官僚到数字官僚的转变。从以前的“门难进”“脸难看”“话难听”“事难办”等老问题，可能变为现在的“门难找”“脸不见”“话不说”“事不成”等新问题；从过去的“管、卡、压”，可能变成如今的“推、绕、拖”等新型官僚主义。这些显然偏离了数字化公共治理的目标与愿景。

其四，数字化公共治理“安全大脑”进化的局限性。网络安全是数字化公共治理得以有效运行的基石。隐私泄露、黑客攻击和病毒植入等已成为数字化公共治理的潜在安全隐患和新的治理盲区，并超越传统安全威胁，成为数字时代最大的威胁。

面对西方主导的全球公共治理大转型，中国公共管理学面临重“器”轻“道”的问

① 曼纽尔·卡斯特．网络社会的崛起．北京：社会科学文献出版社，2006：153.

题，即过度关注管理工具和技术，而忽视价值观和理念的引导。为提升公共管理效能，我们需要强调道德、伦理、公正等核心价值，将管理工具与价值导向相结合，以实现中国公共管理学的发展和现代化转型。公共管理学既不能唯工具主义取向，也不能唯价值主义取向。不能只有工具理性，同时不要忽略价值理性。价值理性和工具理性相统一的"国际化公共管理观"，把公共管理当作一个整体系统。在价值理性的"道"层面上，弘扬公共价值，拓展公共空间，价值理性成为工具理性的精神动力，从而使公共管理更具公共性；在工具理性的"器"层面上，崇尚科技，追求效率，拓展管理空间，工具理性成为价值理性的现实支撑，从而使公共管理更具治理性。最终，为构建更公平、更有效、更负责任与更有温度的可持续公共管理提供新的方法论。

3. 提供一个更乡土、更具韧性、更中道的"本土化公共管理观"

公共管理学虽源于西方，却是一门实践性、本土化很强的学科。中国公共管理学面临重"西"轻"中"的问题，即过度依赖西方理论和经验，而忽视本土特色和中国文化传统。尤其是西方公共管理学的三大基石——政治与行政二分法、官僚科层制和科学管理，不能完全契合中国本土的治理体制、治理文化和治理方式等，公共管理学本土化问题亟待解决。"一个学科研究的本土化或本国化，应从研究内容、研究方法、观念和理论上表现出本国文化的特征，而非一味追随西方模型。"[①] 因此，中国公共管理学既要借鉴西方公共管理学的理论、方法与经验，又要与中国 5 000 年治国理政传统、文化与方法相结合，从而形成本土化的公共管理理论与方法，构建中国特色的公共管理自主知识体系，进而对中国公共管理实践具有解释力与引领力。为此，需要从以下三个方面着力：

（1）挖掘中国 5 000 年治国理政的传统与智慧，建构更乡土的公共管理学。

英国前首相丘吉尔曾说："看得见多远的过去，就能看到多远的未来。"面对中国公共管理的现实挑战，我们也许无法选择，但是我们对接的治理传统，却可以抉择。"治"，本义是一条出自泰山的古水的名字，后引申为治水、整治之意；"理"，本义是治玉，即顺玉之文而剖析之，后引申为整理、管理之意。春秋战国以后，"治"与"理"合为一词，释义是管理、统治。如《荀子·君道》："明分职，序事业，材技官能，莫不治理，则公道达而私门塞矣，公义明而私事息矣。"中国从狩猎时代演化出了全新的农耕文明，生产方式、生活方式、社会分工、治理结构都发生了本质的变化。由此，5 000 年"大中国"的治国理政，在治理理念上，崇尚"六合同风，九州共贯"的大一统格局；在治理体制上，强化"事在四方，要在中央"的中央集权制；在治理思想和治理文化上，倡导"半部论语治天下"的以儒家为核心的道德体系和等级制度；在治理原则上，秉持"民为邦本"的法天道、尊人性、因人情的根本依据；在治理方法上，采用以礼治国、礼法合一和依靠文牍的基本策略。"管治主要依靠伦理道德，而不是严格、详尽的法律制度，成了中国治理传统和治理文化的一个核心元素和鲜明特色。"[②] 总之，中国 5 000 年治国理政传统中蕴含着丰富的中国式公共治理智慧，习近平指出："中国优秀传统文化……可

① 李亦园．人类学本土化之我见．广西民族学院学报（哲学社会科学版），1998（3）：41－43.

② 邵善波．《万历十五年》被高估了吗？又有多少人真理解黄仁宇"大历史观"？．（2019－08－02）．https：//baijiahao.baidu.com/s?id=1640712336254894668&wfr=spider&for=pc.

以为治国理政提供有益启示。”[①]以儒家思想为核心的治理模式在中国传统治理实践中走向了多元融合，演化生成了中国式公共治理模式。这些治理之道在当代公共管理中仍然具有重要的理论意义和实践价值，可以经过创造性转化实现传统治理资源自身的历史价值，经过创新性发展实现中国式治理新形态。

（2）立足新中国 70 多年的本土化治理经验，建构更具韧性的公共管理学。

应对转型期多样化的需求和复杂多变的矛盾，新中国仅用 70 多年的时间就创造了经济快速发展与社会长期稳定两大奇迹，关键在于中国转型变革中更加自觉、更加系统性地持续给治理体系赋予韧性。正在转型的韧性治理，赋予了治理体系更强大、更具弹性的渐进式“调适”和“转型”能力。“增强治理的韧性和进步性，就是要在变化的环境中，在应对风险和冲击的过程中，通过学习和创造获得改变和发展，其目的并不是恢复原状。”[②] 因此，揭示新中国转型韧性治理的底层逻辑和运行机制，既能阐释新中国 70 多年“中国之治”的经验，也能剖释不同发展阶段的问题，从而更好地回应中国当下和未来公共管理的重大理论与实践问题，建构更具韧性的公共管理学。

其一，中国式“制度之治”。“经国序民，正其制度。”新中国成立以来，一方面传承了 2 000 多年传统治理的中央体制，另一方面又创新了“支部建在连上”的基层政权组织基础，从而改变了过去单纯依赖道德及人情的传统管治模式，首次将中央与基层有机连接起来，创造性探索中国式“制度之治”。中国共产党在长期治理实践中持续总结经验教训，并基于解决中国传统治理的基础性、艰难性、长期性问题进行根本性创新，系统构筑包括党的领导制度体系、人民当家作主制度体系、中国特色社会主义法治体系、中国特色社会主义行政体制、社会主义基本经济制度、繁荣发展社会主义先进文化的制度、统筹城乡的民生保障制度、共建共治共享的社会治理制度、生态文明制度体系、党对人民军队的绝对领导制度、“一国两制”制度体系、独立自主的和平外交政策、党和国家监督体系等 13 个方面的制度在内的中国特色社会主义制度图谱，奠定了“中国之治”的制度基石。“中国之治”基于一个整体、长远利益的制度安排，其本质是“制度之治”，这样就能更好地彰显共产党领导下的公共管理制度及其机制的治理特征，将中国制度优势转化为国家治理效能。

其二，中国式“政策之治”。新中国成立 70 多年以来的公共管理实践，具有地域多元性、发展不平衡、治理多样性等突出特点，诸多问题难以通过标准化的“立法先行”予以“齐步走”解决。“政策之治”紧紧立足于中国场景这一大前提，是扎根于中华文化厚土里的内生性治理理念与治理方略。政策试点、对口支援和跨域治理等是中国式“政策之治”的典型模式，也是中国渐进式改革开放的本土化政策模式。政策试点作为一种特殊的政策类型，突破了制度刚性的限制，增强了政策的灵活性和适应性，实现了整个社会秩序与活力的内在统一，是治国理政的重要策略和工具。具有中国特色的政策试点机制伴随着实践经验的总结升华逐渐演化形成，是上承顶层设计和下启地方创新的融合，

---

① 习近平．在纪念孔子诞辰 2565 周年国际学术研讨会暨国际儒学联合会第五届会员大会开幕会上的讲话．北京：人民出版社，2014.

② 张文魁．通向韧性和进步性治理．比较，2022（5）.

始终发挥着提升示范效应、降低改革风险和激发社会活力的作用，逐渐实现了从经验性“工具”向规范性“机制”的转变，是理解“中国之治”的关键。对口支援是新中国在长期的区域治理实践中不断探索而逐步建立和完善起来的一种援助模式，泛指国家在制定宏观政策时为支持某一区域或某一行业，采取不同区域或行业之间结对形成支援关系，是区域、行业乃至部门间开展合作与交流的有效形式，是在中国特定政治生态中孕育、发展和不断完善的一项具有中国特色的政策模式。其在加快区域协调发展、消除绝对贫困、促进民族团结与提升抗风险能力等方面发挥了不可替代的重要作用。跨域治理是指两个或两个以上的治理主体，包括政府（中央政府和地方政府）、企业、非政府组织和市民社会，基于对公共利益和公共价值的追求，共同参与和联合治理公共事务的过程。跨域治理成为推动地方政府间实现资源和行动整合的有效政策工具，也成为“精明政府”现实而必要的选择[①]。

（3）面向未来全球公共治理的变革，建构更中道的公共管理学。

新中国成立70多年来，中国一直面临着体制转型、发展转型和全球化转型三重挑战。伴随着2008年美国金融危机、全球新冠疫情、贸易与技术保护主义以及新近的地缘政治冲突等，新自由主义和全球化红利式微，未来全球公共治理的环境变得更加复杂和动荡，全球治理也需要更加公正、有效和可持续。我们亟需在面向未来全球公共治理的变革中寻找方向和稳定性，注重治理理念与中庸思想的融合，在持续改进中建构更中道的公共管理学。

其一，应赓续农耕文明中道公共管理思想。中道思想是传统中国治理的核心思想，《易经》中的“阴阳相交”思想、儒家中庸思想、道家守中思想、佛家中道思想、墨家中效思想、法家执中思想以及名家“鸡三足”思想等，都是中道公共管理思想观念的具体体现。孔子在评价舜时说：“舜好问而好察迩言，隐恶而扬善，执其两端，用其中于民，其斯以为舜乎!”新中国成立70多年来，也有过走极端的公共管理教训，但新中国公共管理的发展基本上遵循了传统“中道”的世界观、方法论和价值取向。尤其是改革开放40多年以来，破除旧体制的藩篱，打开国门，尊重市场法则，激发社会活力，是对原教旨主义偏执病的一种修正，也是中国一跃成为世界第二大经济体的秘密所在。可见，中国农耕文明注重中庸和平衡的公共管理思想和管理方式，强调中庸治国、和谐发展，兼顾个人和集体的利益，同时也强调权力制约和公共利益的保障。这种中道公共管理思想在现代公共管理中仍然具有重要意义。

其二，更中道的公共管理学不仅要兼顾两极，也要倡导中庸治国，以中为度。中庸思想是尊重多元文化与多元利益的重要体现，在具体的公共管理实践中，应遵循中庸之道，以中为度，以中为重，不左不右，顺应潮流，不折腾，不走极端。尊重不同地区、不同群体具有不同的文化和利益，寻求平衡、调和与和谐，强调协商、协调和合作，尤其是强调不偏不倚地处理各种利益关系，寻求最大公约数，以达到治理的平衡和公正。在此基础上，才能更好地应对公共治理的变革与挑战。

其三，更中道的公共管理学应是融合农耕文明、工业文明和信息文明的公共管理学。

---

① 唐纳德·凯特尔．权力共享：公共治理与私人市场．北京：北京大学出版社，2009：144.

在农耕文明阶段，公共管理思想注重顺应自然、尊重人性、注重道德和文化，体现了中道与仁政的思想；在工业文明阶段，公共管理思想注重效率、专业化、科学化、标准化和制度化，体现了人类追求现代化和进步的思想；在信息文明阶段，公共管理思想注重智能化、数据化、网络化、开放性和创新性，体现了人类在数字化时代的思考和探索。更中道的公共管理学要综合运用农耕文明、工业文明和信息文明的公共管理思想，强调公共管理的科学性和人性化，注重公共管理制度建设和公共文化建设的结合，不断提升公共管理的效能和治理水平，推动公共管理学更加符合时代的发展要求，以构建更具全球视野的中西融合的公共管理学。

4. 提供一种更科学、更合理、更完整的"连接能力"

"连接能力"是指人们通过多种方式连接各种信息和知识，形成有机的整体，并能够理解和应用这些知识。软能力是所有专业、所有职业都需要的通用能力，其本质是一种连接能力。只要拆除知识的藩篱，制造一些关联，那么"星辰大海"就近在咫尺。而中国公共管理学面临重"硬知识"轻"软技能"的问题，即过度注重孤立的学科知识和理论，而忽视知识之间的连接和实际应用等通用软技能。本书力求使学生掌握公共管理学的基本概念、基本理论和基本方法，深度理解它们之间的内在关系，从而理解公共管理学发展的大趋势，为进一步学习其他课程及将来从事管理工作奠定基础。同时，本书将探索怎样给学生"更赋能的连接"，帮助学生在各种信息、知识和事件之间建立起有正面意义的关联，目的是给他们赋能，促使他们全面快速地提升以连接能力为核心的通用能力，构建自己的专属知识清单，有效地解决问题。最终，培养学生的中国本土化的科学思维能力、实践能力和创新能力，使他们成为学习高手和解决问题的高手。

总之，本书的编写宗旨是融入新时代思想，融合本土化实践，回应新技术应用，具体体现在以下五个方面：（1）独创性。本书力求全面、准确、深刻地把握公共管理学科规律和专业教育趋势，逐章逐节进行编写，力求突出重点、突破难点，形成自己的学科体系特色。（2）本土化。为规避以往教材忽视总结国内公共管理经验教训的不足，本书着力突出本土化特色，切实帮助读者在最短的时间内掌握基本内容和基本要点，并进行本土化思考以及分析我国公共管理转型面临的实际问题，努力构建中国特色、融通中外的概念范畴、理论范式和话语体系，用中国理论阐释中国实践。在案例选择上，本书也尽量体现本土化，或以本土为出发点，以中国的公共管理视角去分析解剖一些国外的经典案例，以对中国的公共管理实践有所启迪。（3）全面性。在内容体系上，本书既涵盖公共管理专业已经形成并被多数专家认同的知识，又阐述围绕这些知识的新研究进展，内容系统全面，理论联系实际，可以从整体上帮助读者学习本学科知识。（4）互动性。本书针对读者可能遇到的学科困惑，特在编写过程中专门突出了背景知识介绍、相关案例分析、阅读书目推荐。（5）可读性。在内容表达上，本书克服以往国内教材比较刻板的写法，力求文笔生动、表达活泼，提高可读性。

本书是集体智慧的结晶，我的导师朱立言教授及张康之教授、刘俊生教授在本书的写作过程中以极大的热情做出了突出的贡献。汪大海、刘金发、钟振明、唐德龙、汪波、牛朝文、王学栋、魏毅敏、程倩、杨艳、邓雁玲、郑延瑾、蔡义和、李亚鹏、高慧军、辛传海、李江涛、郭云涛、洪阳、莫雪杨、闭恩高、康孟晗、吕萌雅、王敏瑞、陈珊瑚、刘宇欣、孟嫄等同志参加了本书的书稿撰写、资料收集与整理工作。中国人民大学出版社朱海燕女士耐心催促，严格把关，细心编校，保证了本书的面世。对她付出的辛勤劳动，表示深深的敬意和感谢。同时，本书在编写过程中，参考了国内外有关公共管理研究的诸多文献，在此，对文献的作者们表示感谢！

“青山遮不住，毕竟东流去。”生命如此短暂，我们没有时间留给遗憾和感叹，只有时间去爱。期待所有的公共管理教育人从仁出发，由爱开始，用未来思考现在，用现在成就未来。当然，公共管理学是一门新兴学科，鉴于诸多原因，本书定有不足、偏颇之处，敬请读者和专家予以指正。

汪大海

目录

第1篇 绪论

第1章 公共管理与公共管理学

第2章 公共管理的公共性、服务性与共治性

第 2 篇

公共管理的多元主体

第 3 章　公共管理的主体

第 4 章　公共管理者的角色、能力与策略

第 3 篇

公共管理的核心内容

第 5 章　公共管理的战略

第 6 章　公共管理的政治与法律基础

第 7 章　公共管理的资源

第 8 章　公共管理的过程

第 9 章　公共危机管理

第4篇

公共管理的工具方法

第14章 公共管理工具

第15章 公共管理的技术与方法

第5篇

公共管理的中国式创新

第16章 中国式“制度之治”

第17章 中国式“政策之治”

第 6 篇

公共管理的发展趋势

PART ONE

| 第1篇 |

1 绪　论

第1章
公共管理与公共管理学

本章导读

公共管理学作为一门新兴的学科，在产生之初就有着很强的政治学和管理学传统。在不断明晰自身学科边界的过程中，公共管理学形成其独有的研究范畴、方法论和学科语言。作为一门以公共事务、公共物品和公共领域为作用对象的学科，公共管理学在研究对象、研究途径和研究方法上既体现了政治学所追求的公平、正义，又兼顾了管理学强调的效率和效益，并逐渐形成了自身独特的学科范式。

重点问题

- 公共管理的相关概念及其辨析
- 公共行政的四大传统
- 新公共管理运动及其重要性
- 公共管理理论的发展
- 公共管理实践的发展
- 公共管理的研究对象
- 公共管理的研究途径
- 公共管理的研究方法

知识结构图

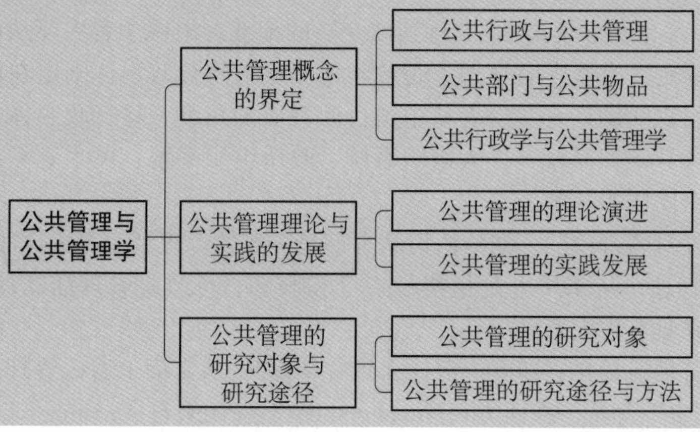

1.1 公共管理概念的界定

公共管理学作为一门新兴学科，是研究公共事务多元有效治理的知识体系。要懂得公共管理学是一门什么样的学问，首先就得了解和把握贯穿公共管理学科始终的几个基本概念的含义。

1.1.1 公共行政与公共管理

一直以来，学术界对公共管理与公共行政存在各种争论，但事实上，公共管理与传统的公共行政之间既有内在的必然联系，又有明显的区别。从公共行政转变为公共管理，不仅仅是一种表面名称的变化，而且意味着在理论和职能上发生重大的变革，最终也必然体现在公共管理的实践上。

1. 行政与管理的内涵

从语义学和行政理论方面考察，在中、英文表述中，行政（administration）和管理（management）有多种含义。

（1）行政的内涵。作为一种特殊形式的管理，行政是与国家的产生联系在一起的，有了国家才出现行政。“行政”二字的出现，已有两千多年的历史。

在西方，“administration”一词首先来自“minor”，而后演变为“ministrare”，意思是“进行服务，进行治理”。国际上普遍采用的《社会科学大辞典》对行政的解释是“管理国家事务”。归纳起来，西方学者主要从四种角度对“行政”概念加以界定：一是以古德诺（Goodnow）为代表，从行政功能的角度，认为行政是国家意志的执行，是行使基本的政府职能的活动；二是以怀特（White）为代表，从行政过程的角度，认为行政是行政人员运用组织、领导、计划、协调、控制等手段，对各种资源加以最有效地利用的活动；三是以威洛比（Willoughby）为代表，从行政部门管理的角度，将行政明确定位为行政部门中的财政管理与预算管理、物资管理等方面的活动；四是以戈德特纳（Goldtner）为代表，从公共政策的角度，认为行政是制定和执行政策的活动。

在中国，《左传》中就有“行其政事”“行其政令”的记载。中国学者主要从两种角度对“行政”概念加以界定：有些学者从西方行政学的角度，将行政主体限定在政府部门，认为行政是国家的组织活动；有些学者从中国行政现实的角度，将行政主体扩展到整个国家系统、中国共产党组织系统、人大组织系统、政协组织系统、民主党派组织系统、人民团体系统和群众团体系统等。

由此可见，古今中外对“行政”一词的认识基本上是一致的，或者说是大同小异的。行政，意为国家政务的管理，从本质上是指执行指令和服务。行政是管理活动的一种，把行政从管理中分解出来具有重大意义。

（2）管理的内涵。管理活动自古即有，但什么是“管理”？从字面上看，管理有“管辖”“处理”“管人”“理事”等意。在西方，“management”一词来自“manus”，意思是

"亲自控制""控制或取得结果"。科学管理之父弗雷德里克·泰勒（Frederick Taylor）认为，管理就是"确切知道要别人去干什么，并注意使他们用最好最经济的方法去干"[①]。亨利·法约尔（Henry Fayol）认为管理是所有的人类组织（不论是家庭、企业还是政府）都有的一种活动，这种活动由五项要素组成：计划、组织、指挥、协调和控制[②]。哈罗德·孔茨（Harold Koontz）认为管理就是设计和保持一种良好环境，使人在群体里高效率地完成既定目标[③]。彼得·德鲁克（Peter Drucker）认为，归根结底，管理是一种实践，其本质不在于"知"而在于"行"，其验证不在于逻辑，而在于成果，其唯一权威就是成就[④]。以上几种具有一定代表性的定义从不同的侧面揭示了管理的本质。

根据上述管理要素在实际管理活动中的作用和地位以及它们之间的内在逻辑联系，我们就可从一般意义上来概括管理。管理是指在一定的环境下，为了达到组织的目标，通过别人或者和别人一起使活动完成得更有效的过程。具体包括以下几个方面的含义（见图1-1）：

第一，管理是一个过程，包括计划、组织、领导、控制。

第二，管理是通过别人完成组织任务、实现组织目标的艺术。

第三，管理是追求效率和效果的有效管理。其中，效率考察投入和产出的关系；效果考察目标的实现状况。

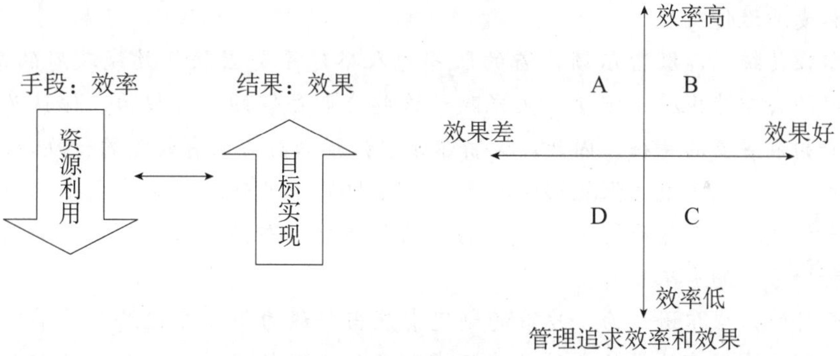

图1-1　管理的内涵

公共行政关注的是程序，将政策转化为行动和办公室管理；管理则包括行政，它还意指为了以效率最大化的方式实现目标而进行的组织活动，以及对其结果真正负有责任，这两种要素并不一定存在于传统的行政体制中。公共行政注重的是过程、程序和符合规定，公共管理涉及的内容则更为广泛。一个公共管理者并不仅仅是执行命令，他关注的是实现结果并为此承担责任[⑤]。

2. 从公共行政到公共管理

一直以来，"公共行政"（public administration）、"公共政策"（public policy）、"公

① 泰勒．科学管理原理．北京：团结出版社，1999：104.

② 法约尔．工业管理和一般管理．北京：团结出版社，1999：7.

③ 哈罗德·孔茨，海因茨·韦里克．管理学．北京：经济科学出版社，1998：2.

④ 彼得·德鲁克．管理：任务、责任、实践（上）．北京：中国社会科学出版社，1987：7.

⑤ 欧文·休斯．公共管理导论：第3版．北京：中国人民大学出版社，2007：7-8.

共事务”（public affairs）和“公共管理”（public management）是公共部门研究特别是政府管理研究领域的几个最常见的术语。学术界对公共管理与公共行政存在很多的争论。

罗森布鲁姆（Rosenbloom）认为，公共行政是采用管理的、政治的和法律的理论与过程，以实现立法的、行政的和司法的政府命令，为整个社会或其某个部分提供管制和服务的职能①。

欧文·休斯（Owen Hughes）认为，“公共行政”一词除了意指一种活动或一种职业外，还通常指对公共部门的“研究”②。传统模式的理论基础主要来源于美国的伍德罗·威尔逊（Woodrow Wilson）和弗雷德里克·泰勒的理论、德国的马克斯·韦伯的理论以及英国1854年《诺思科特·特里维廉报告》（Northcote Trevelyan Report）。同时，他指出：“传统的公共行政模式尽管是公共部门中持续时间最长且最为成功的理论，但它现在正在被取代。”③

知识专栏1-1

美国公共行政基础的四大传统

凯特尔确认了构成美国公共行政基础的四大传统：汉密尔顿传统、杰弗逊传统、威尔逊传统和麦迪逊传统。

汉密尔顿传统。以汉密尔顿为首的联邦党人搭建了美国联邦效能政府的基本框架。他认为政府的公职应根植于宪法，主张赋予这些公职足够的行政权力。他认为，能力是一个好政府的最主要的特征。因此，汉密尔顿主张强劲有力又有效能的行政部门。

杰弗逊传统。杰弗逊主张能够保护个人自主权的小型政府。这一主张源自美国农耕时期的社会传统并且深深地影响了美国的政治和历史。杰弗逊认为，众多美国人所要求的只是一种地方性的有限政府。

威尔逊传统。威尔逊认为，政策的制定者应当将权力下放委托给公共管理者，这是因为政策的制定者没有处置复杂的政府日常事务的专业技能，而公共管理者却具备这方面的专业能力。威尔逊对美国公共行政特别是行政改革有三大重要影响：一是，确立了政策制定与执行分离这一重要原则；二是，他认为公共行政是可以也是应该做好的；三是，他认为公共行政是至关重要的也是可以完美化的。

麦迪逊传统。麦迪逊对朋党倾轧怀有深刻忧虑，他认为这种邪恶是必须遏制的，而实现朋党控制的最好办法莫过于制衡各党派之间的力量，让其互相牵制。

概括之，汉密尔顿传统体现了一种从上至下的强政府的方法，而杰弗逊传统则代表了一种从下至上的弱政府的方法；威尔逊传统注重权威、层级制、技术、管理以及结构，而麦迪逊传统则强调政治权力的平衡。这四种传统构建了美国公共行政发展的基本框架，如图1-2所示。

---

① 欧文·休斯. 公共管理导论：第3版. 北京：中国人民大学出版社，2007：9.

② 同①9.

③ 同①20.

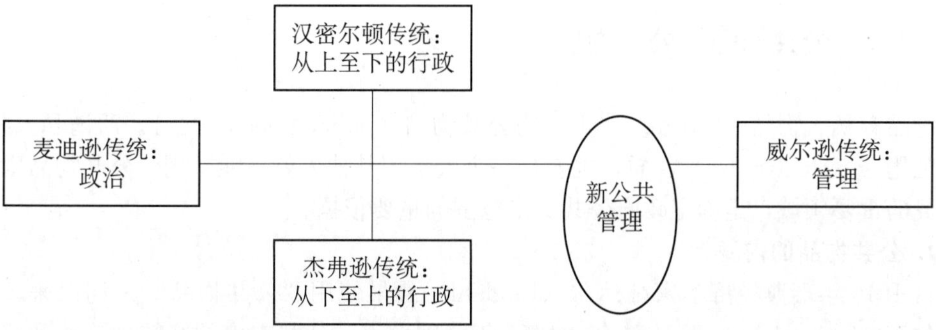

图1-2　公共行政的四大传统及新公共管理之位置

这一框架具有两个维度：一个是管理和政治的维度，在这一维度上，新公共管理偏向于右端，即它是管理导向的，更侧重于威尔逊传统；另一个是行政从上至下与从下至上的维度，在这一维度上，新公共管理偏向于从下至上，即侧重于杰弗逊传统。总而言之，新公共管理重视管理甚于社会价值，重视效率甚于平等，重视中层管理人员甚于精英，重视组织甚于过程和制度。

资料来源：张志斌．新公共管理与公共行政．武汉大学学报（哲学社会科学版），2004（1）．

公共管理的出现是对公共行政的一次严峻挑战，它几乎改变了公共行政学的研究范围及主题、研究方法、学科结构和管理方式。但关于什么是公共管理却并无定论。正如克里斯托弗·胡德（Christopher Hood）所说："公共管理，这门国家的艺术，大致可以定义为如何设计与提供公共服务和政府行政的具体工作……作为一个名词，公共管理（和女性主义一样）不仅指一个研究领域，而且还表示一场运动。它与一场改革的基调相吻合，这场发生在国家官僚体系内的改革，旨在促使政府变得更像商业组织，更加强调管理者角色的重要性。同时，和大多数成功的口号一样，'公共管理'是模棱两可的，它能够涵括一些多样化与混合的信号。"①

陈庆云认为，政府管理与公共管理是两个不同的管理模式。仅就管理主体而言，前者仅指政府，而不涉及其他社会组织；后者则把主体从政府外延到社会其他公共组织。这样，公共管理应该是一个以政府为核心的开放体系，而不是传统的由政府完全垄断的全部公共管理活动。从政府管理到公共管理，是管理理念的重要变化。传统观点认为，对社会公共事务进行管理的只能是政府，也只有政府才能管理好。由政府实施对社会公共事务的管理，完全体现政府的意志，公民往往处于被动状态，甚至是处于工具地位②。

我们认为，公共管理是以政府为核心的公共部门为了解决公共问题、满足公众需求、实现公共利益，运用公共权力和私有部门的管理理论、技术、战略与方法等手段，有效配置资源，强化对公共事务的治理能力，以有效、公平地为社会提供公共服务和公共产品的社会活动。

---

① 克里斯托弗·胡德．国家的艺术：文化、修辞与公共管理．上海：上海人民出版社，2004：3-4．

② 陈庆云．我国公共管理研究的基本内容及其重点．江苏社会科学，2002（6）．

1.1.2 公共部门与公共物品

物品有私人物品（private goods）与公共物品（public goods）之分。所谓私人物品，具有独用（exclusive use）性质，也就是一个人享用其他人就不能享用。公共物品则是市场失灵的重要领域，是确定政府公共支出范围的重要依据。

1. 公共物品的内涵

自1919年瑞典经济学家林达尔（Lindahl）最早使用“公共物品”一词以来，经由萨缪尔森（Samuelson）于1954年、1955年分别发表《公共支出的纯粹理论》和《公共支出理论的图式探讨》，提出并部分解决公共物品理论的一些核心问题，再由布坎南（Buchanan）在1965年的《俱乐部的经济理论》中首次对非纯公共物品进行讨论，公共物品理论逐渐发展，至今公共物品理论已经成为公共经济学的核心内容与公共管理学的理论基础之一。

萨缪尔森指出：“公共物品是指这样一类商品：将该商品的效用扩展于他人的成本为零；无法排除他人参与共享。”[①] 哈尔·范里安（Hal Varian）认为：“公共物品是指对所有涉及的消费者都必须供应同样数量的物品。”[②] 事实上，在考虑经济中的各种物品时，排他性（excludability）和消费中的竞争性（rivalry in consumption）是需要注意的两个重要特点。排他性是指一种物品具有的可以阻止一个人使用该物品的特性。消费中的竞争性是指一个人使用一种物品将减少其他人对该物品的使用的特性[③]。根据这两个特点，物品可以分为四种类型（见图1-3）。

消费中的竞争性?

		是	否
排他性?	是	私人物品 ·冰激凌蛋卷 ·衣服 ·拥挤的收费道路	自然垄断物品 ·消防 ·有线电视 ·不拥挤的收费道路
	否	公有资源 ·海洋中的鱼 ·环境 ·拥挤的不收费道路	公共物品 ·龙卷风警报器 ·国防 ·不拥挤的不收费道路

图1-3 四种类型的物品

资料来源：曼昆．经济学原理：微观经济学分册：第4版．北京：北京大学出版社，2006：220.

其中，私人物品是既有排他性又有竞争性的物品，比如，一个冰激凌被一个人吃了，就不能被另外一个人吃。公共物品是既无排他性又无竞争性的物品，比如，警报响起的

① 保罗·萨缪尔森，威廉·诺德豪斯．微观经济学：第17版．北京：人民邮电出版社，2004：29.

② 哈尔·范里安．微观经济学：现代观点：第6版．上海：上海人民出版社，2006：524.

③ 曼昆．经济学原理：微观经济学分册：第4版．北京：北京大学出版社，2006：220.

时候，不能阻止其他人也听到（非排他性）；当一个人从中受益，不能减少其他人的利益（非竞争性）。公有资源在消费中有竞争性而没有排他性，比如，海洋中的鱼是一种竞争性物品，当一个人捕到鱼时，留给其他人捕的鱼就少了；但阻止渔民在浩瀚的大海中捕鱼是困难的（没有排他性）。自然垄断物品在消费中有排他性但没有竞争性，比如，要排除某人享受消防的福利是很容易的，但消防在消费中并不具有竞争性，因为多保护一所房子的额外成本是微不足道的①。

知识专栏 1-2

灯塔是公共物品吗

根据情况的不同，一些物品可以在公共物品与私人物品之间转换。例如，如果在一个有许多居民的镇上放烟火，烟火表演就是一种公共物品。但如果是在一个私人经营的游乐场，例如迪士尼放烟火，烟火表演就更像是私人物品，因为游人要付钱才能进公园。

另一个例子是灯塔。经济学家早就把灯塔作为公共物品。灯塔用来标出特定的地点，以便过往船只可以避开有暗礁的水域。灯塔为船长提供的利益既无排他性也无竞争性，因此，每个船长都受到“搭便车”的激励，即利用灯塔航行而又不为这种服务付费。由于“搭便车”问题，私人市场通常不提供船长所需要的灯塔。

但是，在一些情况下，灯塔也可以接近私人物品。例如，19世纪英国海岸上有一些灯塔是由私人拥有并经营的。当地灯塔的所有者并不向享用这种服务的船长收费而是向附近港口的所有者收费。如果港口所有者不付费，灯塔所有者就关掉灯，而船只就会避开这个港口。

在确定一种物品是不是公共物品时，必须确定受益者的人数以及能否把这些受益者排除在使用这种物品之外。当受益者人数多，而且要排除任何一个受益者都不可能时，“搭便车”问题就出现了。如果一个灯塔使许多船长受益，它就像一种公共物品；但如果主要受益者是一个港口所有者，它就更像一种私人物品。

资料来源：曼昆．经济学原理：微观经济学分册：第4版．北京：北京大学出版社，2006：224.

2. 公共部门及公共物品的生产与供给

亚里士多德认为，“凡是属于最多数人的公共事物常常是最少受人照顾的事物，人们关怀着自己的所有，而忽视公共的事物；对于公共的一切，他至多只留心到其中对他个人多少有些相关的事物”②。这种“公地悲剧”让政府全面参与公共物品的生产和供给有了充分的理由。福利经济学主流观点认为，公共物品只能由政府供给。公共物品的特性似乎决定了政府提供的必要性和明显优势。

但是，政府垄断供给公共物品也存在问题，即政府也会失灵。市场不能干的，政府未必就能干好。大量事实表明，政府在有效克服公共物品消费过程中的“搭便车”问题的同时，不可避免地产生了新的无效或低效问题。公共选择理论认为，政府管理者同样具有“理性经济人”特征，他们的目标并不必然以公共利益为目标，相反却是以个人利

① 曼昆．经济学原理：微观经济学分册：第4版．北京：北京大学出版社，2006：220.

② 亚里士多德．政治学．北京：商务印书馆，1983：48.

益最大化为目标。不论以何种方式作出公共选择，最终实施社会决策的，是官僚和官僚机构。特殊利益集团、官僚和立法官员追求私利的行为，一方面导致过多的公共物品供给（表现为过多的预算），另一方面导致公共物品的实际成本过高，结果便是社会资源的浪费。这种结果就是“政府失败”的体现①。

需要指出的是，第三部门同样不能依靠自身力量推进慈善和公益事业，表现为私人捐款不足、慈善活动的狭隘性、慈善组织的家长作风以及业余性②，这就是所谓的“志愿失灵理论”。同时，第三方治理理论认为，第三部门增长“并不是与政府无关，而在很大程度上正是由于政府的作用”③，第三部门并不是政府或市场失灵的替代机制，而是广泛地存在于政府、市场与合约失灵的领域，以及政府与市场运行很好的地方。政府是弥补志愿失灵的有效机制，政府与第三部门是一种相互合作的伙伴关系。公共管理理论强调，公共物品的供给应根据其不同类型和不同特点选择不同的主体，并以此对不同的供给主体进行分工定位。

1.1.3 公共行政学与公共管理学

1. 公共行政学

早在 20 世纪 30 年代，英语中的“public administration”一词就被译为“公共行政”，80 年代这一学科在我国恢复时，“公共行政”一词广泛地被“行政管理”代替。在政府和学界的共同推动下，行政管理学作为一个相对独立的学科很快地发展起来。从那个时候起，我国的行政管理学就被定义为研究政府组织及其管理社会公共事务的规律的科学④。

陈振明认为，在公共行政学百余年的发展、演变历程中，作为政府管理研究领域的行政学经历了三次研究范式的转换，即从传统的公共行政学（traditional public administration）到新公共行政学（new public administration），再到（新）公共管理学（public management）⑤。

从范式研究的角度出发，张梦中认为近现代意义上的公共行政学经历了六次大的范式转变：（1）科学管理，即传统的公共行政。重实践，即以时间动作分析提高效率。（2）管理科学。重实践，寻求资源的最佳组合以提高效率。（3）公共事务。重实践，重国际国内重大问题研究，成为独立学科、系及学院。（4）政策分析。重实践，重国内公共项目政策评估及分析，成为独立学科、系及学院。（5）新公共行政。重理论，在实践中运用新公共行政的理念有一定难度，但其提出的社会公平、代表性、响应性参与和社会责任感的确为公共行政者的实践活动提供了新思维、新指南。（6）新公共管理、公共

① 丹尼斯·缪勒．公共选择理论．北京：中国社会科学出版社，1999.

② 王绍光．多元与统一：第三部门国际比较研究．杭州：浙江人民出版社，1999：30-46.

③ 莱斯特·萨拉蒙．公共服务中的伙伴：现代福利国家中政府与非营利组织的关系．北京：商务印书馆，2008：34.

④ 胡象明．关于公共部门的界定与公共管理学的研究范围：兼谈公共管理学与行政管理学的关系．武汉大学学报（社会科学版），2001（5）.

⑤ 陈振明．从公共行政学、新公共行政学到公共管理学：西方政府管理研究领域的“范式”变化．政治学研究，1999（1）.

管理。重实践，重视结果、业绩而不重视过程。提倡私有化、承包和精简公共部门。尚未成为独立学科、系及学院①。

公共行政学被公认为是从政治学中独立出来的一门学科。它具有交叉性与边缘性、应用性、政治性、研究的广泛性以及发展性等学科特点②。公共行政学研究的是"政府能够管什么，政府应该管什么，行政管理应该由谁来管，怎么管，为什么管"③ 的问题。

2. 公共管理学

公共管理学作为一种不同于以往公共行政学的新途径、新范式或新学科，它的兴起既是公共行政发展的必然结果，又是公共行政范式转变的理论诉求。公共管理是一门科学，它在吸取了传统多学科的优势和强势的基础上形成了自身的理论和特点。

陈庆云认为："公共管理学是一门研究社会公共事务管理活动规律的科学。具体地讲，它要以那些拥有公共权力的公共组织，在维护、增进与分配公共利益，以及向民众提供所需的公共产品（服务）时所进行的管理活动为基本研究对象，它是一门实践性、综合性与操作性很强的新学科。"④

陈振明认为，就"公共管理（学）"一词的含义及其与"公共行政（学）"的关系而言，目前主要有如下三种不同的理解：第一，将公共管理（学）等同于公共行政（学），这是那些坚持传统范式的学者们即公共行政学派所主张的。例如，罗森布鲁姆的《公共行政学：管理、政治和法律的途径》就持这种看法。第二，将"公共管理（学）"当作公共行政（学）的一个分支，即专门研究行政管理方法、技术与技巧这一部分。这以奥特（Ott）等人主编的《公共管理精华读物》为代表。第三，将"公共管理"当作一种与传统的公共行政学、公共政策范式（途径）相竞争的新范式或新途径。

张康之认为，公共管理中管理关系的复杂性决定了公共管理学也必然是由多学科构成的学科体系。公共管理的学科体系大致应包括：公共管理的一般性研究、公共管理的主体研究、公共管理的制度研究、公共管理的工具研究、公共管理的行为模式研究和公共管理伦理学研究。他同时指出，以上所述的几个方面是公共管理学研究的主干部分。其中，公共管理伦理学的研究内容又是贯穿整个学科体系的基本线索⑤。

综合来看，公共管理学是一门研究公共部门管理公共事务的过程及其规律的学科，它以公共行政学、公共政策学为基础，同时又通过吸收经济学、管理学、社会学和法学等学科的最新成果而发展起来。公共管理学正处于发展之中，面临着诸多难题和挑战。

1.2 公共管理理论与实践的发展

公共管理理论起源于威尔逊论述的"政治与行政二分"，公共管理的整个发展过程经

---

① 张梦中．论公共行政（学）的起源与范式转变（下）．中国行政管理，2001（7）.

② 齐明山．行政学导论．北京：大众文艺出版社，2001：7－9.

③ 张康之．公共管理学的学科体系构想．求索，2002（4）.

④ 陈庆云．强化公共管理理念 推进公共管理的社会化．中国行政管理，2001（12）.

⑤ 同③.

历了“政治与行政二分”“行政原理”“有公共而无行政”“有行政而无公共”等几个发展阶段和范式转移，并出现了公共政策与新公共行政兴起的多元发展现象。20 世纪 80 年代以来，全球范围内发生了一场公共管理革命。这场革命因应全球化背景下的“大政府失败”与财政危机，以“管理主义”“新公共管理”“以市场为基础的公共行政”“后官僚制范式”“企业化政府”为标签，以英国撒切尔政府民营化改革和美国里根政府改革、克林顿重塑政府运动以及新西兰政府改革为代表。

1.2.1 公共管理的理论演进

1. 公共管理相关学科的发展

公共管理（public management）作为一种“范式的转移”（paradigm shift），肇始于 20 世纪 70 年代，但其理论起源最早可追溯到伍德罗·威尔逊在 1887 年所发表的《行政之研究》。该文作为公共行政学的开山之作，开创了西方公共行政学的研究传统，其后公共行政理论经历了“政治与行政二分”“行政原理”“有公共而无行政”“有行政而无公共”等几个不同的发展阶段和范式转移，并出现了公共政策与新公共行政兴起的多元发展现象。

（1）范式Ⅰ：政治与行政二分（1900—1926 年）。在这一阶段，公共行政提出了政治与行政二分论和官僚制理论。这个统一的理论范式强调一般行政管理原理和效率原则，但表现出了没有结合具体行政环境进行研究等方面的局限性。

（2）范式Ⅱ：行政原理及其挑战（1927—1949 年）。这一阶段，“强调放诸四海而皆准的行政原理，可以不顾行政背景、文化、功能、环境、任务或制度架构的不同，而用之于任何地方，结果行政原理越来越多，而忽略了行政学研究的定向，换言之，有许多重点（focus）而无一个定向（locus）”①。1927 年，威洛比在《公共行政学原理》一书中特别讨论了财政管理与预算、物资管理等方面的原理。1937 年，古利克（Gulick）在《行政科学论文集》中提出了管理过程七环节（POSDCORB）理论，即计划、组织、人事、指挥、协调、报告和预算。

（3）范式Ⅲ：有公共而无行政（1950—1955 年）。第二次世界大战之后，政治与行政二分受到许多学者的严厉批评，其中以罗伯特·达尔（Robert Dahl）的《公共行政学的三个问题》、赫伯特·西蒙（Herbert Simon）的《管理行为》最具代表性。这一阶段的公共行政以公平和民主为核心，重视外在政治环境、政府组织的架构流程、官僚体系与行政和司法机关的关系、文官集团与民主政治间的关系，关注公正、民主价值、代表性、正义、法治、行政裁量的控制等。

（4）范式Ⅳ：有行政而无公共（1956—1970 年）。1956—1970 年间，部分学者不满于公共行政形同被政治学吞并而造成的学科中空现象，将公共行政转向企业管理或管理科学领域。亨利称此阶段为“公共行政即管理学”阶段。然而，这一时期的公共行政没有认识到，公共行政与企业管理在意识形态和价值取向等方面存在结构性的差异，导致了“有行政而无公共”的困境。

---

① 吴琼恩．行政学的范围与方法．台北：五南图书出版公司，2005：7.

（5）范式Ⅴ：公共行政就是公共行政（1970年以后）。1970年，美国的“全国公共事务暨行政学院联盟”成立，亨利认为这是“公共行政就是公共行政”的开始。新公共行政运动就是公共行政追求独立的一个里程碑。

首先是政策科学的产生。20世纪60年代末70年代初兴起的政策科学研究，被誉为政治学、行政学乃至整个社会科学的一次革命。1951年，拉纳（Lerner）和拉斯韦尔（Lasswell）主编的《政策科学：范围和方法的新近发展》一书出版，被人们当作政策科学诞生的标志。此后，在美国兴起了一场旷日持久的“政策科学运动”，并形成了这个研究领域的一个主导范式，即拉斯韦尔-德洛尔的政策科学传统。20世纪60年代后期，政策研究领域影响最大的是德洛尔（Dror）的政策科学“三部曲”，主要包括《公共政策制定再审查》（1968年）、《政策科学构想》（1971年）、《政策科学探索》（1971年）。德洛尔提出了一种规范优化的公共政策科学研究新范式，把公共政策科学研究推进到新公共政策科学阶段。

其次是新公共行政学的兴起。新公共行政学是一种以公共行政规范理论为研究重心的公共行政理论。新公共行政学试图以这样一种方式来作出回答：行政管理者不是中性的，应责成他们承担起责任，把出色的管理和社会公平作为社会准则、需要完成的事情或者基本原理。简而言之，第二代行为主义者与其先驱相比，不太偏重于“一般的”，而较偏重于“公共的”；不太偏重于“描述的”，而较偏重于“顾客影响定向的”；不太偏重于“中立的”，而较偏重于“规范的”，并且按照人们的期望，它并非是不太科学的[①]。

公共政策以及新公共行政学的兴起标志着传统公共行政主导地位的终结以及公共部门领域研究新范式的形成。尽管由于缺乏概念和理论上的连贯性，新公共行政学未能最终取代传统公共行政学而成为行政学研究的主导范式，但是，它对当代公共行政的理论和实践都产生了重大影响。公共管理者被视为以公众的利益而不是他们的自我利益去创造高效率，同时又提供公平服务。

2. 公共管理范式

依照库恩（Kuhn）的范式理论（或称“典范”），科学的进步就是范式变迁的过程。公共管理理论是公共行政研究的一次范式转变，是公共行政学发展的一个新趋势。公共管理是对传统的“威尔逊-韦伯”行政范式发起的一种“后官僚范式”挑战。在实践中，它以“新公共管理运动”最为风行，与“政府再造”“民营化”“企业型政府”“新政府运动”等主题密切相关，甚至被贴上了“新右派”“新治理”“管理主义”等政治标签。公共行政学研究基本限定在政府管理上。公共管理学超越了公共行政学的视野，把研究范围扩展到政府之外。

进入20世纪90年代，“公共管理逐步成为一种与传统公共行政、公共政策分析并驾齐驱的公共部门管理研究的三大途径或三大范式之一”[②]。梅戈特（Merget）认为：“20

① 林钟沂．行政学．台北：三民书局股份有限公司，2001：304.

② 陈振明．从公共行政学、新公共行政学到公共管理学：西方政府管理研究领域的“范式”变化．政治学研究，1999（1）：76.

世纪 80 年代之前，公共行政、公共事务与公共政策从一定程度上讲泾渭分明。自 80 年代之后，这三个传统却有趋同的态势。这三个传统并没有统一的名称。照我看来，公共管理是继前三个传统之后的第四次浪潮。”①

正如彼得·德鲁克所说：“我们面对的不是‘国家的逐渐消亡’。相反，我们需要一个有活力的、强大和非常活跃的政府。但是我们面临着选择，选择一个庞大的但软弱无力的政府，还是选择把自己局限于决策和指导，从而把‘实干’让给他人去做的强有力的政府……（我们需要）一个能够治理和实行治理的政府。这不是一个‘实干’的政府，不是一个‘执行’的政府。这是一个‘治理’的政府。”②

1.2.2 公共管理的实践发展

1. 公共管理实践的时代背景

公共管理实践所涉及的问题广泛而复杂，并不是一般意义上政府组织与职能的精简。公共管理实践实际上是以西方世界为代表的各国政府为了国家生存和长期发展而进行的全面性合理化调整。欧文·休斯认为：“公共部门所发生的变革是对某些相互关联的紧迫问题作出的一种回应，这些紧迫问题包括：对公共部门的抨击；经济理论的变革；私营部门的变革，尤其是全球化作为一种经济力量带来的冲击；技术变革。”③

首先，第二次世界大战以后，西方政府普遍盛行凯恩斯主义，全面干预社会经济生活，由此带来了政府职能不断扩张，政府规模持续扩大，并引发了政府财政危机。特别是 1973 年石油危机之后，通货膨胀、高失业率和巨额财政赤字严重困扰着各国政府，而传统政府管理模式已经无法解决现代社会所面临的日益严重的问题。

其次，随着全球化趋势造成的竞争压力，以及以信息技术革命为代表的新经济时代的到来，知识和信息快速传播，社会力量的交流能力不断增强。全球化时代的科技革命尤其是信息技术革命将全球经济连成一体，在改变经济增长方式的同时，人类的生活方式以及社会的运行方式也在发生着变化，企业、第三部门和公民日益要求参与公共事务。

再次，私营部门的革新与示范效应，带动了政府管理的改革。为在市场竞争中求得生存与发展，私营部门在利润动机的驱使下，往往首先带来管理与技术的革命。“后福特时代”的管理新趋势是改变“福特时代”规模生产、批量生产的管理套路，开始开发接近顾客偏好的个性化产品，并由此启动企业创新，而激励创新的方法包括取消集权、下放权力、减少中间层次、强调沟通、进行绩效管理等。

最后，20 世纪 70 年代“新右派”、新保守主义意识形态的兴起，以及新制度经济学的分析方法融入公共管理理论框架之中，为公共管理的理论发展奠定了理论基础。“里根

---

① 张梦中．美国公共行政（管理）历史渊源与重要价值取向：麦克斯韦尔学院副院长梅戈特博士访谈录．中国行政管理，2000（11）．

② 戴维·奥斯本，特德·盖布勒．改革政府：企业精神如何改革着公营部门．上海：上海译文出版社，1996：25．

③ 欧文·休斯．公共管理导论：第 3 版．北京：中国人民大学出版社，2007．

的小政府、少干预和减福利的新保守主义是现代自由主义向古典自由主义的复归。”①

2. 公共管理改革

从历史发展的进程上看，公共管理运动起源于英国、美国、澳大利亚和新西兰，并逐步扩展到其他西方国家乃至全世界。胡德认为，新公共管理并不是由英国单独发展起来的，而是20世纪70年代中期以后在公共管理领域出现的一种显著的国际性趋势。“政府再造”的发端以1978年美国税制改革以及1979年英国撒切尔夫人在大选中获胜为标志，继而在1980年延伸扩张，包括澳大利亚与新西兰两国的工党（Labor Party）分别在1983年及1984年执政。1988年，英国撒切尔夫人提出的“下一步行动计划”（Next Step Program）被视为政府再造的重要里程碑；同年，新西兰通过《国家部门法》（State Sector Act），开始了被誉为“新公共管理范式”的政府行政改革。

一般来说，世界各国政府影响深远的公共管理措施包括：新西兰的“行政文化重塑运动”（Reshaping Administrative Culture）、“迈向公元2010”（Path to 2010），英国的“下一步行动计划”、“效率小组”（Efficiency Unit）、“公民宪章”（Citizen Charter）、“服务品质竞争”（Service Quality Competition）、“跨部会解除管制小组”（Departmental Deregulation Unit），德国的“新领航行政模式”（New Steering Model，NSM）、“行政弹性工时”（Administrative Flexible Time），法国的“行政现代化政策”（Administrative Modernization Policy）、“革新公共行政计划”，荷兰的“行政自动化”（Autonomisation Reform），美国的“全国绩效评鉴委员会”（National Performance Review，NPR）、“励革实验室”（REGO Lab），澳大利亚的《文官改革法》（Public Service Reform Act）、“财政管理改进计划”，奥地利的“行政管理计划”，丹麦的“公营部门现代化计划”，希腊的“1983—1995年行政现代化计划”，葡萄牙的“公共选择计划”，以及我国政府的机构改革与职能转变，等等。

知识专栏1-3

新公共管理运动

20世纪70年代末80年代初，西方国家兴起了一场公共行政改革运动，这场运动以1979年英国首相玛格丽特·撒切尔上台为标志。在整个80年代，英国采取了一系列改革措施：发起了反对浪费和低效益的运动，成立效率小组，对政府的有关项目计划和工作进行效率审计；大力改革公共部门的工会；实行大规模的私有化，将包括英国石油、英国电信、英国钢铁、英国航空等著名公司在内的40多家国有企业卖给私人；对地方政府的预算开支实行总量控制；要求所有的地方建筑和公路建设项目实行公共部门与私营部门公开竞标。更引人注目的是，根据效率小组1988年提出的报告《改善政府管理：下一步行动》，英国政府开始将提供公共服务的职能从政府各部门分离出来，成立专门的半自治性的“执行局”来承担这种职能。部长同执行局在谈判的基础上就该局要完成的任

① 钱满素．美国自由主义的历史变迁．北京：三联书店，2006：217.

务及其在具体运行方面的灵活度达成协议，也就是绩效合同。

继英国之后，在澳大利亚和新西兰，随着两国工党分别于 1983 年和 1984 年上台执政，也开始了大刀阔斧的公共行政改革。其中，新西兰的改革因其力度大、富于系统性而举世瞩目，以至于被学术界称为“新西兰模式”，新西兰财政部于 1987 年末出版的《政府管理》一书被誉为新公共管理的宣言。

与此同时，在美国，克林顿政府要求把建立一个“工作得更好而花费得更少”的政府作为其优先目标之一，并于 1993 年提出了国家绩效测评（National Performance Review），各种行政改革措施在州、市、县各级地方政府大范围内悄然展开。到 90 年代中期，有 39 个州实施了公共服务质量计划，29 个州开展了政府部门绩效测评，30 多个州简化了人事制度，28 个州就公共服务向作为“顾客”的公众征求反馈意见。加拿大、荷兰、法国等也都采取了类似的改革措施。

资料来源：张康之．论政府的非管理化：关于“新公共管理”的趋势预测．教学与研究，2000（7）.

---

3. 公共管理改革的特征

尽管新公共管理在许多发展中国家并没有成为主导性的公共管理模式，但其对公共行政的发展有着重要影响，它带来了一种崭新的治理模式。从社会结构整体和长期历史来看，公共管理改革所涉及的内容并非只是政府和市场间的关系和功能上的相互转化，而是政府本身组织与职能上的转变，以及政府与民间关系模式的全面性调整。

胡德认为，管理主义方案，即“新公共管理”由七个要点构成：公共部门领域中的实践性的职业化管理；绩效的明确标准与测量；对产出的格外重视；公共部门中的单位趋向分化；公共部门趋向于更具竞争性；对私营部门管理方式的重视；强调资源利用要具有更大的纪律性和节约性。

霍尔姆斯与桑德将新公共管理范式作为“一种良好的管理方法”。该范式的特征如下：（1）是一种更具战略性和结果导向（效率、效能和服务质量）的决策方法。（2）以一种分权化的管理环境来取代高度集权的等级组织结构，在这种分权化的管理环境中，关于资源分配与服务提供的决策更接近服务的提供点，而这种服务提供点既可以提供更多的、有用的相关信息，又可以为顾客和其他利益团体提供反馈机会。（3）在寻求直接提供公共服务的替代方案方面具有弹性，而这可以产生一个更合算的政策产出。（4）关注权力与责任的一致性，把其作为通过明确的绩效合同等机制提高绩效的关键。（5）在公共组织内部以及公共组织之间创造竞争的环境。（6）强化管理中心“驾驭”政府的战略能力，以对外部变化和不同利益迅速、灵活、最低成本地作出反应。（7）通过要求报告结果与总成本以明确责任和保证透明度。（8）拥有用以支持和鼓励这些变革的相关服务范围的预算与管理体系。

波利特认为，大多数评论者所接受的新模式是由几个普遍要素构成的：（1）管理体系和管理努力的焦点由投入和过程向产出和结果转换。（2）趋向于更多的绩效测量，并以一系列的绩效指标与标准呈现出来。（3）偏好专门化的、“精瘦的”、扁平的、自治的组织形式，而不是规模庞大的、多功能的等级官僚制组织。（4）用合同或类似合同的关系大规模取代等级制关系。（5）更广泛地用市场或类似市场的机制来提供公共服务（包括民营化、签约外包、内部市场开发等）。（6）扩大并模糊公共部门与私营部门之间的界限（它以各种公私合作关系的增加和“混合型”组织的明显增加为特征）。(7) 主导性价值由普世主义、平等、安全和弹性向效率与个体主义转换。

欧文·休斯认为，公共管理改革具有明确的质的规定性。其特征包括：政府将为长期计划和战略管理而开发良好的方法确定为其施政的目标；需要专业化的管理；关注结果；改善的财政管理；人员调配的弹性；组织的弹性；转向更激烈的竞争；新合同主义；对私营部门管理实践方式的重视；与政治官员的关系更具灵活性，也更为紧密；强调以顾客为中心；购买者与提供者的分离；重新检视政府的所作所为①。

陈庆云认为，现代公共管理基本模式大致应具备以下八个特征：“公共利益与个人利益相统一，重在公共利益上；政府组织与其他公共组织相统一，重在政府组织上；社会问题管理与资源管理相统一，重在问题解决上；结果管理与过程管理相统一，重在结果管理上，而结果管理更多地突出公平；管理所追求的公平与效率相统一，重在公平上；公共组织的外部管理与内部管理相统一，重在外部管理上；服务管理与管制管理相统一，重在服务上；管理制度与技术相统一，重在制度创新上。”②

在实践上，公共管理分为五大模式：(1) 效率模式。是新公共管理中最早涌现的模式，也是20世纪早期及中期的主导模式。它代表了这样一种努力，即在效率这一概念的指导下，力求将政府部门变得像工商部门一样。(2) 紧缩与分权模式。代表了一种与以往政府不断扩张而截然不同的趋势：政府组织规模不断缩小；追求更高的组织灵活性；更高程度的标准化；不断分权和下放的规划与预算责任；将更多的公共服务承包给非政府部门。(3) 私有化与竞争模式。代表了在公共服务的提供方面由政府向私有部门的转移以及在政府运作中对市场力量的引入。(4) 公共服务导向模式。代表着公私两大部门管理思想的融合。它试图通过对公共服务的使命的清晰勾画来重塑和激励政府官员，而这种使命又与私有部门已普遍接受的高质量的管理理念相兼容。(5) 公私伙伴关系模式。在私有化和分权化的浪潮中，公私伙伴关系模式作为一种崭新的趋势涌现出来，它创立了一种公共部门和私有工商部门新的合作方式。这一模式包含了中央政府、地方政府、非政府组织以及私有工商部门之间的合作或合并③。

1.3　公共管理的研究对象与研究途径

1.3.1　公共管理的研究对象

公共行政和公共管理因不同社会背景和不同的理论基础而各有侧重，但它们是一脉相承的，公共行政向新公共管理转变体现了公共部门管理理念的变革。陈庆云认为，公共管理的研究实质上包含了两个基本内容：一是公共性，二是管理性，“虽然 public man-

---

① 欧文·休斯．公共管理导论：第3版．北京：中国人民大学出版社，2007：61-71.

② 陈庆云．公共管理基本模式初探．中国行政管理，2000 (8).

③ 张志斌．新公共管理与公共行政．武汉大学学报（哲学社会科学版），2004 (1).

agement 译成汉语是'公共管理'，但它更多是基于技术操作层面，关注的是管理性"①。

当然，我国公共管理的研究对象存在着特殊性、适用性与本土化的问题。

20 世纪 80 年代以来，全球化、市场化、民主化、信息化浪潮席卷全球，知识经济时代到来，中国迈出了以改革开放为政策选择的现代化步伐。尽管在发展阶段、政治体制、文化传统等方面，我国与西方发达国家存在很大差异，但转型期的中国日益融入全球社会，遵循国际惯例，同样面临着如何建设市场经济，如何提高行政质量，如何降低行政成本，如何实现现代化等与西方国家相似的问题。

欧文·休斯认为："在发展中国家，管理主义原则能否像在西方国家那样运作还远远不清楚。"他认为，公共管理改革的原则在发展中国家公共部门中的运用存在一些问题。"第一，新公共管理的基础是将市场原则运用于公共政策和公共管理。发展中国家常常缺少市场运作的经验，而市场应在具备诸多因素之后才能有效地运转。第二，即使公共企业在发展中国家普遍遭遇失败，但其民营化仍存在一些特殊问题（如外国所有权的介入以及难以管理等）。第三，从官僚制到市场的转变可能意味着腐败的产生和蔓延的风险。第四，如果没有有效地建立法治和强制执行合同的制度，在采取合同安排来提供服务的转变过程中将会出现明显问题。第五，发展中国家遵循西方模式可能也会存在问题。第六，政治化问题。第七，潜在的期望值过高的问题。"②

当前，我国公共管理应该处理好以下几个方面的问题：第一，公共管理的主体问题。政府是公共管理活动的核心主体，但不是唯一主体。公共管理的主体应该是以政府为核心的多元化、开放式主体体系，注重发挥第三部门、私营部门和公众的积极作用。政府并不是管理和配置社会资源的最佳手段，在民众和社会组织能够提供经济的、有效的、高质量的服务的领域，政府必须退出。第二，行政伦理问题。当前我国正处于转轨时期，市场经济还不成熟，权力约束机制也不完善，加之内外环境的影响，在一些政府官员身上出现了伦理失范现象。加强行政伦理建设，加大反腐倡廉力度，成为全社会关注的焦点之一。第三，制度建设和创新问题。改革开放以来，我国政府共进行了九次机构改革，但是陷入"精简—膨胀—再精简—再膨胀"的怪圈，这不能不在制度上引起我们的深思。第四，依法行政问题。我国传统行政管理中重灵活、轻制度，重人治、轻法治，重义务、轻权利，行政决策缺乏科学机制的约束，行政责任意识薄弱。转型时期的公共管理如何摆脱人格化管理，是我国依法行政的重要问题，也是依法治国的关键所在。

1.3.2 公共管理的研究途径与方法

1. 公共管理的研究途径

20 世纪七八十年代，公共管理途径在美国大学的公共政策学院和商学院逐渐发展起来。波齐曼（Bozeman）认为：在 70 年代末的美国大学中，几乎同时出现了两种明显不同的公共管理途径：一种是来自公共政策学院的"政策途径"（the policy approach），简称 P 途径；另一种是来自商学院并受传统公共行政学影响的"商业途径"（the business

① 陈庆云．我国公共管理研究的基本内容及其重点．江苏社会科学，2002（6）．

② 欧文·休斯．公共管理导论：第 3 版．北京：中国人民大学出版社，2007：252－273．

approach)，简称B途径。经过七八十年代的孕育和进化，公共管理的P途径和B途径逐渐融合，形成公共管理的新范式。

凯特尔（Kettl）认为，公共管理运动所发展起来的公共管理途径是一种全新的途径，它既不同于传统的公共行政学途径，也不同于政策分析中的执行研究途径。它在公共政策学院中成长，并在公共政策分析与管理学会中结出果实。它的倡导者试图从案例分析和个人经验中汲取可以广泛应用的经验教训，并且该途径的发展很少借助于公共行政学和执行研究的成果。波齐曼将P途径和B途径加以综合，认为公共管理途径应具有如下特征："既关心战略，又关心过程，但以一种外部的焦点取向；在强调"硬"知识（管理方法、技术尤其是定量分析技术）的同时，继续关注"软"知识（管理的政治环境、价值等）；以资深公共管理者（中层和高层管理者）为方向；给公共管理中的"公共"下更广泛的定义，以便将非营利组织、私人企业的公共方面包含于其中；关注理论和规范研究。"①

2. 公共管理的研究方法

社会科学研究的发展，从实证研究一马当先到现在诸多范式并存，有学者曾形象地归纳了它的发展：第一期为"传统期"（1900—1950年），此时实证主义当道，质性研究者好比"独行的民族志者"，身处遥远的异乡，找寻母国文化，对殖民的田野经验进行客观、有效与可靠的描述。第二期为"现代主义期"（1950—1970年），许多传统期的作品仍持续其影响力，学者常重返芝加哥学派的成果中找寻灵感。第三期为"领域模糊期"（1970—1986年），社会科学与人文领域间的界线开始模糊化，人文学成为质性研究的重要资源，研究者常借助不同的学术领域，在此时期，不同范式、策略与方法可资运用。第四期为"再现的危机期"（1986—1990年），研究者对文本有较多的反思，并纳入种族、性别与阶级的思考。第五期进入"后现代实验时期"（1990—1995年），尝试新的实验性书写形式，并探索使用不同方式再现"他者"。第六期为"后实验期"（1995—2000年），第七期则为现已面临的"未来期"（2000年至今），在这两个时期里，写作形式更加多元，小说式民族志、民族志诗篇与不同媒介的文本都可被接受。对于研究的本质，学者有进一步之探求，如何将作品与自由民主社会的需求相联结，社会科学的道德性与神圣性是努力追求的方向。②

在社会科学研究范式从一元到多元化的转变过程中，从公共行政到公共管理的研究方法发展迅速，由此决定了该学科的发展程度、研究视野、理论深度以及发展方向，并直接影响着公共管理的科学性、合理性、现实性。"大致来说，行政学自开始成立以来，一直受牛顿物理学典范的影响，其结果是创造了各种实证理论与实证方法的运用。到了20世纪60年代末和70年代初期，行政学理论的建构与研究方法的转变，有逐渐配合爱因斯坦物理学典范的趋势，也兴起了自然论的研究典范，因而使诠释理论与批判理论有了相互呼应的发展。"③ 由此来看，实证范式、诠释范式和批判范式构成了公共管理研究

① 陈振明．公共管理范式的兴起与特征．中国人民大学学报，2001（1）．

② 潘慧玲．社会科学研究典范的流变．教育研究资讯，2003（1）．

③ 吴琼恩．行政学的范围与方法．台北：五南图书出版公司，2005：369．

的三大方法论基础。从公共行政到公共管理的历史证明，方法论的创新与突破为新研究范式的兴起创造了可能。

吴琼恩认为，今后行政学理论的发展，似乎可以参照贝利（Bailey）所提示的四种方向去努力建构各个理论的发展：

（1）描述性理论（descriptive theory）。保留前四个范式时期（政治与行政分立时期、行政原理时期、公共行政学即政治科学时期、公共行政学即管理学时期）方法论上采用实证论观点所做的各种经验研究的成果，以累积更多的知识，唯需了解此一观点的基本限制，即绝不可当作最后的真理，换言之，这些通则、定律是暂时的，可以依照巴柏（Popper）的方法学加以否证，而重新建构。

（2）规范性理论（normative theory）。公共行政学的价值目标是什么？行政学者应研究什么，能提出什么政策性建议？今后行政学者更应注意对“价值哲学”“自由哲学”，甚至“文化哲学”的探讨，才能确立适当的行政伦理规范。

（3）假定性理论（assumptive theory）。行政人员对于人性的了解不应仅限于对人的外在行为因果性的理解，还应侧重“意义”或人的“意向性”之理解。因此，文化人类学、现象学和诠释学的方法均应被行政学者吸收，以便更深入地了解行政行为的意义。

（4）工具性理论（instrumental theory）。为达成公共目标的效能和效率，对于各种管理技术的量化研究亦应继续努力。

事实上，公共管理研究存在工具和价值两大研究取向。一是工具取向。其方法论承袭逻辑实证哲学立场，以经济或工具理性为理性基础，将公共管理视为一门以量化研究途径为基础的、专业的科学分析活动。公共管理市场化取向的改革及经济学、工商管理学研究方法的引入对传统公共行政提出了严峻挑战，它改变了公共行政学的研究范围、主题、方法、学科结构与理论基础和实践模式。二是价值取向。其方法论遵照后实证主义、诠释学派与批判学派哲学立场，以社会或实质理性为基础，将公共管理视为一门“艺术”。诠释学派与批判学派的方法为研究公共管理问题提供了一个高于工具性、实证性研究的新层面，这促使公共管理学者拓宽公共管理研究领域，创新公共管理理论。

从经验研究角度来看公共管理研究方法，定量研究通过构建并检验公共管理理论假设，在预测变量之间相关或因果关系上发挥了重要作用。定量研究以实证主义为方法论基础，在严格设计的基础上，采用定量测量手段，注重变量的操作与测量，收集资料并对此进行统计分析。问卷调查、量表测量、测验和实验研究是定量研究的常用方法。一般而言，定量研究适用于研究问题已有大量资料、资料收集相对容易、需要探讨变量关系、宏观层面的大规模的调查与预测等场合。定性研究主要依据反实证主义的方法论，依据现象学、解释学、社会互动论等理论，注重个案研究，注重具体独特的现象，收集和分析非数字化资料，描述所经历的现实，探索社会关系，从而对个体进行理解、诠释和深度描述。其主要方法有非结构式的直接观察和会谈等。定性研究以反实证主义方法论为基础。总体而言，定量研究与定性研究各具特点，两者是互补的。

本章小结

学术界对公共管理与公共行政存在各种争论，但事实上，公共管理与传统的公共行政之间既有内在的必然联系，又具有明显的区别。

从传统公共行政到公共管理学是一次重大的学科范式变革。公共管理的范式或途径虽然没有成熟，但已经显现了强大的生命力，被认为代表了公共部门研究的发展方向。

从历史发展的进程上看，公共管理运动起源于英国、美国、澳大利亚和新西兰，并逐步扩展到其他西方国家乃至全世界。公共管理理论在我国的引入和应用，必须结合我国的特殊国情。

关键术语

范式　行政　公共行政　公共管理　公共行政学　工具　管理　P途径　B途径　公共部门　公共物品　公共管理学

复习思考题

1. 试论述公共行政与公共管理、公共行政学与公共管理学的区别与联系。
2. 论述公共物品供给中的政府、企业和第三部门。
3. 论述西方国家公共管理改革的基本方式。
4. 从公共行政到公共管理是一种范式转移吗?
5. 试说明公共管理作为一门学科，主要研究哪些内容。
6. 公共管理兴起的理论背景是什么?
7. 公共管理的研究途径有哪些?
8. 公共管理的研究方法有哪些?
9. 案例分析题：请认真阅读案例材料，然后按照要求分析并回答问题。

英国"第三条道路"评析

2007年6月27日，英国首相布莱尔宣布辞职，工党组成了以戈登·布朗为首相的新内阁。从1997年5月1日上台执政到2007年6月下台，英国首相布莱尔执政十年，他的执政铸就了一个走向"第三条道路"的时代。回首他执政的历程，功过是非众说纷纭，莫衷一是。布莱尔曾经造就了诸多辉煌，但也备遭非议，背负骂名。究竟孰是孰非，本文就此作一评析。

布莱尔"第三条道路"理论的基本内容剖析

面对经济全球化带来的问题与挑战，西欧资本主义国家的执政党显得力不从心，无能为力：既要维持已有的基本福利保障，维护劳工的利益，缓和社会矛盾，保持社会稳定，又要满足资本的要求，防止资本外逃，保持生产的增长和国内就业的增长。这种两难的处境迫使政党不得不调整自己的理论和政策。特别是20世纪90年代后期欧洲社会民主党纷纷上台执政，他们眼见美国在经济全球化中以其高效率和强有力的竞争力一路领先，深感自己高税收、高政府开支的福利国家制度破坏自由、影响生产和社会效率，成了经济进一步发展的障碍。因此，他们在政策制定上也不得不偏向自由主义并日益重视市场这只无形的手的作用。

正是在这样的背景下，布莱尔为英国工党设计了“第三条道路”，并得到了欧美社会民主党的响应和支持。与社会民主党已走过的道路不同的是，布莱尔的“第三条道路”不是在自由资本主义和社会主义计划经济之间的另一种选择，而是在欧洲的左与右之间进行的选择。即在社会民主党的传统和撒切尔夫人的“新自由主义”之间寻找一条通向全球化的新路。从这个意义上可以说，它是旧瓶装新酒。

那么，在“第三条道路”这只旧瓶子里，到底装进了什么样的“新酒”呢？“第三条道路”理论的内容概括为六个方面：其一，重视市场机制的作用，但同时强调政府要发挥强有力的作用；其二，强调社会公正原则；其三，摆脱左翼传统的“大社会”思路的社会福利模式，代之以机会和责任相结合的新的社会福利模式；其四，主张新社会契约政策，建立起人民与国家、政府，雇主与工会之间的合作伙伴关系；其五，重振民主，恢复公民对政治的信任；其六，在全球范围内制定新的游戏规则和规范，谋求建立政治和经济自由的新国际体制。

布莱尔推出的“第三条道路”，是介于欧美现实资本主义的两种模式——美国的新自由主义模式和欧洲大陆的社会民主主义模式之间的一种资本主义模式。实践证明，“第三条道路”从来就没有改变资本主义的实质。“第三条道路”理论的某些缺陷主要表现在三个方面：其一，在主要价值判断和观点上似乎折中多于创新，拿来的多于内生的；其二，“第三条道路”理论表面上看无所不包，但不够系统和有序；其三，在解决棘手的经济问题上没有一套系统的理论。因此可以说，“第三条道路”的前途现在还难以看清，其前途将取决于执政期间解决以经济为核心的各种问题的能力和参与竞选的能力。

布莱尔十年执政评析

在政治方面，布莱尔 1997 年上台伊始就极力推行宪政改革，寻求在各个层次上重建政府权力，致力于补偿现有政体在民主上的亏空。首先，1999 年 5 月上旬，设立了苏格兰和威尔士地方议会以实行权力下放（只下放地方事务管理权，如在法律、司法、经济、交通、卫生、教育等领域享有自决权，但在外交、国防、安全和经济政策等重大问题上没有决策权）。权力下放，理顺了中央和地方的关系。其次，他又领导英国下议院通过了废除英国上议院的世袭贵族制，废除了三百年来议会中以爵位世袭为传承纽带的特权制，代之以非世袭的议员选任制。这使得议会上院实现了民主化，这是对英国三百多年来保守政治传统的一大革新。此外，布莱尔还不遗余力地推动北爱尔兰的和平进程。他促成了 1998 年 4 月 10 日的《星期五和平协定》，这一历史性协定对结束北爱尔兰流血冲突、推动和平进程起了关键作用，被认为是布莱尔执政期间最高的成就。

在经济方面，布莱尔采取一系列措施，保持了英国经济持续稳定的增长。年平均增速达到 2.3%，失业率仅为 4%，通货膨胀率也仅为 2%，人均工资则年均增长 4%，在就业率、政府投资额、海外投资吸引等方面也成就显著。布莱尔推行自由主义的经济主张，承认市场和私有化。在这十年中，布莱尔让英国民众不仅看到了经济的持续增长，而且从持续增长的经济中得到了实实在在的好处。布莱尔工党政府之所以能够三次连任，持续增长的经济就是布莱尔打出的一张有力王牌。

在外交方面，布莱尔借反恐战争导致的大国关系的变化，在“大西洋主义”和“欧洲中心主义”折中基础上创新性地提出了“枢纽外交”，强调国际合作，强调英国应该充当美国和欧洲之间的桥梁，而不是倾向于任何一方。布莱尔的这一新型外交，既通过加强英美特殊关系影响了国际事务，又维护和巩固了英国在欧洲的领导地位。

在社会发展方面，布莱尔成功的创举就是转变了传统的福利政策，推动了“工作福利计划”，为经济、社会持续稳定的发展甩掉了“福利”这个沉重的包袱，推动了福利国家的现代化。布莱尔政府通过税收优惠，扩大工作者与失业者之间的经济差距，以鼓励人们工作。尽管英国福利开支低于德国、法国，但就业状况却远优于德法。在他任期内的十年间，英国在公共服务领域的投资规模创造了历史最高纪录，国家卫生服务系统的预算增加了一倍多，健康保障基金增加了三倍，教育预算翻了一番，公立学校的学生人均投资在十年中也翻了一番。值得称赞的是，他为伦敦赢得了2012年奥运会举办权，这也成为他引以为豪的功绩。

资料来源：张映宇．英国“第三条道路”评析：兼评布莱尔十年执政之功过．江苏行政学院学报，2007（6）．

问题

（1）试用新公共管理理论谈布莱尔政府改革。

（2）从撒切尔政府到布莱尔政府的不同改革方式，体现了公共管理改革的哪些变迁？

《本章阅读书目》

1. 亚里士多德．政治学．北京：商务印书馆，1983.

2. 保罗·萨缪尔森，威廉·诺德豪斯．微观经济学：第17版．北京：人民邮电出版社，2004.

3. 彼得·德鲁克．管理：任务、责任、实践（上）．北京：中国社会科学出版社，1987.

4. 戴维·奥斯本，特德·盖布勒．改革政府：企业精神如何改革着公营部门．上海：上海译文出版社，1996.

第2章

公共管理的公共性、服务性与共治性

本章导读

公共管理既是一门学科，也可作为一种活动，在不同的语境下具有不同的属性。就其活动的开展主体、作用客体、职能过程和追求结果而言，公共管理具有很强的公共性属性；就其回应公民需求的理念、政府角色的转变以及管理过程的价值导向而言，公共管理具有很强的服务性属性；就其参与主体的多元化、平等化和法治化等特征而言，公共管理又具有明显的共治性属性。剖析公共管理的公共性、服务性和共治性属性，能够为新时代我国构建社会治理共同体提供理论指导。

重点问题

- 公共管理的三大属性
- 公共管理的公共性原则、价值及表现途径
- 公共管理的服务性原则、价值及表现形式
- 公共管理的共治性原则、价值及表现形式

知识结构图

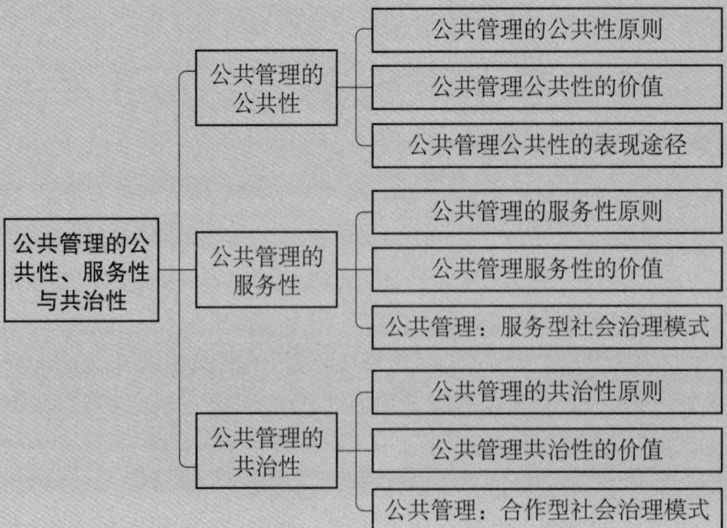

2.1　公共管理的公共性

“公共性”是一个极为复杂的概念，也是公共管理活动的一个重要分析工具。对于公共性，不同的研究者所使用的层次和阐释的重点多有不同，但作为区别于其他管理的一个本质特征，公共性贯穿公共管理的整个过程。一般来说，公共管理意义上的公共性是指，以政府为核心主体所实施的公共管理，必须秉持公共精神，恪守公共价值，推出高质量的公共服务，进而实现公共利益。

首先，公共管理在本质上异于私人部门管理，它更多地体现“公共”的特性。然而目前主流的公共部门管理理论（新公共管理）有过分管理主义取向，表现为“公共性”的丧失。其次，随着社会组织的日益成长，第三部门在公共管理中的作用越来越大，形成了强大的参与力量，这就要求公共部门在管理过程中更多地体现“公共性”，从而表现为某种程度上“公共性”的觉醒①。

2.1.1　公共管理的公共性原则

公共管理的公共性体现为以政府为核心的公共部门执掌公共权力，谋求公共利益，管理公共事务，承担公共责任。公共管理的公共性表明：公共性致力于实现社会整体的公共利益，而不是单纯为某一个特定阶层或群体服务；公共管理不是一种统治方式，也不是一种政治控制的方式，而是以政府为核心的公共部门推进、实现和维护社会公共利益的一种方式。

1. 公共管理的主体是以政府为核心的公共部门

从公共管理主体看，其管理主体是以政府为核心的公共部门，公共部门的行为代表着公共利益，而非私人利益。在传统公共行政向现代公共管理转变的过程中，公共管理主体呈现出多元化趋势，并由此更具有显著的公共性。随着政府与社会、市场、公民之间关系的调整，政府不再独立地、垄断地承担提供公共服务的责任，而是通过民营化、签约外包等伙伴关系的方式与其他公共管理者分享管理责任，共同承担管理义务。

2. 公共管理的客体是公共部门内部事务和社会公共事务

从公共管理客体看，其管理客体（对象）是公共部门内部事务和社会公共事务，它针对的是全体公民，而不是某一个特别的阶层、族群、社群或社区。公共管理者通过行使公共权力，对社会公共事务进行管理，由此与社会生活中的几乎一切行为主体发生行政、法律关系。显而易见，公共管理的客体比公共行政要宽泛很多，它的管理范围既包括了属于政府管理范围内的社会公共事务，又包括了不属于政府公共管理事务的社会公共事务，以及公共环境、项目执行、绩效评估、公共伦理等一些在传统公共行政中难以见到的客体。公共管理客体范围所涉及的是整个公共事务领域，区别于私人部门那种以

---

① 王乐夫，陈干全．公共性：公共管理研究的基础与核心．社会科学，2003（4）．

盈利为目的、追求本部门的收益和利润最大化的管理。

3. 公共管理的职能是协调政府与市场、社会、公民的关系，实现公共利益

从公共管理职能看，其管理职能在于协调政府与市场、社会、公民的关系，实现社会公平，有效推动社会发展和文明进步。公共管理职能就是指公共组织在履行公共责任，实现公共目标，向社会提供公共物品和服务的过程中所体现出来的功效与作用。公共管理职能与公共管理目的相联系。公共管理职能的实施者是整个公共组织系统，包括政府组织与非政府公共组织及其所属工作人员。公共管理职能是一个完整的体系，它的内容涉及整个社会公共事务，其行使的依据是宪法和法律赋予公共管理主体的权力。

4. 公共管理的过程体现了公共管理权力运作的多向度和公开性

从公共管理过程看，其管理过程体现了社会公众对公共管理活动和公共产品供给的广泛参与，以及公共管理活动的公开性。公共管理过程实际体现了公共管理权力运作的多向度，即公共管理不仅需要政府组织行使管理权责，也需要其他社会组织与公众参与和行使权责，需要多元公共管理主体之间的沟通、互动和协作。

5. 公共管理结果追求社会责任和绩效要求

从公共管理结果看，公共管理活动所承担的社会责任和绩效要求，不能简单地用利润或效率标准来衡量，而必须用服务效果、质量和公众满意的程度等多种尺度作标准。公共行政是一种“内部取向”，重视机构、过程和程序的管理；公共管理则是“外部取向”，重视项目、结果和绩效的管理。公共管理最直接的结果，就是生产和提供公共产品。公共产品的生产和提供是一个投入和产出的过程，是为了生产和提供更多更好的公共产品的过程，这决定了公共管理过程必然是追求绩效的过程。因此，公共管理绩效必须以结果为导向，向公共利益的最大化看齐。如果公共管理部门自身绩效的评估结果与社会评价结果一致，就是最有效率和效益的公共管理。

2.1.2 公共管理公共性的价值

就公共性的词源而言，有两种解释，第一种来自希腊语“pubes”，指一个人在身体和心智上的发展成熟，能够了解自己和他人之间的息息相关或联结；另一个来自希腊语“koinon”，为“共同”或“关怀”之意。在哈贝马斯的理论中，公共领域是“作为一个和私人领域相分离的特殊领域”[①]，是指一种建立在社会公/私二元对立基础之上的独特概念，“成熟的资产阶级公共领域永远都是建立在组成公众的私人所具有的双重角色，即作为物主和人的虚构统一性基础之上”[②]，同时具有一种独特的批判性功能。

公共性的实质含义应是“公共利益”（public interest），公共部门的所作所为就是将公共意志与公共价值作为行为基础，为公共利益服务[③]。当代公共行政的价值强调“公共性”，以改善人类社会生活条件为目标，因此公共行政学术的研究不要仅满足于理论的发展，还必须提出实务上可操作性的指导原则。全钟燮认为，传统公共行政追求技术理性，

① 哈贝马斯．公共领域的结构转型．上海：学林出版社，1999：6.

② 同①59.

③ 林钟沂．行政学．台北：三民书局股份有限公司，2001：696－714.

以效率为价值；新兴公共行政强调民主参与，以实践公共利益为价值。全钟燮还提出了实践公共利益的八项标准：公民权利，伦理道德标准，民主程序，专业知识，非预期的后果分析，普遍利益，尊重舆论，充分开放①。

戴维·罗森布鲁姆等人认为，公共行政的公共性表现在：（1）以宪法为基础。在美国，联邦和州宪法不仅提供了公共行政存在的空间，同时对其运作形成限制。（2）公共利益。政府有义务增进社会的公共利益。（3）市场机制。相对于企业而言，政府运作受市场因素的干扰较少。（4）主权。主权是指特定政治社群所拥有的至高无上的政治权力与权威。公共行政管理者参与公共政策的制定与执行，并根据社会整体的需要进行资源、价值观以及地位的分配。参与政策制定和政治活动，要求公共行政管理者应当遵守公共价值，如代表性和透明性②。

弗雷德里克森认为，公共行政的核心要旨是追求“公共性”，而公共性的基本理念就是实践公共利益。公共利益的价值具有模糊性、抽象性及不确定性，其意义隐晦难明。他指出，公共行政的公共理论的构成要件包括：（1）必须建立在宪法基础之上。人民主权原则、代议制政府原则、权利法案中的公民权利、程序性正当的法律程序、分权制衡，以及联邦宪法和州宪法中的许多规定，都是这种理论的基础，这种基础是稳固的、不可动摇的。（2）必须建立在得到强化了的公民精神的理念基础上。（3）要发展和维持一种制度和程序，它能够听到集体的和非集体的公共利益要求，并能够对要求作出回应。（4）必须建立在乐善好施与爱心的基础之上。乐善好施，或者对他人的爱心是关键。③

总之，强调公共管理公共性的价值，有助于防止因过多关注公共管理的管理性和强调工具取向与技术理性，而导致的官僚制异化、政府失灵、权力寻租等现象，进而引发公共部门的合法性危机。

2.1.3　公共管理公共性的表现途径

传统公共行政模式是在三权分立学说以及“民有、民治、民享”理念下形成的制度设计和制度安排，它以威尔逊和韦伯理论为基础，并为政府表现公共性提供了一个可能的框架。学者张康之将近代政府公共行政的公共性的表现途径概括为：公共行政应当成为公共利益的代言人；公共行政应当具有普遍的代表性；公共行政应当具有充分的开放性；公共行政应当接受民众的广泛参与④。而美国学者弗雷德里克森则将公共性的不同途径归纳为：多元主义的观点（公共即利益团体）、公共选择的观点（公共即理性之选择者）、立法的观点（公共即代表）、服务提供的观点（公共即受惠者）和公民意识的观点（公共即公民）。相对地，传统公共行政理论支持专业主义、专家意见和强有力的行政机关，而当代的公共行政则偏好小而美的政府、更为直接的公民参与、签约外包和民营化，

① 全钟燮．公共行政：设计与问题解决．台北：五南图书出版公司，1994.

② 戴维·罗森布鲁姆，罗伯特·克拉夫丘克，德博拉·戈德曼·罗森布鲁姆．公共行政学：管理、政治和法律的途径：第5版．北京：中国人民大学出版社，2002：6-15.

③ 乔治·弗雷德里克森．公共行政的精神．北京：中国人民大学出版社，2003：39-42.

④ 张康之．论“公共性”及其在公共行政中的实现．东南学术，2005（1）.

以及市场的诱因①。

从本质上说，当代公共管理与近代以来的传统公共行政一脉相承，在全球大变革与内部环境变迁的促进下，公共管理公共性的表现途径在进一步强化传统公共行政途径的同时，又必然在具体环节或表现方式上有所改进，主要表现为以下四个方面：

1. 从抽象利益到实际要求

传统公共行政以追求“效率”为天职，确立维护公共利益的诚实形象，但是，“公共利益”的抽象性往往导致政策变形。公共管理不是以部门、职能为导向或以数量、规模为导向，而是倡导公共部门及其组织成员与顾客直接接触，真正了解社会公众的实际需求。其中可以看出，两者之间是一种直接的、人性化的关系，不存在繁文缛节和互相推诿等行为，曾经存在于组织内部和组织之间的壁垒变成了沟通的网络，从而以无缝隙的方式为顾客提供公共产品和服务并对其不断完善。

2. 从重视效率到重视效能

传统公共行政反映了大工业时代制造业规模生产的效率模式，它强调组织结构的合理性和系统运行的高效率。然而，在帕金森定律的作用下，公共部门难以避免地出现了周期性的机构膨胀、职能交叉和权责混乱，其结果是既降低了效率，又丧失了公共性。公共管理的理念重新界定了公共服务的价值，强调经济、效率与效能（3E），重视结果，并以塑造“企业型政府”为目标，大胆借用私营部门的理念和手段，从而掌握了一种更适应全球化时代的顾客需求的战略性治理方法。

3. 从严密控制到分权参与

传统公共行政以金字塔式的官僚制组织作为一个严密的等级控制体系，在这种架构下，政府是一台运转的机器，而行政人员则是操作这台机器的工具。这种严密控制与层级节制不仅无法实现高效率，反而经常性地引发行政人员的消极抵抗，特别是从根本上压制了他们的创造性和积极性。公共管理强调以一种分权化的管理环境来取代高度集权的等级组织结构，在这种分权化的管理环境中，关于资源分配与服务提供的决策更接近服务的最优提供点，其中，公民的广泛参与又成为显著的亮点。

4. 从强制履行到责任自主

传统公共行政是一种“命令—执行”的操作形式，行政人员只是官僚机器上的一个构件，只要随体制运转即可。现代公共管理强调，公共管理者应具有主动性和责任感，具备公共伦理精神。在这个过程中，公共管理者按照服务取向、顾客导向、竞争导向、结果导向的原则，确保每一项资源投入、人员活动、公共产品或服务的提供等，都能真正而有效地符合顾客的需求，使顾客能够在“任何时间”和“任何地方”得到服务，真正实现“为民服务”的目标。

2.2 公共管理的服务性

随着经济全球化、信息化与知识经济时代的到来，公民需求层次逐渐提高，需求内

---

① 林钟沂．行政学．台北：三民书局股份有限公司，2001：682-696.

容日益多样化，国际竞争不断加剧，传统公共行政的官僚制模式和管理理念已经越来越不适应时代的发展要求。西方发达国家引领潮流的政府再造运动，将“顾客满意”的理念和企业创新的精神注入官僚制行政的各个环节，提供了许多行政革新的具体方向和实际作为，并推动“管理行政”迈向了“服务行政”的崭新领域。顾客社会①的兴起意味着，公共部门的成员“已从过去统治者一员，也就是单纯服膺上级指示、仰赖上级栽培的封闭型‘制造业’员工，被迫转型成为对人民需求敏感的‘服务业’员工”②。也就是说，公共管理者正在从“民之父母”角色转换为以社会公众为上帝的服务者角色。

2.2.1　公共管理的服务性原则

建立在程序化、理性化、非人格化基础上的传统官僚制，将过多的资源消耗在维持公共行政的形式理性方面，却忽视了效率、效果、经济、公平和责任等价值的实体意义。现代公共管理强调服务性，也就是在公民本位、权利本位、社会本位理念的指导下，在民主的框架下，通过法定程序，按照公民意志组建，以为公民服务为宗旨并承担着相应的服务责任。

1. 回应性

“官僚体系与民间社会是不可分的，人民与政府之间良好的‘偏好—回应’的互动关系，是民主政治的正当性基础。”③ 从这个意义上说，“回应性”（responsiveness）的表述正是世界各国政府以及公共管理与公共行政学术界试图突破传统官僚制困境的一种努力。回应一词是指公共部门快速了解公众需求，不仅要求“回应”公众先前表达的需求，更应富有远见，主动研究问题、解决问题。一般来说，回应性的基本意义是，公共管理人员和管理机构必须对公民的要求作出及时的和负责的反应，不得无故拖延或没有下文。在必要时还应当定期地、主动地向公民征询意见、解释政策和回答问题④。

2. 公正透明

公共部门的行为必须坚持和维护公民的基本权利，体现公民的基本意愿，并超越公共部门本身的自利倾向，同时考虑公共利益。其中，公共管理者必须要奉公守法、公正廉明，公平地向社会公众提供优质服务。公共管理的服务性的一个重要特征是公平性，它为所有公民和社会成员提供服务；公共管理者也必须平等地对待一切服务对象，所有公民都能享有同等权利和同等待遇。当然，实现公正的最好办法是透明，这是社会公众检验公共部门是否公正、公平地提供服务的重要前提。公共部门要根据公民的需要提供公共信息，确保公众知情权。公共部门的透明程度直接关系到公共决策的科学化和民主化，关系到公民参与，关系到公民对公共管理者的有效监督。

3. 高效便民

公共部门应该根据公民需求，优化办事流程，简化办事环节，改革陈旧的条条框框，

---

① 拉塞尔·林登．无缝隙政府：公共部门再造指南．北京：中国人民大学出版社，2002.

② 黄荣护．公共管理．2版．台北：商鼎文化出版社，2000：128.

③ 同②133.

④ 俞可平．治理与善治．北京：社会科学文献出版社，2000：10.

为公民和社会提供更有弹性、更加灵活的服务。做到以公民为导向，为公民提供尽可能多、尽可能方便的服务，从而满足现代社会追求灵活、个性化、便利、弹性、多样性、参与、人性化的发展需要。公共管理行为所产生的绩效应该是高效率和高效益的高度统一。公共管理高效率要求在单位时间内以尽可能少的投入来获得尽可能多的社会效果；公共管理高效益要求所获得的绩效必须符合社会公众的多样化需要，能给社会带来有益影响，带来尽可能多的福利。这必然给公共部门服务观念的更新、组织结构的变革、技术设备的更新以及人员素质的提高带来新要求。

4. 责任

服务意味着要对服务对象负责，公共管理的服务性同样强调对公众负责。首先，各公共部门及其公共管理者都必须主动自觉地履行宪法和法律明确规定的各项职责，只要接受了公共职位，行使了某项公共权力，也就意味着承担了相应的法定责任，否则就是违法；其次，各公共部门及其公共管理者必须主动、及时地回应公民的正当要求，承担回应责任，如果没有对公民的正当诉求在规定的期限内作出适当的回应，也是一种失职。

5. 以人为本

公共管理的服务性，必然强调以人为本，摆脱生产者导向型的管理模式，确立顾客导向型管理模式。从本质上说，服务性是社会本位、人本位的。政府管什么、不管什么，只取决于社会和公民的需要，并以此作为公共管理职能定位的依据。从服务范围上看，服务性强调集中于公共领域，有所为有所不为；从服务手段上看，服务性的公共管理是一种引导式的，即使是管制也是有严格的法律限度的，而其服务则是一种无缝隙式的；从服务主体上看，服务由政府、非政府部门、私人部门以及社会公众共同来提供；从服务重心上看，坚持“顾客导向”，致力于满足公民多样化和个性化的需求；从服务评估上看，服务不再是内部取向的层级考核，而是一种外部取向的、结果导向的绩效评估方式；从服务文化上看，服务不再是管制文化，而是一切从公众需要出发、追求“顾客满意”的公共服务文化。

2.2.2 公共管理服务性的价值

服务是一种理念、一种精神、一种目标、一种原则、一种行为模式，也是一种制度体系。

从生产者导向社会到顾客导向社会的转变过程，经历了从“少得可怜的种类”到“丰富多样的种类”；从“相当不方便”到“强调便利”；从“接受基本服务的限制性通道”到“真正畅通的服务通道”；从“屈指可数的选择机会”到“无穷无尽的选择机会”。[①] 奥斯本和盖布勒指出：“为应付这些巨大变化，有企业家精神的政府已经开始转变它们自己。它们通过顾客调查、重点群体调查和各种各样的其他方法，开始仔细听取顾客的意见。它们已开始向顾客提供选择，包括学校、娱乐设施，甚至治安服务。而且它

① 拉塞尔·林登．无缝隙政府：公共部门再造指南．北京：中国人民大学出版社，2002：12.

们把各种资源直接交到顾客手里，让他们提供服务提供者，从而开始让顾客坐到驾驶的座位上。”[①] 公共管理的服务性，旨在强调公共部门的一切活动的目标和中心就是了解市场和顾客的需求，并有针对性地提供公共产品和服务。一切为了顾客，一切方便顾客，从部门本位转到顾客本位。

实际上，公共管理的服务性，就是由公共部门来提供私人和社会无力或不愿提供的，却又与其公共利益相关的非排他性服务。公共部门由原来的控制者，改变为兴利者和服务者，从而意味着施政目标从由机关和专家决定转变为由民众希望和合法期待来决定，公共部门从以控制管理为要务转变为以传输服务为要务，管理目标从经济领域转移到公共服务领域。因此，要大力增强公共管理机构的公共服务职能，发展和完善有关的公共设施，更好地满足社会公众的需要。

2.2.3　公共管理：服务型社会治理模式

1. 以服务作为价值体系中心的新型的社会治理模式

服务型社会治理模式是一种新型的社会治理模式，它以服务作为价值体系的中心，从而使其他一切价值都从属于和服务于这种最基本、最核心的价值。在这一基础上自觉建构其价值体系，并进一步按照以服务价值为核心的整个价值体系所提供的原则去进行制度设计和制度安排。“服务型社会治理模式与以往社会治理模式的实质性差别就在于，它把原先作为边缘性存在的服务放置到中心去了。”[②]

2. 服务型公共管理与管制型公共管理的差异

公共管理追求服务型社会治理模式，体现了传统的管制型公共管理（也称规制型公共管理）向服务型公共管理的变革。管制型公共管理与服务型公共管理是两种具有不同性质的公共管理体系，两者差别的基本点在于：究竟是官本位还是人本位？政府本位还是社会本位？权力本位还是权利本位？计划本位还是市场本位？管理本位还是服务本位？等等。尽管管制型公共管理也向社会公众提供各类服务，但同服务型公共管理所提供的服务具有显著的不同，主要表现在：（1）前者所提供的服务更具有手段的功能；后者所提供的服务本身就是目的，它完全是根据公众的需要而提供相应的服务。（2）前者所提供的服务往往表现为一种单向的、居高临下的“恩赐”过程，而不考虑接受者的需求状况与心理感受；后者则尊重社会公众对所提供的服务拥有的选择权，服务对象可以在有所要求时，得到自己选择的服务者所提供的服务，也可以在自己没有要求时，拒绝任何服务者提供的自己所不需要的服务。

3. 服务型社会治理模式的转变

服务型社会治理模式主要体现了三个转变：（1）从以政府为中心转向以公民为中心。传统管制型公共管理强调政治或社会秩序，将其自身行政权和行政行为置于整个社会的

---

① 戴维·奥斯本，特德·盖布勒．改革政府：企业精神如何改革着公营部门．上海：上海译文出版社，1996：151-152.

② 张康之，程倩．作为一种新型社会治理模式的服务行政：现实诉求、理论定位及研究取向．学习论坛，2006（5）.

中心位置，维持行政体系自身的存在和运行反而成为直接目标；服务型公共管理则将公众视为顾客，追求“顾客满意”，也就是以顾客——公民为公共管理的中心。(2) 从以权力为中心转向以权利为中心。传统管制型公共管理是一种自下而上的金字塔模式，它强调以政府权力为中心，并倾向于行政事务的高度集中；服务型公共管理则是一种富有弹性的扁平化模式，它是在公共管理社会化的基础上，以公众权利为第一要务，强调为公众服务，实现公共利益。(3) 从以效率为中心转向以效益为中心。传统管制型公共管理以效率为中心，然而，随着行政成本加大、行政机构膨胀和行政人员增多，这又使政府行为变得低效甚至无效；服务型公共管理倡导预算控制、公私竞标、绩效评估，充分考虑成本-收益分析，从而实现提升效率和降低成本的双重目标。

2.3 公共管理的共治性

随着信息技术发展与经济全球化引发的社会大变革，人类社会日益在生产、管理、生活、工作性质、公司组织、政治体系、经济制度、社会风气、文化等方面出现了分权化、分散化、规模化、多样化、异质化等诸多趋势。现代社会日益朝着一个权力与利益分化的多中心社会发展，社会越来越成为一个多元化的系统，由此，社会治理也应该是多元的，公共管理的共治性应运而生。公共管理的共治性，突出地表现在政府、企业和社会组织在相互依存的环境中分享公共权力，共同管理公共事务。

2.3.1 公共管理的共治性原则

传统公共行政实行的是单一向度的管理，公共管理的共治性则凸显公共管理是一个上下互动的管理过程，是一种强调多元、民主、协作的管理模式。公共部门的角色不再是划桨而是掌舵，不再是控制而是协调。公共管理的共治性的实质是建立在市场原则、公共利益和合法性认同基础上的一种合作治理。公共管理的共治性突出了公共管理主体多元化的主张，即公共事务的治理主体绝非只有政府一家，其他非政府公共组织、社会团体、企业、社区甚至公民个人也可以在一定的制度安排下成为公共事务的治理主体，从而真正体现公共管理的公共属性。

公共管理的共治性是一种多元体系，这对政府部门而言，治理就是从统治到掌舵的变化；对社会组织而言，治理就是从被动排斥到主动参与的变化。共治性的基本原则体现为以下几个方面。

1. 合法性

合法性是指社会秩序和权威被自觉认可和服从的性质和状态。公共权力产生于人民的直接或间接授权，它实际上是一种契约关系，规定了政府与公民之间在权利和义务之间的双向依存。公共权力的运行必须服务于公共利益，否则就不具有合法性。公共治理的过程也可以看作公共权力得到合法的行使和运用的过程。

2. 责任性

责任性是指公共权力具有服务于社会公众的义务。任何公共管理主体都是责任主体，任何公共管理行为都必须处于责任状态，这是公共治理的基本逻辑。责任性要求公共治理的主体始终保持对公民或社会的广泛关注，要求切实尊重和保护公众的权利，还要求保持公共决策信息系统的开放性和决策系统的有效输出与反馈，使公民在公共决策上享有知情权与参与权，保证公共治理的公平与公正。

3. 协作性

协作性是指政府、企业和社会组织分享公共权力，共同管理公共事务。治理实质上是一种协作管理，即政府全面开放公共事务的治理边界，并以对话、商谈、合作的方式，以真诚、正确、合理的态度与企业、非政府组织和社会组织建立合作伙伴关系。

4. 效能性

效能性是指公共治理能力的强弱以及由此产生的成效。效能更加注重品质层面，强调结果性，重视工作的质量和为公众提供服务的水平，它是指组织预期目标达到的程度。实现公共目标的程度高，说明公共部门的效能高。公共治理不仅要追求行为的高效率，而且要重视治理主体给公众提供的公共产品的质量和社会服务水平。

公共管理的共治性强调社会组织的共同作用，强调分享，它实际上既主张"强社会"，也主张"强政府"，更主张"强强联合"。共治主要来自谈判、协商、妥协与合作，而不是强制。首先，社会治理不再提倡大政府时代无所不包、无所不能的政府，而是提出，政府要还权于公民，还权于市场，特别是政府必须将原先占有的权力交给社会。其次，政府还权并不意味着政府将完全退出社会领域，也并不等于政府对社会撒手不管。事实上，随着社会问题日益增多和复杂化，加上公众需求的多样性，政府在提供优质服务、保证国家安全、维护司法公正、弥补市场缺陷、保护弱势群体等领域中，必然会继续发挥更大的、更不可替代的作用。最后，"强政府"和"强社会"的"强强联合"，其实就是共同合作、共同治理、共同发展。

2.3.2　公共管理共治性的价值

公共管理的共治性，强调的是公共事务的治理是政府与社会各种力量共同完成的，这等于宣告了政府不再一方独大，更不是"只此一家，别无分店"。公共管理的共治性实现的不仅仅是理论上的突破，也是对现有公共管理格局的重新认识，关注并探讨在对公共事务的有效治理中不同治理主体各自的定位、分工和相互关系，以期形成政府、企业、社区、公民个人共同参与公共治理的格局，从而克服政府作为唯一公共管理主体所产生的种种弊端，为公民提供更多、更高质量的公共服务。

政府不可能独自承担所有公共服务的供给，这才有了社会组织的兴起，以及共治思想的提出。正如托克维尔所说："一个中央政府，不管它如何精明强干，也不能明察秋毫，不能依靠自己去了解一个大国生活的一切细节。它办不到这一点，因为这样的工作超过了人力之所及。当它要独力创造那么多发条并使它们发动的时候，其结果不是很不完美，就是徒劳无益地消耗自己的精力。"[①] 具体来说，公共管理共治性的价值体现在如

---

① 托克维尔．论美国的民主．北京：商务印书馆，1995：100－101.

下四个方面：

1. 公共管理的共治性有助于克服政府的“盲目自大症”

在传统公共行政中，政府作为公共管理的唯一主体，往往是“盲目自大”“傲慢无礼”“因循守旧”的代名词。在一方独大的垄断格局下，政府不仅把所有的公共事务都揽在了自己身上，甚至把一些市场和私人能够解决的事务也揽了下来，而对公民和其他社会力量总是放心不下。其结果就是，政府顾此失彼地忙碌仍难以应付公民越来越多的公共需求，同时，大量的社会资本和资源被闲置或拒之于公共治理的大门之外。

2. 公共管理的共治性有助于引入竞争机制

传统政府不存在竞争压力，没有效率压力，在这种情况下，效率低下和官僚主义盛行就成为难以避免的结果。公共管理的共治性意味着公共管理主体的多元化，进而意味着，公共事务的治理权将在多个主体间竞争分配。公共部门要想竞争到公共权力的行使权，就必须提高管理效率和改善服务质量，否则，它同样面临着被精简、被淘汰、被遗弃的命运。

3. 公共管理的共治性有助于克服官僚体制中的“为民做主”意识

传统意义上的政府几乎垄断了对所有公共资源的支配权，也即掌握了对公众享用公共资源的分配权。“只此一家，别无分店”，让公民不得不受制于这种支配力量。公共管理共治性的实现，意味着政府不再是公共资源的唯一支配者，公民通过各种途径也可以分享公共权力，参与公共事务。这让公民自身有了选择权，也对公共权力有了更多理性的认识。同时，政府面对拥有选择权的公民，有了竞争的压力，也有了改善的动力，“为民服务”意识随之产生。

4. 公共管理的共治性有助于思考官僚体制膨胀的怪圈

传统政府一直摆脱不了“精简—膨胀—再精简—再膨胀”的怪圈，改革没有真正触及政府作为公共管理唯一主体的地位。在此前提下，即使在因政府规模过大造成巨大的财政压力和对社会经济管制过多而影响发展时，进行精简机构的改革，但在新的公共服务需求出现时，政府规模和政府职能范围又会再度扩张。公共管理的共治性为行政机构精简提供了另一个视角，这就是与社会各种力量形成伙伴关系，共同承担公共服务的供给。这实际上让政府扩张规模不再有借口，同时，也给遏制政府机构和人员的膨胀提供了很好的思路。

2.3.3 公共管理：合作型社会治理模式

社会的多元化让社会治理模式也更加多元。政府只是社会一极，它获取公民的支持来自其提供的服务。合作型社会治理模式的宗旨是根据社会公众的需要，通过多方参与、协同解决的方式提供公共服务与公共产品，从而确定公共管理对公众负责的公共责任机制。为此，合作型社会治理必然坚持利益的多元化，坚持分权化，坚持表达的多途径化，从而让不完善的政府与不完善的市场在一个完善的、动态的、多样的多中心治理模式中更好地发挥作用，更好地实现公共利益。具体来说，合作型社会治理模式具有如下特点：

1. 网络式治理结构

在治理结构上，合作型社会治理模式以网络为结构。在治理过程中，政府与其他社会组织组成了一个动态、复杂的网络系统。政府超越了传统社会中的核心地位，仅仅是网络结构中的一个节点、一个通道，而不再是社会的中心。网络系统的特点是各个成员通过了解，能够在互动中创造出新的解决复杂问题的方法。“概括地说，网络状公共治理代表了治理理论发展到一个新的阶段，已经从概念式描述进入动态过程分析阶段。多边关系、扩散性交换、动态性、国家成为经纪人是网络状公共治理的主要特征。”①

2. 互动协商协作的治理方式

在意见达成上，合作型社会治理模式以互动协商为方式。公共部门与社会其他力量不再是管理与被管理、控制与被控制的关系，而是相互协作的关系。合作治理是一种高度社会性的交换。所有交换者都相互了解，需要对一种规范性价值给予认同，而相互合作关系的本身就是一种追求的价值。在责任认定上，合作型社会治理模式突破了片面强调政府单方责任的格局，转向了同时强调政府、市场、社会组织的共同责任。在公共责任的框架下，包含权利意识、合作意识、参与意识等在内的公民意识得以确立；同时，包含社会自治、个体参与、自我管理等在内的民主价值得以张扬。

3. 以法治为基础的运行机制

在运行机制上，合作型社会治理模式以法治为基础。集权的社会管理模式已经很难有效整合社会资源，法治这一新的社会治理模式应运而生。法治是现代社会的重要制度资源和调控模式，“善治”的参与性、协商性、责任性、透明性、回应性、有效性、公正性、包容性以及合法性几乎都与法治精神相契合。社会治理需要采用多种多样的手段，如行政、法律和经济手段等，但整体而言，合作型社会治理模式更加强调运用法律手段将政府等公共部门的权限、方式和程序固定下来，将国家与社会、政府与市场、政府与公民之间的权利和义务关系固定下来，从而有效地制约公权和私权的滥用，更好地实现公共治理。

4. 以信任为前提的治理成效

在治理成效上，合作型社会治理模式以信任为前提。社会各力量之间的关系是对抗还是合作，一个重要的因素就是信任能否建立。信任程度决定着社会各力量之间的合作程度。信任程度高，合作程度就高，反之亦然。在一个无序的社会，猜疑和误解比比皆是，培育信任是一个充满挫折，但又需要善意和坚韧的过程。尤其是在政府独大的社会，信任往往是稀有的。“对于合作治理来说，治理主体间的信任关系是一个基本前提，如果不能在合作主体间建立起信任关系，社会治理的过程就会依然在控制导向的路径中延伸下去，只有当合作治理的主体间拥有了信任关系的时候，才同时拥有了合作治理。”②

党的二十大报告就我国过去五年和新时代十年的伟大变革进行了阐述，在其论述中也深深体现出公共管理作为一种活动乃至一门学科的公共性、服务性和共治性。报告中提到的“深入贯彻以人民为中心的发展思想，在幼有所育、学有所教、劳有所得、病有所医、老有所养、住有所居、弱有所扶上持续用力，人民生活全方位改善”，体现了公共管理活动与学科的公共性属性；“要实现好、维护好、发展好最广大人民根本利益，紧紧

---

① 朱德米．网络状公共治理：合作与共治．华中师范大学学报（人文社会科学版），2004（2）.

② 张康之．走向合作治理的历史进程．湖南社会科学，2006（4）.

抓住人民最关心最直接最现实的利益问题，采取更多惠民生、暖民心举措，着力解决好人民群众急难愁盼问题，健全基本公共服务体系、提高公共服务水平，增强均衡性和可及性，扎实推进共同富裕”，体现了公共管理的服务性属性；“健全共建共治共享的社会治理制度，提升社会治理效能，建设人人有责、人人尽责、人人享有的社会治理共同体”，体现了公共管理的共治性属性。因此，公共性、服务性和共治性也是新时代中国特色社会主义建设中公共管理理论与实践发展的应有之义。

本章小结

公共管理的深刻内涵和重要意义在于它的公共性、管理本质的服务性和政府与社会组织的合作共治性。

传统公共部门普遍具有官僚化特质，往往出现效率低下、腐败蔓延、长官意志盛行等价值扭曲现象，更造成了公共部门与普通民众之间的相互不信任甚至对立。

公共管理的公共性、服务性与共治性，意在扭转公共部门与社会、民众之间的紧张与疏离，提供最能满足公民需求的公共服务，以增进政府与民众之间的信任与合作。

关键术语

公共性　合法性　回应性　责任性　公正透明　服务性　协作性　共治性　效能性　以人为本　服务型社会治理模式　合作型社会治理模式

复习思考题

1. 什么是公共管理的公共性原则、价值以及表现途径？
2. 什么是公共管理的服务性原则、价值以及服务型社会治理模式？
3. 什么是公共管理的共治性原则、价值以及合作型社会治理模式？
4. 案例分析题：请认真阅读案例材料，然后按照要求分析并回答问题。

“红茶议事会”：民主协商＋科技支撑，做到政府与社会的良性互动

杭州市拱墅区小河街道开创的“红茶议事会”，以“民主协商＋科技支撑”创新组织居民、发动居民的机制，激发基层社区居民的参与积极性，让人民群众成为基层治理智慧的源泉，实现了政府与社会的良性互动。具体而言：在民意汇集环节，小河街道多维度收集公共服务、公共管理和公共安全等方面居民关心的问题，在数字治理平台整理汇集，形成民意数据库。在议题产生环节，每隔一段时间，系统自动通过“爬虫”软件等技术手段，从民意数据库中提炼关键词，并推荐生成民意热度，再由社区牵头召集相关方面开展线上线下综合评估，确定“红茶议事会”议题。在议题处置环节，小河街道在系统上设置“跟踪评价”模块，通过线上会议评价、成果运用、评估反馈等流程，全程跟踪会议成果落地情况，形成“民意获取—民意热点大数据分析—自动形成议题建议—召开线上与线下议事会—形成共治方案—回应居民需求”环环相扣的治理闭环，成功打造人人参与、人人有责、人人享有的治理共同体。

小河街道开创的“红茶议事会”所议之题都是居民关心的现实问题，避免了议事走向形式化；对议题不断汇总分析，为更加准确地感知民意、更加精准地把握居民需求及其变化趋势，从而提高综合施策的精准性做足了准备；设置“跟踪评价”模块，全程跟踪会议成果落地情况，确保了群众诉求得到有效解决，增强了群众获得感、幸福感、安全感。

资料来源：徐林．智慧治理的实践探索：案例分析及启示．国家治理，2022（17）．

问题

（1）结合案例思考公共管理的服务性。

（2）案例是如何体现政府与社会的良性互动的？

本章阅读书目

1. 哈贝马斯．公共领域的结构转型．上海：学林出版社，1999.

2. 托克维尔．论美国的民主．北京：商务印书馆，1995.

3. 戴维·罗森布鲁姆，罗伯特·克拉夫丘克，德博拉·戈德曼·罗森布鲁姆．公共行政学：管理、政治和法律的途径：第5版．北京：中国人民大学出版社，2002.

4. 戴维·奥斯本，特德·盖布勒．改革政府：企业精神如何改革着公营部门．上海：上海译文出版社，1996.

PART TWO

| 第2篇 |

2 公共管理的多元主体

第3章

公共管理的主体

本章导读

随着政府与社会和市场关系的不断变化，政府不再独立地、垄断地承担提供和分配公共产品和公共服务的职责，而是转向通过市场化、社会化等手段，与其他公共管理者共同承担管理责任与义务。通过对公共管理概念与属性的分析可以看出，公共管理的主体不仅由其定义决定，也与国家的政治经济体制息息相关。我国政治经济体制与西方存在显著差异，因此我国公共管理主体的本土化特征明显。本章基于我国具体实践，从公共管理主体的多元化特征入手，介绍政府、社会自治组织、事业单位等公共管理主体，并探析公共管理主体的结构特征。

重点问题

- 公共管理主体的多元化特征
- 政府的结构与职能
- 社会自治组织概述
- 事业单位概述
- 公共管理主体的结构

知识结构图

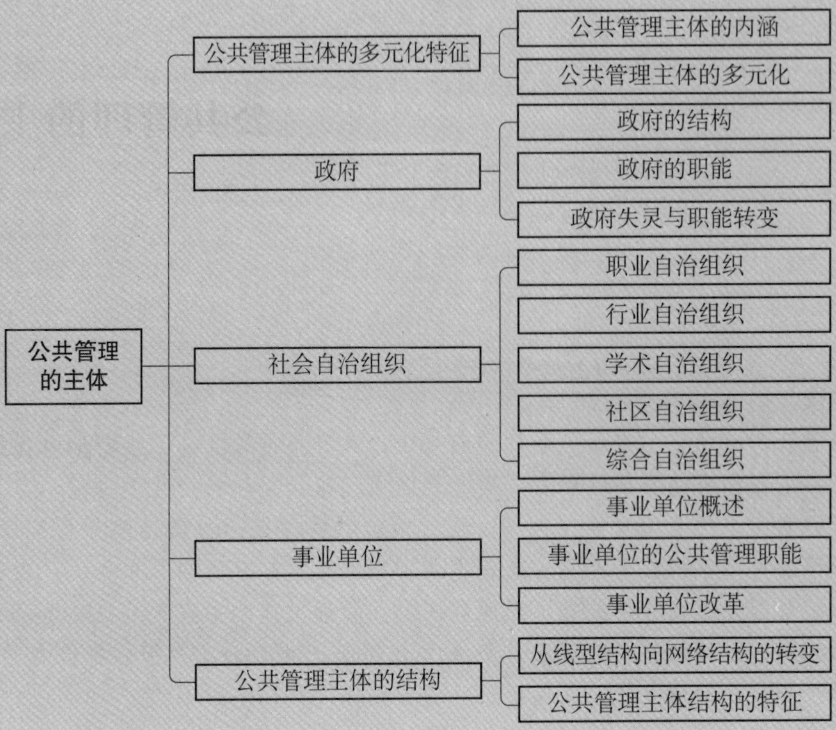

3.1　公共管理主体的多元化特征

3.1.1　公共管理主体的内涵

1. 公共管理主体的含义

从行动的角度看，公共管理是一系列的行为过程。在这一过程中，行动的主体、客体以及手段之间的联系必然会出现，公共管理实际上体现为这三方面相互作用、相互影响、相互制约的有机统一过程。因此，公共管理就是公共管理主体合理有效配置社会公共资源，运用政治、法律、经济、行政等各种手段，对社会公共事务进行管理的活动。公共管理能够为社会经济发展提供良好的外部环境，进一步提高人们的生活水平和质量。作为公共管理行动的主体要素，公共管理主体对公共管理职能的实现有着决定性的作用。

关于公共管理主体的含义，学术界存在两种观点：一种观点是制度和组织视角，即把公共管理主体限定为公共组织，包括政府组织与非政府组织两大类。组织视角的定义也存在从狭义到广义的范围差异。另一种观点是个体视角，即将公共管理主体理解为甚至等同于公共组织的组成人员。制度和组织层面的视角是近代以来宪政运动的结果，是在延续传统上的针对公共组织建构之合法性问题而形成的行政组织法治主义模式，隐含着对公共组织组成人员的怀疑或不信任，忽略了现实中个人作为公共管理主体存在的事实。个体层面的视角则忽略了人员所属的组织基础，可能导致实践中的恣意与任性。

公共管理主体的内涵应该包括组织和个体两个层面。所谓公共管理主体，就是指在公共事务管理的过程中，以实现公共利益为目的，按照一定程序，运用公共权力，提供公共物品与公共服务的公共组织和个人。需要指出的是，这里的公共组织并不包含政党、人大、政协等政治组织。因为，这些组织严格意义上属于政治管理的范畴，如将其纳入到公共管理主体中，尽管扩大了公共管理的主体，但界定过宽，既不利于公共管理研究对象的确定，也不利于公共事务管理规律的探讨。

2. 公共管理主体的特征

从以上界定可以看出，公共管理主体具有以下特征：

(1) 公共性。从行为性质及目的来看，公共管理主体从事的是社会公共事务的管理工作，其行为的直接诉求是获取公共利益，提供公共服务，创造公共产品，服务于社会公共生活，旨在维持社会秩序、对社会价值进行再分配等。

(2) 合法性。从其产生来讲，公共管理主体必须根据社会公共生活的实际需要，按照国家有关法律法规所规定的原则和程序依法进行审批和设置。从行为范围、方式及过程来讲，公共管理主体必须严格遵循相关的法律程序或内部规定，依法规范自己的管理行为，在法律或章程的范围内自觉履行公共管理的职责。这是法律保留和法律优位原则在公共管理中的体现。

(3) 层次性。由于社会公共事务的复杂性与多元性，不同事务的范围、性质具有程度上的轻重之别，这就决定了公共管理主体之间以及各自内部具有不同的层级设置，各自拥有的权责状况及其相应的地位所产生的影响大小各不相同，各自应该管理的公共事务内容也相差很大。

(4) 合作性。在现代社会，公共管理主体多元发展，政府组织与非政府组织进行着合理的多元分化和相互渗透，不同主体之间互相配合、相互监督，呈现一种良性的互动关系。

(5) 开放性。随着社会自治能力的提升，越来越多的社会自治组织不断参与到公共事务的管理中来，具体承担公共产品、公共服务的提供等职责，政府不再是公共管理的唯一主体，公共管理的主体结构从封闭性逐渐走向开放性。

3.1.2　公共管理主体的多元化

随着经济发展和社会进步，经济全球化和区域一体化进程加速，社会治理环境发生了深刻改变，公共行政逐渐向公共管理转变，公共管理主体亦逐渐呈现多元化趋势。

1. 公共管理主体构成的多元化

在我国，从组织层面而言，公共管理主体主要包括政府、社会自治组织和事业单位。社会自治组织具体包括各种职业自治组织、行业自治组织、学术自治组织、社区自治组织、综合自治组织。事业单位则主要是指不同于政党机关、国家机关、社会自治组织及企业的社会组织。

传统公共行政主体主要指政府组织，而在多元公共管理主体结构中，政府并不是唯一的行动主体，但这并不意味其核心地位的动摇。首先，政府作为典型的公共组织，代表的是公共利益，其存在的目的和功能就是提供公共产品和公共服务，尤其是核心公共产品与公共服务。“政府在政策管理、规章制度、保障平等、防止歧视或剥削、保障服务的连续性和稳定性以保持全社会的凝聚力等方面更胜一筹。”① 其次，政府在社会公共事务的管理中承担着“元治理”的角色，决定着整个公共管理的基本范围、基本性质和基本方向，以及整个公共管理的体制和运行，它与其他公共管理主体的地位不一样，是其他公共管理主体的管理者和监督者。

社会自治组织是指一定范围内的社会成员为维护和发展共同事业、共同利益和社会公共利益，自主自愿组成，实行自治自律，并对其成员提供一定的公共管理和公共服务，不以营利、政治及宗教为目的的社会组织。社会自治组织具有以下特征：

（1）独立性，即无依附关系。社会自治组织实行自治，不能依附于其他组织（包括政党、宗教组织）。这种依附关系包括经济上依赖、行政上附属以及精神上受控制。因此，我国的共产主义青年团、妇联、工会不是社会自治组织，其组织章程规定它们是国家政权的重要社会支柱之一。

（2）普遍性，即参加自治组织的成员具有普遍性。社会自治组织应该是普遍的，不特定的多数成员均可参加，那些由特殊的个人专业、特长、兴趣、爱好等共同点组织起来的小团体，如钓鱼协会、养鸟协会、秧歌会、各种沙龙等，不是社会自治组织。

（3）开放性，即社会自治组织应当成员平等、组织开放。组织成员无论是发起者，还是后加入者，都享有平等的权利和义务，没有特殊的成员。同时，只要是符合条件的成员申请，组织的发起者或管理者不得禁止其加入，不能设定组织章程以外的特殊条件，更不能以高收费抬高门槛。

（4）公共性，即社会自治组织的主要目的应该是维护和发展成员的共同事业，进行一定的公共管理和公共服务，维护成员的共同利益和促进社会公共利益，不能谋取自身的特殊利益。

2. 公共管理主体行为的多元化

公共管理主体的多元化不仅体现在主体构成的多元化，还体现在多重主体参与社会公共事务管理的过程。公共管理主体的多元化是公共管理的价值理念、公共管理的途径、公共管理的工具及技术与方法等方面的多元化，正是公共管理行为本身的多元化不断重塑与完善公共管理的主体结构。

（1）公共管理价值理念的多元化。公共管理作为人类社会治理模式发展的必然趋势，其发展也伴随着其核心价值的重新确立。在传统农业社会，秩序居于政府治理体系的核心价值地位，其他一切价值均服从于统治秩序的需要。在工业社会的政府治理体系中，公平与效率一直居于核心地位，但是，由于这种价值追求的活动建立在事实与价值分离的认识论基础上，而在工具理性原则指导下的官僚制将这种分离予以制度化，因而现实

---

① 戴维·奥斯本，特德·盖布勒．改革政府：企业家精神如何改革着公共部门．上海：上海译文出版社，2006：23。

中，二者永远处于矛盾和冲突之中。在公共管理模式下，服务在价值体系中由边缘位移至中心，成为基本的价值取向，并总是以各种精神或原则的形式存在，如现代化的效率观念、协调意识、法治信念、公民精神等。

（2）公共管理途径的多元化。长期以来，公共行政一直存在四种途径，即管理途径、政治途径、法律途径和政策途径。管理途径强调效率、经济和效能；政治途径强调政府内部的代表性、回应性与责任性，倡导公民参与公共事务的管理；法律途径强调法治，倡导公平与公正，主张以依法行政；政策途径则从政策周期的分析开始，强调政策制定与政策执行的不可分，主张分权的政策执行而非自上而下的政策执行。20 世纪 90 年代以来，网络治理逐渐成为公共管理的重要途径。网络途径强调不同机构之间的合作，主张政府与社会其他组织建立双边乃至多边合作的伙伴关系。公共管理作为一种新型的社会治理模式，将综合采取上述多元的治理途径。

（3）公共管理工具的多元化。随着政府与市场、政府与社会之间关系的变化，众多新型管理工具被引入到社会公共事务管理中来。这些工具主要包括：财政性工具、民营化、放松管制、分散决策、流程再造、社区治理及公私伙伴关系、听证会等。例如，民营化过程既可将公营事业或资产转移给民间以实现国家从市场的撤资，也可通过签约外包、特许权、补助、抵用券等方式将公共服务委托给私营部门提供而政府只承担监督责任，还可通过放松管制等方式实现私营部门替代政府提供某种生产或服务，以满足社会大众的需求。

（4）公共管理技术与方法的多元化。面对更加复杂和更具挑战性的环境，公共管理为达成其目标，不仅在观念、制度、结构、政策等方面实现创新，而且在管理技术与方法上进行不断的创新，企业管理中已经成熟的管理技术和方法不断被引入与借鉴。公共管理技术主要包括目标管理、全面质量管理、绩效评估、标杆管理、危机管理等。公共管理方法主要有系统分析与控制方法、决策方法、网络规划方法、行动研究方法、案例研究方法、实验研究和调查统计研究方法等。

案　例

积极动员社会力量 助力首都疫情防控

面对复杂严峻的疫情防控形势，北京市在疫情防控中坚持党建引领，广泛动员社会力量，坚决守牢疫情防线。

（1）党建引领社会力量参与疫情防控。党的基层组织是党在社会基层组织中的战斗堡垒，是党的全部工作和战斗力的基础。北京市各区以区、街道、社区三级党建工作协调委员会为平台，各行业协会商会综合党委系统党建工作体系，实施联防联控，统筹推动物资筹措、医学科普、心理辅导、指导生产、专业援助、核酸检测、数据排查、志愿服务等各项工作。

（2）统筹协调社区筑牢防控第一线。全市 7 000 多个社区（村），充分发挥居（村）民委员会，发挥居（村）民代表、社会组织、驻区单位、楼门院长、志愿者等各方力量的作用，积极做好防控策略宣传、群众诉求回应和应急处置、核酸检测、群众心理疏导等工作，切实把群众工作优势转化为疫情防控的工作优势。

(3) 动员引导社会组织和志愿服务力量参与疫情防控。2021 年以来，北京市 700 多家行业组织发挥桥梁纽带和行业引领优势，通过多种形式服务近 35 万家会员企业。各专业性、学术性社会团体和社会服务机构发挥特长，在丰富市民文化生活、促进身心健康、维护社会稳定等方面提供支持。全市基金会累计募捐资金超过 16 亿元，筹集物资 2 938 万件。截至 2022 年 4 月 20 日，共开展疫情防控相关志愿服务项目 2 452 个，参与人数共计 59 485 人，累计服务时长 209 万余小时。

(4) 有序开展慈善捐赠参与疫情防控。截至 2022 年 4 月 20 日，全市共有 189 家慈善组织和红十字会开展善款筹募，148 家慈善组织和红十字会开展防疫物资募集，接受捐赠资金 16.46 亿元、捐赠物资 4 459.38 万件。

资料来源：北京市委社会工委市民政局．北京 积极动员社会力量 助力首都疫情防控．中国民政，2022 (11).

3.2 政　府

3.2.1 政府的结构

1. 政府的含义

政府一词，历来有广义和狭义两种理解。从广义上讲，政府包括掌握立法权的立法机关、掌握行政权的行政机关和掌握司法权的司法机关。从狭义上讲，政府主要指国家行政机关，一般设有外交、国防、公安、司法、财政、工业、农业、商业、交通运输、科技、文教、体育、卫生、环境保护等机构。

在西方，政府一词主要在广义上使用。例如，在实行总统制的国家，政府通常是指中央和地方政府全部的立法、司法和行政等机关；在实行议会内阁制的国家，政府通常是指中央和地方的行政机关。

对于行政机关，主要有三种不同观点：第一种观点认为，行政机关是指除立法和司法机关以外的全部行政机构；第二种观点认为，行政机关也包括司法部门及其官员，因为其职责在于解释宪法和执行法律；第三种观点认为，行政机关仅仅指国家最高的行政机构，或者称为中央行政机关。

在我国，政府一词一般在狭义上使用，即指依法行使国家行政权，负责对国家行政事务进行组织和管理的国家机关。作为公共管理主体的政府，是狭义上的概念。

2. 我国政府的纵向结构

宏观上对政府系统进行纵向分析，我国政府从中央到地方设有若干层级，结构呈金字塔型，一般可分为中央人民政府与地方人民政府。我国宪法规定，中华人民共和国国务院即中央人民政府，是最高国家权力机关的执行机关，对全国人民代表大会及其常委会负责并报告工作。地方各级人民政府是地方各级人民代表大会的执行机关，是地方各级行政机关，它对本级人民代表大会及其常委会负责并报告工作。国务院是最高国家行政机关，全国地方各级人民政府都是国务院统一领导下的国家行政机关，都服从于国务院。

我国地方政府除特别行政区以外主要为三级，即省级、县级、乡级。具体到不同的地方政府，与县属于同层级的还有自治县、县级市以及县级区。而在省（自治区、直辖市）与县（自治县、县级市）之间，还设有地级市、自治州，有些地方还存在省级机关派出机构——地区行署（理论上不构成地方一级政府）。另外，我国地方政府中还存在香港和澳门两个特别行政区，它们仍属于地方政府，但是与一般地方政府相比，它们拥有更多的自治权。

微观上我国在各级政府或各个部门内部还有不同的层级构成，这是政府内部的工作层次关系。如国务院按职能分工，设有部、司（局）、处等三个至四个层级；省级政府内设有厅、处、科等两个至三个层级。

3. 我国政府的横向结构

随着社会的发展和科学技术的进步，政府的事务越来越多，分工也越来越细。为适应行政管理的专业化和技术化，政府内部的横向分工就产生了。这种横向分工构成了政府组织的横向结构，也称为部门化。部门化是指同级政府组织之间平衡分工的构成形式，实质上是对政府行政职能目标的分解，同时也是一种分权。

在政府系统内，行政组织的部门化主要包括以下四种方式：

（1）按照行政管理的职能和目标划分部门。这是行政组织横向结构的最基本形式。如2018年的国务院机构改革，根据不同职能设置了26个组成部门（部委），各部委有各自的行政目标和业务范围，它们之间没有隶属和领导关系，仅有业务上的指导关系。这种划分方法符合行政分工专业化的原则，每个部门只负责一个方面的事务，便于行政人员熟悉工作。如果分工过细，则会造成部门林立，导致不必要的人力、物力的浪费。

（2）按照管理的环节划分部门。管理一般有决策、咨询、执行、信息反馈和监督等环节，根据这些环节可设置相应的工作部门，每个部门在管理的环节上发挥积极作用，各司其职，分工合作。这种划分方法使行政管理过程中的重要程序都有专门机构负责去完成，可以节省人力、物力和财力，但现实中也有一定的局限性，例如很多工作程序无法独立出来，也就无法设置相应的工作部门。

（3）按照服务的对象划分部门。如退役军人事务部、侨务办公室等；政府经济行业主管部门，如交通运输部、农业农村部等。这种划分方式应避免与按职能划分的部门发生重叠与交叉。

（4）按照地区划分部门。行政管理必须在一定的空间区域里开展政务活动，因此，地域也能作为划分行政组织的标准。按照地区划分部门是指同一层级的各个平行行政组织在地区空间上的分布，如我国划分为若干省、自治区、直辖市；省又划分为若干市、县；县又划分为若干乡、镇。又如公安、交通、林业、铁路、财税、工商、海关、邮电等系统是按省、市、县、乡、街道等区域分别设立对口部门，处理辖区内的相关事务。

3.2.2　政府的职能

关于市场经济下政府的职能，争论的焦点在于政府到底应该管什么，不应该管什么。

争论的中心问题则集中在政府与市场的关系、政府与社会的关系、公平与效率的关系等方面。就争论的一般情形而言，政府与市场、政府与社会、公平与效率并不存在孰要孰不要的问题，而是孰先孰后的问题，即时序问题。而时序选择既直接反映政府的价值偏好及注意力分配，也直接反映不同政治主体和公众的价值偏好，因而实际上涉及一个孰重孰轻的问题。

1. 政府与市场的关系

政府与市场的关系既是政治学又是经济学的核心问题。在现代市场经济中，政府与市场是两种基本的制度安排，是经济运行的两个调节主体，常被形象地称为“两只手”。从世界各国的历史发展与实践来看，政府逐步从市场外部进入市场内部，从辅助功能转变为主导功能，从微观层次上升到宏观层次。由于不同国家的市场发育程度不同，政府进入市场的阶段和程度也就不一样，理论上逐步形成了四种模式。

（1）强市场-弱政府模式。这是早期资本主义国家普遍采用的模式，以古典自由主义经济学家亚当·斯密的经济理论为基础。斯密以理性“经济人”假定为理论基础，提出自私的动机、私有的企业、竞争的市场是自由经济制度的三要素。在市场这只“看不见的手”的指引下，人们不自觉地实现着社会福利的最大化。因此，政府主要是保障市场自由，是个人和国家财富以及集体安全的“守夜人”。在实践中，自由主义政府论可以概括为三个主要观点，即“管得最少的政府是最好的政府”“政府是一种必要的恶”“政府活动必须具有合法性”。

（2）强市场-强政府模式。这是现代西方发达国家所采取的政治经济管理模式，凯恩斯主义是其理论基础。市场并非是万能的，具有很大的盲目性。在市场经济中，充分就业和物价稳定不会自动出现，相反，周期性经济危机、长期的持续失业以及通货膨胀会对社会经济发展造成很大的危害，这意味着政府对社会经济活动加以干预具有必要性。在保持市场经济机制的前提下，政府通过制定一系列的法规、政策来规范市场主体的经济活动，如加强企业管制、限制市场垄断、实施社会保障等。相应地，政府逐步演变成“强政府”或“万能政府”。

（3）弱市场-强政府模式。早期的社会主义国家大都采用这种模式，其理论基础是马克思主义经济理论。市场经济对私利的追逐以及资本主义国家市场经济带来的种种负面效应，使得早期的社会主义国家从意识形态上拒绝了市场经济，认为计划经济才是社会主义制度的本质规定和基本要求，片面强调集权、集中的作用，否定中央与地方、政府与企业的合理分权，否定市场的调节功能，因而形成了弱市场-强政府的政治经济管理模式。

（4）弱市场-弱政府模式。这种模式出现在20世纪80年代的一些拉美国家，结构主义是其理论基础。拉美国家经济体制实行一种“半市场化”运行机制，割裂本国市场与国际市场的联系，关起门来搞建设。这种模式主张国有化，以政府的各项优惠政策为手段，促进本国的工业化；为保护民族工业，采取贸易保护主义政策，限制外国产品的输入和竞争。

在实践中，各国并非完全信奉某一理论，而是根据各自的具体情况，在政府与市场之间进行独具特色的制度安排，从而形成了三种不同的政府与市场关系模式：一是盎格鲁撒克逊模式，又称自由市场模式或政府规制型，以英国、美国为典型，其特点是政府维护市场的正常有序，让市场发挥最大作用，企业自由竞争，并通过财政政策和货币政策对宏观经济进行调控。二是欧洲大陆模式，又称计划（社会）市场经济模式或政府引导型，以法国、德国、瑞典等为典型，其特点是以市场为经济运行的基础手段，政府进行一定的干预和引导，在传统资本主义和社会主义之间走“第三条道路”。三是东亚模式，又称追赶型（后发型）经济模式或政府主导型，以日本、韩国、新加坡等为典型，其特点是政府借助强有力的行政体制扶持企业，以实现“跳跃式发展”。

2. 政府与社会的关系

政府与社会的关系主要涉及政府的政治职能。权威与民主的关系问题是其核心问题。不同历史时期，形成了不同理论范式。纵观人类历史，主要形成了以下四种典型理论范式：

（1）无政府主义。“无政府”一词来源于希腊文，意为没有统治者的社会。无政府主义的理论出发点和归宿都是绝对的个人主义。“个人至上”是无政府主义者用以权衡一切社会问题的出发点和参照系。其基本要点是：政府是社会祸害的根源，进而主张取消政府，“自下而上”地建立一个没有政府的、个人绝对自由的自治社会。

（2）国家主义。国家主义者认为国家是神圣的，政府是万能的；社会公众必须完全归顺政府，社会问题必须由政府来解决；政府必须对社会实行全面的控制和管理。

（3）自由主义。自由主义将个人视为国家的基础和本原，个人本身即是目的，国家只是他的外在保障，政府应以维护社会公众的个人自由为目的。其理论要点是：必要的政府，即政府对社会是必要的，政府应该承担社会管理的职能；独立的市民社会，即政府不能取代社会，需要有相对独立的市民社会；有限的权力，即政府的权力必须有一定的界限，社会应对政府的权力进行监督和制约。

（4）马克思主义。家庭和市民社会是国家的前提；不是国家制约和决定市民社会，而是市民社会制约和决定国家。具体而言：政府产生于社会；政府是有阶级性的；政府具有社会管理的职能；社会对政府要进行制约和监督；政府最终将随国家一起消亡，社会将实现自我管理。

由于历史传统及各种原因，不同国家处理政府与社会关系的实践在不同的阶段有很大的不同。在早期自由资本主义时代，受自由主义的影响，西方国家普遍信奉管得最少的政府是最好的政府。而随着资本主义自身的发展，尤其是工业革命后的经济、社会状况的巨大变化，政府对社会的管理明显加强，几乎涵盖了社会治安、社会保障、公用事业、医疗卫生、环境保护等各个方面。然而，由于政府对社会事务的过分干预，又出现了一系列新的问题，西方国家又不得不作出新的调整。

3. 公平与效率的关系

公平与效率的关系主要涉及政府的社会职能。关于效率和公平的解释是多种多样的。一般而论，公平通常是指社会成员机会或收入的均等化，以及社会权力的平等化。效率则是指资源合理、有效的配置，在同一时间内投入的最小化与产出的最大化是效率的恒定标准。公平与效率的问题与国家发展战略的选择相联系，不只是经济问题的焦点之一，更是人类社会政治和道德问题的轴心。因此，它直接与广泛和深层次的人类价值判断问题相联系，进而与政府的职能及宏观公共政策选择相联系，成为每一个国家政府过去、现在和将来都不可能回避的问题。

公平与效率作为两种价值取向存在一种此消彼长的替代关系，在同一时间和空间可以有主次之分，却很难做到并行不悖。这样，作为一种宏观公共政策选择，政府事实上必须在维护社会公平和提高效率中做出取舍，作为政府基本的价值取向和政策标准。关于公平与效率有三种典型的观点：效率优先论、公平优先论和效率与公平平衡论。

（1）效率优先论认为，效率是竞争的产物，竞争与市场相联系，市场则与“天赋人权”的自由权利相联系。换言之，效率优先论认为存在这样一种逻辑关系，即没有个人权利就没有个人自由，没有个人自由就没有市场竞争，而没有市场竞争就没有效率。因此，个人权利是效率优先的前提、基础和结果。效率优先论同时认为，效率是个人勤奋工作的结果，直接反映个人努力的程度，而勤奋的人理应占有更多的资源，获得更多的报酬。因此，效率反映真正的公平，政府不能通过干预实现“结果均等”，因为这会损害社会发展的机制，最终导致“公平”的虚无化。

（2）公平优先论认为，公平是个人“天赋权利”的具体化。这种权利不适用于市场交换，不能用后天源自市场竞争的金钱作为衡量的尺度。市场竞争不仅会导致个人收入的两极分化，而且会形成竞争优势与竞争劣势——资财占有、信息占有、社会关系占有、受教育程度、个人能力等方面的差异，从而严重破坏“机会均等”的原则，形成事实上的权利不平等。同时，市场从来就不是按照个人对社会的实际贡献来评价和付酬。因此，只有通过运用公共权力，即通过政府干预才能实现社会收入分配和社会权力分配的均等。

（3）效率与公平平衡论认为，公平与效率同等重要，主张在公平与效率之间建立一种平衡关系，即以最小的公平代价换取最大的效率结果。据此，效率与公平最优交替论主张同时建立以利润为目标的私有经济和以社会福利为目标的公共经济，进而在“混合经济”的基础上建立一种兼顾公平与效率、结果均等与机会均等的制度，即在保持以“自利”为导向的效率的同时，通过政府对社会收入再分配进行有效的宏观调节，维护基本的社会公平。效率与公平平衡论是当代世界大多数国家政府的宏观公共政策的价值选择。

4. 政府的基本职能

政府与市场、政府与社会、公平与效率的关系决定着政府的职能。从历史上看，在不同国家及在同一国家的不同历史时期，政府职能的内容侧重及其表现形式也是不同的。政府职能及其作用是不断变化的，事实上并不存在一个理想的或最优的政府规模、政府作用以及政府作用的强度。但这并不意味着政府的一些基本职能是不可描述的。市场经济条件下，政府职能的主要内容可以概括为：

（1）提供政治秩序，促进民主发展。这是政府在国家和社会中的政治职能。建立政治秩序是政府政治职能中最基本的职能。现代经济社会也是政治社会，政治是阶级社会的必然产物，政府存在的首要目标是维护统治阶级的统治，保证其执政地位。为此，政府必须建立起以其统治的合法性为核心的政治秩序。在市场经济条件下，政府必须具有促进民主发展的职能，民主是其进行政治统治、社会公共事务管理的合法性的源泉。

（2）提供公共物品。这是政府在现代市场经济中一项最基本的职能。公共物品是指那种任何人均可享用但无须付出代价，同时其使用不损害其他人享用的物品。公共物品的最大特点在于其有共享性以及非排他性。由于公共物品使用的共享性和消费的非排他性容易导致“搭便车”现象，可能造成公共物品供给不足，因此，政府必须介入并提供公共物品。在现代市场国家，政府应对交通运输、邮电通信、供水供电、道路桥梁、基础研究和公共教育等公共设施和公共服务进行大量直接投资。当然，对一些公共物品，政府也可以采取招标、外包等方式组织私人部门来提供。

(3) 进行宏观经济调控。市场经济追逐的是私人利益的最大化，市场机制不能解决宏观经济总量或总供给与总需求之间的平衡，不能控制经济的周期波动、持续失业和通货膨胀，对经济发展的调节具有短期性，难以调整和优化产业结构等。政府的作用就在于：通过财政政策和货币政策来减缓经济周期波动，促进就业，抑制通货膨胀；通过政府的指导性经济计划来解决经济的长期发展问题；制定和实施产业政策来实现产业结构的调整和优化。

(4) 保护共有资源和自然资源。与公共物品一样，共有资源和自然资源没有排他性，但有竞争性，其他人的使用会减少或限制另外的人使用，这就导致了外部的不经济。共有资源不可避免地会遭遇“公地悲剧”，即私人决策者过分使用共有资源。市场机制不能充分保护自然资源和生态环境免遭破坏，必须以政府的强制性权力为基础，通过直接管制或者收费，将污染降低到最小，减少过度使用等问题。

(5) 保障和促进社会公共利益的公平分配。市场经济在形式上是平等的、公平的，能解决效率问题，但无法解决社会公平问题，市场公平不等于社会公平。市场公平是场内公平，它强调的是自由竞争、公平竞争。市场公平无法解决社会公平，甚至会加剧社会的不公平。社会公平是场外公平，必须由政府提供各项公共政策予以实现。单纯依靠市场机制，只能使社会走上“富者愈富，贫者愈贫”两极分化的不正常发展道路，加剧分配不公。因此，为了实现社会公平，需由政府来制定并实行社会公共利益的再分配机制，如建立健全社会保障体系、强制征税等。

(6) 维护稳定的市场秩序。市场机制的有效性来源于市场存在的有效竞争，但放任自由的市场竞争容易导致垄断的产生，垄断又进一步造成市场进入的障碍，使得市场的竞争机制发挥不了作用。政府的作用在于维护市场秩序，为市场的公平竞争创造必要的制度环境。政府通过建立市场需要的各种法规和制度，制定市场行为规则，实施反垄断法和不正当竞争法等措施，来规范市场主体行为，维护市场结构，进而达到对市场秩序的维护。

(7) 调节和解决社会冲突。政府存在的一个基本理由是解决和消弭社会中的各种冲突，以维持正义、秩序和稳定。在一个社会中，不可避免地会出现各种各样的社会冲突，其出现的原因也可能是多样的，政府的职责在于促使冲突得以解决。此外，一个社会总会出现强势集团，也会出现弱势群体，为保障社会中的弱势群体免遭强势集团的剥削与压迫，政府需要保护弱势群体的利益。包括在经济上保护弱者，抑制强势集团的行动；通过制定劳动法、最低工资法和劳工补偿计划等法律法规以平等取代剥削。

上述七个方面的职能是政府普遍的基本职能。当然，政府职能的范围、政府作用的强度、为实现这些职能而采取的公共政策和治理工具是不断变化的。

3.2.3 政府失灵与职能转变

1. 政府失灵

“市场失灵”产生了政府干预的必要性，但政府干预的必要性并不能保证政府行为的合理性和干预的有效性。市场机制不能解决的问题，政府不一定都能解决，可能解决得好，也可能解决得不好，甚至很差。20世纪60年代末70年代初起，几乎所有西方国家都出现了经济停滞、高失业和高通货膨胀相互交织、共生并存的“滞胀”现象，这是“政府失灵”的表现，意味着在市场经济条件下政府纠正市场失灵的能力是有限度的。

政府失灵（government failure），是指由于政府机制存在的本质上的缺失，而无法使资源配置效率达到最佳的情形。政府失灵也称为非市场缺陷，其主要原因在于公共政策失效、公共物品供给的低效率、内部性问题、寻租及腐败等。在现代市场经济国家中，政府失灵是一种普遍现象。这意味着，市场失灵并不必然导致政府干预的合理性，即市场本身的缺陷并不是把问题交给政府去处理的充分条件。因此，转变政府职能、避免政府失灵成为世界上几乎所有国家行政改革的目标。

2. 政府职能转变的特点

公共管理主体的多元化，并不意味着政府在公共管理中的责任和重要性降低，而是要求政府角色与功能的合理定位，以及政府运行方式的民主化和科学化。从内容上看，政府职能大致包括政治统治职能、经济管理职能与社会管理职能。当代社会，政府的政治统治职能渐渐弱化，而经济与社会管理职能得到长足发展，具体表现出以下特点：

（1）公共管理职能不断得到强化。在传统社会中，政府的政治统治职能具有十分重要的地位。但随着社会的发展，政府的政治统治职能不断弱化，而政府的公共管理职能得到强化，尤其是在经济和社会公共事务方面。当代社会的国家对政治统治的合法性追求不再是对阶级和集团利益的排他性追求，而是转向对社会公共利益的供给，进而借助公共管理职能的不断强化，维护社会的稳定，解决社会各种问题，维护政治统治。

（2）公共管理职能的地方化，即地方政府在公共管理中发挥更大的作用。这是因为：政府公共管理职能是具体而非抽象的，往往涉及社会公众的切身利益，是一定范围之内的社会公众的利益，也即一个地方全体公众的共同利益；地方政府对于本地区公众的利益要求能够更具体、更全面的把握，可以因时因地、更加灵活地提供更直接、更有效的公共服务；社会公共事务的日趋复杂与多变性，要求政府有更快、更高效的积极回应。同时，科学技术的发展尤其是网络信息技术的发展为政府快速决策与执行提供了条件。

（3）政府职能的公共政策化与公共管理的社会化。政府不再直接参与到公共事务的具体执行中，而是将有关执行等方面的公共管理职能转移给政府外的社会性公共管理组织去承担，政府成为专门的公共政策制定和监督执行的机构。政府职能的公共政策化内在地包含着公共管理的社会化。这样，对政府而言，可以达到“消肿减肥”的目标，而公共管理的社会化可以将市场机制引进公共事务领域，提高公共物品供给的效率和质量；对社会而言，可以培育社会的自治能力，逐步还权于社会，同时减少社会承担政府公共管理的成本。

（4）法制化、规范化与程序化。随着社会公共事务的范围不断扩大，公共事务的内容日益复杂，社会公众对政府管理职能的期望越来越高，法制化、程序化与规范化成为变革的基本要求和方向。

（5）科技化和信息化。科学技术尤其是信息技术的高度发达改变了人类社会生活的结构，既向政府的公共管理提出了挑战，也为政府利用高科技革命的技术成果改进管理方法及管理体制等提供了技术支持。同时，信息技术的发展，尤其是网络技术的高速发展，为政府转变管理方式创造了便利条件。

3. 我国政府职能的转变

新中国成立至今，我国政府经历了大大小小多次改革。改革开放前，我国政府职能模式是与高度集权的计划经济体制相一致的，政府包揽一切社会和经济事务，政府干预是社会资源配置的主要手段。这一时期我国政府改革的主要目标和任务是改变由于权力收放导致的政府机构和人员的数量增长和膨胀，即精简机构和人员。

随着改革开放的深入，经过九轮行政体制改革，我国政府职能转变取得了显著成就。在政府与市场的关系上，已经形成了多种经济成分并存的经济体制框架，市场机制在资源配置中越来越发挥决定性作用，政府的经济职能相应地发生了转变。在政府与社会的关系方面，我国传统上政社不分的"大政府、小社会"的管理模式也发生了转变，社会的公共管理与公共服务从国家包办发展为国家和社会主体分担，越来越多的国家权力开始向社会回归，从单一的政府管理向政府管理和社会自治相结合方向发展。

政府职能应随着环境的变化而不断调整。经济全球化的加速，网络信息技术的快速迭代，社会越来越呈现出高度复杂性和高度不确定性，我国政府所面临的内外部环境发生了深刻变化，对政府职能转变提出了更高的要求。党的十八大提出要"建设职能科学、结构优化、廉洁高效、人民满意的服务型政府"，党的十九大进一步提出要"转变政府职能，深化简政放权，创新监管方式，增强政府公信力和执行力，建设人民满意的服务型政府"。服务型政府既是我国政府职能转变的方向，也是政府改革现实的目标选择。

案　例

贵州加快建设人民满意的服务型政府

"以前办事要跑很多部门、带很多材料，这几年变化太大了，跑一次就能办成，甚至都不用跑，直接在网上就能办理了。"正在贵州省政务服务中心办理业务的一位市民对记者感慨道。

和他一样，在贵州，群众和企业办事正越来越快捷，越来越方便。

"十三五"期间，贵州在推进法治政府建设过程中，持续深化"放管服"改革，营造良好的营商环境，实现了政务服务从分散办到集中办、网上办的嬗变，助推政务服务从"一个事项跑一次"到"一件事情跑一次"，从"群众跑腿"到"数据跑路"，从"不敢评"到"好差评"，全面优化政务服务质量，加快建设人民满意的服务型政府，人民群众的获得感、社会活力和内生动力，在一次次改革、落实、创新中得到激发和增强。

能放则放，能简则简。“十三五”期间，贵州深入推进“放管服”改革，简政放权力度不断加大。

近年来，按照确保贵州省“始终是省级行政权力事项全国最少的省份之一、审批办理时间成为全国最短的省份之一”的目标，持之以恒减权、放权、赋权，政府管理“重审批、轻服务”“重事前、轻事后”的局面得到明显改观。

资料来源：贵州加快建设人民满意的服务型政府．贵州日报，2020-10-27.

3.3 社会自治组织

3.3.1 职业自治组织

1. 职业自治组织的含义

职业自治组织，是指由从事相同职业的社会成员组成的，实现职业自治自律、协调组织成员内部关系以及组织成员与外部个人或组织之关系的社会自治组织。如教师协会、医师协会、律师协会、工程师协会、音乐家协会、作家协会等。

职业自治组织具有如下特点：(1) 组织成员拥有高度专业化的知识。(2) 组织成员既可是个人，也可是团体。《社会团体登记管理条例》第二条规定：“政府机关以外的组织可以作为单位会员加入社会团体。”(3) 组织成员加入组织的方式既有强制性的，也有自愿性的。例如，我国律师法规定律师必须加入所在地的地方律师协会，加入地方律师协会的律师，同时也是中华全国律师协会的会员。我国医师法只是规定医师可以依法组织和参加医师协会，实行的是自愿原则。(4) 组织拥有一定的自治权，既包括职业独立，组织的运行和管理在专业范围内不受其他组织和个人干涉，也包括职业自律，通过制定职业伦理规范及行为准则约束成员的行为。

2. 职业自治组织的主要功能

职业自治组织的主要功能可概括为以下四点：

(1) 职业自治自律。这是职业自治组织的首要功能。职业自治组织一般通过自主制定并监督实施执业规范或行为准则，负责成员的职业道德和执业纪律的教育、检查和监督，并对违反规章制度的成员在自治权限内采取批评教育以及制裁措施等方式全方位地实现职业的自治自律。

(2) 协调组织成员之间及与其他组织或个人之间的关系。调解组织内部成员之间，以及组织成员与外部组织或个人之间的纠纷；组织本组织成员开展对外交流，向社会宣传介绍本职业等。

(3) 提供执业指导。其主要方式有总结、交流执业经验，开展学术研讨活动，组织业务培训等，帮助成员提高执业水平。

(4) 维护成员合法权益。职业自治组织应支持并保障成员依法执业，维护成员的合法权益。

除上述基本功能外，职业自治组织有时还承担政府机关委托和法律法规授权的其他职责，参与到社会公共事务的管理中来，主要是具体完成一些专业性较强的执行性工作。例如，中国注册会计师协会组织实施注册会计师全国统一考试，省、自治区、直辖市注册会计师协会受理向其注册的会计师申请并办理注册或不予注册，对注册会计师的任职资格和执业情况进行年度检查等。

3. 我国职业自治组织的发展现状

20世纪80年代初，我国会计师制度、审计师制度、律师制度等逐步恢复并发展起来。随着改革开放的深入和民主法制建设的不断进步，以会计师、审计师、律师、医师、公证员等职业为主体的职业自治组织得到长足发展。尽管我国职业自治组织在数量上逐年增加，但在职业自治组织的内部治理机制、职业道德状况等方面还存在一些问题，如内部治理机制有待完善、职业自律性有待加强、从业人员素质有待提高等。

针对上述问题，一方面，政府应进一步健全法律法规体系，规范对职业自治组织的管理体制，在鼓励职业自治组织发展的同时，对其进行必要的引导、监督和管理，规范并约束其行为。另一方面，职业自治组织应继续规范其内部管理体制，建立科学有效的自律性运行机制；加强从业人员的职业道德教育，提高从业人员服务意识；加强职业培训，提高从业人员的业务素质；严格审查从业人员的任职资格，加大对其成员的监管力度。

3.3.2 行业自治组织

1. 行业自治组织的含义

行业自治组织，是指由从事同类生产、经营及服务的企业（包括个体工商户），或由从事同类公益活动的事业单位以及符合一定条件的个人组成的，以保护和增进全体成员之共同利益的社会自治组织。

行业自治组织具有如下特点：(1) 行业自治组织成员的主体是同一行业内的各种组织以及符合条件的个人；(2) 成员加入行业自治组织的方式一般遵循自愿原则，但也有强制性的；(3) 行业自治组织以保护和增进全体成员之共同利益为宗旨；(4) 行业自治组织实行自治自律，同时接受政府部门的指导，并协助政府部门加强行业管理。

2. 行业自治组织的主要功能

行业组织自身具有的封闭性和专业性，及其外部其他组织和个体对该行业知识、信息的有限理性，为其自治自律提供了合法性基础。行业自治组织的主要功能如下：

(1) 制定行规行约。这是行业自治组织实行行业自律性管理的基本依据，包括组织章程、行为规范、惩罚规则、争端解决规则。

(2) 监督管理本组织成员。行业自治组织的自治体现在运用相关规则监督、管理、约束其成员，主要方式有认证、标准实施、日常管理、奖惩、解决争端等。

(3) 服务组织成员。行业自治组织为成员提供各种服务，包括信息提供、咨询，促进合作等，主要方式有参与编制行业发展规划、开展集体行动、组织行业培训咨询、组织调查研究、出版书籍刊物、开展国际性交流活动等。

(4) 承接政府转移职能，服务于政府。在政府由全能政府向有限政府转变的过程中，被分离出的部分行业管理职能由行业自治组织来承担，主要方式有向政府提供本行业的发展趋势报告、提出行业经济政策、制定行业标准以及负责贸易保护、市场损害调查、协调贸易纠纷等。

3. 我国行业自治组织的发展现状

改革开放后，我国的行业自治组织逐渐兴起。由于处于社会转型期，一些制约行业自治组织发展的本质问题尚未得到根本性解决。改革开放后很长一段时间内，行业自治组织的总体素质较弱，主要表现在：关于行业自治组织的法律不完善；行业自治组织的独立性较弱，自治能力总体不强；行业自治组织的服务功能没有充分体现；组织内部治理机制不够完善。

改革开放以来尤其是党的十八大以后，党中央、国务院不断出台各种政策，积极推动以行业协会商会为主体的行业自治组织改革工作。2015 年，中共中央办公厅、国务院办公厅印发《行业协会商会与行政机关脱钩总体方案》，提出要加快形成政社分开、权责明确、依法自治的现代社会组织体制，理清政府、市场、社会关系，促进行业协会商会成为依法设立、自主办会、服务为本、治理规范、行为自律的社会组织，充分发挥行业协会商会在经济发展新常态中的独特优势和应有作用。

3.3.3 学术自治组织

1. 学术自治组织的含义

学术自治组织，简称学术组织，是指由从事同类专业的具有一定学术水平的专家学者等专业人员以及有关团体组成的社会自治组织。我国民政部在社团登记管理时把此类组织称为学术性社会团体，并细分为自然科学类、社会科学类及自然科学与社会科学的交叉科学三种。

学术自治组织的特征主要有：（1）组织成员是相关专业领域内具有一定学术水平的专家学者或有关团体；（2）学术自治组织成员的加入采取自愿原则，只要符合条件者，均可自愿申请并经批准成为组织成员；（3）组织实行自治自律，这既是现代学术职业化、专业化、制度化的客观要求，也是学术自由的基本保证。

2. 学术自治组织的主要功能

学术自治组织属于公益性的社会组织，主要功能有：

（1）学术自治组织实行自治自律，主要体现在学术上的自治。学术自治内在地要求组织的独立自主，拥有独立的成员代表大会、理事会、常务理事会或秘书处等完整的组织体系，自主管理自身事务，并根据国家总体部署自主规划和确定本学科、本专业领域的发展，制定并实施学术标准与学术道德规范，促进学风道德建设，保证本学科、本专业的健康发展。

（2）学术自治组织的服务功能。学术自治组织的首要功能就是服务于组织成员，包括开展各种学术活动，组织内部学术交流，组织会员深入实际进行调查研究，以组织身份代表组织成员维权等。随着组织外部环境的变化及组织自身的发展，学术自治组织逐渐面向社会，服务于社会逐渐成为组织的主要功能，如向社会开展中介咨询服务，向公众宣传和普及知识，将学术交流延伸到相关产业技术和生产领域，与其他学术组织交流与合作，积极参与国际学术交流等。

（3）协助政府参与社会公共事务的管理。学术自治组织所拥有的知识、人才、专业权威、国际化等优势，使其在承担政府原有的某些职能时具有天然的优势，例如有关专业领域技术评定、项目评估、资格认证、标准制定等方面的工作。另外，现实中，越来越多的学术自治组织利用自身的专业优势，参与到政府决策过程中，为政府决策提供咨询和智力上的支持，从而促进决策的科学化、民主化。

3. 我国学术自治组织的发展现状

学术自治组织在我国社团发展过程中一直占有重要地位。新中国成立后，1962 年和 1963 年成立的 12 家全国性社团中，有 8 家属于学术性社团，这可视为 1949 年以来我国学术自治组织建立的开端。十一届三中全会后，随着经济、政治、社会生活逐渐走上正轨，各种社团纷纷成立，学术自治组织也得到了迅速发展。

就目前情况来看，我国学术自治组织的发展还存在较多的问题，例如，大多数学术自治组织没有真正实现独立，处于一种“等、靠、要”的惰性状态；组织内部尚未完全形成民主办会的机制，仅靠领导机构和办事机构开展工作，组织活力不足、凝聚力较弱；部分学术自治组织自律不够，职能定位与现实中的行为出现偏差与错位等。

产生上述问题的原因是多方面的，既有现行的管理体制原因，也有组织自身的原因。作为政府而言，应进一步完善相关法律法规，加大政策支持力度；逐步改革挂靠制，合理界定挂靠单位与学术自治组织的职能，该放的放，该管的管；给予必要的人财物支持，尤其是在学术自治组织成长初期，为学术自治组织的健康发展创造良好的环境；在放权的同时，加大监管力度。对学术自治组织而言，应进一步完善议事制度，真正做到民主办会、民主决策；完善组织结构、管理体制、决策程序、财务制度、激励机制、监督机制等；做好自身功能定位，加强组织文化建设以及组织成员自律意识的培养。

3.3.4　社区自治组织

1. 社区自治组织的含义

社区自治组织，简称社区组织，是指由一定区域（即社区）内的居民组成的社会自治组织。社区是指进行一定的社会活动，具有某种互动关系和共同文化维系力的人类群体及其活动区域。因此，社区自治组织的成员是一定区域内的人群，他们共同生活在一定区域内，拥有共同利益，形成共有的社区文化与心理上的归属感和认同感。相对于其他类型的社会自治组织而言，社区自治组织的成员范围比较固定，地域性强，开放程度较低。

在我国，法定的社区自治组织仅包括城镇居民委员会和农村村民委员会。宪法第一百一十一条明确规定：“城市和农村按居民居住地区设立的居民委员会或者村民委员会是基层群众性自治组织。”社区自治组织由一系列的工作机构组成，如在城市社区自治组织系统中，除社区居民委员会，还包括社区居民代表大会，社区协商议事委员会，社区居民委员会下设的工作委员会、居民小组以及社会工作者等，它们之间的关系如图 3－1 所示。

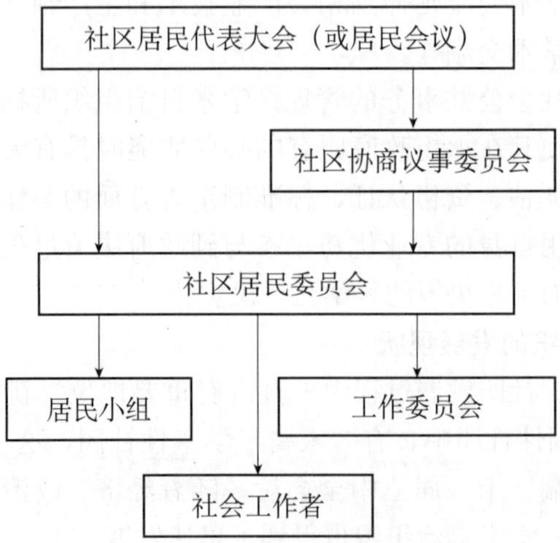

图 3-1　城市社区自治组织系统图

社区自治组织具有以下特性：

（1）基层性。居民委员会、村民委员会是设立在城市、农村一线最基层的群众组织，一般按照居民居住状况，便于居民自治的原则而设立。

（2）群众性。社区自治组织不是国家政权组织，居住区内的全体居民或村民，不分性别、年龄、职业、宗教信仰和政治面貌，自动成为该组织的成员，可依法参加组织的所有活动，依法选举居民委员会或村民委员会。

（3）自治性。这是社区自治组织区别于政府组织的本质特征。社区自治组织在上级有关部门的领导和指导下，在法律规定的范围内拥有一定的自主权和自决权，对本居住区的公共事务和公益事业拥有自治权。根据我国《民法典》的规定，居民委员会、村民委员会具有特别法人资格地位，这进一步夯实了居民委员会、村民委员会作为群众组织的自治性。

2. 社区自治组织的主要功能

作为基层群众性自治组织，社区自治组织是居民或村民自我管理、自我教育、自我服务的载体，其主要功能可从组织内外两个方面来看，体现为社区自治组织的自治职能、协助职能和监督职能。

（1）自治职能。居民委员会自治权的内容包括：财产自治、组织与管理自治、教育自治和服务自治等。村民委员会自治权的内容包括：经济管理自主，支持和组织村民开展各种形式的合作经济和其他经济，承担本村生产的服务和协调工作，依法管理本村集体所有的土地和其他财产；社会管理自治，管理村内公共事务，协调村民关系，解决村民矛盾与纠纷，向上级反映村民意见、要求和建议等。

（2）协助职能。除了履行属于自治范畴的职责外，社区自治组织还要成为连接政府与基层群众的桥梁。居民委员会应协助维护社会治安，协助人民政府或其派出机关做好与居民利益相关的公共卫生、计划生育、优抚救济、青少年教育等工作，向上级反映居民意见、要求和提出建议。在农村，村民委员会往往还接受政府委托的一些事务。

（3）监督职能。社区自治组织除了接受社区成员的监督外，还代表组织社区成员对政府开展监督，对政府工作依法进行评议，即“民评官”。

3. 我国社区自治组织的发展现状

新中国成立初期，为了加强城市中街道居民的组织和工作，增进居民的公共福利，群众自治性的居民组织——居民委员会成立。1954 年 12 月，全国人大一届四次会议通过了《城市居民委员会组织条例》，标志着我国城市居民自治制度的正式确立。1980 年，广西河池地区宜山县合寨大队的 85 户农民，自发创立了我国第一个村民委员会以取代日益瓦解的生产队组织，这一创新举措随后得到党和国家的承认，并在 1982 年通过的新宪法中被赋予了法律地位。1987 年，《村民委员会组织法（试行）》通过，具体确立了村民自治制度。

改革开放 40 多年来，我国政治经济体制发生了深刻的变化，社区自治组织建设取得了令人瞩目的成绩，在基层民主建设、社区服务、社区教育、社区治安等方面发挥了重要作用。但是，由于各种原因还存在一些问题，如与上级政府的关系没有理顺、职能定位不清、自身建设落后、自治能力不强等方面的不足，影响了基层群众自治功能的发挥。作为基层群众性自治组织，社区自治组织在基层民主建设、和谐社会建构的过程中具有不可替代的作用，加强和完善社区自治组织的建设十分重要。2017 年和 2021 年，中共中央、国务院先后印发《关于加强和完善城乡社区治理的意见》《关于加强基层治理体系和治理能力现代化建设的意见》，为提升社区自治能力和治理水平，实现基层治理体系和治理能力现代化指明了方向，明确了目标和任务。

3.3.5 综合自治组织

1. 综合自治组织的含义

综合自治组织，是指由不同职业、行业或事业的组织和个人基于共同的需要、爱好、价值追求或信仰，为发展某一特定事业而自愿联合组成的社会自治组织。其特点有：

（1）从组织设立的宗旨看，综合自治组织追求的是某一特定的共同利益，具有社会公益性，一般超越各行业、职业等自身领域之外。

（2）从组织成员的构成看，综合自治组织的成员更为复杂和多元化，种类多样，范围广泛，来自各种职业、行业或事业领域。

（3）从组织内部关系看，综合自治组织更强调联谊性，其成员是基于共同的爱好、需要或共同的价值追求与信仰，为发展某一特定事业而聚集到一起。

（4）从组织运行方式看，综合自治组织更加强调成员之间的平等与合作，更多采取协商、说服、建议等间接的方式解决问题。

在我国，综合自治组织没有法定的含义与分类，民政部在对全国社团登记管理时所区分的联合性社团，主要是人群的联合体或学术性、行业性、专业性的联合体，一般以联合会、联谊会、促进会命名，如总商会（或称工商联合会）、科技协会、文学艺术界联合会、青年联合会等，这种联合性社团是综合自治组织的主要构成部分。

2. 综合自治组织的主要功能

（1）自治自律。综合自治组织根据有关法律法规及其组织章程的规定，在其业务范围内实行自治，自主确定组织发展规划、组织业务的开展、组织内部事务的管理等。同时，综合自治组织负责对组织成员的监督、管理、指导、协调，维护成员的合法利益，并引导成员整体利益与社会公共利益相协调。

（2）服务。服务的内容主要包括：信息提供、咨询、维权、调研、促进成员间交流等。同时，综合自治组织也向社会提供服务，如组织科普宣传、捐赠献爱心等各种公益性的活动。

（3）承接政府职能的转移。综合自治组织不仅是市场与企业的中介服务组织，也是政府与企业、社会之间的重要桥梁。随着市场化改革的深入，"政企""政社"的进一步分离，原由政府行使的部分职能转交给综合自治组织，综合自治组织接受政府委托，参与一定范围的社会公共事务的管理。

3. 我国综合自治组织的发展现状

新中国成立后，在党和政府的领导下，我国综合自治组织取得了快速发展，最具代表性的有中国科学技术协会和中华全国工商业联合会。随着改革开放的深入，尤其是社会主义市场经济体制的建立与不断完善，综合自治组织在社会主义经济、政治、文化、社会、生态文明等各领域的建设中作出了重要贡献，组织自身也得到了快速健康的发展。

由于综合自治组织具有涉及的行业或专业领域比较广，成员种类多、范围广，代表的利益具有广泛性等特点，再加上我国政府职能转变的渐进性等因素的影响，因此，我国的综合自治组织一般都是在政府的直接领导和指导下建立的，其成立和运作一般由政府主导，经费主要由政府财政负担，主要承担政府管理职能。因此，相对于其他社会自治组织，具有更强的官方色彩和行政性质。换言之，我国目前的大多数综合自治组织只是在形式上基本符合社会自治组织的特征，还没有真正做到自治、自律、自主等。推进综合自治组织的自治化，对于政府和综合自治组织而言任重道远。

3.4 事业单位

3.4.1 事业单位概述

1. 事业单位的含义

"事业"是我国计划经济体制下所形成的特有的行业性概念或行业集合性概念，特指没有生产收入、所需经费由国库开支的社会工作，即非物质生产领域。依据组织性质，分为以营利为宗旨的组织，即常说的企业组织，以非营利、公益为目的的组织，即事业单位。

《事业单位登记管理暂行条例》第二条规定，事业单位是指"国家为了社会公益目的，由国家机关或者其他组织利用国有资产举办的，从事教育、科技、文化、卫生等活动的社会服务组织"。该行政法规明确了事业单位的国有属性，即事业单位专指国家事业单位，而民办性质的事业单位的规范名称是"民办非企业单位"，由《民办非企业单位登记管理暂行条例》进行规范。

2. 事业单位的特征

从事业单位的定义来看，事业单位具有以下特征：

（1）公益性。事业单位是以公益为目的的社会组织，面向全社会提供服务是其公益性的基本要求。对于事业单位而言，以公益为目的并不否定其营利行为，但是这种营利行为必须实行独立核算，所得的合法收入必须用于符合其宗旨和业务范围内的活动。

（2）服务性。事业单位主要利用科学文化专业知识为教育、科技、文化、卫生、社会福利等方面提供社会公益服务。少数事业单位直接为党政机关提供技术或专业服务，或者受政府委托从事政府服务。

（3）国有性。事业单位是国家机关或其他组织利用国有资产举办的。

（4）独立性。事业单位具备法人条件，是依法登记成立、依法独立运作、依法独立行使民事权利、依法独立承担民事法律责任的独立法人。

3. 事业单位的分类

根据不同标准，可以对事业单位进行不同的分类。传统的事业单位分类的方式主要有：按行业划分、按资金来源划分、按职能划分、按经济成分划分、按级别划分、按隶属关系划分等。2011 年 3 月 23 日发布的《中共中央 国务院关于分类推进事业单位改革的指导意见》明确指出，按照社会功能将事业单位划分为承担行政职能、从事生产经营活动和从事公益服务三个类别，并根据职责任务、服务对象和资源配置方式等情况，进一步把从事公益服务的事业单位区分为公益一类和公益二类两个类别。公益一类是指承担义务教育、基础性科研、公共文化、公共卫生及基层的基本医疗服务等基本公益服务，不能或不宜由市场配置资源的事业单位，公益二类是指承担高等教育、非营利医疗等公益服务，可部分由市场配置资源的事业单位。

3.4.2　事业单位的公共管理职能

事业单位是为了解决市场失灵和政府失灵而设立的。在教育、科学、文化、卫生等事业领域，既有义务教育、基础研究、公共卫生防疫、公共文化事业等公共物品，也有具有正外部性、市场机制不能充分供给的准公共物品，如高等教育、成人教育、应用研究等，还有属于私人消费的私人物品，如企业培训、开发研究、文化娱乐、家庭教育、职业化的竞技体育等。市场的作用在于通过资源的有效配置最大限度地生产私人物品，政府的作用在于保证公共物品的供给。由于政府自身的体制问题可能导致公共物品提供的低效率，事业单位的任务在于弥补政府失灵和市场失灵在公共物品及准公共物品提供上的不足。

事业单位的公共管理职能有：

（1）规章制定职能，即经法律法规授权，制定本事业领域内的相关规章和其他规范性文件。如国务院直属事业单位中的中国银行保险监督管理委员会，可依据《银行业监督管理法》的规定，制定并发布对银行业金融机构及其业务活动监督管理的规章、规则。

（2）依职权的具体执法职能，即事业单位经法律法规授权或者行政机关委托，处理一些本事业领域内的具体行政行为。这类行为一般具有技术或专业上的要求，主要有例行的监督检查、行政处罚以及审查和监测行为。例如，根据《公共场所卫生管理条例》，卫生防疫机构履行对公共场所的卫生监督职责等。

(3) 依申请的处理行为。这类职能主要有许可、认证认可、办理登记、给付、纠纷调解或仲裁、确认等。

从上述职能的角度看，我国的事业单位在很大程度上类似于行政机关。事实上，不仅在职能配置上，在组织机构设置、人员编制等方面也非常类似于行政机关。这在给事业单位履行职能提供便利的同时，也限制了事业单位的独立健康发展。

3.4.3 事业单位改革

事业单位在我国的政治、经济、文化等社会生活的各个方面发挥了重要作用。但是，由于长期处于计划经济体制下，事业单位由国家大包大揽，在发展过程中也存在很多问题。这些问题主要有：

(1) 政事不分，事业单位行政化；

(2) 管办一体，事业单位扩大化；

(3) 投资主体单一，事业单位非社会化；

(4) 财政负担严重，事业消费福利化；

(5) 多头管理，事业单位条块化。

此外，事业单位自身管理体制也存在一些严重的问题，如管理体制照搬行政机关、人事制度改革落后、没有建立起有效的治理机制等。这些问题导致公共服务供给的总量不足、供给方式单一、资源配置不合理、质量和效率不高，尤其是在教育、卫生、住房、就业、社保等主要民生领域，还导致事业单位难以适应社会事业发展的新趋势，与公共服务新需求之间的矛盾越来越突出，因此，事业单位改革势在必行。

总体来看，改革开放以来，我国的事业单位改革大致经历了四个阶段。

第一阶段（1979—1992 年）是改革的初步探索阶段。这一阶段的主要任务是对事业单位的机构和人事制度进行改革，鼓励各类事业单位为经济建设服务。首先，初步理顺了社会事业各领域的管理体制。其次，明确了事业单位独立法人的地位，扩大了事业单位管理自主权，提高了事业单位的经营意识与能力。最后，推进了事业单位的人事制度改革，适当下放事业单位人事管理权限，探索符合事业单位特点的人事管理制度。

第二阶段（1992—2002 年）是改革的逐步深入阶段。这一阶段的主要任务是探索适应社会主义市场经济体制的事业单位管理体制。在此阶段，事业单位改革被纳入行政管理体制和机构改革并同步进行，推行政事分开，推进事业单位社会化。20 世纪 90 年代中期以后，事业单位改革逐步从一般试行转入综合改革，在财政分类拨款、人员工资制度、人员聘任制或职员制等方面取得了突破性的进展。

第三阶段（2002—2010 年）是改革的重点推进阶段。这一阶段的主要任务是对具有 50 多年历史的事业单位管理体制进行结构性调整，对已有事业单位的身份重新界定，并在此基础上，精简机构和人员，压缩事业单位编制规模，建立科学合理、精简高效的现代事业组织体系。2008年，十七届二中全会通过《关于深化行政管理体制改革的意见》，对深化事业单位改革提出了具体要求，明确“按照政事分开、事企分开和管办分离”的原则，对现有事业单位进行分类改革。

第四阶段（2011年至今）是改革的全面深化阶段。2011年，《中共中央 国务院关于分类推进事业单位改革的指导意见》及9个配套文件相继印发，为我国事业单位的分类改革确定了明确方向和任务要求。党的十八大以后，事业单位改革被纳入全面深化改革的重要内容，全面推进政事分开、事企分开，积极推进公益类事业单位改革，不断强化事业单位的公益属性。

事业单位改革涉及公共服务的供给，涉及全体社会成员的切身利益，涉及社会事业的健康发展，党中央和国务院一直高度重视事业单位改革。作为全面深化改革的重要内容，事业单位改革任重道远。新时代我国社会主要矛盾已经转化为人民日益增长的美好生活需要和不平衡不充分的发展之间的矛盾，面对新形势新要求，必须坚持以人民为中心，按照政事分开、事企分开和管办分离的要求，以促进公益事业发展为目的，以科学分类为基础，以深化体制机制改革为核心，总体设计、分类指导、因地制宜、稳步推进、创新机制，不断激发事业单位生机活力，不断满足人民群众和经济社会发展对公益服务的需求。

3.5 公共管理主体的结构

3.5.1 从线型结构向网络结构的转变

1. 公共管理主体的线型历史结构

历史地看，公共管理主体的多元化趋势在近代社会才初现端倪。当人类社会进入20世纪下半叶后，随着信息技术革命所引发的社会结构的变迁、新市民社会所带来的社会自治运动以及新公共管理运动所促成的政府管理方式的转变，公共管理主体结构的多元化趋势已成为历史的必然。这一趋势的深层原因是社会治理模式的转变。不同类型的社会，治理模式也不一样。迄今为止，人类社会治理经历了三种治理模式：统治型社会治理模式、管理型社会治理模式和服务型社会治理模式。这三种治理模式的区别集中表现为核心价值及其实现方式、治理目标、治理工具的差异，并在治理主体结构上表现出不同的性状。

在统治型社会治理模式中，社会治理表现为统治集团对社会的有效控制，政府是唯一的治理主体，政府和社会之间几乎不存在互动，是单纯的治理与被治理的二元对立，治理主体结构处于封闭状态。但是，随着生产力的发展、社会分工的细化、公共事务的范围不断扩大以及政府内部运转的科学化要求不断提升，政府的管理特征不断加强。横向上，政府结构由最初的行政、司法、立法不分的混沌状态，通过各种职能部门的设立与分化，逐渐发展为条理相对明晰的线型结构；纵向上，权力自上而下逐级分配，逐渐形成层级节制的金字塔型等级结构。因此，传统农业社会的治理主体结构是一种由横向和纵向的线条所交织的封闭的线型治理结构，这种线型治理结构是以权力关系为轴心的一维结构。

人类社会进入 18 世纪，工业革命开启了现代化的进程，此时，市民社会已经开始发育成长，社会治理主体结构由传统的绝对封闭状态走向有限的封闭状态。政府作为社会治理的唯一合法的主体地位仍没改变，仍处于社会治理的中心位置，治理主体结构仍是一种线型结构。政治与行政的分离确保了社会治理系统的独立性，一方面，政府综合运用权力手段、法律制度控制社会；另一方面，在政府内部，出于效率至上的需要，科学规范与法律规范成为治理体系自身控制的主要手段。法律规范和科学规范的引入，促进了社会治理主体结构由传统的一维线型结构向二维平面展开，强调独立平等的法律关系成为社会治理主体结构中的重要一维，工业社会中治理主体的线型结构更加精密和完善。

当政府垄断社会治理时，主体结构呈现单一化构造。在管理型社会治理模式中，政府内部系统各要素被官僚制理论设计得相当精致。单一的社会治理主体结构在工业社会后期逐渐表现出不适应性：主体结构各要素丧失了灵活性，要素之间缺乏互动，对外部环境的反应不敏锐。一直以来，改革这种僵化的主体结构始终是行政改革和政府再造的主题。但是，在管理层面上思考这个问题，总是走不出怪圈。即使把方向转移到市场机制中，也找不到良药。一言以蔽之，在一元化主体结构内部，无法实现主体的系统化。

服务型社会治理模式是市场经济发展到一定阶段的产物。市民社会的逐渐完善，社会自治组织的兴起，不断冲击着由政府唯一代表公共利益的传统观念。私人领域的发展壮大，并不是彻底否定国家、政府的介入，而是向国家、政府提出新型的管理方式或模式。现实中，这一方式是以公共管理的形象出现的。公共管理作为一种服务导向的社会治理方式，在治理视角上，发生了由自上而下到自下而上的转变；在治理理念上，由对治理对象的控制转变为对治理主体的自觉约束和自我限制，转变为以治理对象为导向的服务定位。

2. 公共管理主体结构的网络化

总体而言，治理主体的系统化进程在两个方向上进行：一是政府系统内部的系统化，二是政府系统外部治理主体的系统化。随着社会治理模式的转型，政府系统外部的社会治理主体逐渐成熟并壮大，成为社会公共事务管理的重要承担者，治理主体的结构也逐渐由线型结构向网络结构转变。所谓网络结构，是指多元社会治理主体在伦理关系、权力关系、法律关系三位一体的调整下，在信任与合作的基础上所形成的一种开放的无中心结构。由此来看，公共管理主体结构的网络化主要体现在以下几方面：

（1）社会治理主体由一元走向多元，线型结构被扬弃和超越。随着社会治理模式的转变，社会治理的核心目标转变为提供服务而不再是强调秩序，服务成为公共管理的行为导向和目标，只要是能向社会提供服务，任何主体都可参与到社会公共事务的管理中来。市场、社会在社会公共服务中主体地位的确立，改变了原有的社会治理主体结构，政府与市场、社会之间建立起合作性的伙伴关系，推动了社会治理主体的多元化运动，促成一种新型的社会治理主体结构的出现，从而扩大公共利益实现的途径。

（2）社会治理主体结构由封闭走向开放。这一开放性的生成伴随着政府内部结构由封闭走向开放的过程。一方面，市场竞争机制以及绩效管理、目标管理等工具被引入到政府管理中，打破了官僚制的相对封闭性。另一方面，社会其他组织通过公开竞标参与社会公共服务的提供，这在政府与社会之间建立了开放的渠道，使神秘的治理权力透明化。当政府内部结构由封闭走向开放时，也就打通了社会治理主体结构的封闭性，形成一种开放性的结构。

（3）社会治理主体结构从单一中心走向无中心化。传统的线型结构是一种单一中心的治理结构。统治型社会治理模式中，政府居于社会治理的中心，社会治理主体结构呈现为一种封闭的单一中心状态。管理型社会治理模式中，政府仍然是社会治理的唯一合法主体，并以官僚制为经典形态，构造了一种“中心—边缘”的社会治理主体结构。社会复杂性和不确定性的快速增长，塑造了一个风险社会，这个风险社会呼唤灵活、高效、负责、创新的治理主体的出现，并要求重塑社会治理主体结构。

（4）社会自治组织从依附走向平等与独立。社会组织从被治理对象逐渐成长为公共管理和服务的主体，这个过程本身就是一个自组织的过程，即通过自我管理、自我调节、自我控制、自我监督实现社会治理的有序状态。因此，公共管理主体之间是一种平等的网络关系，在此网络结构中，各主体分处于不同的节点上，任何一个主体都不是中心，也不处于边缘，中心与边缘在这一结构中失去了意义。同时，平等意味着独立，即政府与社会自治组织之间不再是单一治理主体下的依附关系，而是相对独立的，是合作治理中具有独立地位的合作伙伴。

（5）社会治理主体之间从消极的协作走向积极的信任与合作。线型结构突出政府与外界环境的界限，使政府与社会之间形成一种内外有别的界限。网络结构则淡化社会治理主体与服务对象之间、不同治理主体之间的区别，强调政府和社会自治组织等其他社会治理主体之间的良性互动与合作，在一种无中心状态下通过组织成员的信任与合作，让政府和社会自治力量融合，成为一个创造价值的系统，真正做到为公共利益服务。

（6）社会治理中的伦理关系结构化和制度化，形成一种权力关系、法律关系和伦理关系三位一体的立体结构。线型结构中，权力关系和法律关系不能有机融合。公共管理的服务理念所催生的伦理关系，超越了传统社会治理中的权力关系和法律关系，权力关系不再处于轴心地位，同时也遏制了法律关系试图取代权力关系的动机，使权力关系、法律关系和伦理关系成为一种相互支持的三位一体的平行关系。正是在伦理关系的融合调整下，社会治理主体的中心—边缘结构被消解，在各个治理主体之间塑造出一种合作型的信任关系，进而在社会自治的基础上建构出一种合作治理的状态。

3.5.2 公共管理主体结构的特征

随着社会治理模式的转型，公共管理主体的结构从线型结构转变为网络结构。“网络”的核心要义在于无中心，在于各主体之间通过资源的共享和行为的互动，营造出一种合作治理的状态。因此，公共管理主体结构不同于传统社会治理主体结构，它有自身独有的特征。

（1）开放性。随着社会自治力量的日益成熟，社会自治组织不再是辅助者或补充者，而是公共管理不可或缺的因素，是社会治理秩序达到有序的必要条件。公共管理各主体之间不再是主体与客体、管理与被管理的二元对立，而是从彼此封闭或有限开放走向完全开放。在这种开放状态中，公共管理主体相互合作，以多元治理主体合作的形式实现社会共治，进而满足社会多元化的需求。因此，公共管理主体结构的开放性不仅体现在主体之间的开放，还体现在主体对多样性的社会治理对象的包容，即开放性也意味着公共管理主体结构的包容性。

（2）灵活性。一方面，公共管理主体网络结构的无中心化，赋予了每一主体以充分的行动自由，自由蕴含着处理复杂性事务的高度独立性和自主性；另一方面，网络结构是权力关系、法律关系与伦理关系三位一体的立体结构，伦理的彰显意味着主体在行动中强烈的自觉性和责任意识，信任则驱使多元主体之间通力合作，在治理主体内部及整个治理体系中形成一种有序的治理状态。各个治理主体之间保持着畅通的、有序的沟通与互动的合作网络，整个治理主体结构随时保持与环境的适应状态，增强了治理结构的灵活性。

（3）互补性。公共管理主体多元化的结果就是在主体间形成一种互补关系，既有形式上的互补，也有功能上的互补。形式上的互补是指在主体结构上，政府与社会自治组织互补，形成一个多元的治理主体结构，同时在社会治理过程中，不同主体提供公共服务的各种手段或方式互补，以及在前后相继的治理环节上的相互补充。功能上的互补是指社会治理结果的互补，即不同主体在同一领域面对同一服务对象，提供相互补充、相互竞争的公共物品。公共管理主体之间通过形式与功能的互补，相互兼容，在自治平等的基础上形成互补性的合作，对各种社会资源进行组合，最大限度地实现公共利益。

（4）合作性。社会自治组织的出现不是为了与国家和政府抗衡，而是为了通过自治自律与政府合作，向社会提供优质足量的公共服务。各个主体之间相互开放，相互独立与平等，相互兼容与互补，因此它们互动的结果必然产生合作的关系模式。公共管理主体之间呈现相互信任的合作关系，多元化主体之间的网络结构本身就是在合作行为中建构的。

（5）互动性。在统治型社会治理模式中，政府与社会之间是单向的依附关系，互动极其有限，更多的是单方的意志支配。在管理型社会治理模式中，政府与社会组织的互动仅仅被限定在诸如政策制定等特定渠道中，而政府内部，由于在职能划分的基础上设置机构和划分部门，在这种分割状态中政府内部的互动也是有限的。在网络结构中，公共管理主体之间在独立平等、兼容互补的基础上，在合作的过程中实现良性的互动，相互监督、相互协调、相互合作，克服国家干预的失效和社会的不自足性。

本章小结

公共管理主体是指在公共事务管理的过程中，以实现公共利益为目的，按照一定程序，运用公共权力，提供公共物品与公共服务的公共组织和个人。在我国，从组织层面看，公共管理主体包括政府、社会自治组织和事业单位。

政府在公共管理主体中占主导地位，它是指依法行使国家行政权，负责对国家行政事务进行组织和管理的国家机关。政府与市场、政府与社会、公平与效率的关系决定了政府职能的范围。政府失灵是一种普遍现象，转变政府职能，避免政府失灵成为世界上几乎所有国家行政改革的目标。社会自治组织是指一定范围内的社会成员为维护和发展共同事业、共同利益和社会公共利益，自主自愿组成，实行自治自律，并对其成员提供一定的公共管理和公共服务，不以营利、政治及宗教为目的的社会组织。事业单位是指国家为了社会公益目的，由国家机关或者其他组织利用国有资产举办的，从事教育、科技、文化、卫生等活动的社会服务组织。随着社会治理模式的转型，公共管理主体的结构逐渐从传统的线型结构转向网络结构，并表现出开放性、灵活性、互补性、合作性、互动性等特征。

关键术语

公共管理主体　社会自治组织　职业自治组织　行业自治组织　学术自治组织　社区自治组织　综合自治组织　事业单位　线型结构　网络结构

复习思考题

1. 简述公共管理主体的含义及范围。
2. 如何理解社会自治组织？
3. 社会自治组织的范围如何界定，具体包括哪些组织？
4. 请谈谈对政府失灵的认识。
5. 政府的基本职能有哪些？
6. 试举例分析行业自治组织发展存在的问题。
7. 综合自治组织的职能有哪些？
8. 事业单位的公共管理职能有哪些？
9. 试论述公共管理主体结构网络化的具体表现。
10. 请谈谈对公共管理主体结构的特征的认识。
11. 案例分析：请认真阅读案例材料，然后按照要求分析并回答问题。

沈阳夯实基层治理根基

社区是城市治理体系的基本单元。近年来，常住人口超过900万的沈阳市，以党建引领推动多元力量参与社区治理，实现政府治理同社会调节、居民自治良性互动，社区治理能力不断提升。

党建引领，力量下沉

82岁的夏奶奶家住沈河区大南街道多福社区，去年家中意外失火。老人在各方的帮助下很快恢复了正常生活，屋子也整修一新。“附近银行的党员送来了被褥米面，社区志愿者帮助清理打扫，党员服务队进行粉刷装修……”老人回忆道。

这些帮助得益于多福社区以党建引领形成的共建格局，党建如何引领社区治理？沈阳市推动条块融合，健全驻区单位党组织、党员到社区服务的长效机制，全市 2 317 个机关党支部与社区党组织精准对接，创建“党群 e 服务”“共联共享共建共促”等载体，“共产党员社区奉献日”等党建品牌作用突出，行业系统部门定期与街道社区党组织沟通会商解决问题，基层治理从街道社区党组织“单兵作战”向“街道社区吹哨、职能部门报到”转变。

促进基层治理力量下沉，沈阳市在小区全面实行“三长五员”专班治理模式，目前全市已有 6 500 余名社区工作者担任小区点长，1.1 万余名市区下沉干部担任应急点长，会同老党员、老劳模等荣誉点长及专班其他成员倾情服务居民群众，努力把一个个居民小区打造成幸福大院。

沈阳市把加强基层党建、巩固党的执政基础作为贯穿基层治理的主线，全市调整优化 6 200 余个网格党支部，组建 1.2 万余个楼院党小组、1.8 万余名党员中心户、4 400 余支党员学雷锋志愿服务队伍，夯实“近邻胜远亲、邻里一家亲”的治理基础。

协调各方，优化服务

一年前，家住浑南区彩霞社区的耿大爷到社区服务中心办事，还以为走错了地方：七八米长、齐胸高的服务柜台不见了，取而代之的是六七套休闲桌椅，摆放在温馨的办事大厅。“坐下喝杯茶，事儿就办好了。”

打破行政壁垒，拆除封闭藩篱。沈阳以“一核多元”的基层党建共治共享机制为抓手，发挥全市 110 个街道“大工委”、955 个社区“大党委”和 900 余个“两代表一委员”工作室的作用，调动各方力量参与基层治理，形成服务群众合力。设立“居（村）民评理说事点”2 600 余个，创新推进“红色物业”，全覆盖派驻社区“第一书记”，建立“三级包保”实名制工作体系。

沈阳做实“舒心就业、幸福教育、健康沈阳、品质养老、平安沈阳”等民生品牌，为居民提供“一站式”便民服务。居民办事不再“到处问”“到处跑”，社区服务“全天候接待、全方位受理、全过程负责”。全市社区工作者总数超 1.53 万人，6 588 个小区全部“有人管”。社区便民服务事项办理要件精减比例达 50.9%，7 个领域 115 项服务事项办理时限平均压缩 75%。

居民互助，共建共享

小区是我家，共建靠大家。在和平区太原街道民族社区，每天早上总能看到 10 多名身穿“九大妈”志愿服务红马甲的老人，忙着清理各种杂物。社区内老年人多，“我参与，我奉献，我快乐”，9 位退休大妈自愿组成了“九大妈”志愿者服务队，平安巡逻，保护环境，守望互助，一干就是 10 年。如今，成员已经增加到 300 多人。

沈阳市推动社会力量参与社区治理，实现要事共商、社区共建、社会共治、成果共享，不断提升基层治理能力。居民、社会组织、志愿者、公益慈善机构等各种力量，让社区治理的“独角戏”变成了共建共治共享的“大合唱”。

截至目前，沈阳已备案社区社会组织 10 885 个，承接项目 869 个；培育居民议事会、民情恳谈会等协商组织 3 041 个，召开协商会议 14 410 场次，解决居民切身利益问题 4 874 个。

资料来源：刘成友，刘洪超，辛阳，等．沈阳夯实基层治理根基．人民日报，2022－07－26.

问题

（1）城市社区治理中的主体有哪些？

（2）城市社区治理有哪些困境，如何打通社区治理的“最后一公里”？

《本章阅读书目》

1. 戴维·奥斯本，特德·盖布勒．改革政府：企业家精神如何改革着公共部门．上海：上海译文出版社，2006.

2. 查尔斯·沃尔夫．市场或政府：权衡两种不完善的选择/兰德公司的一项研究．北京：中国发展出版社，1994.

3. 张康之，郑家昊．公共管理学.2版．北京：中国人民大学出版社，2019.

4. 陈振明．公共管理学：一种不同于传统行政学的途径.2版．北京：中国人民大学出版社，2003.

第4章

公共管理者的角色、能力与策略

本章导读

党的二十大报告提出“以中国式现代化全面推进中华民族伟大复兴”。在公共管理领域，传统的政府官僚制正在转变为富有弹性的、开放的、扁平化的、公民参与的新型治理模式。这不仅仅是一种形式上的变革或管理风格的细微变化，而是在政府与公民关系方面所进行的尝试性改革，意味着政府及公共管理者角色的转变。公共管理者角色的变化必然带来管理内容、方式的变化，给公共管理者的能力带来前所未有的挑战，更加需要公共管理者能立足长远、总揽全局。这种能力的构成要素非常广泛。围绕着公共政策的制定和执行或者亟待解决的问题困境，公民和公民组织的利益可能一致，也可能存在冲突。为此，公共管理者必须善于协调、斡旋各种关系，从而最大限度地动员和调集各种可利用的资源。总之，在外部环境快速变化的冲击下，生存和竞争的压力不断地挑战着公共管理者的能力。一个全才型的公共管理者，也无法保证将所有信息和未来发展的全部状况控制于股掌之间。必须善于运用战略思维和策略，正确地认识和把握公共管理的新情况、新问题、新特点，集中精力研究和解决全局性、战略性和前瞻性的重大问题，才能真正做到从“为民做主”到“为民服务”，才能真正适应日益多样化、更加挑剔的公众需求。本章正是围绕公共管理者的角色、能力与策略进行阐述的。

重点问题

- 公共管理者应当承担哪些角色
- 公共管理者应该具备哪些能力
- 公共管理者应当运用哪些策略

知识结构图

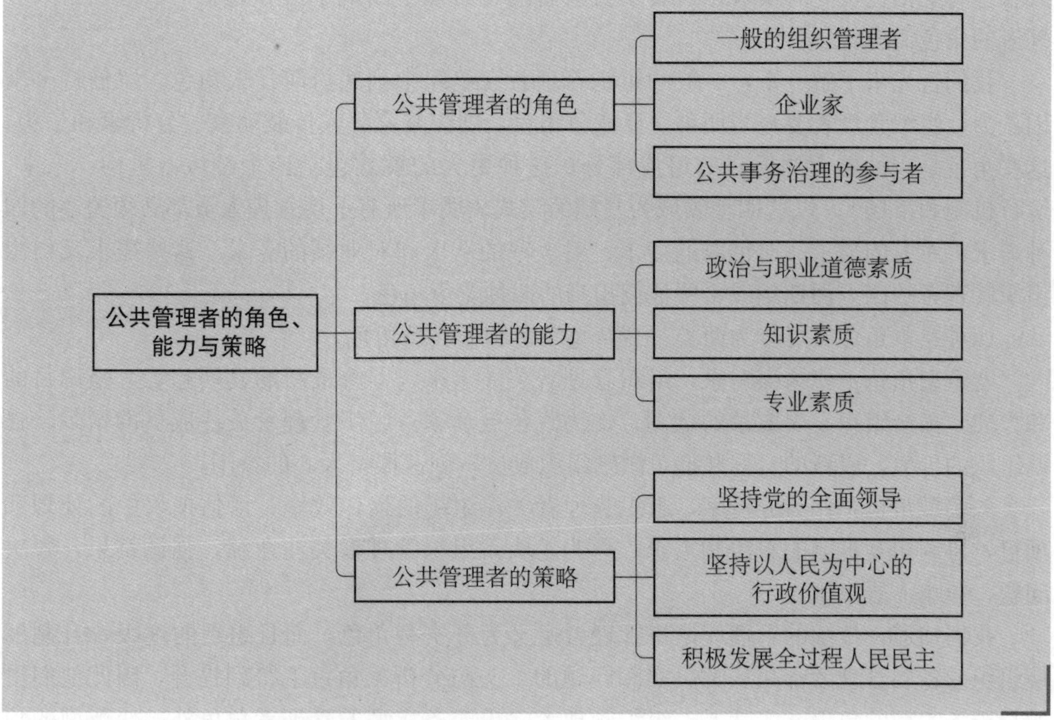

4.1　公共管理者的角色

4.1.1　一般的组织管理者

“角色”本是戏剧中的名词，指演员扮演的剧中人物。后来，这个名词被其他社会科学领域借用。戴维·波普诺认为，角色是一套权利义务和行为规范体系①。

社会角色是指与人们的某种地位、身份相一致的一整套权利、义务的规范与行为模式。它是人们对特定身份的人的行为期望，构成社会群体或组织的基础②。

公共管理者的角色也是如此，在公共组织或群体中，它处于显著位置，人们总是期望公共管理者能够明晰自己的权力与责任，善于根据角色要求规范行为，准确、及时且最大化地满足公共利益。角色扮演的成败决定着公共管理行为的成败和公共管理者的成败，进而决定着公共部门的兴衰。公共管理者的角色就是公共管理者应该“是什么”“做什么”“怎么做”。公共管理者是在公共部门中依法担任公职，行使公权力，并负有相应责任的人员。“从公共行政官员到公共管理者”（from public administrator to public man-

---

① 戴维·波普诺．社会学：第 10 版．北京：中国人民大学出版社，1999：99.

② 郑杭生．社会学概论新修（修订本）．北京：中国人民大学出版社，1998：106－107.

ager)，是 20 世纪 70 年代以来整个公共事务领域形成的一种历史性变革。时代不同，公共管理者的角色也与时俱进，这要求公共管理者必须不断地学习和创新，以适应公共管理者的角色需求。

我们首先来了解一下，一般的组织管理者在组织中到底扮演什么角色。罗伯特·奎因认为，组织管理者要充当四种主要竞争角色，即谋略家、宣传鼓动家、分析家和工头。这些角色是一种更大的模式的组成部分，这种更大的模式包括四个领域：机构、未来、运行机制和市场[①]。以这四种领域为基础的模式表明了所有上层管理人员都必须关注的四种需求：对人的需求、对创新的需求、对效率的需求和对业绩的需求。这些需求又引出组织管理者的四方面期望或希望他们担当的四种竞争角色。

四种竞争角色又可分为两类：变革型角色和务实型角色。

变革型角色：作为谋略家，组织管理者关注未来，了解最新的发展趋势，强调目的和方向，描绘组织发展愿景的蓝图；作为宣传鼓动家，组织管理者关注成员的奉献，强调组织的价值，以新的目标和抱负激励组织成员，创造振奋人心的氛围。

务实型角色：作为分析家，组织管理者关注组织的运作效率，评估拟议中的计划和项目，协调相互抵触的看法和需求；作为工头，组织管理者关注业绩，强调结果，解决问题，影响下层决策。

我们知道，传统的管理理论将管理者定义为务实型角色，而且组织的逐级晋升制度使组织的各层管理者都是从解决实际问题的工头与分析家角色上得到提升，因此他们更擅长于务实型的角色。实际上，组织管理者除扮演务实型的管理者角色外，变革型的角色也是其不可或缺的一部分。根据奎因的调查，那些经常在四种不同角色中切换的领导者往往能取得最好的成绩。当然，对组织管理者来说，该分类的指导意义在于使他们意识到四种角色的不同价值，而不仅仅局限于其中之一或之二。

4.1.2 企业家

“把公共管理者确定成为‘企业家’，这是新公共管理的一个基本要素。”[②] 按照珍妮特·登哈特、罗伯特·登哈特的概括，新公共管理对行政官员之于政策发展的角色探讨具有两个独特的方面。一方面，新公共管理认为，行政官员在政策过程中扮演着一种更为积极、主动的角色，即政策企业家的角色；另一方面，新公共管理又极力主张管理者要关注“顾客”的需求并且要尽可能地把政策建构得使顾客能够选择，也就是说，要通过把那些政策备选方案转变成市场选择，以尽可能地使选择进一步退出政治领域。

1800 年，法国经济学家萨伊（Say）首次提出“企业精神”，也有人称之为“企业家精神”或“企业家的创新精神”。萨伊指出，“企业家”在商业活动中具有重要的地位，能够洞悉未来、把握良机的企业家，是经济转变与改革的动力。同时，萨伊认为，“企业

① 罗伯特·奎因．深刻变革：从改革中发现领导者．北京：中央编译出版社，2000：149.

② 珍妮特·登哈特，罗伯特·登哈特．新公共服务：服务，而不是掌舵．北京：中国人民大学出版社，2004：87-88.

家”能够把经济资源从低产值转移至生产力和报酬较高的地方，并且随时运用新方法、新手段来配置资源，以提高效能与效率。换句话说，无论是公营部门、私营部门或者第三部门，只要能够随时用新的方法来进行资源配置，从而实现生产力和效能的最大化，一般就认为这样的机构具有“企业性”或“企业精神”。古典经济学大师熊彼特（Schumpeter）强调，“企业精神”的核心内涵包括“创新”与“冒险”，其中，创新与发明不同，后者提出解决方法，而前者则必须将此方法付诸实践。“企业精神”与“企业家”是相互依存的。“企业家”是“企业精神”的推动者，而“企业家”必须拥有创新、冒险的“企业精神”，两者是组织追求永续发展、因应环境变迁挑战的不可或缺的必要条件。

在企业组织生存所仰赖的“企业精神”与“企业家”，对应到公共部门之中，我们可称之为“公共企业精神”“公共企业家”。“公共企业精神”，即跳出公共部门传统官僚制的行为方式，注入“创新”与“承担风险”的理念，实际上代表一种对公共事务的重新思考。“公共企业家”是指具备创新精神，并致力于大幅度改变公共部门对稀缺公共资源传统配置方式的公共管理者。在公共部门中负责生产、设计及执行创新理念的个人，并不一定是最高领导者。只要能够在思维与行动上摒弃因循守旧的心态，而且能够以主动积极的精神回应每一个公共问题，那么，参与政策制定过程的每一个人都有可能成为“公共企业家”。

知识专栏 4-1

企业化政府的含义

我们使用“企业化政府”一词来指在美国各地出现的新模式。这个词也许会使许多读者感到意外，读者们认为企业家就是生意人。但是，“企业家”一词的真正含义要广泛得多。18 世纪法国的经济学家萨伊创造了这个词。萨伊写道：“企业家把经济资源从生产率和产出较低的地方转移到较高的地方。”换言之，企业家运用新的形式最大限度地创造生产率和实效。

萨伊所下的定义，既适用于私营部门，也适用于公营部门和志愿者参加的第三部门。有胆有识的督学和校长用新的方式来使用资源，创造最大限度的生产率和实效。具有革新精神的机场管理者也是这么做的。福利事业的专员们、劳工部长们、商业部的官员们都能够把资源注入生产率和产出更高的地方。我们说到公共事业的企业家，指的正是那些这般行事的人。我们说到企业家的模式时，指的是习惯性这般行事的公营部门的机构，不断以新的方式运用其资源来提高其效率和效能。

资料来源：戴维·奥斯本，特德·盖布勒．改革政府：企业精神如何改革着公营部门．上海：上海译文出版社，1996.

4.1.3　公共事务治理的参与者

传统意义上的公共管理者是以“民众之家长”身份，包揽公共事务的决策与执行职能，而现代公共管理者已经转向一种社会化分工和合作者的角色。在信息化、知识经济和经济全球化时代，参与治理逐渐成为公共管理的基本价值。治理实际上就是国家权力向社会的回归，治理的过程就是还政于民的过程，从全社会的范围来看，治理离不开政府，但更离不开公民的积极参与和合作。[①] 在参与式治理中，政府组织、非政府组织和公民共同承担着治理的责任，共享资源，相互作用，参与式地决定公共政策和提供公共服务。罗伯特·赖克认为："较高层级的公共管理者有责任就他们所做的事情来促进公共辩论。公共评议能够有助于阐明模糊不清的命令。更为重要的是，它还能帮助公众发现自己所希望获得的东西中潜在的矛盾和共性。因此，公共管理者的职责就不仅仅是或者简单地是作出政策选择和执行政策选择。他们还要参与到一个其中公共价值不断地被再表达和再创造的民主治理系统之中。"[②] 从更深层次来看，传统官僚行政危机引发了公共行政研究的革命，并由此形成了全球性的"行政改革时代"。新公共行政运动开始强调以伦理、民主、政治互动、公民参与、回应性等观念为基础设计新的组织形式。以奥斯特罗姆为代表的一些学者认为，现代民主社会中，由于行政对决策的积极参与和对社会危机的积极治理，以及社会最少受惠者对公平的切实需求，公共行政应建立起"民主制行政"的目标范式。从官僚制到民主制，这是一个"哥白尼式的转换点"。"民主行政的基础，一是每个人都有资格参与公共事务处理的平等至上主义的假设，二是所有重要的决定都留给所有社群成员以及他们所选择的代表考虑，三是把命令的权力限制在必要的最小的范围，四是把行政机关的地位从主子的行政机关变成公仆的行政机关。"[③] 在这里，奥斯特罗姆设计了一套完全不同于传统组织的模式，即突出权力的"多中心特征"和个体参与的重要性。这也就意味着，公共管理者不再高高在上并独占公共权力，而只是作为民主治理系统的一个环节或参与者。

"党的十八大以来，我们深化对民主政治发展规律的认识，提出全过程人民民主的重大理念。我国全过程人民民主不仅有完整的制度程序，而且有完整的参与实践。"[④] 在全过程人民民主中，公共管理者从主导者的身份转变为参与者，继续扮演着重要角色。

我们知道，在回应全球化与现代科技革命挑战的过程中，公共管理者必然要面对维持宪政秩序和社会稳定的问题、在公共管理领域内维系民主法制社会的基本价值的问题，必然要处理好政府与市场、自由与管制、公平与效率的问题，也只有处理好这些问题，才能真正促进公共管理走向善治，并实现一种可持续的发展道路。在现代民主宪政国家，公共管理者广泛运用政治的、经济的、管理的和法律的方法，并通过整合社会的各种力量，强化公共治理能力，提升行动绩效和公共服务的品质，从而实现公共的福祉和公共利益。

4.2 公共管理者的能力

党的二十大指出要"建设堪当民族复兴重任的高素质干部队伍"，这实际上是从能力

① 俞可平．治理与善治．北京：社会科学文献出版社，2000：11.

② 珍妮特·登哈特，罗伯特·登哈特．新公共服务：服务，而不是掌舵．北京：中国人民大学出版社，2004：93.

③ 文森特·奥斯特罗姆．美国公共行政的思想危机．上海：上海三联书店，1999：87.

④ 习近平．习近平谈治国理政：第四卷．北京：外文出版社，2022：260.

方面对公共管理者提出的要求。能力，是指在特定情境下有效工作时所需的技巧、知识、经验、品质和行为。[①] 公共管理者是具有公职性、职业性、专业性、应用性、稳定性的各种专门人才，既包括从事公共管理和公共政策研究与分析等方面的高层次专门人才，也包括具有现代公共管理理论和公共政策素养，掌握先进分析方法及技术，精通某一具体政策领域的专业化管理者和政策分析者。一般来说，公共管理者的能力水平是实现公共管理者职业化的基本特征和重要指标。尽管不同的部门、不同的管理层次对公共管理者的素质要求不同，但对其职业能力的基本要求是相同的，公共管理者必备的职业能力体现为以下几个方面。

4.2.1　政治与职业道德素质

选人用人要坚持德才兼备、以德为先。具有高品质、高素养的政治与职业道德是任何一位公共管理者的首要条件。与其他行业人员相比，公共管理者的行为规范与职业道德规范有其自身的特殊性，突出地表现在：公共管理者代表国家、代表政府或其他公共部门履行职责、执行公务，无论其职位高低，他们的政治行为与职业道德行为都与国家利益、公共利益紧密联系在一起；公共管理者的行为规范与职业道德，通常体现的是一个国家的政治方向和政治信仰方面的内容。为此，公共管理者必须忠于国家，忠于公共利益，忠于自己为之奋斗的事业。

公共管理者的政治道德与职业道德包含哪些具体内容，各国并不尽一致。一般来看，公共管理者必须遵守法律，依法行政，必须忠于国家，必须全心全意为人民服务。在西方国家，一般要求公共管理者“政治中立”。而在中国，公共管理者必须遵守四项基本原则以及中国共产党制定的各项路线、方针和政策。习近平总书记 2021 年 1 月 22 日在中共十九届中央纪委五次全会上指出：“各级党员、干部特别是领导干部都要坚定党性立场，加强党性修养，心怀‘国之大者’，遇到问题、作出决策、处理工作首先要从政治上想一想，对照党章、党内政治生活准则、党纪处分条例举一反三，看准能不能干、该不该做，在风浪考验中立得住脚，在诱惑‘围猎’面前定得住神，始终做政治上的明白人。”[②] 公共管理者首先是人民的公仆和勤务员，他们的职业道德行为理应成为各行各业的表率。因此，他们应该严格按照公共管理者的职业道德行为规范来行事。党的二十大报告指出，“树立选人用人正确导向，选拔忠诚干净担当的高素质专业化干部”。由此，公共管理者必须忠于职守，在自己的工作岗位上尽职尽责，这是公共管理者职业道德行为规范的核心内容；公共管理者必须清正廉洁，克己奉公，这也是公共管理者最基本的职业道德行为规范之一；公共管理者必须模范遵守社会公德，按照社会公德和行政伦理标准有效地自我约束。

具体来说，公共管理者应具有的政治与职业道德素质有：（1）对公共事务的事业心、使命感和责任感。这是判断一位公共管理者是否抱负远大，是否对工作一丝不苟，是否

---

① 张超，亓利．公务员能力标准体系建设的思考．学术交流，2008（12）：88－91.

② 习近平．习近平谈治国理政：第四卷．北京：外文出版社，2022：40.

能够勇于承担责任等心理品质的重要前提。显然，公共管理者不仅应当具有远大的理想、目标和抱负，而且应当具有对公共权力行使的责任感。（2）顽强的进取心和坚韧性。公共管理者必须跟随时代发展不断提高自己、充实自己，同时，在面对重大的公共管理难题时，要具备克服困难、勇往直前的勇气。（3）敏锐的警觉性和政治鉴别力。这是确保公共管理正确性的基本能力，主要指公共管理者所应具备的政治理论的学习能力和运用能力、公共政策的理解与把握能力，以及公共管理实践的坚持能力与灵活性等。“旗帜鲜明讲政治，既是马克思主义政党的鲜明特征，也是我们党一以贯之的政治优势。党领导人民治国理政，最重要的就是坚持正确政治方向，始终保持我们党的政治本色，始终沿着中国特色社会主义道路前进。”① 作为公共管理者，“必须增强政治意识，善于从政治上看问题，善于把握政治大局，不断提高政治判断力、政治领悟力、政治执行力”②。（4）对公众及公共管理团队胸怀宽广，以诚待人。公共管理者必须能够以宽厚、谦虚、公正、诚实的态度，广泛地听取不同的意见，对内团结并调动组织成员的积极性，对外争取广泛的支持，只有这样，才能更好地为社会公众服务。（5）奉公守法、大公无私。一个合格的公共管理者应该是遵纪守法的模范，以身作则，言行一致，身体力行，而绝不能用手中的权力谋取私利。

4.2.2 知识素质

公共管理是一种兼有科学性和艺术性双重特点的创造性活动，这要求公共管理者必须具备广泛的知识储备，而不仅限于自身的专业知识。公共权力的高效行使依赖于知识的应用。随着现代公共管理日益广泛而复杂，公共管理者必须掌握多方面的知识，力求使自己成为一专多能的“通才”。应该承认，文化知识是确保基本公共管理质量的重要基础，它能够调动公共管理者一系列的职业能力，如调研力、概括力、推理力、表达力、写作力、说服力、审美能力和文字功力等。一般来说，对公共管理者知识素质的具体要求包括三个方面：

首先，具有扎实的文化基础和宽泛的知识面。公共管理者的文化基础主要包括语文、历史、地理、数学、物理、化学、生物等基本知识。这些知识有助于培育公共管理者形成广阔的视野和较高的思维能力，为掌握现代科学管理知识打下坚实的基础。公共管理者在具备了较高的理论文化素养之后，才能熟悉现代社会发展的基本趋势，掌握科学的世界观和方法论，并懂得运用科学的立场、观点、方法去分析、解决工作中的实际问题，从而使自己在复杂的管理事务工作中，增强工作的原则性、系统性、预见性和创造性。

其次，掌握必要的现代管理知识和科学技能，特别是公共管理知识，以及政治学、行政学、领导学、社会学等知识，还要懂法律、懂外语、懂经济，要会用电脑，要学懂学透，学有所思，学有所获。这样才能提高解决实际问题、做好本职工作的能力，也只有这样，才能使自己的管理工作规范化、制度化、科学化。

---

① 习近平．习近平谈治国理政：第四卷．北京：外文出版社，2022：43.

② 同①.

最后，具备一定的专业知识。随着社会分工越来越细，专业特点越来越明显，公共管理者通常在不同的岗位从事着不同的工作。拥有相关的行业背景和丰富的从业经验便于公共管理者准确把握本行业的市场、竞争、产品、技术状况，特别是要把握公共需求，这对于公共管理者制定目标、决策，处理各种问题，协调各种关系，应付复杂局面和突发事件，进而实现公共利益有着重要而积极的作用。

4.2.3 专业素质

公共管理者的能力要求直接影响到公共管理的成败，其能力必然需要全面重塑，才能在社会变迁的竞争中求得组织制胜与发展。人的能力是多元的，对公共管理者来说，若只具有高水平的政治或职业道德素质以及较高的知识水平，而缺乏必要的专业素质，并不能胜任管理工作。社会进步与公共服务需求的提高，在给公共管理带来前所未有的机遇和挑战的同时，也对公共管理者的各项工作提出了更高的要求，这就迫切需要他们提高公共管理能力。就公共管理专业素质而言，公共管理者需要具备以下几个方面的能力：

一是决策能力。在公共管理中，决策的效应最大，也最具深远影响，决策正确与否直接关系着管理工作的成效。公共管理者的决策能力包括：技术性决策能力，即预测、运筹、谋略、规划等；内容性决策能力，即行政立法能力、政策和措施的制定能力，包括建议能力、起草能力、规范化能力、合理化能力、合法化能力、修订调整能力和追踪决策能力等。决策过程中绝不要求"完善"和完美的决策条件，要敢于决策，并有信心去行动，在实施中不断完善，使决策达到完美。

二是组织能力。公共管理者必须组织其成员和团队认同组织结构、工作方式、组织文化和非正式规则，最大限度地减少人事变动给组织的既定活动方式带来的冲击，保持组织的稳定和组织活动的连续性。善于识别公共管理团队的能力与局限，用一定的组织形式把团队组织结合成一个统一的整体，实行有效的领导和管理。这是公共管理者的基本能力之一。公共管理者往往是公共政策的制定者和执行者，良好的组织能力通常要求公共管理者具有很强的把握大局、驾驭全局的能力。

三是协调能力。围绕着公共政策的制定和执行或者亟待解决的问题困境，公民和公民组织的利益可能一致，也可能存在冲突。公共管理者必须善于协调、斡旋各种关系，使"多元利益关系人围绕着特定的政策问题，经由共同问题关注、利益碰撞、协商对话、斡旋调停、冲突控制过程，继而在达成共识、形成愿景、积极参与的基础上，建立起联盟合作、共同治理的互动网络关系"①，从而最大限度地动员和调集各种可利用的资源。公共管理者要具备的协调能力主要包括对内外关系的把握能力、公关意识与技能、信息收集与反馈能力、沟通能力和协同能力等。通过沟通和协调部门内部、外部的各种关系，公共管理者能更好地从大局出发，统筹兼顾，综合协调人力、物力、财力，使本部门的人、财、物合理配置，取得公共服务的最佳效益。

四是应变能力。公共管理的环境变革速度日益加快，这要求公共管理者根据客观情

① 孙柏瑛．当代地方治理．北京：中国人民大学出版社，2004：223.

况的变化，及时调整工作的重点，改变工作策略，掌握工作的主动权。这是公共管理者必须具备的至关重要的一种能力。党的二十大报告指出，“我国发展进入战略机遇和风险挑战并存、不确定难预料因素增多的时期，各种‘黑天鹅’、‘灰犀牛’事件随时可能发生。我们必须增强忧患意识，坚持底线思维，做到居安思危、未雨绸缪，准备经受风高浪急甚至惊涛骇浪的重大考验”。可见，公共管理者一定要具备应变能力，要随时掌控变革的局面，快速反应，并提升组织动员、指挥、执法、政策执行、委托、招投标等响应能力，以权变的视角不断转换自身角色，主动应变，防患于未然。

五是依法行政能力。公共管理者的行政权的运用，最经常、最广泛、最密切地关系着社会公共利益和公民个人利益，其依法行政水平的高低直接影响公共管理效率的高低。提高公共管理者依法行政的能力，最重要的是加强公共管理者依法行政的意识，要求其不但要学法、懂法、依法、执法，还要改变与依法行政不相适应的工作习惯和工作方式，增强规则意识和法治精神，切实尽到“依法行政、加强监督、提供服务”的公共职责。

六是抗逆力。抗逆力（resilience）是抵抗逆境和挫折的能力，即“个人或组织即使面对挑战或威胁，也能成功适应的过程、能力与结果”①。公共管理者的抗逆力强弱与其所受到的挫折和影响密切相关，抗逆力水平较高的公共管理者往往拥有较强的洞察力和创造力，且更加积极、主动、幽默，人际关系更好，自我效能感更强，更能调动内外部资源，变不利为有利。

七是学习能力。由于公共管理环境变化越来越快，持续学习将是公共管理者始终不变的任务。公共管理者的学习能力是指公共管理者能够不断地向历史、现实和其他组织或个人学习，不断完善对现实世界、组织以及个人的认识，掌握驾驭现实的内外环境，从而影响公共部门未来的能力。公共管理者应该带头把公共部门创建为学习型组织，系统地结合日常工作和周围发生的事情，不断寻求组织革新的途径，并帮助而不是强制组织内部成员有效地学习，以取得重要的学习成果。换句话说，公共管理者要树立终身学习的观念，把加强学习作为一种责任、一种追求、一种境界，要坚持学习、加强学习、改善学习。

公共管理者必须根据自己的知识结构和工作需要，拓宽学习途径，向书本学、向他人学、向实践学。就学习内容而言，公共管理者一要提高综合文化素养，加强对本行业的专业知识与现代公共管理理念、原则、方法和技术的学习；二要注重培养较强的法律意识、法制观念、市场经济的规则意识等；三要学习和掌握计算机操作技术、信息处理技术，实现与各级公共部门及公众的信息传递和交流；四要了解和接受不同文化背景的思维模式，熟知所辖事务在国外的基本状况、发展态势等。要提高学习能力，公共管理者应做到：从“学会”到“会学”，即公共管理者要自觉地、主动地总结自己的学习活动规律；从“求知”到“求智”，即要善于从知识中学到智慧，学会创新；从“占有”到“追求”，即学习永不满足，永不停止，不断实现自我超越；从“面向过去”到“面向未来”，即以史为鉴，以现实为基础，以未来为导向。

---

① Masten A S, Best K M, Garmezy N. Resilience and Development: Contributions from the Study of Children Who Overcome Adversity. Development & Psychopathology, 1990, 2 (4): 425-444.

八是创新能力。党的二十大报告强调，“创新是第一动力”。面对全球化浪潮，新概念、新思想、新工具层出不穷，公共管理活动的综合性、多变性、动态性更为明显，公共部门必须随时做出快速反应，随时进行前瞻性思考与创新，善于变革的持续创新能力便也成为公共管理者打破现状、摆脱困境的首要能力。公共管理者是公共部门变革创新的原动力。公共管理者的创新能力，是指公共管理者一切从实际出发，对工作进行经常性的分析和总结，创造性地进行工作的一种本领。创新能力主要包括观念创新、制度创新、组织创新。一个有效的公共管理者应该跳出模仿的圈子，大力提倡创新思维和求新意识，充分发挥自身的创造力和想象力来引领公共部门变革。

创新活动是一种综合性、创造性、开拓性的行为过程。公共管理者进行创新活动必须具有良好的创新动机，要以真实的信息为依据，必须在实践中探索，在实践中创新，在实践中提高，在实践中发展，还要注意灵活性，突出现实性，并善于继承前人的智慧。为此，公共管理者首先要有创新观念，强化创新意识，这是在工作中培养创新能力的前提条件；其次，公共管理者必须以扎实的知识体系为支撑，形成和优化合理的知识结构，并提高对工作的了解和熟悉程度；再次，公共管理者还要掌握创新方法、技能，培养创新思维方式；最后，公共管理者要勇于创新、乐于创新，还必须建立和健全一套有利于创新的社会机制，包括激励机制、保护机制、发展机制等，营造良好的社会环境。

九是博弈能力。公共部门本身是一个“集体行动”的组织形态，同时又是一个保证社会可以“集体行动”的选择性激励主体。由此看来，公共管理变革是一种博弈，是组织与个人就组织控制权和分配权的博弈过程。组织与个人是一对策略互动主体，双方在互相研究对方的策略后再做出最佳反应决策。由于有限理性条件下的短视行为，双方的策略反应是一种不断调整的动态过程，而这将直接导致变革的不断深化或停滞。公共管理者应该清醒地意识到变革将触及很多人的利益，利益博弈往往意味着冲突，这种利益矛盾必须得到及时解决，否则将出现更严重的危机。在变革成效与个人得失之间，需要求得一种适度的平衡，而这就需要变革领导者具备较强的博弈能力。

集体行动本身就是行动个体的博弈结果，只有在厘清了局中人之间的相互关系之后，才可以进一步厘定集体行动的原因、过程与结果，并寻找恰当的方式来保证集体行动的顺利达成和公共利益的同步实现。对于公共管理者而言，只有厘定博弈对于集体行动的规定性影响并从中寻得相应的关键性因素，才有可能探讨集体行动的困境所在以及解决办法，进而找到公共利益达成的结构性因素。由于公共管理者与公众、公共部门之间、公共部门内部面临的是多元博弈，公共管理变革的进行是以追求个人效用最大化为决策指南的。制度创新由于涉及与制度相关的人群，实质上是一个“非帕累托改进”的过程，它在改进大部分人利益的同时将损害少数既得利益集团的利益（往往是当权者），因而将遭到很大的阻力。简单地说，进化稳定均衡策略就是这样一种均衡策略，博弈双方都没有动力偏离此均衡策略，并且能够抑制住任何变异策略的入侵。在公共管理者与公众、公共部门之间、公共部门内部的激励博弈中，如果主导变革的公共管理者一方有一套完整的激励制度安排，包括产权制度、市场制度、企业制度和政府激励政策，则公众将发现，进行变革是最优的，若不然，最终受到损失的是公共利益，由此激发个体在收益刺激下不断进行创新。

十是风险管理能力。“风险”一词的一般意思是“可能发生的危险”，它是不以人的意志为转移的，但这并不意味着风险是无法避免的。风险的存在要求公共管理者积极面对风险，做到有备无患，才能将风险的影响减到最小。随着公共服务需求的日益多样性以及各领域竞争的加剧，公共部门的外部环境更具动态性和不确定性，其任何行为也更具风险性。公共管理环境中风险和不确定性的控制是管理的核心问题，相应地，具备抗拒不确定性的风险管理能力同样是公共管理者的核心能力。风险管理是一个持续的过程，建立良好的风险管理机制以及基于风险的决策机制是公共管理成功的重要保证。风险管理是公共管理流程与规范中的重要组成部分，制定风险管理规则、明确风险管理岗位与职责是做好风险管理的基本保障。同时，不断丰富风险数据库、更新风险识别检查列表、注重项目风险管理经验的积累和总结更是提高风险管理水平的重要动力源泉。

对于公共管理者而言，要积极应对风险，必须编制一个切实可行的计划，能够最大限度地对公共管理所面临的风险有充分的准备。制订公共管理的风险管理计划所必须考虑的方面包括：公共战略计划；公共管理的业务程序；风险管理的总体策略及要求；公共部门对风险的最大承受能力；公共部门所面对的主要风险类型。风险管理计划应包括如下一些内容：在管理方法上，对可能用于风险管理的方法工具和信息来源进行明确的定义；在岗位和职责上，对涉及风险管理的岗位和职责进行定义；在预算上，建立风险管理的预算；在时间上，对实施风险管理有关活动的频率及确切时间进行定义；在评定和解释上，对风险管理中的各种情况的定性定量分析和解释说明方法进行定义；在承受度上，对公共部门的风险承受能力进行定义；在文档格式上，对风险管理过程中形成的各种文档格式及各方面信息沟通的方式进行定义；在反馈上，对建立文档资料，方便今后对风险管理的审计和回顾方式进行定义。

十一是战略管理能力。随着时代变迁加快，社会环境的不确定性增强，公共部门所面临的挑战显得更加复杂与严峻。为了促进公共部门效率的提高、绩效的改善，更好地满足公众日益挑剔的公共需求，公共管理者必须改变传统公共行政以内部为取向，关注行政过程和日常管理，而不考虑组织的外部环境、长远目标以及如何通过资源的优化配置去实现目标的做法。戴维·奥斯本和特德·盖布勒认为：“有预见的政府做两件根本性的事情。它们使用少量钱预防，而不是花大量钱治疗；它们在做出决定时，尽一切可能考虑到未来。”① 随着公私部门不断重组、合并，民营化和政府直接干预减少，公共部门将把注意力更加集中于组织未来的使命，将更加注重整体战略目标。公共部门将不仅努力预防问题，还将预料未来，实现预见式治理，这就要求公共管理者必须具备战略管理能力。

知识专栏 4-2

战略管理能力

战略管理自20世纪70年代以来日益受到关注，随着新公共管理运动兴起，战略管理引入公共部门。战略管理在公共部门的应用经历了三大重要的转变，即从仅关注规划

---

① 戴维·奥斯本，特德·盖布勒．改革政府：企业精神如何改革着公营部门．上海：上海译文出版社，1996：205.

的片段式议程到关注管理活动的持续性议程；从仅关注战略制定到关注如何更积极主动地实现战略目标；从仅关注绩效测量到关注连接战略与绩效的绩效管理。

战略管理能力体系是一个有机整体，主要体现在三个阶段的四种能力上：战略制定阶段的战略规划能力；战略实施阶段的协同能力和创新能力；战略评价阶段的绩效管理能力。这三个阶段的四种能力是环环相扣、渐次递进的关系，前一阶段的能力有赖于后一阶段的能力发挥，后一阶段的能力提高又反过来强化了前一阶段的能力实现，缺少任何一环战略管理的实施都会受到直接影响。

资料来源：李宇环．地方政府战略管理能力评价模型与指标体系．中国行政管理，2015（2）：72－77.

公共管理者的战略管理能力应该着眼于与组织相互作用的外部环境，系统考虑组织的未来远景、长期目标和近期目标，将关注的焦点由内部转向外部，从注重日常管理转向组织未来的发展管理。用纳特（Nutt）和巴可夫（Backoff）的话来说，“战略管理处理这样一个关键问题，即为面临着日益增加不确定性的未来组织定位”；“战略管理通过产生用以指导战略行动的计划、计谋、模式、立场和观点而为一个组织创造焦点、一致性和目的”。卓越的公共战略管理能力是公共组织战略管理的核心条件和基础。面对变化（change）、顾客（customer）和竞争（compete）的“3C”环境，公共战略管理能力的构成具有新的内容：化危机为转机的公共战略管理能力；持续变革的公共战略管理能力；强化责任和驾驭风险的公共战略管理能力；整合资源和利益的公共战略管理能力；创新的公共战略管理能力。

4.3　公共管理者的策略

策略，指计策、谋略。2022 年 7 月，习近平总书记在省部级主要领导干部专题研讨班上强调：“全党必须增强忧患意识，坚持底线思维，坚定斗争意志，增强斗争本领，以正确的战略策略应变局、育新机、开新局，依靠顽强斗争打开事业发展新天地，最根本的是要把我们自己的事情做好。”[①] 制定正确的策略，是公共管理者高效履职的保证。作为中国特色社会主义新时代的公共管理者，需运用以下策略。

4.3.1　坚持党的全面领导

习近平总书记 2020 年 4 月在陕西考察时强调：“要自觉讲政治，对国之大者要心中有数，关注党中央在关心什么、强调什么，深刻领会什么是党和国家最重要的利益、什么是最需要坚定维护的立场，切实把增强‘四个意识’、坚定‘四个自信’、做到‘两个维护’落到行动上，不能只停留在口号上。”[②] 坚持党的领导是国家的根本所在、命脉所

---

① 习近平在省部级主要领导干部专题研讨班上发表重要讲话．(2022－07－29). https：//m. gmw. cn/baijia/2022－07/29/1303067171. html.

② 习近平．习近平谈治国理政：第四卷．北京：外文出版社，2022：39.

在，公共管理者坚持党的全面领导，透彻领悟党中央的大政方针和决策部署，才能更好地坚持和发展中国特色社会主义。党的二十大报告指出："新时代的伟大成就是党和人民一道拼出来、干出来、奋斗出来的！""党中央统筹中华民族伟大复兴战略全局和世界百年未有之大变局……就党和国家事业发展作出重大战略部署，团结带领全党全军全国各族人民有效应对严峻复杂的国际形势和接踵而至的巨大风险挑战，以奋发有为的精神把新时代中国特色社会主义不断推向前进。"

4.3.2 坚持以人民为中心的行政价值观

党的二十大报告指出，"为民造福是立党为公、执政为民的本质要求"。中国共产党的根本政治立场就是人民立场，坚持以人民为中心，密切联系群众是我们党最大的政治优势，脱离群众是党执政后的最大危险。习近平总书记指出："中国共产党根基在人民、血脉在人民。坚持以人民为中心的发展思想，体现了党的理想信念、性质宗旨、初心使命，也是对党的奋斗历程和实践经验的深刻总结。"[①] 公共管理者的管理活动应该积极贯彻人民至上的发展理念，在工作中强化宗旨意识，以人民高兴不高兴、满意不满意、答应不答应作为衡量工作是否到位的标准。

知识专栏 4-3

行政价值观

行政价值观是人们在行政实践中评价特定行政思想、行政制度、行政行为是非、好坏、善恶、美丑、荣辱、得失等的心理标尺，是决定行政活动中人的思想取向和行为选择的精神力量。行政实践活动中，随着人们认识和实践的深入，立场、情感、态度、理想、信念、信仰等精神要素依次经历萌芽、演进、升华等三个阶段，经历个体的行政价值取向转化为群体的行政价值标准、群体的行政价值标准转化为组织的行政价值理念、组织的行政价值理念转化为社会的行政价值认同三次蜕变，完成一个周期的发展历程，并随着行政环境的变化而进入新一轮的发展周期。以人民为中心是行政价值体系的最高层次。

资料来源：申永丰．论行政价值观的生长历程．湘潭大学学报（哲学社会科学版），2015，39（6）：17-20.

4.3.3 积极发展全过程人民民主

党的二十大报告指出，"要健全人民当家作主制度体系，扩大人民有序政治参与，保证人民依法实行民主选举、民主协商、民主决策、民主管理、民主监督，发挥人民群众积极性、主动性、创造性，巩固和发展生动活泼、安定团结的政治局面"。

无论是对公共管理者而言还是对公民个人而言，在公共管理过程中，适度的公民参与既是民主政治发展的需要，也是保证决策质量和政策有效执行的需要。只有通过社会

① 习近平．习近平谈治国理政：第四卷．北京：外文出版社，2022：53.

公众的充分参与和表达评估，才能准确评估公共管理的正确性、执行的彻底性、效果的积极性，也才能让公共管理更具有针对性与合理性。

实践证明，公民参与不仅可以提高公共管理的回应性，而且可以提升公共服务的绩效。但是，公民参与并不必然对所有决策过程都会产生积极的效果，甚至会由于公民参与而影响组织效益与效率。对公民参与的批评集中在三个层面：代表性问题，即参与者通常来自受过较好教育的经济阶层，而不能代表更广大公民的利益；工作绩效，即公民参与增加了公共管理者日常工作的难度，影响了公共管理者的绩效；公共政策质量，即参与者可能由于缺乏专业知识而不能理解政策质量标准中包含的知识，由于追逐特殊利益而使公共利益缺失，公民参与还有可能导致公共项目运作成本的增加，阻滞改革、创新等。“问题的关键在于如何将公民参与的热情和行动与有效的公共管理过程有机平衡或结合起来，即如何将有序的公民参与纳入公共管理过程中来，在公共政策制定与执行中融入积极、有效的公民参与。”① 公民参与和传统政府管理完全不同，主要表现在：(1) 公民参与公共政策制定过程。公民通过政策参与的各种合法途径，向政策体系表达自己的意愿和利益要求，并最终影响政策体系决策的过程。不同利益群体的充分表达，公民对公共决策广泛有效的参与，成为参与式治理的逻辑起点和核心内容。(2) 公民参与公共管理过程。公民相对自主地参与到管理过程之中，从而达到参与和制约行政权力的目的。(3) 公民参与公共服务的提供过程。公民不再是单纯的消费者，转而成为服务的选择者甚至服务的生产者，从而打破政府对公共服务的垄断，有利于提高公共服务的质量和效率，实现公共服务的“顾客导向”。

我国的全过程人民民主为公民参与提供了一个优秀的实践样本，在代表性、工作绩效和公共政策质量方面都有着很好的表现。党的二十大报告提出，“全过程人民民主是社会主义民主政治的本质属性，是最广泛、最真实、最管用的民主”。我国坚持用制度体系保障人民当家作主。人民代表大会制度是实现我国全过程人民民主的重要制度载体，习近平总书记指出：“人民代表大会制度，坚持国家一切权力属于人民，最大限度保障人民当家作主，把党的领导、人民当家作主、依法治国有机统一起来，有效保证国家治理跳出治乱兴衰的历史周期率。”②

本章小结

传统的官僚制正在向富有弹性的、开放的、扁平化的、公民参与的治理形式转变。在这个急剧变革的时代，经济全球化以及现代通信和信息技术、网络技术的发展对政治、经济、文化、教育和军事等人类社会的各个方面产生了巨大的影响。毫无疑问，公共管理面临着更加严峻的挑战，只有认识到这些挑战，才能更好地理解公共管理者的角色和使命。一个有效的公共管理者，必须具备基本的职业能力，必须掌握新能力，同时还要掌握促进治理现代化的新策略。

---

① 约翰·克莱顿·托马斯．公共决策中的公民参与：公共管理者的新技能与新策略．北京：中国人民大学出版社，2005.

② 习近平．习近平谈治国理政：第四卷．北京：外文出版社，2022：249.

关键术语

公共管理者的角色　职业能力　决策能力　组织能力　协调能力　应变能力　依法行政能力　抗逆力　学习能力　创新能力　博弈能力　风险管理能力　战略管理能力　策略　政治道德　公民参与　行政价值观　全过程人民民主

复习思考题

1. 与传统公共行政官员相比，公共管理者扮演着什么角色？
2. 公共管理者的基本职业能力要求指的是什么？
3. 公共管理者应当具备哪些能力？
4. 何谓学习能力？
5. 何谓创新能力？
6. 何谓博弈能力？
7. 何谓风险管理能力？
8. 何谓战略管理能力？
9. 公共管理者应当运用哪些策略？
10. 材料分析题：请认真阅读下列材料，然后按照要求分析并回答问题。

有效治理“局部空转”要抓住“关键少数”

党的十八大以来，以习近平同志为核心的党中央统筹推进“五位一体”总体布局，协调推进“四个全面”战略布局，解决了长期想解决而没有解决的问题，办成了许多过去想办而没有办成的大事，国家治理体系和治理能力不断提升，为实现“两个一百年”奋斗目标奠定了坚实基础。但同时，在一些领域、一些地方，有的政策执行遇到“阻梗”，出现“局部空转”现象，主要表现为“上有政策，下有对策”“文来文去”“循环批复”，不作为、慢作为等。一些部门和地区在执行中央和上级决定、决策时，不是以满足人民群众实际需要为出发点，而是以上级喜好为出发点。在具体政策执行过程中，拈轻怕重，畏手畏脚，不敢斗争，不擅斗争，不会斗争，不敢担当，不会作为。这些问题影响了人民群众的获得感、幸福感和安全感，影响了国家治理效能的提升。折射出当前一些地方制度运行效率低下、政策落实不到位的短板，反映了一些党员干部不敢担当、不愿担当的心态。一个好的政策绝不是让群众看得见摸不着、听得见够不着、只闻其声不见落地。这就涉及政策执行的有效性问题。政策执行的有效性往往取决于政策的社会知晓度、政策的可操作性和政策自身的科学性。其执行力在于各级领导干部，要切实提高执行力，就需紧紧抓住领导干部这个“关键少数”。

资料来源：马宝成．有效治理“局部空转”要抓住“关键少数”．人民论坛，2019（36）：46－49.

问题

分析材料的要点，谈谈如何才能做一个好的公共管理者。

本章阅读书目

1. 史蒂文·科恩，威廉·埃米克．新有效公共管理者：在变革的政府中追求成功：第2版．北京：中国人民大学出版社，2001.

2. 文森特·奥斯特罗姆．美国公共行政的思想危机．上海：上海三联书店，1999.

3. 孙柏瑛．当代地方治理．北京：中国人民大学出版社，2004.

4. 俞可平．治理与善治．北京：社会科学文献出版社，2000.

PART THREE

| 第3篇 |

3 公共管理的核心内容

第5章
公共管理的战略

本章导读

当今世界正处于百年未有之大变局中，在给公共管理带来前所未有的大机遇的同时也带来了前所未有的大挑战。而解决大变局下的公共管理问题和挑战需要新思想、新战略、新蓝图和新方法。自20世纪70年代以来，战略管理作为一门独立学科和研究领域，日益受到政府与学术界的关注。随着新公共管理运动兴起，公共部门开始借鉴私人部门的战略管理理论，以战略视野寻求公共管理之道。作为一种新的管理途径或研究途径，公共部门的战略管理试图通过对组织内外环境变量、组织长期目标以及组织角色与环境的匹配的关注，提高组织实现其使命的内在能力。因此，实时追踪、借鉴、内化国外的公共管理战略管理理论，并根据我国国情构建具有中国特色的公共部门战略管理理论，对指导我国政府战略实践具有重要的参考意义。本章以传统战略管理的理论发展脉络为基点，通过梳理传统战略管理的内容与特征，来进一步厘清特定历史背景下公共部门战略管理的内容、特征与实现路径。

重点问题

- 传统战略管理的内容与特征
- 公共战略管理的内容与特征
- 公共管理战略的实现途径

知识结构图

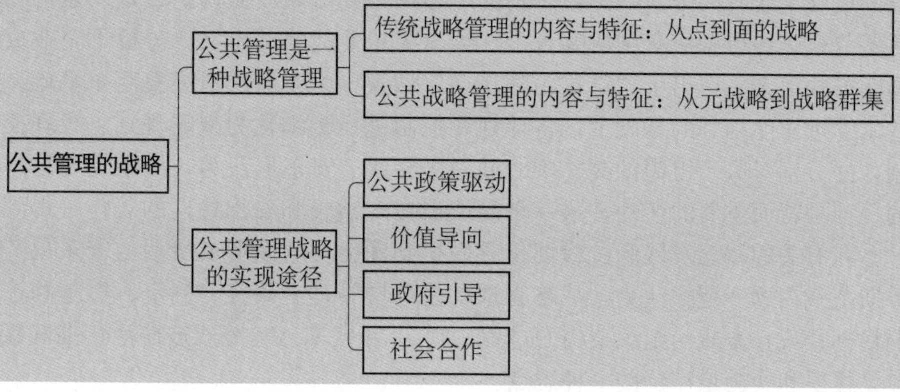

5.1 公共管理是一种战略管理

"战略"一词在我国古代是指导战争的谋略，即克敌制胜的良策。比如，春秋时期，孙武的《孙子兵法》蕴含着丰富的战略思想。在西方，"战略"（strategy）一词来源于希腊语 strategos 或演变出的 strategia，前者意为将军，后者意为战役、谋略，均指指挥军队的艺术和科学。第二次世界大战后，"战略"概念开始应用于工商管理领域。20 世纪 60—70 年代，西方学者主要强调战略计划的必要性，70 年代以后，人们又在企业战略研究中引入"战略管理"一词，战略管理的思想和方法随后得到了广泛应用。

5.1.1 传统战略管理的内容与特征：从点到面的战略

公共部门历来就有借鉴私人部门的管理经验和技术的传统。公共部门战略管理途径的兴起，既受到私人部门战略管理的示范性影响，也是公共部门管理改革和环境变化的必然结果。正如学者波齐曼和斯特拉斯曼所说，政府部门必须进行战略管理，它"能解决公共部门中所发生的问题，提高公共部门的效率"。在私人部门战略计划和战略管理模式的影响下，公共部门战略规划和战略管理途径随后兴起。作为一种新实践模式和新理论范式，公共部门战略规划和战略管理途径兴起于 20 世纪 80 年代。它是"新公共管理运动"以及"（新）公共管理"范式的一个重要组成部分，是公共部门与非营利组织对急剧变化的不确定环境的能动适应。

战略管理的核心是战略。公共部门的战略管理思想源于对私营部门（工商企业）战略管理的借鉴，是基于企业精神来推动公共部门改革的"新公共管理"运动的一项内容。自 20 世纪 70 年代起，战略研究作为私营部门经营过程的核心内容，日益成为现代经营管理的典范。在私营部门战略计划和战略管理模式的示范性影响下，公共部门战略规划和战略管理途径也随之兴起。

企业战略管理作为一门学科诞生于 20 世纪五六十年代，其中，60 年代企业战略管理研究的成就主要有两个：一是钱得勒的"结构跟随战略"假说，二是安东尼-安索夫-安德鲁斯范式。钱得勒从案例研究入手，给出了企业战略的定义，分析了企业成长方式与结构变革的关系，得出了"结构跟随战略"假说，为以后的研究奠定了基础。安东尼在法约尔管理职能划分的基础上，将计划和控制进一步细化为战略规划、管理控制和操作控制，并分别对应于组织的高、中、低三个层次。安东尼认为，战略规划是组织高层管理的一项独特而重要的活动，这一重要认识在安索夫和安德鲁斯的著作中得到进一步强化，并在有关的概念发展和过程细化方面得到深化，从而形成所谓的安东尼-安索夫-安德鲁斯范式。这一范式认为，战略管理就是高层管理者研究、制定、实施和控制组织的长期目标、成长方式与组织架构的过程。到 70 年代末这一范式被广泛传播和接受，至今仍然是接受和实施最广泛的一种观点。

这一范式的重点是分析和推理，隐含的前提是通过分析、经验和洞察力的结合，高层管理者可对未来进行可靠的预测，制定合理的战略并加以贯彻执行。环境是可预测的或基本可预测的，战略的制定和执行可以分离，战略形成是以内容为导向的。这些特点与 20 世纪六七十年代经营环境相对稳定的特点相适应。从 70 年代至 80 年代中期，企业战略管理得到进一步发展与丰富，出现了多种理论学派，但其主流如 70 年代的经营组合管理理论、80 年代的竞争定位理论等基本属于该范式。

20 世纪 80 年代后期尤其是进入 90 年代以后，企业经营环境的变化日益明显。从外部环境看，技术创新加剧，国际竞争激烈，顾客需求日益多样化，不确定性对企业管理的挑战越来越大；从内部环境看，员工素质普遍提高，自我发展意识日渐增强，组织趋向扁平化和弹性化等，这些都使得传统的战略管理范式面临挑战。这些挑战使得战略管理理论的重点开始由传统的经营宗旨制定转向愿景驱动型管理，由适应环境变化为主的竞争定位理论转向以创造未来为主的核心竞争力理论，由战略制定与执行分离转向两者相关联的学习学派的战略形成观，由以竞争为主导转向竞争与合作并重，由高层管理者承担全部战略管理责任转向激发员工努力、上下层互动与组织学习。战略管理的研究也呈现出强调理论的动态化、强调从实践中学习、各学派进一步整合等特点。

传统的战略管理研究偏重于从不同角度、利用不同的学科工具进行研究，由此形成了各种各样的管理学派，它们都有着自己别具一格的观点，为战略管理学科和研究途径的进一步发展奠定了坚实的基础，作出了自己应有的贡献。

传统的战略管理倾向于将重点放在中短期目标的制定和实现上，视野更多地局限于内部且较少关注组织的外部环境。

传统组织常将战略管理看作一蹴而就的事情，或者看作在外部压力推动之下才不得不进行的努力，这种情况在 21 世纪必定会改变。在持续性变革的战略管理中，行动、议题、形势和组织管理的循环必须不断地重复进行。公共部门战略管理者要认识到战略管理对于公共部门而言已不再是一种奢华，战略管理将成为任何公共部门在日常管理活动中经常性的事务，需要公共部门持续性地对其加以运作。

传统的公共部门战略管理强调的是压力驱动和目标指导。压力就是危机感和忧患意识，它是激发竞争的一副良药，是社会进步和组织发展的一种特殊的动力。

战略管理长期以来就有受制于环境的倾向，安索夫曾将组织称为 ESO，即为环境服务的组织（environments serving organization）。它是一个开放的系统，必须适应环境，并从环境中获得物质能量信息的输入才能生存和发展；同时，这种组织也只有对环境进行物质能量信息的输出，才有存在价值。战略管理者由少变多，并由上层往中、下层扩散的现象是公共部门战略管理的一大发展趋势。在过去，公共部门的战略管理者很自然地被当作组织的领导者，直到现在，组织的最高领导人仍被认为是最重要、最易于辨认出的战略管理者。但自 20 世纪 90 年代初开始，战略管理者群体化、大众化的倾向十分明显。

传统战略管理的基础是对企业的优势、劣势、机会、风险进行分析，即 SWOT 分析。任何对象的存在都有一定的条件，使它的作用得以发挥，也使人对它的认识成为相对真理。SWOT分析的方法，由于受到目的和条件的限制，基本上是以静态的（或机械的）即在可控的范围内进行同质化的比较，方法单一。企业在发展中总会形成可控因素和不可控因素及二者的转换，为此就使SWOT分析的方法受到挑战。SWOT分析的使用效果由于上述目的、条件、方法的局限性而大打折扣，使企业发展战略的制定缺少了现实基础。

传统战略管理所依据的理论方法是系统方法，系统方法的应用有其先决条件，主要有三点：一是目标明确，二是边界条件清晰，三是只能运用可控方法或设定可控方法。这三个条件对工程性的项目非常有效，即在追求优化方面功能突出，但对于战略管理作用极小。未来目标不明、边界不清使得企业现行的兼并重组、投资项目、扩大营销，甚至人才开发等工作缺少了客观依据和界定，从而常常使一个好的机会或措施带来一个又一个麻烦，使企业疲于应付各种瓶颈和困难，更难以顾及战略管理。只有厘清变化的方向和条件，才可以选用适用的相对不变的方法，系统方法也只有在统筹学理论和方法指导下才能发挥作用。

5.1.2 公共战略管理的内容与特征：从元战略到战略群集

与传统的公共行政学不同，公共部门的战略管理着眼于与外部环境发生相互作用的组织，系统考虑组织的未来远景、长期目标和近期目标，将关注的焦点从内部转向外部，从注重日常管理转向组织未来的发展管理。奥斯本和盖布勒认为："有预见的政府做两件根本性的事情。它们使用少量钱预防，而不是花大量钱治疗；它们在作出决定时，尽一切可能考虑到未来。"[①] 随着公私部门不断重组、合并、民营化和政府直接干预的减少，各类组织都逐渐把注意力集中于组织未来的使命，即更加注重整体战略目标。也就是说，现代组织将不仅努力预防问题，还将预料未来，实现预见式治理。

正如欧文·休斯所说的那样："公共部门在开始阶段制定战略时，大都犯有这些错误，然而近来战略管理的流行，将会像在私营部门里一样，被证明是最有前途的方法。"[②] 公共部门的战略管理作为一种新的管理思维，与私营部门的战略管理相比具有如下四个基本特征：关注长期；将长期目标和近期目标整合成一个连贯的层级；认识到战略管理和计划并不是自行贯彻的；采取一种外部观点，强调不是去适应环境，而是期待和塑造组织的变迁（这一点是最重要的）。

公共战略的性质是公共性的，即其产生、存在是为了公共利益、公共目标、公共服务以及创造具有公益精神的意识形态等。政府作为这些目标最重要的实现手段，在其公共战略中从来不会公然宣布自己丧失公共目的而沦为私人机构，政府必须保护国家安全，提供法律手段以惩治违规者，提供社会福利以及保护国民财产等。同时，公共部门战略

---

① 戴维·奥斯本，特德·盖布勒．改革政府：企业精神如何改革着公营部门．上海：上海译文出版社，1996：205.

② 欧文·休斯．公共管理导论：第4版．北京：中国人民大学出版社，2015：181.

管理在公共性的选择上，在维护正义和提供公共物品之间，即公平和效率之间，它必须首先维护社会正义，其次才是政府提供公共物品。

公共部门战略管理的目标确定具有相对的模糊性。首先，由于公共组织所处的政治环境具有复杂性、多元性和不确定性，同时不同的利益集团对政治的各个方面具有不同程度的影响，加上政治的不断变迁等，公共部门通常同时具有很多模糊的、往往处在不断变化之中的目标，这些不同的目标以及长期与短期的目标常常是相互冲突且难以界定的。其次，对于公共组织来说，公平地对待每一位委托人并为其提供服务是其首要宗旨，即从公共组织本身的价值目标来说，公共性和公平是最重要的。但在市场化需求下，公民对公共物品的需求呈现多样化和个性化，同时公共组织越来越处在与私营部门竞争提供公共物品的位置，因此效率的提高也将随之为公共组织战略管理所关注。因而公共组织在体现公平和公共性的同时还必须做到高效，而公平与效率又往往是冲突的，公共组织的战略管理目标往往因要在公平与效率的冲突中进行权衡而具有了模糊性。

公共战略的驱动力则趋向于由外至内，重视对宏观环境的感知、分析和判断，从而协助组织在动荡、多元、复杂的环境下进行管理，它强调对宏观环境的适应性。公共战略因其公共性使然，并不强调顾客的选择性。公共战略不能只满足单一目标群体的特殊需求，它把全体公众视为顾客，或维护广大人民群众的根本利益，公共战略与竞争对手之间更强调的是非抗争性——合作性，即求同存异，共同发展。

公共战略管理是一种层级节制式的官僚组织，更强调权力和权威的维护。以组织结构刚性为特征的官僚制结构具有自我扩张的内生需求，致使组织规模不断膨胀，人浮于事，成为缺乏生机和活力的封闭型组织，从而丧失对环境变革的适应性，表现出整体的无效率。其内部的战略决策强调参与，强调公平、公正、公开。

战略管理能力是在既有的资源条件下，公共部门根据外部环境与自身情况变化，在战略制定、战略实施、战略评价的全过程管理中综合平衡各利益关系、合理配置资源以实现战略目标及相对应的绩效结果的能力，主要体现在三个方面：战略制定阶段的战略规划能力、战略实施阶段的协同能力和创新能力、战略评价阶段的绩效管理能力。三个阶段的四种能力是环环相扣、渐次递进的关系，前一阶段的能力有赖于后一阶段的能力发挥，后一阶段的能力提高又反过来强化了前一阶段的能力实现，由此可见，公共战略管理的能力体系是一个有机整体，缺少任何一环战略管理的实施都会受到直接影响①。

纳特和巴可夫在《公共和第三部门组织的战略管理：领导手册》中将实现战略管理的过程分为两类：第一类是战略管理不可或缺的六阶段行动；第二类是战略管理小组（即 SMG）。完成六阶段中的每一阶段都需重复进行探究、综合和选择三个步骤。战略管理过程见表 5－1。

---

① 李宇环．地方政府战略管理能力评价模型与指标体系．中国行政管理，2015（2）．

表 5-1 战略管理过程

战略管理阶段	步骤		
	探究	综合	选择
第一阶段：历史背景分析 1. 趋势和重大事件 2. 方向 3. 理想			
第二阶段：形势评估 1. 优势 2. 劣势 3. 机会 4. 威胁			
第三阶段：建立战略议题与张力议程			
第四阶段：提出备选战略 1. 确定行动 2. 战略主题			
第五阶段：可行性评估 1. 利益相关者分析（内、外部） 2. 资源分析			
第六阶段：战略实施 1. 资源管理 2. 利益相关者管理			

资料来源：保罗·纳特，罗伯特·巴可夫．公共和第三部门组织的战略管理：领导手册．北京：中国人民大学出版社，2001：140.

公共组织的战略管理是一种宏观上的规划和管理，其内容往往涉及对人类某些价值和理想的追求，公共组织的战略管理无论在内容的广度还是深度上较之私营部门来说具有更大的广泛性和复杂性。相对来说，公共组织为获得顾客而进行的竞争不是最直接也不是最根本的，在其战略规划中它与其他机构更多的是一种协作关系而非竞争关系，因此，公共组织的战略管理在内容上更多地体现为一种协作性的规划和管理。

5.2 公共管理战略的实现途径

公共部门战略管理是一个全面、动态的管理过程，它包括战略制定、战略实施和战略评价等一系列的功能活动。战略实施是公共部门战略管理过程中的重要阶段。对于公共部门而言，战略制定过程所形成的战略只是书面的，或人们头脑中的东西。只有将战略付诸实施，才能真正发挥作用。拉姆·查兰等人合著的畅销书《执行：如何完成任务的学问》非常明确地指出："有效的战略策划并得到有效执行的战略不到10%，大约

70%的战略失败在于执行不到位。”[①] 因此，在实践上，必须加强对公共部门战略实施过程的控制，而在理论上，有必要加强对公共部门战略实施的研究。

战略方案一经制订，便进入实施阶段。战略实施的主要含义是：第一，战略实施是在战略制定完成后，将战略内容变为现实的过程。也就是说，战略实施就是战略方案的执行，是战略付诸实践、产生实效的过程。有学者指出：精心考虑哪些因素使战略实施成为可能，以及采取何种措施才能保证战略实施，是战略实施的基本组成部分[②]。第二，战略实施是组织为实现战略目标，而根据组织内外部环境调整组织行为模式的动态过程。第三，战略实施是建立、发展组织的行动能力的过程。

战略管理的实施要防止十大误区，主要包括：(1) 流浪倾向：没有战略或滥用战略；(2) 唯上倾向：按上级或长官意志制定战略；(3) 东施效颦：仿效他人战略或仿效自己过去的战略；(4) 好大喜功：盲目扩张，发展型战略也会使公共部门陷入危机；(5) 致命通病：战略管理能力不强；(6) 束之高阁：战略只停滞在纸上；(7) 旧瓶装新酒：体制、结构与战略不匹配；(8) 以人事为中心：战略随人事变化而变化；(9) 弃长扬短：公共部门丧失战略优势；(10) 踢开战略闹革命：只顾短期利益，不顾长期利益[③]。

5.2.1　公共政策驱动

公共政策是指一定的社会公共权威所选择的一定社会生活的行为准则和行为依据，以解决某种社会问题或社会矛盾。公共政策具有如下一些特征：权威性、政治性、原则性、普遍性和多样性。美国学者戴维·伊斯顿从政治系统分析理论出发，认为公共政策是政治系统权威性决定的输出，因此，公共政策是对全社会的价值作有权威的分配。陈庆云教授从这一定义出发，认为公共政策是对全社会的公共利益作有权威的分配。从社会实际生活来看，陈庆云教授的看法更接近现实。因为“价值”一词有广泛的解释：既有哲学意义上的价值，又有经济学意义上的价值；既有物质价值，又有精神价值。“而把‘价值’改为‘利益’，更能突出公共政策本质，即公共政策的本质是社会利益的集中反映。”[④] 同时，在制定公共政策时必须提倡公共精神，致力于追求公共利益，因为公共政策关系着千千万万人的利益。所谓公共精神，“也就是摆脱利己主义而为大多数公众利益着想的精神”[⑤]，它是制定公共政策的前提。

公共政策是政府为实现特定时期政治、经济、社会、文化的目标而采取的政治行为，总是针对问题提出的，可以起到解决制度短缺引发的问题、推进社会有序发展的作用。具体来讲，公共政策可以解决经济问题，促进生产力发展；解决政治问题，巩固政权，

---

① 拉姆·查兰，拉里·波西迪，查尔斯·伯克．执行：如何完成任务的学问．北京：机械工业出版社，2021：36.

② 保罗·纳特，罗伯特·巴可夫．公共和第三部门组织的战略管理：领导手册．北京：中国人民大学出版社，2001：163.

③ 汪大海．试论公共部门战略管理的十大误区．中国行政管理，2004 (6).

④ 陈庆云．公共政策分析．2版．北京：北京大学出版社，2011：4-5.

⑤ 史蒂文·凯尔曼．制定公共政策．北京：商务印书馆，1990：189-190.

保持政治稳定；解决社会问题，促进社会协调发展；解决文化问题，推进文化教育事业发展，更好满足人民美好精神文化生活需要。

正是基于公共政策本身具有的特征、作用，公共管理战略的组织实施者在公共管理战略的实施过程中，会自觉地、有选择地运用各种公共政策，尽可能多地驱动有利因素，遏制不利因素，来促进公共管理战略的实现。由此可见，公共政策驱动是公共管理战略实现的必要选择之一。尽管如此，在现实生活中，运用公共政策驱动还是有一定局限性的，执行难便是一个突出的常见问题。

在我国，公共政策执行中存在的主要问题可以简单概述为：第一，地方政策与中央政策的冲突。这种冲突主要出现在单一制国家。“中国改革进程中的分权趋势使得地方政府逐渐形成具有独立利益的制度实体，兼具代理人和自利者的双重角色，既代理上级政府指令和地方公共事务，也追求自身的政治和经济利益，在双方利益不一致时下级政府会选择违背执行上级的政策。这样，矛盾和冲突就出现了。”① 第二，强调地方利益，忽视全局利益。这个问题源于地方政府维护自身利益的动机。“在体制允许的范围内，地方政府会象征性、选择性地执行政策，甚至修正部分政策，使其能够符合地方的利益需求。”② 第三，注重表面文章和近期效益，忽视深层次问题和长远发展战略。第四，囿于片面性，缺乏系统性。第五，功于神秘性，疏于透明性。导致这些问题的原因自然也是多方面的，比如“体制的不完善，认识上的偏差，法制化程度不够，物质基础薄弱以及相关工作人员素质有待于进一步提高，领导者缺乏公共战略思维和公共战略眼光，忽视公共战略环境分析，缺乏适应能力”③。

所以，公共政策驱动虽然对公共管理战略实施有着不可取代的作用，但是它没有也不可能做到至善至美。在选择运用公共政策驱动这一途径时，必须全面审视，辩证思考，以求最大限度地发挥公共政策驱动的作用，保证公共管理战略的顺利实现。

5.2.2 价值导向

价值是一定的社会主体关于某一社会现象好与坏、对与错、优与劣的主观性评价和判断。任何一项公共管理战略都是在一定的价值取向的指导下产生和运行的，价值取向是公共管理战略的出发点和归宿，公共管理战略的价值取向在社会生活中具有重要的意义，它是公共管理战略在社会各种关系中发挥协调作用的基础；关系到公共利益能否得到有效的实现；决定了公共战略的内容、实现方式等。因此，重视和谐社会下公共管理战略的价值选择，对和谐社会的建设具有重要的意义。价值导向不过是公共管理战略中蕴藏的价值取向的一种外化，换句话说，在其他条件一定的情况下，公共管理战略有什么样的价值取向，就会有什么样的价值导向，从而就会有什么样的结果出现。公平正义应该是和谐社会中公共管理战略的核心价值取向。公平正义作为人类社会共同的价值诉

---

① 吴少微，杨忠．中国情境下的政策执行问题研究．管理世界，2017（2）．

② 王汉生，吴莹．基层社会中“看得见”与“看不见”的国家：发生在一个商品房小区中的几个“故事”．社会学研究，2011（1）．

③ 汪大海．试论公共部门战略管理的十大误区．中国行政管理，2004（6）．

求，是判断一个社会进步与否的重要参照系数。公平正义也是政治伦理的核心议题之一，并与国家政权合法性密切相关。正如罗尔斯所说："正义是社会制度的首要价值，正像真理是思想体系的首要价值。"① 孔子曾说"政者，正也"，这说明国家的政令要符合广大人民群众的利益，为政者应当扶正祛邪，实现公平正义的社会秩序。

具体到中国治理场景，党的十八大以来，面对我国社会主要矛盾已经转化为人民日益增长的美好生活需要和不平衡不充分的发展之间的矛盾这一历史现实，习近平总书记在继承马克思主义的公平正义观和中国传统正义文化内涵的基础上，提出了一系列新主张、新论点、新论断。强调实现社会公平正义是我们党的一贯主张，公平正义是中国特色社会主义的内在要求，突出强调了公平正义是社会主义的制度价值；提出经济发展仍是实现公平正义的先决因素，要坚持以经济建设为中心，把"蛋糕"做大，以便有坚实的物质基础保证社会公平正义；提出促进公平正义、增进人民福祉是全面深化改革的出发点和落脚点，要把创造公平正义的社会环境作为改革的着眼点，以便使改革成果惠及全体人民；强调加强制度建设和社会公平保障体系建设，切实做到权利公平、机会公平、规则公平②。

公共管理战略的价值导向机制，是战略实现的重要保证。所谓价值导向，就是面向未来，选择目标，确立方向，把社会生活由复杂的、多向的、相互冲突的各种力量纳入统一的、明晰的发展轨道的过程。公共管理战略的价值系统具有直接的导向作用，公共管理战略实施体系的层次性为其价值导向机制作用的发挥提供了依据。层次是各项实施策略之间联系的中介，它把高等级的策略和低等级的策略有机地结合在一起，使高等级策略的价值取向成为低等级策略价值取向确立的依据，低等级策略的价值取向成为高等级策略价值取向内容的具体化，从而实现整个战略实施策略体系价值取向的统一。从这个角度说，层次是保持整个战略实施策略体系价值取向一致性的重要条件。战略管理者运用各种策略实现对社会控制的过程，实际上就是对战略实施体系内不同等级的策略分层控制的过程。策略体系的层次性特征，要求在策略实践中树立科学的层次观念，在制定和执行低等级策略时，不能背离高等级策略的原则要求，而要形成合理的层次。合理的策略体系的层次能够实现有效的分级控制，从而把不同层次策略的价值取向纳入总的价值取向之中。合理的层次所产生的有效的分级控制，使各项策略的目标环环紧扣，功能层层相接，形成严格的组合秩序，推动公共管理战略的价值导向机制运转自如，在运行过程中表现出效率高、反应快、抗干扰的特征。当某个层次的策略取向偏离整个公共管理战略策略体系的总价值取向时，迅速地进行自我调整，排除干扰，实行价值取向的重新整合，以保证既定价值取向的实现。

借助于正确的价值导向，公共管理者可以统一公共管理战略中相关人员的思想认识，并根据身处场域中的主体互动方式与效果、公共资源多寡、组织文化和制度规约，对公众等核心利益相关者所期待的不同公共价值做出自觉自愿的抉择行为。这不仅能确保公

① 约翰·罗尔斯．正义论．北京：中国社会科学出版社，2001.

② 郝海波．新时代社区治理的价值内涵、治理结构与行动策略：学习习近平总书记关于社区治理的重要论述．社会主义研究，2020（3）.

共管理者在具体抉择时以正确的方式选择正确的公共价值，还能规避一些价值冲突语境所导致的利益损失①。

案 例

黄文秀："只有扎根泥土，才能懂得人民"

2021年6月29日，"七一勋章"颁授仪式在北京举行。在29名获得勋章的同志里，有三位永远无法到达现场，这其中包括将生命奉献给脱贫攻坚事业的黄文秀。她牺牲在扶贫路上时，只有30岁。

黄文秀，壮族，广西田阳人，1989年4月生，2011年6月入党，2019年6月去世。从北京师范大学研究生毕业后，黄文秀放弃大城市的工作机会，主动请缨回到广西百色建设家乡，到贫困村任第一书记。2019年6月17日凌晨，黄文秀因心系暴雨中驻村群众的生命财产安全，连夜开车返回工作岗位，途中遇到山洪，牺牲在工作路上。她把生命奉献给脱贫攻坚事业，谱写了新时代青春之歌。

在成为百坭村第一书记的一年零两个月的时间里，黄文秀写下了三大本扶贫日记。在她和村两委的共同努力下，到2018年底，百坭村103户贫困户中有88户顺利脱贫，贫困发生率从22.88%降至2.71%。黄文秀曾在驻村日记里写自己去乡村一线扶贫的原因："一个国家的落后在于精英的落后，而精英的落后在于嘲笑民众的落后。中国共产党深刻明白这个道理，从而提出要教育扶持一批人脱贫，并且扶贫要扶志和扶智相结合。这样一个切实为群众谋发展、谋福利的党，怎么能不响应它的号召呢？"带着这份责任感和青春热血，黄文秀在扶贫路上不断奔波。

据她父亲黄忠杰回忆，他们家之前住在贫瘠的大山深处，在党和政府的帮助下搬出大山，获得了新耕地。因此，父亲经常教育文秀要记得这份恩情，并在自己有能力时涌泉相报。回馈社会的种子自此在黄文秀心中扎根。她在入党申请书中如此写道："一个人要活得有意义，生存得有价值，就不能光为自己而活，要用自己的力量为国家、为民族、为社会做出贡献。"

黄文秀曾说："只有扎根泥土，才能懂得人民。"她不忘初心，不负韶华，她对信念的绝对忠诚，对使命的不懈坚守，让人看到了理想激扬的力量和青春勇敢的担当。

资料来源：李纵．广西百色市乐业县百坭村原驻村第一书记黄文秀：执着的追求 闪光的青春．人民日报，2021-07-27.

5.2.3 政府引导

张康之教授在其著作《公共行政中的哲学与伦理》中提出了"引导型政府职能模式"的概念，他认为，在近代社会，随着资本主义的发展，出现了两种主要类型的政府职能模式，20世纪七八十年代以来，随着亚洲新兴工业化国家的崛起，又出现了一种新型的

① 孙斐．理解公共管理者的公共价值选择：一个整合的理论分析框架．南京社会科学，2022（5）.

政府职能模式。我们依次把这些类型的政府职能模式称作“保护型政府职能模式”、“干预型政府职能模式”和“引导型政府职能模式”。保护型政府职能模式是自由资本主义时期的产物，是服务于自由市场经济的；干预型政府职能模式产生于垄断资本主义时期，在20世纪30年代到70年代的这一段时期内，欧美发达国家普遍选择了这种类型的政府职能模式；引导型政府职能模式是新兴工业化国家的发明，是一种正在成长中的政府职能模式。在改革开放的过程中，中国的政府职能模式既不是西方自由资本主义时期的保护型模式，也不是垄断资本主义时期的干预型模式，而是引导型模式①。在计划经济体制向市场经济转换过程中，公共管理战略的实现需要政府引导，而不单纯是政府的干预与保护。

引导型政府职能模式是新兴工业化国家和地区的创造。70年代以来，亚洲国家和地区为了推动经济发展，迅速追赶西方发达国家，建立起了独具特色的引导型政府职能模式。这种政府职能模式与西方国家普遍采用的保护型或干预型政府职能模式的根本区别就在于具有充分的主动性和先导性。引导型政府职能模式是在一种自觉的和主动的选择中建立起来的，它服务于追赶发达国家的目标。中国在改革开放的过程中也出现了同样的要求，因而选择了这种政府职能模式。

就新中国的具体情况而言，市场经济的出现早已错过了可以自由成长的历史阶段，它的发展需要政府的精心呵护和培育，不仅需要政府为市场经济的发展提供良好的政治环境、文化环境，而且市场经济自身向哪个方向发展，以及发展速度如何，都需要政府的正确引导。例如，要践行习近平总书记关于“绿水青山就是金山银山”的科学论断。从政绩考核来看，要限制地方竭泽而渔的发展思路，加大环境保护和绿色发展的考核比重，在官员的晋升机制上要体现其在地方战略发展方面做出的贡献。因此，确立和完善具有中国特色的社会主义引导型政府职能模式是现阶段发挥政府职能的必然选择。

根据这种模式，政府对经济的宏观管理可以使它从以行政手段为主的管理转向以经济、法律手段和服务相结合为主的管理，简政放权，使政府从繁重的商务活动中解放出来，把主要精力用于宏观引导和科学管理，履行好政府的社会职能，创造优良的法律环境、管理环境和管理秩序。加强政府的宏观调控，转变政府管理经济的职能，强化社会治理功能，依法行政、规范行政是历史发展的必然趋势，进一步完善具有中国特色的社会主义引导型政府职能模式正是合乎这一历史趋势的必然选择。

推动公共管理战略实施，需要加强政府引导，而强化政府引导的总体思路和原则是系统研究、详细规划、重点推进。要注重各种调控力量的融合，尽量避免政策作用相互抵消。政府宏观调控的理想效果是整个宏观调控体系或政策组合的效果最大化，这就要进行系统深入的研究。另外，任何政策的实施都既有成本或负面影响，也有效益，因此要进行政策的可行性分析和投入产出分析。宏观调控的具体目标是系统、全面解决公共管理战略实施过程中存在的各种问题，促使公共管理战略实施的健康发展。这些问题是不同层次的问题，有轻重缓急和难易之分，因此，要系统设计，先提出解决的整体思路，

---

① 张康之．社会治理的伦理重构．北京：中国社会科学出版社，2020.

再有序展开，详细规划，重点推进。

5.2.4 社会合作

在公共管理战略的实施过程中，重心不断下移是当今公共管理战略发展的一个趋势。不管是上文提到的引导型政府职能模式，还是所谓的有限政府和服务型政府，都在一定程度上主张扩大公民和第三部门的参与权，强化社会合作。公共管理战略本身也是一种社会治理方式，自然也是一种公共治理，"公共性"是其明显的特征。

治理理念强调的是在社会自治的基础上国家与社会之间的合作，作为社会控制体系的治理，它强调政府与民间、公共部门与私人部门之间的合作与互动。治理的目的是通过改善政府管理和倡导社会参与推动经济发展和社会进步。在我国经济体制转轨时期，政府除了把资源配置的权力交给市场外，也逐步把相当一部分管理社会的权力交给社会团体。社会团体的建立和发展，离不开公民对社会事务的广泛参与。进一步深化政府管理体制改革，要逐步理顺国家与社会的基本关系，为社会的发展腾出适当空间；要有意识地培育社会力量，逐步与社会协同行使相应的治理权限。在政府的管理方式上要求政府改变传统的管理方法，应将以人民为中心的理念落实到制度安排和治理实践中，把实现好、维护好、发展好广大人民群众的根本利益作为一切工作的出发点和立足点。提高决策的科学性、民主性，使政府的决策与管理更加符合民意和反映实际情况。公民参与可以增进公民与政府之间关系的和谐，使有关决策顺利实施。公民参与可以促使政府依法行政，确保政府更好地为人民服务。公民参与可以促进社会动员、政治参与和政治制度化之间形成良性平衡，形成稳定政治秩序。

社会组织广泛参与到发展项目之中，可以极大地弥补国家能力的不足并促进以政府与民间合作为特征的治理和善治。公民通过参与各种志愿性社团组织所形成的互惠、信任、合作等规范，正是维系民主和促进发展不可或缺的社会资本。发展社会组织成为建立社会资本最重要的途径之一。通过社会合作，公民与国家之间形成一种双向的适度制衡来达成良性的互动关系。通过这种互动，双方能够较好地抑制各自的内在弊病，使国家所维护的普遍利益与公民所捍卫的特殊利益达到一种符合社会总体发展趋势的平衡，这样也就为公共管理战略的实现提供了有力的保障。

《本章小结》

20 世纪 70 年代以来，战略管理开始引起公共部门的重视。在最初的战略制定阶段，公共部门采用战略管理侧重于战略规划而非进行管理。直到 80 年代后期，战略实施才受到公共部门的关注。战略实施在公共部门战略管理中具有十分重要的作用：它是实现战略目标的基本途径；它是检验战略正确与否的唯一标准；它能够增强组织权威，提高组织能力。现代公共管理战略主要有四个途径：公共政策驱动、价值导向、政府引导和社会合作。四者是一个不可分割的整体，直接关系着公共管理战略能否顺利实现。

关键术语

战略　　公共管理战略　　公共政策驱动　　价值导向　　政府引导　　社会合作

复习思考题

1. 如何理解公共管理战略的内容与特征？
2. 简要谈谈公共管理战略实现的四种途径，并给出你所认为的其他可能途径。
3. 案例分析题：请认真阅读案例材料，然后按照要求分析并回答问题。

粤港澳大湾区：打造国际一流湾区和城市群

2022年7月1日，习近平主席在庆祝香港回归祖国25周年大会暨香港特别行政区第六届政府就职典礼上发表重要讲话时强调，中央全力支持香港抓住国家发展带来的历史机遇，主动对接"十四五"规划、粤港澳大湾区建设和"一带一路"高质量发展等国家战略。

推动粤港澳大湾区建设，是习近平主席亲自谋划、亲自部署、亲自推动的重大国家战略，是新时代推动形成全面开放新格局的新举措，也是推动"一国两制"事业发展的新实践。应当说，从地方政策到国家政策，从框架协议到规划纲要，粤港澳大湾区建设已经渐渐地从一个议题走向了开展实施的阶段，并将对我们的生活产生重要影响。

意义一：港澳繁荣新保障：深化内地与港澳交流合作，拓展港澳发展新空间和新动能，促进港澳长期繁荣稳定，确保"一国两制"基本国策。

2019年国务院政府工作报告强调，要继续全面准确贯彻"一国两制"、"港人治港"、"澳人治澳"、高度自治的方针，支持港澳抓住共建"一带一路"和粤港澳大湾区建设的重大机遇，更好发挥自身优势，全面深化与内地互利合作。在改革开放初期，香港、澳门凭借其产业、技术、资金等优势，引领了内地特别是珠三角的发展。随着内地改革开放深入推进，香港、澳门的地位相对下降，特别是香港一段时间经济低迷，亟需内地带动。粤港澳大湾区可以通过构建协同机制，消除影响要素便利流动、产业合理分工的制度性障碍，打破行政地域壁垒，推进"一国两制"的新实践，保持港澳长期繁荣。

意义二：对外开放新门户：建设高水平参与国际经济合作的新平台，推进"一带一路"建设，探索建立高标准贸易规则，引领对外开放。

在全球贸易保护主义抬头的背景下，中国经济面临新一轮对外开放的挑战和机遇。习近平总书记在2018年4月博鳌讲话中向世界宣告："中国开放的大门不会关闭，只会越开越大！"粤港澳大湾区历史上是海上丝绸之路的起点之一，区位优势突出，具有侨乡、英语和葡萄牙语三大文化纽带，是连接21世纪海上丝绸之路沿线国家的重要桥梁。建设粤港澳大湾区，有利于整合发挥其港口、金融、贸易、制造业等优势，推进"一带一路"建设。此外，粤港澳大湾区将凭借"一国两制"的制度优势，寻求制度创新，探索制定新规则，率先在大湾区内部试用，再推广到全球，参与国际贸易规则制定。

意义三：在北中南区域经济发展格局下，大湾区将发挥优势区位，带动泛珠三角区域发展。

京津冀、长三角和珠三角城市群，是我国经济最具活力、开放程度最高、创新能力最强、吸纳外来人口最多的地区。“十三五”规划指出，我国区域发展以“一带一路”建设、京津冀协同发展、长江经济带发展为引领。粤港澳大湾区南接东南亚、南亚，东接海峡西岸经济区、台湾，北接长江经济带，西接北部湾经济区。建设粤港澳大湾区可提高珠三角城市群的战略地位，形成北有雄安新区助力京津冀协同发展、中有长三角领衔长江经济带、南有粤港澳大湾区带动泛珠三角的区域经济发展新格局。

资料来源：任泽平，熊柴，白学松．粤港澳大湾区：打造国际一流湾区和城市群．(2019-12-07)．https：//www.163.com/dy/article/EVPEKGKQ0519QIKK.html.

问题

请用本章学习的内容，谈一谈粤港澳大湾区的战略管理。

《本章阅读书目》

1. 弗雷德·戴维，福里斯特·戴维，梅雷迪思·戴维．战略管理：建立持续竞争优势：第17版．北京：中国人民大学出版社，2021.

2. 马克·穆尔．创造公共价值：政府战略管理．上海：商务印书馆，2016.

3. 迈克尔·波特．竞争战略．北京：中信出版社，2014.

4. 小阿瑟·汤普森，玛格丽特·彼得拉夫，约翰·甘布尔，等．战略管理：概念与案例（原书第21版）．北京：机械工业出版社，2019.

第6章

公共管理的政治与法律基础

本章导读

公共管理作为传统公共行政不断发展的结果，它注意到了传统官僚制行政存在的问题并力图加以改进，它倡导公正性、代表性、回应性、责任性、合法性等价值，从而构成公共管理的政治价值基础。在确保公共管理政治价值实现的前提下，依法管理，已经成为世界各国政府普遍奉行的基本行为准则，成为衡量公共管理文明进步与否的主要标志，成为公共管理的重要特征与发展趋势。

重点问题

- 公共行政的政治价值
- 公共管理的政治控制途径
- 参与式治理的主要方式
- 现代促进性法律的特征
- 行政立法的概念与特征
- 行政司法的概念与类型
- 公共管理的法治化

知识结构图

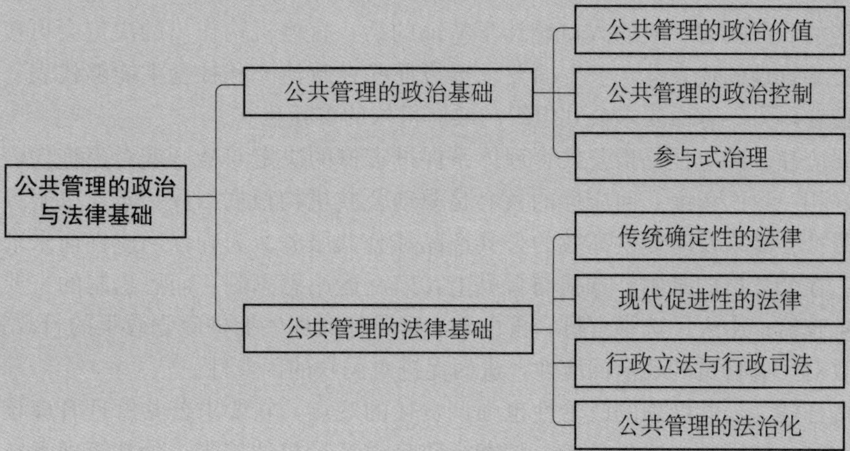

6.1　公共管理的政治基础

公共管理是在批判传统官僚制行政的基础上，为适应全球化背景下现代民主政治与法治发展的需要而发展起来的。传统官僚制行政认为，政治与行政相分离，行政问题是管理问题而不是政治问题，因而传统官僚制行政倡导行政理性，主张效率至上的工具理性价值。为此，它强调集权、等级控制、命令服从、规则为本、过程为本，从而忽视了现代民主政治与法治所倡导的公正、民主、平等、人权等基本价值，也忽视了公共管理在捍卫这些基本价值方面所承担的角色。实际上，任何公共管理都必须建立在民主法治与民主政治的基础之上，公共管理作为一种治理方式，本质上是政治运行的一种表现方式，公共管理的管理权限必须构建在政治框架之内才具有合法性与合理性。

6.1.1　公共管理的政治价值

公共管理作为传统公共行政不断发展的结果，它注意到了传统官僚制行政存在的问题并力图加以改进，它倡导公正性、代表性、回应性、责任性、合法性等价值，从而构成公共管理的政治价值基础。

（1）公正性。公共管理因其公共性的本质特征，自出现伊始就与公正紧密结合在一起。公正的公共管理来自这样一些基本理念：首先，保持正当的法律程序，即保护个人免于受到政府恶意的、武断的、错误的或反复无常的对个人本应享有的平等权利和机会的必要程序的违法剥夺。其次，对个人应享有的机会的平等保护，即每个人都有平等的生存、获取、发展的权利与机会，这些权利和机会不因个人的出身、性别、种族、血缘、财富等而受到损害，不能被特权或权力剥夺，也不能拿来与其他人的经济利益交换。

（2）代表性。代表性是指公共管理能够充分地反映公众意志，积极地回应公众要求，以一切特殊利益背后的社会普遍利益为目标取向等内容。基于对代表性的重视，唐纳德·金斯利（Donald Kingsley）于1944年明确提出了“代表性官僚”一词。他认为，如果官僚机构的职员具有一般的人口统计学特征的话，官僚机构作出的决定会更接近公众的意愿。公共管理的代表性，一方面要求选拔那些在政治上和社会上能够代表一般民众的公共管理者，另一方面要求公共组织与政府机构的多元化。

（3）回应性。回应性是指公共管理体系促进官僚的决定与社区或者声称代表民众的官员的偏好相一致的程度。回应性的核心是驱动公共机构根据以民为本、以服务为本的宗旨，按照社会需求及时提供高效的公共产品和公共服务。为确保回应性而采取的最突出做法是：在公务员的录用、选拔与晋升上，广泛运用恩惠制，而恩惠制的主要功能在于维系政党政治；由人民选举官员，再由政治官员任命那些拥护政党政策的行政管理者，以促进行政对民选官员的政治回应性，进而促进对民众的回应性。

（4）责任性。公共管理的政治性也强调责任的观点，它要求公共管理者应该对议会或民选的官员，特别是立法者负责。随着行政自由裁量权的扩张，公共管理者在公共政策中的作用日益增强，公共管理者作为公共利益的捍卫者、公共信任的维护者如何对立法部门或民选官员负责便成为一个极其重要的问题。公共管理必须有明确的责任机制与问责机制。公共管理的责任性首先来自法律规范的要求，同时也来自公众对公共管理的合理期待。前者是刚性的要求，后者是柔性的约束。但从本质上说，二者都要求公共管理行为以是否符合广大群众的意愿、要求与利益为标准来衡量其责任性。公共管理的责任性还来自公共管理者的价值观、信念与良知，是职业伦理和道德良知的一种具体体现和要求。

(5) 合法性。法治意义的合法性包含着合法律性和政治学意义上的合法性。政治学意义上的合法性意味着某种政治秩序被认可的价值。公共管理的合法性是公共管理的目标、措施、行为得到公众基于内心的认同和支持，现实的社会秩序和公共管理得到认可与服从的良好状态。社会公共事务不断增加，角色群体不断分化，公共管理只有最大限度地实现公共利益，不断满足公众合法的利益需求和意愿才能获得合法性基础；同时，随着公民参与性的增强，社会自治能力的提高，社会自主治理功能本身也蕴含着合法性。这就要求政府不断回应公民，形成一种以政府权力为中心，共建共治共享的社会治理新体系。

6.1.2　公共管理的政治控制

为了保证公共管理的公正性、代表性、回应性、责任性与合法性等价值，避免滥用公共权力、侵犯人民主权的行为，必须对公共管理施加必要的政治控制。这是现代代议制度的基本要求。正如美国政治学者萨托利所言："只有受治者同治者的关系遵循国家服务于公民而不是公民服务于国家，政府为人民存在而不是相反的原则时，才有民主制度的存在。"① 而"如果公民控制着他们的领导人，就可以假定后者对（必须对）前者负责"②。传统公共行政的政治控制主要通过政党分赃制式的官员任命来实现，在当代则主要依靠下列政治控制途径来实现。

(1) 一般立法控制（general legislative over sight）。主要是指立法部门的成员（议员）、议员的幕僚人员，以及其他具有立法职能的机构对公共管理机关及其工作人员的控制。这种控制是提升公共管理人员回应性与责任性的强力手段。美国国会对行政机关及其工作人员控制的严密程度，超过任何其他西方国家对行政的控制。这种控制方式主要通过立法、行使质询权、调查权、弹劾权、不信任表决权、否决权等实现。

(2) 预算控制（budgetary control）。从历史的经验来看，财政约束通常被认为是制衡公共管理机关的一个重要工具。在美国，国会议员虽有预算控制权，但是监督政府财政开支常用的方法，包括总审计局基于首席财务官报告进行监督、举行听证会等。有时也可能直接涉及机构决策的过程，进行所谓的"微观管理"。

(3) 职位轮换（rotation in office）。公共管理的政治性非常注重公共管理人员在机关

---

① 萨托利．民主新论．北京：东方出版社，1993：8.

② 同①.

内部不同岗位之间，或者在政府内外之间进行轮换。这是预防公共管理人员在同一机构或职务中任职过久可能形成的对公共利益的误解。在美国，19 世纪 40—50 年代的政党分赃制便是主张职位轮换：一旦公共管理人员不再受政党领导者的青睐，随时都会被撤职。然而，现代文官制度则有不同方式。以美国 1978 年联邦文官改革为例，其中一项重要措施就是设立高级文官职位（SES），使位居高层的常任文官能够在部门与部门之间相互调动，其目的就是希望这些高级文官能够持续地以更宽阔的视野看待公共利益。

(4) 公民参与（public participation）。公共管理的政治性要求公共管理应为公众提供参与公共管理的途径。它认为，公民参与有助于强化公共管理者理解公民并回应公民需要的能力，公民参与被视为公民完全融合于公共治理之中的一个途径。它特别强调公民参与的重要性：在现代政府治理中，缺乏公民参与会降低政治体系的代表能力和回应能力；缺乏参与将会侵蚀民主国家的公民精神，因为它削弱了公民参与政府治理的道德意识与政治义务；公民参与有助于促进公民对政府的理解；政府缺乏公民参与的有效途径，会导致民众的疏离和“主人翁”意识与责任感的缺失；公民参与助长了政治社群意识和政治整合意识；公民参与有助于加强政府的合法性，促进公民对其决策的认同。

(5) 公开化（going public）。公共管理的政治性认为，公共管理人员及时向公众及其代表（如议员）公开政府组织对公共利益的违反或对民众行为的误导是适当的和合乎公务伦理要求的。公共管理人员被期待用其声音来对抗那些被视为不合法、不道德的行政事务，基于此，引咎辞职与“检举揭发”行为被视为合适且十分道德的行为。除此之外，美国联邦政府还设置了一条“欺诈、浪费、滥用职权”热线，通过它，不管是公共管理者还是普通群众，均可揭发政府的任何不良行为，以便进一步调查。

(6) 阳光措施（sunshine）。公共管理的政治性认为，促进政府行政公开，让公众获得更多的政府行政资料是确保行政责任实现与维系行政伦理水平的重要途径。在美国，有多种方式使政府处于“阳光之下”。这包括面向公众的听证及会议制度，以及赋予公众获取联邦政府文件权利的《信息自由法案》。目前，美国联邦政府已将信息公开以及听证会公开的规定列入基本的行政法（即行政程序法）之中。

(7) 利益冲突（conflict of interest）。公共管理的政治性认为，对公共管理人员与所任职务间的利益冲突应力求限制与回避；公私部门间的“旋转门”虽不至于完全封闭，但应仔细把关，因为这可能会使行政组织对其所面对的经济利益群体更具回应力。之所以对利益冲突进行严格规范，其用意与其说是降低组织内层级节制的权威，不如说是借以消除利用职位获取私人利益的诱惑。

6.1.3 参与式治理

20 世纪 90 年代以来，随着全球化时代和信息时代的来临，人类政治过程的重心正在从“统治”走向“治理”，从“善政”走向“善治”。善治的过程就是一个还政于民的过程，表示政府与社会之间的友好合作，它有赖于公民自愿的合作和对权威的自觉认同，要求公民积极参与。由此，公民参与成为世界多数国家民主政治的主要议题之一，参与式治理也成为世界许多国家政府治理的主要模式。

参与式治理是应传统政府治理模式挑战而生的产物，是公共管理政治性的必然要求。20世纪70年代以来，财政危机、经济衰退和官僚机构效率低下，导致公众对政府的信心产生动摇。在这种历史条件下，西方国家开始谋求新的政府治理模式。传统政府管理模式下，政府是公共权力和公共权威的唯一拥有者，公众与社会的意见和需求只被理解为一系列公共政策实施和公共权力行使后的附带结果，而新公共管理理念扭转了政府管理过程中的主体中心主义，确立了管理客体中心主义原则。公众的参与程度和满意程度成为评判公共行政正当与否的重要标准，原先那种行政体系自我评价、自我判断变成了公众的评价与判断。因对公众参与行政的高度重视，参与式治理成为一种重要的治理模式。

知识专栏6-1

政府未来的治理模式

盖伊·彼得斯在《政府未来的治理模式》中提出了参与式政府的治理模式。他认为，参与式政府的理念是致力于寻求一个政治性更强、更民主、更有集体性的机制来向政府传达信号；它反对层级制，认为传统的层级化、规则化的官僚体制是组织进行有效管理和治理的严重障碍，有必要缩减治理中的层级和技术统治。第一，在理念方面，注意到政府和社会之间的关系以及广大公众参与决策的机会，重视第三部门，认为政府的改革之道就是运用它的力量去培养和创造更多的第三部门；第二，在公共组织的结构方面，主张建立扁平化组织，缩减高低之间的层级；第三，在管理方面，明确地把社会利益融入治理之中，提出授权概念，认为公共组织中的基层官员是整个组织有效运作的核心；第四，在政策制定方面，倾向于由下而上的协商和谈判方式，关注低层级员工直接参与决策；第五，在公共利益方面，主张通过鼓励员工、顾客和公民对政策制定和管理决策进行参与来体现，认为这种参与可通过各种机制来实现，即对于政府服务不佳或制度运作不当实行申诉权、增强员工独立决策和影响组织政策方向的能力、在公共政策中加强公民向政府表达需求的权利、让公民拥有更多的消费者选择权和更多的对方案的直接控制权。

资料来源：盖伊·彼得斯．政府未来的治理模式．北京：中国人民大学出版社，2001.

公民参与是政治文明建设的本质属性，是公共政策科学化、民主化的内在要求，它可以发挥集体智慧去解决社会问题，可以调动社会资源和公民积极性来推动计划的实施，也可以使更多的公民通过参与过程认识政府公共管理中政策的制定和执行。党的二十大报告指出，要健全人民当家作主制度体系，扩大人民有序政治参与，保证人民依法实行民主选举、民主协商、民主决策、民主管理、民主监督，发挥人民群众积极性、主动性、创造性，巩固和发展生动活泼、安定团结的政治局面。

根据世界各国的实践经验，在公共管理的过程中，公民参与政府治理的主要渠道如下：

（1）公开听证（public hearing）。在涉及公共利益和公民利益的政策、规划和决策上，邀请有关方面的专家、民意代表或一般公民，进行公开的探讨和论证，以广泛听取社会公众和利益群体的意见。

（2）公民调查（citizens surveys）。在由新公民参与运动发展而来的新的公民参与途径中，公民调查是一项引人注目的参与技术。公民调查是运用访问、问卷调查等形式，获取或了解民众的意见和建议。调查结果反映了公民对政府的期待和对政府政策的评价，以及对政府行为和绩效的评估，因此公民调查是促进提高政府责任能力的基础。

（3）咨询委员会（advisory committees）。咨询委员会是一种被普遍采用的公民参与形式。吸收外界人员参加咨询委员会，可以加强政府与公民的联系，改善行政机关和外界的关系；可以扩大行政机关作出合理决定的范围，提高政府的公信力；可以利用外部专家的知识，使政府决策更加科学。

（4）"赛博"（cyber），也称论坛（forum）。这里聚集着包括各个领域专家在内的志同道合的社会成员，他们相互交流自己掌握的信息，彼此共享信息。他们不仅能够提出自己的看法，还能广泛征求别人的意见，随时获取必要的信息。

（5）公私合作生产（public/private co-production）。这是政府与民间共同合作提供公共服务的模式，是公民参与政策过程的一种具体途径。在这种模式中，民众由单纯的消费者转而成为服务的生产者，促使民众通过合作的机制，获得对公共事务的"控制"与影响，以实现公民的参与权。公私合作生产的优势在于：使公民有参与公共事务的机会，并能有效地进行资源的分配与整合。

（6）利益团体（interest group）。利益团体是增强公民参与公共行政的另一途径。任何社会都不同程度地存在着各种形式的利益团体。作为非官方组织，利益团体是实现政府与社会、公民互动的桥梁。利益团体并不一定完全代表公共利益，但在一定程度上有能力将成员的愿望转变为政治需要；它可以通过有组织的游说或舆论，促使政府有关政策或法规的制定或修正；同时还可以起到监督政府的作用。在西方国家，没有利益团体的协助，政府的很多业务很难进行。

（7）协商和斡旋（negotiation and mediation）。一些政策问题十分难解决，用我们这里所列的任何一种参与技术都无法奏效。对这一事实的认识使得人们越来越多地采用协商和斡旋手段。在协商中，第三方通过调停，在争议者之间寻求冲突的解决方案。

6.2 公共管理的法律基础

公共管理的过程是公共权力的行使与运用过程。公共权力是人类共同体（国家、社团等）为生产、分配和提供公共物品而对共同体成员进行组织、指挥、管理，对共同体事务进行决策、立法以及实施决策、立法的权力。公共权力是一把"双刃剑"，一方面，公共权力在维护社会秩序，增加公共利益，在保护公民、法人或者其他组织的合法权益方面具有积极的作用，离开公共权力的积极作用，社会就会变得无序、混乱；另一方面，由于执掌权力者主客观情况的复杂性，加之公共权力是一种支配力量，是一种可以不顾及对方是否情愿而强制让对方服从的力量，因此公共权力有被滥用的可能性。在对公共权力的诸多控制方式中，法律控制是最基本、最重要的方式。依法管理，已经成为世界各国政府普遍奉行的基本行为准则，成为衡量公共管理文明进步与否的主要标志，成为公共管理的重要特征与发展趋势。

6.2.1 传统确定性的法律

进入近代资本主义社会，鉴于专制统治的惨痛教训，新兴资产阶级政治家、思想家和法学家对行政机关有着强烈的戒备和防范心理，提出个人主义和自由主义的口号，防止政府滥用统治权侵犯个人自由，于是在政治上建立了“三权分立”的政治体制，在思想上塑造了“人民主权”的民主精神，在法制上确立了“依法行政”的法治原则，并提出了“政府最好，管事最少”的行政思想。在这种思想的指导下，行政法作为“控权法”产生并发展。这一时期西方国家主张的是一种消极意义的法治，是一种形式的、机械的法治，要求行政机关的一切活动必须以议会制定的确定性法律为依据，必须严格执行议会制定的法律并受这些法律的约束。

传统的确定性法律主张通过事先制定并明确公布的法律规则对政府权力进行控制，确信法律就是按照一定的逻辑组合形成的规则体系，它通常细致而完善，能为执法者和被管理者的行为提供完全的指导。它主张“无法律即无行政”，行政机关是规则构成的法律的服从者、执法的机器，公务人员只需严格按照规则行事，无须任何自由裁量的权能，就可以实现法律的正义。

传统确定性法律的性质定位为强制与管制，它是一种管理法，主要采用调整性规范，但多以义务性规范与禁止性规范为主，主要是对行政权力的行使方式进行规范，目的在于限制行政权力的膨胀。传统确定性法律是自由资本主义时代特定历史条件下的产物，是由当时特定的经济、政治、意识形态等诸多因素决定的。

在确定性法律主义盛行时期，公共管理权力的范围受到了非常严格的限制。传统上，英国是奉行议会至上的国家。从1689年起，英国政府不再拥有执行立法过程中制定规章的普遍权力。其结果是，发布规定和命令的权力，根据政府的每项具体功能而分别授予，这导致了司法机关对部门规定和命令的严格审查。政府部门不能自主地行使立法性质的权力，每一项权力的取得都必须有议会的授权，政府部门不得带有任何形式的自由裁量权。美国早期行政法的发展深受英国影响，从1789年建立联邦政府，到1887年州际贸易委员会成立，这个时期美国行政法的特点是：市场加法院，或者立法加法院，行政机关的作用不占主导地位。限制行政权力的范围同样是美国行政法的主题。在19世纪，美国政府的工作重点几乎全集中在那些旨在严格限制行政范围的法律约束之上，行政中的自由裁量范围也不可避免地被缩小到了一种无可奈何的地步。出于对封建专制统治的憎恶与防范，法国资产阶级夺取政权后，特别是拿破仑时期，开展了一系列的立法活动，形成了一个完整的成文法体系。拿破仑的立法活动，成为欧洲大陆各国建立自己的资产阶级法律制度的先声。在资产阶级分权原则的前提下进行的法律编撰，其重要目的之一就是限制公共管理者的自由裁量权，使公共管理者在实施管理时，只能按确定的法律进行。

的确，确定性是法律的形式特征。法律的确定性意味着法律规定了一定行为与一定后果之间稳定的因果联系，将人类一定行为模式固定化、法律化了。因法律有可预见性，人们在行为之前即可预料法律对自己行为的态度，从而根据法律趋利避害地设计自己的行为。法律若失去确定性，人们将因不能预料自己的行为后果而无所适从。确定性也意味着法律规定必须明确，必须尽可能地排除不确定规定，因为法律的可预见性以其明确性为前提，否则，尽管法律有规定，但模棱两可，人们仍会因不能确定地把握法律的意旨而无所适从。确定性还意味着法律是一种不可朝令夕改的规则体系，否则法律将丧失权威性，人们将因法律的不断变动而对之产生怀疑，丧失法律信用。从技术上看，确定性使法律成为不加区别地规范一切人的行为的稳定规矩绳墨，成为一种无私无欲的客观尺度，从而使人们获得了效率、安全等价值。

然而，事物的性质总是如此，任何价值的获得同时意味着某种价值的丧失，法律正是为获得这些价值付出了代价，其局限性亦是由上述价值而生。这种局限性表现在以下几个方面：第一，不合目的性。法律的普遍性特征决定了法律只注意其适用对象的一般性而忽视其特殊性。然而适用于一般情况能导致正义的法律，适用于个别情况的结果可能是不公正的。第二，不周延性。法律对于其调整的社会生活应具有最大的涵盖面。但是，立法是一项探索真理的认知活动，必然受到人的认识能力的限制，立法者制定出来的法律不能涵盖一切社会关系，必然存在一些缺漏与盲区。第三，模糊性。法律应尽可能明确，以便当事人准确地把握立法意图，从而准确地根据法律规划自己的行为。但是，法律借助语言来传递法律规范的内容，作为法律载体的语言本身存在局限性，需要进一步解释；客体运动的连续性和它们之间类属性态的不明晰性，使立法者难以做到以精确化的词语界定它们截然的性态与类属边界，而不得不借助模糊语言，对模糊客体以模糊的语言形式把握；立法技术的失误，立法者之用语与其本意不合，也可能造成立法意图与法律文字表现的背离。以上三种情况皆会导致法律模糊性的出现。第四，滞后性。法律一经制定应保持相对稳定性。但是，一方面，修改法律是程序性极强的立法活动，其过程漫长而复杂；另一方面，法律所对应调整的社会生活是不断变动的，由此造成法律与社会生活或大或小的脱节现象。

实际上，确定性法律作为一种法律类型，并没有完全付诸行政管理实践，其致命点是脱离实际，完全排斥人的因素。确定性法律若想在现实中实现，必须满足如下前提：立法者具有完全的理性和超强的预见能力，能够制定出逻辑严密、完美无缺的法律；法律的正义性问题在立法程序中得到迅速而全面的解决，官员在执法过程中无须为正义操心；社会生活是静止的，法律不会因社会的发展而与现实脱节。如若前提不能满足，结果的失败自然是题中应有之义。

6.2.2 现代促进性的法律

20 世纪初，西方国家进入垄断资本主义时期以后，政治经济形势发生了巨大变化。尤其是 30 年代以来，国家主动干预社会经济生活，政府管理社会经济事务的职能不断扩大；相应地，行政行为的技术性、专业性大大增强，行政活动的多样性、复杂性更加明显。由于市场经济自身无法克服的弊端，需要引入公权力的调控与推动，国家在经济生活中扮演的角色逐渐由一个消极的守夜人转变成为一个积极的管理者。国家开始担负起宏观经济调控的职能，促进就业即劳动保障与社会保障的职能，保护生态环境与资源以促进社会经济可持续发展的职能，因此催生了经济法、劳动与社会保障法、环境与资源保护法等国家职能型法律部门的分化。这种分化一方面是传统的行政法律部门从对行政权力的形式规制到对行政权力的内容规制的分化；另一方面这种分化也是行政权力干预市民社会的结果，关系到市民社会的经济效益、社会效益及生态效益，同时也伴随着社会团体力量的参与。因此这些法律部门的立法思想着眼于社会整体利益的国家干预与社会参与，具有公法与私法兼容的特点。在调整手段上则表现为各种法律手段的综合应用，围绕经济、社会、生态利益作纵向的专题式立法，专项解决由于市场失灵及个人本位立法所造成的社会整体利益调整的缺失性问题。

应当说，这一时期的立法相对于自由资本主义时期的确定性立法而言，立法思想从个人本位和有限政府的立法理念转变到对社会利益的提升和政府积极干预的立法理念，是一种进步，是对传统立法理念的修正。但是，这一时期国家主要扮演的是一个市民社会的管理者的角色，立法的性质仍然主要是国家的强行性立法，仍然是试图通过制定一系列明确的法律规定来规范公共权力的行使与运用，此时的立法仍然是传统确定性立法的一种延续。因此，随着公共管理的发展，国家干预的形式从管理型为主逐渐转变为服务推动型为主，国家从消极守夜人角色向积极的公共管理者角色转变之后，公共管理职能进一步分化为宏观管理职能和公共服务职能，并且要求政府在履行宏观管理职能时在角色范围上也必须定位在服务者而不再是管理者身份上。这种转变要求一种不同于传统的政府强制性、确定性立法，而体现为政府引导、推动、服务、鼓励的新型立法的产生。这种新的法律形式就是促进性法律。

所谓促进性法律，是指出于对国民经济薄弱环节、弱势行业或新兴行业的扶植需要，不强调权利义务与责任的对应而较多采用任意性规范、授权性规范和鼓励性规范的政策型、引导型法律。促进性法律是在国家职能从单纯的调控管理角色向服务推动角色转变，立法开始注重经济自由与经济调控相结合的背景下产生的。从立法层面上讲，这种转变实际上是对传统确定性法律立法思想扬弃的结果。促进性法律既保留了传统法律部门的普遍性，又在这一普遍性的基础上赋予法律特殊性和专业性的特征，从而使法律具有明显的政策性、灵活性和政府主导性。其优点是政策性、灵活性强，有利于弱势行业的逐步推进，是强制型、确定性法律的有益补充。这是传统确定性法律所不具有的一种优越性。相较于传统的确定性法律，现代促进性法律具有如下特征。

（1）在立法所调整的领域方面，促进性法律主要定位在关系国家发展全局和社会利益的基础、薄弱产业或事业，需要由国家推动或参与发展的领域。促进性法律的使命是为弥补利用市场手段无法实现的公共产品提供及制度平台构建的局限，由政府通过立法将政策法律化、公共服务制度化，为市场经济的长远发展及制度平台的构建提供法律保障。

（2）在立法目的及调整手段方面，促进性法律主要是鼓励和促进基础、薄弱产业或事业的发展，然而对基础领域是采用促进、引导的方式而不是传统立法采用的调控或调整方式。也就是说，政府在其中不是充当调控者、管理者的角色，而是促进者、服务者的角色。因此，这类立法通常在立法目的上不采用本法“规范”“调整”等法律术语，而是采用本法“促进”“推动”等带有服务性色彩的字样。

（3）在法律机制的配置方面，促进性法律以促进基础、薄弱产业或事业发展为中心，以法律机制配置政府、社会、个人的人力、物力、财力资源，使这种配置机制法律化。也就是说，此类法律通常是围绕促进基础、薄弱产业或事业发展所需的人、财、物及其他资源的优化配置和进程的优化控制，这实际上体现了市场经济优化配置高效性的思想。即利用法律的手段将资源配置的模式与进程控制的模式法律化，使之成为一个相对稳定的法律操作模式，将技术性的操作同法律的规范性与保障性相结合。

（4）促进性法律具有较强的政府主导性和政策性。促进性法律是为了促进基础、薄弱产业或事业的发展，由于市场机制在这一领域失灵，因此只能通过政府推动和引导、控制发展进程和配置相关要素。在促进基础、薄弱产业或事业发展的全过程中，政府始终扮演着主要参与者的重要角色：从规划建设到推广运用都由政府来组织和引导；同时，政府的主导性参与必然使此类法律具有较强的政府意志，为其打下政策性的烙印。

（5）促进性法律中有较多的鼓励性规范，表现出鲜明的鼓励性特征。虽然基础、薄弱产业或事业的发展是政府主导的，但是政府最终也需要通过引导和鼓励相对人来发展基础、薄弱产业或事业。市场经济的自发机制失灵使相对人对基础、薄弱产业或事业的发展失去了经济动因，而强制相对人进行基础、薄弱产业或事业的建设将破坏市场经济秩序，也不符合经济民主的要求。同时现代公共管理由单纯的强制型管理向服务型管理转变，并且强调政企分开和社会组织的相对自治性，政府也不能简单地应用行政权力强制相对人进行基础、薄弱产业或事业的建设，而只能采用诱因化的经济机制，在尊重相对人的组织利益和个人利益的基础上，通过政府的政策性宣示，并提供相关的保障和优惠措施或奖励措施，引导并鼓励相对人采取与政策目标相一致的行为。

（6）促进性法律具有淡化相对人法律责任的特点。促进性法律在规范设置上通常包括三种方式：一是指导性规范要求，法律制定特定的指导性标准作为立法中设置的鼓励措施的依据，但不规定违反指导性规范的法律责任，所以指导性规范不具有强制性；二是自愿性规范要求，相对人可以根据自己的实际情况自愿选择是否按照立法的要求作为，法律不作强制性要求，只是鼓励相对人依法作为；三是非强制性规范要求，强制性立法要求相对人必须按照法律规范的要求作为，否则将承担相应的法律责任。在该类型立法中主要是指导性规范和自愿性规范，即鼓励性条款相对较多，强制性条款相对较少。

我国早在1993年就有促进性法律《农业技术推广法》出台，其后又制定了《科学技术进步法》《民办教育促进法》《清洁生产促进法》《中小企业促进法》《乡村振兴促进法》《家庭教育促进法》《基本医疗卫生与健康促进法》等。这些促进性法律都已在各自领域发挥了独特的作用。从立法来看，各国循环经济基干法和部分综合性法多以促进性法律为主。如日本的《推进建立循环型社会基本法》和《促进资源有效利用法》，美国的《1969年国家环境政策法》和《1990年污染预防法》。更重要的是，我国于2008年颁布、2018年修正的《循环经济促进法》作为一部专门的促进性循环经济法，被普遍认为是比较成功的，这种立法模式应当继续推广。

6.2.3 行政立法与行政司法

1. 行政立法

(1) 行政立法的概念。行政法学意义上的行政立法，主要是指特定的行政机关根据法定权限并按法定程序制定和发布行政法规和行政规章的活动，或称准立法行为。美国称之为行政规章制定；英国过去多用委任立法一词，现在也称规章制定；法国称为条例制定；德国称为规章制定。行政机关作为立法主体之一，兼有行政、立法的双重职能。

在我国，从中央到地方多层级、人大与政府分享立法权的立法体制中，行政立法是国家立法的重要组成部分。作为立法主体的行政机关，在众多的立法主体中，其地位仅次于立法机关，无论是在法律上还是在事实上，行政机关都享有广泛的立法权。行政机关作为立法主体所立的“法”称为行政法规和行政规章。在我国，享有行政立法权的主体包括国务院，国务院各部、委员会、中国人民银行、审计署和具有行政管理职能的直属机构，省、自治区、直辖市和设区的市、自治州的人民政府。

知识专栏 6-2

《立法法》相关规定

第六十五条指出，国务院根据宪法和法律，制定行政法规。应当由全国人民代表大会及其常务委员会制定法律的事项，国务院根据全国人民代表大会及其常务委员会的授权决定先制定的行政法规，经过实践检验，制定法律的条件成熟时，国务院应当及时提请全国人民代表大会及其常务委员会制定法律。

第八十条指出，国务院各部、委员会、中国人民银行、审计署和具有行政管理职能的直属机构，可以根据法律和国务院的行政法规、决定、命令，在本部门的权限范围内，制定规章。

第八十二条指出，省、自治区、直辖市和设区的市、自治州的人民政府，可以根据法律、行政法规和本省、自治区、直辖市的地方性法规，制定规章。

(2) 行政立法的特征。从行政立法职能的特征看，它是一种结合了行政性质和立法性质的活动。受传统权力分立原理的影响，有人把这种不同于立法机关立法活动的职能称为“准立法活动”。

行政立法的行政性质表现在：1) 主体。这一活动的主体是特定国家的行政机关，而不是立法机关。2) 调整对象。行政立法所要调整的社会关系多是与行政管理有关的社会关系。当代行政国家中的行政管理几乎无所不在，传统意义上的民事关系也因为国家行政的介入而在很大程度上与行政管理有了勾连，所以，当代行政立法所调整的范围是相当广泛的。3) 目的。行政立法的目的在于实现行政管理的目标，而立法机关的立法活动因为调整范围更加广泛，其目的也更加多样化。

行政立法尽管表现出明显的行政性质，但是它与行政执法行为有所区别：1) 主体。在我国，行政立法的主体只能是特定的国家行政机关；而行政执法活动几乎是大多数行政机关都有权进行的。2) 对象。行政立法的对象是不特定的多数人；而行政执法活动针对的是特定的行政相对方。3）时间效力。行政立法活动持续比较长的一段时间，其对未来发生效力；而行政执法活动是针对具体事项作出一次有效的决定，一般不具有持续的效力。4）程序。行政立法的程序与立法机关的立法程序颇多类似，更多强调多元的民主参与、协商和妥协；而行政执法程序更多强调准确地、公正地执行法律。

行政立法是一种准立法活动，其本身也融入了一些立法性质，主要表现在：1）结果。行政立法是制定法律规范的国家活动，其制造出来的产品——行为规则——具有法的属性。2）过程。行政立法的过程颇类似于立法机关的立法程序，它不是按照固定模式锻造产品的过程，而是各种力量相互碰撞、妥协的过程，其产品事先较难预料。

然而，行政立法与立法机关的立法活动仍然存在较大区别：1）主体。行政立法是由特定国家行政机关完成的。2）内容。立法机关的立法内容涉及面相当广泛，可谓无所不包。而行政立法的内容就要受到较多的限制，不仅不能规定与行政管理无关的事项（如刑事制裁），甚至与行政管理有关的某些事项也不能加以规范（如限制人身自由的行政处罚的设定）。3）规则的效力等级。在我国，全国人大及其常委会制定的法律在效力等级上仅次于宪法，行政法规、行政规章都低于法律。地方人大及其常委会制定的地方性法规在效力等级上低于行政法规，高于相应的地方政府规章。4）程序。行政立法的程序与立法程序类似，不过，行政立法在一定程度上是为了弥补立法机关立法缓慢的弊病而产生的，所以，行政立法的程序较之立法程序更为简便，并更多地考虑到效率因素。5）形式。与立法机关制定的法律或者地方性法规相比较，行政立法的形式更为灵活。在名称上，立法机关的立法必定冠以“××法”，而行政立法可以冠以“条例”“办法”“规定”等。6）立法效果。通常情况下，立法机关的立法效力持续时间较长，修订或者废止程序比较严格，而行政立法的修订或者废止程序相对而言比较灵活，从而可以适时地顺应社会需要的变化。

（3）对行政立法的监督。对行政立法的监督，是保障行政立法权合理行使的重要机制。一般来说，对行政立法的监督主要从以下几个方面进行：1）权力机关对行政立法的监督。为了保证民意代表机关作为主要立法者的地位，行政立法权必须受到权力机关的监督和制约。权力机关对行政立法监督的主要形式是备案并审查行政立法行为，撤销与宪法、法律相抵触的行政法规或规章。2）司法机关对行政立法的监督。法院对行政权的监督和制约是通过司法审查的手段来实现的，即人民法院如果发现行政法规或规章与宪法、法律相抵触，可以不予适用，并可以向相应行政机关或其上级行政机关，或者人民代表大会提出撤销或改变的建议，以实现对行政立法的有效监督。3）上级行政机关对下级行政机关行政立法的监督。上级行政机关主要通过批准或备案来审查监督下级行政机关的行政立法行为，有权改变或撤销下级行政机关违法、不当的规章。

2. 行政司法

（1）行政司法的概念与特征。行政司法是指行政机关根据法律的授权，按照准司法程序审理和裁处有关争议或纠纷，以影响当事人之间的权利、义务关系，从而具有相应法律效力的特殊具体行政行为。行政司法是指行政机关在其职权范围内依法处理纠纷的行为。

行政司法这种特定的纠纷解决机制在许多国家和地区的经济和社会生活中起着越来越重要的作用，成为现代市场经济国家加强国家宏观调控和政府对经济进行间接干预的重要手段。一般来说，行政司法具有如下特征：1）行政司法的主体是行政机关。这一点使行政司法同人民法院主持的行政诉讼相区别。2）行政司法行为带有司法的性质。虽然行政司法行为是一种行政行为，但其明显不同于行政机关的其他行政行为，即行政机关处理纠纷时是充当纠纷裁决人这一“法官”角色。3）行政司法行为必须依法进行。行政机关作出行政司法行为，必须严格遵守行政法律规范的规定，依照行政司法程序进行。4）行政司法的对象是特定的纠纷。行政机关处理的纠纷主要分为两类：一类是与行政管理有关或者适宜于行政机关处理的民事纠纷；另一类是行政机关的具体行政行为使得行政管理相对一方当事人不服而产生的行政纠纷。

（2）行政司法的类型。根据行政司法的对象和职责划分，行政司法分为行政复议、行政调解和行政裁决三种方式。

1）行政复议。行政复议是指公民、法人或者其他组织认为行政机关的行政行为侵犯其合法权益，依法向行政复议机关提出申请，行政复议机关解决该行政纠纷的法律活动。行政复议具有以下特征：

首先，行政复议是由认为行政机关的行政行为侵犯其人身权和财产权等合法权益而依法向行政复议机关申诉的公民、法人或者其他组织提起的。行政复议是行政机关依法作出的行政行为，没有申请人的申请，行政机关不能主动复议。行政复议的申请人只能是处于行政管理相对一方当事人地位的公民、法人或者其他组织，而不是作出行政行为的行政机关。

其次，行政复议以行政纠纷为处理对象。所谓行政纠纷，是指因履行行政职能而发生的行政机关与行政管理相对一方当事人之间的纠纷。行政复议只能以因行政处罚、行政强制等行政行为引起的行政纠纷为处理对象，而不能以双方平权主体间的民事纠纷为处理对象。行政复议机关处理行政纠纷，只能在其主管事项范围内。对于申请人来说，复议申请只能向有管辖权的行政复议机关提出。对于行政复议机关来说，只能接受属于自己管辖范围的复议申请。

再次，行政复议的主体是行政复议机关。行政复议只能由作为行政机关的行政复议机关作出，而不能由司法机关作出。所谓行政复议机关，是指依法审查行政机关的行政行为并作出复议决定的行政机关。

最后，行政复议是行政机关作出的一种特殊行政行为。行政复议行为虽然是行政机关作出的一种行政行为，但是明显不同于行政机关的其他行政行为。行政复议所依据的程序既不是普通的行政程序，也不是完全的司法程序，而是一种特别的行政程序，即行政司法程序。行政复议的程序与行政诉讼相比，具有程序简便、易于纠正错误、范围广泛和经济有效等特点。一般来说，行政复议的程序包括复议申请、审理、裁决、执行、起诉等步骤。

2）行政调解。行政调解是指由行政机关主持的，以国家政策和法律法规为依据，以自愿、合法为原则，通过说服教育等方法促使纠纷双方当事人友好协商、互让互谅、达成协议，从而解决纠纷的一种活动。行政调解具有以下特征：

首先，行政调解的主体是行政机关。行政调解不同于司法机关和社会群众组织的调解。行政调解只能由行政机关主持，由行政机关的行政职权派生，并体现在各种具体法律规范中。

其次，行政调解的对象多是与行政管理有关的民事纠纷。从实践和理论上看，行政调解主要用来解决民事纠纷，而不是用来解决行政纠纷。因为从我国现行法律规定看，除涉及自由裁量权与行政赔偿纠纷外，行政纠纷原则上不适用调解原则。

再次，行政调解以自愿为原则。是否申请行政调解以及调解是否达成协议，必须由纠纷双方当事人自己决定，而不是由行政机关强制决定；调解所达成的协议是否履行，由当事人双方自愿决定，行政机关无权强迫任何一方当事人。行政调解的自愿原则决定了行政调解不是行政仲裁或行政诉讼的必经程序，而是诉讼外的调解。

最后，行政调解必须依法进行。行政机关进行调解时，必须依据国家的法律法规、规章和政策，不能无原则地“和稀泥”。

3）行政裁决。行政裁决是指行政主体根据法律的授权，以中间人的身份，依照一定的程序，裁决平等主体之间与行政管理相关的民事争议的行政行为，在我国主要表现为损害赔偿裁决、对权属纠纷的处理决定等。行政裁决的特点是：行政裁决的主体属于行政机关；行政裁决的对象是特定的民事纠纷，即与行政管理相关的民事纠纷，如损害赔偿纠纷、权属纠纷等，而不是所有的民事纠纷；行政裁决的程序一般由行政法律规范作出具体规定；纠纷双方当事人如果对行政裁决不服，有权对行政裁决机关提起行政诉讼。

在上述三种行政司法行为中，行政复议和行政裁决都是典型的行政行为，它们通过作出行政处理决定来解决有关纠纷或争议，所作出的行政处理决定具有行政法律效力，同当事人之间发生行政法上的权利义务关系，因此都是可以提起行政诉讼并使其接受司法审查的。行政调解则是行政机关对双方当事人发生的纠纷进行调停，而不是行使行政权力，所达成的调解协议一般不具有法律效力和执行力，靠当事人自觉履行，而调解不成或不服调解的还可进行裁决或申请仲裁，并可向法院提起民事诉讼。

6.2.4 公共管理的法治化

依法治理是现代法治国家普遍遵循的一项法治原则，也是现代公共管理模式和公共管理观念的一场深刻革命。公共管理的法治化已成为现代公共管理的重要特征与发展趋势。

所谓公共管理的法治化，是指公共管理要通过法律加以稳定和巩固，使整个公共管理工作真正做到科学立法、严格执法、公正司法、全民守法，在法治轨道上推进公共管理意识、权限、程序、责任法定化，从而发挥法治对公共管理固根本、稳预期、利长远的保障作用。公共管理的法治化主要表现为法律化、规范化、程序化。法律化就是要求在实施公共管理时，一方面把公共事务的内容纳入法律之中，明确其作用范围和程序，另一方面要对公共管理的过程以及管理主体的权限作出明确的规定，即依法行政；规范化就是要求公共管理机构必须依据公共管理的总体目标和具体要求，提出和确定具有系统性、协调性和超前性的社会公共事务的发展标准和指标；程序化就是要求在公共管理中，按照法律法规所规定的行政程序，对公共管理的内容作出科学合理的安排，以保证公共管理的合法性、公正性和有序性。所有这些都是实现公共管理法治化的基本条件和重要基础。

一般地，公共管理的法治化主要包括以下内容：

（1）公共管理意识的法治化。公共管理意识的法治化就是要求建立与依法管理模式相应的公共管理文化环境与公共组织风气。公共管理活动要通过具体的管理行为来加以实施。行为主体具有法治意识，尤其是法律至上与法律面前人人平等的思想与行为意识，是依法管理得以实现的文化与思想前提。而公共管理主体的思想与行为意识是在公共文化的社会化过程中形成的，并要受其所在部门组织风气的制约与影响。因此，依法管理的首要内容就是促成与培养相应的公共文化环境与公共组织风气。

（2）公共管理职权的法定化。公共管理职权的法定化就是指公共管理机关及其工作人员的职能范围、权限大小与关系都要有法律规范的明确授予与规定，即“法无授权不可为”。一方面，公共管理主体的职能要有明确的规范。这包括该主体管理的内容、管辖范围、与其他主体之间的分工关系及界限等内容。另一方面，还要遵循事权一致原则，通过法律规范形式赋予公共管理机关及其人员相应的管理权力。其中，权限大小与管辖范围以及各种权力关系都应该有明确的规定。

（3）公共管理程序的法定化。公共管理程序是公共管理主体及其工作人员在行使公共权力、履行公共管理职能过程中所遵循的一系列具有时间上的衔接性的行为步骤、方式与过程的集合。为确保公共管理行为的公开性与透明度，避免公共权力的滥用，同时促成公共管理行为的科学化、合理化，对公共管理程序予以规范化、制度化构成了依法管理的又一项基本内容和要求。

（4）公共责任的法定化。权责一致是现代管理学的基本原则和要求。现代公共管理不允许只行使权力而不承担相应的行政与法律责任的现象发生。依法管理模式要求在法律规范上明确体现这一原则，即通过各种行政法律规范的形式，对公共管理主体及其工作人员没有履行法定职责和义务所应该承担的行政与法律责任作出明确、具体的规定，这就是所谓的公共责任法定化。公共责任法定化的实质是要建立起责任行政机制，实行问责制，即对没有履行法定责任的公共管理主体或工作人员进行追究，包括要求他们辞职，给予纪律处分，直至追究其刑事责任。这既是依法管理模式的基本要求，也是这一模式得以实现的根本保障。

本章小结

公共管理必须建立在民主法治与民主政治的基础之上，公共管理的管理权限必须构建在法治框架之内才具有合法性与合理性。公共管理的政治价值体现为公正性、代表性、回应性、责任性、合法性等方面。为了保证公共管理政治价值的实现，避免公共权力的滥用从而侵犯人民主权，必须对公共管理施以必要的政治控制，这是现代代议制度的基本要求。参与式治理模式是因应传统政府治理模式挑战的产物，是公共管理政治性的必然要求。依法治理，已经成为发达国家政府普遍奉行的基本行为准则，成为衡量公共管理文明进步与否的主要标志，成为公共管理的重要特征与发展趋势。从传统的确定性法律向促进性法律变化，体现了国家职能从单纯的调控管理角色向服务推动角色转变，是现代公共管理发展的必然要求。

《关键术语》

公共管理　政治价值　政治控制　法律基础　参与式治理　依法治理　确定性法律　促进性法律　行政立法　行政司法　行政复议　行政调解　行政裁决

《复习思考题》

1. 公共管理的政治价值有哪些？
2. 如何实现对公共管理的政治控制？
3. 参与式治理的途径有哪些？
4. 现代促进性法律的特征有哪些？
5. 简述行政立法的概念及其特征。
6. 简述行政司法的概念、特征及其类型。
7. 简述公共管理法治化的概念及其内容。
8. 案例分析题：请认真阅读案例材料，然后按照要求分析并回答问题。

沈阳夯实基层治理根基

近年来，常住人口超过 900 万的沈阳市，以党建引领推动多元力量参与社区治理，实现政府治理同社会调节、居民自治良性互动，社区治理能力不断提升。沈阳市推动条块融合，健全驻区单位党组织、党员到社区服务的长效机制，全市 2 317 个机关党支部与社区党组织精准对接，创建“党群 e 服务”“共联共享共建共促”等载体，“共产党员社区奉献日”等党建品牌作用突出，行业系统部门定期与街道社区党组织沟通会商解决问题，基层治理从街道社区党组织“单兵作战”向“街道社区吹哨、职能部门报到”转变。沈阳以“一核多元”的基层党建共治共享机制为抓手，发挥全市 110 个街道“大工委”、955 个社区“大党委”和 900 余个“两代表一委员”工作室的作用，调动各方力量参与基层治理，形成服务群众的合力。设立“居（村）民评理说事点”2 600 余个，创新推进“红色物业”，全覆盖派驻社区“第一书记”，建立“三级包保”实名制工作体系。沈阳市推动社会力量参与社区治理，实现要事共商、社区共建、社会共治、成果共享，不断提升基层治理能力。居民、社会组织、志愿者、公益慈善机构等各种力量，让社区治理的“独角戏”变成了共建共治共享的“大合唱”。

资料来源：刘成友，刘洪超，辛阳，等．沈阳夯实基层治理根基．人民日报，2022-07-26.

问题

（1）城市社区治理中的主体有哪些？

（2）城市社区治理有哪些困境，如何打通社区治理的“最后一公里”？

本章阅读书目

1. 戴维·罗森布鲁姆，罗伯特·克拉夫丘克，德博拉·戈德曼·罗森布鲁姆．公共行政学：管理、政治和法律的途径．北京：中国人民大学出版社，2002.

2. 乔治·弗雷德里克森．公共行政的精神（中文修订版）．北京：中国人民大学出版社，2013.

3. 盖伊·彼得斯．政府未来的治理模式．北京：中国人民大学出版社，2013.

4. 欧文·休斯．公共管理导论：第4版．北京：中国人民大学出版社，2015.

第7章 公共管理的资源

本章导读

公共资源是社会发展的基础，是人民群众共同享有的权益。公共部门的资源管理是在社会环境日益复杂化、治理任务更加艰巨的背景下，为顺应社会治理主体多元化、组织形式多样化以及多元主体之间合作关系的生成而产生的。不同于传统的和私人部门的资源管理，公共部门的资源管理是指公共组织在履行社会治理职能的过程中，采用一定的管理模式，提高资源利用率，实现社会、经济、环境效益最大化和公共资源可持续利用的过程。公共部门资源管理的实质在于尽可能多地获取并挖掘所需的各类资源，通过科学合理地组织调配，实现资源的充分利用。公共部门的资源管理是公共组织管理的基础性工作，是其他一切组织和管理活动有效开展的前提和保障，直接决定着公共组织履行职能的效果，并关乎着全体人民的福祉。

重点问题

- 公共部门人力资源管理的内容与体系
- 财政资源管理的主要内容
- 电子政务与知识管理、信息资源管理的关系
- 信任资源与公共管理的联系
- 舆论与舆情的处置与引导

知识结构图

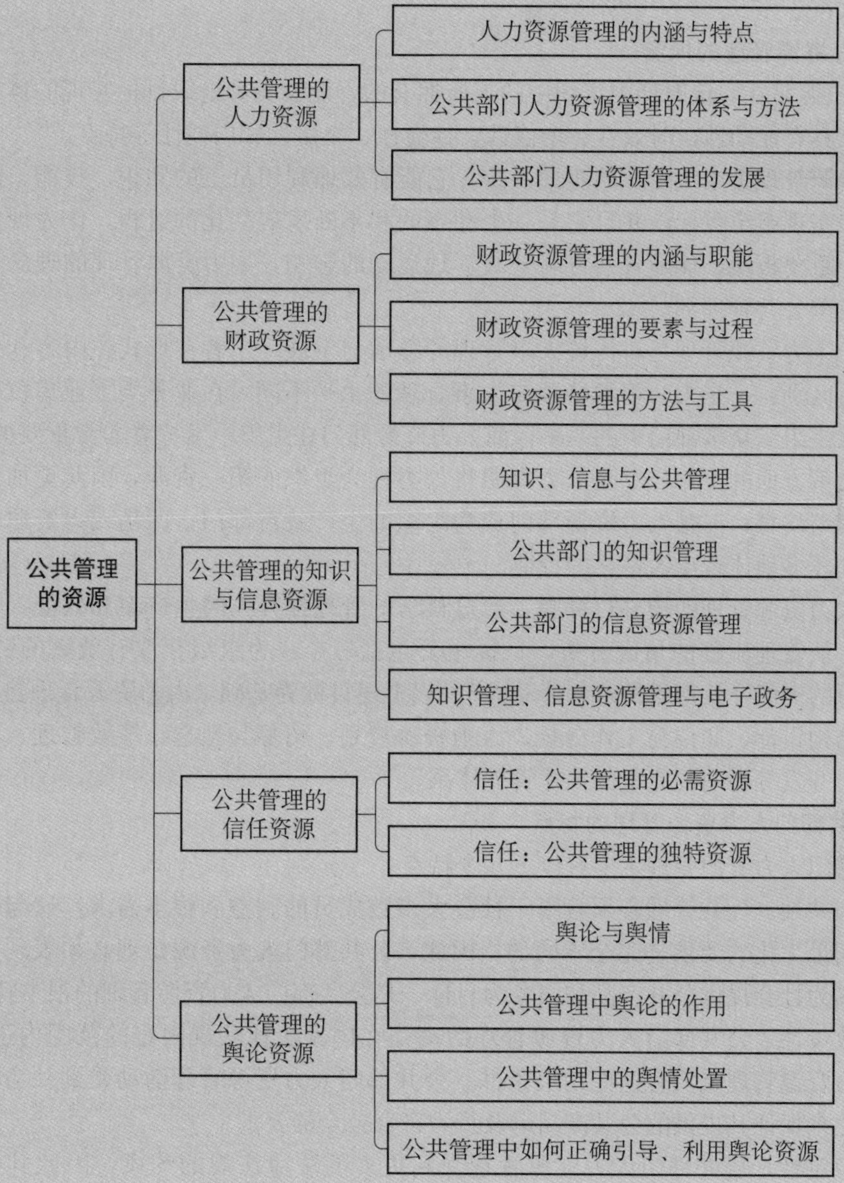

7.1　公共管理的人力资源

党的二十大报告指出“人才是第一资源”。人力资源的公共管理是治理体系对人力资源的总体性管理，也是各类组织对其职权范围内的人力资源各项事务的管理。人力资源管理体系的建立完善对公共部门优化发展有着重要作用。

7.1.1 人力资源管理的内涵与特点

1. 人力资源管理的内涵

“人力资源是在一定时期内组织中的人所拥有的，能够支持组织目标实现的体力和脑力的综合，具有能动性、时效性、增值性、社会性、再生性和内耗性等特点。”①

人力资源管理是组织设计的正式系统，它能有效地利用员工的知识、技能、能力和其他特征来实现组织目标，并且它是一个动态的和不断发展变化的过程。作为现代管理体系的一个重要板块，伴随着西方新公共管理运动的影响，人力资源管理的理念和方式逐渐进入我国公共管理部门②。

现在的人力资源管理是对传统人事管理的继承与发展，二者在形式、内容和效果等维度上有所区别：一是人力资源管理与人事管理的水平不同，在业务类事业单位中，人事部门仅仅是组织众多部门中的一个，而人力资源部门在组织中发挥着非常重要的作用，更多担任决策方面的工作；二是人力资源将人力视为组织的第一资源，因此更加注重对人才的开发与培育；三是人力资源部门成为组织的生产效益部门；四是人力资源管理对员工的管理较多地体现出人性化的特征③。

现代人力资源管理的核心目标是，通过科学的管理提升人的生产率和效能，推动组织的发展。从管理流程的角度分析，目标主要包括三个：为组织获取有效率的劳动力；开发劳动力的潜能；长期维持这些劳动力④。以上述目标为基础，人力资源管理建构起了包括组织结构设计、职位与工作分析、人力资源规划、招募与甄选、绩效管理、薪酬管理、培训与开发等在内的完整的人才管理体系。

2. 公共部门人力资源管理的特点

公共部门人力资源管理主要有以下几个特点。

（1）公共性。公共管理必须着眼于社会大多数成员的利益和根本需求，这与企业追求自身利润最大化的要求是完全不同的。因此，公共部门人力资源管理必须表现出它的公共性，以为社会提供公共产品和服务为目标，是公共部门人力资源管理的根本特性。

（2）政策性。公共部门人力资源管理活动是在国家法律法规限定的范围内进行的，而企业人力资源管理就没有这些约束条件。公共部门人力资源管理活动受到社会公众的监督，以此来保证其提供的公共产品以及行为符合公众的要求。

（3）稳定性。公共部门人力资源管理受到更多的法律法规的约束，因此其组织结构很少发生变化，管理模式也一般承袭原有的方式。与企业人力资源管理相比，其在管理理念、管理职能、管理方法上虽更加稳定，但缺乏灵活性，难以发生根本性变革。

---

① 葛玉辉．公共部门人力资源管理．北京：清华大学出版社，2016：4.

② Pynes J E. Human Resources Management for Public and Nonprofit Organizations：A Strategic Approach. 3rd ed. San Francisco：Jossey-Bass，2009.

③ 王雅静．事业单位人事管理向人力资源开发管理转型的重要意义．人力资源管理，2015（8）.

④ 格罗弗·斯塔林．公共部门管理．上海：上海译文出版社，2003：381.

7.1.2 公共部门人力资源管理的体系与方法

在与企业人力资源管理互动中，公共部门人力资源管理融合吸收了新的技术和方法，形成了相似体系。从过程和组成内容上分析，公共部门人力资源管理的体系与方法主要包括以下几方面内容。

1. 组织结构设计

组织是意图寻求具体目标且结构形式化程度较高的社会结构集合体，其结构是围绕着组织的任务和职能构建起来的，界定了对工作任务进行分解、组合与协调的方式。组织结构设计对人力资源管理的意义在于，组织的结构决定了组织中的人员规模、职责体系、工作任务等内容。

公共部门的组织结构设计，根据政府与社会的基本关系、社会的公共管理需求、社会问题的基本性质等因素进行综合考虑，既要保证公共组织的整体结构不缺位、担负起管理职能，又要保持不越位、过多控制社会的自主性，还要保证组织规模处于精简和有效率的状态，降低行政成本和社会税收负担。

2. 职位与工作分析

职位是工作行为或组织行为的核心概念，它界定了个体职责与职权的任务组合。职位明确了某项工作需要完成什么任务，以及由谁来完成任务。其意义在于，选拔活动必须根据与该职位有关的绩效标准来进行，同时，占有职位的人必须根据与该职位有关的明确绩效标准来晋升。另外，每个占有一定职位的人都要依照合同按月领取一定数额的报酬。2019年6月1日起，我国政府部门开始实行《公务员职务与职级并行规定》，深化公务员分类改革，推行公务员职务与职级并行、职级与待遇挂钩制度。

同职位紧密相关的就是其所包含的工作与工作分析。工作是某个职位要完成的任务内容，工作分析（job analysis）是评估一项工作所包含的各种活动的过程。工作分析包括对工作所包含的各种任务进行详尽描述，确定该工作与其他工作之间的关系，以及想要完成该工作的员工必须具备的知识、技能和能力。工作分析的具体对象包括组织目标，组织结构，部门职能，职位中的工作内容、工作责任、工作技能、工作强度、工作环境，以及工作方法、工作标准、工作时间及其在组织中的运作关系①。获得工作分析报告的主要方法有观察法、个别访谈法、日志法以及问卷调查法。

3. 人力资源规划

由于组织雇用的人员会因退休、辞职和其他方式出现正常的损耗，因此必须有预测性地对组织的人力资源需求进行规划。通过预测性的规划分析，可以了解组织在变化的环境中所产生的人力资源需求状况，比较供给和需求的差异得出“未来缺口”或“过剩状况”，并制定必要的政策和措施来满足这些需求，达到人力资源的供需平衡②。简而言之，人力资源规划的目标是使组织的工作岗位在适当的时机获得适当的人员（数量、质

---

① 肖鸣政．工作分析及其应用．中国人才，2007（8）．

② 肖平．服务型政府的人力资源管理：挑战与构建．当代经理人，2006（21）．

量、层次和结构)，从而实现人力资源的最佳配置。

在公共部门中加强人力资源规划，其动力一方面是由于知识和社会的转型，公共部门需要吸纳具有特殊技能和专门知识的人才，以满足新技术和管理的需要；另一方面，通过人力资源规划，可以有效减少公共部门陷入目标和规划不清晰所带来的冗员状态的可能性。

4. 招聘与甄选

招聘与甄选是组织选拔所需人才的过程，该过程是将个体特点（能力、经验等）与组织的工作要求相匹配的社会成员选到组织中来。在工作分析和人力资源规划的基础上，组织了解了自己所需人才的基本要求，然后通过各种方式来发布需求信息，或者通过其他渠道和自己想得到的人才进行接触。

公共部门招聘的程序是指从出现职位空缺到候选人进入公共部门工作的整个过程。这个过程通常包括根据人力资源规划和职位说明书确定招聘计划、招募、甄选、录用、评估等一系列环节。

5. 绩效管理

绩效管理被看作一个完整的循环系统，循环周期通常分为四个步骤，即绩效计划、绩效的实施与管理、绩效评估与绩效反馈面谈。绩效管理在整个人力资源管理系统中处于核心的地位，其他内容或多或少地与它发生联系。

公共部门人力绩效管理是指公共部门为了确保工作人员的行为和产出与既定目标保持一致，通过持续改善组织各层的绩效，最终实现公共部门战略的手段及过程。其目的在于促使公共部门树立效率意识、服务意识和责任意识，从而提升政府形象，优化公共服务以及为社会带来安定和谐。党的十九大报告提出，继续加强政府执行力与公信力，加快建设现代财政制度，建立全面规范透明、标准科学、约束有力预算制度，全面实施绩效管理。公共部门应该加快建设电子政务，积极地将职能向服务型进行转化，更合理地分配公共部分权力，为绩效管理创造良好的制度环境。

6. 薪酬管理

薪酬管理是指组织在战略和发展规划的指导下，综合考虑各种因素的影响，确定自身的薪酬水平、薪酬结构和薪酬形式，并进行薪酬调整和控制的整个过程。有效的薪酬管理有助于吸引和保留优秀的员工，同时有助于实现对员工的激励，从而能够改善组织的绩效，塑造良好的组织文化。

公共部门的薪酬制度基本由工资制度、福利制度和社会保险制度构成。一般工资主要包括基本工资、奖金、津贴、补贴。公共部门的福利是除了工资和社会保险的一切物质性的报酬，是为了改善和提高员工的物质文化生活所采取的措施，它通常以服务或者实物的形式兑现。社会保险制度主要包括养老保险、失业保险、医疗保险、工伤保险和生育保险等。

7. 培训与开发

人力资源培训与开发围绕着组织的发展需要，通过物质、精神、时间等投入，利用教育和训练等方式，促进和激发人本身潜在的体力、脑力、知识和技能等的形成、发展和提高。就公共部门人力资源培训与开发而言，由于公共管理是综合复杂的过程，其科学有效的管理有赖于公共管理者的丰富知识与能力，也需要公务员队伍的知识和技能与时俱进。随着数字政府的不断发展，在推进数字治理体系的同时，也对公共部门员工的能力素质提出了新的要求，具体而言有数字技术与素养、在数字环境中沟通与合作以及更高的伦理道德和安全责任的要求①。因此，与时俱进的人力资源培训与开发在人力资源管理中发挥着不可替代的作用。

在实践中，公共部门必须建立起以工作为基础、以能力提升为本位的培训制度，通过组织分析、任务分析，根据员工的工作任务、职责及完成工作所需步骤确定培训的具体内容，然后结合员工分析确定是否参加培训以及参加何种培训②。2010 年，《2010—2020 年干部教育培训改革纲要》颁布实施，为培养造就高素质专业化的公务员队伍指明了方向，至此，总体上形成了一个公务员培训法规制度体系。

7.1.3　公共部门人力资源管理的发展

新中国成立初期，主要采用传统的干部人事制度。改革开放以来，我国干部人事制度改革不断净化，提出和实行了干部队伍革命化、年轻化、知识化、专业化方针，并废除领导职务终身制，下放干部管理权限，建立公务员制度。

从制度层面、组织层面、措施和技术层面来看，这些进步表现为：

首先，公务员条例和法规的逐渐完善，对于推动公共部门人力资源管理的法制化、规范化起到了重要的作用。自 1993 年起，我国开始实行公务员制度，传统的“国家干部”被分为党政干部、科技干部和企业经营者三大类，初步实现了分类管理。2006 年出台实施的《公务员法》等法规性文件，以及关于干部交流、回避、训勉谈话、述职述廉等多个法规文件，形成了“一法、一纲要、三条例和十多个法规文件”的制度体系，突出了法制化与科学化的管理特征。2018 年 12 月 29 日，十三届全国人大常委会第七次会议表决通过了《公务员法（修订草案）》，习近平主席签发第二十号主席令予以公布，标志着我国公务员管理法治化、规范化、科学化进入新阶段。这是对我国公务员制度的一次重大改革和完善。随着中国特色社会主义进入新时代，有必要对公务员法中不符合新发展的部分进行修改与完善。这是贯彻落实习近平新时代中国特色社会主义思想的需要，是加强党对公务员事业指导的需要，是深入推进公务员分类改革的需要，也是贯彻落实建设高素质专业化干部队伍决策部署的需要。

其次，在组织层面，除了传统的人事局、组织部门外，其他相关的人力资源管理和服务机构逐渐增多，包括人力资源咨询公司、人才交流中心等，它们对人力资源的开发、流动起到了重要的作用。在 2008 年 3 月的“大部制”改革中新成立了公务员局，凸显了公务员管理的专门化和规范化趋势。2011 年正式出台了事业单位分类改革时间表，通过“转制”将承担行政职能和生产经营类组织从事业单位序列中剥离，并计划在 2015 年完成，新的管理体制和运行机制于 2020 年建立。党的十九大报告指出，为适应新时代中国

---

① 邱茜，李姝婷．数字时代公共部门的人力资源管理：机遇、挑战与应对策略．中国行政管理，2021（12）．

② 肖平．服务型政府的人力资源管理：挑战与构建．当代经理人，2006（21）．

特色社会主义现代化，要进一步深化机构和行政体制改革。在数字化浪潮的冲击下，公共部门传统的以中心化、标准化和稳定性为特征的组织机构正在逐渐让位于更适合数字时代的管理结构。

最后，人力资源管理的措施和技术运用逐渐丰富，不少来自国内外企业组织的技术和管理工具开始在各地的公共部门探索运用，包括南京政府发起的“万人评议机关”、青岛政府机关绩效管理中平衡计分卡的使用等。我国公共部门的人力资源管理在过去的几十年中发生了重大的变化，各项法律法规的不断发展和完善、各级政府长期的坚持和努力，使得公共部门人力资源管理的成本大大降低，服务质量和管理水平得到了显著的提高。此外，数字技术的日益普及也为公共部门人力资源管理带来了新的视角，为加快公共部门的体制改革、职能转换和绩效提高提供了有力的保证。

案　例

广西加快推进公务员队伍整体素质提升

近年来，广西高标准抓好队伍建设规划、高质量抓好队伍“源头工程”、高水平实施教育培训、统筹考虑不同职务层次公务员补充需求，全面优化结构，提升公务员队伍整体素质。

科学设定入口规模和比例，突出专业人才补充。统筹一定比例计划招录与经济发展直接相关的专业公务员，区市机关围绕主责主业招录相关专业公务员，县乡基层聚焦乡村振兴提出宽类别专业需求。

着力提高考试的科学性和精准性，对公务员笔试科目推行分级分类考试；坚持基层导向，将70%以上的新录用人员补充到县乡一线，建立统一遴选、专项遴选和系统内遴选相结合的机制，进一步畅通基层公务员上升渠道……在一系列强有力措施的助推下，2018 年以来，全区县乡一线共录用公务员 1.76 万名，占新录用人员的 72.8%，自治区、设区市直属机关共拿出 382 个职位从基层遴选公务员 588 名，进一步激发基层公务员的干事创业热情。

资料来源：桂组轩．广西加快推进公务员队伍整体素质提升 增量提质 专业赋能．(2022-04-13)．https://www.bgxf.gov.cn/staticpages/20220413/newgx62564659－116627.shtml.

7.2　公共管理的财政资源

财政资源的管理是公共部门职能顺利履行的保证，财政资源的来源与支出的管理、监督以及管理的方式方法在政府管理中有着核心作用。

7.2.1　财政资源管理的内涵与职能

一般而言，社会存在政府、企业和家庭三类资源配置主体。财政是政府经济行为，财务是企业理财行为，家计则是家庭的收支行为。其中，以政府为主体进行征收与支配的社会资源属于财政资源。同企业和家庭的理财行为相比，财政资源的特征主要表现在其征收与支出的公共性与强制性，这两种性质都以法律的授权与保障为基础。在此基础上，财政资源管理就是国家为了实现其职能，凭借政治权力及财产权，参与一部分社会产品或国民收入的分配和再分配过程。

财政职能是不断发生变化的，与财政现象的发生有本质联系的是国家的产生和发展，财政能够实现的政府职能均可视为财政职能。财政职能实际上能够体现政府的保护性、生产性和分配性职能，这正是建立现代财政制度的内在职能要求。

（1）财政具有保护性职能。国家的重要职能是保护公民的政治权利、经济权利和社会权利，财政在其中发挥重要作用。

（2）财政具有生产性职能。内生增长理论认为政府支出活动可以进入企业生产函数，通过生产性服务、缓解市场拥挤、保障产权这三个方面为企业提供外部性从而促使企业产出扩大。政府对宏观经济的调控、政府直接投资会影响总产出。

（3）财政具有分配性职能。该职能体现在三方面：征收累进税和转移支付、权利再分配、直接干预私人产权的竞争基础[①]。

7.2.2　财政资源管理的要素与过程

1. 财政收入的来源与管理

财政收入是一定量的货币收入及国家占有的以货币表现的一定量的社会产品的价值。根据征集方式以及来源分析，财政收入可分为税收和其他收入两大类。税收是国家凭借政治权力占有的居于财政主体地位的收入，其他收入则是居于次要地位的收入。

（1）税收。税收是国家为实现社会经济目标，按预定的标准进行的非惩罚性、强制性的从私人部门向公共部门的资源转移。税收与国家的存在直接相关，它既是政府赖以存在和实现职能的物质基础，也是国家参与并调节国民收入分配的一种手段，形成以国家为主体的分配关系。税收具有强制性、无偿性和固定性的特点。

（2）政府收费。政府收费是指有执收、执罚权力的公共部门，根据国家有关法律法规，对相关组织和个人征收费用。政府收费主要是使用费，即为交换公共部门所提供特殊产品和服务而进行的支付，此外还包括罚没收入和捐赠收入等。

政府收费与税收的区别表现在四个方面：一是税收与政府提供的产品和服务没有直接联系且不规定特定用途，收费有直接联系，专项收入专项使用；二是税收是政府一般的筹资手段，收费是部门和地方具有特定用途的筹资手段；三是税收是政府主要收入，须纳入预算统筹使用，全国性收费一般纳入公共预算，而部门性或地方性收费可形成政府性基金或由部门和地方自收自支；四是税收法治性与规范性强，而收费相对较弱，容易诱发滥收费现象，应力求加强管理[②]。

（3）国有资产收益。广义的国有资产包括国家所有的全部资产，从以投资形式形成

---

① 吕冰洋．现代财政制度的构建：一个公共秩序的分析框架．管理世界，2021（10）.

② 陈共．财政学．10版．北京：中国人民大学出版社，2020：131.

的经营性国有资产，到行政事业单位拨款形成的非经营性资产，以及依法拥有的土地、森林、河流、矿产等资源性资产。狭义的国有资产是指国家作为出资人在国有、其他企事业经营单位依法拥有的资本及其收益①。

（4）政府债务收入。政府债务收入是现代信用社会中的重要现象，是政府作为举债人而获得的收益。政府债务包括中央和地方债务，中央债务是国债，地方债务是公债。一般而言，国债是指中央政府在国内外发行债券或向外国政府和银行借款所形成的国家债务。同民间债务、私债以财产或收益作为担保物不同，政府的债务主要依靠其信誉。政府的债务收入，一方面可以将不属于政府支配的资金在一定时期内让渡给政府以弥补财政赤字，另一方面可以作为筹集建设资金和调节经济的重要方式。

2. 财政资源的支出结构与管理

（1）财政资源的支出结构和规模。财政支出是指政府为完成其职能，取得所需要的产品和服务，实现其政策意图等目标而进行的资金支付。按照经济性质划分，财政资源的支出分为购买性支出和转移性支出。购买性支出也称为消耗性支出，是政府用税收等收入购进并消耗产品和服务过程中所产生的支出。在购买性支出中，政府付出资金并获得了产品和服务，其支出是有偿的双向交换，如行政管理费、政府部门投资拨款等。转移性支出是资金无偿、单方面的转移，主要用于补贴债务利息、失业救济金、养老保险等方面的支出。在转移性支出中，政府没有获得产品和服务。

财政资源的支出结构和规模，主要由政府的职能决定，它反映了政府介入经济和社会生活等方面的规模和深度，随着经济发展阶段的转换、经济发展形势以及国家方针政策而变化。在“完整、准确、全面贯彻新发展理念，着力推动高质量发展，主动构建新发展格局，蹄疾步稳推进改革”② 的总体形势下，2022 年我国沉着应对百年变局和新冠疫情，构建新发展格局迈出新步伐，高质量发展取得新成效，实现了“十四五”良好开局。2022 年中央经济工作会议强调需稳字当头、稳中求进，继续实施积极的财政政策，保证财政支出强度，加快支出进度。党政机关要坚持过紧日子，严肃财经纪律，遏制新增地方政府隐形债务。

（2）财政资源的支出管理。财政资源的支出管理，主要是对各项支出的安排使用进行规范和监督，其内容包括控制支出总量、调整和优化支出结构、提高支出的效益等③。在环节上，从预算编制，经由采购和工程承包执行预算，到向公众提供服务，经历了三个阶段：制订财政计划（思考过程）、编制预算（操作框架）及执行预算。这三个阶段由确定政策目标及其所需资源、配置目标所需资源和确保经济有效运行等程序构成。财政资源的支出管理应具有法治性、透明度和公开性，以及管理责任④。

3. 财政资源收支的监督

财政的核心功能是分配，由此引申出的两个功能是调节与监督。财政资源收支的监

---

① 陈共．财政学．10 版．北京：中国人民大学出版社，2020：232.

② 习近平．高举中国特色社会主义伟大旗帜 为全面建设社会主义现代化国家而团结奋斗：在中国共产党第二十次全国代表大会上的报告．(2022 - 10 - 25)．https：//www. gov. cn/xinwen/2022—10/25/content _ 5721685. htm.

③ 苏明．中国公共支出管理若干重大政策理论问题研究．经济研究参考，2002 (30).

④ 普雷姆詹德．公共支出管理．北京：中国金融出版社，1995：16 - 22.

督包括国家监督和社会监督两大类。国家监督包括立法监督、司法监督和行政监督；社会监督包括社会个体、社会组织、媒体等主体的监督。其中，财政监督是最有效和规范的常态监督。财政监督作为一种对国家分配和调控活动实施的约束和监督，具有强制性、限制性和规范性，增强法治性是保证其权威性的前提。因此，上升到国家意志的财政监督必须是接受人民授权且寓于财政分配过程中全方位的“大监督”，才具有普遍性和不可违背性，才能形成法治财政的基础①。

在实践中，财政审计和政府会计、国库单一账户等是对财政资源收支的常见监督方式。

(1) 财政审计。财政审计是国家审计机关根据国家法律、法规、规章，按照确定的审计目标，对资金使用的真实性、合法性和效益进行分析判断，对预算安排和会计记录进行评价，并发表审计意见的行为②。

(2) 政府会计。1997年财政部进行预算会计改革，形成了财政总预算会计、行政单位会计、事业单位会计三位一体的预算会计体系，预算会计与企业会计成为并行的两大会计体系。

(3) 国库单一账户。我国的国库集中支付改革从2001年7月开始。国库集中支付取消了各部门在商业银行的账户，启用代行国库职能的中国人民银行的单一账户，便于对资金的使用进行监控和管理。完善国库单一账户，便于财政部门掌握具体的部门收支信息，对资金的流向和流量进行全面、系统的监管和控制，资金的支出使用由国库直接划转到服务提供者和产品供应商，杜绝部门的截取留用行为。

7.2.3 财政资源管理的方法与工具

1. 预算管理

“预算是政府财政收支安排的基本计划，反映和规定了政府在预算年度内的工作或活动范围、方向和重点。”③ 预算可以分为单式预算和复式预算两种。单式预算是指政府所有的公共收支计划通过一个统一的计划表格来反映；复式预算是指公共收支计划通过两张或两张以上的表格来反映。我国自1949年起使用单式预算，自1992年起，公共支出的项目和规模随着政府职能不断扩大，开始采用复式预算。预算反映了政府的活动范围和公共收支状况，使政府配置资源、分配所得、稳定经济的职能得到了体现。

预算在编制方式上可以分为基数预算、零基预算和绩效预算三种。基数预算是指政府的收支计划在前一年的预算基础上，参照本年度社会经济发展加以调整确定。零基预算是指在编制预算时，一切从零开始，对原有的各项开支项目进行核定。绩效预算是指政府首先制订各部门的事业计划和工程项目，并在进行成本-收益分析与绩效评估的基础上，确定实施方案或计划所需要的支出费用，然后再来编制预算。另外，绩效预算包括绩（行为）、效（效益）和预算（资金）三个因素。相比而言，基数预算存在财政与行政

---

① 王杰茹，岳军．论现代财政制度下的财政监督：基于法治和受托责任的二维视角．当代财经，2016 (8).

② 王冠英，李建敏，王冠星．财政审计评价的内容、方法及应用．郑州航空工业管理学院学报（社会科学版），2006 (4).

③ 高培勇．政府预算知识：人大代表的一门必修课．中国财政，2006 (4).

事业单位间的“讨价还价”等博弈关系，产生的是一种“软预算约束”；零基预算存在计算过于复杂，可操作性不强等缺点；绩效预算则根据业绩来分配财政资源，能够将现状和发展结合，通过指标的设计和量化来提供“硬预算约束”①。

预算绩效管理是将市场机制引入预算管理的一种创新的以财政支出绩效为中心的现代预算管理模式，已取得初步成效。2018 年 9 月 1 日颁布的《中共中央 国务院关于全面实施预算绩效管理的意见》提出了规范性指导意见：认真落实全覆盖、全方位、全过程、全周期、全监督，让绩效管理覆盖所有财政资金②。

2. 财政赤字和财政平衡

财政赤字是财政支出大于财政收入的差额，财政平衡是指财政收入与财政支出在总量上相等。赤字分为中央赤字和地方赤字。一般而言，中央出现赤字较多，地方出现赤字较少，这与地方没有货币发行权、借债能力受到限制等有关。

财政赤字产生的原因可以从财政赤字的结构来理解。财政赤字在结构上分为结构性赤字和周期性赤字。结构性赤字是假定经济处于充分就业状态，政府取得相应的充分就业收入水平下发生的预算赤字，它一般由政策变量决定（政府决定减税或增加支出）。周期性赤字是实际的赤字预算超过结构性赤字的差额。在经济陷入衰退时，即使决定税收和政府支出规模的政府预算和法律没有任何变动，税收的自动减少和转移性支出的自动上升也会造成赤字，这类赤字就是周期性赤字，它由经济周期性因素而不是基本财政政策造成③。

对财政赤字规模的衡量，主要是用财政赤字额占 GDP 的比重来表征，以反映财政收支入不敷出的程度和财政稳固状态的区间，3%～5%的财政赤字率被许多国家接纳。财政赤字是有一定限度的，其存在和扩大反映了国家财政困难的加剧，是财政收入比重下降和支出膨胀的结果。2020 年为应对新冠疫情期间的收支矛盾，财政部采取特殊措施，将我国当年财政赤字率提高至 3.6%，首次突破国际公认 3%的警戒线，2022 年赤字率调至 3%以内。在财政收支矛盾依然突出的当下，赤字率安排有所下调，但仍保持积极的财政政策取向，有利于增强财政可持续性。

3. 财政政策的类型与使用

“财政政策是指一国政府为实现一定的宏观政策目标，而调整财政收支规模和收支平衡的指导原则及相应的措施。”④ 财政政策的目标主要包括保持物价稳定、收入分配合理、社会生活质量提高等。其手段有预算、税收、公共支出、公共投资、公债、财政补贴等。财政政策的实现，通过收入分配、货币供给和价格等来传导，例如征收累进的个人所得税以实现效率与公平结合的目标，或者征收企业所得税和实施税收优惠以调节产业结构和影响企业投资方向。

按照财政政策对调节国民经济总量的作用，财政政策分为扩张政策、紧缩政策和中性政策。扩张政策的目标是刺激社会总需求，主要手段是通过减税或增加财政支出实现；紧缩政策的目标是抑制社会总需求，主要是通过增税或压缩财政支出来实现；中性政策

---

① 阎坤，王进杰．公共支出理论前沿．北京：中国人民大学出版社，2004：225.

② 陈共．财政学．10 版．北京：中国人民大学出版社，2020：55-58.

③ 段海英．财政赤字结构新解．四川大学学报（哲学社会科学版），2006（5）.

④ 同②234.

要求财政收支对经济活动既不产生扩张也不产生紧缩作用，要求财政收支达到平衡[①]。

为使财政政策达到更好效果，往往会同金融手段、行政手段、法律手段等一起运用。为促进宏观经济稳定，做到稳字当头、稳中求进，就要求继续实施积极的财政政策。积极的财政政策最终会随宏观经济形势的转变而转变，但财政政策和货币政策的协调配合是宏观经济调控永恒的主题。积极的财政政策和稳健的货币政策在宏观经济稳定目标上是一致的，"六保""六稳"任务的落实同样需要二者共同发挥作用[②]。

7.3　公共管理的知识与信息资源

在信息技术迅速发展的今天，知识和信息资源的价值日益提高。在大数据的背景下，知识和信息活动贯穿政府活动的全过程。公共部门对知识和信息资源的管理也成为其职能的重要组成部分，需要适应现代化与信息化的要求。党的二十大报告指出，要着力推动高质量发展，加快建设数字中国，将公共管理中的知识和信息资源管理提升到了战略高度。

7.3.1　知识、信息与公共管理

知识是通过经历、观察或学习而获得的理解或会意。知识主要分为显性知识（explicit knowledge）和隐性知识（tacit knowledge），前者是可以格式化、文本化、进行编码的知识；后者是存在于个人的头脑中，表现为一种智慧、经验或感觉。

关于信息的含义，1949 年克劳德·申农（Claude Shannon）将其界定为使不确定性减少的数据。当人们作决策或选择的时候，如果有信息助其作出判断，那么信息就是有价值的。信息的价值往往体现在它满足了特定人群的特定需要，一些对某人有用的信息可能对其他人没有价值；同时，信息可以被许多人同时拥有，而且可以反复使用而不会发生价值损耗。

在当前大数据语境下，知识首先依赖于对数据和信息的收集、转换、整合，同时，个人和组织的经验、推理规则、融合思维是生成知识的重要要素，最后通过相关的技术和方法将信息、数据相融合才能产生知识[③]。在公共管理中，知识与信息资源的管理，既包括外部社会和公众的知识与信息管理，也包括组织内部自身的知识与信息管理，前者的发展是公共部门的核心价值所在，后者是保障前者实现的重要基础。从政府职能角度出发，信息与知识活动贯穿于政府的政治、经济、社会与文化职能之中，具体体现为数据收集、文件编制、情报分析、决策制定、新闻宣传、效能评估等一系列工作环节。

知识与信息具有外部性和公共物品的特性，尤其是科学技术发明、技术创新等产生

---

① 陈共．积极财政政策及其财政风险．北京：中国人民大学出版社，2003：59．

② 杨志勇．稳中求进的积极财政政策及未来财政政策选择．地方财政研究，2022（2）．

③ 祝振媛，李广建．"数据—信息—知识"整体视角下的知识融合初探：数据融合、信息融合、知识融合的关联与比较．情报理论与实践，2017（2）．

的外溢性驱动着经济的增长和社会的发展。知识经济的来临是生产力快速发展的必然结果，从而使人类进入以利用信息进行知识创新为基础的知识社会。在迈向知识经济时代的进程中，知识日益成为政府政策制定和公共服务供给中的关键因素，对知识的积累、共享和利用能力被视为政府社会治理能力的重要构成部分[①]。然而，政府的条块分割现象、部门利益冲突、本位主义思想等因素，可能导致各部门知识与信息难以互通、政务服务碎片化以及数据孤岛和协同低效。此外，政府还面临信息保密与安全、隐私、公众参与等多元价值观所带来的不确定性。

由此来看，公共部门尤其是政府机构，导入知识管理与信息管理的理念和技术是应对社会需求发展的必然选择，同样也是应对知识社会、信息社会、数字化社会变革的必然要求。一方面，知识管理可以提升公共部门整体的竞争实力，把一些核心的经验固化下来，并在此基础上进行成功的复制，从而把依靠“个人能力解决问题”转变为依靠“组织能力解决问题”。另一方面，核心知识的积累也可以保证不因核心员工的流失而导致知识的流失，为组织整体知识的保留与提炼创造条件。

7.3.2 公共部门的知识管理

1. 公共部门知识管理的含义与内容

关于政府知识管理，是指“在政府管理活动中，实现有效的知识定位和知识表达，进而发挥知识价值，支持政府及其工作人员有效地运用知识效能，以促进实现政府管理活动的目标”[②]。其主要特征在于，“以知识与人才是公共部门最大的资产和推动力为价值取向，注重公共部门内部的知识共享和创新机制，强调人人参与的领导方式，赋予公共部门创新主体更大的权力与责任，按照人员的知识、贡献和归属意识等进行分配（按‘知’分配），将追求社会整体发展作为新的发展目标”[③]。

知识管理的内容包括管理显性知识、管理知识活动，以及管理知识员工三方面[④]。

首先，管理显性知识。显性知识是承载知识的实物，如文档、邮件、报告等，它通常表现为某种载体，如文字、符号、声音、视频等。这些载体既可以存储于纸张等传统介质上，也可以存储在光盘、磁盘等可以被计算机处理的介质中。对显性知识的管理是知识管理的重要内容，它主要表现为知识的转换过程。

其次，管理知识活动。知识活动是知识的采集、整理、审核、共享、交流、利用、创造等过程。知识作为组织的重要资产，其重要特征在于它一直处于动态变化中，在动态变化中实现自身的增值和更新。这种动态变化是通过一系列知识活动来实现的。在时间维度上，知识会经历从诞生到消亡的过程，表现为知识的生命周期。它包括发现、采集、存储、组织、表示、使用、交流、共享以及创造九个阶段[⑤]。

---

① 常荔．政府跨部门知识共享的协同机制研究．情报杂志，2018（11）．

② 黄璜．论政府知识管理及其目标选择．中国行政管理，2010（10）．

③ 汪大海．政府知识管理的基本特征．管理现代化，1999（4）．

④ 钱磊．知识管理到底管什么．企业管理，2003（11）．

⑤ 陈远南，宋玲，郭家义．知识管理技术体系研究．图书馆理论与实践，2007（2）．

最后，管理知识员工。管理知识员工主要包括调查知识在员工中的分布情况，形成“知识地图”；评估组织的知识差距，通过招聘新员工或进行培训加以解决；设计员工的工作岗位，使知识活动与具体业务有机结合起来；建立知识社群，为员工提供良好的交流与学习环境；衡量员工的知识贡献，激励员工贡献知识等。

2. 公共部门知识管理的过程

首先，确定知识管理的推进主体，变革组织的结构。设立专门的知识管理职位，定义知识管理组织架构，确定知识主管、知识工程师或知识管理者，逐渐打破传统稳定的组织结构、程序与规则。在推进主体上，知识管理的内部推动主体必然涉及多个分支机构或业务环节。因此，从组织的角度看，知识管理应该是一个团队在负责。

其次，确定推进主体及组织架构后，在组织层面上引入知识管理，其步骤一般包括：

（1）制订知识管理的战略规划。知识管理不能脱离组织的目标而独立存在，因此要在明确组织目标和规划的基础上推行知识管理，了解需要做哪些事情、达到什么样的目标，从而保证知识管理的各种措施符合组织的整体发展①。只有与公共组织的总体战略目标相一致，确保知识管理能够服务于组织的关键需要，知识管理才能有生存和发展的基础。

（2）确立知识管理的业务规划。对引入知识管理的业务环节或流程进行分析，包括进行知识管理流程分析、知识管理制度定义、知识管理系统架构与功能定义。其中，需要了解组织要管理哪些知识，这些知识在公共组织中的分布情况如何，怎样存储、共享、运用、更新这些知识。

（3）形成相应的知识管理方案。对于业务规划中的知识管理障碍进行分析，确定破除障碍、实现知识需求目标的工具，最终形成知识管理实施的计划书。其中，要注意降低员工对知识管理的敏感性，在引进知识管理项目之初，要向员工说明知识管理的目标、愿景、主要工作内容以及对个人的影响等，减少对知识管理的抵触情绪。

（4）制定相应的推进制度和策略。行为的改变能够促成态度的改变，要通过日常管理制度、激励考核制度、支持制度等，推进员工的承诺与业务流程、实际工作结合。此外，加大对知识管理的资金投入，创造有利于知识管理的文化，开发支撑的信息技术等，都是可运用的策略②。

（5）对引入知识管理的环节或流程进行实施前和实施后的评估。了解知识管理的引入是否对公共组织的各项业务工作有明显和可衡量的应用效果。同时对前期分析和知识管理实施进行检测，根据评估的结果来调整组织的知识管理计划。③

7.3.3 公共部门的信息资源管理

1. 公共部门信息资源管理的内涵

信息资源管理（information resource management）理论最早出现于20世纪70年代

① 徐家俊．知识管理的建设和实施策略．软件工程师，2003（8）.

② 夏书章．公共管理与知识管理．中国行政管理，2002（9）.

③ 陆伟．实施知识管理的原则和步骤．上海金融报，2003-06-17.

末的美国，其目的是运用现代信息技术实现信息资源的有效利用，提高组织效力。“公共信息资源是指在公共管理活动中收集、加工、处理有序化的大量积累的有用信息的集合。”[①] 公共信息资源的狭义理解是指公共管理活动中经过加工处理、达到有序化的大量积累的有用信息的集合；其广义理解是指公共管理信息及其生产者以及信息技术的集合。

在中国全面深化改革的新时代，政务信息资源对于提高政府决策科学化、推动“放管服”改革深入进行、实现条块纵横联动协同治理、推进“互联网＋政务”服务升级具有重要意义。政府作为政务信息资源的产生者和拥有者，是政务信息资源治理的最重要主体，对政府部门而言，政务信息资源管理就是以政府部门为主导，其他多元主体参与，围绕某种既定目标，运用国家权力对政务信息资源进行全生命周期管控的过程[②]。随着互联网的迅速发展，政务信息资源管理也进入了一个新的发展阶段，即推进数字政府建设，运用技术手段更好地实现政府职能民主化与公开化，优化政府职责体系和组织结构，促进政府内部、政府与公众之间的良性沟通、交流与互动。

2. 公共部门信息资源管理的过程

当前，信息的收集、集成、分析与决策已经成为公共管理的中心活动之一，信息资源管理能力直接影响公共管理的效率。具体而言，公共部门的信息资源管理过程包括信息的规划与收集、信息的构建与存储、信息的传递与发布、信息的沟通与控制四个部分。

（1）信息的规划与收集。信息的规划就是对信息需求进行辨别与确认，确定公共组织开展业务和提供公共服务需要什么信息，什么时候需要信息，以及怎样获取、提供信息等。尤其在信息结构呈网状特征的公共部门中，信息资源管理涉及中央到地方各部门、部门之间、部门内部处室等单位，关系错综复杂，对信息需求的确认和统筹规划，可以避免管理的混乱，有利于信息资源的开发利用[③]。

信息收集与获取追求准确性与全面性。在信息收集中，要注意建立统一的收集、汇总、报告机制。对于跨部门的信息要加强彼此的有效联系，实现信息资源的整合。要健全信息统计、监测报告、追踪调查等工作机制，避免信息获取和统计出现不准确或误差。

（2）信息的构建与存储。信息构建是在理解信息内容、信息用户的信息需求，以及信息环境的基础上，对随机地、自然地或人为地聚集起来的信息片段生成信息集合，并在对信息集合中信息片段之间的各种关系进行分析的基础上建立信息结构，然后通过信息界面设计将信息结构及内容以科学或艺术的方式在特定的信息空间中展示给用户的过程。

信息存储是将组织好的信息固化下来，以便检索、利用的过程，该过程强调安全性、保密性、简便可靠。信息的存储范围、方式取决于存储条件和信息的价值大小。

（3）信息的传递与发布。信息的传递是指用一定的手段把特定的信息传送到特定的

---

① 朱晓峰，王忠军．政府信息资源基本理论研究．情报理论与实践，2005（1）.

② 张斌，杨文．数字时代我国政务信息资源治理体系优化研究．图书情报工作，2020（11）.

③ 徐勇．政府信息资源管理的对策分析．党政干部论坛，2005（10）.

信息需求者手里，表现为一种由此及彼的过程。信息传递追求及时性，尤其是与国家利益和国计民生有直接关系的信息应该快速、直接地反馈到相关机构，尽可能减少不必要的中间环节。

信息发布的影响力和重要性体现在它对受众的影响上。互联网的发展和数智政务的兴起极大促进了信息公开的普遍化、便利化和亲民化。2019 年 4 月《政府信息公开条例》首次修订，其中强调各级人民政府加强政府信息资源的规范化、标准化、信息化管理，加强互联网政府信息公开平台建设，推进政府信息公开平台与政务服务平台融合，提高政府信息公开在线办理水平。

（4）信息的沟通与控制。信息的发布是单向的过程，而信息的沟通是双向的过程。部门间的信息沟通要连通长期以来行业之间、体系之间、部门之间、地区之间形成的信息孤岛，打破条块分割所造成的信息收集障碍和互不共享的传统文化。

信息控制是指对信息传播过程中的各种变量加以控制的过程。信息控制的目的是对信息的空间传播范围进行适当的把握，在信息传播的均匀性与垄断性之间达到一种平衡状态。[①] 信息控制关系到国家和社会的未来发展，它是保证信息安全的重要途径。

7.3.4　知识管理、信息资源管理与电子政务

1. 知识管理与信息资源管理的关系

知识管理与信息资源管理之间存在一定的联系，但二者是两类不同性质的活动，不存在简单的包含或交叉关系，而是一种映射关系。二者最大的区别在于信息资源管理目前主要是信息流的控制，知识管理则是知识应用的管理，它们的关系主要表现在[②]：

从涉及人类活动的范围来看，知识管理远远大于信息资源管理。知识管理关注的是智力管理，其中必然包含隐性智力的管理与信息资源显性智力的管理。

从实施过程和条件来看，20 世纪 90 年代的信息资源管理是沿着集成信息技术—信息高速公路—联网的轨迹发展的，它不可避免地带有浓厚的技术色彩；而知识管理要复杂些，涉及组织文化、法律权利与契约问题等。

从目标与功能来看，知识管理的总体目标是知识运用，具有较强的方向性和效用性。相比之下，信息资源管理的基本目标是用一定的技术手段和编码形式，客观记录与描述人们对客观事物的认识，没有明确的服务方向性和外在目标性，仅具有潜在价值。

从业务来看，信息资源管理主要是信息的组织、控制与利用过程，是根据规范和指令对信息加以处理。相对来说，信息资源管理的收集、加工、检索和传播等组织与控制技术已较为成熟，而其利用环节尚未充分开发与实施。知识管理则涉及发现知识、交流知识、应用知识，其中包括激励过程、契约构造过程、权利维护过程等更系统的工作。

2. 电子政务与知识管理、信息资源管理

电子政务是中国化的概念，国际社会一般称为电子政府或电子网络政府。所谓电子

---

① 李超平，戴言．政务信息传递及其控制．情报资料工作，2001（1）．

② 邱均平，马海群．知识管理与信息管理．图书馆学、信息科学、资料工作，2001（1）．

政务，“是公共部门运用信息技术、网络技术进行管理的一种政务管理活动”[①]。改革开放40年来，我国电子政务的发展历程可以分为四个主要阶段[②]：

（1）萌芽孕育阶段（1978—1992年）。此阶段“电子政务”的概念还没有正式提出来，政府信息化多以“办公自动化”“部门信息化”为表现形式，主要特点就是办公自动化的普及，基本的办公自动化系统日趋成熟，微型计算机应用逐渐普及，综合采用图形、文字、图像、声音的通信网络得到广泛应用。

（2）开始起步阶段（1993—2001年）。电子政务在本阶段的主要特征包含四个方面：网络主导的技术特征；信息发布和利用的信息特征；规模大，范围广；注重安全。

（3）全面建设阶段（2002—2011年）。此阶段，国家相继出台了多项电子政务文件，不断优化电子政务的发展环境，为电子政务健康发展提供了强有力的制度保障。如2001年国务院信息化工作办公室成立，负责制订电子政务总体规划，协调、指导和推进电子政务建设。2002年，中办国办转发《国家信息化领导小组关于我国电子政务建设指导意见》，标志着电子政务已经成为我国政府部门的固定职能。事实上，电子政务一度成为倒逼政府加快转变政府职能、提高政府服务效率和透明度、便利群众办事创业、进一步激发市场活力和社会创造力的重要推动力量。

（4）创新发展阶段（2012年至今）。电子政务在本阶段体现出四个基本特点：一是电子政务与国家战略高度融合。二是大数据治理提上日程并上升为国家战略，人口库、法人库、宏观经济库、空间地理库等基础信息库初步建成并发挥成效。三是电子政务呈现出一体化发展趋势。四是电子政务插上了“互联网＋”的翅膀。特别是随着“互联网＋政务服务”的兴起，电子政务由最初的“业务上网”发展为“服务上网”，掀起了中国电子政务发展的新高潮，也映射出政府施政理念的全面转型升级。

在现代信息技术以及信息管理理论的支持下，电子政务的实施对于传统政府信息资源管理中的信息传递、决策以及共享等具有变革性作用。电子政务环境下的政府信息资源管理呈现出以下新特点：第一，政府信息资源趋于整合；第二，政府信息管理资源趋于共享；第三，政府信息资源管理标准统一；第四，政府信息资源开发利用趋向外包；第五，政府信息资源提供趋于便民；第六，知识管理融入[③]。

近些年来以云计算、大数据、人工智能、物联网、量子计算为代表的新技术风起云涌，第四次工业革命更是对全球经济社会的组织机制和运作模式产生了空前的影响。技术与生俱来的赋能基因，赋予了数字政府更加重大的历史使命。随着各省级政府在体制机制、部门协同、法治保障等方面取得一些共性经验，数字政府建设上升为国家战略的呼声日益高涨。党的十九届四中全会明确要求，推进数字政府建设，加强数据有序共享。《中华人民共和国国民经济和社会发展第十四个五年规划和2035年远景目标纲要》进一步作出“提高数字政府建设水平”的重大战略部署。从“推进”到“提高”，仅有二字之

① 汪玉凯．电子政务在中国：理念、战略与过程．北京：国家行政学院出版社，2006：4.

② 翟云．改革开放40年来中国电子政务发展的理论演化与实践探索：从业务上网到服务上网．电子政务，2018（12）.

③ 王新才．政府信息资源管理．北京：科学出版社，2011：19－21.

差，但字里行间已可端详出数字政府于国家治理的重要意义①。截至 2020 年 12 月底，全国有 15 个省、12 个市计划或颁布了数字政府规划文件②。

相比于电子政务，数字政府的内涵可归纳如下：在党的集中统一领导下，以推动国家治理现代化为出发点，强化技术嵌入和数据赋能，推动数据按需有序共享和政务流程优化，从“碎片化”管理走向“整体型”治理，实现政务部门高效协同、数据要素活力充分释放、网上服务一张网供给、社会治理精细运转、公共参与积极有序、决策支撑精准高效、基础保障安全可管可控的一种政府运行新形态。这种“体制创新＋机制创新＋技术创新＋业务创新＋治理创新”五维一体的形态架构，既继承了传统电子政务推动政务信息化的发展任务，又基于新的历史方位提出了更宏大的历史使命。目前数字政府接过电子政务的接力棒，成为“十四五”时期国家行政体制改革的主战场，无论是政策文件、信息化建设还是组织机构重构，都鲜明地体现出政府数字化转型的强烈意愿。从这个意义上看，数字政府类似于电子政务未来模态 E-government 3.0，融合了数字循证决策、技术嵌入和组织重构的数字政府治理范式正悄然掀起一场不可逆转的治理革命③。

7.4　公共管理的信任资源

信任是构建和谐稳定的社会秩序所必需的因素，也是公共部门进行公共管理所必需的资源。公共管理的公共性需要信任成为资源，公共管理多元主体结构促使信任成为一种资源，时代与环境的变化也需要信任成为公共管理的资源。信任资源作为公共管理的独特资源，是构建合作治理体系和合作型政府的前提。

7.4.1　信任：公共管理的必需资源

信任以各种形式出现，是一种具有普遍性、初始性、历史性的道德规范。信任规范意味着普遍的信任关系和正常的社会信任系统。广义信任是任何一种社会秩序的基础，是社会稳定不可或缺的因素。但对于以服务为基本价值，以共治与合作为社会治理基本手段的社会而言，信任作为必需的资源，是一种根本的社会行动机制及最广泛和最丰富的社会关系。

1. 公共管理的公共性需要信任成为资源

公共管理要获得实质上的公共性，需要将形式上的和实质上的公共性统一起来，让原本分化的社会领域也因政府向社会的回归而融合。通过历史考察可以发现，近代以来的公共领域总是存在无开放性和开放性不足的结构性缺陷，是由社会治理模式中伦理关系的缺位造成的。只有拥有了健全的伦理关系，社会治理模式才可能获得实质性的开放。这种开放性决定了信任关系必须成为它的社会资源。

---

① 翟云．数字政府替代电子政务了吗?：基于政务信息化与治理现代化的分野．中国行政管理，2022 (2).

② 王伟玲．我国数字政府顶层设计的理念辨析与实践指向．行政管理改革，2021 (5).

③ 同①.

公共管理的公共性呼唤服务者与被服务者之间真诚求实的合作关系，在对中心-边缘结构的突破中尽力摆脱传统的命令控制手段，因而需要实质性的信任关系出场。此时，信任作为一种资源，可能使原先依赖代议机构的单线式的反映民众意志和要求的途径，扩展成在公共管理中源源不断地传输民意和表达公众利益要求的广阔通道。由于信任资源的广泛性，可能开辟出广阔的民意表达空间；由于信任资源的贯穿性，多样性的公共组织之间、政府与社会之间的多元通道才可能贯通，民主决策及全过程人民民主才能真正实现。

在公共资源分配及公共服务供给中，政府与其他公共组织的合作与竞争需要前提性的信任资源，这一互动过程创造出的新信任资源使得服务、合作行为辐射到更广泛的公共事务中。由此，以政府对广大公众的信任为前提性资源，在政府与公众以及在公众之间进一步营建信任和合作关系，是公共管理的题中之义。

2. 公共管理多元主体结构促使信任成为资源

20 世纪 80 年代后，在政府实体与市场体制之外，社会组织逐渐赢得了相对独立的地位。它们的出现为政府提供了一个按照合作治理要求变革的方向，并形成了与政府的平等互信互动关系。它的发展客观上意味着政府与社会力量强弱对比关系的重新调整，是一种还没有完全制度化的实践；主观上预示着一种更具包容性的国家治理体系和更具灵活性的社会治理结构，即政府需要与社会组织一道维护和增进公共利益，构建中国特色治理模式。在这一过程中，政府需要学会以各种方式同社会组织进行协商、对话与合作。例如，政府在制定有关政策时已经开始自觉地与各种社会力量进行协商，以协商的结果作为公共政策的依据之一。所以，在社会力量成长的过程中，依据政府从单方主体向“政府—社会—市场”等多方主体以及从区域经济、组织活动等单领域治理向多领域交叉治理深度融合转变的客观规律，构建特定复杂公共事务与社会治理主体之间的共同价值目标、高度协同意愿、频繁信息交流的实践活动场域①。

社会组织作为融合公共领域与私人领域的力量，与政府之间是一种平等互动的关系，这种关系必须得到信任资源的支撑，需要在合作治理的意义上来加以理解。对于这种治理来说，政府与社会组织之间并不需要明确的分工、分治的界限，而是作为平等的治理主体存在的，它们都需要以信任的心态、怀着合作的愿望，作出合作行动的选择。

综上所述，由于社会自我管理的需要和社会组织的出现，政府作为组织在公共领域中的唯一性局面被打破了，成为众多从事公共产品生产和供给组织中的一员。由于对其他治理主体的初始信任，政府的主要功能也不再是直接地从事社会治理活动，而是转向为多种多样的社会组织提供合作治理的制度环境，通过规划、引导、商谈、协调和服务等方式为直接从事社会治理的非政府组织提供支持，并由此增进更广泛的社会信任与合作。

3. 公共管理的时代与环境特征需要信任成为资源

复杂性和不确定性已经成为这个时代的基本特征，一个显著的表现是，在科学技术的发展使人对自然以及社会过程的控制能力都不断增强的情况下，人类却越来越陷入风险增大和危机频发的境地。随着社会从弱复杂性向强复杂性、从低复杂性向高复杂性的转化，等级控制体系出现了全面失灵，这时，唯一的出路就是解构控制，用社会运行机

---

① 刘琼莲．中国社会治理共同体建设的关键：信任与韧性．学习与实践，2020（11）．

制的灵活性取而代之。其中，自主性的组织和个人之间的信任与合作，则是社会运行的“基本原理”。

就公共管理社会治理结构而言，为了应对社会的复杂性、不确定性，治理主体需要增强自身社会治理的灵活性，需要赋予治理人员更多的自主性。为了保证治理主体能够成为一个整体，在治理过程中，应优先突出基于信任的共同目标和标准，以求在共同目标、共同标准基础上的政策取向的多元化和行为选择的灵活性。而且，在共同目标与共同标准的基础上，政策取向的多元化和行为选择的灵活性反过来也增进了各个部门、各个机构之间的信任与合作。由此，治理体系可以成为一个总体性体系，它在复杂性、不确定性迅速增加的条件下，以信任为前提性资源，以制定共同目标、共同标准为切入点，可以把整个社会塑造成一个和谐的、合作的共同体。

案 例

海陵区四项举措强化政府采购诚信监督

近年来，海陵区财政局全面落实社会信用体系建设的部署要求，狠抓政务诚信建设，积极构建政务诚信体系。

一是建立采购人信用承诺制。建立采购单位政府采购活动内部管控制度，明确各单位采购专员，签订政府采购采购人信用承诺书，规范政府采购权力运行，促进政府采购提质增效。

二是建立采购人违反行为记录及责任回溯机制。依法依规加强监督管理，对采购人违法违规行为进行记录及责任回溯，并通过信用平台对违规采购人进行行政处罚。

三是建立采购专家信用管理制度。对采购专家进行管理，规范政府采购行为，提升评审质量。

四是建立项目责任回溯机制。建立海陵区PPP项目管理责任人及回溯制度，进一步规范PPP项目全生命周期的管理，完善PPP项目实施的诚信建设。

五是建立法律顾问制度。强化资格审查，跟踪PPP项目全生命周期进程，防范项目和财政风险。

六是强化地方政府债务领域的诚信建设。及时规范公开地方政府债务信息，建立地方政府债务风险评估和预警机制、地方政府债务应急处置以及考核问责机制。

资料来源：海陵区财政局．区财政局政务诚信建设创新举措全省推广．(2022-07-11). http://www.tzhl.gov.cn/xwzx/bmdt/art/2022/art_ab43b515778a4fa0a16c107aee3d6173.html.

7.4.2 信任：公共管理的独特资源

1. 作为公共管理资源的信任

信任作为一种社会关系，具有两个层面的含义：首先，它是人们相互交往过程中的一种行动机制，也是嵌入在社会结构和制度之中的一种功能化的社会机制，作为一种非实体性结构，具有构造性特征，是社会延存中反复涉及的规则和规则资源，是一种在人们的社会行为中沉淀积累的规范的、固定的人与人之间关联的模式。其次，作为社会关系的信任体现于特定的制度或行为规则，是时空定位中互动的结构性资源，在社会行动的生产与再生产中，跨越时空不断形成的过程外显为制度化特征。

作为一种社会关系，信任包含横向的组合向度和纵向的聚合向度。横向的组合向度是信任关系的模式化，它包含了处于具体情境中的实践再生产；纵向的聚合向度则是指不断重复体现在这种再生产中的某种结构化方式的虚拟秩序。信任关系是使社会系统中的时空“束集”在一起的结构化特性。由此，与社会信任相对应，可以确定作为社会资源存在的“政府信任关系”概念，即作为治理权力实施过程所涉及的对象，既包括对治理体系总体的合理期待，也包括对治理体系各要素、各要素之间的关系及运作状况的合理期待，以及治理体系对这种合理期待回应基础上的一种互动关系。

包括政府与公众的信任关系、行政组织间的信任关系和组织内部的信任关系的政府信任关系，体现作为治理主体的政府或具有治理功能的公共组织与作为治理客体的个人、社会群体或组织的关系状况。由于社会组织迅速成长，改变了政府与市场、社会和公众的关系格局，特别是社会向政府提出了服务定位的要求，政府在服务理念下处理与社会和公众的关系时，不再是凌驾于社会之上，而是处于社会组织以及各种各样的社会力量合作治理的行为互动关系之中。此时，政府开展社会治理活动时，需要以信任关系作为前提性的治理资源。

2. 公共管理信任资源内容的独特性

作为合作治理体系的公共管理，建立在治理主体高度信任的基础上。治理主体之间的平等合作而非“单边控制”，需要根据社会的网络结构特征在治理主体之间建立起一种相互信任的关系，通过信任来实现合作互动。此时的信任关系首先是理性的，其次是实质性的。

对于合作治理来说，治理主体间的信任关系是一个基本前提，是背景性的资源，如果不能在合作主体间建立起信任关系，社会治理的过程就会依然在控制导向的路径中延伸下去，只有合作治理的主体间拥有了信任关系，才拥有了合作治理。同时，合作治理中的信任关系不属于以往社会中的任何一种信任类型，而是一种全新的合作型的信任。这种合作型的信任又是在合作治理的过程中建立起来的。所以，合作治理的实践既是自身的不断完善过程，也是合作型信任的确立过程。

3. 合作型信任：公共管理信任资源的实质内容

在网络世界和现实世界融为一体的时代，时间、空间的秩序被网络打破，彼此之间的交往由地域关联性的“在场”变成“脱域”，人们之间的交往具有陌生性和匿名性，人与人之间、不同群体之间、民众与政府之间的理解和信任水平正面临巨大滑坡，信任的缺失引发各种冲突、纷争和误解[①]。在这个复杂的时代背景下，合作共治是大势所趋。

不同于以往的社会治理模式，公共管理模式不再是控制目标下单向线型的“中心-边缘”治理结构，而是拥有了信任与合作的网络结构。在这种非中心化的立体结构中，每一个层面都表现出网络关系的特征，因此，社会治理模式表现为一种由多种关系构成的

---

① 王玉良．缺失与建构：公共冲突治理视域下的政府信任探析．中国行政管理，2015（1）.

网络整体，是复合性的关系模式。

基于实质合理性的信任关系可以促发治理主体在行政责任和法律责任之外的道德责任。公共管理与服务这一核心的价值理念相联系，与公共管理多元主体之间的合作及服务者与被服务者之间的合作相配套，拥有“服务-信任-合作”的社会治理机制，是一种服务行政的制度模型、治理工具和行为模式。其中，在公共利益一致和基本价值认同基础上的信任合作关系，是其赖以成立的精髓，可称为合作型信任关系。

与现代社会广泛使用的契约形式相比，合作型信任关系以一种“共同行动”为特征，是一种相互联结在一起的情感，是那些联结在一起的人恰当的、真实的意愿，是所有和睦相处的起点，是内在于本体的理解的行动，借此，人们得以保持根本性的信任与合作。无论从行为模式还是从秩序生成过程看，合作型信任关系引发的是基于实质性信任的合作，此时，合作是交往行为和交往关系的正向价值得到充分实现的过程，是人们之间的信任充分发挥作用的过程。

合作型信任关系使得公众与治理主体之间，相互信任、相互了解、相互协商和相互接受的关系，取代了原来在官僚化社会中“命令-服从”“施动-回应”的关系。在网络结构和实质性信任共同构建的新型组织形态中，合作关系的制度化有效地消解了“命令-服从”关系的强制性和“施动-回应”关系的被动性。此时，信任与合作不再是工具和手段，而是稳定的社会关系，并自发扩展成为一种合作秩序。

7.5 公共管理的舆论资源

党的二十大报告指出，要“坚持一切为了人民、一切依靠人民，从群众中来、到群众中去，始终保持同人民群众的血肉联系，始终接受人民批评和监督”。舆论作为社会成员和社会组织意见聚合的结果，是一种公众意志的反映，是某种共同性社会心理和社会思潮的公开表露，是现实社会调控的制约力量。在我国建设服务型政府的过程中，舆论资源作为政府公共关系的组成部分，有着独特且重要的地位，需要在公共管理中加以利用和引导。

7.5.1 舆论与舆情

舆论一般被认为是难以定义又反复多变的个人判断的聚合，也是一个被人们经常使用又分歧迭出的词。舆论学创始人李普曼在《舆论学》中给舆论下的定义是：“公众或许多人对他们共同关心或感兴趣的问题（或事件）公开发表出来的意见。”[①] 国内学者一般认为舆论是一种特殊的社会意识，其存在和持续发展有自身的特点：

第一，舆论不是官方的观点与意见，它是一种反映民间的意见、观点、态度的方式，往往体现的是非官方的众多人的意见。

---

① 李普曼．舆论学．北京：华夏出版社，1989：19.

第二，舆论不是个人的见解而是群体性的判断或教条化表述，这种群体可以是集团、阶层、组织和地位相近的非组织群体。只有当个人的见解得到群体的认同时，群体的意见才会转化为舆论，而舆论之所以受到重视，是因为它具有群体的性质，而非个人的行为和态度。

第三，舆论是通过自由表达和传播来实现的。没有传播的言论不能被称为舆论，当个人通过自由表达和传播后，这种得到群体其他人共同认可的态度、意见才会构成舆论，充分利用传播媒体就是群体制造舆论的自然选择之一。

第四，舆论一般是针对有争议的问题，也就是社会的“热点”和“焦点”产生的，没有针对性的舆论是不存在的。如果没有具体的对象，就无法形成共同的意见、态度。同时，这些人物、事件、现象和问题都与当事群体有密切的关系，事态的发展可能影响到群体的权益，因此发表自身的意见是这种相关性导致的结果。

第五，舆论带有明确的目标，是期望对事态发展施加影响的意见，而且由于发表舆论的是没有决策权的公众，因而这种影响就是让具有一定决策权的相关人员在决策时考虑到相关群体的利益。舆论作为社会传播的意见，会对相关人员产生压力，从而推动了事态发展的趋势。

一个健康的社会必须要有一套完整的治理机制，以硬性或软性、显性或隐性的调节手段，确保社会有序运行。舆论在公共管理中便发挥着独特的作用和功能，因而重视舆论、关注其来源并积极获取舆论对于社会管理者而言至关重要。

具体来说，舆论的来源包括媒介舆论和人际舆论。

第一，媒介舆论。报刊、广播、电视和互联网等大众传播媒介借助传播工具对各类事态发表意见形成媒介舆论。媒介舆论是公共管理舆论的一个主要来源。国际互联网被国际新闻界称为继报纸、广播、电视三大传统媒介之后的又一新兴传媒——“第四大传媒”。正是由于网络传播的及时性、交互性、丰富性和开放性，使得网络与舆论一拍即合，成为一种新型的舆论形态——网络舆论，即公众在互联网上传播的、对某一焦点问题所发表的有一定影响力的意见或言论，简单地说就是网上民意的表达。近些年来，随着科学技术的快速发展，传统媒体寻求自身创新，提出了“融媒体”理念。“该理念通过充分利用媒介载体，把广播、电视、报纸等既有共同点，又存在互补性的不同媒体，在人力、内容、宣传等方面进行全面整合，实现资源通融、内容兼融、宣传互融、利益共融的新型媒体。”[①] 通过将传统媒体的优势整合，相互利用，实现更大范围的舆论传播。

第二，人际舆论。通常是指在社会中人们以口头相传的形式对社会事件发表的意见。它通常反映的是民众的思想和意志，由群众口口相传，虽然不具有权威性，却代表着民心民意，在民间具有很大的影响力。公共管理的对象不同于传统行政管理，其区别在于，公共管理以顾客为导向，也就意味着以公民为导向，把公民作为最好的资源。要了解公民，了解公民的变化，根据公民的需要提供公共产品和服务。政府应该直接与公民互动，汇集公民的相关信息，从大量的舆论信息中提高行政系统对外在环境的敏感性和回应度，

① 祝光耀，张塞．生态文明建设大辞典：第二册．南昌：江西科学技术出版社，2016.

更好地满足公民的需求[①]。由此，民间相传形成的人际舆论同样是公共管理中舆论的重要组成部分。

舆情和舆论是两个关联度很大且极易被混淆的概念。喻国明认为："舆情是社会时势的晴雨表，它的构成成分是多层次、多元素的，而它的发生是由现实的社会问题、社会矛盾所决定的。"[②] 孙立明认为："舆情就是社情民意，至少包括了公众对公共问题的情绪、态度、意见三个方面的内容，而且它们经常一同出现在网民的表达实践之中。"[③] 丁柏铨认为："舆情不是'舆论情况'的简称，而应该是民意。该民意既可以是得到公开表达的民意，也可以是尚未得到公开表达的民意。"[④]

综上所述，舆情是指在一定的社会空间内，围绕中介性社会事件的发生、发展和变化，较多群众关于社会中各种现象、问题所表达的信念、态度、意见和情绪等等表现的总和。简单来说，舆情就是民意集合的反映，而舆情所要反映的民意是那些对执政者决策行为能够产生影响的民意，而非民意的全部。

7.5.2　公共管理中舆论的作用

舆论的主体是公众，公众通过大众传播媒介表达自身意志，大众传播媒介作为公共管理系统中的环境因素，通过传递信息而产生多种作用形式，渗透到公共管理过程的各个环节。运用一定的传播活动监测环境、传递信息，是政府制定和实现公共管理目标不可缺少的一环。大众传播媒介不仅在传播政治文化、形成共同的政治意识方面，而且在改造政治文化、引导社会政治方向方面发挥着不可或缺的作用。舆论在公共管理过程中有如下具体作用：

1. 舆论能够促进公共决策的制定

传统政府决策往往缺乏广泛的社会参与、全面深入的调查研究和细致周密的科学论证，公共决策由某些政府管理者凭借自身经验作出。进入公共管理时代，只有广泛倾听社会公众的意见，才能制定出具有深厚社会基础和强大生命力的决策。因此，在制定公共政策的过程中，政府越来越重视收集和分析来自社会方方面面的不同意见和要求，尽量做到集思广益，使所制定的公共政策能够合理地体现有关各方的利益。公众广泛地参与社会决策过程，既是社会民主的标志，又是真正调动公众积极性，使之共同参与现代化建设的重要保证。

社会舆论的强弱也影响到政府决策议题的轻重缓急。社会公众需求最强烈、最迫切的焦点、热点问题，往往能引起政府的重视，并将其列入优先考虑之列，条件允许时也会优先给予解决。大众传播媒介是公众参与决策的重要渠道。从民意形成的观点来说，大众传播媒介所报道的议题会凸显社会问题的重要性，从而引导民众对议题的认知。

---

① 拉塞尔·林登．无缝隙政府：公共部门再造指南．北京：中国人民大学出版社，2002：6.

② 喻国明．网络舆情治理的基本逻辑与规制构建．探索与争鸣，2016（10）.

③ 孙立明．网络舆情的三个世界：社会情绪、民意表达与话语权博弈的三维分析．信息化研究，2016（20）.

④ 丁柏铨．对舆情概念的认知和思考．编辑之友，2017（9）.

2. 舆论能够纠正政策执行的缺点，为政策评估提供参考意见

一项政策出台后，积极的社会舆论会在统一社会认识、凝聚公众力量、提高公众参与的积极性和主动性、推进政策快速深入落实等方面起到很好的促进作用；消极的社会舆论只能增强消极抵触情绪，阻碍政策实施，进而影响到政策执行的速度和效果。

积极的社会舆论要通过大众传播媒介的大力宣传来营造。政策宣传是政策执行过程的起始环节和一项重要的功能活动。大众传播媒介实现宣传功能主要通过两个途径：一是使政策引人注目，通过现代化的通信工具向社会宣传，以扩大影响，获取公众支持。二是在各种各样的宣传报道中，除提供各种政策信息外，直接宣传某种政治观念、政治态度和政治情感。

积极的社会舆论往往会对决策执行过程中的一些不良行为提出批评和建议，引起政府的关注，促使政府和公共管理者及时纠正缺点和错误。因此，社会舆论在决策执行中起到了一种信息反馈的作用。政府越来越重视社会舆论对有关政策、决策执行进展情况和实际效果的反映，以了解政策具体的执行情况，并将社会舆论反映的情况作为健全政策、完善决策的重要参考依据，及时调整未达预期效果的决策。

3. 舆论监督对管理民主化的发展具有强大的推动作用

舆论监督是现代民主社会的重要标志。舆论监督体现了“主权在民”的思想。公民作为国家的主人有知政、参政、议政的权利，有了解政府的某些行动或政府掌控下的某些信息的权利，包括对热点问题、重大事件的知情权和评论权，而舆论监督是公民行使言论自由权的基本手段。因此，舆论监督实际上意味着公民有权利充分反映自己的意见，也就是表明公民充分享有言论自由的权利，这是民主国家主权在民的重要衡量标准。

舆论监督是推动管理民主化的重要途径。舆论监督实际上是一种政府与公众相互沟通、相互了解的过程。它有助于消除政府与公众之间的隔膜，增加彼此之间的信任。通过舆论监督，政府与公众达成某种共识，并根据此共识来治理社会。另外，通过舆论监督，还可以鼓励公民关心公共事务，积极参与推动政府摒弃官僚作风的活动，从而进一步激发公众的公民意识和参政热情，提高社会对当前政治的认同感。

舆论监督是反腐败的有力工具。舆论工具的公开性、透明性、迅捷性、连续性及广泛性具有很大的威慑力，具有监督一个人、影响一批人的功能。公众的舆论监督可以形成一种无形而又巨大的舆论压力，督促国家各级机关工作人员廉洁奉公，切实履行为人民服务的职责。

舆论监督有改善政府工作能力的功能。舆论监督发挥其教育功能，提高全社会包括政府工作人员的思想道德水平。舆论监督通过在全社会营造一种良好的道德气氛，以潜移默化的力量提高人们的道德责任感，从而有效地减少行政工作中的官僚作风，提高政府工作效率。

4. 舆论在公共危机管理中发挥一定作用

公共危机管理是现代社会公共管理的重要内容之一。媒体信息是一种公共资源，传媒在重大社会危机中的作用至关重要。传媒发挥信息预警能力，沟通信息、疏导情绪，及时监控可能导致突发公共事件发生的各种潜在因素，而且在突发公共事件发生过程中作为政府和公众的代言人，使民众通过正式的渠道获得关于危机的客观真实信息，以免信息在非正式渠道传播而增加人们的心理恐惧，引起社会动乱。

7.5.3　公共管理中的舆情处置

近些年来，随着网络通信技术的快速发展，公众越来越愿意通过网络的方式发表自己对某一社会事件的情感、态度和想法，从而形成了网络舆论。由于网络舆情能够突破时空的限制迅速形成，政府等有关部门对舆情的处置更加困难。这就要求政府工作人员在舆情处置过程中利用现代信息技术，变被动为主动，确保更及时、更准确、更妥善地引导舆情。

1. 舆情监测

舆情监测是舆情引导工作的起点和基础，是指对公众的言论和观点进行监控和预测的行为。这些言论和观点主要指公众对现实生活中热点、焦点问题所持的有较强影响力、倾向性的言论和观点。随着互联网信息采集技术及信息智能处理技术的快速发展，网络舆情监测克服了人工舆情监测存在的舆情收集不全面、舆情发现不及时、舆情分析不准确、信息利用不便利等问题，通过借助互联网舆情监测工具，及时监测、汇集、研判网上舆情，引导舆论方向，化解危机舆论。

2. 舆情研判预警

通过技术和人工监测，捕捉到了舆情，下一步工作便是对舆情及时作出研判，发出预警。

舆情研判是对舆情的判断，主要包括来源分析、真伪分析和归类分析。同时，舆情研判工作还是一项系统工程，主要由两部分组成：一是对舆情进行日常性和持续性跟踪与搜集，并在此基础上建立舆情信息库，这一部分工作具有长期性、稳定性、系统性的特点。二是针对某一突发事件或某一特定任务进行有针对性的研判工作，一旦该任务完成则舆情活动随之结束，这一部分工作具有针对性、临时性、专题性的特点。

舆情预警指的是舆情事件从出现苗头到开始造成危机这一过程中，所采取的必要、有效的可化解和应对危机的行动。其主要包括舆情态势扫描、预警等级判定、舆情走向研判三方面工作。

3. 舆情整理上报

对于有风险、影响范围大、可能升级恶化的网络舆情，应及时、全面、准确上报领导或管理部门，这有利于相关部门把握社会舆论的发展态势，及时采取有效的引导措施。由于社会舆论瞬息万变，舆情的整理和上报应该贯穿整个舆情处理过程。

4. 分析原因

根据上报的舆情信息，相关领导和管理部门只有对已经出现的舆情开展全面分析，找到舆情产生的原因，制定有效的对策，才能有效地回复和引导舆论，使舆情得到平息。在分析原因过程中，要求做到理性、全面和兼顾社会观感。所谓理性是要求在分析过程中不可以把职业、地域、身份、单位等的异同作为判断的基础立场，而是要依据党的理论、路线、方针、政策，依据国家的法律法规，依据社会主义核心价值观，依据公众的主流认知进行考量。与此同时，理性分析的过程中，还需要关注广大民众对该事件、问题、现象的看法，在兼顾法理的同时，也需要体现人文关怀。

5. 回复和引导

根据舆情的不同等级，舆情的责任单位需要进行不同程度的回复和引导。舆论引导“本质上是组织、个人和媒体通过特定手段对舆论的发展趋势进行调控和影响，从而使公众的行为和观念发生变化”①。一般性网络舆情，责任单位要在12小时内给出官方回复；重大网络舆情，责任单位要在24小时内给出官方回复；无法在规定回复期限内处理完毕的，应于3日内作出表态性回复；紧急舆情要在3小时内回应。

6. 跟踪反馈

及时回复和引导舆论并不意味着舆情处置的终结，涉事单位还需要跟进舆情发展态势，及时掌握公众的反应和态度，有效防止舆情蔓延。

在回应和引导社会舆论的过程中，政府和公众正在逐渐形成一种相互交织的复杂社会关系网络。“政府公共关系是指政府通过各种信息手段，在行使其职能过程中与社会公众进行平等、互动的交流，从而争取达成共识，创造和谐环境。”② 随着互联网技术的快速发展，人类社会迎来了数字化浪潮，传统的公共关系正在向数字公共关系转变。数字公共关系是指使用基于互联网的方法、工具和渠道来突破传统媒介的局限性，从而更大范围、更加高效地提供公共服务并树立良好的政府形象。

7.5.4 公共管理中如何正确引导、利用舆论资源

如上所述，舆论资源在公共管理中发挥着重要作用。因此，在公共管理中如何引导和利用舆论资源尤为关键。

1. 借助大众媒体

在这个信息发达的时代，大多数社会成员一般通过大众媒体来了解国家的政策法规和重要工作部署，向政府表达自己的观点、意见和要求；而公共管理者也经常通过大众媒体来了解政策执行情况和社会舆论情况，以便改善自己的工作，更好地解决实际问题，提高自身的管理水平。在新的形势下，影响社会公众思想的因素和渠道越来越多，对错误的、消极的思想言论单靠封堵不仅不能解决问题，有时还会延误引导时机。所以，提高信息透明度是媒体的必然选择，它不仅表明媒体对社会需求的尊重和满足，也是社会发展进程中，中国共产党秉持的“立党为公，执政为民”方针在信息政策上的具体表现，而且可以使传媒对舆论的引导处于更主动的状态。正如党的二十大报告所指出的，要“巩固壮大奋进新时代的主流思想舆论，加强全媒体传播体系建设，推动形成良好网络生态”。

在新媒体背景下，各级政府主办的传统主流媒体借助新媒体从单一介质向多介质转型，推动了融媒体的快速发展。自2014年中央全面深化改革领导小组第四次会议审议通过《关于推动传统媒体和新兴媒体融合发展的指导意见》，融媒体逐步向纵深发展。传统

---

① 计永超，刘莲莲．新闻舆论引导力：理论渊源、现实依据与提升路径．新闻与传播研究，2016（9）．

② 廖为建，张宁．政府公共关系．2版．北京：中国人民大学出版社，2014：12.

媒体与新兴媒体在信息内容、发布渠道、受众群体等方面交互融合，使得原有政府信任关系中宣传性的传统媒体信息中介平台转型升级为政府与公众的互动平台①。

2. 完善制度建设

（1）加强听证制度的建设。听证是行政机关作出影响行政相对人合法权益的决定前，由行政机关告知决定理由和听证权利，行政相对人表达意见、提供证据以及行政机关听取意见、接纳证据的程序所构成的一种法律制度。在现实生活中要进行听证活动的大多是与公民生活息息相关的，或者是在公民群众中广泛议论，形成一定规模的社会舆论的事件。这些舆论引起了政府的充分重视，因此有必要进行听证。公民通过听证会的形式广泛参与社会事务的管理、监督，使公民的利益得到保障，体现了公共管理的互动性。听证的组织者从以往的单独决策转向组织者和公民平等协商的共同决策。这是一个平等对话的过程，有利于政府的决策实施，也有利于公民对决策的响应和心服口服的遵守。

（2）完善政府新闻发言人制度。建立政府新闻发言人制度，目的是确保新闻信息发布的主动、准确、及时与权威，营造良好的舆论环境和外部形象，满足人民知情权的要求。因此，政府应设专职的政府新闻发言人，定期举行新闻发布会。对突发事件和重大灾难、灾害、事故等敏感问题，政府新闻发言人的“发言”一定要及时、客观。但是，政府新闻发言人制度不能代替记者的采访。就新闻规律而言，对同一事件的报道，不同的记者会选取不同角度以及受众对象，形成不同的报道重点，进而使公众的知情权得到较全面的落实。在建立健全政府新闻发言人制度的同时，要更好地保障新闻媒体的采访权利，敢于对重大违法乱纪的行为公开曝光。

现在公民参政、议政的意识不断增强，他们既关心日常生活的小变化，也关注相关政策、法规的变更、发展。他们希望政府工作增加透明度，期待更多的知情权。

本章小结

人力资源管理是对传统人事管理的继承与发展。公共部门的人力资源管理在与企业人力资源管理互动中吸收新的技术与方法，形成相似的体系，同时也存在一定的差异。通过学习了解人力资源的内涵与特点、公共部门与私营部门人力资源管理的异同，掌握公共部门人力资源管理的体系与方法，以及我国公共部门人力资源管理的发展过程。

公共部门的财政管理与政府职能密切相关，预算作为政府财政收支安排的基本计划是财政管理的重要内容。通过对财政职能、收入与支出等方面的学习，熟悉预算管理的作用及编制，了解财政赤字的成因、影响和财政政策的类型等。

迈向知识经济时代的进程中，公共部门尤其是政府机构，导入知识管理与信息管理的理念和技术，是应对社会需求发展的必然选择，也是应对知识社会变革的必然要求。当前，信息化是国家治理体系和治理能力现代化的基本要求和重要标志。推进国家信息化建设、发展电子政务，是实现国家治理现代化的重要支撑和保障。通过学习要了解知识与信息的含义及两者关系，掌握公共部门知识管理的含义、内容、过程以及公共部门

① 杨旎．融媒体时代的政府公共关系：分析政府信任的第三条路径．中国行政管理，2019（12）．

信息资源管理的内涵与过程，理解电子政务的含义、发展阶段以及电子政务与知识管理、信息资源管理的关系。

公共管理不同于以往统治型、管理型的社会治理模式，需要在有形的资源之外发现无形的、软性的结构化资源，公共管理的信任资源是其中十分重要的内容。通过学习要了解促使信任成为资源的因素和合作型信任关系。

舆论在公共管理中发挥着独特的作用和功能，因而重视舆论、关注其来源并积极获取舆论对于社会管理者而言至关重要。通过学习要了解舆论与舆情的含义及两者关系，掌握公共管理中舆论的作用、处置，以及如何正确引导、利用舆论资源。

关键术语

人力资源　人力资源管理　工作分析　人力资源规划　薪酬管理　培训与开发　公共财政　财政收入　税收　财政支出　预算　基数预算　零基预算　绩效预算　财政赤字　财政平衡　财政政策　知识管理　知识经济　信息资源管理　电子政务　数字治理　信任　合作型信任　舆论　舆情　政府公共关系　数字公共关系　舆情处置

复习思考题

1. 简述公共部门人力资源管理的含义。
2. 简述公共部门人力资源管理体系的内容。
3. 简述绩效管理的内容。
4. 简述财政资源管理及财政的职能。
5. 简述财政收入的含义及种类。
6. 简述税收的概念及特点。
7. 简述财政资源收支的监督方式。
8. 简述预算的编制方式及过程。
9. 简述公共部门知识管理的内容与过程。
10. 简述公共部门信息资源管理的过程。
11. 简述知识管理与信息资源管理的关系。
12. 电子政务的发展面临着哪些新的挑战？
13. 为什么信任是公共管理的必需资源和独特资源？
14. 分析舆论与舆情的联系和区别。
15. 案例分析题：请认真阅读案例材料，然后按照要求分析并回答问题。

全国首部热线政务信息“大辞典”基本形成

2022年4月30日上午，江苏“热线百科”在江苏政务服务网和江苏12345小程序同步上线试运行，即日起供群众随时搜索、查询及使用。

2017年1月，江苏率先建成省市县一体化联动服务的12345热线，诉求量由开通之初的1 100万件增至2021年的3 012万件。但在诉求接听中，存在多人咨询同一问题的情况，热线人员需重复解答。另外，热线人员的答复很难每次都全面完整，影响群众对一些具体政策的理解。疫情期间，此类现象更为明显。

为拓展群众了解掌握政务信息的渠道，高效满足群众对热点政务信息权威规范解答的需求，江苏依托12345平台建设“热线百科”。目前，“热线百科”包括信息分类和信息检索两个主要功能，公众既可以直接查看问答快速得到解答，也可以通过查询原文仔细查看、“一究到底”，全面完整理解政务信息。

资料来源：黄伟. 全国首部热线政务信息“大辞典”基本形成！江苏“热线百科”开通试运行.（2022-04-30）. https：//www.hubpd.com/hubpd/rss/zaker/index.html?contentId=3170534137670050365.

问题

请结合公共管理的知识与信息资源管理的内容，分析中国政务信息如何得到有效管理。

《本章阅读书目》

1. 普雷姆詹德．公共支出管理．北京：中国金融出版社，1995.
2. 格罗弗·斯塔林．公共部门管理．上海：上海译文出版社，2003.
3. 罗德里克·克雷默，汤姆·泰勒．组织中的信任．北京：中国城市出版社，2003.
4. 李普曼．舆论学．北京：华夏出版社，1989.

第 8 章

公共管理的过程

本章导读

随着科学技术的迅猛发展和社会生活的日新月异，公共管理的外部环境更加复杂多变。正如习近平总书记指出的："事实证明，发展起来以后的问题不比不发展时少。我国社会结构正在发生深刻变化，互联网深刻改变人类交往方式，社会观念、社会心理、社会行为发生深刻变化。"① 这些发展变化提高了整个社会的复杂性和异质性，公共管理面临许多复杂、不可预测和相互连带的社会问题，并反映到公共问题识别、运作方案决策、运作方案执行和运作方案评估以及解决机制等公共管理的全过程中。面对复杂多变的社会，公共管理在何种程度上能够解决各类公共问题以维护社会秩序正常运行，是公共管理主体和决策者普遍关心的问题。本章以公共问题识别为逻辑起点，围绕公共问题和公共管理目标，沿着公共管理运作方案的决策、执行和评估等内容逐步展开，阐述社会复杂性背景下的公共管理行动应该遵循的原则、标准以及可行的解决机制。

重点问题

- 公共问题的基本属性与识别过程
- 公共管理运作方案的设计、分析与决策
- 公共管理运作方案执行的主体、过程与影响因素
- 公共管理运作方案评估的功能、类型与标准
- 公共管理问题解决机制的类型与内容

---

① 习近平．习近平谈治国理政：第四卷．北京：外文出版社，2022：338.

知识结构图

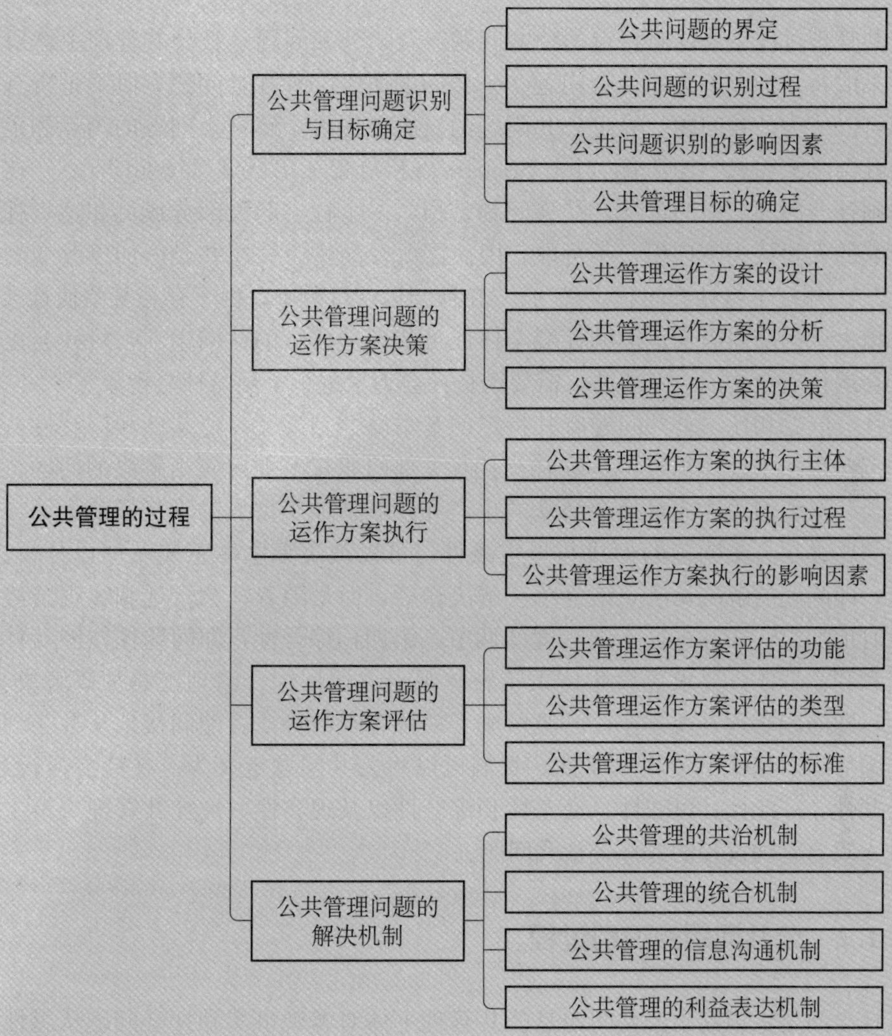

8.1　公共管理问题识别与目标确定

公共管理问题识别与目标确定是公共管理过程的第一步，也是研究整个公共管理过程的逻辑起点。成功的公共管理行动应当首先能够正确识别公共问题和确定公共管理目标，从而为公共管理运作方案的制订、决策、执行和评估奠定良好基础。

8.1.1 公共问题的界定

公共管理过程主要针对特定的公共问题进行，公共问题是被公共管理主体所认知并有必要采取行动加以解决的社会问题。公共问题属于一种社会问题，但不是所有的社会问题都可以成为公共问题。界定公共问题的概念首先要了解社会问题的内涵和范畴。根据著名社会学家乔恩·谢泼德（Jon Shepard）和哈文·沃斯（Harwin Voss）在其代表作《美国社会问题》中的定义，社会问题是指“一个社会的大部分成员和这一社会一部分有影响的人物认为不理想、不可取，因而需要社会给予关注并设法加以改变的那些社会情况”①。郑杭生将社会问题定义为：“在社会运行过程中，由于存在某些使社会结构和社会环境失调的障碍因素，影响社会全体成员或部分成员的共同生活，对社会正常秩序甚至社会运行安全构成一定威胁，需要动员社会力量进行干预的社会现象。”②

与社会问题相比，公共问题有其特定的基本属性。第一，公共性和广泛性，即问题涉及的范畴存在于公共领域，是政府及其有关部门职权范围内应当解决的问题，而且问题被社会公众普遍关注或对社会公众的生产和发展造成了重大的不良影响。第二，可知性，即问题必须具备明确的形成与界定条件，可以被决策主体感知及加以分析。第三，动态性，即问题的解决无法归结为单一解决途径，而是随着社会变迁和客观情势变化的需要及时地加以认知并进行不同程度的调节。第四，综合性，即问题往往涉及社会的多个方面和利益群体，要求决策主体秉持整体观点并运用综合治理工具加以解决。第五，现实性，即问题必须客观存在，已经形成了一种客观情势或者能间接地从社会现实中抽象出问题症结。基于上述基本属性，我们可以将公共问题定义为：在社会运行过程中，具有公共性、广泛性、可知性、动态性和综合性以及现实性，被公共管理决策主体认识到并进入政府管理议程的那部分社会问题。

8.1.2 公共问题的识别过程

从社会问题中识别出公共问题是公共管理主体对客观事实和社会问题从感性认识上升到理性认识的过程。公共问题的识别可大致分为相互关联的问题察觉、问题描述、问题分析和问题界定四个阶段。其中，前两个阶段是感性认识阶段，后两个阶段是理性认识阶段③。

1. 问题察觉

问题察觉是指某个社会现象或问题被人们发觉并扩散，逐渐引起社会公众和公共管理主体关注的过程。在这一阶段，公共管理主体通过多种信息渠道了解社会运行过程中出现的各种社会问题，据此感知问题被社会公众关注的程度以及对社会正常秩序造成的

---

① 乔恩·谢泼德，哈文·沃斯．美国社会问题．太原：山西人民出版社，1987：1－2.

② 郑杭生．社会学概论新修．5版．北京：中国人民大学出版社，2019：416.

③ 张康之，李传军，程倩．公共行政学．3版．北京：经济科学出版社，2017：157.

或即将造成的不良影响。在很多情况下，问题察觉能否实现不仅取决于公共管理主体的信息获取能力，还会受到意识形态、个人利益和价值观念等方面因素的影响。

2. 问题描述

问题描述是指在问题察觉后，力图运用特定的可操作性语言（如数量、文字、符号、图表等方式）对问题进行明确表述的过程。问题描述要尽可能量化，保证问题分析具有一种定量特征①。基于专业处理的语言信息对问题的描述最终输入到公共管理的决策系统中，成为决策方案制订的依据。根据问题描述进行决策的公共管理主体往往面临着信息不对称的困境，因而建立多个平行的信息渠道以及缩短信息传递链条与减少层次的新机制很有必要。比如，精准扶贫中驻村帮扶和干部与群众结对的机制，可以拓宽上级政府部门决策主体的信息渠道和增强对基层公共问题的响应能力②。

3. 问题分析

问题分析在公共问题识别过程中是一个承上启下的节点。如果问题分析阶段不能将问题描述阶段提供的信息进行科学的加工并提炼出清晰的问题症结与脉络，就会直接影响公共问题识别的质量以及后续公共管理运作方案的制订与执行。因而，张康之等学者认为“问题分析就是对前一阶段描述的问题和相关资料进行去伪存真、去粗取精、由表及里、由此及彼的分析，是对描述的情况进行分析和诊断，目的是抓住问题的本质和关键，进而判定其能否成为公共（政策）问题”③。

4. 问题界定

问题界定是指完成问题分析之后，对能够成为公共问题的那些社会问题所做的认定，以及对认定为公共问题的那些社会问题予以特定的解释④。此阶段的主要任务是把错综复杂的社会问题情境提炼为实质性的公共问题，在弄清问题的性质、类型、范围、影响和特征以及结构与层次之后，运用已有经验、知识和科学方法，对认定为公共问题的那些社会问题产生的原因进行估量和剖析，进而为制订公共管理运作方案以解决这些问题做好基础性准备。

案　例

“双减”政策风暴

2021 年 9 月 1 日是全国 21 万多所义务教育阶段中小学校师生，落实各项“双减”细则的启动日。为贯彻落实 7 月下旬公布的《关于进一步减轻义务教育阶段学生作业负担和校外培训负担的意见》，各地教育监管部门 8 月以来纷纷制定出台“双减”细则。

2021 年 1 月下旬，四家国内头部在线教育公司——猿辅导、作业帮、高途课堂、清

① 谢明．公共政策分析．3 版．北京：首都经济贸易大学出版社，2018：69.

② Tsai W H，Liao X M. Mobilizing Cadre Incentives in Policy Implementation：Poverty Alleviation in a Chinese County. China Information，2020，34 (1).

③ 张康之，郑家昊．公共管理学．2 版．北京：中国人民大学出版社，2019：169.

④ 同③.

北网校曝出“广告内容撞脸”丑闻，这场风波触发市场监督管理部门对行业的整治。这时，一些来自北师大、首师大、北大的教授开始频繁到从事在线教育的公司做调研，涉及一些规范性问题，比如行业如何做好规范、如何治理广告投放的乱象。2021年，全国“两会”期间，“教育内卷”的主题再次被舆论热议，习近平总书记参加医药卫生界、教育界政协委员的联组会议时更是直接批评“培训乱象，可以说是很难治理的顽瘴痼疾”。“两会”闭幕不久，《人民日报》推出系列报道四问校外培训乱象，涉及广告投放、超标应试、包装“名师”、预收费等问题。

“双减”政策出台，指向了一个教育领域的公共问题：校外教育影响、取代、干扰了正常的学校教育。同时也体现一个共同的目标，那就是要把中国义务教育重新拉回到一个应有的平衡局面。

资料来源：叶雨晨.“双减”政策风暴.（2021-09-01）. https://baijiahao.baidu.com/s?id=1709667318808353049&wfr=spider&for=pc.

8.1.3 公共问题识别的影响因素

公共政策学者格罗弗·斯塔林（Grover Starling）总结了公共（政策）问题的识别可能会受到组织结构和意识形态等九个方面因素的影响[①]。虽然影响公共问题识别的因素很多，但是可以将这些因素分为两个大的方面。

1. 客观因素

造成识别误差的客观因素主要包括组织结构制约和信息传递问题。从组织结构来看，公共部门是讲求层级节制、职能分工和权力向上集中的科层组织，但是这些组织结构特征会影响公共问题的准确识别。追求层级节制的组织容易产生信息传播不畅和信息隐藏的“信息病象”，使公共问题识别的工作难以有效进行。职能分工带来了专业化，但是专业化的结果往往造成部门本位主义，导致信息传递上的困难及无法有效获得正确的信息。权力向上集中便于行政控制，但会使上层人员的信息负载过重，无法获得可以有效识别公共问题的准确信息。从信息传递来看，公共问题的识别过程始终存在信息太多和时间落差等客观的信息传递障碍。随着信息渠道的拓宽和媒体的发展，公共管理主体能够从多种途径获取各类信息，但过多的信息会使上下级和各部门之间对问题的探讨存在沟通障碍。另外，从接收到信息到开始做出反应之间存在着时间差距，这一时间落差也会使公共管理主体错过识别并及时解决公共问题的最佳时机。

2. 主观因素

造成识别误差的主观因素主要包括公共管理者的意识形态、知识结构和个体利益等。意识形态是公共部门组织成员共同拥有的一套信仰体系，公共管理者对公共问题的识别往往会基于固有的意识形态进行主观性的价值判断。当意识形态与现实状况强烈冲突时，会影响公共管理者对实际问题的了解，妨碍准确信息的有效传达。同时，由于公共管理

① 张成福，党秀云．公共管理学（修订版）．北京：中国人民大学出版社，2007：102.

者可能缺乏关于公共问题的专业知识，无法判断来自各个渠道的信息的真伪，因而相信来自特定渠道的虚假信息而造成识别误差。此外，因为接受者的经验、认知与人格结构的差异，同样的原始信息会产生不同的意义，所以公共管理者可能会逃避他们不愿意面对的问题，对公共问题的有效识别造成噪声干扰，使问题的真相无法真正得到了解。另外，公共管理者的个人利益也会影响其看待问题的角度，他们中的有些人会为了个人利益有意识地隐瞒事实上很重要的公共问题，甚至会建构有利于自己的虚假问题。

8.1.4 公共管理目标的确定

公共问题的识别为公共管理目标的确定提供了前提。公共管理目标是指在一定环境条件下解决公共问题所要预期达到的结果和目的。在公共管理过程中，确定公共管理目标是很重要的环节，是公共管理运作方案决策、执行和评估的基本依据。整体而言，公共管理的最终目标在于维护公共利益，然而公共利益的实现过程通常面临着许多约束条件。因此，公共管理目标的确定应该遵循以下主要原则以确保预期与现实之间的平衡。

第一，公共性原则。公共管理目标的确定应以公共利益为核心，其他多元化的价值和利益诉求从属于公共性并服务于公共利益的实现。在中国，公共性原则与坚持以人民为中心的发展思想和坚持人民至上具有内在统一性。正如习近平总书记指出的："我们党没有自己特殊的利益，党在任何时候都把群众利益放在第一位。""中国共产党把为民办事、为民造福作为最重要的政绩，把为老百姓办了多少好事实事作为检验政绩的重要标准。"[①] 第二，合法性原则。公共管理目标的确定应在法律允许的范围之内，目标应当符合宪法精神且不与现行法律法规相抵触。第三，可行性原则。需要根据现有的政治、经济和文化方面的约束条件，评估公共管理目标的可行性，避免追求超出现实主客观条件的高指标。第四，系统性原则。公共管理目标系统应该主次分明。当涉及多个公共管理目标时，公共管理主体需要根据各个目标的基本性质、因果关系和重要性进行排序，抓住主要矛盾和必要的重点目标。同时，还可以通过目标归并减少目标数量，进而从资源分配上确保重点目标的实现[②]。

8.2 公共管理问题的运作方案决策

公共管理过程以公共问题的识别为起点，接下来围绕公共问题和公共管理目标，进行公共管理运作方案的设计与决策。我们认为公共管理问题的运作方案决策是指针对要解决的公共问题，设计一系列可供选择的公共管理运作方案，通过系统的分析、比较，从诸多备选方案中选择一个能最大限度实现既定目标的方案的过程。

---

① 习近平．习近平谈治国理政：第四卷．北京：外文出版社，2022：53－55.

② 竺乾威．公共行政学．3版．上海：复旦大学出版社，2008：104.

8.2.1 公共管理运作方案的设计

公共管理运作方案的设计是指针对要解决的公共问题，运用各种分析和研究方法，设计出一系列可供选择的操作方案的过程。随着信息技术快速发展、民主参与制度日益完善和专业智库逐渐成熟，公共部门获得备选方案的渠道明显拓宽。然而，由于公共管理运作方案设计围绕公共问题展开，问题的基本属性、范围和程度等决定了如何获得优质的备选方案仍是公共部门面临的基础问题。结合陈振明的研究，我们认为设计公共管理运作方案时应遵循以下六条原则[①]。

1. 信息完备原则

公共管理运作方案要以信息为基本依据，公共管理运作方案设计实际上就是相关信息输入、处理和输出的过程。信息的收集、加工和处理贯穿公共管理运作方案设计的全过程，信息的全面性和真实性与运作方案的科学性和完备性成正比。因而，拥有充分而准确的信息是获得优质公共管理运作方案的必要条件。

2. 系统协调原则

在公共管理运作方案设计时，要注重从系统论的观点出发进行综合分析。公共部门需要注意将局部利益与整体利益相结合，将短期利益与长期利益相统一，将内部条件与外部条件相统筹以及将主要目标与次要目标相协调。以此为基础，要关注各公共管理运作方案之间的相互联系、相互影响和相互制约关系，使各个运作方案成为一个相互支持和协调配套的有机整体。

3. 科学预测原则

科学预测是指基于正确的理论，按照科学的原则、程序和方法对未来情况进行估计的活动。由于公共管理运作方案设计往往面临具有动态性的公共问题，因而需要有一定的科学预测性。公共部门只有坚持科学预测，对于未来条件变化对运作方案执行及其结果的影响等方面进行充分的预测和估计，才可能制订出前瞻性的公共管理运作方案。

4. 现实可行原则

公共管理运作方案最终是要付诸实施的，因而需要考虑实施的现实条件，即具备现实可行性。公共部门只有对现有的人力、物力、财力和时间等诸多复杂因素进行综合而全面的可行性分析，才能得出公共管理运作方案是否现实可行的结论。如果不具备现实可行性，再好的方案也会因为无法实施而缺乏实际价值。

5. 民主参与原则

在公共管理运作方案设计的过程中，要积极创建民主参与和民意收集机制以充分发挥社会公众的作用。在中国，要注重发挥全过程人民民主优势，正如党的二十大报告指出的，“全过程人民民主是社会主义民主政治的本质属性，是最广泛、最真实、最管用的民主”。因而，需要通过健全吸纳民意、汇聚民智的工作机制，构建多样、畅通、有序的民主参与渠道，把各方面社情民意统一到公共管理运作方案设计过程中。习近平总书记

---

① 陈振明．公共政策分析导论．北京：中国人民大学出版社，2015：69－70.

强调："确保党和国家在决策、执行、监督落实各个环节都能听到来自人民的声音。"[①] 可见，只有广泛征求和汇聚社会公众的意见与建议，公共管理运作方案才能真正反映公众的愿望和诉求并拥有坚实的社会基础。此外，还要重视发挥专家和专业智库在方案设计与论证中的作用。

6. 稳定可调原则

在公共管理运作方案设计的过程中，需要考虑到方案的连续性和稳定性，既要注重与原有方案的衔接与过渡，避免因为方案的急剧变化而影响社会稳定，也要注意从长远出发，给公共管理运作方案留有可供调节的余地，以便因环境变化而进行相应的调整与变动，增强方案在执行过程中的弹性。

8.2.2 公共管理运作方案的分析

运作方案的分析是多面性与综合性的，关键在于选择特定的分析标准。结合卡尔·帕顿（Carl Patton）和大卫·沙维奇（David Sawicki）以及谢明等学者的研究成果，我们认为公共管理运作方案的分析标准主要包括政治可行性、经济可行性、技术可行性和行政可行性四个方面[②③]。

1. 政治可行性

虽然公共管理运作方案的分析是公共管理领域的活动，但是仍要接受政治的考验。如果一项运作方案得不到决策者、政府官员、利益团体和社会公众的支持，那么该运作方案被采纳的可能性会很小。即使被采纳，执行过程中也会遇到非常大的阻力。这就使得政治可行性成为一个重要的评估标准。政治可行性可以细分为可接受性、适当性、回应性、公正性和合法性五个方面。可接受性既指确定一项运作方案是否可以被政治过程中的行为者接受，又指明确委托人和其他行为者是否乐于接受新方案；适当性与可接受性紧密相连，它要回答的问题是方案的目标与共同体或社会的价值观是否协调；回应性与可接受性和适当性有关，涉及目标对象对方案是否符合其需求的认识；公正性要求方案关注目标对象的多元化，要尽可能公平地对待不同的群体；合法性是指方案不与国家宪法和法律的原则和条款相抵触。

2. 经济可行性

公共管理运作方案的经济可行性分析集中于运作方案的成本与收益关系方面。这里需要关注三对非常重要的概念：有形与无形的成本与收益标准、可货币化与不可货币化的成本与收益标准以及直接与间接的成本与收益标准。有形成本与收益是指那些能以某种方式进行计算的成本与收益。如果运作方案的成本与收益可以货币化，就能够进行相应的比较和评估。首先可以对运作方案进行单独的经济可行性评估，比如使用收益率等度量标准以决定是否接受该方案。然后，可以将该方案与其他完全实现货币化的运作方

---

① 习近平．习近平谈治国理政：第四卷．北京：外文出版社，2022：261.

② 卡尔·帕顿，大卫·沙维奇．公共政策分析和规划的初步方法．北京：华夏出版社，2002：160－167.

③ 谢明．公共政策分析．3版．北京：首都经济贸易大学出版社，2018：234－243.

案对照评估，通过比较货币化成本与收益之间的差异或比率来选择有利的方案。此外，运作方案通常都有直接和间接的成本与收益，这些成本与收益应该纳入比较和评估的范围。

3. 技术可行性

技术可行性是从技术角度衡量公共管理运作方案是否能够达到预期目标，分析是否具备实施某项公共管理运作方案的技术手段，并分析在现有技术条件下实现预期目标的可能性。技术可行性的一个重要标准是效能，即关注公共管理运作方案能否实现预期目标和能在多大程度上实现预期目标。效能标准涉及以下重要因素：公共管理运作方案的影响是直接还是间接的，长期还是短期的，可量化还是不可量化的以及充分还是不充分的。

4. 行政可行性

行政可行性是指在特定的行政环境中执行某项公共管理运作方案以实现预期目标的可能性。行政可行性的标准包括权威、制度约定和能力及组织支持。权威是指执行者必须有要求其他组织与个人合作、确定优先权的影响力。制度约定是指高层官员与普通工作人员都必须为运作方案的执行承担责任。能力包括工作人员的能力和财政能力，这个标准对运作方案的执行极为重要。那些看似出色的运作方案之所以失败，是因为其对技术和财政的要求超出了工作人员和组织的既有能力。组织支持也是重要的评估标准，仅有执行权威和主要工作人员的承诺远远不够，充足的装备、物资设备以及其他支持设施也是必需的。

8.2.3 公共管理运作方案的决策

公共管理运作方案的决策是指在分析各备选方案的基础上进行比较，权衡利弊得失以及风险与时间等因素，选择一个或者综合出一个最满意的运作方案的过程。结合张国庆和张康之等学者的研究，我们认为需要从以下三个方面出发来做好运作方案的决策。

1. 运作方案的比较

运作方案的比较包括如下方面：第一，实施成本的比较。方案的实施成本是多元化的，除了直接成本、可变成本和有形成本之外，还包括间接成本、沉没成本和无形成本。在运作方案比较过程中，需要对各类成本进行综合比较。第二，预期收益的比较。收益不仅包括直接收益、内部收益和有形收益，还包括间接收益、外部收益和无形收益。在运作方案比较中，需要对方案的综合收益进行比对。第三，风险程度的比较。运作方案的风险是指其确定性程度。通常而言，在其他条件一定或相似的情况下应该选择风险较小的方案。第四，时间因素的比较。由于公共问题具有动态性特征，再优秀的运作方案也有时间限制，方案的时间性是影响其执行效果的重要因素。

2. 运作方案决策的标准

赫伯特·西蒙曾提出“管理就是决策”的论断。因为无论拥有多少备选的公共管理运作方案，决策者最终还是要选择一个或者综合出一个运作方案并加以执行。因而，需要建立合理的运作方案决策标准。在公共管理运作方案的决策标准中，最关键的决策标准是“满意决策”。从“最优决策”到“满意决策”的决策标准转变，肇始于20世纪50年代西蒙在有效理性决策模式中提出的满意原则。

“最优决策”标准建立在特定假设基础上，即假定决策者能够在决策时处于完全理性状态且掌握全部备选方案及其信息。但在现实的决策情境中，这种理想化的状态并不存在。第一，决策者的认知水平和知识积累是有限的，只能通过不断“实践—总结—再实践”的过程使运作方案不断地接近最优。第二，“最优决策”标准的前提是备选方案包含所有可能的运作方案，但现实生活中由于受到信息、时间和资源的限制而无法达到这种状态。第三，决策者的行为并非绝对理性，会受到价值观和利益关系等因素的影响。因而，公共管理运作方案的决策应该遵循“满意决策”标准，即决策者要尽可能考虑多方面的因素，以公众满意为价值取向，而非盲目地追求绝对的最优。

3. 运作方案决策的影响因素

影响公共管理运作方案决策的因素主要来自三个方面。

第一，决策者和决策对象。决策者对运作方案决策的影响通过个人素质发生作用。决策者的政策水平、法律观念、判断力和承压能力等素质会对决策质量和行为有影响。决策对象是各种公共问题，它们的重要性、紧迫性和特殊性对方案的选择也有重要影响。

第二，决策环境。决策环境包括法律环境、决策制度、外界压力和信息来源等。其中，现行法律依据是决策者必须考虑的基础因素。决策制度包括个人负责制和集体负责制，决策制度差异对运作方案的决策质量有关键影响。同时，社会集团、政治团体和社会舆论及新闻媒体产生的外界压力会影响方案决策过程。信息是否准确、及时和全面也直接影响决策者对运作方案判断的准确性。

第三，决策策略。决策策略通常包括决策手段和决策时机。决策手段对决策质量有着重要影响，因为以往仅凭经验、手工或直观的决策手段满足不了复杂公共问题的决策要求，大数据、云计算和人工智能等科技手段可以及时、准确和全面地收集和处理信息，对公共问题进行科学的定量和定性分析，从而能够客观地判断和选择满意的运作方案。决策时机主要是指运作方案决策的时间安排及当时的决策条件。因为人们对同一问题或方案的看法和判断会随着时间和情境条件的变化而变化，所以决策者可以根据决策条件是否成熟判定是否以及何时安排决策议事议程。

知识专栏8-1

渐进决策理论

渐进决策理论是由美国政治学家和政策科学家查尔斯·林德布洛姆（Charles Lindblom）提出来的决策模式。这一理论是直接针对理性决策理论的缺陷，根据实际制定政策的特点，从“决策实际上如何做”而不是“应如何做”的角度出发建立的一套有自身特色的政策方案制订和决策模式。

林德布洛姆在对理性决策理论分析批判的基础上提出了渐进决策理论，其理论特点是：首先，主张渐进决策。林德布洛姆认为政策方案的制订是在过去经验的基础上，经过逐渐修补的渐进过程实现的。渐进主义者具有勇敢、应变和足智多谋的特征。其次，强调质量转换。林德布洛姆认为渐进决策看上去似乎行动缓慢，但它实质上是决策效果累积的过程，实际变化的速度往往大于一次重大的变革。渐进决策并不是不要变革，而是要求这种变革必须从现状出发，通过变化的逐层累积，最终达到根本变革的目的。最后，追求稳中求变。林德布洛姆认为渐进决策步子虽小，却可以保证决策过程的稳定性，达到稳中求变的效果。决策上的巨大变革是不可取的，因为往往欲速则不达，会带来诸多不适甚至是抵制，进而危及社会稳定。渐进的方式则比较容易获得支持，可以达到稳中求变的目的。

资料来源：沈荦．从先验理性到经验理性：对林德布洛姆“渐进主义”决策理论的解读．政治思想史，2020（3）．

8.3　公共管理问题的运作方案执行

公共管理过程经历运作方案的设计、分析和决策之后，进入运作方案执行的环节。运作方案的执行是指公共管理主体运用各类资源，将运作方案所规定的内容转化为实际效果，从而实现既定公共管理目标的活动过程。正如詹姆斯·安德森（James Anderson）指出的：“如果执行失败了，那么先前所做的一切都没有任何意义了。”[①]

8.3.1　公共管理运作方案的执行主体

在传统行政执行模式中，公共管理运作方案的执行主体是公共部门及其工作人员。随着管理主义改革的深入推进，公共管理运作方案的执行主体不仅包括公共部门及其工作人员，同时还包括由公共部门授权的其他社会力量，比如非营利组织、私营部门和社区组织等及其工作人员。虽然公共部门掌握的公共资源是其他执行主体所无法比拟的，但是对于日益复杂的公共问题而言，公共部门的能力很有限，所以期待借助其他社会力量执行方案，其他社会力量也因发展需要期望与政府谋求合作[②]。以公共部门为核心的多元执行主体结构，能够切实地提升公共管理运作方案的执行效果。

非营利组织是公共管理运作方案执行的重要主体。非营利组织具有志愿性、公益性和民间性等特征，这些特征可以弥补政府和市场失灵导致的公共服务缺失。公共问题的日益复杂化和公共部门不得不面对的富有挑战性的管理环境，为非营利组织提供了发展的必要性和较为宽松的发展空间。公共部门在很多问题的解决上依赖非营利组织，而非营利组织在回应社会公众需求和提供社区服务等方面具有不可替代的作用。因而，可以通过政府购买组织服务的方式，把非营利组织纳入到运作方案执行过程中，处理那些公共和私营部门做不好的执行环节与任务。

---

① 安德森．公共政策制定：第5版．北京：中国人民大学出版社，2009：323．

② 郁建兴，沈永东．调适性合作：十八大以来中国政府与社会组织关系的策略性变革．政治学研究，2017（3）．

私营部门既是提供私人物品最有效率的组织形式，又可以作为公共管理运作方案执行的重要参与者。虽然公共部门的基本职能是向社会提供公共物品，但公共物品供给的效率和质量并不能完全保障。在某些公共物品供给领域，私营部门是改进供给效率的一种有效途径。管理主义改革带来民营化理念的运用，公共部门既可以通过撤资、委托和替代等方式实现公共物品的市场化供给，也可以运用各种经济规制工具对提供公共物品、带有垄断性的私营部门进行监管。

社区组织是公共管理运作方案执行的重要主体。在中国的执行情境中，社区组织包括社区党组织和村级党组织，以及居民委员会与村民委员会，它们是执行运作方案的最基层组织。社区组织是基层情况的最佳知情人，先于其他主体了解社会公众诉求与情况。公共部门注重运作方案执行过程的规范性和科层化，但在面对基层社会时会显得笨拙，灵活多变和敏锐出击的应对能力不足。行政科层的事本主义属性与基层社会的模糊性、不规则之间存在张力，难免会产生许多执行“缝隙”。由于拥有丰富的地方性知识和公众信息，社区组织可以更有针对性和灵活地协助公共部门执行活动。

8.3.2　公共管理运作方案的执行过程

为了有效地做好执行工作，必须制定公共管理运作方案执行的工作程序，做到各个环节之间的有效协调。公共管理运作方案的执行步骤通常由制订计划阶段、实施准备阶段和具体实施阶段组成。

1. 制订计划阶段

制订执行计划的任务是根据实际情况对公共管理目标和运作方案进行分解和细化，着手安排人力、物力和财力，确定运作方案执行的程序、方法和制度等。制订计划阶段主要有六个方面的具体工作：一是利用宣传工具对运作方案的目标、意义及具体步骤进行宣传。二是对公共管理目标和运作方案进行分解和细化，据此确定方案执行的程序。三是确定方案执行的机构，合理划分各执行机构的职责与权限。四是进行人力安排，确定工作人员数量以及谁负责执行。五是作出经费预算，确定需要多少财力和物力。六是进行时间安排，确定运作方案执行所需的时间范围以及时间期限①。

2. 实施准备阶段

实施准备阶段的任务是通过整合与运作方案执行相关的各类资源，为具体实施阶段提供主客观条件。该阶段由组织准备、思想准备和物质技术准备等组成。

第一，组织准备。运作方案执行需要配备相应的组织机构和人力资源，执行方案之前就需要考虑组织机构是否完善及人力是否充足。公共部门面对多元复杂的公共问题时，必须及时根据运作方案的要求进行组织重组，以形成责任权力有机结合的组织系统，并建立符合公共管理目标的规章制度、工作程序和办事流程，保障方案执行过程中组织功能的最好发挥。对于非常规性的公共问题，还可以通过建立任务型组织等临时机构来执行运作方案。此外，行政人员的个人素质直接关系到方案执行的效果，注重组织内部学

---

① 张康之，郑家昊．公共管理学．2版．北京：中国人民大学出版社，2019：200.

习机制的建构是提高组织执行能力的可行途径。

第二，思想准备。运作方案的执行需要组织成员的协作，执行效果很大程度上与行政人员的工作态度和劳动积极性紧密相关。因而，需要在方案执行前做好思想动员，使他们了解和认可运作方案及其价值，从而为实现特定的公共管理目标而努力。思想准备还包括对社会公众进行思想动员。运作方案的执行过程会受到社会公众的影响，所以需要运用各种方法联系和发动群众，让他们充分了解运作方案的内容、目标和执行程序，动员他们支持运作方案执行并将方案执行逐步转变为他们的自觉行为。

第三，物质技术准备。运作方案的执行还需要做好财力和技术两方面的准备。运作方案的执行离不开科学合理的公共预算管理，筹备财政资金和物质资源不能盲目追求最多，而应充分考虑执行的直接和间接成本，以及实现预期效果的成本与效益。技术准备包括技术条件和技术力量两个方面，是技术人才作用于技术设备的实践过程。技术力量在当今公共管理过程中所占的权重越来越大，技术准备是现代决策方案执行必须考虑的内容。

3. 具体实施阶段

公共管理运作方案的实施准备工作就绪后，进入方案的具体实施阶段。在具体实施阶段，除了兼顾传统行政执行过程中计划、组织、指挥、协调和控制等管理活动之外，张康之认为还应该做好以下两个方面的工作[①]。

第一，建立强有力的指挥中心。运作方案执行过程具有一定的强制性，要求各执行主体以服从指令和顾全大局为原则。建立强有力的指挥中心，对于运作方案的具体执行至关重要。通过这个指挥中心，可以对各执行主体的组织和人员进行重组和调配，确保掌握方案的实施步骤以及面对突发情况时迅速作出正确决策。比如，中国地方政府在精准扶贫期间就通过建立更具权威性和灵活性的脱贫攻坚指挥部来执行扶贫方案。作为强有力的指挥中心，脱贫攻坚指挥部克服常规科层组织横向部门分割的弊病，推动科层组织的权威再分配和中心工作的任务再分流，从而大幅提高了扶贫方案的执行效率[②]。

第二，建立健全各项工作制度。运作方案的执行要靠配套的工作制度。在具体实践中，工作制度的设计需要突出责任导向，明确执行部门和人员的责任，建立以结果为导向的考核机制，完善方案执行过程中的监督机制，从而形成一套推动方案执行的运作机制。在中国运作方案的执行情境中，压力型体制下的行政包干制是保障运作方案执行的工作制度。以县级政府的决策方案执行为例，县级党委通过政治化机制将辖区内的重要事务转化为中心工作，而后把工作任务进行量化，分解给乡镇政府和县直部门。在与乡镇政府和县直部门的责任人签订目标责任状的同时，明确任务完成时间表并对工作任务建立考评体系和机制，根据考评结果进行奖惩以督促乡镇政府和县直部门动员各类资源完成任务[③④]。

---

① 张康之，李传军，程倩．公共行政学．3 版．北京：经济科学出版社，2017：166.

② 徐明强．指挥部如何指挥?：精准扶贫中地方政府的组织型变与政策执行．经济社会体制比较，2021（4）.

③ 杨华，袁松．行政包干制：县域治理的逻辑与机制：基于华中某省 D 县的考察．开放时代，2017（5）.

④ 欧阳静．政治统合制及其运行基础：以县域治理为视角．开放时代，2019（2）.

8.3.3 公共管理运作方案执行的影响因素

归纳影响运作方案执行的因素，是为了在实际执行过程中消除不利于方案执行的因素，促进运作方案的顺利执行。结合陈振明、张成福和张国庆等学者的研究，我们将影响运作方案有效执行的因素归纳为公共问题的特性、运作方案本身的因素和运作方案以外的因素①②③。

1. 公共问题的特性

公共问题的特性直接影响到运作方案的有效执行。公共问题的特性主要由其涉及的目标群体的特性决定。如果目标群体的分殊性程度很高，就意味着很难制定明确的执行绩效评估标准，因而执行成效很难得到保证。如果目标群体的人数过多，则很有可能会增加方案执行过程中动员工作的难度。目标群体的行为需要调适的程度越大，方案在执行过程中遭遇阻力和抵抗的可能性就越大。另外，公共问题越复杂，执行难度往往越大。比如，涉及利益分配和调整的经济决策方案、创新性较强的改革方案，执行过程中面临的阻力和压力就会很大。

2. 运作方案本身的因素

许多运作方案在执行中困难重重，很大程度上与运作方案本身的缺陷有关。整体而言，运作方案本身的因素包括：

第一，运作方案的权威性。运作方案的权威性是指运作方案影响社会公众并获得社会公众认同以及执行的能力，它由运作方案制订主体的权威性和制订程序的合法性决定。制订主体的权威性和制订程序的差异，直接影响社会公众对运作方案的认同以及在执行过程中的行为倾向。

第二，运作方案的合理性与科学性。合理性是指特定的运作方案是否针对客观存在的公共问题并能够切实解决这一问题。科学性是指运作方案设计时是否遵循科学程序和采用各种科学的方法等。可以说，运作方案的合理性和科学性是有效执行的根本前提。

第三，运作方案的具体明确性。从技术操作层面看，运作方案需要具体明确才能得到顺利执行。目标、措施和程序含糊不清的运作方案，既容易导致执行过程中的随意变通，也会削弱对方案执行效果进行评估和控制的能力。

第四，资源的充足性。任何一项运作方案的执行都需要有一定资源的支持，影响方案执行的资源因素主要包括：（1）执行人员。执行人员的管理技能、行政能力和专业知识对运作方案的执行效果有重要影响。（2）信息。信息是有效执行的前提，执行人员只有充分地掌握相关信息，才能顺利推进运作方案的执行。（3）物质资源。经费、设备和其他材料等物质资源是影响运作方案执行的重要因素。（4）权威。执行人员应被赋予足够的权威，只有这样才能使运作方案有效地执行。

---

① 陈振明．公共政策分析导论．北京：中国人民大学出版社，2015：96.

② 张成福，党秀云．公共管理学（修订版）．北京：中国人民大学出版社，2007：108－111.

③ 张国庆．公共政策分析．上海：复旦大学出版社，2004：226－228.

3. 运作方案以外的因素

运作方案以外的因素主要包括五个方面：

第一，执行机构的组织结构。运作方案的执行是一种典型的组织行为，组织结构通常会从两个方面影响方案执行效果。一方面，公共部门为有效处理常规事务而发展出按部就班的标准作业程序，虽然有助于提升运作方案执行效率，但是也会导致执行过程缺乏弹性、目标置换和难以灵活应对新变化等问题。另一方面，科层制的职能区分尽管有助于公共部门专业化发展，但也会导致方案执行过程中权责和资源的分散以及协调上的困难。

第二，执行机构之间的沟通与协调。组织沟通在运作方案执行过程中发挥传达和反馈执行命令信息的功能，是组织成员通过信息交流和传递，达成共识和统一方法与程序的过程。如果组织内传递的执行命令不清晰准确，就可能造成执行者对运作方案的意图判断失误。组织协调是指组织自身为实现组织目标，通过自我调节和协调组织内部结构，克服执行过程中出现的组织矛盾。组织协调包括组织机构内部和组织机构之间的协调。缺乏有效的协调机制，必将导致各部门各自为政，造成公共资源浪费和执行效率低下。

第三，执行人员的素质和工作态度。由于执行人员有较大的自由裁量权，所以他们对运作方案及其目标的认同、管理能力、价值取向和利益诉求等都会直接影响方案的有效执行。

第四，目标群体对方案执行的影响。制订运作方案是为改变目标群体行为，或者为引导他们按照方案所规定的目标行事。因而，需要采取宣传、说服和教育等沟通策略，及时调整执行的方法与程序，以此来提高目标群体对运作方案的遵从程度。

第五，其他影响因素。运作方案执行所涉及的外在社会、经济和政治环境，比如执行机构可利用的经济资源、社会舆论的支持以及利益团体和社会精英的态度等对方案执行的效果有着重要影响。

8.4 公共管理问题的运作方案评估

运作方案执行之后，就需要开始评估运作方案的执行情况。公共管理运作方案评估是指按照特定评估标准和程序，通过系统地收集相关信息并运用科学的方法和技术，对运作方案执行活动的进展情况和效果进行评价和总结的过程。

8.4.1 公共管理运作方案评估的功能

公共管理运作方案评估在改进运作方案设计、克服方案执行中的阻力以及提高方案执行的弹性与效果等方面有重要作用。结合陈振明和张康之等学者的研究，运作方案评估的功能可以归纳为以下几个方面[①][②]。

第一，检验运作方案执行的效益和效率。运作方案评估为公共部门和社会公众提供

---

① 陈振明．公共政策分析导论．北京：中国人民大学出版社，2015：107－108.

② 张康之，郑家昊．公共管理学．2版．北京：中国人民大学出版社，2019：215.

运作方案执行效果方面的信息。特定运作方案付诸实施后究竟有什么效果，是否达到了公共管理目标，以及产生了哪些预料之外的后果，这些判断都需要利用科学的评估方法进行检验。所以利用可行的技术和手段收集相关信息，加以科学的论证分析，从而透过执行过程表象挖掘产生的实质性效果。

第二，是决定运作方案纠偏、继续或中止的重要依据。公共管理运作方案其实是一种假设，由于公共问题的综合性和动态性，完全理性的运作方案并不存在。运作方案评估通过不断收集方案执行的实际情况，为监控方案的执行情况提供重要信息来源，使相关机构或部门可以及时对执行过程中出现的问题进行纠偏或补救，决定特定运作方案继续执行或中止。

第三，激励约束执行机构和工作人员。运作方案评估是对特定执行机构和工作人员一定时期工作状态的总结。方案评估的信息能够在执行机构组织内部和组织之间产生一种比较效应，对特定的执行机构和工作人员形成压力。运作方案评估通常还与绩效奖惩联系在一起，评估结果可以作为实施奖惩的依据，因而产生特有的激励约束功能。

第四，进行资源有效配置的基础。用于运作方案的公共管理资源总是有限的，方案决策者和执行机构都需要认真考虑如何将有限资源进行合理配置以获取最大收益。运作方案评估是优化资源配置和降低执行成本的基础，即经过评估确认每项运作方案的价值，从而决定投入各项方案的资源的优先顺序和比例，寻求最佳的整体效果。

第五，推进运作方案决策的科学化。运作方案执行的绩效不仅取决于执行阶段的情况，还取决于方案的设计和决策的科学化水平。实施评估有助于运作方案的设计和决策机构或部门掌握客观真实的信息，从而为后续科学的设计和决策过程提供强有力的支持。

8.4.2　公共管理运作方案评估的类型

公共管理运作方案评估涉及的内容丰富而广泛，因而其类型也是多样的。可以根据不同的标准对公共管理运作方案评估进行分类①。

1. 根据评估活动涉及的范围分类

根据评估活动涉及的范围，可以把运作方案评估分为三类：普适性评估，即作为组织内部管理技术的一个环节而存在，它渗透于日常的具体管理过程，并以目标责任制、社会服务承诺制和干部实绩考核等形式表现出来；具体行业的组织评估，即在某个行业内部进行的反映行业特色的评估，主要是由公共主管部门设立评价指标体系并组织对所管理的单位的定期评估；专项活动评估，即针对某一专项公共管理实践活动进行的评估。一般而言，专项活动评估是狭义上的运作方案评估，前两类评估还涉及其他公共管理活动。

2. 根据评估主体的来源的分类

在运作方案评估过程中，如果评估主体来自公共管理主体内部，就属于内部评估。内部评估由评估对象的上级主管部门组织实施，这便于上级部门对下级各单位的执行情况进行掌握以及控制，但是内部评估通常会在客观性和公正性方面受到质疑。如果由公

---

① 张康之，郑家昊．公共管理学．2版．北京：中国人民大学出版社，2019：217－218.

共管理主体以外的主体进行评估，则属于外部评估。外部评估包括广泛的群众评估和第三方评估。群众评估可获得的信息量大，但成本很高且结果不易把握；第三方评估虽然能够保持客观性，但是由于它们对方案执行情况无法充分了解，会形成客观却不正确的判断。因而，可行的思路是将内部和外部的评估主体结合起来，共同构造多元主体评估形式。

3. 根据评估指标的设计分类

按照评估指标的可比性，可以把运作方案评估分为通用指标评估和业绩指标评估。通用指标是指在公共管理部门范围内，各部门和组织有一个统一的评估指标体系；业绩指标是指每个特定的公共管理主体根据自身的职能要求设定的特定指标。通用指标评估是特定范围内以所有的公共管理主体为评估对象，而业绩指标评估以各个不同的公共管理主体为评估对象。按照评估指标的内容，可以把运作方案评估分为综合指标评估和单项指标评估。综合指标是指对某个公共管理主体的职能进行全面的指标设定，而单项指标是指对某个公共管理主体的某一项或某几项特定职能进行的指标设定。综合指标评估和单项指标评估涉及的评估对象可以是某个公共管理主体，也可以是某几个公共管理主体。

4. 根据评估方法或技术分类

按照评估方法或技术，可以把运作方案评估分为四类：（1）基于目标管理的评估，是指公共管理主体围绕制定和分解目标、实现目标过程中的管理及目标成果评价等内容展开的评估活动。（2）基于关键绩效指标（key performance indicator，KPI）的评估，是指结合自身的管理和发展实际，建立关键绩效指标体系对系统内人员进行量化指标管理的措施。（3）基于平衡计分卡（balanced scorecard，BSC）的评估，是指公共管理主体从财务、顾客、内部业务流程、学习和成长四个逻辑相关的角度制定相应的绩效指标，据此衡量其愿景及战略目标的实现程度。（4）基于标杆管理的评估，是指公共管理主体将自身的关键业绩行为与基准部门（领先的组织）的关键业绩行为进行比较，分析基准部门绩效的形成原因，进而确定本部门绩效改进的最优策略。

8.4.3 公共管理运作方案评估的标准

公共管理运作方案的评估标准是指评估运作方案结果的特定规则或标准。对于不同的运作方案，具体的评估标准可能不尽相同。比较具有代表性的评估标准是美国学者威廉·邓恩（William Dunn）提出的“六个标准”[①]。

第一，效益（effectiveness）。它是指某一个特定运作方案能否实现所期望的行动结果。效益与技术理性密切相关，常常按照产品或服务的数量或它们的货币价值来计量。效益关注方案执行后是否产生期望的结果或影响。

第二，效率（efficiency）。它是指为了产生特定水平的效益所要付出的努力的数量。它体现的是效益与努力之间的关系，后者通常用货币成本计量。效率的计量方法是单位

---

① 威廉·邓恩．公共政策分析导论：第2版．北京：中国人民大学出版社，2010：234-239，334.

产品和服务的成本，或者单位成本能够提供的产品和服务的数量。用最低的成本实现最大效益的运作方案是最有效率的。

第三，充分性（adequacy）。它是指特定的效益满足引起问题的需要、价值或机会的程度。它明确了对运作方案和有价值的结果之间关系强度的期望。虽然有时候运作方案的制订和执行是为了解决特定的公共问题，但是由于各种因素的限制，“政策执行并不能充分地解决公共问题或满足社会公众的需求”①。

第四，公平（equity）。它是指效果与努力在社会上不同群体中的分配，这与法律和社会理性密切相关。公平的运作方案是指效果或努力被公平地分配。公平标准与社会关于如何分配资源的价值观紧密相关，但是个体或群体的价值观和需求各不相同，任何一项运作方案都难以满足所有人，所以只能通过四种方法尽量谋求社会福利的最大化：个人福利最大化，即同时使所有个人的福利最大化；保障最低福利，即增加某些人的福利，同时也要保障境况变得糟糕的那些人；净福利最大化，即增加净福利且假设最终收益可用来补偿受损者；再分配福利最大化，即让社会中被选定的群体的再分配收益最大化。

第五，回应性（responsiveness）。它是指运作方案满足特定群体的需要、偏好或价值观的程度。这个标准之所以重要，是因为它提出了一个现实问题：效益、效率、充分性和公平等标准是否真的反映了特定群体的需要、偏好和价值观。如果没有对从运作方案中获益的群体的实际需求作出回应，该项运作方案就不成功。

第六，适当性（appropriateness）。它是指一项计划的目标的价值和支持这些目标的前提是否站得住脚。当其他标准都把目标视为理所当然时，适当性标准却提出这些目标对社会是否适宜的问题。按照这一标准，如果运作方案指向的公共管理目标不适当，那么即便方案执行结果符合效益、效率、充分性、公平以及回应性标准，该运作方案仍然会被认为是失败的。所以，适当性标准在逻辑上优先于其他标准。

案 例

《“十四五”全国危险废物规范化环境管理评估工作方案》出台

为贯彻落实《中华人民共和国固体废物污染环境防治法》等法律法规，推动各级地方政府和相关部门落实危险废物监管职责，强化危险废物监管和利用处置能力，促进危险废物产生单位和危险废物经营单位落实各项法律制度和相关标准规范，全面提升危险废物规范化环境管理水平，有效防控危险废物环境风险，国家生态环境部按照《强化危险废物监管和利用处置能力改革实施方案》有关要求，组织制定了《“十四五”全国危险废物规范化环境管理评估工作方案》。

该评估工作方案有以下特点：一是改进方式方法。建立分级负责的评估机制，危险废物规范化环境管理评估以省（区、市）组织开展为主，生态环境部结合统筹强化监督，对部分省（区、市）上年度危险废物规范化环境管理情况进行评估。二是突出评估

① 张成福，党秀云．公共管理学（修订版）．北京：中国人民大学出版社，2007：113.

重点。根据危险废物的危害特性、产生数量和环境风险等因素，突出评估危险废物环境重点监管单位，在“十四五”期间实现对本地区所有危险废物经营单位全覆盖。三是丰富指标类型。为鼓励地方积极创新工作措施、认真落实危险废物污染防治监管责任，增设“加分项”；为规范危险废物经营许可证审批等行为，增设“扣分项”。另外对危险废物规范化环境管理评估达标、环境管理水平高的企业，将适当减少“双随机、一公开”抽查频次。

资料来源：中华人民共和国生态环境部．生态环境部固体废物与化学品司有关负责人就《“十四五”全国危险废物规范化环境管理评估工作方案》答记者问．(2021-09-08)．https：//www.mee.gov.cn/ywdt/zbft/202109/t20 210908_907011.shtml.

8.5 公共管理问题的解决机制

在公共管理过程中，公共问题的识别，运作方案的决策，以及运作方案的执行与评估等活动可能遇到很多困难和问题。因为科层体制是静态和稳定的，体现公共权力的普遍约束力和规范性表达，事本主义的科层体制无法有效应对公共管理实践所面临的复杂而紧迫的问题。所以，在“不变体制变机制”① 的原则下，通过创设或运用动态性的解决机制进行调控，灵活调配公共管理主体、资源和规则以实现公共管理目标就很有必要。

8.5.1 公共管理的共治机制

中国的市场化改革为市场和社会力量开辟了发展的空间。非政府力量的发展不仅使社会的不确定性急速增加，复杂、不可预测和开放的社会问题丛生，也导致政府垄断全部资源的局面不复存在。有限能力的政府期待通过建立和完善公共管理共治机制，借助市场力量和社会力量完成公共管理目标。正如习近平总书记指出的：“一个现代化的社会，应该既充满活力又拥有良好秩序，呈现出活力和秩序有机统一。要完善共建共治共享的社会治理制度，实现政府治理同社会调节、居民自治良性互动，建设人人有责、人人尽责、人人享有的社会治理共同体。”② 因而，公共管理共治机制注重多元主体、力量和功能的配合与互补，汇聚治理合力应对公共管理过程中的各类问题。

第一，厘清政府与社会、市场的边界以推动政府职能转变。在以共治性为基础的公共管理组织体系中，政府部门擅长公共产品供给和统筹协调，私营部门的市场力量擅长私人产品供给和市场化运营，社会组织则适合提供社会公益服务和弥补政府与市场功能的不足。当前中国各级政府正在探索如何处理好与社会和市场的关系，科学界定政府及

① 杜鹏．一线治理：乡村治理现代化的机制调整与实践基础．政治学研究，2020 (4).

② 习近平．习近平谈治国理政：第四卷．北京：外文出版社，2022：338.

其职能部门在社会治理和公共服务中的职责。同时，把政府不应管或管不好的职能交给市场和社会组织承担，自身则做好能够管且管得好的核心业务，进而实现政府职能的调整和优化。

第二，以政府职能转变为契机发挥社会组织的重要作用。作为“第三部门”的社会组织是非政府组织、非营利组织和公民自愿性团体等组织的统称，因其志愿机制而在公共管理中具备独特优势。当前中国各级政府已经积极推进“政社联动”，通过购买服务的方式将部分公共服务职能交由社会组织承担①。同时，运用购买服务和资源支持等途径，把社会组织引导到帮扶弱势群体、化解社会矛盾和改善社区养老服务等个性化程度高的公共服务供给中。此外，逐步完善面向社会组织的管理与服务制度，加快建设社会组织孵化基地和登记管理制度以及完善向社会组织转移职能的工作办法、实施流程和监督评估机制。

第三，以优化政府监管职能激活私营部门的治理活力。私营部门依照市场机制为社会公众提供私人产品，而在某些公共服务供给领域，私营部门是提高供给效率的一种有效途径。但是它们始终处于政府部门的监管之下，其内在活力尚未被充分激发。当前中国政府已积极推进政府监管领域立法，明确监管部门的监管责任、监管内容和监管流程，整合监管职能和优化监管体系，完善权力清单、责任清单和市场准入负面清单制度，做好面向市场的简政放权工作。同时，还围绕着“放管服”和行政审批制度改革，加强监管信息共享平台建设，强化事中事后监管，全面推行“互联网＋监管”的监管并完善市场主体信用体系建设。

8.5.2　公共管理的统合机制②

在中国的公共管理情境中，科层体制的优势是循序渐进、按部就班和照章办事，具有规范性、程序性、精确性和可操作性。科层体制的缺陷在于难以有效应对复杂而紧迫的公共问题。习近平总书记指出，“中国特色社会主义最本质的特征是中国共产党领导，中国特色社会主义制度的最大优势是中国共产党领导，党是最高政治领导力量”③。因为党发挥总揽全局、协调各方的领导核心作用，所以以（县域）党委为主体的政治机制可以将重要的治理事务转化为中心工作，再通过压力机制、动员机制和行政包干制等机制重构科层结构、整合科层资源，完成复杂而紧迫的中心工作，形成克服科层体制的缺陷的中国特色统合机制。

第一，通过政治机制转变工作任务的性质。政府治理事务包括一般行政事务和地方党委统领的中心工作。中心工作虽然也由政府部门执行，但它是通过地方党委转化和设定的。地方党委会根据上级党委对经济社会发展的整体思路和属地范围内的具体情况，通过党委会议的形式，依据治理事务的轻重缓急，将重要而紧迫的治理事务转化为中心工作。

---

① 管兵．政府向谁购买服务：一个国家与社会关系的视角．公共行政评论，2016（1）.

② 欧阳静．政治统合制及其运行基础：以县域治理为视角．开放时代，2019（2）.

③ 习近平．习近平谈治国理政：第三卷．北京：外文出版社，2020：125.

第二，通过压力机制分解目标和实施激励。压力机制的运作大致包括两个步骤：对中心工作的目标任务进行分解量化，再下达至下级组织和部门，最后到达具体的党政干部，其中“一把手”是目标责任制的责任人，由他们将任务和压力传递给其他干部。上级党委根据目标任务的完成时效、完成情况进行考评，并根据考评结果进行政治和经济激励。

第三，通过动员机制重组科层结构和整合资源。动员机制是以成立专项工作领导小组的方式，动员和调配组织内部的各类资源，超越科层体制的专业壁垒和部门阻隔的一种治理机制。与压力机制不同，动员机制是一种同级组织之间横向的运行机制，目的是实现部门间的整体协作、信息共享、资源聚集和功能重整。对分工精细和部门分割的科层体制而言，动员机制是一种跨部门分工合作的运行机制。

第四，通过行政包干制激活主动性和创造性。行政包干制的特点是，上级组织将任务和权力下放给下级组织和个人，强化包干责任。而下级组织和个人具有很强的自主性，可以自行安排完成任务的时间、方式和方法，同时承担相应的风险。另外，行政包干制形式上是对治理事务的包干，实质上是对中心工作的包干，所以它的激励方式是压力机制中政治和经济的双重奖罚。

8.5.3 公共管理的信息沟通机制

在中国的公共管理情境中，信息沟通是科层体制运转的重要组成部分。在实践中，庞大的治理规模和漫长的行政链条，使纵向政府间的信息不对称问题很严重。科层体制的部门分割和专业壁垒，也导致不同部门、层级和区域之间产生信息“孤岛”问题。为了克服科层体制纵向与横向的信息沟通问题，在长期公共管理实践中形成了工作组机制和信息共享机制等具有中国特色的信息沟通机制。

工作组是上级政府根据任务和情势需要下派的具有临时性、机动性等特征的专项任务型组织。工作组机制最早可追溯到帝制时代各种类型的监察御史制度。社会主义革命和建设时期，工作组成为带领开展土地改革、合作化的重要组织机制。改革开放以后，工作组机制被灵活运用到政策执行、监督和应急管理等事务中，工作队、督导组和巡视组等多种形式的工作组频繁出现。工作组自上而下地嵌入可以实现上情下达，推动上级政策的执行和促进下级行为的纠偏。它们还会通过实地调研和听取汇报等方式收集信息，掌握下级的工作情况以实现下情上达，于科层体制之外构筑一条上下级信息互通的有效渠道，克服纵向政府间层级较多造成的信息沟通弊病[①]。

针对因部门分割和专业壁垒产生的信息“孤岛”问题，许多地方政府开始以优化公共服务供给为抓手，围绕建设整体政府和回应政府的目标，建立和完善信息共享机制。它们逐步探索完善数据资源目录体系、数据共享目录规范和数据共享标准，以此为基础推进政务标准化。同时通过加强信息数据资源共享平台建设，强化数据管理部门统筹协调的功能，促进不同部门、层级和区域政府部门数据共享。比如浙江省“最多跑一次”改革就是以区域为单元整合公共服务资源，突破行政区划的壁垒和部门界限，建立政务

① 丁远朋．弹性化治理：“工作组”机制的运行及治理逻辑探究．社会主义研究，2018（1）．

服务、政府信息和公共资源互联互通机制和平台，破解不同部门、层级和区域的服务、信息和功能碎片化问题，为社会公众提供无缝隙的公共服务[①]。

8.5.4　公共管理的利益表达机制

在中国的公共管理情境中，利益表达是指利益主体向政府等公共部门提出利益诉求，希望自身利益得到维护和保障的过程。改革开放后，市场化改革促进了利益主体的分化，利益主体的多元化导致利益诉求的复杂化。建立在科层体制基础上的利益表达机制，因为强调规范化、程序化和非人格化，很难适应和回应多元而复杂的利益诉求。党的二十大报告指出，“健全共建共治共享的社会治理制度，提升社会治理效能。在社会基层坚持和发展新时代‘枫桥经验’，完善正确处理新形势下人民内部矛盾机制，加强和改进人民信访工作，畅通和规范群众诉求表达、利益协调、权益保障通道”[②]。为了缓解科层体制下利益表达机制的缺陷，在长期公共管理实践中形成了群众路线和协商民主等具有中国特色的利益表达机制。

习近平总书记指出：“群众路线是党的生命线和根本工作路线。”[③] 群众路线要求始终保持党同人民群众的血肉联系，在具体实践中包括深入群众、联系群众和动员群众等方法，由此构成了具有中国特色的利益表达机制。深入群众的方法主要有“蹲点”和调研，领导干部需要下基层、进村庄，与群众同吃、同住、同劳动，深入了解群众的生产生活情况以及想法、需求和意见。联系群众的方法是建立联系点，从中央到县乡，各级党政部门以领导挂点、单位帮扶和干部驻村等方式与基层群众建立长期关系。领导干部通过定期走访和长期帮扶、驻村的形式了解联系点群众的所思所想，联系点的群众可以通过该渠道将基层的利益诉求反馈给上级领导或组织。动员群众的方法主要是团结和组织群众中的积极分子，通过少数带动多数，最终实现群众的普遍参与[④]。

在西方学者看来，群众路线强调党员干部与群众经常联系的重要性。群众路线的一个原则是党员干部必须倾听群众的声音，了解他们生活和工作中的问题。另一个原则是“党和群众的双向过程”，即集中群众的智慧和需求形成正确的政策方案和决定，然后通过执行政策方案再反馈给群众。这个国家与社会互动的循环包含利益表达、利益聚集和公众评价等内容。群众路线区别于西方民主的关键方面是党员干部有义务与群众接触，实际上是把群众参与的责任转移给党员干部。集中群众的需求和对现行政策方案的反馈，往往不取决于群众的参与能力。因缺少必要资源而参与能力不足的弱势群体，能够于常规参与渠道之外通过群众路线表达利益诉求[⑤]。

---

① 郁建兴，高翔．浙江省“最多跑一次”改革的基本经验与未来．浙江社会科学，2018（4）.

② 习近平．高举中国特色社会主义伟大旗帜 为全面建设社会主义现代化国家而团结奋斗．人民日报，2022-10-26.

③ 习近平．习近平著作选读：第一卷．北京：人民出版社，2023：121.

④ 欧阳静．简约治理：超越科层化的乡村治理现代化．中国社会科学，2022（3）.

⑤ Alexander Korolev. De-ideologized Mass Line，Regime Responsiveness，and State-society Relations. China Review，2017，17（2）.

习近平总书记指出："协商民主是我国社会主义民主政治的特有形式和独特优势，是党的群众路线在政治领域的重要体现。推进协商民主，有利于完善人民有序政治参与、密切党同人民群众的血肉联系、促进决策科学化民主化……强调在党的领导下，以经济社会发展重大问题和涉及群众切身利益的实际问题为内容，在全社会开展广泛协商，坚持协商于决策之前和决策实施之中。"①

林尚立认为中国共产党追求协商民主的民主政治形态，关键在于中国共产党时刻将中国民主建设与中国的社会现实紧密结合。中国民主政治需要将规模巨大、结构多样化的国家保持内在一体、有机整合的状态，这要求中国的民主制度具有很强的包容性和整合力。经过长期的实践，协商民主呈现出广泛性和多层次的发展势头，不仅从国家层面逐渐走向社会，形成包括政治协商、社会协商和基层协商在内的多层次协商民主，而且逐渐走向经济、社会以及群众生活领域，创造出各种形式的议事会、恳谈会和其他集体协商机制②。协商民主为多元利益主体及其利益冲突，开辟了更规范、更灵活的表达渠道。国家治理体系可以依托协商民主的各种具体机制，汇聚利益诉求和凝聚共识，对多元而复杂的利益冲突有更强的包容性和整合力。

本章小结

公共问题具有公共性、广泛性、可知性、动态性和综合性及现实性等基本属性。社会问题被识别为公共问题通常包括相互关联的问题察觉、问题描述、问题分析和问题界定四个阶段。公共问题的识别为公共管理目标的确定提供了前提，确定公共管理目标则需要遵循公共性、合法性、可行性和系统性等原则。

公共管理运作方案的设计需要遵循信息完备、系统协调、科学预测、现实可行、民主参与和稳定可调等原则。公共管理运作方案的分析通常以政治可行性、经济可行性、技术可行性和行政可行性作为标准。在分析各备选方案的基础上，按照"满意决策"的决策标准，选择一个或者综合出一个最满意的运作方案。

公共管理运作方案的执行主体包括政府部门、非营利组织、私营部门和社区组织。运作方案的执行步骤通常由制订计划阶段、实施准备阶段和具体实施阶段组成。公共问题的特性、运作方案本身的因素和运作方案以外的因素会影响运作方案的有效执行。

公共管理运作方案评估是指按照特定评估标准和程序，通过系统地收集相关信息并运用科学的方法和技术，对运作方案执行活动的进展情况和效果进行评价和总结的过程。根据评估活动涉及的范围、评估主体的来源、评估指标的设计和评估方法或技术，可以把公共管理运作方案评估划分为不同类型。另外效益、效率、充分性、公平、回应性和适当性是比较具有代表性的评估标准。

在公共管理过程中，遵循事本主义的科层体制通常无法有效应对公共管理实践中所面临的复杂而紧迫的问题，所以通过创设或运用动态性的解决机制进行调控很有必要。

---

① 习近平．习近平著作选读：第一卷．北京：人民出版社，2023：170.

② 林尚立．中国共产党与国家建设．天津：天津人民出版社，2017：107－111.

中国的公共管理过程往往面临庞大的治理规模、漫长的行政链条和多元而复杂的利益冲突，为了有效应对这些中国式的治理情境，经过长期的探索和实践，形成了许多具有中国特色的共治机制、统合机制、信息沟通机制和利益表达机制。

关键术语

公共问题　公共问题识别　公共管理目标　公共管理运作方案　运作方案决策　满意决策　渐进决策理论　运作方案执行　公共管理评估　公共管理解决机制　工作组机制　群众路线　协商民主

复习思考题

1. 什么是公共问题？公共问题有哪些基本属性？
2. 公共管理运作方案的设计与分析需要分别遵循哪些原则和标准？
3. 公共管理运作方案执行的三个阶段及其内容是什么？
4. 影响公共管理运作方案执行的因素有哪些？
5. 公共管理运作方案评估的标准有哪些？
6. 公共管理统合机制的主要内容是什么？
7. 如何理解群众路线和协商民主在利益表达中的作用？
8. 案例分析题：请认真阅读案例材料，然后按照要求分析并回答问题。

中国的脱贫奇迹何以造就

2020年是中国发展的重要时间节点：全面建成小康社会的决胜年和脱贫攻坚战的收官年。中国在战胜绝对贫困问题的过程中，呈现出具有中国特色的精准扶贫方案执行模式，彰显了“中国之制”在精准扶贫方案执行中的鲜明优势。精准扶贫方案的有效执行与五个方面机制的支撑密不可分，即自上而下的行政统筹机制；统一调度的财政资金机制；扶贫干部队伍管理机制；贫困村组织建设机制；基于精准考评机制的压力型问责体制。

自上而下的行政统筹机制：自上而下的体制机制以及与行政组织同构的扶贫团队保证了扶贫的合法性与目标的贯彻到底。行政统筹机制对于扶贫工作发起、推动与落实有非常重要的影响。从政策方案发起的角度看，它作为地方行政的中心工作，提高了行政优先级；从政策方案执行的角度看，从行政渠道进入基层村委会的政策更能够获得配合与支持。行政统筹机制还使扶贫工作兼顾了对社会各界的总体动员：以国家的名义和通过行政指令的方式将县级及以上党政企事业单位（部分私营企业）与被扶贫单位进行结对，从而推动扶贫的团队、项目和其他资源的整合。

统一调度的财政资金机制：自上而下统一调度的财政资金分配模式是扶贫资金的主流渠道。中央财政专项扶贫资金项目审批权限下放到县，以强化地方对中央财政专项扶贫资金的统筹。在实践中，中央财政专项扶贫资金引导省级财政资金，以脱贫成效为导向，以脱贫攻坚规划为引领，统筹整合使用相关财政涉农资金，提高了资金使用精准度并根据脱贫成效的反馈进行再调整。

扶贫干部队伍管理机制：行政系统内部具有统一人事权，通过具有社会共识的行政级别、行政待遇，建立了可以全国调度的干部库，为扶贫所需的人力动员和人事支配提供了制度基础和后勤保障。由于行政系统的统一人事权，整个干部劳动力市场的成员可以通过“挂职”“借调”等交流机制跨越行政序列进行流动。在扶贫工作中，自上而下选派的驻村干部通常被任命为第一书记。第一书记扶贫制度是中国行政集中人事权优势的典型体现，它可以确保在人事待遇上充分调动和激励驻村干部。驻村干部制度虽然借助常规的科层体制，却是重新组建的扶贫团队，采取非科层制的方法来推进扶贫工作。这样既利用了原有的行政优势，又避免了科层体制的某些弊端。

贫困村组织建设机制：贫困村的组织建设提升了扶贫政策的底层执行力。村级组织建设工作可总结为四点：外援进入、优选支书、强化组织和资金助力。驻村干部进入村庄，全面参与村级组织的各项工作；加强并优选配置贫困村的党组织书记，积极推进党组织建设；驻村干部紧密依靠基层党组织和自治组织，与村两委干部一起研究制订和实施相关脱贫计划，促进村级事务公平公正公开；保障村组织工作经费和必要支出，利用多项财政政策支持村组织有效运转。

基于精准考评机制的压力型问责体制：序列整齐的科层体制为横向的精准比较甚至排序、打分奠定了基础，这易于形成比较广泛和有效的压力型问责体制。在精准扶贫方案执行中，信号和反馈系统贯穿整个运行机制。信号系统是指以数字为计量核心、以建档立卡为实施手段，将治理对象、治理行动和治理效果予以量化，将治理任务分解为若干个扶贫指标，再以年度考核和总考核的形式，校验县级政府和帮扶单位是否完成省扶贫办的考核要求。反馈系统是指通过指标分解，将扶贫任务精确落到各个项目，并且建立相应的评分细则；从年考核到日常考核，建立责任倒逼机制；通过量化考核来实现对镇村干部的行政督导，根据责任书对扶贫工作进行考核，敦促扶贫等基层相关行政事务。这个结果又反馈到前面的行政统筹机制、财政资金机制、扶贫干部队伍管理机制及贫困村组织建设机制中。

资料来源：王雨磊，苏杨．中国的脱贫奇迹何以造就?：中国扶贫的精准行政模式及其国家治理体制基础．管理世界，2020（4）.

问题

（1）请结合公共管理问题运作方案执行的内容，分析中国精准扶贫政策方案何以得到有效执行。

（2）请结合公共管理问题解决机制的内容，分析中国精准扶贫政策方案执行过程中运用了哪些中国特色的解决机制。

《本章阅读书目》

1. 谢明．公共政策分析．3版．北京：首都经济贸易大学出版社，2018.

2. 张康之，郑家昊．公共管理学．2版．北京：中国人民大学出版社，2019.

3. 林尚立．中国共产党与国家建设．天津：天津人民出版社，2017.

4. 卡尔·帕顿，大卫·沙维奇．公共政策分析和规划的初步方法．北京：华夏出版社，2002.

第9章

公共危机管理

本章导读

由于各种传统风险和非传统风险急剧增加、相互交织，自然灾害、事故灾难、公共卫生、社会安全等各种公共危机事件频繁发生，严重威胁到人类社会的生存和发展。公共危机管理是政府执政能力和社会合作效能的直观反映，会直接影响民众对国家和政府的信任和支持。因此，如何有效地应对公共危机，做到事前充分预防，事发提前预警，事中有效处置，事后有序恢复，尽力将公共危机的危害程度降到最低，是政府所面临的重要而紧迫的任务。2003年“非典”疫情以后，我国逐步建立起比较完善的现代公共危机管理体制和机制，随着我国发展进入战略机遇和风险挑战并存、不确定难预料因素增多的时期，我们必须增强忧患意识，坚持底线思维，做到居安思危、未雨绸缪，借鉴世界各国公共危机管理的经验，建立大安全大应急框架，完善公共安全体系，不断健全公共危机管理的体制、机制和法治，提高防范化解重大风险能力，切实维护国家安全和社会稳定，充分保障人民群众的生命财产安全。

重点问题

- 危机、公共危机的基本内涵
- 危机管理、公共危机管理的基本内涵
- 公共危机管理的基本过程
- 公共危机管理的机制

知识结构图

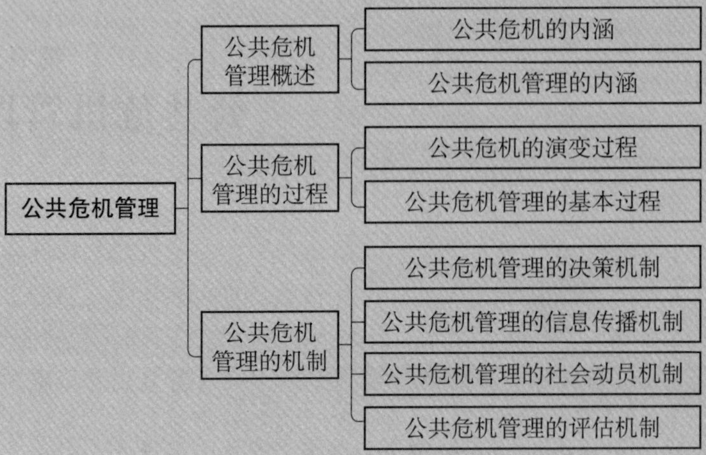

9.1 公共危机管理概述

9.1.1 公共危机的内涵

1. 公共危机的含义

（1）危机的含义。危机与人类社会相伴而生，人类的文明发展史就是一部危机应对史。中文“危机”一词包含危险和机遇之义，是指“潜伏的祸机”或“生死成败的紧要关头”。英文中“危机”（crisis）的概念最初源于希腊语，主要被应用于医学领域，是指疾病变化的转折点，后被普遍用来描述事物发展的变化转折，是组织命运“转机与恶化的分水岭”[①]。18—19 世纪，“危机”概念逐步被引入政治领域，指政治体制或政府面临的紧急状态[②]。20 世纪五六十年代，现代系统性、专门化危机管理研究开始形成，研究领域包括国际冲突、自然灾害、技术灾难等。

综合国内外学者关于危机的定义，我们认为，危机是指由内外部因素所引起的，可能会损害人的生命财产安全、威胁组织的生存和发展的紧急状态。

（2）公共危机的含义。所谓公共危机，是指由社会内外部因素所引起的，可能会损害人民的生命财产安全、威胁社会价值和社会秩序的紧急状态。

关于危机和公共危机的概念，不同国家的用语习惯不同。美国、英国等国家常用“紧急事件”，日本、德国等国家使用“危机”，中国政府常用“突发事件”。公共管理学

① 斯蒂芬·芬克．危机管理．台北：经济与生活出版事业公司，1987：3.
② 张小明．公共部门危机管理．北京：中国人民大学出版社，2006：11.

者习惯使用“公共危机”。

2. 公共危机的特征

（1）危机的一般特征。危机是一种非常态情境，具有突发性、破坏性、扩散性和不确定性等特征。

1）突发性。危机的突发性是指危机爆发的突然性和紧急性。危机的发生是一个从量变到质变的过程，未达到质变时具有一定的隐匿性。从表面来看，危机的爆发比较突然，具有一定偶然性，其实它只是危机因素积聚的必然结果。

2）破坏性。危机的破坏性是指危机结果的威胁性或危害性，主要涉及危机的影响后果。危机尤其是重大危机一旦爆发，可能会直接威胁组织的价值规范和基本结构，对生命、财产、秩序、环境等造成危害。如1918—1919年爆发的西班牙型流行性感冒，是由甲型流感病毒H1N1引起的，造成全球约5亿人感染（感染率达5%），2 500万～4 000万人死亡，全球平均致死率为2.5%～5%（一般流感致死率约为0.1%），这场疫情对人类历史进程产生了重大影响。

3）扩散性。危机的扩散性是指危机爆发后会引起一系列“连锁反应”或“涟漪反应”[①]，进而造成次生危机或衍生危机。比如，地震会引发泥石流、海啸等其他危机，也会造成传染病疫情传播，食物、水等基本生存物资短缺还会引起暴力犯罪，造成政府信任危机。

4）不确定性。危机的不确定性是指在“蝴蝶效应”的作用下危机的发展难以预料或预测。所谓“风起于青萍之末”，重大危机往往酝酿于细微之间，南美洲亚马孙热带雨林中的一只蝴蝶扇动几下翅膀，可能会在几周后引起美国得克萨斯州的一场龙卷风。

（2）公共危机的主要特征。公共危机除了具有突发性、破坏性、扩散性和不确定性等危机的一般特征外，还具有公共性、复合性、政治性等特征。

1）公共性。公共性是指公共危机的威胁和影响具有一定的社会性，不仅会损害受灾民众的生命财产安全，也可能威胁社会的价值规范和基本秩序，需要以多元主体共治的合力应对公共危机。

2）复合性。生命本就是一种典型的复杂适应系统（CAS）[②]，人类进入工业社会以后，各种风险因素相互叠加，社会系统自身的脆弱性和内在缺陷却并未同步改善，危机的不确定性和威胁性也越来越大。危机爆发后，在各种致灾因子的相互作用下，单一的原生危机很容易引发次生危机和衍生危机，进而演变成跨界危机和跨区危机。

3）政治性。公共危机会严重损害人民的生命财产安全、威胁社会的价值规范和基本秩序，是对政府执政能力的重要考验，如果处置不当，就会造成政府信任危机，进而引发对政府及公职人员的政治问责。

3. 公共危机的类型

危机的诱因和特点不同，危机的类型也多种多样。公共危机的诱因主要包括自然因

① 罗伯特·希斯：危机管理．北京：中信出版社，2001：18－19.

② 复杂适应系统（CAS）是指系统在与外部环境交互作用过程中，通过自适应改变系统本身的组织结构和行为特性，从而不断地演化形态而生存、繁衍和发展。

素、人为因素和混合因素（自然、人为因素交互作用）。在现代风险社会，各种风险因素相互叠加、共同作用，危机的复合性、跨界性和破坏性特点更加凸显。

2007年11月1日，中国第一部综合性应急管理法律《突发事件应对法》颁布实施。《突发事件应对法》对突发事件的定义和类型作了明确界定："本法所称突发事件，是指突然发生，造成或者可能造成严重社会危害，需要采取应急处置措施予以应对的自然灾害、事故灾难、公共卫生事件和社会安全事件。"按照《突发事件应对法》，可以将突发事件分为四种基本类型（见表9-1）。

表9-1 公共危机的类型及示例

类型	示例
自然灾害	洪水、大雪、地震、飓风、旱灾、泥石流等
事故灾难	污染、爆炸、火灾、核泄漏、交通事故等
公共卫生事件	食物中毒、药品安全、传染病、动植物疫情等
社会安全事件	游行、示威、骚乱、战争、恐怖袭击等

在我国，根据《突发事件应对法》相关规定，按照突发事件的性质、危害和影响等因素，根据分类管理、分级负责的原则，可以将突发事件分为四级，分别由国家、省、市、县等四级政府负责统一领导和应急响应（见表9-2）①。

表9-2 中国公共危机的四级预警系统

颜色	级别	影响范围	负责政府
红	Ⅰ级（特别重大）	规模极大，后果非常严重，影响范围超出一省	国家、省、市、县
橙	Ⅱ级（重大）	规模较大，后果比较严重，影响范围超出一市	省、市、县
黄	Ⅲ级（较大）	规模大，后果严重，影响范围超出一县	市、县
蓝	Ⅳ级（一般）	规模一般，后果一般，影响范围在一县之内	县

9.1.2 公共危机管理的内涵

1. 公共危机管理的含义

（1）危机管理的含义。危机管理是对危机的反应和应对过程，完整的危机管理概念包括危机管理的主体、内容、目的、方式等方面。

所谓危机管理，是指危机管理主体为了保障人的生命财产安全和组织生存发展，通过应急性和常态化并重的方式，综合使用法律、行政、经济、技术、思想等多种手段对危机进行预防、预警、处置和善后的连续过程。

（2）公共危机管理的定义。公共危机的威胁性更大、影响面更广、渗透性更强，公共危机管理的主体、内容、目的、方式等方面都与个人危机和企业危机等一般性危机有所不同。

① 汪大海．公共管理．北京：中国人事出版社，2011：341-342.

所谓公共危机管理，是指政府、企业、非政府组织和公民等多元主体，为了保障人民的生命财产安全、维护价值规范和社会秩序，通过应急性和常态化并重的方式，综合使用法律、行政、经济、技术、思想等多种手段进行预防、预警、处置和善后的连续过程。

2. 公共危机管理的特点

危机爆发突然、发展迅速、威胁性大，危机管理具有时间紧急、资源稀缺、认知有限、决策渐进、管理分段等特点。由于公共危机的诱因更复杂、威胁更严重、影响更深远，因而公共危机管理还具有管理主体的多元化、管理内容的双重性等其他特点。

（1）公共危机管理主体的多元化：政府、企业、非政府组织和公民多元合作。公共管理的主体是多元化的，除了常规管理之外，政府和其他管理主体还要居安思危、合作应对可能出现的各种公共危机。

1）政府是公共危机管理的主导者。公共危机管理是检验政府执行力，评判国家动员力，衡量民族凝聚力的重要标准。政府作为公权力的行使主体，掌握着其他社会组织所不具备的法律赋权、资源保障、组织基础和强制手段，是公共危机管理的主导者，要树立正确的危机意识，切实承担起公共危机管理的权威角色和主体责任。

2）企业是公共危机管理的参与配合者。企业作为社会财富的主要创造者，掌握丰富的资金、人才、物资、技术、组织等资源，在应急物资生产、专业设备研发、灾害保险、基本生命线保障、慈善捐赠等方面，可以有效弥补政府危机管理能力的不足。

3）非政府组织是公共危机管理的参与实施者。非政府组织（NGO）又称为第三部门，是一种社会自组织体系，能够有效弥补市场缺陷和政府缺陷，它直接面向社会基层，具有公益性、灵活性、专业性等优点，在社会救助、灾害救援、应急处置、危机沟通、慈善捐赠、心理干预、善后重建等方面都可以承担重要责任。

4）公民是公共危机管理的必要参与者。民众是危机的直接受害者，危机状态下群体的非理性情绪极易相互传染，导致抢购、抵制、抢劫、骚乱、暴动等非理性行为。但民众也具有奉献精神和参与意识，经过有效引导、合理培育和充分动员，可以充分发挥其主动性和专业性，进而减少其消极性和威胁性。赢得公众的大力支持，可以增强公共危机管理的合力。

（2）公共危机管理内容的双重性：应急性与常态化并重。2016年7月28日，习近平总书记在唐山调研考察时指出，要总结经验，进一步增强忧患意识、责任意识，坚持以防为主、防抗救相结合，坚持常态减灾和非常态救灾相统一，努力实现从注重灾后救助向注重灾前预防转变，从应对单一灾种向综合减灾转变，从减少灾害损失向减轻灾害风险转变，全面提升全社会抵御自然灾害的综合防范能力①。

危机是一种偏离社会正常轨道的非常状态，是外部风险因素和组织内在脆弱性共同作用的产物。用公式来表示就是：危机＝风险因素×组织脆弱性。外部风险因素是外因，是危机发生的必要条件而非充分条件，而组织内在的脆弱性和缺陷是内因，公共危机管理要从减少外部风险因素以及降低组织内在脆弱性这两个方面同时入手。

---

① 习近平在河北唐山市考察．(2016-07-28)．http://cpc.people.com.cn/n1/2016/0728/c64094-28593171.html.

1）从危机预警和应急处置方面来看，公共危机管理的内容具有应急性。公共危机具有突发性、破坏性等特征，如果应对失误或不当，就会导致危机蔓延，造成生命财产损失和社会秩序破坏，因而公共危机管理者不能依据常规程序充分论证、依循常态，要迅速作出应急决策，快速启动应急预案，开展应急处置和紧急救援。

2）从降低组织内在脆弱性和减少外部风险因素方面来看，公共危机管理的内容具有常态性。我们无法预测危机会在何时、何地、以何种方式发生，但能够从降低组织内在脆弱性和减少外部风险因素这两个方面做好危机的常态化管理。组织内在脆弱性主要是指组织中的个人或事物相对于外部风险因素的易损性，包括物理脆弱性、社会脆弱性、经济脆弱性、环境脆弱性①，分别涉及组织的物理空间、社会系统、经济状况和生态环境。人类社会是一种典型的复杂适应系统（CAS），社会组织各子系统之间相互联系、相互影响，需要前瞻思考和系统思维，从改善物理生存空间、促进经济良性发展、优化社会生活秩序和加强生态环境保护等多方面综合考虑，有效降低社会系统的内在脆弱性。从减少外部风险因素来看，自工业社会以来，人类不仅面临各种传统风险，还要面对技术、制度等带来的各种非传统风险，我们可以从增强环保意识、加强环境保护、维护社会公平、强化各方合作、共建人类命运共同体等方面，尽力减少或消除各种传统风险和非传统风险的威胁。

9.2 公共危机管理的过程

贫富分化、宗教冲突、民族矛盾、经济崩溃、生态危机、核战威胁等种种风险因素，为人类勾画出充满风险和不确定性的前景和未来②。在现代社会，风险因子和公共危机的发生发展不同于传统社会，必须准确把握公共危机的演变过程，构建一套适应风险社会的危机应对机制，不断强化风险预防、应急管理以及国际合作能力，兼顾危机管理的应急性与常态化，以有效应对各种风险和危机。

9.2.1 公共危机的演变过程

1. 公共危机的发生机理

就像生物体一样，危机也有自己特殊的生命周期，从爆发到消失有一个发生、发展、衍生和衰亡的完整演变过程。

公共危机事件的发生机理是指某一风险因素由量变到质变达到一定临界点而最终导致危机发生的原理。不同类型的公共危机诱因不同，具体发生机理也不尽相同。但是，不同类型的公共危机有共同的发生机理，是一个风险因素由量变到质变的发展变化过程，即酿成公共危机的风险因素是逐渐积累的，由于社会缺陷或脆弱性，这一过程事先并未被有效控制，达到一定程度后就产生质变，从而导致公共危机产生。公共危机是事物内

---

① 王宏伟．公共危机管理概论．2版．北京：中国人民大学出版社，2021：14.

② 汪大海．公共管理．北京：中国人事出版社，2011：339.

部矛盾由量变到质变的产物，但它是外因诱发的，而这种外因何时、何地、以何种方式出现有着很大的偶然性，这就决定了公共危机发生的时间、态势、影响、规模很难预测。

以火灾为例，火灾是易燃物质在一定的助燃环境下，温度达到燃点（即危机临界点）而发生燃烧引起的。燃烧现象的发生往往需要三个条件：一是可燃物，如木材、天然气、石油等；二是助燃介质，如氧气、氯酸钾等氧化剂；三是温度达到最低燃点。当这三个条件同时具备并相互作用时，不论固态、液态还是气态的可燃物质，就会燃烧。

2. 公共危机的发展机理

从性质上来看，公共危机可以分为利益一致性危机（如自然灾害）和利益冲突性危机（如恐怖袭击）。一般来说，自然灾害、安全事故及公共卫生事件多为利益一致性危机，其演进过程为：致灾因子与脆弱性—风险—突发事件——致性危机—灾害。社会安全事件则属于利益冲突性危机，其演进是非线性的，演变过程为：社会矛盾与纠纷—社会冲突—社会安全危机—社会安全灾难[①]。虽然二者的生产、发展、演变机理有所不同，但是这种划分不是绝对的。

3. 公共危机的衍生机理

公共危机具有高度的不确定性和易变性，往往一个公共危机现象在其发展过程中会引起一连串的相关反应，即“涟漪反应”或“连锁反应”，进而产生次生危机和衍生危机，形成危机的连续状态，这就是公共危机的衍生过程。各种危机之间，以及危机与外部环境因素之间会相互作用，形成某种“耦合”现象，使得危机的性质、程度发生改变。“屋漏偏逢连夜雨”就是现实社会生活中一种典型的“耦合”现象。当然，各类危机诱发因素在危机发生发展过程中是否发生耦合，需要具体分析，以免因误判导致应急决策失误。

比如，2009年3月底，一种新型流感病毒在北美地区爆发，因产生巨大的危害而引起民众和政府的关注，但是该病毒的防疫研究未能跟上病毒的蔓延步伐，致使病毒在全世界散播开来，全球患病人数剧增，产生了严重后果。

9.2.2　公共危机管理的基本过程

关于危机管理过程，综合学者的研究，总体上可以划分为五种类型：两阶段模式（危机前阶段和危机阶段）、三阶段模式（危机前、危机中和危机后）、四阶段模式（希斯的“4R”模型，即减少、预备、反应和恢复）、五阶段模式（米特洛夫等的五阶段模型：信号侦测、准备与预防、损失控制、恢复和学习）以及六阶段模式（奥古斯丁将危机管理分为六个阶段，即危机避免、危机准备、危机确认、危机控制、危机解决和从危机中获利）等[②]。借鉴学界关于危机管理的阶段划分，根据公共危机的内在本质和外显特征，我们将公共危机管理分为公共危机预防、公共危机预警、公共危机控制和公共危机解决等四个主要阶段。

---

① 王宏伟．公共危机管理概论．2版．北京：中国人民大学出版社，2021：18.

② 汪大海．公共管理．北京：中国人事出版社，2011：342.

1. 公共危机预防阶段

预防与应急准备，是确保突发事件应急管理机制有效的基础。主要应对措施包括：

（1）评估各种风险因素，建立健全应急预案体系。各级各地政府要制定并适时修订相应级别的总体应急预案、部门应急预案和专项应急预案，应急预案要根据相关法律法规的规定，针对危机的性质、特点和社会危害，具体规定应急管理工作的组织指挥体系与职责以及危机预防与预警机制、处置程序、应急保障措施和事后恢复与重建措施等内容。

（2）完善落实风险评估和安全管理制度。城乡规划应当符合预防、处置突发事件的需要，统筹安排所需设备和基础设施建设，合理确定应急避难场所。各级政府要对本辖区的危险源进行调查、登记和风险评估，定期检查、监控，并责令相关单位采取安全防范措施。各级政府和相关单位要加强治安、安全管理，及时排解矛盾纠纷、消除安全隐患。

（3）加强危机管理的宣传、教育、培训和演练。各级政府、各级各类学校和新闻媒体应当加强应急管理的宣传教育、培训演练，培养公众的安全意识、自救与互救能力。县级以上政府及相关部门应当整合资源，建立综合性或专业性应急救援队伍，配备必要的装备和器材，购买人身意外伤害保险。人民解放军、武警部队也应当有计划地组织开展应急救援的专门训练。

（4）强化应急中心建设和应急保障工作。各级各地政府应建立应急中心，加强指挥中枢的应急指挥和协调能力。要采取必要措施，切实做好应对公共危机的人力、物力、财力、交通运输、医疗卫生、通信保障、保险事业及科技支撑等应急保障工作，保证应急救援工作的需要和灾区群众的基本生活。

2. 公共危机预警阶段

早发现、早报告、早预警，是有效处置突发事件的必要前提。应在前期预防与监测基础上，应尽早识别、初步判断公共危机的性质、类别、范围、强度等，及时向公众发布预警信息，持续监控事态发展，由现场人员采取先期处置措施。具体措施包括：

（1）建立危机管理信息系统。相关部门应当在居委会、村委会等基层单位建立专职或兼职信息报告员，并通过多种途径搜集突发事件信息。应当建立统一的公共危机管理信息系统，汇集、存储、分析、传输相关信息，并与上、下级政府和有关部门的信息系统互通互联，实现跨部门、跨地区的信息交流与情报合作。

（2）完善公共危机报告制度。政府相关部门应当及时汇总、分析突发事件隐患和预警信息，必要时组织专家、学者进行会商，对突发事件发生的可能性及影响进行评估，及时向上级政府和有关部门报告、通报，做到及时、客观、真实，不得迟报、谎报、瞒报、漏报。

（3）健全公共危机监测制度。应当根据突发事件的种类和特点，建立健全基础信息数据库，完善监测网络，划分监测区域，确定监测点，明确监测项目，提供必要的设备、设施，配备专职或兼职人员，对可能发生的突发事件进行监测。

（4）建立公共危机预警制度。突发事件按照发生的紧急程度、发展态势和可能造成的危害程度分为四级，分别用红、橙、黄、蓝四色表示，预警级别的划分标准由国务院或者国务院确定的部门制定。县级以上各级地方政府要根据有关法律法规的规定，公开发布相应级别的警报，决定并宣布有关地区进入预警期，同时向上一级政府报告，必要时可越级上报，并向当地驻军、可能受到危害的相关地区政府通报，同时采取相应的措施，包括启动应急预案、加强监测、搜集信息、发布警告、实施先期处置等。

完整的危机预警过程包括：风险监测——采用现代科学技术，实时监测风险要素，将精确数据传输给危机管理者；风险评估——危机管理者根据风险数据，结合社会系统的脆弱性分析，评估风险等级，判断警报发布临界点；警报发布——预警信息要通用、专业且容易被公众理解和接受，利用多种信息传播渠道，将警报精准发送给应急响应者和危机受众；应急响应——确保危机受众收到预警信息，并采取应急响应行动。

3. 公共危机控制阶段

要迅速作出应急决策，启动应急预案，实施应急处置，在最大程度上确保公众的生命和财产安全。大量灾难事故统计表明，“人员死亡80%发生在事发最初2小时内，是否在第一时间实施有效救援，决定着突发事件应对的关键”①。具体应急处置和控制措施包括：

（1）应急处置措施。相关政府或部门要针对危机的性质、特点或危害程度，立即组织有关部门，调动应急救援队伍或社会力量，依照《突发事件应对法》和其他相关法律法规的规定，采取相应应急处置措施，包括人员救助、事态控制、重点公共设施的保护、市场秩序的维护等。

（2）应急保障措施。当突发事件严重影响经济社会正常运行时，相关政府和部门可以采取必要保障措施，包括启用财政预备费或储备物资、征用物质或设施、请求支援、要求事发地相关单位支持与配合等，保障人民群众基本生活需要，最大限度地减轻突发事件的影响。

（3）危机信息管理。相关政府或部门应当按照有关规定，统一、准确、及时发布有关突发事件事态发展或应急处置工作的信息。任何单位或个人不得编造、传播有关突发事件事态发展或应急处置工作的虚假信息。要提升领导者的应急管理能力、应急决策能力，强化责任担当，做好信息公开和公众沟通，并妥善做好心理干预与建设，尽力消除危机给相关民众造成的心理危机。

4. 公共危机解决阶段

公共危机的威胁和危害基本得到控制或消除后，要适时宣布应急结束，积极开展事后恢复与重建工作，尽快恢复生产、生活、工作和社会秩序。具体善后措施包括：

（1）适时结束应急状态，严防次生、衍生危机。公共危机的威胁和危害得到控制或消除后，应当适时停止相关应急处置措施，同时继续进行后期监控，避免危机情势死灰复燃，防止发生次生危机和衍生危机。

（2）进行调查论证和损失评估，制订恢复重建计划。应急处置工作结束后，应当立即进行损失评估，组织受影响地区尽快恢复生产、生活、工作和社会秩序，制订恢复重建计划，并向上级政府报告或请求支持。上级政府应当根据受影响地区的实际受损情况，提供资金、物资和技术支持或指导；国务院根据受影响地区的受损情况，制定扶持该地区有关行业发展的优惠政策。

---

① 蔡立辉，王乐夫．公共管理学．3版．北京：中国人民大学出版社，2022：320.

(3) 做好善后处理工作，消除潜在矛盾和纠纷。受影响地区政府应当根据本地区遭受损失的情况，制订救助、补偿、抚慰、抚恤、安置等善后工作计划并组织实施，妥善解决处置突发事件引发的矛盾和纠纷。公民参加应急救援工作或者协助维护社会秩序期间，其在本单位的工资待遇或福利不变；表现突出、成绩显著的，由县级以上政府给予表彰或奖励。

(4) 开展事件调查和评估，积极进行反思学习。要及时查明公共危机的发生经过和原因，总结应急处置工作的经验和教训，制定整改措施，厉行责任追究，并向社会公开事件调查报告。要积极开展教育、培训和演练，进行组织变革。

案　例

天津港“8·12”瑞海公司危险品仓库特别重大火灾爆炸事故

一、事故基本情况

2015年8月12日，位于天津市滨海新区天津港的瑞海公司危险品仓库发生爆炸，事故造成165人遇难，8人失踪，798人受伤，304幢建筑物、12 428辆商品汽车、7 533个集装箱受损，直接经济损失68.66亿元。

二、事故直接原因

8月18日，国务院成立事故调查组。认定事故直接原因：瑞海公司危险品仓库内硝化棉由于湿润剂散失出现局部干燥，在高温（天气）作用下分解放热、积热自燃，引起其他危险化学品长时间大面积燃烧，导致仓库内的硝酸铵等危险化学品发生爆炸。

三、事故主要教训

（一）事故企业严重违法违规经营，安全管理混乱。

（二）有关地方政府安全发展意识不强，违法审批、监管失职。

（三）有关地方和部门违反法定城市规划，对违反规划的行为失察。

（四）有关职能部门有法不依、执法不严，有人贪赃枉法。

（五）港口管理体制不顺，安全管理不到位。

（六）危险化学品安全监管体制不顺、机制不完善，难以实现对危险化学品全时段、全流程、全覆盖的安全监管。

（七）危险化学品安全管理法律法规标准不健全，国家缺乏统一的危险化学品安全管理专门法律。

（八）危险化学品事故应急处置能力不足，应急救援队伍和装备不足。

资料来源：天津港“8·12”瑞海公司危险品仓库特别重大火灾爆炸事故调查报告公布.(2016-02-05). https://www.gov.cn/xinwen/2016-02/05/content_5039785.htm.

9.3 公共危机管理的机制

机制一般指机体的构造、功能、原理或规律，泛指一个系统的组织或部分之间相互作用的过程和方式。为了有效应对公共危机，要准确把握公共危机管理的机制，包括决策机制、信息传播机制、社会动员机制和评估机制等。

9. 3. 1　公共危机管理的决策机制

1. 公共危机决策的内涵

公共危机决策是指在政府主导下，社会团体、公众和新闻媒体共同参与，在有限的时间、资源、人力等约束条件下，对公共危机产生的原因、范围、后果及利益相关者需求等相关因素综合考量的基础上，为以最快的速度解决公共危机，从多种可能的备选方案中加以选择和决断的非程序化过程。

管理学家西蒙指出，管理就是决策。公共危机决策贯穿公共危机管理全过程，目的是以最快速度、最小成本控制公共危机，最大限度地保护人民的生命财产安全。决策主体多元化是公共危机决策科学、有效的重要保证，主要包括政府、社会团体、公众和新闻媒体等。

公共危机决策是一种典型的非常态决策，具有非程序化、信息不对称、高风险性和决策资源有限性等特点，需要决策者适当简化决策程序，抓住关键步骤，做好人员、物质、技术和组织准备，更多依靠直觉和经验来果断决策。

公共危机决策要遵循以人为本、及时性、合法性和权变性等原则，坚持科学决策、民主决策、依法决策，始终把人民的生命安全放在首位，采用快速决策、专家紧急咨询、群体决策等方法，依法迅速作出决策，并审时度势适时调整决策目标和计划。

公共领域的决策者经常面对大量需要迅速解决的重要政策问题，相关政策分析者和政策规划者要在有限时间、少量资金和有限资料的约束下得出研究成果，这种分析叫做“快速、初步分析”。卡尔·帕顿和大卫·沙维奇在《公共政策分析和规划的初步方法》中把快速、初步分析的过程分为六个步骤：认定及细化问题、建立评估标准、确认备选政策、评估备选政策、展示和区分备选政策以及监督政策实施（见图 9 - 1）。

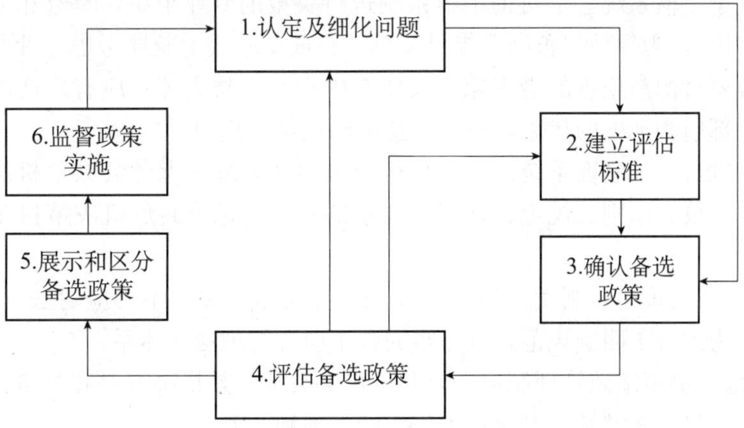

图 9 - 1　快速、初步分析的基本过程

资料来源：卡尔·帕顿，大卫·沙维奇．公共政策分析和规划的初步方法．北京：华夏出版社，2002：43 - 53.

2. 公共危机决策体系

公共危机决策体系包括中枢系统、信息系统、咨询系统、制度系统，其中，中枢系统是核心，信息系统是基础，咨询系统是辅助，制度系统是保证。

（1）公共危机决策中枢系统。公共危机决策中枢系统是指按照有关法律法规，在危机状态下拥有最终决定权并承担相应责任的决策者和决策机构。中枢系统是公共危机决策系统运转的核心，也是一切公共危机决策活动的中心。

1）决策者。决策者是公共危机决策系统的核心，主要任务是对危机发展态势作出判断，确认危机性质，找出危机原因，制定相应对策，监测危机态势，适时调整相关措施。决策者的素质是关键，包括政治素质、知识素质、专业素质、能力素质和个性心理素质等。

2）决策机构。危机决策机构是决策方案的组织者、参与者、拟订者和执行者，主要职责是为决策者提供决策所需信息和专业咨询、执行决策方案以及反馈执行信息，分为常设机构和非常设的临时机构。

（2）公共危机决策信息系统。信息是公共危机决策科学化的前提和基础，信息系统是决策系统的基础，具有信息收集与处理、信息传播与发布等基本职能。

1）信息收集与处理机制。决策者应及时、准确地收集危机的性质、起因、发展、影响、受众等相关信息，要遵循“报忧不报喜”、“宁快毋慢”、“允许越级”以及“核实”等原则。通过设立危机信息处理与分析中心，将经过科学处理的有效信息传递给最高指挥机构。

2）信息传播与发布机制。建立全媒体中心，完善新闻发言人制度，及时召开新闻发布会，公开危机管理相关信息，保障公民的知情权和监督权，从而杜绝谣言传播、减少社会恐慌、提升政府公信度。

（3）公共危机决策咨询系统。公共危机决策咨询系统，又称智囊团、脑库或思想库，主体是专家学者、社会组织或特设的机构，分为内部咨询机构和外部咨询机构。内部咨询机构属于官方机构，外部咨询机构是指具有法人资格、接受任何委托者咨询的机构。咨询系统独立于中枢系统，是协助中枢系统进行决策的专业组织，具有相对独立性，主要作用是“多谋”，为领导“善断”提供基础。在成员构成上既要考虑专业性，又要打破部门界限；既要有德高望重的老专家，又要有中青年优秀人才；应有广泛的代表性，不仅要吸收有关部门和地方的代表，还要有持不同意见的代表。

（4）公共危机决策制度系统。公共危机决策制度系统是保障公共危机决策机制高效运行的法律、政策、原则、规定、程序等要素的总和，是公共危机决策机制运行的基本依据。

1）公共危机决策运行制度。2007 年我国颁布实施《突发事件应对法》，对应急决策和应急管理行为进行了明确规范，进一步完善了应急管理法律体系。

2）公共危机决策绩效管理制度。公共危机决策绩效是指决策者和决策机构在危机决策中的业绩、效果、效益及其在决策工作中的效率和效能。

3）公共危机决策监督制度。合理的决策过程监督对于保持危机沟通顺畅、保证政府行为合法合理、控制危机发展走向都具有重要意义，要通过制度化监督提高决策者发现、解决问题的能力，从而提高政府的危机决策水平。

4）公共危机决策问责制度。公共危机决策问责形式包括道德责任、政治责任、法律责任等三个方面。道德责任的主要内容是保障人民的生命财产安全和国家安全。政治责任是指决策者在决策中因违法、违规、违纪行为直接导致人民生命财产或公共利益损失而应该承担的责任。法律责任是指决策者由于违法或决策不当而应承担的法律后果。

9.3.2 公共危机管理的信息传播机制

1. 公共危机信息传播的内涵

（1）公共危机信息传播的含义。传播是指个人、组织、社会之间信息双向传递、接受、共享和沟通的过程，包括信息传递、双向交流和信息共享。公共危机信息传播是指针对特定危机议题，个人、组织与公众之间进行的信息交流和传播过程，重在向公众传播危机情况、稳定社会情绪、调动社会力量参与危机应对。

自从人类诞生以来，就产生了传播行为。在现代信息社会，信息需求、传播效率、受众数量、实时互动等方面都不同以往，大众传播、组织传播、人际传播、会议传播、国际传播等各种传播方式各有特色、互有长短，它们不是相互取代的关系，而是在信息传播的数量、质量、速度、范围、效果上相互补充、相互融合。应根据实际情况选择传播类型，以取得最佳的传播效果。

（2）公共危机信息传播的特点。随着网络传播和通信技术的发展，信息传播呈现出全通道、全方位、立体化、真假混杂等特点。公共危机信息传播属于非常态传播，与常态传播相比，公共危机信息来源广、版本多、时间快，呈现出常规信息过剩而危机信息不足、虚假信息泛滥而真实信息缺乏等复杂特点。

1）政府不再是信息传播的单一主导者。网络社会有着与传统社会不一样的权力结构，这种平面式、去中心化的结构使得任何信息节点都不可能成为信息垄断者。网络化时代信息来源的多元化、传播主体的分散化打破了政府作为单一信息传播者的地位，政府的话语垄断权力被平等互动的对话解构了。

2）现代媒体在危机信息传播过程中的作用巨大。现代媒体是瓦解传统社会中政府传播主导地位的根本力量，对政府的垄断权力造成巨大冲击。大众媒体成为信息来源渠道和议程设置的重要推手，是危机事件中各方利益的角力场。媒体报道会产生“扩音器”作用，并塑造大众对事件发展和政府形象的认知。

3）互联网成为危机信息传播的主要平台。互联网集开放性与公平性、虚拟性和现实性等于一身，已经成为承载社会现实议题的公共平台。威廉·达顿将互联网的传播和参与构成的“亲社会网络”称为“第五权力阶层”[①]。网络时代打破了信息传播的旧有模式，使得信息散播更广泛、更深入、更快捷、更低廉、更真假难分，网络的应用创造了一个全新的危机传播领域，给政府应急管理带来了巨大压力。

---

① Dutton W. The Fifth Estate：Through the Network（of Networks）. http：//people. oii. ox. ac. uk/Dutton/wp-content/uploads/2007/10/5th-estate-lecture-text. pdf.

4）危机信息在网络媒体与传统媒体之间的互动性加强。网络是现实危机议题的放大器，容易形成传统媒体与网络媒体之间的舆论共振。网络从源头上影响了新闻媒体的选择机制，有些议题因网民直接发布，进而引发更多网民围观，再通过传统媒体的关注、转载或深度报道而转变成新闻媒体议题，反过来进一步引发网民热议，这在一定程度上又为新闻媒体设置了议程，社会影响迅速扩大，最终成为危机形成的舆论基础。

2. 公共危机信息传播管理

英国学者迈克尔·里杰斯特（Michael Regester）指出："只有进行有效的传播管理，才能进行有效的危机管理。"从信息管理的角度看，公共危机信息传播管理除具备强制性、目的性和互动性等一般信息传播管理的特点外，还具有传播时间的制约性、传播导向的艰巨性、传播对象的广泛性以及传播协调的紧迫性等特点。公共危机信息传播管理问题涉及危机管理系统的内外部环境、管理体制、信息传播观念及行为等多种因素，需要在多方面进行创新和完善。

（1）强化危机意识，树立先进的传播理念。政府作为公共信息的主要传播者，过去采取的以新闻媒体为工具、党政机关报纸和网站为载体、行政命令为手段的自上而下的信息传播方式，已经难以适应现代信息社会的需要。要树立主动公开信息的理念，满足公众的信息需求；要树立传播即信息交流与分享的理念，不再局限于传播的宣传教育功能；要尊重大众媒体的新闻传播权利，发挥其监督政府、表达民意的功能；要强化危机意识，使人们从心理、物质、技术等各方面做好应急准备。

（2）健全和完善政府信息传播的法规和制度。向社会公众提供真实信息是政府的职责和媒体的责任。应尽快出台政府信息公开法，增加行政透明度；要完善政府新闻发言人制度，形成系统化的政府信息传播网络；要建立健全政府咨询制度，增加公众的参与机会，增强公众对政府决策的认同感；要完善电子政务建设，提高政府的回应性和行政效率。

（3）设置专业的政府信息传播机构。政府信息传播管理是一项系统工程，包括信息的收集、处理、发布、回应等。可以设立政府公共关系专门机构来承担危机信息传播职能，让其承担收集危机信息和监测环境、决策咨询和传播策划、解释法规和宣传政策、教育和动员公众、协调关系和整合资源、提升政府形象等多方面功能。

（4）构建先进高效的公共危机信息传播机制。要建立公共危机信息传播管理的常设机构，协调与信息传播多元主体之间的关系和行动，实现资源共享和高效传播；要健全信息监控机制，制定应急预案，对早期"涉危"信息及时反应。奥斯本和盖布勒认为，政府宁可花大量精力和金钱进行"治疗"也不花少量精力和金钱"预防"，在这种思维定式下政府总是从"危机"走向"危机"①。

（5）建立政府与媒体的良性互动关系。政府要加强与媒体及公众的良性互动，确保信息传播主体的多元化、直接化，实现信息传播形式的多样化、民主化，有效减少信息传播损耗，避免信任问题带来的信息传播矛盾和冲突。

（6）完善公共危机信息的国际沟通与协调机制。要积极主动地开展危机公关，通过

---

① 戴维·奥斯本，特德·盖布勒．改革政府：企业家精神如何改革着公共部门．上海：上海译文出版社，2006：162.

召开新闻发布会等各种公关手段来设定议程、影响舆论，在政府、媒体、公众之间架起有效沟通的桥梁。还可以聘请相关国际组织协助处理危机的国际传播事务，争取国际援助和国际舆论的理解和支持，提升国际形象和公信力。

案 例

印度洋海啸惨痛教训引发反思

2004年12月26日，印度洋发生海啸，造成印度洋周边国家20多万人死亡、50多万人受伤、100多万人流离失所的重大灾难。印度尼西亚早在1996年就在爪哇岛上建立了一个专门用来监测可能引发海啸的地震的监测站，然而由于连接监测站与中央政府的电话线在2000年年初被切断，因此当印度洋发生地震时，该监测站无法将搜集到的数据直接传送到首都雅加达。印度尼西亚万隆技术研究所地震实验室主任普司皮多说："如果能及时得到这个专业监测站的数据，政府就可以提前发布警告，斯里兰卡和印度等国也可以在海啸袭击之前两个多小时得到预警。而那里的人们只需要15分钟就能走到内陆安全地区。"从这个角度讲，这次灾难造成的损失完全可以降到最低点。然而，正是由于对信息技术的忽视，才加重了这次人间惨祸的损失。"亡羊补牢，犹未晚也。"印度洋海啸发生后，联合国教科文组织总干事松浦晃一郎表示："耗资3 000万美元的印度洋海啸预警系统将于2006年6月启用，至少临时启用，全球海啸系统也将于2007年6月启用。"这是对这次海啸惨痛教训反思的结果。

资料来源：多国政要专家呼吁建立全球海啸预警机制．(2005-01-05)．https://www.cas.cn/xw/kjsm/gjdt/200906/t20090608_630577.shtml；印度洋海啸预警系统明年启用．(2005-01-14)．https://news.sina.com.cn/w/2005-01-14/03354826063s.shtml.

9.3.3 公共危机管理的社会动员机制

为了提升公共危机管理效能，政府要开展高效的社会动员，实现公共危机管理主体的多元化，形成公共危机管理的向心力，实现安全效益、社会效益与经济效益相统一。

《突发事件应对法》第六条规定："国家建立有效的社会动员机制，增强全民的公共安全和防范风险的意识，提高全社会的避险救助能力。"

1. 公共危机管理社会动员的概念

(1) 公共危机管理社会动员的含义。"动员"一词最初指战争动员，最早起源于普鲁士，基本含义是"集合、装备及准备出师作战"。在军事领域主要指一个国家为赢得战争而采取紧急措施，由平时状态转入战时状态。之后，"动员"的概念从军事领域外延到社会领域，并形成"社会动员"概念。

公共危机管理社会动员是指为预防和应对公共危机，各级人民政府、社会团体、企事业单位在政治、经济、科技、教育等方面统一组织的动员准备、实施和恢复活动。政府应通过行政、法律、经济等综合措施，整合全社会力量，形成公共危机管理的强大合力。

(2) 公共危机管理社会动员的类型。按照动员规模、对象、时序和手段等不同标准，社会动员可以分为不同类型。

1）按动员规模，分为局部动员和整体动员。

2）按动员对象，分为人力动员、物资动员、财力动员、避难场所动员、交通运输动员等。

3）按动员时序，分为前期动员、中期动员和后期动员。前期动员，即减缓与准备动员，在减缓阶段动员社会力量预先采取减缓措施消除或减弱致灾因子的潜在风险，在准备阶段做好应急响应准备。中期动员，即响应动员，危机发生后动员社会力量立即采取应急措施，将危机损失最小化。后期动员，即恢复动员，应急结束后动员社会力量采取灾后恢复和重建措施，确保生产生活和社会秩序回归常态。

4）按动员手段，分为“软动员”与“硬动员”。“软动员”是常态社会动员，主要指危机宣传教育，作用是普及安全知识、传播安全文化、提高自救互救技能、明确应急状态下的公民权利与义务。“硬动员”是非常态社会动员，指政府以强制力为基础，强制动用社会应急资源应对危机。“软动员”是硬动员的基础，也是社会动员的力量“倍增器”。

（3）公共危机管理社会动员的模式。公共危机管理社会动员是政府资源与非政府资源以公共危机管理为导向的整合，是公共危机管理潜力向公共危机管理实力的转化。治理与善治是现代社会公共管理的有效方式和内在要求，公共治理理念的核心是通过合作、协商机制实现多元主体对公共事务的共同治理。共治型社会动员模式是现代社会公共危机管理的本质要求，为此要实现“两个结合”：

1）自上而下的政府动员与自下而上的社会动员相结合。要探寻新型的国家与社会关系，积极构建以应对公共危机为共同任务、以实现公共安全利益最大化为共同目标、以合理分工为共同基础的网络体系，实现社会良治，降低危机管理成本，增加危机管理透明度，保障公众的参与要求和信息需求，提高公众对政府的信任，建设人人有责、人人尽责、人人享有的社会治理共同体。

2）常态动员与非常态动员相结合。既要强化常态社会动员，又要着眼于长远与长效，克服运动式动员模式的缺陷。要开展常态化公共安全教育，建立危机管理社会动员体系，为非常态社会动员奠定基础，增强社会组织自发、有序参与公共危机管理的能力，充分发挥社会组织的“非官方性”“独立性”“自愿性”等优势①。

2. 公共危机管理的志愿者参与

志愿服务是社会文明进步的重要标志。2020 年党的十九届五中全会提出，要健全志愿服务体系，广泛开展志愿服务关爱行动，畅通和规范志愿者参与社会治理的途径。

（1）志愿者参与公共危机管理的必要性。志愿者具有人数多、组织活、行动快、效率高、成本低等诸多优势，在公共危机管理中能够起到非常重要的作用。因中国志愿者在汶川地震中的优异表现，2008 年成为“中国志愿者元年”。据团中央抗震救灾工作联合办公室和中国青年志愿者协会的初步统计：截至 2008 年 6 月 3 日 20 时，全国共有 561.2 万人通过各级共青团组织报名参加抗震救灾志愿服务，直接或间接参与了抗震救灾的志愿者共有 491.4 万名。②

---

① 俞可平．治理与善治．北京：社会科学文献出版社，2000：11－12.

② 谢洋，王聪聪．全国 491 万名志愿者参与抗震救灾．中国青年报，2008－06－10.

（2）推动志愿者参与公共危机管理的措施。主要包括：重视志愿组织的积极作用、优化志愿组织管理、强化应急管理相关的志愿者专业培训以及加强志愿组织协调等。

1）重视志愿组织的积极作用。志愿组织是连接公民和政府的重要纽带，可以为志愿者提供培训，增强志愿者的归属感。政府应为志愿组织的成长创造良好环境，在装备、后勤保障等方面给予必要扶持，对贡献突出的志愿者和志愿组织进行嘉奖。媒体应大力弘扬志愿精神，使志愿者和志愿组织获得社会认可，让志愿精神深入人心。

2）优化志愿组织管理。要实行分类注册，建设志愿者数据库，推行服务认证制度，合理配置志愿者资源，打破不同组织之间的屏障。2006 年团中央印发《中国注册志愿者管理办法》，对志愿者注册、权利与义务、志愿服务、组织与管理、激励与表彰进行了规定。

3）强化应急管理相关的志愿者专业培训。要加强应急管理相关的专业培训，内容包括应急救援知识、专业技能和心理承受力等方面，使志愿者提高自身防护能力，避免意外伤害，出色完成应急救援工作。

4）加强志愿组织协调。要加强志愿组织之间以及政府与志愿组织之间的协调互动，志愿组织要遵守政府应急管理部门的统一部署，志愿组织之间也要及时共享信息，合理分配人力、物力资源，提高工作效率。地方应该建立志愿者服务站，为志愿服务工作的开展提供必要条件，包括为志愿者、志愿组织和需要志愿服务的对象提供信息等。

9.3.4　公共危机管理的评估机制

2019 年 1 月 21 日，习近平总书记在省部级主要领导干部坚持底线思维着力防范化解重大风险专题研讨班开班式上指出，"要完善风险防控机制，建立健全风险研判机制、决策风险评估机制、风险防控协同机制、风险防控责任机制，主动加强协调配合，坚持一级抓一级、层层抓落实"①。

评估工作是公共危机管理的重要内容，公共危机管理评估包括风险评估与效果评估两个方面。风险评估是指在危机发生之前，危机管理者根据信息与征兆对可能出现的危机进行评价。效果评估是指危机管理工作完成后，对整个危机事件与危机处理情况进行评估。

1. 公共危机管理风险评估

风险管理是危机管理工作的起点，传统危机管理属于"刺激—反应"型危机管理，是被动、消极型危机处理，而现代危机管理属于"评估—反应"型风险管理，是主动、积极型危机管理。

（1）公共危机风险评估的实施步骤。主要包括风险识别、风险分析和风险应对等三个步骤。

1）风险识别。风险识别是指根据收集到的信息分析风险和威胁，要特别注意两个问

---

①　提高防控能力着力防范化解重大风险 保持经济持续健康发展社会大局稳定.（2019-01-21）. https://baijiahao.baidu.com/s?id=1623284454522287892&wfr=spider&for=pc.

题：一是信息的真实性，虚假信息会导致风险误判和决策失误；二是发挥参谋咨询系统的专业作用，避免对风险因子识别不全或不准。

2）风险分析。风险分析是指对已经确定的风险进行分类和排序，确定风险的优先处理次序。

3）风险应对。风险应对是指在确定了相关风险并进行排序之后，就要确定如何应对风险，需要什么资源，何时开始行动等问题。

（2）公共危机风险评估的方法。主要包括概率统计法、头脑风暴法、现场调查法等。

1）概率统计法。可以运用统计学原理对各种危机的发生概率进行精确计算，事故的预防与准备要以事实为基础，不能存有“很长时间不会发生”或“刚刚发生过，所以以后很长时间不会发生”的侥幸心理①。

2）头脑风暴法。把有关部门负责人和相关领域专家和学者召集起来，集思广益，共同挖掘可能存在的风险源。要求参与者每人必须提出一种风险源，并阐述依据和理由，最后会议主持者把所有的风险源列成目录。头脑风暴法的好处在于群策群力，鼓励思维创新，目的在于创造一个发挥个体作用、避免从众或群体压力的良好环境。

3）现场调查法。现场调查法是指危机管理组织派出自己的调查组到危机可能发生的地方进行调查以发现风险源，一般由参谋咨询系统和信息管理系统联合进行。

2. 公共危机管理效果评估

（1）公共危机管理效果评估的组织与标准。公共危机管理效果评估组织一般是上级领导或国家立法机关授权的组织，成员都是相关领域的专家。评估组织的主要任务是确认公共危机管理效果评估标准和指标体系，对危机管理过程进行评估，撰写危机评估报告。

确定公共危机管理效果评估标准和指标体系是评估组织的关键职能。公共危机管理效果评估指标分为管理要素、保障要素、影响要素三大类，结合各个指标要素的组成，可以将指标要素分成不同级别，形成系统的指标体系（见表9-3）。每个因素对于效果评估的贡献度不同，每项指标的权重也不同，在不同的危机事件中各个要素的权重也是不同的。

表9-3　公共危机管理效果评估的指标体系

一级指标	二级指标	三级指标
管理要素	信息	信息收集的渠道、信息的处理、信息的准确度
	决策	决策的方式、决策的程序
	组织结构	组织结构方式、横向职能设置、纵向层级设置
	人员调配	人员的规模、人员的组成、人员的分配
	沟通	沟通的方式、沟通的工具
保障要素	资金	资金是否充足、资金的筹集情况、资金分配的比例
	设备	设备的储备是否充足、设备的调配是否得当
影响要素	内部评价	上级的评价、下级的评价
	外部评价	民众的评价、媒体的评价

① 龙小农．跨国危机管理：理论、方法及案例分析．北京：中国传媒大学出版社，2005：151-154.

（2）公共危机管理效果评估的原则与方法。公共危机管理效果评估要遵循实事求是原则和讲究实效原则，把受损失程度、公众评价、影响范围等作为危机管理成功与失败的评价标准。主要评估方法包括[①]：

1）开听证会。通常由危机管理调查委员会传唤危机管理核心人员到听证会上介绍危机管理的情况，接受委员会成员或公众的质询，这种方法主要针对危机管理人员。

2）情境模拟。通过运用视听设备、模拟危机情境、重回现场等方式，营造适宜氛围，还原危机管理情境，便于进行危机管理效果评估。

3）调阅档案记录。危机管理活动中的会议记录、决策文件、指示记录等文书档案，是调查人员了解危机管理过程的重要资料。

4）个案研究。调查人员可以针对某一个管理人员或某一个危机管理措施进行详细研究，分析危机管理系统在某一点上的具体情况。

（3）公共危机管理效果评估的程序。主要包括确立评估目标、明确评估事项和撰写评估报告等三个方面。

1）确立评估目标。主要是评估危机管理得失，总结成功经验，吸取失败教训。

2）明确评估事项。主要包括三方面内容：一是危机情景，事前评价包括信息收集是否准确、沟通是否畅通、资源配置是否合理等，事中评价包括措施是否得当、协调工作是否合理等，事后评价包括受影响群体、影响程度、资源分配等。二是危机管理方式，主要是指在此次危机管理过程中采取的管理方式及其效果。三是危机管理组织机构，主要是指危机管理组织的结构与人员配备是否合理、系统与系统之间的沟通协调是否畅通等。

3）撰写评估报告。内容包括危机管理的准备情况、实施情况、影响与结果、优缺点及相关建议等。评估报告完成后，要及时向授权机构和上级汇报。

（4）公共危机管理效果评估结果的使用。只有把危机效果评估的结果应用于以后的危机管理工作，才能真正体现其价值（见图9-2）。

第一，丰富危机管理组织关于应对危机的知识储备，切实提高危机管理组织管理危机的能力。

第二，改进危机管理组织的机构设置、人员分配、管理方法，使组织蜕变成更适应危机应对的高效组织。

第三，改善资源储备与后勤工作，提高组织在物资储备与调集方面的能力。

第四，教育社会大众，提高大众的危机意识与应对危机的能力。

公共危机不同于单纯的偶发事件，它是一个包括潜伏期、爆发期和恢复期等在内的动态过程，公共危机管理的效果评估要贯穿危机管理的全过程。将效果评估作为公共危机管理的能力提升环节，与风险评估形成闭合回路，有助于降低潜在风险诱发危机的可能性，提高应急能力和处置效率，并根据评估效果适时调整后续决策与行动，最终形成一个贯穿危机生命周期、适时调整、动态开放的危机应对系统（见图9-3）。

---

① 龙小农．跨国危机管理：理论、方法及案例分析．北京：中国传媒大学出版社，2005：186.

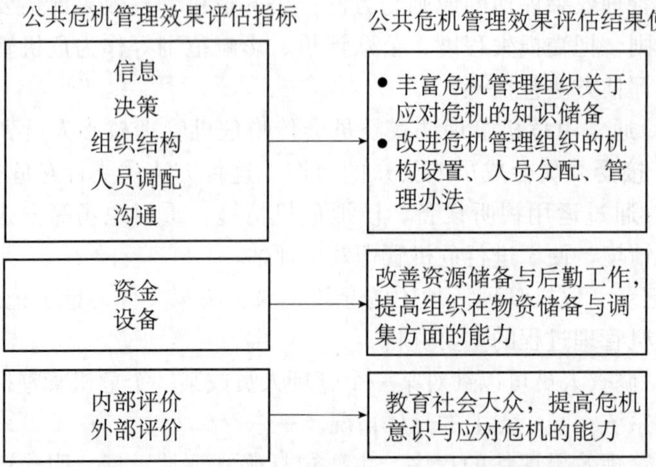

图 9-2 公共危机管理效果评估指标与评估结果使用

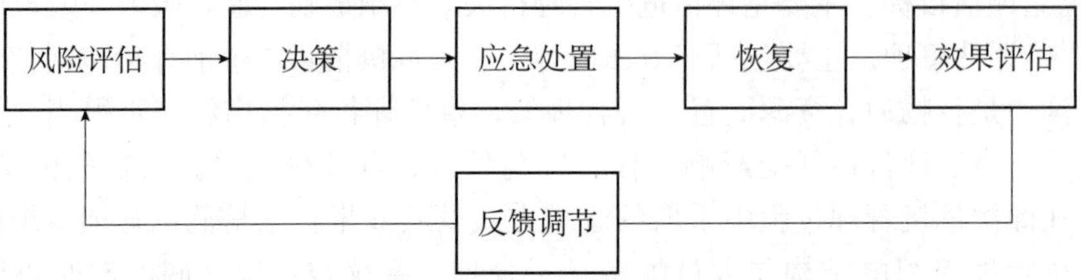

图 9-3 公共危机管理效果评估在动态危机管理中的作用

本章小结

风险社会下危机具有高度不确定性和极端危害性，我们需要进一步增强全社会的风险意识，借鉴吸收世界各国危机管理的经验和教训，不断健全公共危机管理的体制、机制和法治，维护国家安全和社会稳定，保障人民群众的生命财产安全。

公共危机除了具有突发性、破坏性、扩散性和不确定性等危机的一般特征，还具有公共性、复合性、政治性等特征。

公共危机管理除了具有时间紧急、资源稀缺、认知有限、决策渐进、管理分段等危机管理的一般特点，还具有管理主体的多元化、管理内容的双重性等特点。

根据公共危机的内在本质和外显特征，可以将公共危机管理分为危机预防、危机预警、危机控制和危机解决等四个主要阶段。为了有效应对公共危机，要准确把握公共危机管理的机制，包括决策机制、信息传播机制、社会动员机制和评估机制等。

关键术语

危机　公共危机　危机管理　公共危机管理　风险评估　应急决策
应急处置　社会动员　信息传播　危机管理评估

复习思考题

1. 简述危机、突发事件与公共危机之间的关系。
2. 简述公共危机管理的基本阶段和内容。
3. 简述公共危机管理的主要机制。
4. 案例分析题：请认真阅读案例材料，然后按照要求分析并回答问题。

汶川地震催生全国“防灾减灾日”

2008 年 5 月 12 日，汶川地震发生，共计造成 69 227 人遇难、17 923 人失踪、374 643 人受伤，受灾总人口达 4 625.6 万人，直接经济损失 8 451.4 亿元，是新中国成立以来破坏性最强、波及范围最广、灾害损失最重、救灾难度最大的一次地震。为了表达纪念，提高全社会的防灾减灾能力，经国务院批准，自 2009 年起，每年 5 月 12 日为全国“防灾减灾日”。汶川地震是中国防震减灾的转折点，防震减灾科学体系日益完善。

2008 年 12 月，新修订的《防震减灾法》颁布，提出：对学校、医院等人员密集场所的建设工程，应当按照高于当地房屋建筑的抗震设防要求进行设计和施工，采取有效措施，增强抗震设防能力。学校应当进行地震应急知识教育，组织开展必要的地震应急救援演练，培养学生的安全意识和自救互救能力。

2017 年，中国地震局公布最新编制的《国家地震科技创新工程》，全面提升中国地震科技水平和防震减灾能力。

2018 年年初，“张衡一号”成功发射，它是我国地震立体观测体系的第一个天基平台，可以获取全球电磁场、电离层等离子体、高能粒子观测数据，研究地球系统特别是电离层与其他各圈层相互作用及其效应，有效弥补了地面观测的不足。

2018 年 3 月，组建应急管理部，旨在加强国家防灾减灾救灾能力建设，提高国家应急管理水平。

中国地震局地球物理研究所陈颙院士带领科研团队推进“地下明灯”计划，通过人工制造地震“照亮”地球内部，利用主动震源研究地下结构。

四川自主研发了涵盖地震预警监测、地震预警信息产生、信息发布、信息接收和应用等环节的全套地震预警技术体系，填补了我国地震预警领域空白。

问题

结合案例，谈谈公共危机管理的特点。

本章阅读书目

1. 罗伯特·希斯．危机管理．北京：中信出版社，2001.
2. 诺曼·奥古斯丁．危机管理．北京：中国人民大学出版社，2001.
3. 斯蒂芬·芬克．危机管理．台北：经济与生活出版事业公司，1987.
4. 蔡立辉，王乐夫．公共管理学．3 版．北京：中国人民大学出版社，2022.

第10章

绿色公共管理

本章导读

“绿色管理”这一思想于20世纪90年代在私人部门中悄然兴起。面对不堪重负的环境保护压力，以及环境保护与经济发展之间的矛盾，人们开始探寻更高质量的经济发展模式，绿色低碳化由此成为全球经济发展的主要趋势。在时代洪流的推动下，“绿色管理”的浪潮涌进公共管理的视野，进而形成了以政府为主导、多元主体参与的“绿色公共管理”。这一概念旨在通过一种更符合现代经济社会发展及科学发展要求的模式建立“绿色文明”，并将其嵌入到公共事务管理与公共服务提供的过程中。绿色发展不仅是生态文明发展的题中应有之义，也是生态文明在经济发展中的具体表现。因此，绿色发展必然意味着政府、企业及群众同心同德，共同致力于建立绿色发展与生活方式；也意味着经济发展的目标不再只重数量、不重质量，而应该逐渐向数量质量并重的更高目标迈进。自党的十八大把生态文明建设提升至国家“五位一体”总布局的战略高度以来，绿色发展成为中国经济社会发展的根本目标之一，全社会都高度重视生态文明建设之于美丽中国建设的重要意义。步入新时代以后，中国更是在绿色低碳发展进程中迈出重要步伐，生态文明建设思想有了突破性进展，绿色发展取得了重要成效。基于时代发展需求的“绿色公共管理”如何协调多方主体的作用来推进绿色发展？公共管理又要做出怎样的革新来鼓励这一崭新领域的建构与实践？这将是本章需要探讨的问题。

重点问题

- 绿色公共管理兴起的背景
- 绿色公共管理的内涵和基本特征
- 绿色公共管理的职能定位
- 塑造绿色公共管理文化的途径
- 公共组织绿色变革的主要内容
- 我国公共部门提升绿色公共管理能力的途径

知识结构图

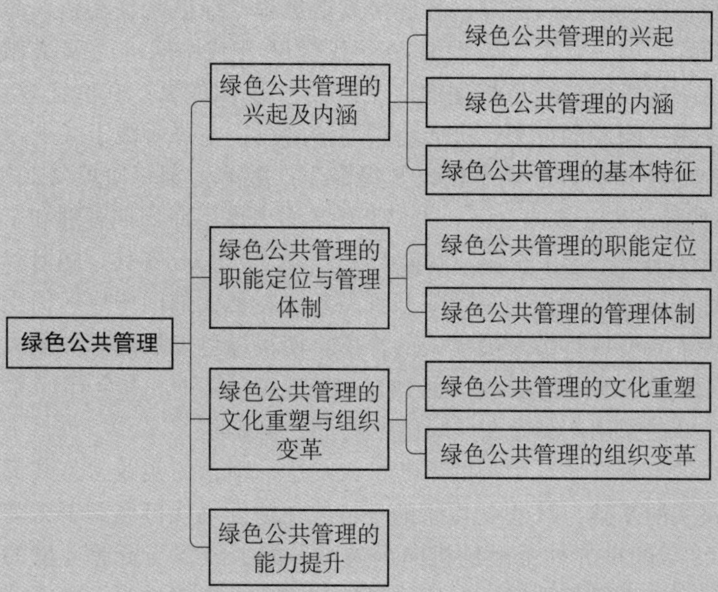

10.1　绿色公共管理的兴起及内涵

10.1.1　绿色公共管理的兴起

人类对于环境保护的认知，最早可以追溯至 19 世纪。恩格斯曾在《自然辩证法》一书中就美索不达米亚的深刻教训警告了人类：对大自然不恰当的索取终将导致大自然对人类的惩罚。在对待自然问题上，恩格斯深刻指出："我们不要过分陶醉于我们对自然界的胜利。对于每一次这样的胜利，自然界都报复了我们。"这警示人类只有在社会生产实践中做到充分尊重自然、维护生态自然界的平衡，才能保持人与自然的和谐相处，否则便会遭到自然界的惩罚。这其实不仅仅是自然规律，也是人类社会发展的规律。19 世纪与 20 世纪更迭之际，人类社会在经济发展过程中所取得的成果是以牺牲生态环境为代价的。以高消耗、高排放、低效率等为特征的粗放型的"黑色发展模式"[①] 对自然环境造成了极大的创伤，由此带来的环境恶化、自然资源衰竭等次生问题令人类社会心神不宁，极度脆弱的生态环境难以支撑经济社会的持续发展。

---

① "黑色发展模式"起源于 18 世纪英国工业革命，该模式以过度消费地球资源和忽视环境承载力为特征，以先污染后治理、边污染边治理为主要经济发展方式，一度鼓吹"向自然宣战""征服自然"等口号，形成了高能耗、高资源投入、低效率的产业发展格局。

20 世纪 80 年代后期兴起的绿色运动浪潮风靡全球，绿色运动的核心内容就是以绿色发展模式和低碳生活方式取代过去粗放的黑色发展模式，进而形成以低能耗、低污染、低碳排为特征的新型绿色发展模式。纵观世界经济发展进程，绿色管理在私人部门中的兴起大致经历了三个阶段：第一阶段（20 世纪 70 年代至 80 年代中期），主要着眼于对废弃物和污染的管理，这一阶段属于绿色管理的启蒙阶段。第二阶段（20 世纪 80 年代中期至 90 年代初），基于第一阶段的成果，进入污染防治阶段，主要着眼于减少资源和能源的消耗、使生产过程的废弃物排放最小化以及提高生产效率。第三阶段（20 世纪 90 年代中期至今），在新的经济发展要求之下，人们开始更多考虑生命周期管理和工业生态学，即在保证环境质量的前提下追求企业利润最大化①。20 世纪 90 年代，随着绿色消费意识的提升，绿色管理和绿色发展作为一种新型管理理念在私人部门中应运而生。通过私人部门的努力，实现了新型可持续发展模式的推广，使得绿色发展理念深入人心。据统计，在 2000 年一年之内，德国的绿色产品数量已有5 000多种，占全部产品总量的 30%；美国则有将近 1/3 的家用产品是在“绿色旗帜”下推出的②。

随着绿色管理理念的不断推广、影响的不断扩大，这一理念的实践为公共部门发展绿色公共管理奠定了坚实的基础。21 世纪以来的环境恶化速度之快已经到了人类难以招架的地步，尤其是 2008 年的世界性金融危机向全人类揭露了经济与资源环境的危机四伏。换言之，公共部门到了不得不重视生态环境保护和绿色发展的地步，经济社会发展的大背景要求公共部门必须主动承担起保护环境与建设生态文明的重担。正所谓“公共部门历来就有借鉴私人部门管理经验和技术的传统”③。当私人部门的管理理念和方式比公共部门更先进、管理成效更显著时，公共部门便有了学习借鉴的动力。2008 年底，全球范围掀起了“绿色新政”（Green New Deal）浪潮，这场新政风暴重点突出绿色政策改革以及以政府为主的绿色发展领导力，将国内外公共管理学界的研究聚焦在环境问题治理与绿色公共管理的理论体系建构上。美国学者明确指出，“全球环境变化和生态环境问题对现有政治经济构成的挑战，向我们提出了世界重新设计和组织的严肃课题”④。由此，绿色公共管理正式成为公共管理学界的崭新研究领域。

中国改革开放前后一直遵循粗放的黑色发展模式，通过牺牲环境换取经济增长。随着科学发展观的贯彻落实，生态环境的重要性被日益重视，诸如“生态治理”“生态政治”“绿色发展”“低碳政府”等课题的研究有效推动了绿色发展模式和绿色公共管理理念在中国公共部门得到重视和应用。党的十八大以来，生态文明建设更是被提升到前所未有的高度，在国家发展“五位一体”总体布局中占据举足轻重的地位，深入推进了美丽中国建设。步入新时代以来，美丽中国建设持续迈出重大步伐。在习近平生态文明思想的科学指引下，中国大力建设人与自然和谐共生的现代化，生态文明建设决心之大、力度之大和成效之大可谓前所未有，通过推动绿色低碳经济循环发展、持续深入开展污

① 李芬．绿色管理：一种新的政府管理模式．前沿，2008（10）：62－64.

② 郑振宇．绿色公共管理的兴起、特征及核心主题．嘉应学院学报，2011，29（9）：40－44.

③ 陈振明．公共部门战略管理途径的特征、过程和作用．厦门大学学报（哲学社会科学版），2004（3）：5－14.

④ 肖显静．生态政治：面对环境问题的国家抉择．太原：山西科学技术出版社，2003，08.

染防治攻坚战、加大生态系统保护修复力度等方式扎实稳步推进生态文明建设。而且，中国还在推动全球生态环境治理进程中做出了不可磨灭的贡献。在推动《巴黎协定》达成的同时，中国宣布“双碳”目标，倡导建立“一带一路”绿色发展国际联盟和“一带一路”生态环保大数据服务平台。2016年联合国环境规划署发布《绿水青山就是金山银山：中国生态文明战略与行动》报告并向全世界介绍中国生态文明理念与实践。这表明，中国生态文明建设成就得到了国际社会的广泛肯定，已经成为全球生态文明建设的“重要参与者、贡献者、引领者”①。

党的二十大报告明确提出“推动绿色发展，促进人与自然和谐共生”。所谓“绿色发展”，是在生态环境容量和资源承载力双重制约的条件下，秉承可持续发展理念，兼顾生态系统均衡与经济结构优化的新型社会发展模式②。大自然是人类赖以生存和发展的基本条件。尊重自然、顺应自然、保护自然，是全面建设社会主义现代化国家的内在要求。必须牢固树立和践行绿水青山就是金山银山的理念，站在人与自然和谐共生的高度谋划发展。绿色公共管理在加快发展方式绿色转型，实施全面节约战略，发展绿色低碳产业，倡导绿色消费，推动形成绿色低碳的生产方式和生活方式等方面，显然是可以大有作为的。

知识专栏 10-1

“双碳”目标

所谓“双碳”目标，即2030年碳达峰与2060年碳中和目标。这是党中央经过深思熟虑作出的重大战略部署，也是有世界意义的应对气候变化的庄严承诺。实现碳达峰、碳中和，需要对现行社会经济体系进行一场广泛而深刻的系统性变革。不仅在中央层面把碳达峰、碳中和纳入生态文明建设整体布局，各地方各部门更要以抓铁有痕的劲头，明确时间表和路线图。“双碳”目标的提出把中国的绿色发展之路提升到新的高度，成为未来数十年内社会经济发展的主基调之一。

“双碳”目标是中国按照《巴黎协定》规定更新的国家自主贡献强化目标以及面向21世纪中叶的长期温室气体低排放发展战略，表现为二氧化碳排放（广义的碳排放包括所有温室气体）水平由快到慢不断攀升、在年增长率为零的拐点处波动后持续下降，直到人为排放源和吸收汇相抵。从碳达峰到碳中和的过程就是经济增长与二氧化碳排放从相对脱钩走向绝对脱钩的过程。

随着中国生态文明建设的不断推进，“绿水青山就是金山银山”的理念日益深入人心。以顶层设计结合试点示范的工作模式，从2010年开始，先后启动各类低碳试点工作，推动落实中国政府所承诺的二氧化碳排放强度下降目标。通过以点带面的政策示范效应，充分调动了各方面低碳发展的积极性、主动性和创造性，为“双碳”目标的实现注入强大动力。独具中国特色的政策设计逻辑，以及全力打好污染防治攻坚战的政治执

① 新时代的原创性思想、变革性实践、突破性进展、标志性成果：在生态文明建设上．(2022-07-22). http://opinion.people.com.cn/n1/2022/0722/c1003-32482534.html.

② 范和生，刘凯强．从黑色文明到绿色发展：生态环境模式的演进与实践生成．青海社会科学，2016 (2)：46-54.

行力，充分彰显了中国的制度优势，尤其是集中力量办大事的优势。只要中国继续秉持新发展理念，凝聚全社会智慧和力量共同行动，打赢这场硬仗就不是天方夜谭。

“双碳”目标推进过程中，以新能源为重点的可再生能源推广的核心问题在于成本和应用便利程度。中国具备强大的装备制造能力与国内超大规模市场，掌握核心技术和关键产业链优势，可以为清洁能源技术的成本降低和推广应用带来无可比拟的优势。2020年中国新增风电装机容量57.8GW，占全球新增装机容量的60%，新增太阳能光伏装机容量为48.2GW，可再生能源的开发利用规模稳居世界第一。除此之外，中国在以人工智能、能源互联网、清洁能源技术为代表的新一轮工业革命中，很多领域处于领先地位，为实现“双碳”目标奠定了技术基础。

资料来源：庄贵阳．我国实现“双碳”目标面临的挑战及对策．(2021-07-06)．http：//politics.rmlt.com.cn/2021/0706/617985.shtml.

10.1.2 绿色公共管理的内涵

绿色管理的英文是“green management”。学界认为这一名词最早由德国学者瓦德马尔·霍普分贝克在1990年出版的《绿色管理革命》一书中提出。由于绿色管理最初是在私人部门中兴起的，因此绿色管理的概念和企业发展以及私人部门发展息息相关。“企业绿色管理”在本质上是指企业通过遵循可持续发展和科学发展的要求来进行的一系列生产经营活动，这类生产经营活动均具有以生态保护为核心、绿色生产为基础的特点，以此来实现企业生产过程中人与自然、社会的和谐统一。

知识专栏10-2

“绿色管理”在不同领域的定义

绿色管理这一概念最早在私人领域提出。从不同的角度和学科领域来看，可以对其有不同的解读，即绿色管理可以从环境学、资源学、生态学、经济学、管理学角度进行理解。

从环境学的角度，绿色管理是指企业根据经济社会可持续发展的要求，把生态环境保护观念融入到现代企业的生产经营管理当中，从企业经营的各个环节着手来控制污染与节约资源，以实现企业的可持续增长，达到企业经济效益、社会效益、环境保护效益的有机统一。

从资源学的角度，绿色管理意味着企业的各项生产经营活动应做到对自然资源的适度利用、综合利用和循环利用，在现有资源的基础上，充分利用各项资源。

从生态学的角度，绿色管理是指企业的生产经营活动应遵循生态系统的发展规律，在企业的生产经营过程中，做到企业与环境、人与环境的和谐发展和有机统一。

从经济学的角度，绿色管理就是指企业的生产经营活动在实现效益的基础上，要做到节约资源和保护环境的有机统一，注重提高产品质量，增强企业的经济竞争力和可持续发展能力。

从管理学的角度，绿色管理是企业在生产经营活动中，综合运用各种管理手段，对人、财、物进行统一的组织和安排，协调各个部门的职能，实现企业的可持续发展。

资料来源：薛军堂，王嘉．基于绿色管理视角的政府管理创新．科技管理研究，2008（6）：22-24.

进一步地，以政府为主体实行绿色管理即为政府绿色管理，其内涵一方面在于政府自身要在实践中体现绿色管理的基本理念，另一方面强调政府要通过公共政策、体制机制等手段使绿色管理的观念在全社会范围内得到认同，最终在公共服务提供和公共设施建设等相关领域中建立真正的绿色发展文明。学者薛军堂等人将政府绿色管理概括为"4E"模式，分别是：引导（Educe）——由政府在社会层面宣传绿色管理理念；消减（Eliminate）——政府通过各项公共管理措施消减污染、节能减排；评估（Evaluate）——政府为评估各主体的经济行为是否合格提供制度性约束或标准；再发展（Evolution）——政府主动改善环境状况并走出一条可持续发展道路①。

综上，绿色公共管理是指政府主导、多元主体积极参与，在科学发展和以人为本的理念指引下，共同构建可持续发展道路和绿色发展模式的各种公共管理活动的总和。从本质上看，这一概念恰恰体现了经济社会发展要求和低碳环保生活方式在公共管理领域的要求。

10.1.3　绿色公共管理的基本特征

绿色公共管理是顺应时代发展要求的产物，具有明显的时代特征。在传统政府对环境管理的过程中，往往会呈现"大政府，小社会"的特点，即政府在环境治理过程中担任主要角色，而忽视了社会参与力量；此外，管理方式单一、管理技术和手段落后、缺乏科学理论指导、政绩考核形式主义严重等弊端，很大程度上限制了绿色公共管理作用的发挥。对比传统政府环境管理方式，绿色公共管理的基本特征如下：

（1）参与主体多元化。现代公共管理的核心要义就在于调动多元主体共同参与公共治理的过程，绿色公共管理也不例外。除了政府部门作为核心主导力量以外，社会组织（如中国环境保护协会、自然之友等社会组织）、社区组织、网络媒体、公民个人等都可以成为绿色公共管理的重要力量。多个主体各司其职并密切配合，从而形成合力，共同致力于低碳生活和节能减排。

（2）管理内容丰富化。区别于传统政府环境治理的单一内容，绿色公共管理的内涵更加丰富，不仅包括降低能耗、保护环境等一般目标，还包括发展绿色经济、创新绿色发展模式、建立新能源产业园区等内容。随着绿色发展逐渐纳入国家总体发展战略，整个经济社会将逐渐形成绿色发展方式和绿色发展文化，使得绿色公共管理的内容更加丰富。

（3）管理方式主动可行。传统政府环境管理主要聚焦于对环境污染等的事后补救，在环境治理上显得很被动，无法检验环境管理手段是否切实可行。而绿色公共管理手段更加灵活且具有可行性。一方面，政府会积极主动地解决问题，同时借助现代信息技术

① 薛军堂，王嘉．基于绿色管理视角的政府管理创新．科技管理研究，2008（6）：22-24.

等手段汇集信息，让管理措施的实施具有一定的现实基础；另一方面，政府积极推进因地制宜的低碳减排及环保政策落地。比如，垃圾分类政策已经在多个城市有效施行，环保低碳的社会氛围蔚然成风。但垃圾分类标准在各地有所差异，需要循序渐进地予以实施。

（4）制度安排合理有序。合理有序的制度安排和管理措施是绿色公共管理有效落实的重要保证，不仅能够促进生态文明建设目标的有效实现，还能让绿色公共管理这一过程更加科学化、规范化。绿色公共管理在公共治理绩效评价上体现了多维度，既包括公众评价的绿色满意度，又包括对政府政绩考评逐渐向生态效益与社会效果等方面的转向和侧重[①]。

10.2 绿色公共管理的职能定位与管理体制

绿色公共管理作为新经济发展模式下的一种新型公共管理模式，旨在顺应绿色经济发展需求，创建一种节能减排的低碳发展路径。但无论是作为一种管理理念还是公共认知，绿色公共管理的发展都尚不成熟，既没有形成准确的职能定位，也没有建立完善的管理体制和机制。基于此，需要明确绿色公共管理的职能定位，并据此建立健全完善的管理体制，以保证绿色公共管理发挥其效应。

10.2.1 绿色公共管理的职能定位

1. 绿色公共管理的首要职能在于推进建立经济发展新模式

绿色公共管理是在政府主导下，多元主体积极参与、共同构建可持续发展道路和绿色发展模式的公共管理活动的总和。绿色公共管理是顺应经济发展需求出现的，在知识经济和信息科技迅速发展的背景下，绿色公共管理将结合多元主体的力量，用科学的理论指导实践，把先进的技术作为发展的催化剂，共同探索一条新的经济发展路径——一条顺应时代发展潮流、响应消费者诉求、实现保护环境与经济增长双赢局面的发展路径。

2. 绿色公共管理的职能在于促进服务型政府建设

服务型政府建设依然是大势所趋。在从“掌舵”到“划桨”的角色转型中，政府逐渐释放自身的管理职能，转向“服务”的角色。绿色公共管理强调多元主体发挥合力。因此，在强调政府服务职能的同时也有助于理顺政府与市场、政府与社会及政府各部门之间的关系，在突出绿色发展的同时也推动了政府内部组织的革新。深入构建服务型政府，能有效落实绿色发展，更好地提供公共产品和公共服务。

3. 绿色公共管理的职能在于促使公共管理现代化和科学化

中国公共管理水平长期以来不够理想的重要原因在于“管理手段单一，缺乏管理方

---

① 宋煜萍．生态型区域治理中的地方政府执行力建设：迈向“绿色公共管理”的思考．马克思主义与现实，2014（2）：189-194.

式方法的创新和现代化”[①]。而且，绿色公共管理缺乏比较前沿的科学理论指导和先进管理技术与工具的加持。因此，随着绿色公共管理产生社会需求，必然会促进相应的理论与技术发展，尤其是政策工具方面的创新。一方面，政府要给予足够的重视和支持；另一方面，要积极开发新的绿色公共管理工具，比如通过绿色 GDP 核算来关注能耗和污染带来的损失。

4. 绿色公共管理的职能在于构建绿色发展的生态文明

生态文明建设目前已提升至国家“五位一体”发展总布局的战略高度，“以人为本”的发展原则也提出了人与自然和谐共生的基本课题。绿色公共管理的推进必将创造一种绿色发展文化，通过绿色发展价值观的引领，让绿色发展的生态文明理念得到群众的认可，在全社会范围内形成广泛共识，最终落到实处。截至目前，很多企业都已经主动承担其社会职责，并主动参与 ISO 14000 环境管理体系工作。以政府为主导的公共部门，可以通过广泛宣扬绿色发展价值观来规范内部行政行为，在整个社会上形成模范带头作用，从而号召更多的人参与到绿色公共管理的阵营当中。

10.2.2　绿色公共管理的管理体制

1. 中国绿色公共管理机构的历史沿革

中国绿色公共管理机构进行过多次改革。1973 年中国召开第一次全国环境保护会议，拉开了环境保护工作的序幕；1974 年，国务院设立环境保护领导小组；1982 年，第五届全国人大常委会决定，组建城乡建设环境保护部，撤销国务院环境保护领导小组，其办公室并入城乡建设环境保护部；1984 年 5 月设立国务院环境保护委员会，同年 12 月成立国家环境保护局，由城乡建设环境保护部领导；1988 年，第七届全国人大一次会议批准成立独立的国家环境保护局（副部级）；1998 年，第九届全国人大一次会议通过国务院机构改革方案，国家环境保护局改为国家环境保护总局（正部级），撤销国务院环境保护委员会；2008 年，国家环境保护总局升格为环境保护部，成为国务院组成部门；2018 年，第十三届全国人大一次会议批准国务院机构改革方案，组建生态环境部，不再保留环境保护部。

2. 中国绿色公共管理体制

（1）机构设置及职权分配。

当前，中国绿色公共管理工作主要由各级生态环境部门负责。

生态环境部是国务院组成部门，为正部级，对外保留国家核安全局牌子，加挂国家消耗臭氧层物质进出口管理办公室牌子。生态环境部内设办公厅、中央生态环境保护督察协调局、综合司、法规与标准司、行政体制与人事司、科技与财务司、自然生态保护司、水生态环境司、海洋生态环境司、大气环境司、应对气候变化司、土壤生态环境司、固体废物与化学品司、核设施安全监管司、核电安全监管司、辐射源安全监管司、环境影响评价与排放管理司、生态环境监测司、生态环境执法局、国际合作司、宣传教育司

---

① 陈振明，薛澜．中国公共管理理论研究的重点领域和主题．中国社会科学，2007（3）：140－152，206.

等，开展全方位绿色公共管理。

生态环境部贯彻落实党中央关于生态环境保护工作的方针政策和决策部署，在履行职责的过程中坚持和加强党对生态环境保护工作的集中统一领导。主要职责包括：负责建立健全生态环境基本制度；负责重大生态环境问题的统筹协调和监督管理；负责监督管理国家减排目标的落实；负责提出生态环境领域固定资产投资规模和方向、国家财政性资金安排的意见，按国务院规定权限审批、核准国家规划内和年度计划规模内固定资产投资项目，配合有关部门做好组织实施和监督工作；负责环境污染防治的监督管理；指导协调和监督生态保护修复工作；负责核与辐射安全的监督管理；负责生态环境准入的监督管理；负责生态环境监测工作；负责应对气候变化工作；组织开展中央生态环境保护督察；统一负责生态环境监督执法；组织指导和协调生态环境宣传教育工作，制定并组织实施生态环境保护宣传教育纲要，推动社会组织和公众参与生态环境保护；开展生态环境国际合作交流，研究提出国际生态环境合作中有关问题的建议，组织协调有关生态环境国际条约的履约工作，参与处理涉外生态环境事务，参与全球陆地和海洋生态环境治理相关工作；完成党中央、国务院交办的其他任务；职能转变，即生态环境部要统一行使生态和城乡各类污染排放监管与行政执法职责，切实履行监管责任，全面落实大气、水、土壤污染防治行动计划，大幅减少进口固体废物种类和数量直至全面禁止洋垃圾入境，要构建政府为主导、企业为主体、社会组织和公众共同参与的生态环境治理体系，实行最严格的生态环境保护制度，严守生态保护红线和环境质量底线，坚决打好污染防治攻坚战，保障国家生态安全，建设美丽中国。①

中国在省一级设有生态环境厅，在市县设立生态环境局，并依据职能上下对口原则分设机构，衔接上级部门的各项工作，实施绿色公共管理。

（2）各主体间的相互协调。

生态环境部主导全国的绿色公共管理工作。生态环境部对分散的环境保护职责进行整合，统一行使生态和城乡各类污染排放监管与行政执法职责，加强环境污染治理，保障国家生态安全，建设美丽中国。县级以上生态环境部门按照规定的权限，负责本行政区域内的绿色公共管理工作。下级生态环境部门在接受本级人民政府统一领导的同时，接受上级生态环境部门的指导，完成上级生态环境部门下达的命令，贯彻执行上级生态环境部门制定的政策和法规。

企业与公众在政府主导下积极参与绿色公共管理。企业是国民经济的基本单位，是市场活动的主要参与者，其生产经营活动耗费大量资源，一些企业的生产更是对生态环境造成了难以估量的危害。因此，绿色公共管理必须发动企业参与。首先，企业作为绿色公共管理的主体要对自身进行管理，通过建立环境管理体制、宣传环保理念、推行环保技术、推进节能降耗和清洁生产等践行绿色发展方式。其次，企业作为绿色公共管理的对象要配合生态环境部门的管理，遵循绿色公共管理的法律法规，接受生态环境执法部门的审查，定时申报污染物排放量、按时缴纳排污费。

① 中华人民共和国生态环境部．生态环境部职责．（2018－10－11）．https：//www.mee.gov.cn/zjhb/zyzz/201810/t20181011_660310.shtml.

实现绿色发展仅仅依靠政府部门和企业是远远不够的，必须发动公众的力量，共同参与绿色公共管理。公众可以通过改变自身生活方式参与绿色公共管理，如低碳出行、节约用水、节约用电等；通过行使监督权依法监督有关环境政策的推行和落实，利用自身学识和经验向有关部门提建议，为推进绿色公共管理出谋划策；通过参加绿色环保团体等社会组织，有组织、有效率地参与环境保护行动，为绿色公共管理做出贡献。

10.3 绿色公共管理的文化重塑与组织变革

10.3.1 绿色公共管理的文化重塑

文化是指经历史积淀，并被一定范围的群体共同认可、遵循的行为规范。文化是一种精神力量，能够在人类认识和改造客观世界时转化为物质力量，对个体行为具有约束性、规范性和指导性。

1. 绿色公共管理文化重塑的必要性

一个国家的文化会影响其国民的策略选择和行为方式。例如，在中国和日本，人们采取策略更倾向于长期导向，考虑未来并且重视节俭；而在美国和加拿大等国家，人们采取策略更注重短期导向，尊重传统，注重履行社会责任。文化对个体、组织乃至整个社会的行为都有巨大的影响。因此，要开展绿色公共管理，必须在全社会进行文化重塑。

21世纪以来，生态环境保护开始受到广泛的关注。人们开始追求更高质量的生活，追求更加舒适、安全和绿色的居住环境，对企业和政府在环保方面提出了更多的要求。为了满足人民日益增长的优美生态环境需要，促进代际资源使用公平，实现可持续发展，必须对中国的绿色公共管理文化进行重塑。过去牺牲环境以换取经济快速发展的方式已不适应当今时代的需求，必须重新塑造以“绿色发展价值观”为核心的绿色公共管理文化。

2. 塑造绿色公共管理文化的途径

党的十八大以来，在以习近平同志为核心的党中央坚强领导下，“绿水青山就是金山银山”的理念成为全党全社会的共识和行动指南，公共管理文化逐步向绿色管理转型。但是仍有部分政府官员、企业管理者以及公众还未意识到绿色发展的重要性和紧迫性，仍然不重视向低碳行为方式转变。因此，为建设人与自然和谐共生的美丽中国，必须进一步塑造绿色公共管理文化，持续推进生态文明建设。

（1）塑造公共部门的绿色公共管理文化。通过制定绿色公共管理相关的法律法规和公务员行为规范来塑造和培育以绿色发展价值观为指导的绿色文化。通过行之有效的奖惩制度鼓励节约资源、保护环境的行为，减少甚至消除与绿色发展理念相悖的行为。在塑造绿色公共管理文化的过程中，公共组织成员由被动遵循绿色行为转向自觉摒弃只注重经济发展的错误观念、主动减少铺张浪费的行为。公共组织成员将树立绿色发展理念，转变行为方式，以身作则践行节能减排，并在工作中贯彻绿色发展理念，推动公共部门提供公共产品和服务的绿色化。

（2）建设企业的绿色公共管理文化。通过召开企业家座谈会、发布企业绿色转型倡议书等方式，鼓励和引导企业建设绿色公共管理文化，引导企业积极承担社会责任。建立健全促进企业开展绿色公共管理的市场体系，形成争创“绿色企业”的良好市场环境。健全绿色低碳循环发展的生产体系、流通体系和消费体系，同时，通过绿色收费、财税制度改革将企业的外部性内部化，鼓励环境友好行为。绿色发展应成为企业的核心价值理念，绿色公共管理文化成为企业持续生存和发展并赢得消费者青睐的制胜法宝，最终形成企业全员追求绿色发展的企业文化。

（3）营造公众的绿色公共管理文化。通过建立环境信息公开制度、公众对有关环境政策的评议制度、污染企业或项目选址的听证会制度，保障公众的权益；鼓励和支持社会组织和公众参与绿色公共管理，在法律上保障地位，在资金上加以支持，在税收上给予优惠；建立绿色发展、绿色生活的宣传教育机制，使绿色发展理念深入人心，并转化为公众的自觉行动。通过学校教育、媒体宣传、鼓励学者进行绿色发展相关研究等方式增进公众对绿色公共管理的重要性、紧迫性和必然性的认识，促使公众树立节约资源、保护环境的意识，自觉践行绿色发展理念、主动转变工作和生活方式并带动周围人共同践行低碳生活方式，最终营造人人践行绿色生活方式的良好社会氛围。

通过在公共部门、企业和公众中塑造绿色文化，全社会逐步认同并践行绿色发展价值观和绿色行为方式，形成全员追求绿色发展的公共管理文化，齐心协力推进绿色公共管理。

10.3.2 绿色公共管理的组织变革

1. 公共组织进行绿色变革的必要性

组织是一切管理活动的载体，是履行包括绿色公共管理职能在内的所有管理职能的物质承担者。组织变革是指组织依据内外部环境的变化，及时对组织中的要素（如任务、结构、技术、文化、人员）进行调整、改进和革新，以适应组织未来发展要求的过程。组织要实现持续发展，就必须根据环境变化对组织进行变革。

20 世纪 80 年代以来，绿色运动浪潮席卷全球。私人部门率先顺应了这种时代潮流，探索并实施了绿色管理的模式。随着绿色管理理念影响的不断扩大，公共部门开始注意到并运用这一理念进行公共管理领域的变革。传统的政府管理往往只注重经济发展，而忽视了对自然资源和环境的保护。因此，运用绿色管理理念开展公共管理必须对组织实施变革。

此外，随着公众环保意识以及民主参与意识的觉醒，对公共组织特别是政府部门提出了更多的要求，在环保方面要求公共组织做出更多努力。为了满足公众在生态环境保护方面的需要，切实回应公众的需求，公共组织尤其是政府部门必须进行绿色变革。

2. 公共组织绿色变革的主要内容

绿色变革通过对公共组织的任务、结构、技术、文化、人员观念及行为进行变革，开展绿色公共管理，促使公共组织与绿色发展相适应，实现绿色发展目标。

（1）任务变革。这是指对公共组织的运行方向和目标等方面进行的变革。为深入贯彻落实党中央、国务院关于碳达峰、碳中和的重大战略决策，扎实推进碳达峰行动，2021年10月26日，国务院印发《2030年前碳达峰行动方案》。文件中明确了“十四五”和“十五五”期间公共组织推进碳达峰的重点任务：将碳达峰贯穿于经济社会发展全过程和各方面，重点实施能源绿色低碳转型行动、节能降碳增效行动、工业领域碳达峰行动、城乡建设碳达峰行动、交通运输绿色低碳行动、循环经济助力降碳行动、绿色低碳科技创新行动、碳汇能力巩固提升行动、绿色低碳全民行动、各地区梯次有序碳达峰行动等“碳达峰十大行动”①。

（2）结构变革。这是指对公共组织结构的基本要素进行的变革，主要包括改变职权关系、协调机制、工作设计等。例如，对具备绿色公共管理职能的部门结构进行优化，明确各部门职权，划清界限，避免出现政出多门的情况；探索建立相关部门间以任务为导向的团队运作模式，充分发挥团队成员的专业技能和优势，更加高效地解决相关问题。

（3）技术变革。这是变革的实质性内容，主要是指对公共组织的工作流程等进行的变革。依托数字化政府建设，重新设计、调整公共服务的过程。鼓励公共部门使用对环境污染小的办公设备，实现设备更新；利用网络通信技术、信息化技术实现“一站式”办理，减少对人财物的消耗；提倡无纸化办公，减少对木材资源的浪费，提高信息传递效率。

（4）文化变革。这是指公共组织成员共有的价值观、信念或行为规范的改变。组织文化蕴藏着巨大的力量。如果组织文化与组织目标相适应，组织文化就能够提高组织绩效、促进组织目标的实现；反之，组织文化会给组织目标的实现造成巨大的阻力。通过行为规范的制定转变组织成员的行为方式；在组织中营造节约资源、保护环境的氛围；鼓励绿色低碳行为，批评和遏制铺张浪费行为，在公共组织中形成绿色公共管理、绿色发展的文化。

（5）人员变革。这是指对公共组织成员的工作态度、期望和行为等进行的变革。对公共组织成员进行绿色公共管理、绿色发展方面的知识和技能培训，改变组织成员的工作态度和基本行为，提高组织成员对绿色发展目标的认同，促使组织成员树立绿色公共管理理念、贯彻落实绿色行为规范。通过制定公共组织内部的绿色行为规范，转变组织成员的行为方式，如提倡无纸化办公、节约用纸、节约用电等，使组织成员发挥表率作用，以看得见的行动助力绿色公共管理，提高绿色公共管理的效率和效益。

10.4　绿色公共管理的能力提升

在传统管理模式的指导下，生态系统遭到严重的破坏。生态环境恶化、生态系统的承载能力减弱，由此引发了许多自然灾害。因此，近些年来，中国在防治污染、修护环境方面投入了大量的人力、物力和财力。

---

① 中华人民共和国中央人民政府．国务院关于印发2030年前碳达峰行动方案的通知．(2021-10-26). http://www.gov.cn/zhengce/content/2021-10/26/content_5644984.htm.

党的十八大以来，以习近平同志为核心的党中央高度重视生态文明建设，全党全国积极推动绿色发展，我国生态文明建设取得重大成就，美丽中国建设迈出重大步伐，为全球生态治理贡献了中国智慧和中国方案。2021 年，中国煤炭消费量占能源消费总量的比重比 2012 年下降 12.5 个百分点，天然气、水电、核电、风电、太阳能发电等清洁能源消费占比提升到 25.5%；2021 年，全国地级及以上城市空气质量优良天数比率提高到 87.5%，大气环境得到显著改善①。由此可见，中国绿色公共管理能力显著提升。但是，实现"双碳"目标以及人与自然和谐共生可谓任重而道远，需要几代人的努力，还需进一步提升公共部门的绿色公共管理能力。

（1）营造全社会的绿色公共管理共识。全社会需要深入学习习近平生态文明思想，秉持"绿水青山就是金山银山"的理念，认识到生态环境保护与经济发展是相辅相成、辩证统一的，将意识转化为行动，推动公共部门开展绿色管理。坚持以习近平生态文明思想为指导，在总结过去经验的基础上，立足新发展阶段、贯彻新发展理念、构建新发展格局、推动高质量发展，以经济社会发展全面绿色转型为引领，以建设人与自然和谐共生的美丽中国为目标，坚持走生产发展、生活富裕、生态良好的文明发展道路。

（2）完善绿色公共管理的政策法规。科学合理的法律法规是公共部门开展绿色公共管理的法律依据，因此，要围绕建设美丽中国的目标制定更加科学合理的政策。首先，制定法律法规必须符合中国具体国情和社会生活实际，因而要加强调研，制定切实可行的法规和政策。其次，立法机关要从定量的角度细化部分政策，使节约资源、环境保护方面的政策易于执行和落实，也便于对相关部门的工作绩效进行考核。最后，对不适应新阶段经济发展方式和人们生存需要的政策法规及时进行修订和完善，使之适应经济社会发展的需要。

（3）健全绿色公共管理的管理体制。提升绿色公共管理能力应从政府、企业和公众各主体出发，在明晰各自角色定位的基础上提升管理能力，以形成绿色公共管理合力。首先是要强化政府部门的主导作用。政府部门要明确职责、划定界限，避免职能交叉和多头管理；上级生态环境部门要加强对下级生态环境部门的指导，推动贯彻落实相关政策。另外，政府应全力推进自身管理制度的绿色转型，主要包括建立和完善绿色采购、绿色投资与招商制度；建立健全生态文明建设目标评价考核和责任追究制度、生态补偿制度、河湖长制、林长制等制度；参照 ISO 14001 环境管理系列标准建立公共部门的环境管理体系，提高政府的环境管理水平；构建绿色 GDP 核算体系，改变过去唯 GDP 论的政绩观，使政府官员树立绿色发展理念。

（4）推动绿色公共管理的绩效评估。建立实现绿色公共管理的监督体系，要加强政府自身监督，同时设立专门的机构对企业和公众的行为进行评价和监督，促使政府、企业和公众的行为逐步达到绿色公共管理的标准。政府部门要鼓励和支持高校科研团队、智囊团等组织的发展，这些独立于政府部门的组织可以更加客观、更加专业地对绿色公共管理的绩效进行评估，指出公共部门绿色公共管理存在的问题，并提出建设性的意见

---

① 新时代的原创性思想、变革性实践、突破性进展、标志性成果：在生态文明建设上．(2022-07-22). http://opinion.people.com.cn/n1/2022/0722/c1003-32482534.html.

供公共部门管理者参考。外部监督和评估可以弥补政府自我监督的一些不足，使评估真正起到改进公共部门绿色公共管理绩效的作用。

（5）培养绿色公共管理人才。加强绿色公共管理人才的培养，形成比较完善的绿色公共管理人才培养体系。例如，在高校开设绿色公共管理相关专业，培养专业化的优秀人才，充实绿色公共管理队伍，为中国绿色公共管理能力的提升奠定坚实的基础。组织党政领导干部进行绿色公共管理相关知识的学习，加强对公务员绿色公共管理知识和技能的培训，提高公共部门的绿色公共管理能力。

（6）借鉴国外绿色公共管理的优秀经验。耶鲁大学环境法律与政策中心、哥伦比亚大学国际地球科学信息网络中心研发了环境绩效指数（environmental performance index，EPI）来量化国家政策对环境保护的有效性。根据2022年环境绩效指数评价结果，全球十大最“绿色”国家为：丹麦、英国、芬兰、马耳他、瑞典、卢森堡、斯洛文尼亚、澳大利亚、瑞士、冰岛。中国可借鉴这些国家的成功做法，例如，向丹麦学习如何减缓二氧化碳排放量增长，向瑞典学习垃圾填埋和回收处理的优秀做法。在结合中国实际的情况下借鉴优秀做法，可以促进中国绿色公共管理能力的提升。

知识专栏10-3

环境绩效指数

环境绩效指数（EPI）是由耶鲁大学环境法律与政策中心、哥伦比亚大学国际地球科学信息网络中心联合实施，在2002—2005年连续四年编制的“环境可持续指数”基础上发展而来。

该指数使用11个问题类别的40个绩效指标，在气候变化绩效、环境健康和生态系统活力方面对180个国家进行排名。这些指标在国家一级衡量各国与既定环境政策目标的密切程度。EPI提供了一个计分卡，突出了环境绩效的领导者和落后者，并为渴望迈向可持续未来的国家提供了实用的指导。

EPI指标提供了一种发现问题、设定目标、跟踪趋势、了解结果和确定最佳政策实践的方法。良好的数据和基于事实的分析可以帮助政府官员完善其政策议程，促进与主要利益相关者的沟通，并最大限度地提高环境投资的回报。EPI为支持实现联合国可持续发展目标和推动社会走向可持续未来提供了强有力的政策工具。

EPI总体排名表明哪些国家最能应对面临的环境挑战。透过总分深入研究数据，按问题类别、政策目标、同侪群体和国家分析绩效，为政策制定者提供更大的价值。这种详细的见解和比较性的视角既有助于理解环境进步的决定因素，又有助于完善政策选择。

资料来源：根据网络资料整理和翻译（https：//epi. yale. edu/about-epi）.

本章小结

绿色管理最先兴起于20世纪90年代的私人部门。绿色公共管理是指政府主导、多元主体积极参与，在科学发展和以人为本的理念指引下，共同构建可持续发展道路和绿色发展模式的各种公共管理活动的总和。绿色公共管理的基本特征包括参与主体多元化、管理内容丰富化、管理方式主动可行、制度安排合理有序。

绿色公共管理的职能在于推进建立经济发展新模式、促进服务型政府建设、促使公共管理现代化和科学化、构建绿色发展的生态文明。中国绿色公共管理机构进行过多次改革。当前，中国绿色公共管理工作主要由各级生态环境部门负责。中国在省一级设有生态环境厅，在市县设立生态环境局，并依据职能上下对口原则分设机构，衔接上级部门的各项工作，实施绿色公共管理。

通过在公共部门、企业和公众中塑造绿色文化，全社会逐步认同并践行绿色价值观和绿色行为方式，形成全员追求绿色发展的公共管理文化，齐心协力推进绿色公共管理。绿色变革通过对公共组织的任务、结构、技术、文化、人员的观念及行为进行变革，开展绿色公共管理，促使公共组织与绿色发展相适应，实现绿色发展目标。

绿色公共管理能力提升可以从以下六个方面入手：营造全社会的绿色公共管理共识、完善绿色公共管理的政策法规、健全绿色公共管理的管理体制、推动绿色公共管理的绩效评估、培养绿色公共管理人才、借鉴国外绿色公共管理的优秀经验。

关键术语

绿色管理　绿色公共管理　生态文明建设　绿色公共管理文化　绿色变革

复习思考题

1. 为什么要塑造绿色公共管理文化？
2. 如何塑造绿色公共管理文化？
3. 为什么要对公共组织进行绿色变革？
4. 公共组织绿色变革的主要内容有哪些？
5. 如何提升中国的绿色公共管理能力？
6. 案例分析题：请认真阅读案例材料，然后按照要求分析并回答问题。

红河州的生态文明建设

生态文明建设关乎中华民族的永续发展。党的十八大以来，党中央以前所未有的力度推进生态文明建设，生态环境保护发生了历史性、转折性、全局性变化。云南是中国西南地区重要的生态安全屏障。习近平总书记明确指出："良好的生态环境是云南的宝贵财富，也是全国的宝贵财富，一定要世世代代保护好。"他要求云南"努力在建设中国生态文明建设排头兵上不断取得新进展"。

在此背景下，被称为云南"中华生物谷"基地和"滇南生物基因库"的红河州高度重视生态环境保护工作，在实践中探索出一条"高位推动、制度保障、防治并举、改善环境、生态创富、多方参与"的特色之路，生态文明建设取得明显成效。主要做法如下：一是构建"高位推动、齐抓共管"的新格局。通过成立州生态文明建设领导小组和环境保护督察领导小组进行全面统筹协调，构建州、县、乡、村四级工作体系，并严格落实环境保护“党政同责”和“一岗双责”责任制。二是构建生态文明建设制度体系，强化制度保障。通过建立健全生态文明建设制度、制定控制污染物排放相关工作方案、推行河（湖）长制、完善绿色GDP考核评价机制等措施为红河州生态文明建设提供制度保障。三是聚焦环保重点领域创新政策，加强污染防治。四是通过建设生态环境功能区、建设湿地公园和森林公园等改善红河环境。五是充分发挥红河民族、生态、文化资源优势，打造特色产业，推动生态富民。六是政府、企业和公众共同参与，形成强大合力，推进生态文明排头兵建设。

2015年以来，红河生态环境保护治理、经济转型发展以及生态文化创建取得明显进展。红河州先后获评“2015年度中国十佳绿色城市”“2017年度中国绿色发展优秀城市”称号，是“2017年度全国环境改善成效明显的市（州）之一”。

尽管红河州生态文明建设在过去几年取得明显成效，但与生态文明排头兵建设要求相比仍有一定差距。一方面，各级领导干部对绿色发展理念认识不够深刻，因而生态环境保护治理以及化解经济与环境开发矛盾的能力略显不足；另一方面，传统产业转型升级困难，由此引发的环境污染治理问题亟待解决。绿色发展任重道远。

资料来源：胡昭，马泽波．云南推进生态文明排头兵建设：实践透视、影响因素与路径优化——以红河州为例．红河学院学报，2022，20（4）：67-71.

问题

（1）概述红河州进行绿色公共管理的优秀做法。

（2）为持续推进生态文明排头兵建设，红河州应如何做？

本章阅读书目

1. 肖显静．生态政治：面对环境问题的国家抉择．太原：山西科学技术出版社，2003.

2. 黄志斌．绿色和谐管理论：生态时代的管理哲学．北京：中国社会科学出版社，2004.

3. 陈建成，张玉静．绿色行政．北京：机械工业出版社，2011.

4. 埃莉诺·奥斯特罗姆．公共事物的治理之道．上海：上海译文出版社，2012.

第11章
数字化公共治理

本章导读

在信息时代背景下，大数据、云计算、人工智能、电子政务与智慧城市创造了独立于现实治理空间而存在的数字化虚拟公共空间，对传统公共管理提出了挑战。从信息匮乏到信息爆炸，公共部门迫切需要对海量的公共信息数据进行有效处理与及时回应，从而驱动公共管理逐渐进入数字化公共治理时代，进而重塑公共部门的运作方式与运作流程。

数字化公共治理绝不仅仅是数字技术在公共行政部门的简单嵌入与嫁接，还在深层次上意味着公共管理正与信息时代相适应，形成一种全新的数字化公共治理理论及数字化的组织结构、知识体系、行动方式与文化模式。它正以前所未有的深度与广度，重塑传统的公共管理流程，并深刻地促进着信息时代背景下国家治理体系与治理能力的现代化。

重点问题

- 数字化公共治理的概念及特征
- 数字化公共治理的本质与过程
- 数字化公共治理的驱动机制与障碍因素
- 数字化公共治理工具的选择与运用

知识结构图

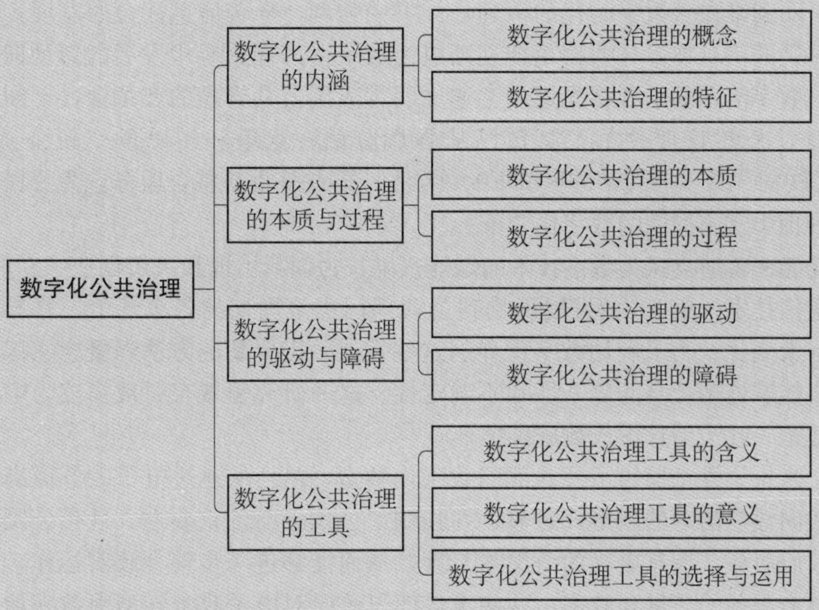

11.1　数字化公共治理的内涵

当代中国特色社会主义迈入新时代，伴随着我国数字化基础设施的跨越式发展，生产方式、生活方式与政府治理模式正发生着深刻变革。数字化公共治理是公共治理的未来发展领域，既具有公共治理的共性特征，又具有虚拟数字空间的独特性。数字化公共治理作为数字技术和公共治理体制两者的融合，是信息时代数字技术重塑公共部门组织结构与公共行政流程的产物。

11.1.1　数字化公共治理的概念

数字化公共治理（digital public governance）是信息时代公共管理领域的核心概念，国内外权威学者从不同角度对数字化公共治理的概念进行了阐释。

曼纽尔·卡斯特在《网络社会的崛起》一书中指出，信息技术革命的出现是人类发展史上的一个重大事件，信息技术范式的兴起和全球化的发展为政府公共管理领域提供了宽阔的平台与深厚的基础，这也为数字治理理论的产生提供了理论指导①。

---

① 曼纽尔·卡斯特．网络社会的崛起．北京：社会科学文献出版社，2006：153.

亚历山大·舍隆将公共部门的数字化视为一项创新，即通过利用数字技术以及建构数字化平台来更新僵硬和严密的官僚组织系统，特别是公民关系管理①。

帕却克·邓利维在《数字时代的治理》一书中强调，随着信息社会的发展，在公共部门中引入先进的信息技术与数据系统逐渐成为数字治理理论应用发展的新动向。大数据和云计算与数字治理的结合将先进的工业文明带入到公共管理的变革中，不断重塑着公共管理系统，公共管理改革工具包已从强调分散、竞争和激励的“新公共管理”（NPM）方法转向“数字时代治理”（DEG）方法，重点是重新整合服务，为公民提供整体服务并在管理中实施彻底的数字化变革②。

克里斯托弗·雷迪克认为数字技术的爆炸式增长为创新治理和决策创造了新的机会。这些信息和通信技术（ICT）的发展影响到公共部门决策周期的各个环节，并导致政策制定方式的巨大变化。为了利用数字世界的这些发展，需要新的方法、概念、工具和方法，这些方法能够处理社会的复杂性和不确定性。这一研究领域有时被描述为电子政府政策、电子政策、政策信息学或数据科学③。

迈克尔·米拉科维奇探讨了公共部门数字化转型，包括从通过电子政务提高公共服务的传统形式向数字治理的新形式过渡，并强调了公民参与的重要性，这样公民可以获取更广泛的政府服务，拥有更高的公民参与度，从而能够进一步整合政府运作，降低成本，且提高政府服务的质量和效率，这些优势使得政府对电子政务转型为数字治理有了更迫切的需要④。

国内学者王浦劬和杨凤春从公共管理、政府发展的角度出发，认为电子治理能够赋予公共管理和政府更多、更高层面的价值，实现规范、廉洁、责任化的政府管理⑤。

徐晓林和刘勇认为，数字治理是指在以政府与市民社会、政府与企业为代表的经济社会的互动和政府内部的运行中运用信息技术，简化政府行政，简化公共事务的处理程序，并提高民主化程度的治理模式⑥。

陈振明和薛澜指出，电子政务、电子政府、电子治理就是一般意义上的数字治理，信息技术是一种最重要的政府管理工具，它是引起当代公共管理变革的最根本动力，而电子政务或电子政府建设成为当代公共管理发展的基本趋势⑦。

竺乾威强调，信息技术的发展使新公共管理主张的一些治理方式或被终止，或被放弃，究其根本就在于信息技术的重要作用。信息技术使得政府治理由部分走向整体，从破碎走向整合，数字治理理论是治理理论与互联网数字技术结合催生的新理论，它与整

---

① Schellong A. CRM in the Public Sector：Towards a Conceptual Research Framework. Proceedings of the 2005 National Conference on Digital Government Research，2005：326－332.

② Dunleavy P，Margetts H. The Second Wave of Digital Era Governace. Washington：APSA，2010：1.

③ Reddick C G. Public Administration and Information Technology. Burlington，MA：Jones & Bartlett Learning，2012.

④ Milakovich M E. Digital Governance：New Technologies for Improving Public Service and Participation. London：Routledge，2012.

⑤ 王浦劬，杨凤春．电子治理：电子政务发展的新趋向．中国行政管理，2005（1）.

⑥ 徐晓林，刘勇．数字治理对城市政府善治的影响研究．公共管理学报，2006（1）.

⑦ 陈振明，薛澜．中国公共管理理论研究的重点领域和主题．中国社会科学，2007（3）.

体性治理强调的整合与协调以及网络化治理理论强调的复合中心的治理形式和自我组织的特征有着一定的理论与实践上的重合。①

国内外学者关于“数字化公共治理”的解释，揭示了数字技术在公共部门的嵌入性与融合性等特征，在一定程度上反映出公共部门数字化进程的现实境况。这些理论观点将数字技术的特性与公共部门的结构和功能相联系，反映出数字时代对公共部门的颠覆性影响以及数字技术赋能公共部门的潜力，为数字化公共治理理论奠定了概念基础。本章从技术创新和制度结构关系及其决定意义去分析公共部门的数字化转型，试图从本质上把握数字化公共治理的概念。

马克思认为，生产力与生产关系的矛盾是推动人类社会发展的基本动力。数字化公共治理的诞生正是源于公共部门的数字化生产活动，并蕴含于生产力与生产关系的矛盾运动之中。

一方面，人类生产力的发展必然形成相应的制度安排。物质生产活动是人类社会存在和发展的基础，“我们首先应当确定一切人类生存的第一个前提，也就是一切历史的第一个前提，这个前提是：人们为了能够‘创造历史’，必须能够生活。但是为了生活，首先就需要吃喝住穿以及其他一些东西。因此，第一个历史活动就是生产满足这些需要的资料，即生产物质生活本身”②。公共部门数字化的物质生产活动一开始是以社会生产的形式出现，人类社会正是在数字医疗、数字交通、数字教育以及数字政务等数字化社会生产过程中，建构了特定的制度安排和互动关系，从而使得数字化公共治理得以顺利实现。

另一方面，生产力与生产关系的对立统一关系引发制度变迁。当信息时代的数字化生产力水平发展到一定阶段，必然导致生产关系变迁，进而导致上层建筑的重新调适与制度创新。数字技术具有覆盖范围广、传播速度快、超越时空边界等特征，其蕴含的巨大生产效率使得其正逐渐渗透到公共部门的各个行政分支领域之中，这导致原有的公共部门管理体制越来越难以适应公共部门的数字化步伐。在信息时代，随着数字技术的发展，传统公共部门的管理模式的弊端日益凸显，诸如部门设置冗杂、利益协调困难、管理绩效低下、目标与责任冲突以及管理成本增加等问题，阻滞着公共部门管理流程的变革。数字时代的公共治理具有透明性、精准性、包容性、开放性、敏捷性的优点，能够有效促进公共部门机构扁平化、组织决策精准化以及服务能力数字化。这就对从新公共管理运动中形成的管理形式提出了挑战，需要政府治理以公众需求为基础，通过公共部门数字化变革满足信息社会对优质公共产品与公共服务的需求。

总之，生产力与生产关系通过彼此的相互作用促进制度变迁。数字技术最终决定公共部门数字化生产方式的存在、发展以及变革，数字化公共治理则直接规定了公共部门应用数字技术的性质，最终使得数字技术在公共部门应用的各要素与数字化公共治理间实现最佳适配，并发挥出最大效能。能否有效提升公共部门的公共生产与公共服务能力，是衡量数字化公共治理是否合理有效的重要标准。

---

① 竺乾威．从新公共管理到整体性治理．中国行政管理，2008（10）.

② 马克思，恩格斯．马克思恩格斯选集：第 1 卷．北京：人民出版社，2012：158.

11.1.2 数字化公共治理的特征

数字化公共治理就是在信息时代背景下，公共部门为了适应数字生产力的发展，为更好地创造公共价值和提供公共服务，通过数字技术的嵌入实现公共管理组织结构创新与体制创新，所构建的一种网络化、多中心、协作性以及跨部门式的新型治理体系。总的来看，数字化公共治理具有以下四个特征：

1. 数字化公共治理的目标在于更好地创造公共价值和提供公共服务

公共部门的公共性决定其首要任务是创造公共价值和提供公共服务，因此需要根据行政环境的变化把握公共价值和公共服务的本质，调整组织行为，优化行政流程，创造数字时代新的公共价值。数字化公共治理是信息时代背景下公共部门为主动适应先进生产力发展方向从而更好地创造公共价值的战略调整，数字化公共治理需要肩负起创造公共价值的使命。学者摩尔就曾指出应对公共领域的复杂性与不确定性的“棘手问题”是公共价值管理范式源起的客观背景，并进一步将公共价值理论凝练为著名的战略三角模型，该模型是由公共价值战略目标（public value strategic goals）、授权与支持环境（authorizing environment）和运作能力（operational capability）三部分组成的三角形框架。[①] 因此，数字化公共治理作为超越传统政府和电子政务的高阶产物，不仅仅体现于技术工具的价值，同时也包括价值内涵。公共行政范式正是沿着工具理性和价值理性的双重维度展开螺旋式上升的，公共部门的价值追求需要以工具理性为实践基础，先进的技术工具也同样离不开以强大公共性为遵循的价值前提。总之，数字技术为公共部门创造公共价值、提供公共服务展现了美好的前景，但也应认识到数字技术只是公共部门实现善治目标的工具。

2. 数字化公共治理的主导者为公共部门

现代社会是高度分工和高度组织化的社会，具备特定职能的专业组织在国家和社会生活中的作用日益凸显。马克思指出“行政是国家的组织活动”[②]，而数字化公共治理也离不开组织。公共部门作为公共价值的创造者和公共服务的提供者，决定了数字化公共治理的主体是公共部门，这区别于一般意义上的数字治理，尽管数字化公共治理的活动并不局限公共部门。在公共治理领域，新型数字技术的赋能优势将分散的行动者联结起来，形成多元一体的治理网络。数字化公共治理重新定义了公共部门，使公共部门不再过度关注行政程序，而专注于公众需求；改变僵化保守的风格，通过自我调整主动适应环境，使得公共部门成为以公民为中心、数字技术驱动、以绩效结果为导向的学习型组织。因此，数字化公共治理意味着公共部门的数字化转型不仅仅体现为技术革新。在数字时代，公共部门在公共治理过程中，需要承担为人民服务的职责，明确公共利益的目标，致力于建立集体的、共享的、共治的公共流程，形成使命型、责任型、回应型、民

---

① MOORE M. Creating Public Value：Strategic Management in Government. Cambridge，MA：Harvard University Press，1995：55－61.

② 马克思恩格斯论国家和法. 北京：法律出版社，1958：367.

主型和效能型公共治理机构。

3. 数字化公共治理的方式是通过数字技术的嵌入实现公共管理体制创新

随着数字技术在公共部门的深度嵌入与融合，智能传感、物联网、云服务等大数据技术在政务服务、交通管理、辅助驾驶、能源管理、工业系统、智能设备、环境监控、供应链物流、手机票务、身份验证、数据采集、公共卫生、智能办公等公共管理和公共服务中的应用，一窗式办理、集成化服务平台、远程管理等便捷操作让公共部门可以更加高效和智慧地提供服务。这在一定程度上改变了过去“门难进”“脸难看”“事难办”“跑断腿”的状况，通过让数据跑路、无缝式集成、端口化服务与人机交互优化了公共服务的方式。当然，这离不开公共管理体制的改革创新，公众参与、简政放权、部门重组、职能转变为数字化公共治理创造了制度条件。归根结底，数字化公共治理本质上是一种治理模式的创新，有效的数字化公共治理是制度创新的结果。从主客二元的管理到公民需求导向的服务，从被动回应到主动制定公共政策和提升社会福利，从依赖自上而下的命令驱动到数据驱动，从数字技术的无差别改造到数字技术的创新融合以及从公共服务的窗口服务到智能感知，数字化公共治理通过数字技术与体制改革的融合，实现更现代、更高效和更具创新性的公共治理流程。

4. 数字化公共治理的形式是网络化、协作性与跨部门的治理框架

数字技术的发展正在以亘古未有的方式将人类带入一个智能感知、高度互联以及开放共享的时代。有效的数字化公共治理在形式上是多元主体互动、多源数据融合、跨层级多部门协同与各项制度无缝集成的结果。数字化公共治理是一项数字生态工程，是由若干节点构成的生态网络。该生态系统包括政府主体、非政府组织、私营部门、社区以及公民个体。数字化公共治理的生态网络，关注数字时代背景下公共部门的组织模式、结构和过程。组织模式决定了数字化公共治理的基本特征在于数字生态内部各主体关系的配置，而这种配置构成了数字化公共治理的物理结构，过程则是为了形成结构而创造出组织模式的方式。总之，整体生态观为理解数字化公共治理的系统性、关联性以及复杂性提供了有益视角，有利于深入探索数字化公共治理新格局的发展和演变。

案 例

北京“回天大脑”超大型社区数字治理创新

以“亚洲最大的社区”回龙观、天通苑地区（简称“回天地区”）为例，为了解决回天地区职住失衡、交通拥堵、公共服务严重滞后等问题，北京市昌平区委区政府与市经济和信息化局成立了联合工作组，市区两级协同推进回天地区城市大脑应用试点工作。在基层治理方面，实现“一屏揽全局”的整体态势感知，“多端联动”协同打通接诉即办与吹哨报到，“多元诉、有序传、有效办”的未诉先办；在交通出行方面，集中在“自我调节”的交通疏堵，“错时守时”的共享停车，“柔性供给”的共享单车；在社区管理方面，以“不停步通行”的常态化疫情防控，全天候“目光守护”的平安小区，“绿色积分打卡”驱动的垃圾分类共治，“精细化人口分析”的群租房治理，空间落位快速实现“房屋码”人口闭环管理为主。这套组合拳取得了显著的成效。

11.2 数字化公共治理的本质与过程

从马克思历史唯物主义理论的角度来观察，生产力决定生产关系，而生产工具是生产力水平的核心标志。数字技术是一种工具，是21世纪的“蒸汽机”，互联网、大数据、人工智能等新兴数字技术对公共治理产生了积极的促进作用，但数字化公共治理并不局限于工具意义，而是具有公民参与、意志表达、权力监督等公共价值。因此，数字化公共治理不应局限于“器物”层面的追求，而应利用数字技术工具建立高效、负责、透明以及具有整合力和回应力的公共机构，这就需要重塑信息时代背景下的数字化公共治理流程。

11.2.1 数字化公共治理的本质

伴随着中国互联网基础设施的发展与完善，中国数字治理实践正在全面推进，在数字化行政审批等领域已形成创新优势，实践创新为理论范式的建构提供了条件。从当前数字化公共治理研究的文献分析来看，数字治理研究是一项典型的跨学科研究，涉及计算机科学、统计学、政治学、经济学、社会学、传播学等文理学科。随着实践发展与理论完善，数字化公共治理应跳出电子政务、电子政府、整体政府等传统框架，充分吸纳生态学、经济学、社会学、管理学等跨学科的理论元素与政策工具，通过融合与调适，最终形成具有中国特色的理论范式。中国特色社会主义的数字化公共治理具有四重本质属性。

1. 人民性

中国特色社会主义语境下的数字治理理应遵循以人民为中心的建构理念，数字治理为了人民，服务于人民。自改革开放以来，中国东部、中部、西部发展呈现非均衡格局，不仅形成了经济鸿沟，而且形成了公共服务供给的鸿沟。数字治理借助大数据与扁平化的信息网络，能有效消解行政壁垒，使稀缺的公共服务资源由行政空间非均衡配置转向信息空间一体化、均衡化与共享化，使全体人民最大限度地享受生产力发展的成果。

2. 效率性

伴随着手机、社交平台、云计算、物联网、机器人和人工智能的广泛应用，数字技术影响着人类生活的方方面面。无论其作为一种“福音”抑或“诅咒”存在，都必须承认它的颠覆性影响。得益于技术的革命性发展，公共治理的基本模式也在不断更新升级。从第一台基于DOS的个人电脑出现，到万维网再到云计算的发展，现代数字信息和通信技术已经深刻地改变了公共部门。每一波技术浪潮的涌现，都有效耦合了公共部门的治理需求，这些技术工具有助于公共部门降低成本、提高效率和透明度，强化政府与民众的联系程度。

3. 安全性与系统性

在当今世界，大国之间的竞争与博弈日益激烈，尽管数字空间无边界，但是民族国家存在着主权边界。面对美国取消“网络中立”原则等一系列网络安全的新挑战，在新的国际形势背景下，网络强国建设应遵循安全与发展并重的原则。在安全与发展并重的原则下，我国正通过顶层设计，拔除数据烟囱，推进国家政府数据统一开放平台，建成跨部门的数据资源共享格局。数字政府不是信息技术与政府机构的简单嫁接，而首先是治理哲学、治理理念的对接与融合，最终形成治理哲学、体制、机制与技术的数字化公共治理统一体。

4. 协同性

数字化公共治理是一种无缝隙的协同治理，通过无边界数字治理平台，实现公共部门之间的协同治理与公共人才的共享。公共人才作为政府组织的核心资源，在工业时代被严格限制于政府机构的边界之内，而无法实现公共人才资源的帕累托最优配置。在数字时代，通过数据流与信息网络，在不打破机构边界的前提下，实现公共人才无边界共享，以隐性方式实现部门协同治理。数字时代背景下，组织边界具有适当的渗透性和灵活性，以促进人才、信息、政策的自由穿越与积木式重组。公共人才既可以物理形态存在，也可以虚拟数字形态存在，当其以虚拟数字形态存在并在数字空间展开行动时，便失去了工业时代所固有的部门标签与机构属性，成为无边界数字治理平台的共享人才。

11.2.2　数字化公共治理的过程

数字化公共治理需要重新审视公共部门数字化发展的知识体系，通过明确数字化发展是否有效来指导公共部门的数字治理活动。因此，建构合理的数字化公共治理结构，重塑参与和决策过程，推动数字治理从技术结构到不同层次的异质结构过渡和转变，并克服相应的消极影响，进而实现公共部门数字化发展的目标，应成为数字化公共治理过程的应然使命。

有效的公共治理是通过业务活动过程中劳动效率、组织水平、技术资源及财务状况等要素的优劣来衡量的。公共部门的数字化建设是一个由端口到端口的过程，这意味着前端始终与后端紧密相连，从而构成一个闭环的业务流程和系统策略。因此，数字化公共治理的关键在于确保数字化发展计划与数字化转型项目、政策发挥及系统功能之间实现无缝集成。那么，数字化公共治理过程就是确保在处理公共问题和议题时符合预先设定的数字化标准与业务规则，这包括人员交往、业务程序及技术安全等事项的规范。数字化公共治理需要参与的多元主体保持一定的灵活性和韧性，持续促进治理流程的优化，最终实现数字化公共治理的目标。

特定的数字化公共治理模型用于建立和定义公共部门在技术嵌入、部门协同、多元参与、数据创建、数据驱动、数据维护及数据应用等方面的相关流程。数字化公共治理是公共部门深刻的数字化转型，并不是简单地改变功能模块或者增加新的功能模块，而是一种全新的治理体系。换句话说，数字化公共治理是公共部门一项战略性、全面性、长期性及整体性的数字化转型工作。从战略管理的维度出发，数字化公共治理包括战略规划、战略实施、日常的经营与计划控制以及战略评价与更新等。在明确的数字化公共治理战略目标指引下，公共部门可以直接做出有利于公共治理的数字化变革，了解数字化转型的风险和潜在阻力，以更好地实现数字化公共治理。数字化公共治理的过程见图 11 - 1。

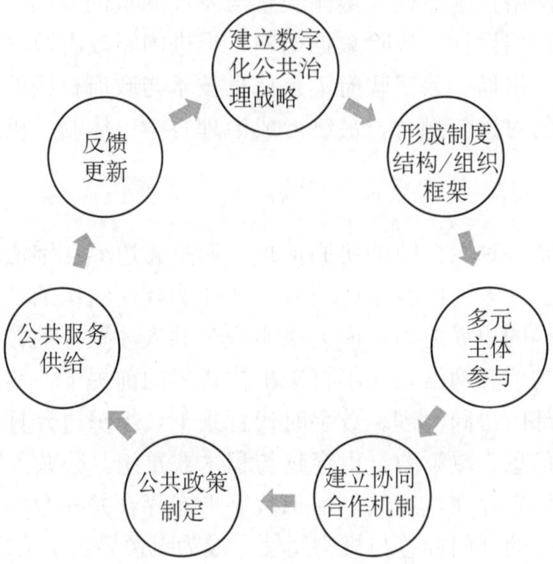

图 11－1　数字化公共治理的过程

1. 建立数字化公共治理战略

数字化公共治理是公共部门数字治理行动框架的关键举措，尤其针对世界不同的国家，面对不同的制度和文化，构建适应特定国家制度的数字治理之基础，在于从战略上确立公共部门数字化公共治理的目标，从而确立各项工作的优先级，为具体的数字化公共治理工作提供行动指导。数字化公共治理战略除了将制度和文化的异质性纳入其中，还需要同公共部门的现代化紧密结合起来，确保公共部门的数字治理契合并深植于各种政策流之中，改变公共治理方式，促进公共服务的高效化，并改善公共福祉。

2. 形成制度结构/组织框架

公共部门的数字化转型在根本上是通过数字化的制度转型和文化变革来支撑可持续发展的战略目标。政府一旦设定数字化公共治理的战略目标，就需要在特定的结构和框架中执行，使其实现行政流程的标准化与程序化，这包括决策流程、项目管理、供应链管理、转型管理指南、应用程序、合规性与风险管理等，政府在此基础上，紧密结合数字化发展的优势，尽可能利用大数据与人工智能技术实现行政自动化。行政人员的配备、培训、管理、考核、控制及评估等环节，都必须围绕数字化公共治理有效展开，围绕数字化平台建设，定义数字化公共治理的流程与议程。数字化公共治理的成功关键在于真正从框架上打破公共部门之间的孤岛效应，促进多元主体的协同合作，简化工作步骤，避免工作冗余，通过遵循这些原则和步骤，推进数字化公共治理更顺畅、更有效地运转。

3. 多元主体参与

数字化公共治理既能促进公共问题的高效解决，也能显著提升政府治理的透明度和公民参与度。数字化公共治理拉近了公共部门与企业、公共部门与社区民众的时空距离，企业与公民在网络上充分参与公共治理过程已成为当代政府治理的常态，这也刺激着公共部门加快数字化转型步伐，进一步提升公共部门的回应性。面对客观存在的数字鸿沟，数字化公共治理需强化数字化基础设施建设，保障多元利益相关者的有效参与，在数字空间中通过充分协商，形成政府与民众之间的最大公约数。

4. 建立协同合作机制

由于数字化公共治理涉及多元利益相关主体的参与，多元主体构成跨部门、跨层级、跨职业，甚至是跨民族和跨国家的主体结构，这要求数字化公共治理提供相应的协同合作机制，在共同促进、共识达成、定义共享标准和接受政策杠杆等方面实现治理行动的连贯性，从而确保多方利益相关者参与、协调数字化公共治理。此外，稳定的协同合作机制也有助于更好地检测治理过程，重点关注多元协作以实现更有效和连贯的治理行动，并进一步鼓励或培育协作文化，以促进数字化公共治理过程中的协调，促进多元参与者之间的意见交流、知识和数据共享，以共同定义目标和优先事项以及协同实施策略。

5. 公共政策制定

大数据、云计算及社交网络媒体以及互联网用户的爆炸性增长为公共治理的创新提供了新的机会，带来公共政策制定方式的巨大变化，并重新塑造公共部门数字化决策程序。更好地实现数字化公共决策需要新型的数字化政策工具，以处理新时代充满复杂性和不确定性的公共问题。在数字时代，公共政策交叉化、非线性化和系统化的发展趋势，必然要求数字时代的公共政策安排与复杂系统、大数据、数字化政策模拟仿真的深度融合。

6. 公共服务供给

数字化公共治理的根本目标在于改善公共服务、提高公民参与度及政府透明度，因此，公共部门仍需将公共服务及公共价值放在首位，关注公共服务对象与弱势群体，围绕国民的切实需求，及时进行回应。尤其在数字时代，公共部门应有效利用数字技术，变革公共部门的运营方式、协作方式、参与方式和服务方式，通过赋予公民参与的权利，构建数字治理的统一平台，为公众提供高效便捷、个性化和安全的数字化公共服务。

7. 反馈更新

数字技术为公共治理创新提供了前所未有的机遇。面对外部环境、技术基础、治理条件、服务需求与民众意识等要素的变化，数字化公共治理需要在适应中不断进化。创造公共价值、提供优质服务、满足公民诉求是公共治理创新的基础，公共部门对此需保持包容开放。面对数字技术的迭代更新，公共部门不仅追求实现技术的嵌入和应用，而且寻求更好地服务公众、更有效地破解公共问题的方式。总而言之，保持对外部环境的敏感性、对公民诉求的感知性、对新兴技术的应用性以及对问题压力的开放包容性构成了数字化公共治理的创新动力。

案 例

海淀区“区块链＋跨省通办”创新

自2018年起，海淀区在政务服务领域持续探索区块链技术应用，通过技术创新助力政务服务提升。为贯彻落实《国务院办公厅关于加快推进政务服务“跨省通办”的指导意见》，海淀区以自主可控的长安链联盟为基础，以“共识”为核心理念，在全国率先推出“区块链+跨省通办”政务服务新模式。区块链技术具有不可篡改、多方共识、安全可信的优势，构建“链上共识”机制，可以打破空间地域的界限，为办事企业和群众提供了异地代收代办、材料智能核验、办事结果互认、审批数据上链等“全环节、多元化”跨省通办服务渠道，让数据多跑路、群众少跑腿。截至 2021 年，海淀区政务服务联盟链可支撑 37 类数据链上核验，落地 605 个政务服务场景。

11.3 数字化公共治理的驱动与障碍

在信息时代背景下，大数据、云计算、人工智能、电子政务与智慧城市创造了独立于现实治理空间而存在的数字化虚拟公共空间，对传统公共管理提出了挑战。从信息匮乏到信息爆炸，公共部门迫切需要对海量的公共信息数据进行有效处理与及时回应，从而驱动公共管理逐渐进入数字化公共治理时代。公共治理数字化转型已成为当代公共管理实践和公共管理理论创新的热点议题，数字化改革正加速推动着公共部门向跨部门、跨层级以及跨时空方向拓展。这种驱动不仅源于信息技术的变革，而且源于经济社会结构变迁与制度变革。

11.3.1 数字化公共治理的驱动

1. 技术维度：大数据驱动

大数据驱动是数字时代公共治理的重要手段，大数据本身具有速度快、规模大、类型多、价值高的特征，拥有海量、异构、实时以及共享等优势，具备异构主体及设备交互共享与多源数据集成能力。正是依靠“泛在式”的数据采集和“云端化”的数据处理模式来感知、获取、整合及分析各种复杂的数据信息，才能凭借大数据的分析结果来统筹和协调资源的运作以及人员、设备与机构之间的互动。大数据通过将采集的巨量信息放入数据库之中，就可能形成关于公共问题和公共服务的精准记录与反馈。在数字化公共治理过程中，大数据对处理非结构化、非线性化的公共信息具有显著优势，并能精准回应公民诉求，及时响应公共问题，为数字化公共治理提供了技术驱动力。

2. 制度维度：数字能力驱动

数字化公共治理不单是技术层面上的问题，数字化公共治理的成功实现需要更强大、更安全及更系统的能力支撑。为有效发挥数字技术的潜力，公共部门对于数字技术的使用应该基于宏观的整体愿景，行动能力及其评估是至关重要的。制度维度上的数字能力，包括数字愿景、数字领导力、数字基础设施、数字化管理方式、数字思维、法律规范及文化等方面的要素，是数字时代重要的知识资产和生产技能，是在数字化公共治理过程中发展性、创造性地使用数字技术的能力。显然，数字化公共治理能力的形成需要与之相适应的制度生态，推动数字化公共治理所需的整体数字能力形成，并以数字能力支撑数字化公共治理，在技术、业务和组织层面提高技术的应用性和可扩展性。

3. 社会维度：数字协作驱动

数字协作是各级政府在公共治理过程中通过数字平台进行协作治理的实践与行动。在数字时代，这种协作并不局限于人与人，还囊括人与物及物与物之间的协作。数字协作还有助于确保多方利益相关者的参与，通过利益表达和多重博弈达成某种共识和均衡，保证数字化公共治理的民主性，促进治理合力的形成，最终使得公众诉求与处理公共问题的目标一致。在数字治理过程中，数字协作是利用技术来改善治理场域中信息流、沟通、内容和文档管理等，从而敏捷、精准地感知和管理事物变化的速度和复杂性，提高数字化公共治理的效率和透明度。

4. 经济维度：数字资源驱动

从经济维度出发，数字技术促进了经济业务增长，这种增长带来与数字服务平台的互联互通。反过来，数字化经济活动则会强化数字技术构成经济活动的基础。经济维度对于驱动数字化公共治理主要体现在两个方面：一方面，数字化公共治理作为上层建筑的表征，必然由经济基础决定——数字经济基础的变化发展决定数字化公共治理上层建筑的变化发展及其方向。另一方面，数字化公共治理的上层建筑反作用于数字经济基础，这种反作用集中表现在为自己的经济基础服务。增量发展作为公共部门数字化发展的目标，深度绑定了数字经济与数字化公共治理的前途命运，也就是说，随着数字经济的迅速发展，数字资源快速增长，大量的数字资源被投入塑造数字化公共治理的进程。

11.3.2 数字化公共治理的障碍

在数字时代，生产、生活与公共管理在迅速变化中变得充满复杂性和不确定性，大到国家和社会，小到家庭与个人都体验到了数字技术带来的颠覆性影响。在迅速变化的数字时代，若要顺利实现数字化公共治理，就要克服一系列的梗阻。数字化公共治理的障碍主要体现于四个方面：技术中心主义的窠臼、数字规则的滞后性、数字官僚主义的负面影响、数字化公共治理的网络安全威胁。

1. 技术中心主义的窠臼

随着新型数字技术逐渐嵌入人类生产生活的各个方面，诸如智能传感、物联网、云计算、大数据等新技术的应用，探索更具透明度和包容性的参与式治理方式，实现以公众需求为导向的治理模式，已成为公共行政学的前沿议题。在此背景下，数字化公共治理被定义为应用数字技术来更有效地开展公共治理，这种观点将数字化公共治理描述为一个指挥和控制的中心和程序，数字技术的集成性、交互性和智慧性很大程度上提高了公共治理的效率，可以让治理主体克服时空的限制。这种定义虽然揭示了数字化公共治理的表现和特征，但也将数字化公共治理概念化为机械化的框架，而不是创造公共价值、提供公共服务的治理结构。尽管数字技术的重要性不言而喻，但是一个充满活力、包容开放、政府与公众良性互动的公共治理结构更为重要。缺乏人本价值指导的技术应用存在单向度的危险，数字技术与公共价值的融合代表着数字化公共治理的方向。

2. 数字规则的滞后性

在新型数字技术面前，传统的制度和规则往往被视为改革的对象。然而，针对数字技术带来的风险与挑战，有效的数字规则是规范虚拟公共空间不可或缺的外部规制手段。相比于数字技术的迭代更新和社会结构的加速变革，制度与规则的更新往往相对缓慢。规则的生成和修改往往是在问题发生之后，规则所带来的保护与救济行为更是基于问题的影响。这就导致现有监管机构对数字技术所带来快速变化的挑战感到无力，处于规范真空下的数字技术行动难以得到有效约束。在信息时代，数字化公共治理同样离不开规则约束，数字规则为数字化公共治理提供了确定性、稳定性及问责框架。对数字化公共治理而言，数字规则的作用在于对公共治理活动进行保障、修复与救济，公共部门需要在数字规则的约束下有序而理性地开展公共治理活动。

3. 数字官僚主义的负面影响

随着传统纸质化办公向数字化办公的转变，公共部门经历了从传统官僚到数字官僚的转变。公共部门在通过数字技术重塑自身的过程中，也带来了数字官僚主义。官僚在学术领域是一个中性词，官僚机构是履行职能的部门，然而，官僚主义却是官僚机构所衍生的一种消极产物，一般指公共部门官本位、办事低效、工作懈怠、不作为等不良作风。数字官僚也同样如此，数字化公共治理在提升治理效率的同时，也会导致“电子衙门”问题，产生新型官僚主义。尽管数字化提供了自动化、便捷化及高效化公共治理的承诺，但数字技术是否真正进一步增进了官僚与公民之间的联系、促进了部门之间的协同以及打破信息孤岛等，仍然是一个疑问。这在一定程度上依然构成了数字化公共治理的现实障碍，例如，在一些地方政府，政府公共服务热线无人接听；与公民息息相关的政务公开和便民服务等电子政务栏目几乎成为“僵尸”栏目；一些不切实际的数字改造功能消耗了大量的财政资源，但是难以应用于实践等，这些形式工程显然偏离了数字化公共治理的目标和愿景。

4. 数字化公共治理的网络安全威胁

网络安全是数字化公共治理有效运行的基石。数字化公共治理改变了公共部门的管理和服务方式，并使得一种精简、高效、开放透明与具有创新精神的公共治理体系在现实中成为可能。但是，各级政府在运用与发挥数字信息技术在公共治理中的优势的同时，也应高度关注网络安全。新型数字技术具备强大的数据信息获取、传输、存储及处理能力，能够实现数据信息的高度集成和交互，并能最终建立“一站式”信息服务共享平台，但是，这也将设备与设备、人与设备、人与人之间的数据信息交互纳入公开透明、无国界的网络框架之中。隐私泄露、信息安全、黑客攻击和病毒植入已成为数字治理与安全应用的潜在隐患。例如，在 2018 年发生的“剑桥分析”事件中，Facebook 由于对第三方 APP 使用数据缺乏监管机制，最终导致 8 700 万名用户的资料被滥用。中国消费者协会的测评报告也显示智慧应用软件存在对外提供个人信息时，不单独告知并征得用户同意，未明确告知用户如何更正个人信息等情况。由此可见，如果国家与各级政府不能有效解决网络安全问题，就难以克服数字化公共治理过程中的信任和安全问题。这需要国家进一步通过立法与执法，对公共管理流程中各主体的数字权利提供充分保障，对数字设备、网络及应用的安全性与可靠性进行有效维护，以保障数字化公共治理的基础设施安全高效地运转。

11.4　数字化公共治理的工具

数字化公共治理的运转离不开数字治理工具的选择与支持。为保障数字化公共治理的科学性、规范性与有效性，公共部门需要以公共精神理念的“道”，把握数字技术在“器”层面上的尺度与效度，最终实现数字化公共治理的价值与工具的有机融合。

11.4.1　数字化公共治理工具的含义

公共治理工具是公共部门为解决特定公共问题而采取的具体手段或方式。数字化公共治理是一个技术、体制、工具与价值进行互动的复杂过程。数字化公共治理工具对于公共部门能否达成既定治理目标发挥着至关重要的作用。

克里斯托弗·胡德从公共部门利用资源的角度出发，认为公共部门的治理工具包括：监管信息或影响行为，公共部门信息和公共资源，法律权威和组织①。

麦克唐纳从部门干预的维度出发，将公共部门的治理工具归纳为：任务、诱因、能力建设和制度变革②。

萨拉蒙基于效用的维度将公共部门的治理工具定义为强制性、直接性、自动性和可视性的程度③。

数字化公共治理工具的研究是较新的话题。20 世纪 90 年代，数字治理（digital governance）在曼纽尔·卡斯特的《网络社会的崛起》一书中被提出，“随着数字化的崛起与发展，公共治理需要更为开阔的治理视野，对公共治理体系和治理工具提出了更高的要求”④。因此，公共治理工具的数字化转型迫在眉睫。数字技术为公共治理提供了数字化的治理工具，互联网和大数据等工具可以有效助力公共治理流程的更新升级。数字化公共治理工具可以理解为数字时代背景下政府为实现治理目标在治理过程中所运用的方式、方法、途径和程序等的总和。

11.4.2　数字化公共治理工具的意义

数字化公共治理离不开数字化公共治理工具的选择和运用。20 世纪 80 年代以来，在西方政府面对管理危机、信任危机、财政危机和能力危机的多重压力背景下，新公共管理通过“重塑政府”运动引进了市场机制与企业管理技术，显著提升了政府运作效率，

---

① Hood C. The Tools of Government. Chatham：Chatham House Publishers，1983.

② Mcdonnell L，Elmore R. Getting the Job Done：Alternative Policy Instruments. Educational Evaluation and Policy Analysis，1987（2）：133－152.

③ Salamon L. The New Governance and the Tools of Public Action：An Introduction. Fordham Urban Law Journal，2001（5）：1611－1674.

④ 曼纽尔·卡斯特．网络社会的崛起．北京：社会科学文献出版社，2006：153.

但是在效率至上的发展原则下忽略了公共价值。因此，在数字化公共治理新范式下，合理选择和运用数字化公共治理工具的重要性不言而喻。

面对社会流动迅速、利益诉求多元、民主参与意愿强烈等问题，传统公共管理既无法给出系统的破解方案，也难以提供有效的治理工具。在数字化背景下，为解决社会民众对个性化、高效率和高质量公共服务的需求，公共政策亟需向精准、高效、回应、负责和透明的方向转变。更加多元的治理主体、更加便捷高效的回应沟通、更加动态灵活的治理过程、更加丰富多样的治理方式逐渐成为一种常态。数字技术手段优化了资源配置，提升了治理效率，既保持了政策刚性，又体现出治理韧性，有利于公共政策的执行。

数字化公共治理工具是实现公共政策科学化的重要途径。公共部门需要根据经济、政治、社会的形势，针对公共问题制定公共政策。数字化公共治理工具通过大数据、互联网和区块链技术等，收集一手数据与资料，使政府治理决策建立在精准、科学的资料基础上而不是凭借主观臆断。现代化大数据分析工具可以协助政府对大数据进行整理、分析与判断，提高了政府决策的科学性和预见性，有效提升了政府决策能力。不仅如此，数字化公共治理工具还是推动公共政策精准执行的必要手段。

数字化公共治理的迅速发展与公共部门日益增长的对数字化知识的需求密不可分。公共管理学是一门高度实践性的学科，需要时刻对公共行政领域的实践保持关注，理论与实践紧密的联系使得公共行政的知识体系具有明显的问题导向，注重实际问题的解决。数字化公共治理需要从其他学科引入有益工具，政治学中的强制性约束、解制性赋能和意识形态，经济学中的价格波动、需求波动，甚至计算机科学中的代码编程等都可能成为公共行政过程中的有效工具。高效的数字化公共治理需要数字化公共治理工具的全方位支撑。

11.4.3 数字化公共治理工具的选择与运用

公共行政学在诞生之初就确立了行政研究的目的，即首先要发现政府可以正确而成功地做些什么，其次要探索政府如何以最高效率和最低成本来做这些适当的事情。[①] 20世纪政策科学的诞生标志着公共行政的工具探索进入一个系统、专业和科学的路径。其中，霍莱特和拉姆什对于政策工具的分类比较具有代表性，他们根据政府介入公共产品与服务提供的程度把政策工具分为强制性工具、自愿性工具以及混合性工具。（1）强制性工具。强制性工具主要是指公共部门借助强制性权力和权威，对目标群体的行动进行调整和控制，比如直接管制等。（2）自愿性工具。自愿性工具以自愿为基础，很少或者几乎没有公共部门的直接干预，包括市场企业、志愿组织、家庭及社区等。（3）混合性工具。混合性工具结合了强制性工具和自愿性工具的双重特征，即允许公共部门对私人部门的决策进行不同程度的干预，不过最终仍由私人部门决定决策内容和形式，包括

① Wllson W. The Study of Administration. Political Science Quarterly，1887（2）.

补贴、信息、规劝、产权拍卖与使用者付费等[①]。

数字时代公共部门面临着更丰富的治理工具选择，需要公共部门更加积极地应对机遇和挑战。在信息化背景下，公共政策流程不是依赖国家与社会之间的“命令-服从”关系，而是通过自上而下和自下而上的国家意志与网络社会意志的信息对流过程实现意志统合，并最终将其综合转化为公共政策。网络公共空间融合了各领域、各阶层、各群体的不同主体，他们在网络政策议程创建过程中集思广益、各抒己见，能有效避免因信息有限而使政策方案具有局限性的问题，或许每一个单独主体都没有找到很合理的解决办法，但是他们的合力能够使最后出台的政策如同数学的极限运算一样，无限地趋向合理。公共决策议程的网络吸纳与数字协商，使网民能够参与政策议程的创建、政策方案的选择、政策的执行过程，从而化解潜在冲突，强化公共政策的合法性。由于网民能在政策议程创建中自由表达话语，在方案选择过程中融入自身意志，因此更倾向于认同公共政策的价值，从而为政策执行创造了良好的环境。

互联网与大数据不仅成为政府民主决策的工具，而且成为科学决策的有效工具。大数据可以提高政府决策的科学性和精准性、政府的预测预警能力以及应急响应能力。大数据超越了传统的数据分析方法，不但能对纯数据进行分析挖掘，还能对评论、图表、文本话语等资料进行深度挖掘和分析。研究发现，Google 监测到的流感爆发点比医院的报告早 2～3 周，这种“Google 流感趋势”为应急部门提供了早期预警，它既能动态监测舆情状态，又能及时预测流感的爆发。大数据的广泛应用给科学决策提供了技术支持。

随着大数据时代与 5G 时代的来临，互联网、大数据、云计算、人工智能等信息技术正全面融入社区网格治理，协助基层疫情防控由精准管理转向智能管理。社区网格管理系统可将各种分散的信息源整合到统一数字平台，形成统一的信息库、统一的管理平台、统一的防疫平台。数字治理平台通过动态的信息采集，将社区共同体空间中的人、房、物资等多维信息纳入数据库，实现精细化管理。

在互联网与大数据发展较为成熟的浙江省，信息技术深植于社区之中。浙江省上线新型肺炎公共服务与管理平台，建立网上智能问诊与人工服务等功能，首创“健康码”，助力疫情后的复工复产。第一，数字防疫平台实现数据精准采集与精准查询。用户从 APP 进入平台，可在“主动申报与疫情线索提供”“网上智能问诊与人工服务”等模块中选择相应的服务。第二，在“网上智能问诊与人工服务”模块，人工智能机器人能全天候地精准解答各种疫情相关问题。第三，创建健康码。基于数字平台的真实数据，根据群众申报信息与后台数据的校验比对结果，发放健康码。健康码以大数据赋能精密智控，既能有效提升群众出行便利性，又能为企业复工复产提供有力保障。数字科技发达区域不仅实现社区防疫的数字化，而且通过技术扩散与制度扩散，驱动相对落后地区的社区实现数字管理。如内蒙古自治区“免接触社区应急管理系统”通过数字技术为社区应急治理注入新资源与新动力，该系统不仅能避免交叉感染，而且能提供社区网格化大

---

① Howlett M，Ramesh M. Studying Public Policy：Policy Cycles and Policy Subsystems. Oxford：Oxford University Press，1995：80－98.

数据分析，便于社区对出入人员进行全方位管控与全流程健康追踪。人工智能技术使社区疫情防控更为精准、科学、安全，不仅降低了社区防疫工作人员的安全隐患，而且节约了社区人力物力，提升了社区应急管理效能。

伴随着中国互联网基础设施的跨越式发展，信息技术为社区应急治理提供了强有力的技术支持。信息技术赋能社区应急治理呈现出两种趋向：一方面，社区数字治理由分散化走向平台化、综合化、一体化。社区治理以大数据为基础，运用互联网、物联网、云计算、大数据、人工智能等信息技术，实现部门机构内部、社区、居民之间协同对接，形成无缝隙的数字防疫平台。关于疫情监测系统，社区数字平台集智慧门禁信息终端、社区警务系统、疫情防控系统等子系统于一体。基于实名制的智慧门禁子系统与远距离温度探测器，社区实现了社区人口信息的采集由"被动采集"向"自动存储"转变，从而对社区人员进行自动监测，并通过人脸识别的人工智能系统，为社区疫情防治提供有效预警与监管。另一方面，社区数字治理由人工化趋向智能化。基于人工智能的社区数字防疫系统提供全天候的精准咨询服务，形成人机协作系统、自动服务系统、实时指导系统的多层次协同运转系统，既能缓解人员压力，又能切实提高治理效能。

政府在充分发挥与运用数字化公共治理工具优势的同时，也应充分认识到，数字化公共治理工具的选择应走出技术中心主义的陷阱，关注公共部门数字化转型过程中更广泛、更全面的公共价值链。数字化公共治理绝不仅仅是数字技术在公共行政部门的简单嵌入与嫁接，而且深刻意味着公共管理正与信息时代相适应，形成一种全新的数字化公共治理理论及数字化的组织结构、知识体系、行动方式与文化模式。只有运用科学的公共价值理念指引数字技术工具的应用与实施，数字化公共治理才能最大限度地促进信息时代背景下国家治理体系与治理能力的现代化。

本章小结

数字化公共治理的诞生与发展，是在数字信息技术革命推动下的公共部门系统变革，客观上要求将公共部门的公共管理与公共服务置于数字化浪潮背景下展开。数字化背景下公共部门的变革不仅在于借助新型数字技术全面提升公共部门的治理能力，同时也体现为公共部门的组织结构变革与体制变革，以适应并促进治理体系的数字化转型。

数字化公共治理的发展演进过程表现出两种不同的研究取向，一种是技术中心取向，它延续公共行政的实证主义和工具主义传统，强调技术改造和价值无涉，关注技术转移和制度创新。另一种是价值主义取向，认为公共部门的数字化转型需要以其所服务的公民与公共价值为目标。公共部门应以公共价值理念的"道"，把握数字技术在"器"层面上的尺度与效度，最终实现数字化公共治理的价值与工具的有机融合。

数字化公共治理的知识图谱与实践紧密联系。行政管理的目的首先在于发现政府可以正确而成功地做些什么，其次要探索政府如何以最高效率和最低成本来做这些适当的事情。中国特色的数字化公共治理在实践中与时俱进，不断消解阻碍因素，促进国家治理体系与治理能力的现代化。

关键术语

数字化公共治理　数字政府　智慧政务　公共部门数字化转型　数字治理理论　数字化公共治理工具

复习思考题

1. 简析数字化公共治理的概念。
2. 简析数字化公共治理的特征。
3. 简析数字化公共治理的本质属性。
4. 简析数字化公共治理的驱动因素与障碍因素。
5. 结合实践，分析数字化公共治理工具的选择与运用。
6. 案例分析题：请认真阅读案例材料，然后按照要求分析并回答问题。

平谷区农村管理信息化平台建设与应用

为全面提升平谷区农村管理综合水平，加强农村集体各类资源精细化管理，建立健全“村地区管镇主责”工作机制，切实解决农村产业发展无序、土地分散低效、合同随意失察等问题，提高农村集体土地利用质量，平谷区委、区政府提前部署了平谷区农村管理信息化平台建设项目。平谷区农村管理信息化平台通过六大系统、十二项功能，实现对农村“三资”的管理，使“三资”管理透明化；加强农村土地承包合同规范化管理，保障农民的合法权益；建立健全社会稽查管理手段，最大程度打击和遏制农村土地违法行为；加强对农村低效、闲置土地的统筹管理；实现农村土地及地上物的价值管理；通过建立信用体系，规避不诚信企业到农村攫取资源的情况。通过将区农业农村局、经管站、规自委、环保局、水务局等单位的涉农数据进行融合共享，建设区级农村管理数据中心，为政府、企业、社会大众提供管理和服务。

问题

结合案例思考，数字化如何有效赋能我国基层的公共治理实践。

本章阅读书目

1. 马克思恩格斯全集：第 1 卷．北京：人民出版社，1956.
2. 欧文·休斯．公共管理导论：第 2 版．北京：中国人民大学出版社，2001.
3. 曼纽尔·卡斯特．网络社会的崛起．北京：社会科学文献出版社，2006.
4. Milakovich M E. Digital Governance: New Technologies for Improving Public Service and Participation. London: Routledge, 2012.

第12章
全球公共治理

本章导读

当今世界正处于百年未有之大变局，国际政治经济体系正经历着历史性的剧烈变迁和演化。“黑天鹅”事件、中国抗击新冠疫情与全球战“疫”，已经成为影响国际社会的标志性事件。新冠疫情虽然破坏了国际社会的稳定性，并成为阻碍世界经济发展的不确定性因素，但也为各国团结合作提供了历史机遇，给予全球公共治理新的注解。本章从全球公共治理的内涵、特征出发，探讨主要的治理模式和新挑战、新趋势，并且指出中国需要在非常之时采取非常之策，以超凡的勇气、超常规的战略展现中国智慧，推动人类命运共同体的构建。

重点问题

- 全球化与全球公共治理的内涵
- 全球公共治理的基本特征
- 全球公共治理的模式
- 全球公共治理的新挑战与新趋势
- 全球公共治理的中国智慧与中国方案

知识结构图

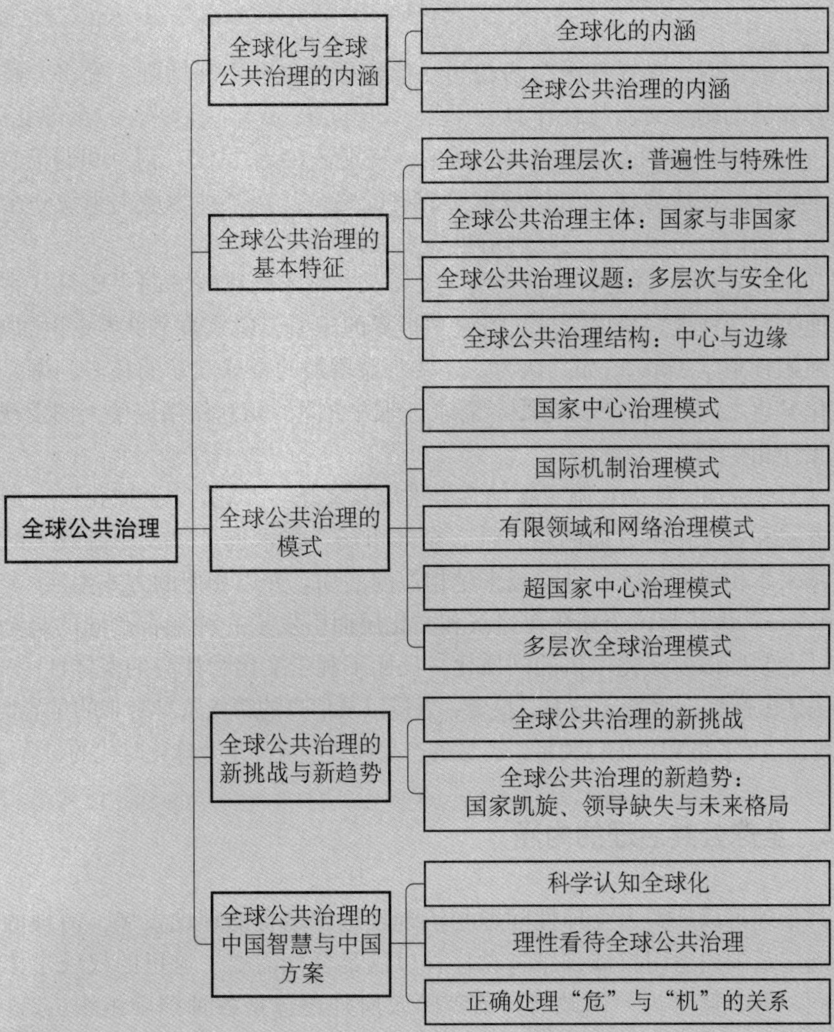

12.1　全球化与全球公共治理的内涵

随着全球化的发展，公共事件带来的影响与威胁不断加大，公共安全逐渐成为关注与研究的热点问题。冷战结束后形成了一超多强的国际格局，随着各国实力的增强，国际社会逐渐形成了多元参与的全球公共治理格局。世界多极化、经济全球化、社会信息化、文化多样化深入发展，全球公共治理体系和国际秩序变革加速推进，新兴市场国家和发展中国家快速崛起，国际力量对比更趋均衡，世界各国人民的命运从未像今天这样紧紧相连。全球公共治理既是一种观念架构又是一种国际格局，有着动态的发展过程，治理主体与治理结构间持续互动并变化，推动了全球公共治理的不断发展。

12.1.1 全球化的内涵

在激烈竞争的同时，世界各国之间的相互依赖程度也在不断增强。经济、科技、文化、环境等各领域的国际交流与合作日益频繁。20 世纪 80 年代以来，“全球化”（globalization）一词逐渐渗透到人们的日常生活中。特别是在 21 世纪，信息和通信技术的飞速发展使得全球化已经成为这一时代最重要的特征之一。在某种程度上来说，全球化为跨国过程提供了新的分析模式，也是理解世界发展的一种方式。

罗伯森（Robertson）认为，在新殖民主义看来，技术转移的方向主要是从富裕的西方转移到其他欠发达地区，所以全球化既是“世界的压缩，也是整个世界意识的增强”①。全球化专家阿帕杜莱（Appadurai）认为，这些日益增加的全球互动的核心问题是文化同质化以及文化异化之间的张力②。此外，全球与地方之间的相互作用促使人们发现，全球化与地方化相伴相生③。

梅纳德（Maynard）认为，除了接纳多样性以及文化多元化，“全球化”一词隐含着人们在生活方式和资源使用方面的均一性。全球市场、技术进步以及物流效率的提升推动人们购买越来越相似的品牌，进行越来越相似的活动，并以相似的方式生活④。维尔特迈尔（Veltmeyer）也认为，全球化在经济和文化层面引发了一种融合趋同的趋势，会导致一些国家社会制度以及文化习俗的同质化，反而不利于文化和社会的多样性⑤。

全球化描述了产品、服务、技术、投资、人员以及信息的跨境贸易带来的世界经济、文化和人口之间日益增长的相互依存关系，有形的产品和资金流动是全球化时代的显著标志。

12.1.2 全球公共治理的内涵

全球公共治理可以理解为全球性问题与治理理论相结合的理论发展。治理的基本内涵是：在一既定范围内运用权威来维持秩序，以满足公众需要。这里的权威主体与国内治理权威不同，后者通常为一国政府，前者除政府外还包括各种国际组织、跨国公司、公民团体等。1995 年联合国全球治理委员会发布报告——《天涯成比邻》，将治理概念上升至全球层面，将治理的内涵界定为：各种冲突和利益持续互相协调的过程，是各种私人或者公共机构管理共同事务的方式的总和⑥。将治理概念应用于全球性问题，是各国

---

① Robertson R. Globalization：Social Theory and Global Culture. Sage，1992：8.

② Appadurai A. Modernity at Large：Cultural Dimensions of Globalization. University of Minnesota Press，1996：12.

③ Bhatia S. Decolonizing Psychology：Globalization，Social Justice，and Indian Youth Identities. Oxford University Press，2017：9.

④ Maynard A E，Chaudhary N. Globalization，Culture，and Development：Concepts，Clarifications，and Concerns. Human Development，2020，64（4-6）.

⑤ Veltmeyer H. Capitalism，Development，Imperialism，Globalization：A Tale of Four Concepts. Globalizations，2020，17（8）：1335-1349.

⑥ Commission on Global Governance. Our Global Neighborhood：The Report of the Commission on Global Governance. Oxford and New York：Oxford University Press，1995：2.

际主体拓展多边合作方式的结果，是主权国家基于全球发展、国际体系变化的回应与选择。詹姆斯·罗西瑙、安东尼·麦克格鲁强调了全球治理与规范体系的作用，认为为应对全球事务各国际主体多元参与、多层次交织并相互影响。罗德认为治理强调公共部门与私人部门、政府与民众之间的互动与合作，作为自组织系统应建立以互利和信任为基础的协调网络。全球各个领域通过具有约束力的国际机制来调和矛盾、解决冲突，促进全球共同利益的发展，以推动国际政治经济良好发展。俞可平将全球治理概念界定为：全球治理是各国公民、各国政府、各国际组织为最大限度地增加共同利益而进行的民主协商与合作，其核心内涵应该是健全并发展一整套维护全体人类平等、人权、发展、安全、福利的国际政治经济新制度，也涵盖处理国际政治经济问题的全球规则与制度①。全球治理是全球化的逻辑结果。全球治理源自对全球问题的解决，大多数全球问题源于全球化，没有全球化就没有相应的全球治理，两者是不可分割的统一整体。如果说全球化是客观的历史大势，是生产力发展到一定阶段的产物，全球治理就是顺应这一历史发展要求，建立在全球化基础之上的协调管理系统。全球治理源于国家与非国家行为体多元协调解决全球性问题的善治理念，主要体现为以制度为基础的治理。新冠疫情是前所未有的全球性挑战，也是全球性大危机，它将影响国际体系、外交模式和全球治理等方面的变革②。

公共问题直接影响人类命运，近年来已成为国际政治的重点研究领域。国外对于公共卫生的研究起步早、范围广、体系较为完善，到 20 世纪末，国际层面的公共问题备受关注。全球化在长期发展历程中一直作为一把双刃剑存在，一方面，增强了各国之间的沟通与交往，推动了世界政治经济文化的发展，促进了各国资源在全球范围内流动与交换；另一方面，加大了贫富差距，给发展中国家的主权、经济、文化安全带来威胁，全球危机加剧，给全球安全和各国发展带来了巨大挑战③。

全球公共治理的内涵以全球治理概念为基础，即公共领域的全球治理，在多元治理主体中强调非国家行为体的作用。全球公共治理是涵盖政治、经济、健康、人权、安全、能源、环境、卫生等人类可持续发展的综合概念。随着生产力的发展、认识工具的进步、公共事件威胁的加大、人类自我意识的解放等，包括国际社会在内的人类社会对卫生、安全、健康、环境等有了深入的思考与认知。全球治理变革也称为全球公共治理变革，是指全球公共事务治理主体、目标、原则、内容、工具、制度安排及相关机制的根本性调整与优化过程。全球公共治理主体是指参与全球公共事务管理的社会行为体；全球公共治理目标是指全球公共治理需要达到的目的；全球公共治理原则是指进行全球公共治理需要遵循的行为规范和伦理标准；全球公共治理内容是指全球公共治理涉及的公共事务，特别是跨国公共事务；全球公共治理工具是指在全球范围内用于跨国公共事务管理的方法和手段；全球公共治理制度安排是指进行全球公共事务管理的各种惯例、法律、组织形式及行为准则；全球公共治理相关机制是指与全球公共治理相关的各种博弈规则

---

① 俞可平．全球治理引论．马克思主义与现实，2002（1）.

② 郭树勇．大危机下的国际合作与外交转向：国际政治科学的视角．当代世界与社会主义，2020（3）.

③ Baum F. The New Public Health. 2nd ed. Melbourne：Oxford University Press，2002.

和激励约束体系。

12.2 全球公共治理的基本特征

12.2.1 全球公共治理层次：普遍性与特殊性

全球公共治理的必要性首先在于经济全球化导致的国家间的相互依赖，以及大量全球性问题的出现。这些问题超越地区和民族国家疆界，具有影响各国发展进程的普遍性特征。

在全球公共治理的视域下，不同区域和民族国家都处在全球互动的框架中，彼此关联。脱离全球背景或国际制度，依靠单一区域或民族国家自身的资源解决发展遇到的全部问题已不可能。世界来到"百年未有之大变局"的十字路口，要从多种文明、民族、国家和区域的历史中寻找资源，在交错的全球互动交往中解决全球公共治理问题。但是，"全球"无法治理自身。虽然"全球治理"事实上需要超越疆界，但因为目前尚无超越主权国家层面的"世界政府"，因此它的执行一定要落实到某一个集团主体，这一主体可能是主权国家，也可能是超国家层面的政府间国际组织、跨国公司或国际非政府组织，还可能是次国家层面的相关组织。

既然全球公共治理的实现要由某一个国家或某一些国家集团完成，而这些非全球性的特殊集团又有着自身的特殊利益，这就对全球公共治理的超越性施加了一层限制。换言之，全球公共治理旨在提升全人类的幸福，而不是单纯照顾某一文明、民族或国家。但要具体落实全球公共治理的方案，又需要本身带有特殊利益的特殊集团承担，无论这个集团的涵盖面和代表性是强是弱，势必会以某种特殊性或局部性代替全球公共治理的普遍性。例如，每当有传染病跨境传播，相关国家总是首先设法阻止疫区的人员入境，包括暂停海陆空的运输线等，如此国际贸易势必受到影响，而跨境贸易和交往的中断必然损害相关国家的经济利益。但是，不限制各国间交往又对阻断疫情的传播带来巨大挑战。如何平衡传染病的防控和国际贸易秩序的正常运行便成为公共卫生领域全球公共治理面临的难题。

12.2.2 全球公共治理主体：国家与非国家

对全球公共治理进程造成困难的第二种张力是作为国际体系中心的主权国家与其他非国家行为体之间的分歧。全球公共治理的参与主体不仅限于传统国际政治认定的主权国家，还包括政府间国际组织、跨国公司、国际非政府组织以及国内社会组织等机构。在治理方式上，全球公共治理不再是以往国际政治的垂直管理，而强调垂直治理与平行治理的交互。纵观国际关系史或世界政治史，无论是威斯特伐利亚体系、维也纳体系，还是凡尔赛-华盛顿体系与雅尔塔体系，抑或是布雷顿森林体系，要么是均势权力格局，要么是霸权统治格局，都是一种垂直治理，而非强调多元平等的平行治理。

在21世纪，平行治理的全球公共治理格局逐渐提上日程，其实质便是治理主体和治理方式的多元。在平行治理的结构中，治理方式不再单纯地是政治和军事属性的，而是加入了社会、经济和文化的力量，治理主体之间的关系也由权力关系逐渐转变为协商关系。针对这种多元性，罗伯特·考克斯（Robert Cox）将其比喻为“遍布全球的星云”。虽然全球公共治理主体和治理方式是多元的，但势必要首先落实为以主权国家为依托，因为无论是政府间国际组织、跨国公司、国际非政府组织，还是国内社会组织，都需要在某一国家或某些国家落地注册或设立总部，这便构成了主权国家对其他全球治理主体的根本规范。但是，其他行为体的作用也日益上升，不可忽视。它们与国家既竞争又合作，其出发点首先是自身的利益。正如美国学者罗伯特·吉尔平所指出的，“世界经济活动的配置和外国投资条件变得至关重要，国家想要操纵跨国公司，通过市场为自己的利益服务；而公司与国家结成联盟，谋求利益”。

12.2.3　全球公共治理议题：多层次与安全化

全球公共治理具有多层次议题。不仅包括传统安全领域中的政治和军事议题，还扩展到非传统安全领域的经济、社会、文化、卫生等议题。随着全球人口大流动和文化的多元传播，恐怖主义问题、移民难民问题、环境污染问题及包括新冠疫情在内的全球公共卫生问题等，都成为全球治理必须关注的重点。这些问题在人类中的无差别扩散，使传统的治理主体和治理方式失效，需要在全球层面进行协调，各国需要做出一定的自我牺牲和权力让渡。

目前，全球公共治理所面对的这些问题，虽然逐渐获得了许多国家的重视，但越来越多地被纳入安全问题——换言之，传统定义的安全概念得以扩充，从而将多层次的全球议题吸纳其中。各国关注的安全问题开始从传统的军事、政治与外交事务，转向重视非军事因素对主权国家生存和人类生活构成的威胁。危及国家安全的不仅仅是军事方面的威胁，还包含政治、经济、社会、文化、卫生和环境等方面的隐患。在这一意义上，多层次的议题又被统合到安全议题之中，文化安全、环境安全、卫生安全等问题相继出现。如果把这些全球公共治理的问题都纳入到国家的安全议程之中，那么国家就很难在这些问题上作出让步，比如，环境安全问题是否要经由联合国安理会讨论并作出决议等等。党的二十大报告指出，要“提高公共安全治理水平，坚持安全第一，预防为主，建立大安全大应急框架，完善公共安全体系，推动公共安全治理模式向事前预防转型”。

12.2.4　全球公共治理结构：中心与边缘

传统的自由主义全球公共治理理论认为，基于全球公共治理主体、治理方式和核心议题的多元与多层次，出现了全球公共治理的多中心趋势，即不再有单一的中心点，边缘与中心均是变动不居的。任何一个区域、一个国家或民族的问题都可能成为全球治理的中心问题，也可能随着情势的变化转为边缘问题。蝴蝶效应不再是一种偶然，而成为全球事务中的某种常态。

尽管存在多中心的趋势，但是现实主义关于全球公共治理的观点并没有过时。现实主义国际关系理论认为，在国际体系中主导国家需要负责国际公共产品的供给，并默许或者赞同其他国家免费搭便车的行为，以此展现大国领导力来获得中小国家的认同，从而形成一种相对稳定的治理模式。

即便少数弱势区域、国家或国际机构等主体所面临的问题成为全球公共治理的中心议题，它们也无法完全左右、掌控局面，最后还是要由并未提供中心议题的强势国家主导，这样一来，就在两个层次上构成了对全球治理多中心要素的内在制约。即便是在欧盟内部，安全事务仍由主权国家与政府间国际组织主导，而国际组织又往往受到强国的支配。以联合国体系中的全球公共治理为例，往往呈现出“治理主体”为主要大国强国，而“被治理主体”为小国弱国，甚至是脆弱国家，因此在事实上反复造成决策层面与项目实施的脱节，也常发生西方大国以全球治理为借口干涉中小国家的内政，造成更多的混乱和动荡。

知识专栏 12-1

疫情呼唤全球公共治理

公共管理是在社会危机和转型中不断发展和升级的。我们回顾一下公共管理走过的历程，公共管理学科的版本在不断地升级。如果说 1.0 版本时，我们强调公共事务政府管理，政府是主要的角色，政府管制、行政许可是核心要素，接下来的 2.0 版本则主张公共事务社会自治，紧接着相关研究的核心要素就是政府解制，做好公共服务。再接下来，3.0 版本就是公共事务公共管理，强调多元合作、协商共治。今天，新冠疫情提出了更加迫切的任务，那就是全球治理，要求公共危机全球应对。这个时候我们要基于全球应对，更多地讨论国际合作、协同治理。四个版本的比较见表 12-1。

表 12-1　公共管理的四个版本

版本	特点	核心要素
1.0	政府管理：公共事务政府管理	政府管制、行政许可
2.0	社会自治：公共事务社会自治	政府解制、公共服务
3.0	协同治理：公共事务公共管理	多元合作、协商共治
4.0	全球治理：公共危机全球应对	国际合作、协同治理

资料来源：中美会｜燕继荣：疫情呼唤全球公共治理（2021 年 9 月 25 日燕继荣教授在第十届中美公共管理国际学术研讨会全体大会的主旨演讲）.

12.3　全球公共治理的模式

从理论上说，全球治理的理论形成于 20 世纪 90 年代，全球公共治理也随之产生。

从根本上说，全球公共治理是一种应对全球危机的理论设想，由于主权国家在治理方面的无能或不足，全球治理成为一种创新性的理论设想和主张。对于非均衡全球化世界的治理，人们关注的重点是各类国际组织和全球规制。也有人从跨国公司、知识共同体以及市场机制出发，为全球公共治理的创新提供了另一种观察视角。全球公共治理兴起的要素包括全球知识权威、技术基础结构以及市场化机制的相互关联①。从本质上说，全球公共治理是产生于经济全球化时代的一种理论主张和设想。

基于全球公共治理的主体、对象、机制、价值和目标，可以把全球公共治理的模式分为国家中心治理模式、国际机制治理模式、有限领域和网络治理模式、超国家中心治理模式以及多层次全球治理模式五种。

12.3.1 国家中心治理模式

在国家中心治理模式中，强调国家尤其是霸权国家治理的有效性，认为霸权国家提供了全球治理所需的公共物品和秩序。在这种治理模式中，霸权国家的利益是第一位的，大多数国家尤其是弱小国家的利益被边缘化或排除在决策过程之外。

在霸权治理的模式中，大国是治理体系中的主角。美国麻省理工学院经济学资深教授查尔斯·金德尔伯格（Charles Kindleberger）提出了霸权稳定论的观点，他认为只有霸权国家才可以为全球公共治理提供所需的支持。金德尔伯格指出1929年大萧条波及面宽、程度深、持续时间长，是由于英国没有能力、美国又不愿意承担责任以稳定国际经济体系，这使得该体系处于不稳定的状态。20世纪30年代经济大危机之所以成为世界性的，是因为没有一个大国有能力或愿意承担阻止危机的责任。② 金德尔伯格借鉴了亚当·斯密的理论和思想，他把各国的民族利益看作私人商品，世界经济的稳定就是全球商品。在某个特定社会中，公共物品通常由政府提供，但在无政府的国际社会中，只有大国即全球经济稳定者（stabilizer）才有能力提供全球的公共物品。

只有在霸权存在并提供全球公共物品的前提下，自由经济秩序才能维持和发展。第二次世界大战之后，在美国的主导下建立了以“关税及贸易总协定”（GATT）为主导的国际贸易体系，同时国际货币基金组织（IMF）以及世界银行（WB）也发挥了全球经济治理的部分功能。罗伯特·吉尔平认为，霸权国家或领导者有责任提供这三类公共物品，即自由开放贸易制度、稳定的国际货币和国际安全，并承担全部成本。他指出霸权国家必然衰落的趋势，主要原因是霸权国家的政治、军事、经济和科技优势是很难长期维持的；同时，在为全球提供公共物品和治理的过程中，霸权国家支付了过多的成本，以至于最终拖垮了自身的经济实力。

斯蒂芬·克拉斯纳（Stephen Krasner）认为当前全球政治并没有改变国家权力的属性，对内主权、威斯特伐利亚主权以及国际法的主权仍然是维护国家间交往的原则。罗

① 马丁·休伊森，蒂莫西·辛克莱，张胜军．全球治理理论的兴起．马克思主义与现实，2002（1）．

② 查尔斯·金德尔伯格．世界经济萧条（1929—1939年）．上海：上海译文出版社，1986：348．

伯特·基欧汉和约瑟夫·奈认为，民族国家并不会失去其在国内和全球公共治理中主角的作用[①]。有学者认为，在跨国治理没有取代国家的地位之前，对国家主权的重大削弱都是非常危险的[②]。主权仍旧是国家获得合法性的理论基础，同时国家也为国际活动以及其他跨国互动提供重要平台[③]。从实践上看，美国是当今世界唯一的超级大国，也是唯一具有全球性影响并作出全球性行动的国家。美国在处理全球事务和全球公共问题中一直发挥着至关重要的作用，它的支持是很多超国家组织得以正常运行的重要条件，而且很多社会运动组织也是以美国为基地的。全球政治中的权力分配、国家利益等基本规则仍然有效，如何在协调各国国家利益的基础之上，形成一种公平而有效的全球公共治理体系是问题的关键所在。

12.3.2 国际机制治理模式

全球公共治理挑战了政府或传统公共权威的观念，强调了一系列制度和机制的重要性。正如詹姆斯·罗西瑙的观点，在一种没有政府的治理状态中，关键就是让制度发挥治理的作用，而不能依靠任何组织或体系[④]。在奥兰·扬（Oran Young）的新自由主义国际机制论中，国际机制居于重要地位。奥兰·扬认为，全球公共治理将以国家为中心的政府间合作以及政府间国际组织作为国际机制的主导力量[⑤]。由此可见，他的全球公共治理观是站在以国家为中心的立场上，通过国际机制来协调各个国家的不同利益和诉求。

国际机制治理模式对全球公共治理的发展有着重要的贡献，它提供了一种“国际治理”的研究视角。马丁·休伊森和蒂莫西·辛克莱认为全球治理理论来源之一就是国际机制理论[⑥]。国际机制治理模式主要指的是以国际组织和国际机制为中心的治理，包括政府间机制以及国际非政府组织参与机制的总和。当前联合国、G8、G20、金砖国家组织、国际货币基金组织、世界银行、世界贸易组织等超国家组织，已经成为全球公共治理的重要力量。当前全球公共治理模式的制度化焦点是由重要的国际金融机构、七国集团国家政府的财政部、私人性国际关系委员会和商业团体组成的网络。[⑦] 从全球公共治理变革方向来说，我们可以期待联合国等国际组织能够充当全球公共治理的主体，从而构建一个公平正义的全球政治体系。

---

① 约瑟夫·奈，约翰·唐纳胡．全球化世界的治理．北京：世界知识出版社，2003：101.

② Stephen D K. Problematic Sovereignty：Contested Rules and Political Possibilities. Columbia University Press，2001：45.

③ Rosenau J N. Governance，Order and Change in World Politics，in Rosenau J N， et al. . Governance without Government：Order and Change in World Politics. Cambridge：Cambridge University Press，1992：44－45.

④ Rosenau J N，Governance，Order and Change in World Politics，in Rosenau J N， et al. Governance without Government：Order and Change in World Politics. Cambridge：Cambridge University Press，1992：5.

⑤ Young O R. Global Govemace：Drawing Insights from the Environmental Experience. Cambridge：The MTT Press，1997：283－284.

⑥ 马丁·休伊森，蒂莫西·辛克莱，张胜军．全球治理理论的兴起．马克思主义与现实，2002（1）.

⑦ 同⑥.

12.3.3　有限领域和网络治理模式

有限领域治理是以国际组织为治理主体，针对特定的领域开展活动，解决全球化带来的全球性公共问题，谋求实现共同利益。国际组织在全球公共治理中的作用主要包括：第一，国际组织根据国际公约的要求，制定全球性的法律、规则和制度，推进全球化的法律进程。第二，国际组织通过发动、组织和协调各个管理机构，解决全球化带来的全球性公共问题。第三，国际组织充分利用自身国际影响力敦促矛盾当事国有效解决国际争端，维护世界和平与发展。

网络治理是以非政府组织为治理主体，在现存的跨组织关系网络中，针对特定问题，在信任和互利的基础上，协调目标与偏好各异的行动者的策略而展开的合作管理。近年来，非政府组织发展迅猛，它们不仅积极参加全球环境保护、人道主义援助，而且在国际安全、和平、裁军、外交等传统的国际政治领域，与主权国家和联合国等国际组织一道，发挥着重要作用。一方面，非政府组织逐步填充在一些公共领域中出现的由于政府权力回撤而形成的治理真空，有力协助政府探寻新型的合作路径；另一方面，它们也在主动回应公共领域的结构转型，不断拓展出满足民众需求的新的治理空间。

12.3.4　超国家中心治理模式

在超国家中心治理模式中，强调了非政府组织在全球公共治理变革进程中的作用。全球非政府组织已经发挥了全球公共治理的作用，皮特·威利茨考察了一些非政府组织之后，认为权力正不知不觉地从各国的上层阶级向各种国际组织转移（如联合国、海牙国际法庭、国际货币基金组织及世界银行等）①。各国从不情愿、不主动地进入国际合作与协调过程，逐渐朝着比较情愿、比较主动的协作方向迈进。由于国际政治中主权国家的缺失及非政府的补充作用，国家在国际政治中的地位和角色发生了变化。国家间政治的“主导”进程也呈现了新变化，它已经“嵌入”非政府组织的各种影响②。罗伯特·考克斯指出全球非政府组织运动的复兴，可以推动全球政治的变动和重建③。在考克斯看来，由于政治社会和全球非政府组织之间存在着特殊的关联，因此全球霸权处于一种复杂的环境之中。全球公共治理的变革只有考虑到全球非政府组织的需求和影响，才能够应对新自由主义意识形态带来的不利影响。全球公共治理还要继续发挥全球非政府组织的良好作用，使之成为全球治理变革的重要动力。近几年来，全球非政府组织已经在环保、慈善、妇女和人权等方面上发挥了良好的作用。

---

① Willetts P，. Transnational Actors and International Organization in Global Politics，in Baylis J. The Globalization of World Politics：An Introduction to International Relations. Oxford：Oxford University Press，1997.

② 刘贞晔．国际政治领域中的非政府组织种互动关系的分析．天津：天津人民出版社，2005：227.

③ Cox R W，Schechter M G. The Political Economy of a Plural World. New York：Routled-，2002：103－104.

12.3.5 多层次全球治理模式

根据詹姆斯·罗西瑙的观点，全球公共治理是由多层次的治理主体构成的，国际范围的各种机制和规范逐渐成为新的权威中心，这就是所谓的两枝世界理论。在全球政治中存在两个世界，一个是国家中心的世界，另一个是多元中心的世界①。日本学者星野昭吉也认为全球公共治理由两个层次的治理结构构成，即国家中心治理与非国家中心治理，非国家中心治理就是超国家中心治理，这个治理结构构成了一种复杂的全球治理形态②。全球公共治理意味着国家与非国家行为体之间的合作，以及从地区到全球层面解决共同面临的问题的新方式③。同时，罗西瑙非常重视非国家行为体在全球公共治理中的重要影响，主张“以联合国及其相关制度为中心，拓宽多种国际机制与跨国合作政策的网络”④。在这个“没有政府的治理”体系中，权力是高度异质性和分散性的，这与传统以国家为中心的国际权力体系有本质的差别。然而，罗西瑙并没有贬低主权国家的地位，认为国家仍然是相对重要的行为体。在这个多层次全球治理模式中，主权国家并没有形成垄断性的权威，超国家组织、跨国组织以及非政府组织等分享其权威，从而形成了一种多层次、多中心、多通道的“全球政治”。作为这一过程的结果，既往的权利与义务平衡正在不知不觉地发生变化：一面是主权国家的权力要求；另一面是国际社会的权威性正在提升，这也反映了全球政治变化的发展趋势，主权国家的地位和功能进一步弱化。

在多层次全球治理模式中，存在着一个由不同层次的行为体、力量和运动构成的复杂结构。它强调了国家和非国家权力之间的平衡，也强调了国际法和国际制度的重要性。国家、非国家行为体以及跨国行为体，它们可以有正当的个体利益诉求，也可以通过合作共同解决面临的全球公共问题。总之，国家仍是全球公共治理的主要成员，但不再是唯一的行为体。

12.4 全球公共治理的新挑战与新趋势

12.4.1 全球公共治理的新挑战

全面把握冷战后全球政治的巨大转型与要求，深入推进全球治理的深度变革，共同应对全球性问题的挑战，为全球治理贡献中国智慧、中国力量、中国话语和中国方案，需要剖析全球公共治理转型面临的挑战，主要包括治理理念滞后、治理制度不完善、治理实践中有效参与不足等问题。

---

① Rosenau J N. Turbulence in World Politics. Princeton：Princeton University Press，1990：249-253.

② 星野昭吉．全球社会和平学．北京：北京师范大学出版社，2007：354-359.

③ 星野昭吉．全球政治学：全球化进程中的变动、冲突、治理与和平．北京：新华出版社，2000：278.

④ Rosenau J N. Toward an Ontology for Global Governance，in Hewson M，Sinclair T. Approaches to Global Governance Theory. Hewgon Albany：State University of New York Press，1999：295-296.

1. 治理理念滞后

全球公共治理要素除了包括治理价值、治理主体、治理规则、治理对象、治理结果外，还应包括处于统摄和核心地位的治理理念。一些学者认识到尽管全球治理改革迄今为止没有取得重大进展存在国家利益方面的原因，但在深层次上是治理理念的问题。治理理念的滞后性包括理念自身的不足以及主流国际关系理论对理念建构作用认识的不足。

有学者分析了治理理念的滞后性问题，指出目前治理理念的现代性思维的体现，主要包括一元主义治理观、工具理性和二元对立思维方式①。

不过，除了通过反思现代性思维方式来揭示全球治理理念的不足外，我们还需要进一步从本体论角度反思，不能仅仅从结构因果作用考察文化观念层面的价值。在此意义上所谈的全球公共治理理念的滞后性是指主流国际关系理论对理念等文化建构作用认识的不足。目前在国际关系学界占主导地位的新现实主义和新自由主义共同拥有两个基本假定：物质主义和个体主义。就前者而言，它认为国家原则上不可能成为朋友，国际政治的动力是权力和利益，所有对外政策都可以化为国家纯粹利己的考量、权衡和算计，并视观念为单纯因果理论中另外一个自变量，只能对权力和利益起到微不足道的因果解释作用，而不能起到建构作用；就后者而言，它假定所有的身份都是个人身份，所有利益都是个人利益，所有的行为都因为个人的信念而具有意义。这种理性主义模式认为国家作出的选择只是工具理性自动激活，可以最大限度地实现自我利益的行动，它既忽视了偏好或利益是如何被理念建构起来的问题，又缺乏自由反思的施动者，更重要的是潜在蕴含了一种成问题的本体论，即认为身份和利益的塑造不是社会互动的关键因素，可以脱离社会互动的关系性实践活动而发生；国家除了在国际交往中实现自我利益外没有其他内容，它在互动中如何对待他者对于国家界定自我身份来说是无关紧要的事情②。

可见，国际政治理论无法完全回避本体论问题。建立在本体论基础上的国际关系理论必然忽视国家间的互动过程和互动逻辑，忽视国家间共有治理理念对国家偏好或利益的建构作用。在此，我们可以立足于马克思主义实践哲学的基础，借鉴和吸收国际关系理论中社会建构主义等观点，认识到在国家互动的实践活动中各方拥有的共有治理理念可以起到能动的反作用，参与建构双方的身份和利益。权力、制度和利益不是纯粹物质的，而是物质力量和观念力量共同塑造的结果。在此基础上，我们才会真正重视全球公共治理理念所起的能动作用。需要指出的是，以亚历山大·温特为代表的国际政治的建构主义理论往往过分夸大理念等文化层面的建构作用，存在弱化物质条件制约因素的危险，与此同时，这一理论注重的仍是西方思想文化传统，明显缺乏对其他国家文化传统的关注。

2. 治理制度不完善

从国际关系理论本身的发展来看，取代古典现实主义的新现实主义难以解释20世纪70年代以来的各国相互依赖、相互合作日益加强的情况。新自由制度主义认为国际社会存在合作的可能和条件，但合作不能被理解为国家间关系的和谐状态，它是在存在纷争

---

① 秦亚青．全球治理：多元世界的秩序重建．北京：世界知识出版社，2019.

② 亚历山大·温特．国际政治的社会理论．上海：上海人民出版社，2014.

或潜在纷争的情况下出现的。国际合作实际上是国家间相互调整和协调政策、避免利益冲突、实现共同利益的过程。为此，必须找到一种有效机制，有效减少欺骗行为，稳定双方对未来的预期，实现各方的互利共赢和帕累托最优，限制利益冲突状态。

新自由制度主义认为国际制度是合作的有效机制。它是指国际关系领域为了实现相关行为体的期许而通过惯例、约定和协商等方式形成一系列正式和非正式的“原则、规范、规则和决策程序”，包括对事实、因果关系和诚实信仰的原则；以权利和义务方式确立的行为规范；对行动的专门规定和禁止的规则；决定和执行集体选择政策的决策性程序和习惯[①]。它由国际规则、国际惯例等正式和非正式规则体系组成。各国通过长期反复的国际交往，在“制度选择”的激励和惩罚手段下，学会重新理解和界定自己的国家利益，倾向于通过合作实现长期的和较大的国家利益。

不过，新自由制度主义对国际制度本身缺乏有效的反思。虽然全球治理制度最初是以美国为主导确立的，促进了二战后国际政治经济新秩序的建立，极大推动了全球化的发展和全球合作的开展，但这一制度存在诸多不完善的地方，远不能适应全球深度治理的要求，需要对其加以彻底反思，以推进全球治理的变革。具体而言，不完善之处主要体现在以下几方面：

（1）治理制度是单中心的。目前的全球治理制度本质上是以霸权国家为单中心的、反映和代表西方主要资本主义国家利益和价值诉求的制度安排，适应了二战后国际政治权力分配的现实，深深地印上了美国中心主义和霸权主义的烙印。这种单中心治理制度具有“等级性、僵化性和失衡性”等特征[②]，欧美等发达国家不仅通过强大的经济、军事、政治实力掌握了全球治理制度的制定权和话语权，垄断了全球财富和资源的分配，而且不断利用制度霸权优势向广大发展中国家转嫁危机，谋取高额垄断利润，推卸一些本该承担的全球治理责任。在这种等级分明的结构体系中，数量较少的发达国家位居权力中心，广大发展中国家处于边缘地位，成为被治理的对象。南北差距不断拉大，全球贫困触目惊心，形式上平等的国际治理制度背后存在诸多的不平等和不公正。

（2）治理制度存在滞后性。二战后制定治理制度的行为体主要是欧美的民族国家。20 世纪 90 年代以来，新兴市场国家力量以及数量庞大的国际非政府组织、跨国公司、国际市民社会等兴起，权力分布表现为“由集中到流散”的态势，包括原有霸权国家向新兴大国转移、民族国家向国际市民社会转移。冷战结束后，现行治理制度主要是美国主导的规则体系，没有充分体现出权力流散的态势，特别是难以反映以金砖国家为代表的新兴经济体的崛起。这一制度明显代表性不足，在程序上存在合法性危机，难以体现多元主体的利益分配诉求和各方面的治理变革要求，无法适应经济全球化导致的全球各国相互依存、相互合作日益强化的态势。与此同时，这一制度体系重点解决的是国家间面临的安全威胁问题，旨在彻底改变传统欧洲均势格局导致的冲突局面。它不仅无法回应冷战结束后恐怖主义、民族和宗教冲突等非传统安全威胁增多的情况，而且无法有效应对全球性问题

---

① 罗伯特·基欧汉．霸权之后：世界政治经济中的合作与纷争（增订版）．上海：上海人民出版社，2012：57.

② 刘雨辰．冷战后全球治理制度变迁：逻辑与趋势．国外社会科学，2014（2）.

日益增多的局面。

（3）治理制度是碎片化的。由于无政府状态的国际社会缺乏统一的立法和执法机构，各种制度无法像国内制度一样形成有效的、有权威的规范体系，而是各行其是，呈现为不成体系、互不连属的碎片化状态。治理制度碎片化主要表现在：一是机制密度增加。治理主体的选择和偏好更加多样化，不同的治理诉求更加容易出现冲突。二是问题密度增加，导致议题交叉重叠、领域界限模糊。三是相关行为体的范围扩大。随着各种多边和双边机制以及各种协议和条约等大量增多，国际机制复杂性增加，但相关制度安排缺乏有效协调和统一，引发治理政策失灵[①]。

3. 治理实践中有效参与不足

全球公共治理的兴起和相关讨论最初是以现代发达国家的经验为基础的，广大第三世界国家的人口占世界总人口的2/3，但他们缺乏有效参与全球治理的基本条件。人类行为及其后果涉及的范围是全球性的，但相关的范畴、理论、舆论等却止步于小范围区域。所谓的"全球公共治理"并不是真正的"全球性公共治理"，"全球公共治理的争论必然具有将特殊经验盲目普遍化或全球化的危险"[②]。因此，发达国家如何积极和有效地回应新兴市场国家力量的壮大，使其成为全球治理实践的真正参与者，将是全球治理变革和完善的关键。

从具体实践来看，传统强国确实在一些关键领域作出了让步，让新兴市场国家在全球治理机构中能够发挥更大的作用。如G20改变了西方单独掌控世界经济格局的现状，改革了治理不力的传统国际机构，加强了对金融市场的监管，开辟了建立新型国际关系和制度的道路，成为发展中国家与发达国家合作的新平台。新兴市场国家不仅可以平等地参与治理全球金融危机政策的商讨，而且在国际货币基金组织的份额得到较大提升。2010年，在已通过的份额改革方案中，中国的份额由3.72%提到6.39%，投票权从3.65%提到6.07%，位列美国和日本之后，超越德、法、英；中国、印度、巴西、俄罗斯等将进入国际货币基金组织份额前十名之内。这次改革后国际货币基金组织向新兴经济体转移的份额将超过6%[③]。执行董事会也进行了相应的改革，完全由选举产生的执董组成，份额处于前五名的成员国有权指定董事的做法被废弃，并且欧洲发达经济体减少了相应席位。这些措施是国际货币基金组织成立以来一次最根本的、最大规模的有利于新兴市场国家和发展中国家的权力分配改革和调整[④]。

除此之外，世界银行也开展了治理结构改革，新兴经济体在全球经济体系中的作用和地位得到一定程度的体现。2010年4月世界银行发展委员会关于提升新兴经济体国家话语权的具体改革方案获得正式通过，具体改革内容包括：（1）投票权的转移，将金砖国家在国际复兴开发银行中的投票权提升至13.1%，比之前提高了1.8%，其中，中国的投票

---

① 王明国．全球治理机制碎片化与机制融合的前景．国际关系研究，2013（5）．

② 陈家刚．全球治理：概念与理论．北京：中央编译出版社，2017：49－50．

③ 王毅．试论新型全球治理体系的构建及制度建设//俞可平，阿里夫·德里克．中国学者论中国与全球治理．重庆：重庆出版社，2018：165－166．

④ 同③215－216．

权升至4.42%，成为第三大股东国；金砖国家在国际金融公司中的投票权升至14.14%，比之前提高了4.04%。(2) 世界银行的增资方案。(3) 国际复兴开发银行和国际开发协会通过建立股权动态审议机制来实现发达经济体与新兴经济体之间的平等投票权[①]。

面对新兴经济体的快速发展和群体性崛起态势，发达经济体从最初的视而不见、集体性失语到被动的承认，并作出有限的让步，调整其全球治理的战略，让新兴经济体参与全球治理的实践，共同应对全球性问题的挑战，推动了南北关系的大改善和全球公共治理框架的大调整，巩固和深化了双方的互利合作。与此同时，我们必须看到发达经济体的让步是被迫的、有限的，而不是主动作出的，它们始终对新兴经济体参与全球治理抱有戒心和恐惧心理，视其为影响自身地位稳定的巨大威胁以及带来冲突的主要因素，并想方设法地遏制其快速发展的势头。因此，新兴经济体参与全球治理实践从根本上来说仍是不充分的。

12.4.2 全球公共治理的新趋势：国家凯旋、领导缺失与未来格局

在全球公共治理迅猛推进的过程中，民族国家的地位与作用曾显著下降。然而，情况似乎在朝着相反的方向演变，全球公共治理中的国家凯旋，已经是一个多方呈现的事实[②]。国家归来，尤其国家中心主义的回归，是当前全球公共治理偏离正当轨道的根源。

国家中心主义治理模式主张个别利益优先、既得利益优先、主要大国优先、零和价值优先。奉行“美国优先”的特朗普政府，明确表示反对全球主义、实施有原则的现实主义，这是国家中心主义的极端表现[③]。拜登政府执政后，实施“美国优先2.0版”，在优先发展美国经济、解决内部问题的同时，联合盟友“拉小圈子”，实施针对他国的伪多边主义，以多边主义之名行霸权干涉之实，力图维护美国的国际霸权[④]。美国作为全球化的推动者以及二战以来全球多边治理机制的领导者，带头摒弃全球主义和多边主义，使得全球治理的正当性、公益性和公正性遭到严重扭曲，全球公共治理的合法性和有效性大打折扣。与此相对，中国倡导“共商共建共享”的全球治理理念，推动构建人类命运共同体，是全球主义的中国版本和现代阐释。但是，在大国战略竞争缺乏互信的环境下，美国把中国的经济发展视为对其经济霸权的挑战，把中国参与全球治理的理念视为对其意识形态和西方文明的颠覆，把中国参与全球公共治理的行动视为对其主导的国际秩序的破坏，把中国的“一带一路”倡议视为对其地缘政治的挑战，这种零和思维模式必然严重曲解中国的政策主张和行动模式[⑤]。在疫情肆虐全球之际，尽管G20特别会议、世界卫生组织大会呼吁全球团结抗疫并形成若干决议，但在全球抗疫的进程中，大国的合

① 王毅．试论新型全球治理体系的构建及制度建设//俞可平，阿里夫·德里克．中国学者论中国与全球治理．重庆：重庆出版社，2018：217.

② 任剑涛．找回国家：全球治理中的国家凯旋．探索与争鸣．2020 (3).

③ 胡键．全球经济治理体系的嬗变与中国的机制创新．国际经贸探索，2020 (5).

④ 陈长宁．伪多边主义无法为霸权干涉遮丑．光明日报，2021-04-05.

⑤ 陈伟光，明元鹏．世界贸易的大国行为逻辑．现代国际关系，2020 (2).

作步履蹒跚，各自为政多于相互协调，有效的国际协调机制缺失，国家中心主义高涨[①]。因为全球主义缺失、国家中心主义当道以及大国冲突的加剧，全球公共治理偏离应有之义也就成为一种必然。

国家回归的另一个结果是提供全球治理公共产品意愿的下降和领导力的缺失，无领导的全球公共治理是造成当前全球治理乱局的主要原因。一般而言，有效的全球治理实践依赖合理的治理结构，全球公共治理的领导是治理结构的关键和核心。金融危机期间，美国作为引爆全球金融危机的策源地，为了尽快消除危机的影响，减少危机的长期损失，美国有强烈的合作意愿，也愿意发挥领导力，提供应对危机的财务成本和外交努力，搭建合作平台，凝聚国际合作力量。中国从全球和中美共同利益出发，积极协调大国间货币、财政等宏观政策，共克时艰，提振信心，向世界展示一个发展中大国的责任担当。可以发现，与金融危机治理情境不同，在这次新冠疫情的全球危机中，美国的角色反差出人意料。美国不但没有提供应有的援助合作，协调好联合防疫抗疫的工作，反而推卸责任，鼓动经济脱钩等。在 2020 年年初中国防疫抗疫最艰苦的时候，中国以必胜的决心，采取最严格的措施、最精细的管理，遏制新冠肺炎病毒的蔓延和扩散，为全球疫情的防控赢得了宝贵时间。在抗疫取得阶段性胜利之际，中国更是感同身受，一边做好自身防控，一边尽己所能向需要的国家提供人道主义援助。作为广大发展中国家的一员，中国不仅以自身努力为发展中国家提供疫苗援助，不断与其他国家开展疫苗研发和生产上的合作，还提出并推动各国关注发展中国家抗疫存在的挑战与困难，尤其要确保发展中国家能公平公正地参与全球疫苗分配，让新冠肺炎疫苗真正成为人类战胜疫情的国际公共产品[②]。

由此可知，疫情下全球公共治理的国家凯旋、领导缺失以及大国战略博弈的加剧，加速了全球治理的结构转型，后疫情时代的全球公共治理结构将产生新的变化，具体表现在：

一是权力结构。二战以来的全球公共治理是霸权领导下的以国家为主体的治理，随着美国霸权的相对衰落和一批新兴市场经济国家的崛起，美国在全球公共治理中的领导能力和领导意愿双双走低，特别是在应对全球疫情危机的挑战中，美国不但没有扮演全球公共治理的领导角色，协调全球联合抗疫的国际行动，反而充当全球抗疫的推责者和搅局者，指责他国的抗疫模式和世界卫生组织的抗疫工作，全球公共卫生治理的正常秩序受到影响。与此相对，中国作为快速崛起的最大的发展中国家，日益走近国际舞台的中心，全球治理的权力结构悄然改变，也正是在应对这场全球疫情危机的过程中，中美两国抗疫的客观效果以及国际援助行动能力的反差，使得两国的治理能力在国际社会中又有了新的比较。未来，在全球治理权力结构中，全球公共治理因权力结构的分化而变得更加碎片化，传统的全球多边治理将面临改革困境，地区治理将会迎来新的快速发展趋势，全球公共治理权力结构中国家与非国家权力的非对称性会更加明显，国家强势回

① 阮宗泽．一个世界，两种秩序．国际问题研究，2020（3）．

② 王磊：中国疫苗是提供给全世界的国际公共产品．（2021－02－09）．https：//www.gmw.cn/xueshu/2021－02/09/content_34611730.htm.

归的特征会进一步显现。

二是观念结构。全球公共治理的应有之义体现的是全球主义和多边主义，中国倡导的“共商共建共享”全球公共治理观和“人类命运共同体”理念是对全球多边主义精神的再现和升华，但是，面对全球主义和多边主义的现实困境，大国参与全球公共治理的观念分歧进一步加大，达成共识的空间越来越小。在新冠疫情防控中，各国不同的抗疫模式和后果不仅反映了不同国家的治理能力，更是体现出不同的治理理念和意识形态。在疫情冲击下，中美两国的全球公共治理观和背后的意识形态交锋变得更加激烈，全球多边合作难度加大，全球公共治理的集体行动将面临更大困境。

三是制度结构。首先，传统的多边制度面临改革困境，受疫情影响，WTO 改革将面临更大的不确定性。一方面，WTO 的纠纷解决机制停摆并将继续延期，受疫情的影响，美国没有动力解决这一问题。另一方面，疫情中断了世界贸易的正常运行，在后疫情时代，尽管不少国家存在减少贸易壁垒、促进国际贸易增长的动机和愿望，但是，由于中美两国在贸易领域的不平衡性，需要克服较大困难才能达成双边和多边共识。其次，一些区域性制度建设和改革会加快推进，如区域全面经济伙伴关系协定（RCEP）的顺利达成、中日韩自贸区的加快推进以及中国正式申请加入全面与进步跨太平洋伙伴关系协定（CPTPP）。最后，双边机制将在疫情过后蓬勃兴起，美日、日欧贸易协定加速形成，中国也会加快与“一带一路”沿线国家双边协定和区域协定的谈判。由此来看，有可能产生两套制度体系。

案　例

中国参与全球公共治理的精彩三部曲

近年来，中国演绎了参与全球公共治理的精彩“三部曲”。

第一部曲是 2014 年的北京亚太经合组织领导人非正式会议。在习近平主席主持下，会议围绕近 30 个领域取得 100 多项成果和共识，其中中方提出的倡议占到一半以上，中国的议程设置权得到明显提升。

第二部曲是 2016 年的二十国集团领导人杭州峰会。习近平主席引导协调各方，在创新增长、结构性改革、多边投资、气候变化、可持续发展等重要问题上制定出一系列指导原则和指标体系，达成 29 项重要成果，中国的规则制定权得到明显增强。

第三部曲是习近平主席 2017 年 1 月出席达沃斯世界经济论坛年会并发表重要演讲，直面逆全球化思潮和贸易保护主义抬头，呼吁让经济全球化进程更有活力、更加包容、更可持续，推进经济全球化进程再平衡；指出搞保护主义如同把自己关进黑屋子，看似躲过了风吹雨打，但也隔绝了阳光和空气。这些立场主张得到国际社会广泛赞誉，为充满不确定性和忧虑情绪的国际社会注入了来自中国的强大正能量，中国的话语权得到明显提高。

越来越多的中国倡议上升为国际共识，越来越多的中国方案汇聚成国际行动，显著增强了中国的议程设置权、规则制定权和国际话语权。

资料来源：中国参与全球治理的精彩三部曲．(2017-09-09)．https：//baijiahao. baidu. com/s?id=1578055019769731962&wfr=spider&for=pc.

12.5　全球公共治理的中国智慧与中国方案

中国是全球化的后来者和全球公共治理的后起之秀，中国的改革开放也在融入全球化并逐渐走近全球公共治理舞台的中心，中国与全球化及其公共治理的关系是中国与世界的互动关系的集中体现。党的二十大报告指出："积极参与全球治理体系改革和建设，践行共商共建共享的全球治理观……推动全球治理朝着更加公正合理的方向发展。"作为全球化的受益者和全球公共治理体系改革的积极参与者、推动者，面对新冠疫情冲击下全球化及其公共治理的大变局，需要保持战略理性，坚持底线思维，做好较长时间应对外部环境变化的思想准备和工作准备，形成具有中国特色的智慧方案。

12.5.1　科学认知全球化

这是中国处理好自身与全球化关系的基础。从全球贸易摩擦到新冠疫情危机，在逆全球化浪潮的冲击下，中国始终是全球化的积极支持者，反对并顶住这股逆流，坚信全球化的不可逆性，这是在历史发展的大趋势基础上对全球化规律的正确认知，中国对全球化理性的态度得到了国际社会的普遍认同。同时也需要看到，国家意志在全球化进程中发挥着重要的导向作用，逆全球化的兴起反映了个别国家对全球化的态度和借机向中国等国家推责，新冠疫情更是加剧了全球化的停滞、衰退和转型。中国不仅需要关注全球化在规模、速度和模式上的重大改变，作为全球化的关键变量，还需要把握全球化的度，与世界各国一道开辟一条新型全球化道路。

12.5.2　理性看待全球公共治理

只有对全球公共治理持理性态度，才能推动全球治理体系的变革。全球公共治理集中表现为全球化时代的国际政治经济文化。人类世界有一个全球化的经济，但没有一个与此相适应的世界政府，国际政治仍然是一个以民族国家为基础的国际政治①。这种结构性矛盾使得全球公共治理的善治目标始终是一种理想状态，治理赤字和公共物品赤字成为常态。但更需要认识到，当前的全球公共治理不是一般的全球性问题治理失效、失序，而是全球公共治理机制成为最严重的全球性问题。全球公共治理机制已经陷入二战结束以来的最大困境，全球公共治理首先要解决全球公共治理机制的生存问题，然后才是全球公共治理机制运行效率的问题，如争端机制停摆后 WTO 的生死存亡或未来的改革问题，世界银行和国际货币基金组织的治理结构改革和投票权问题等。这些问题随着疫情的爆发和蔓延变得更加严峻，面对以联合国为核心的多边制度秩序所遭遇的空前挑战，中国首先需要在大国博弈中尽力避免全球公共治理体系的撕裂，力争在多边框架中解决

① 王勇：新冠疫情将重塑经济全球化的方向．（2020－04－01）．http：//www.ccg.org.cn/archives/1627.

矛盾和问题，化解个别国家组建针对中国或排除中国的国际机制和国际规则[①]。必须强调的是，建立在全球化基础之上的全球公共治理，对全球化具有巨大的反作用，一个善治的全球公共治理是更加公正合理的全球化的根本保证，全球化负面问题的解决高度依赖全球治理的有效运行以及国家的治理能力，把一切问题归咎于全球化是片面和狭隘的。全球公共治理体系重组以及全球治理能力建设，关系未来全球化之路的方向和模式，对于全球公共治理这个源自西方理论而目前弃之不顾、实践中走偏的命题，中国可以从理论上赋予全球公共治理新内涵新范式，在实践中探索全球公共治理的新路径和新举措。

12.5.3 正确处理"危"与"机"的关系

要重塑全球化与全球公共治理的合理匹配。从一定意义上而言，历次国际危机的爆发，中国都能避免深陷其中，有效化解危机从而转危为机。面对东南亚金融危机，中国由于资本市场防火墙的存在，保持中国经济在东亚一枝独秀的地位；面对全球金融危机，中国经济同样遭到重创，但由于应对有力，在全球经济中损失相对较小并较早摆脱了危机阴影，危机过后，中国的综合实力和国际地位显著攀升。近年，突如其来的新冠疫情袭击中国，中国也是率先战胜疫情并复工复产的国家，为全球抗疫和全球经济恢复提供了强有力的支撑。国际社会面对疫情所致的全球化至暗时刻，期望中国成为"拯救全球化的主角"。法国国际关系与战略智库专家认为，"中国如今是唯一可以拯救全球化的国家"，赋予中国"构建人类命运共同体"的时代意义[②]。英国《金融时报》载文呼吁，中国挺起来振兴全球需求，前提是中国可以通过维持经常账户赤字来显示其领导力。

必须看到，所谓拯救全球化不仅需要为全球化运行提供动力，还需要为全球化的公共治理提供领导力，并建立与之相适应的制度规则体系。全球化的萎缩和逆全球化的兴起，与其说是全球化走得过远，不如说是全球公共治理以及国家治理没有适应全球化的发展，全球化的弊端没有得到有效治理，全球化与全球公共治理不匹配是全球化与全球公共治理双重困境的关键。中国既要量力而行，扩大开放，拓展市场，为世界经济提供需求，又要发挥自身的优势，为全球化提供产能，同时需要提升自身的制度性权力，建立和完善全球公共治理体系。具体的策略主要有以下几个方面：第一，充当世界经济稳定之锚，以高水平开放的确定性应对全球化的不确定性。更加重视自主创新，继续做好自己的事情。宏观经济政策上精准施策，刺激经济稳步复苏，中观上修复产业链，推进产业链的国内循环和国际循环互动，微观上做好企业纾困工作，增进企业活力。第二，推进"一带一路"倡议的高质量发展，探索"一带一路"倡议的机制化建设。"一带一路"倡议是新型全球化发展的重要动力，也是中国提升参与全球公共治理能力的重要平台，共建"一带一路"倡议的高质量发展客观上需要"一带一路"倡议的合作机制化建设，形成"一带一路"倡议的原则、规范、规则和标准的基本框架，推动多边机制创新

① 王中美．新南北矛盾与多边体系的困境．国际经贸探索，2019（4）．

② Courmont P B. La Chine au Chevet de la Mondialisation. https：//www.iris-france.org/145590-la-chine-au-chevetde-la-mondialisation/.

发展。第三，坚守多边主义，力促G20峰会机制的发展和完善。多边主义是迄今为止全球公共治理最合理的途径，多边合作是解决全球性问题、应对全球性威胁最民主、最有效的方式。G20峰会机制是应对金融危机的产物，也是南北国家多边合作共治的核心平台，在全球危机处理中发挥着重要的领导作用。在全球公共治理领导力日益式微的情况下，需要共同维护好G20这一多边集体领导机制的稳健发展。第四，推动制度型开放，促进全球治理制度创新。制度型开放强调一国国内制度与国际制度协调、合作，既包括国内制度与国际制度、国际惯例、国际规则、国际标准的对标与协作，又包括国内制度的规则、标准向国际社会推广，形成国际制度。所以，制度型开放是全球公共治理制度创新的前提，全球公共治理制度创新是制度型开放的目标。对于崛起大国而言，没有制度型开放就没有制度协调和制度共识，推动全球公共治理制度改革和创新的目标就难以实现。新的高标准治理制度的发展演进趋势，是中国推出制度型开放的压力，也是中国主动扩大开放的动力。中国需要在扩大制度型开放的同时，推动全球公共治理制度创新。

本章小结

全球公共治理既是一种观念架构又是一种国际格局，有着动态的发展过程，治理主体与治理结构间持续互动并变化，推动了全球公共治理的不断发展。

全球公共治理指的是通过具有约束力的国际机制解决全球性的冲突、生态、人权、移民、毒品、走私、传染病等问题，以维持正常的国际政治经济秩序。主权国家是参与国际机制和全球治理的行为主体，但是政府间国际组织、跨国公司和国际非政府组织等也在其中发挥着重要的作用。

基于全球公共治理的主体、对象、机制、价值和目标，可以把全球公共治理的模式分为国家中心治理模式、国际机制治理模式、有限领域和网络治理模式、超国家中心治理模式以及多层次全球治理模式。

全球公共治理转型面临的挑战，主要包括治理理念滞后、治理制度不完善、治理实践中有效参与不足等问题。

中国与全球化及其公共治理的关系是中国与世界的互动关系的集中体现。作为全球化的受益者和全球公共治理体系改革的积极参与者、推动者，面对新冠疫情冲击下全球化及其公共治理的大变局，需要保持战略理性，坚持底线思维，做好较长时间应对外部环境变化的思想准备和工作准备。

关键术语

全球化　全球公共治理　国家中心治理模式　国际机制治理模式　有限领域和网络治理模式　超国家中心治理模式　多层次全球治理模式

复习思考题

1. 分析全球公共治理与全球化的内在联系。

2. 分析评价全球公共治理的五种模式。

3. 分析当前全球公共治理面临的挑战和未来发展趋势。

4. 分析评价中国在全球公共治理中的角色定位。

5. 案例分析题：请认真阅读案例材料，然后按照要求分析并回答问题。

外媒聚焦二十大：为全球治理贡献中国智慧

中共二十大于 2022 年 10 月 22 日胜利闭幕。连日来，国际社会持续高度关注此次大会，外媒纷纷发文热议党的二十大报告，点赞称“中国已成为以负责任的态度推动全球治理的典范”。

尼日利亚《卫报》10 月 25 日发表题为《中共二十大：重申负责任的全球治理承诺》的署名评论文章，聚焦中国在全球治理中的突出表现。文章指出，新中国成立以来，中国在经济、社会、科技等各方面均取得举世瞩目的成就，而中国取得这些成就的秘诀之一是坚持走和平发展道路。文章认为，中国坚持和平发展，坚持互利共赢，这体现出中国在全球治理中的责任与担当。文章还列举中国提出的“一带一路”倡议的建设成就，并高度赞扬。

委内瑞拉 Telesur 电视台官网 10 月 23 日报道称，中国共产党和中国人民的成功，离不开他们所坚持的世界观和方法论。面对国内外形势新变化，中国共产党勇于进行理论探索和创新。报道称，中国共产党朝着推动构建人类命运共同体的方向而努力，领导中国成为维护世界和平、促进共同发展的重要力量。

资料来源：外媒聚焦二十大：为全球治理贡献中国智慧．(2022-10-28)．https：//baijiahao. baidu. com/s?id=1747859321319607613&wfr=spider&for=pc.

问题

请结合全球公共治理相关内容，分析中国式全球治理对世界的贡献与启发。

《本章阅读书目》

1. 俞可平．全球治理引论．马克思主义与现实，2002 (1).

2. 郭树勇．大危机下的国际合作与外交转向：国际政治科学的视角．当代世界与社会主义，2020 (3).

3. 马丁·休伊森，蒂莫西·辛克莱，张胜军．全球治理理论的兴起．马克思主义与现实，2002 (1).

4. 查尔斯·金德尔伯格．世界经济萧条 (1929—1939 年)．上海：上海译文出版社，1986.

第 13 章

公共管理的责任与伦理

本章导读

公共管理责任与公共管理伦理在现代公共管理中具有不可忽视的地位。任何公共管理行为都必须具有为之服务的公共责任制度及公共管理伦理。本章首先介绍了公共管理责任的内涵、特征及公共管理问责制，随后探讨了公共管理伦理的内涵、结构与功能，并讨论了公共管理伦理的建设路径。

重点问题

- 公共管理责任的特征
- 公共管理问责制
- 公共管理伦理的结构与功能
- 公共管理伦理的建设

知识结构图

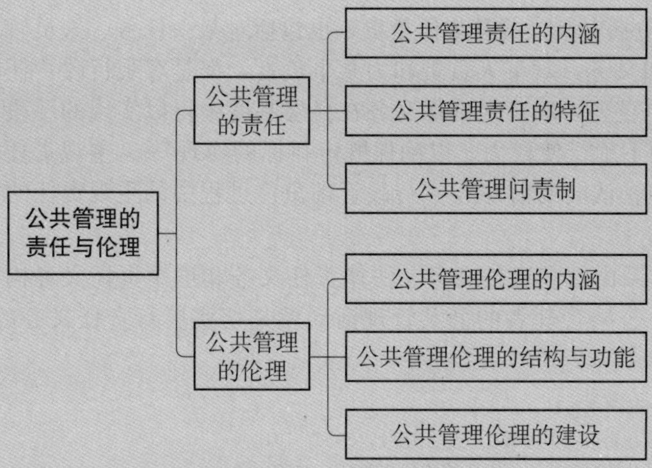

13.1 公共管理的责任

行政责任是公共行政学的一个永恒的核心课题。在公共管理的社会治理模式中，责任包含了权力（政治）、行政、法律和道德等方面的内涵，是社会治理组织的基础性的、直接性的社会关系。

13.1.1 公共管理责任的内涵

在《汉语大词典》中，“责任”有三重含义：“一是使人担当起某种职责和职务；二是分内应做之事；三是未做好分内应做之事而承担的过失。”[①] 在非汉语语境中，表示责任概念的词很多，如英语中的 responsibility，accountability，answer-ability，liability 等，与汉语难以一一对应。在《布莱克维尔政治学百科全书》中，“责任被分为基于义务的责任（义务责任）和基于角色的责任（角色责任）”[②]。作为一个学术用语，责任常用于政治、法律、伦理和人类学等不同学科领域，对它的定义也就各不相同。例如，康德从哲学角度作出界定，认为“责任就是由于尊重规律而产生的行为必要性”[③]。哈特从法律角度进行阐释，认为责任是“未能驳倒一项指控的人对其所为的行为承担惩罚或谴责的义务”[④]。

在行政学领域，“责任在政治活动和公共管理中最一般的含义是指与某个特定的职位或机构相联系的职责”[⑤]。它也被称为行政责任。斯塔林认为，行政责任包括六个方面：第一，对民众的回应；第二，政策规划和执行的弹性；第三，政府的胜任能力；第四，行政的正当法律程序；第五，负责任；第六，坦白公开、清正廉洁。美国学者特里·库珀则把行政责任分为客观责任（objective responsibility）和主观责任（subjective responsibility）。他认为，客观责任与外部强加的可能事物有关，具体有职责和应尽的义务两个方面，“所有的客观责任都包括对某人或某集体负责，也包括对某一任务、人员管理和实现某一目标负责”，“职责和义务，对某人负责和为某事负责，都是客观行政责任的两个方面”，“比较而言，义务更重要，职责是确保义务在科层制度中得以实现的手段。职责包含上下级关系以及自上而下地行使权力，以确保既定目标的实现”[⑥]。主观责任则“根植于我们自己对忠诚、良知、认同的信仰”，“行政管理角色过程中的主观责任的履行是职业道德的反映”[⑦]。

公共管理的责任义务体系由行政责任义务、法律责任义务和道德责任义务构成，是一个有机的责任义务整体。公共管理者的公共管理活动就是切实履行责任义务的过程。

---

① 汉语大词典．北京：汉语大词典出版社，1992：91.

② 布莱克维尔政治学百科全书．北京：中国政法大学出版社，2002：701.

③ 伊曼努尔·康德．道德形而上学原理．上海：上海人民出版社，2012：12.

④ 哈特．惩罚与责任．北京：华夏出版社，1989：264.

⑤ 同②711.

⑥ 特里·库珀．行政伦理学：实现行政责任的途径：第5版．北京：中国人民大学出版社，2010：74-75.

⑦ 同⑥84.

公共管理的行政责任义务和法律责任义务与传统的管理型社会治理模式基本上是相同的，公共管理的责任义务体系与管理型社会治理模式的区别就在于它把道德责任义务纳入到自己的构成要素中。由于道德责任义务的确立，使行政责任义务、法律责任义务在实现方式和实现质量上都不同于管理型社会治理模式，正是道德责任义务赋予了行政责任义务和法律责任义务以充分实现的可能性。因为有了道德责任义务，行政责任义务和法律责任义务就能够通过转化为道德责任义务而加以实现。这一方面使社会治理组织的权责体系制定得相对完善，另一方面使公共管理者能够充分意识到他本人的责任，并主动承担起维护公共利益的责任，表现出促进公共利益实现的热情，从而使公共管理者承担责任义务的过程不再是一种外在于他的负担，而是一种内在于他的使命。

综上所述，为公益服务的公共管理责任至少包括三个层次：第一，公共管理者在一定的岗位和职务上开展社会治理活动时所应承担的角色义务，也就是职责（responsibility），这意味着治理体系及其治理人员必须具有高度的职责感和义务感；第二，公共管理责任意味着在治理过程中，治理体系及其治理人员主动追求公共目标并自觉接受监督、评判的道德态度和行为（answer-ability）；第三，由于治理体系及其治理人员在没有积极有效地履行职责和实行监督而承担的责任追究（liability），它往往表现为受到否定性的批评、惩罚和制裁。

13.1.2　公共管理责任的特征

在人类行政管理发展的历史过程中，公共管理责任是不同历史阶段不同社会治理模式中的行政责任逐步演进、传承和不断扬弃的结果。它具有累积性、复合性和总体性等特征。

1. 累积性

统治型社会治理模式不存在明确和严格的行政责任体系，道德也是社会活动的基本调节因素，这种统治型社会治理模式不存在真正的道德责任内容。近代社会以来，尤其是工业革命以后，政府作为行政管理的单一主体地位被确立，在管理行政模式发展和完善的过程中，通过马克斯·韦伯的官僚制组织形式，基于权力关系的行政责任控制发挥到了极致。最终，在社会法律关系普遍化的背景下，管理型社会治理模式形成了由行政责任和法律责任所构成的二元责任体系，道德理想被完全抛弃或者掩盖，在治理模式中出现了道德责任的缺位。20 世纪后半期，管理行政模式自身和二元责任体系的缺陷逐渐暴露，政府走上了强化行政责任体系的道路。在官僚制的既有框架内，有限地引入行政人员的价值判断和道德要求，出现了将道德制度化、行政人员的行政管理职业规范化的做法。

同时，全球范围内非政府组织的充分发展，打破了人类以往行政模式中政府作为单一权力中心的取向，带来了社会治理模式向多中心发展的变迁。在走向社会自治的进程中，公共管理治理模式将道德责任引入自己的责任体系，“一方面，行政责任义务体系的膨胀，提出了建立相应的法律责任义务体系和道德责任义务体系的要求；另一方面，行政责任义务体系在合理-合法型官僚制中的客观性方面趋向于生成法律的责任义务体系，主观性的方面则包含着提出否定和扬弃官僚制的形式合理性，并走向确立道德责任义务体系的方向。公共管理作为官僚制的替代模式，从根本上改变了行政责任义务、法律责任义务和道德责任义务之间的不相容性，使它们在公共管理活动中构成了一个有机的整体"[①]。

2. 复合性

公共管理责任具有多种表现形式和丰富的内涵，它包括社会治理体系中的客观责任和公共管理者的主观责任。公共管理责任是一个包含有多种善恶价值判断、涉及社会诸领域的责任体系，它是复合性的，是一个结构复杂的体系，既涉及整个治理体系，以及治理体系中的不同组织，又包含公共管理者的个体；既是整体上的总体责任，又是每个公共管理者在社会治理活动中处理每件事的具体责任；既是外部性的责任设置，又是内化为信念和价值标准的道德自觉。它是一个客观见之于主观、主观与客观相结合的责任体系。

就行政责任而言，公共管理者必须承担遵守誓言、忠诚努力、忠于职守、承担义务、完成任务的责任。就法律责任而言，更多地存在于公共行政主客体之间，是以行政组织形式出现的行政管理主体或行政组织中相对独立的机构、部门作为一个相对完整的整体而承担的责任。这两种责任的生成与确立，对公共管理者来说是由群体到个人、由外向内的；基于伦理关系的道德责任的生成，则是从由内到外、由公共管理者个体到群体而生成和确立的。公共管理的道德责任主体，主要是以个体形式存在的公共管理者。在某些情况下，治理体系以及组织、机构、部门也会以整体的形式承担某些道德责任。这样，公共管理中的道德责任具有多重向度：在个体层面上，它反映在个体与社会以及个体与个体之间的关系上；在整体层面上，它反映在社会治理主体与个体之间的关系上；在整体与个体的联结处，它反映在公共管理者个体与社会治理体系的关系上。

3. 总体性

作为官僚制的替代模式，公共管理从根本上改变了行政责任义务、法律责任义务和道德责任义务之间的不相容性，使它们在公共管理活动中构成一个有机整体。

公共管理中的行政责任义务体系虽未改变线型结构模型，却以双向的负责任内容而区别于统治型社会治理模式中的责任义务模型。如果说公共管理中的行政责任显现为一种线型结构，那么它的法律责任就呈现出一种点面结构。一般来说，在公共管理中，法律责任会表现为这样几种情况：公共管理组织中的某一层级在整体上对其上或其下的另一个层级负责；集体对某一具体的事负责；公共管理主体在整体上对公共管理客体负责；公共管理主体内各组织之间相互负有责任；管理组织中的某一代表性人物对整个组织负责；等等。与行政责任以权力为根据不同，法律责任以法律的明文规定为依据。也就是说，有着法律明文规定的事项，责任义务从属于法律，而在缺乏法律明文规定的情况下，往往从属于权力，表现为行政责任义务。

当然，在公共管理活动中，缺乏法律明文规定的责任，也会从属于道德，成为道德责任。在一定程度上，道德责任是渗透于权力和法律作用范围之中的可主观意识到的责

① 张康之．公共管理伦理学．北京：中国人民大学出版社，2009：200.

任。所以，道德责任义务体系呈现出一种网状的立体性结构，是把行政责任义务和法律责任义务体系结合起来并赋予它们总体性的责任义务体系。道德责任的总体性，以及它能够连接行政责任和法律责任体系并赋予它们总体性的性质和功能，证明它自身就是公共管理活动中责任义务体系的整体。

案　例

如果碰到下述情况，你该怎么办

假设你是联邦机构的一名行政人员，该联邦机构负责给美国各州立分支机构分配高速公路建设资金。你所在部门的任务就是审查高速公路路线提案可能对其周边环境造成什么样的影响。这需要做一个专门的环境影响陈述报告（EIS），以便说明高速公路工程对周边环境的重大影响，至于其他问题则不在你管辖范围之内。根据联邦法律规定，使用联邦资金建设高速公路不得影响或占用公园用地，除非确实没有其他可行的或令人满意的选择方案（这一般由 EIS 决定）。

你的一位同事带着问题来找你，她最近遇见了来自某州的官员，并讨论了议项中高速公路的改善问题。目前的高速公路路面狭窄、没有路肩（即紧急停车道），而且每天都有许多小学生步行或骑单车从路面经过。这很不安全，频发的事故已清楚地说明了这一点。学校工会、家长协会、当地报纸、教会政务会和州高速公路官员都要求立即采取行动拓宽公路，减少事故发生。问题是，根据州高速公路的规划，充分拓宽路面需要从 50 英亩的市政公园中占去 5 英尺宽、100 英尺长的地面。这都在法律允许的范围内，只不过要提交一份 EIS，以说明和评估该项目可能对环境造成的影响。完成所有这些程序，大约需要花两年时间。遵守法律，你所在的机构才能顺利开展工作，同时你也有责任尽快降低原有高速公路的事故发生率。

资料来源：特里·库珀．行政伦理学：实现行政责任的途径：第 5 版．北京：中国人民大学出版社，2010.

13.1.3　公共管理问责制

国外学者韦伯斯特把“问责”解释为负有义务并自愿承担对行为的说明责任，是美国社会强调公众知情权的一个专门术语。问责制就是指特定的问责主体针对各级政府及其公务员承担的职责和义务的履行情况而实施的，并要求其承担否定性后果的一种责任追究制度。

1. 公共管理问责制的含义

问责制是西方政治的产物，体现的是所谓“责任政府”（responsible government）的原则。责任政府可以理解为一个有责任心的政府，对人民利益负责的政府，它有两个基本内涵，一是在道义层面上的责任政府，二是作为宪政制度的责任政府。

宪政制度的责任政府，是管理型社会治理模式下的治理体制。其最典型的形式是英国式的责任内阁制，政府向议会负责。在道义层面上，责任政府体现的是政治民主与政治公开的原则，它不仅要求政府考虑公众的利益，追求公众的福祉，而且要求政府对公众解释、说明其决策的目的、依据及结果。公共管理的问责制首先是道义层面上的，它所追求的责任政府体现了民主政府的基本施政原则与行为方式，代表的是社会治理变革的方向。现实中，问责制外化为行政、法律和道德等具体责任形态，但其实质是通过各种形式的责任约束，限制和规范政府权力和官员行为。公共管理问责制旨在落实公共管理公共性、共治性和服务性原则，是合作型社会治理模式中的一种制度安排，脱离合作型社会治理模式的建设和完善，简单谈问责制和责任追究，将会迷失方向。

2. 公共管理问责制的意义和内容

公共管理问责制有助于界定政府职能，有利于作为公共管理主体之一的政府的建设。各级政府之间、党政之间、行政首长与分管首长之间、决策者和执行者以及具体落实者之间、政府与企业之间、政府与社会之间，势必积极行动起来，界定各自的职责。政府要落实自己的责任，也要积极行动起来，实行政企分开、政事分开，规范政府与市场、政府与社会的关系，更好地建设服务型政府。因此，公共管理问责制需要开发种种制度，从而推进多层次、多渠道的具体治理制度的发展。

现阶段我国推行官员问责制，其本质是建立一个有责任心的、为人民利益负责的政府，以民主、公开、效率和公平为价值尺度。公共管理问责制的建设将着重于合理构建，重点解决以下三个层面的问题：一是合理配置和划分行政权力，这是公共管理问责制顺利推行的前提和关键；二是完善公共管理问责制本身的结构和内容；三是强化责任落实机制。党的二十大报告指出："完善党的自我革命制度规范体系。坚持制度治党、依规治党""健全党统一领导、全面覆盖、权威高效的监督体系""发挥政治巡视利剑作用""落实全面从严治党政治责任，用好问责利器。"这就是要在党的领导下推动中国特色的合作治理，构建社会合作共治体系。必须注意，我国官员问责制主体的多元化和问责内容多样化的发展趋势，促进官员问责制的健康发展。

13.2 公共管理的伦理

公共管理的出现，在某种程度上预示着人类社会向伦理化状态的复归。公共管理伦理就是研究为何、如何对公共管理活动加以道德规范等问题的学问。在公共管理中，其伦理维度有着特别重要的意义。

13.2.1 公共管理伦理的内涵

公共管理作为新型社会治理模式，通过重建对社会公共领域和公共事务的价值立场，确立了自身正当的道德目标和伦理合理性维度；在实现多元社会治理主体共同治理和服务精神制度化安排的同时，获得了公共管理的道德正当性和普遍的道义感；通过公共管理体系中的体制、组织、机构和人事资源等物质性客观要素之间关系的存在和运作方式的变革，透过权力、法律、政策和治理方式等精神性的主观要素构成的各种关系的重新组合，提供更科学的决策管理技术和制度资源；在治理体系内部，公共管理者的意志、义务、责任和人格等因素以系统整体的形式在治理关系和治理行为中发挥调节作用，公共管理伦理可以找到实现人类实践理性并使社会治理重新融入公共生活的现实途径。总而言之，公共管理伦理是公共管理的基本理念、基本原则、道德规范和公共伦理精神的集中体现，它在本质上从属于公共管理职业道德的范畴，是新型公共管理关系和行为的生成基础与保障。

1. 公共服务的伦理路径

从20世纪60年代开始，在科学研究中形成了一场声势浩大的“伦理革命”的呼声。与伦理革命相呼应，公共行政的道德化呼声也不断高涨，公共服务伦理路径的确立已经成为一个不容置疑的历史趋势。在人类历史中，已经经历了两次伟大的启蒙运动。第一次是农业社会的启蒙运动，第二次是工业社会的启蒙运动。在新的历史转型时期，即从工业社会向后工业社会的转型过程中，人类社会需要一场“伦理的启蒙”，它的基本任务是思考如何在复杂性、不确定性和风险性成为常态的社会中去规范社会的问题。这场即将发生的启蒙运动将会从社会治理领域启程，而公共行政正是它的“起跑线”。由此看来，公共管理伦理有着更为普遍的历史意义。

换言之，公共管理伦理首先需要通过研究去开辟和完善公共服务的伦理路径；其次，以这一路径为“主通道”，不断拓展开来，建立健全基于伦理精神的道德化社会治理体系；最后，通过这一治理体系去推动整个社会伦理规范系统的形成。在以伦理路径确立新型社会治理体系的过程中，伦理精神将会成为政府乃至整个社会治理体系的灵魂，服务型政府的设计、道德制度的确立、道德化治理方式的建构、政府合作整合机制的完善等，都只有在伦理精神的意义上才能够得到理解。在这一意义上公共管理伦理首先代表的是以服务为内容的伦理精神。

2. 以分群为基础的职业伦理

公共管理是一种新型的社会治理方式，人类社会中基本社会关系中的新质因素都会聚集到这个领域中来。需要从社会分群的角度来把握职业关系，这或者说是一种全新的职业关系和职业行为体系，或者是在历史演进中经历了革命性变革而具有了新的职业关系。

公共管理的独特根据不是分工而是分群。公共管理的对象部分是分工造成的社会分群，而更多地是非分工因素造成的分群。即使是由于分工造成的社会分群，在进入公共管理的视域时，分工的因素几乎并不被刻意地加以考虑。公共管理主体内部存在着分工，但它在社会整体中首先是作为一个独特的职业群体存在的，它在进行管理的时候需要得到管理对象的合作和参与，它在通过管理实现对管理对象的服务时，需要充分考虑服务对象的具体性。传统的管理是主体中心主义的管理，而公共管理是客体中心主义的，它在充分考虑对象的具体性时，科学化、技术化追求的基线不仅不会发挥积极作用，反而会成为障碍。所以，公共管理在对象的具体性中放弃形式追求，而把管理看作是从属于实质理性的，是包含着价值判断和服从价值目标的。公共管理的目的是实现整个社会不同群体之间的群际整合，追求社会的群际和谐，其中包括公共管理主体与整个社会的和谐。

对于分工基础上的社会分群来说，群际矛盾和冲突是基本的、主要的，而分群前提下的分工可以促进群际交流和互动。在公共管理生成的社会历史条件下，同样存在着职业性的分工，但分工的内容和性质发生了改变。分工不再是隔离人们的鸿沟，而是联系人们的桥梁。因为，建立在分群基础上的分工与出于生产和生存需要的分工是不同的，它直接服务于群际沟通与交往的需求，服务于群体的社会整体化的动机。因为分工导致人与人之间的利益冲突，而社会分群则把每一个社会群体的利益实现寄托在其他群体的利益要求得到满足的前提下。在这种情况下，公共管理的责任就是促进群体的社会整体化利益要求转化为现实。

以往的历史主要是从分工的角度来加以理解，这决定了职业伦理关系基本上是包含在分工之中的，是人们在分工的基础上形成的全部职业关系的一个方面。同样，职业道德规范也主要是指那些不同于一般性社会道德规范的专属于规范职业行为的准则。公共管理是把社会分群作为自己的直接历史前提的，建立在社会分群基础上的职业活动与以往的职业活动有着根本性的不同。公共管理伦理是一种全新的伦理关系，会在公共管理活动中转化为一系列新的规范。公共管理中的伦理关系是贯穿公共管理个人之间、个人与公共管理主体之间、公共管理主体与客体之间的关系，而公共管理活动的道德规范则主要是关于公共管理者个人的行为规范。在这一点上，它不同于法律规范和公共政策规范。因为后者是关于公共管理主体的整体规范，虽然在现实的管理实践中，要通过公共管理者个人来实施法律规范和公共政策规范，但个人在这些规范面前，是作为整体的一部分而存在的。

13.2.2 公共管理伦理的结构与功能

在结构功能主义看来，社会是具有一定结构的系统，社会的各组成部分以有序的方式相互关联，并对社会整体发挥必要功能。在社会系统中，行动者之间的关系结构形成了社会系统的基本结构。社会角色、作为角色系统的集体，以及由价值观和规范构成的社会制度，是社会的结构单位。作为若干关系的复合体，诸多要素、关系的交叉融合构成了公共管理伦理的结构，而这些相互关联的要素和关系在整个公共管理治理体系中发挥着不可或缺的作用。

1. 道德存在：公共管理伦理的制度性基石

人的存在是“三位一体”的，包括物质存在、精神存在及道德存在。道德存在是人的最深层和最本质的存在。正是在此意义上，马克思关于“人的本质是一切社会关系的总和”的判断，才能得到科学的理解。因为人是社会关系的总和绝不是指人的物质的和精神的社会联系的加权汇总，而是社会关系的升华和凝聚。只有在人的道德存在中，才能真正发现人的本质，不管是在社会整体的意义上、群体的意义上还是个体的意义上，都是如此。虽然人的道德存在是人的本质，但不是先在于人的本质，是在社会发展、群体生成和个人成长中不断获得的本质。人类社会发展的整个过程就是这种本质的不断获得。发现人的这一种存在形态并加以深入研究，完全可以确立新的制度设计和制度安排的基石。以往的人类制度设计，要么从人的精神存在或客观化了的精神存在出发，要么从人的物质存在以及基于物质存在的要求出发。今天看来，从这两种存在形式出发进行的制度设计，都是不成功的。

公共管理作为后工业社会中的新型社会治理模式，理所当然地从人的道德存在出发进行制度设计和制度安排。理解公共管理者的行为、价值观念以及全部公共管理活动赖以开展的条件和因素，都需要从公共管理者的道德存在出发，看其公共管理活动如何为后工业社会作出制度安排，也要看其在何种程度上认识和把握了人的道德存在。

2. 伦理关系：公共管理伦理的独特内容

伦理关系是由人类社会中的经济关系决定，并且按照一定的伦理观念、道德原则和规范所形成的一种特殊的社会关系①。在公共管理中，伦理关系是公共管理制度设计和制度安排的客观基础，也是公共管理伦理的独特内容。

公共管理伦理关系是以伦理精神为主导和以权力、法律为支持力量的新型的伦理关系。对于政府部门中的公共管理主体来说，这种伦理关系基本上是作为行政伦理关系而存在的，可以在对行政组织的伦理思考中把握。但是，随着政府外部职能的公共管理化，伦理关系也会相应地发生变化，开始由单纯的行政伦理关系向公共管理伦理关系转化，并与社会公共管理组织拥有的伦理关系趋同化。

公共管理中的伦理关系还是公共管理活动中形成的那些可以根据道德原则来加以判断的职业关系，它具有多重向度，在整体层面上主要是指公共管理主体与客体之间的伦理关系；在个体层面上主要是指公共管理者与被管理者、公共管理者之间的伦理关系；在整体与个体的联结处，则是指公共管理组织与公共管理者个人之间的伦理关系。在作用方式上，伦理关系在公共管理组织中的作用路线是以个人为起点的，通过个人实现组织成员间的积极合作和有效协调，然后上升到群体的层面。在群体之间，也是通过个人来促进群体间的积极合作和有效协调。

来自社会的或公共管理客体的服务期望，是公共管理伦理关系生成的根本动因。但是，服务期望并不必然生成这种伦理关系。公共管理伦理关系的生成，有着从服务期望，到公共管理主体道德自觉，再到伦理关系生成这样一条逻辑通道，而公共管理主体及这一主体的群体成员的道德自觉，又是由公共管理体系的整体服务定位决定的。因此，在公共管理伦理关系生成的机制中，我们可以看到公共管理体系在逻辑上的系统“回路”。

3. 服务价值：公共管理体系的伦理核心

在社会治理体系中，核心价值在表现形式上往往会以某种精神的形式而存在。公共管理的服务价值也可以称为服务精神。但是，服务精神是表现形式，服务价值才是本质的存在，研究公共管理的价值问题，也就是对公共管理根本性质的揭示。公共管理这种新型社会治理模式的基本价值就是服务，服务作为理念和信念具有价值实体的形式，是由公共管理者所承载的价值实体。同时，公共管理的服务价值是公共管理体系的基本精神和原则，它可以被看作一种“客观精神”或“历史精神”，是人类社会治理方式发展的结果，是在走向后工业社会的过程中因社会治理体系的改造和转型而产生发展的，是人类进步的标志，反映的是人类长期历史性探索的结果。

在本原的意义上，一个社会、一个时代、一种社会治理模式中的基本价值是属于系统或体系的，个人是通过认识社会系统或社会治理体系的价值而在自己的精神存在中生

---

① 张国庆．公共行政学．4版．北京：北京大学出版社，2017：412.

成价值观念的。个人同时有着社会或群体整体上的价值。公共管理的服务价值在公共管理者的理性直观中则被完整地纳入到道德存在之中，并生出一系列的道德规定，形成公共管理者所独具的新型道德。对于公共管理者而言，服务就是其道德存在的基本特征和形式，在服务价值基础上生成的公共管理体系的价值，都会在公共管理者的理性直观中完整地反射到他的道德存在之中，使他的道德存在具有后工业社会的历史特征和服务型社会治理模式的基本特征。

在后工业社会的公共管理中，人们交往的扩大化、社会化和多样化，需要社会治理体系在服务精神和服务理念的统领下提供灵活、方便、具体的服务。在公共管理者的行为体系中，服务又是作为原则和基本规范存在的；作为公共管理者的行为结果，服务是公共管理者必须不懈追求的境界；就公共管理者自觉地追求这种境界而言，服务又是公共管理活动的逻辑前提。但是，公共管理者之所以能在公共管理活动中确立服务的目标和自觉地追求服务的境界，是由公共管理体系的性质决定的，是公共管理体系的制度构成为其确立了客观基础。所以，服务首先是公共管理体系的价值，其次才是公共管理活动的价值。也就是说，公共管理活动中的服务原则是由公共管理体系决定的，但是，只有在公共管理者的公共管理活动中，服务原则才能落到实处，才是一种现实的价值。

13.2.3 公共管理伦理的建设

伦理研究的基本功能应当是致力于制度设计，而不是停留在个体道德修养层面上进行探索，更不应出于教化的意旨。近代历史证明，基于认识论的伦理是虚假的，公共管理伦理的建设需要彻底告别这一传统。罗素曾经说："道德至少有两个不同的方面。一方面，它是一种类似法律的社会制度；另一方面，它是有关个人良心的问题。"[①] 可见，制度化是伦理本身发展的应有之义。

社会治理本身就是社会整合活动，它的目的是要把社会整合成一个和谐的整体，使社会成为有着合理秩序、不断进步的适宜于一切个人共生的环境。社会治理的对象是社会，社会治理活动又是在社会之中展开的。与以往社会治理方式根本不同，公共管理首先把这种治理活动看作发生在社会之中的、内在于社会的治理，其次才把社会作为治理对象看待。政府虽然还是治理主体，却是作为治理主体的一个构成部分而存在的，它与社会中的、非政府的公共管理组织一道，根植于社会之中，是社会的一个组成部分。公共管理主体内置于社会的事实，决定了它必然会率先解决对自身的治理问题，它首先实现对自身的治理，然后再影响社会。所以，在服务定位的前提下，公共管理的基本内容是服务，如果说还有以往意义上的治理内容的话，在方式、方法和目标上有着很大的不同，它所提供的主要是示范性影响。

在走向后工业社会中，公共管理所代表的新型社会治理模式处在成长和完善中，公共管理者的公共管理人格也有一个自觉建立的过程。公共管理者首先需要在走向新型社会治理模式的过程中改变自我、自我完善，努力去塑造公共管理人格。人格是一种境界，

---

① 罗素．权力论．北京：东方出版社，1988：184.

是对人的最高道德要求，对于公共管理者来说，就是私心、物欲、权欲的祛除。无疑，塑造公共管理人格是一个艰难困苦的过程，公共管理者必须自觉努力历练自我，在达到目标之前不允许有所松懈。公共管理伦理所倡导的个人修养是充分自由的修养，在修养方式方法上尊重创造性的自觉。这种自由的修养是创造性的完善自我的途径，与以往修养之学所倡导的从寡欲到禁欲之途有着本质的区别。公共管理伦理也倡导自我节制，但这种自我节制绝不能理解成对合理欲求的摒除，反而是对合理欲求的承认，是探索人的合理欲求实现之健康途径的积极态度。根本而言，公共管理伦理的建设并不首先主张个人修养论的伦理学，它把个人修养论伦理学的思路颠倒了过来，要求伦理研究首先服务于制度建设，即致力于建设超越近代法制模式的伦理化制度，这种制度也可以称为德制，是凝结了全部法制积极成就的更高类型的制度模式。在后工业社会，管理型政府转变为服务型政府，政府的制度基础将是德制，德制会与法制一道规范服务型政府的社会治理活动。

案　例

林火肆虐数月 澳大利亚政府应对不力挨批

澳大利亚这场大火过火面积约600万公顷，相当于两个比利时的面积。死于大火的哺乳动物、鸟类和爬行动物估计达5亿只。受林火影响，澳大利亚多地被烟霾笼罩，首都堪培拉空气质量一度在全球主要城市中排名垫底。干旱和高温固然是造成此次林火蔓延的一个重要原因，但政府应对不力也遭到民众诟病。

2019年12月初，新南威尔士州已经有80多处火情，其中一半未得到控制。而当时参与灭火的2 700名消防人员中大部分都是志愿者。有专家指出，澳大利亚政府明显低估了这次林火的规模，救灾工作反应迟缓，很长一段时间缺乏统筹协调。

墨尔本大学教授罗德·基南在一篇文章中指出，应对林火主要有三方面工作：防灾、救灾与灾后重建。澳大利亚政府主要做的工作是后两方面，而在防范林火问题上准备不足。

澳大利亚应急部门从2016年起就一直要求获得更多资源，空中消防中心也曾要求组建一个大型灭火飞机队伍，但这些请求都被拒绝。有些地方的消防员甚至要靠众筹来购买基本消防设备。2019年年底，正当林火在澳大利亚各地肆虐之时，该国民众突然发现莫里森不见了，政府事务由副总理代管。

澳大利亚几乎每年都会发生不同规模的林火。2009年2月的维多利亚州大火造成100多人遇难。专家认为，澳大利亚频繁发生林火与气候变暖关系密切。据澳大利亚气象局统计，自1910年以来，澳大利亚平均地面气温已上升约1摄氏度。

在2015年联合国气候变化峰会上，澳大利亚承诺到2030年其温室气体排放水平与2005年相比将降低26%～28%。目前，澳大利亚出口的煤炭约占全球总出口量的三分之一，煤炭行业是财政收入重要来源，因此澳大利亚政府拒绝压缩煤炭产业规模。对此，澳大利亚前外长朱莉·毕晓普批评说：“我们没有国家层面应对气候变化的能源政策。”

资料来源：白旭，岳东兴. 林火肆虐数月 澳政府应对不力挨批.（2020-01-07）. https：//baijiahao. baidu. com/s?id=1655064615882941087&wfr=spider&for=pc.

本章小结

公共管理责任是一个复合的责任体系，它包括行政、法律和道德三重含义，具有累积性、复合性和总体性特征。公共管理问责制以适应于管理型向合作型的社会治理模式转变为方向，需要积极构建。公共管理伦理是公共管理的基本理念、基本原则、道德规范和公共伦理精神的集中体现，它在本质上从属于公共管理职业道德的范畴，是新型公共管理关系和行为的生成基础与保障。具体地说，公共管理伦理包含了个体的道德存在，它是道德制度设计的基石；包括治理体系内部的伦理关系，它是公共管理模式的独特内容；统摄整个公共管理模式的基本的、核心的价值是服务价值。不同于以往个人修养论的伦理建设路径，公共管理伦理的建设首先是制度建设。

关键术语

公共管理责任　　行政责任　　法律责任　　道德责任　　公共管理问责制　　公共管理伦理　　道德存在　　伦理关系　　服务精神　　制度建设

复习思考题

1. 如何理解公共管理责任的特征？
2. 公共管理伦理的结构与功能是怎样的？
3. 为什么说公共管理伦理建设首先是制度建设？
4. 案例分析题：请认真阅读案例材料，然后按照要求分析并回答问题。

新冠疫情的公共伦理启示

新冠疫情正在全球蔓延。在疫情防控过程中，如何对待疫区、疫区的人们以及感染者，才既有科学合理性又有道德正当性呢？感染者、疑似感染者或密切接触者又该受到哪些道德约束？疫情产生了诸如此类的道德现象、伦理问题与伦理诉求，因此，构建应对重大公共卫生危机的公共伦理体系，对于保障和促进社会和谐发展来说非常重要。

疫情中人与人应该如何相处？作为社会公共领域处理公共事务的道德原则与协调各社会主体利益的价值标准，公共伦理可以提供系统的伦理引导与规范，实现公共价值。

公共伦理为疫情防控提供伦理原则框架。在疫情防控中，我们必须面对不同社会主体利益和诉求的冲突。由于社会主体的多元化，人们在重大公共卫生危机中所处的地位、扮演的角色都存在显著差别，相互之间必然会出现不同的利益追求和意见表达。在疫情中，经营者期待尽快恢复营业以维持经济收入，疫情防控则关注如何最大限度降低公共卫生安全风险，强调防控措施在某个时期的延续性。显然，这些不同诉求都基于人们不同的社会角色，而且相互之间存在张力。如何协调不同利益、意见之间的矛盾？哪些利益需求应该被尊重和肯定，哪些诉求需要向疫情防控作出让步和妥协？这些都是公共伦理构建要面对的重要问题。

公共伦理为疫情防控提供合法性依据。合法性是公共生活，特别是公共权力行使的核心问题。面对疫情，大多数国家采取了强力控制模式，出台了限制出行、在公共场所强制接受健康检测等措施。这些措施涉及社会成员的自由权、隐私权等个人权利，强制性权力一旦操作不慎，就可能对个人权利造成伤害，进而损害防控的道德合法性。公共伦理一方面可以为防控疫情的政策、措施提供道德合法性论证，另一方面可以成为疫情防控工作伦理检验、审核的衡量标准。

公共伦理为疫情防控提供道德共识基础。应对重大公共危机需要社会齐心协力，前提是达成有效的社会共识。重大公共卫生危机中，我们必然会遭遇价值选择难题。在社会层面，我们要面对公共健康与社会经济效率之间的矛盾，比如疫情防控措施可能降低经济效率，那么在两者之间如何取舍？在个人层面，对自我行为进行限制意味着我们要放弃部分个人自由，给个人生活带来诸多不便，但这些举措都是确保公共与个人健康的内在要求，我们如何选择？这就需要形成全社会普遍认同的价值排序方式，赋予某些价值以道德优先地位，从而指导人们在特定环境下作出合理正当的选择。要形成这种共识，显然无法从个体性的私人道德中探寻答案，只能依赖于公共伦理。

资料来源：伍海泉，周谨平．新冠肺炎疫情的公共伦理启示．中国教育报，2020-12-18.

问题

请结合案例思考，我国公共管理中的责任与伦理建设还有哪些地方需要哪些改进。

本章阅读书目

1. 特里·库珀．行政伦理学：实现行政责任的途径：第5版．北京：中国人民大学出版社，2010.

2. 马国泉．行政伦理：美国的理论与实践．上海：复旦大学出版社，2006.

3. 张康之．公共管理伦理学．北京：中国人民大学出版社，2009.

4. 张康之．社会治理的历史叙事．北京：北京大学出版社，2006.

PART FOUR

| 第4篇 |

4 公共管理的工具方法

第14章

公共管理工具

本章导读

达成既定公共管理目标的途径和手段统称为公共管理工具。公共管理工具是20世纪八九十年代以来公共管理领域的重要分支，也是一个实践性、应用性很强的研究主题。以政府为首的公共管理主体在管理公共事务、提供公共服务的过程中，衍生或创造出不少卓有成效的公共管理工具，不断丰富着公共管理“工具箱”。当前国内外的公共管理实践中，有哪些主要的、得到广泛使用的公共管理工具？它们出现的背景和发挥作用的条件是什么？在中国的公共管理实践中发挥着什么作用？公共管理工具的选择与应用受哪些因素的影响？本章正是围绕上述问题进行阐述并展开讨论的。

重点问题

- 公共管理工具的含义与类型
- 公共管理工具研究兴起的背景与原因
- 行政手段、法律手段、经济手段、思想教育手段的特点和区别
- 新型公共管理工具的特点及其在中国的运用情况
- 影响公共管理工具选择的主客观因素

知识结构图

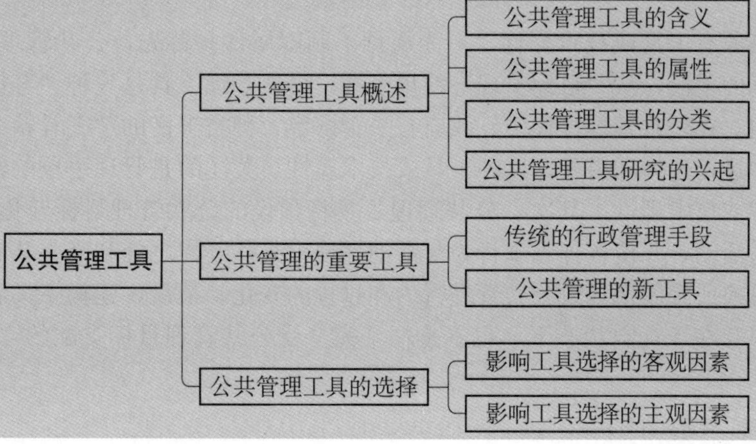

14.1 公共管理工具概述

14.1.1 公共管理工具的含义

在公共管理实践中，以政府为首的公共管理主体根据客观情势与主观判断，往往通过这种途径或那种途径、运用此类手段或彼类手段抑或多种手段的组合，管理公共事务和提供公共服务。例如，政府可以建立公共机构包揽全部城市基础设施的供给服务，也可以与具备一定资质的市场组织合作共同建设和维护城市基础设施；为移风易俗，政府可以通过强制性明显的行政干预手段抵制庸俗丑陋的社会风俗，也可以借助社区力量通过坚持不懈地宣传教育倡导良好的风俗习惯，还可以两种手段双管齐下同时发挥作用。任何公共管理活动都面临着将特定公共管理目标转化为具体现实的公共管理行动的问题。实现公共管理目标的方式、手段和技术，可以统称为公共管理工具。

公共管理工具又称政策工具（policy instruments）、政府工具（governmental tools, tools of government）、治理工具（governing instruments）。这些概念仅在学理上略有区别，实际应用中并没有截然的界限，人们往往根据个人学术习惯和分析语境混同使用。

关于公共管理工具的含义，学界并没有形成统一认识。对政策工具，人们一般从“因果论”“目的论”“机制论”三个角度解释其含义：政策工具是探讨政策问题与解决方案之间因果关系的过程；是解决问题、实现政策目标的蓝图与措施；是将政策目标转化为具体政策行动的机制[①]。上述概念界定对于理解公共管理工具是什么提供了多重视角。还有一种理解是把公共管理工具视为解决公共问题、达成公共目标的过程或措施。这种概念解释未免过于宽泛，有将公共管理工具等同于公共管理活动之嫌。综上，我们认为，公共管理工具是将公共管理目标转化为具体行动的路径和机制，是把公共管理目标和结果联结起来的中介或桥梁，是公共管理活动得以开展实施的具体手段和技术。

14.1.2 公共管理工具的属性

公共管理工具兼有工具或技术属性、行为属性、制度属性。首先，公共管理工具是达成公共管理目标的手段，从“目标实现”的角度看，公共管理工具是一种“客体”，具有明确的目标导向。在公共管理过程中，政府有一个内容、种类丰富的“工具箱”，政府可以基于目标从中进行选择和搭配。这种工具或技术属性，关注的是管理手段的恰当性，体现的是工具理性或技术理性。其次，公共管理工具将预设的公共管理目标转化落实为具体的管理行为与活动，并使各种管理行为与活动呈现出某些差异之处和某些共同之处，公共管理工具的更换或发展都导致公共管理行为和过程的变化。最后，建构主义者认为，公共管理工具既不存在于真空状态下，也不是一个完全受公共管理目标支配的“客体”。

① 李允杰，丘昌泰．政策执行与评估．台北：国立空中大学出版社，1999：163-164.

在公共管理过程中，同一目标下，不同的制度环境有不同的工具选择偏好。另外，公共管理工具在运用中也对既有的制度环境提出要求和提供支持，起到塑造作用。在公共管理实践中，公共管理工具本身就带有制度的烙印，属于制度环境的一部分。

14.1.3　公共管理工具的分类

类型划分是公共管理工具研究初期的一个重要讨论主题。关注政策工具和政府工具的学者们曾经尝试从不同角度对实现政策目标的工具进行梳理和分类。比较有代表性的分类包括：麦克唐纳和埃默尔根据想要达到的目标，将政策工具分成命令型工具、激励型工具、能力建设型工具和系统变迁工具四类；狄龙根据作用机制，把政府工具分为法律工具、经济工具和信息工具；胡德认为，所有的政府工具都在使用以信息、权威、财力和正式组织为主的四类“治理资源”，据此可将政府工具大致归纳为四类；奥斯本和盖布勒根据政府治理工具出现的顺序、迭代关系及激进程度，将其分为传统工具、创新类工具和先锋类工具；罗威、达尔、林德布洛姆等人按照强制性程度将政府工具笼统划分为规制性工具（涉及政府规则的手段）和非规制性工具（不涉及政府规则的手段）；霍莱特和拉梅什在此分类基础上更进一步，提出了强制性工具、混合性工具、志愿性工具三分法。

在所有工具类型的讨论中，颇具解释力并被广泛接受的是霍莱特和拉梅什绘制的公共管理工具（政策工具）分布图谱。霍莱特和拉梅什根据实现政府目标中的国家干预程度把政策工具划分为强制性工具、混合性工具、自愿性工具（非强制性工具）三种类型，每种类型又包括了若干常用的具体工具。强制性工具主要包括政府管制、公共事业、直接提供等；混合性工具主要有信息和使用费、税收和使用费、补贴、产权拍卖等；自愿性工具（非强制性工具）则包括家庭和社区、自愿性组织、私人市场等。所有政策工具均分布于强制性自强而弱的政策工具连续谱上，新工具也可以在连续谱上找到合适的位置。中国的陈振明教授带领团队基于学理和实践分析总结出的政府改革工具类型，也颇有影响力和借鉴意义。他们认为，当代政府改革和治理的常用工具类型有：运用或引入市场机制的市场化工具，包括民营化、合同承包、税式支出、政府保险、使用者付费、特许经营、凭单制、政府间产权交易、内部市场等；运用社会资源与社会互动的社会化手段，包括社区治理、公众参与、公私伙伴关系、志愿服务、听证会等；以及引入公共部门借鉴的工商管理技术，包括战略管理、绩效管理、全面质量管理、目标管理、流程再造、标杆管理、顾客关系管理等。

公共管理工具的分类立足于对公共管理工具应用实践的观察和辨识。由于实践中管理工具快速迭代和新工具层出不穷，很难穷尽所有的公共管理工具，加之实际应用中多个工具相互配合地发挥作用，难以将它们截然分开分别归入某特定类型。因此，对公共管理工具的学理分类只能相对笼统，无法全然满足类型划分的周延和互斥原则。即使如此，公共管理工具分类对深入理解公共管理工具的特征与作用机理，以及结合目标要求和环境特点选择适切的工具与工具组合，起到了积极作用。

14.1.4 公共管理工具研究的兴起

公共管理工具研究兴起于20世纪八九十年代。工具分析成为公共管理研究的一个分支并不断发展，有深刻的学术背景和现实原因。

在社会科学领域，一直存在工具论和工具分析的传统，这种传统在经济学、政治学、法学中都有所体现。经济学把工资、价格、利率等看作实现经济政策目标的工具，政治学关注政府工具的政治属性和政策功能，法学则直接把法律法规视为实现社会控制的工具。在行政学中，也一直有对行政方法、行政工具的理论分析，但对政府工具的系统研究一直匮乏。20世纪五六十年代，政策科学蓬勃兴起，并从规范研究向规范与实证并重发展，越来越关注政策实践问题，以增强学科的解释力，使之从"软知识"转变为"硬科学"。政策工具研究就是在这种学科发展背景下出现的。政策工具研究关注纷繁复杂的公共政策实践，力图通过对政策过程细致入微的分析诠释，对政府过程和政策发展更具解释力和指导作用。虽然政策工具研究受公共行政与公共政策学者们主导，但由于政策涉及内容广泛，环境学、货币金融学、心理学、管理工程学等诸多学科领域的学者和实践者纷纷从各自的角度参与到这个研究领域中来，从而使政策工具研究从一开始就具有多学科交汇的特征，而"这种多学科背景也增强了工具途径的说明力和解释力，从而也得到政府实务部门的青睐"①。20世纪末最有影响力的会议论文集《公共政策工具》(1998)较为集中地反映了八九十年代政策工具研究的现状。由于政策科学从诞生伊始就与公共管理联系密切，政策科学的工具分析视角自然地与公共管理研究相互呼应、相互激荡，工具分析同样成为公共管理学的一个重要研究主题，产生了不少学术成果，比较有影响力的要数英国学者胡德的论著《政府工具》(1983)。

公共管理工具研究的兴起与发展还有深刻的现实原因。第二次世界大战后，各国政府放弃"守夜人"角色，通过国有化、经济与社会管制、财政税收等手段主动干预经济社会生活，快速推动了现代化进程。及至20世纪70年代，经济社会运行中累积的各种风险与矛盾使政府陷入了空前的治理危机，既有的、传统的政府治理工具无法挽救政策失效和治理失败。政策知识的缺乏和不足是政策失败的重要原因，手段创新是良好治理的先决条件。在这一背景下，新公共管理运动兴起。新公共管理批判传统的公共管理理念和公共行政模式，主张"重塑政府"和"管理创新"，相对于争辩讨论政府"管什么"，新公共管理更加关心政府"怎么做"，极力主张将市场要素、社会合作机制、工商管理技术引入公共管理以推动管理方法、手段、技术创新，一大批新型公共管理工具由此出现并付诸实践。上述情况客观上促进了与公共管理工具相关的知识生产与创新活动。2002年，美国学者莱斯特·萨拉蒙等人编写的《政府工具：新治理指南》一书，对新公共管理运动时期得到普遍认可与使用的主要公共管理工具从理论、选择、运行三个层面进行了总结分析，是这一时期公共管理工具分析颇具代表性的知识成果。进入21世纪，层出不穷的新公共事务和愈加复杂动荡的宏观环境使公共管理体制、机制、手段创新成

---

① 陈振明，等．政府工具导论．北京：北京大学出版社，2009：19.

为常态，公共管理进入“新公共治理”时代，各类治理主体基于各自目标旨趣、资源禀赋、环境约束开展整体化与在地化相结合、丰富多彩的治理行动，构建起多种多样的治理结构，进一步丰富着公共管理“工具箱”。具体到中国，在推进国家治理体系和治理能力现代化的宏大背景下，公共管理被纳入国家治理现代化的视域下进行分析和考察，治理工具既是治理体系的中微观构成要素，又是治理效能得以体现的载体和介质，理所当然地成为我国当下公共管理的一个热点研究领域。

如果说早期对公共管理工具的研究，还停留在基础知识生产和理论廓清阶段，主要聚焦于公共管理工具的特性、类型、选择与评估等有限主题，随着学术积累和学科发展，公共管理工具研究出现了一些新趋势，主要表现在：研究从微观层面上升到中宏观层面，工具的适用环境与背景受到更多关注；一些新理论如政策网络理论、学习理论等引入到工具运用分析中；更加关注工具选择和应用中的双向或多向互动，关注影响制约工具应用的多方面因素。

14.2　公共管理的重要工具

在传统公共行政时期，受管理主义的影响，政府在管理实践中运用各种机制，生成和积累了不少行之有效的行政管理手段，在处理复杂的行政事务、达成行政目标方面发挥着基础性作用。进入20世纪80年代，面对公共行政与公共治理危机，政府改革与管理创新在全球范围内此起彼伏、相互激荡，一大批新型公共管理工具诞生并得到了广泛应用。

14.2.1　传统的行政管理手段

传统的公共行政管理有四类常用的管理行政事务的工具类型：行政手段、法律手段、经济手段、思想教育手段。它们的主要作用机理不同，各有独特功能与特征，又由于它们通常配合应用于行政管理活动和公共政策过程中，所以又存在某些共性或相通之处。

1. 行政手段

在公共管理过程中，行政机构或其他官僚体制凭借其掌握的垄断性公共权力，通过自上而下地发布命令指令、执行、监督来管理公共事务、实现政策目标的公共管理手段统称为行政手段。行政手段主要有：行政通知、命令、要求；领导指示、批示；行政检查、督查；行政管制；等等。

行政手段具有以下特点：

（1）强制性。行政手段凭借垄断性的、以国家暴力为后盾的政府权力来发挥作用，政府权力行使均以国家暴力为后盾，且行政手段的内容以各种要求、标准、命令为主，同时附加不达标可能招致的惩罚性结果和既得利益的损害，这使得行政手段对社会经济组织和个体形成巨大威慑力。

（2）权威性。行政手段的权威性与强制性密切相关，由于行政手段主要借助行政机关、经行政机关委托授权的部门来实施，且常以政府机关“红头文件”、领导批示、命令等形式呈现给公众，主体和呈现方式的权威性使行政手段更容易得到认可与施行。

（3）内部性。行政手段主要依靠专业分工、层级节制的官僚制来运行和发挥功能，官僚制是一个依靠规则自我运行的封闭系统，它在保证行动和高效达成目标的同时，排斥外部因素的影响和干预，这与主张公众参与的公共管理理念和实践相矛盾。

（4）灵活性。在政策执行中，沿着行政层级向下，中下级行政部门被赋予不同程度的自由裁量权，使之可以根据公共管理情势差异与变动，因地制宜、因时制宜地运用灵活多样的手段实现政策目标，甚至调整变换公共管理标准、要求和具体内容。

基于上述特征，行政手段是一类行动迅速、反应灵活、效果立竿见影的公共管理工具。运用这类手段，政府在管理中拥有无可匹敌的强势地位、资源优势和行动自主性。它在“以政府为中心”的传统公共行政中最受青睐，当代公共管理开放、民主、平等、合作的新理念新特征似乎与之格格不入。然而，面对紧急情况、重大风险和公共危机时，行政手段的优势显而易见，在其中发挥着重要作用。

2. 法律手段

法律手段是指政府部门依据法律法规，通过立法、执行、裁决等活动来干预经济社会生活、规范经济社会生活关系与秩序的一类管理工具。法律手段有很多，主要包括：行政审批、行政许可、行政强制、行政处罚、行政规划与指导、行政裁决、行政复议等。

法律手段具有以下特点：

（1）权威性和强制性。法律手段以法律法规为依据，表现为对法律法规的实施与遵行，自然被赋予无可辩驳的权威性，且这种基于法律的权威比基于个体和组织意志的权威更加强大。此外，国家通过暴力或暴力威慑保障法律法规得以最终实施和遵行，这使法律手段具有不同程度的强制色彩。

（2）规范性和稳定性。法律法规是规范社会经济关系与行为的普遍性规则，非经民主科学的考察论证和严密的程序过程，轻易不得变更。在运用法律法规进行行政管理时，可以使用和应该适用哪种具体法律手段，以及施行这种法律手段的条件、内容、过程、可能结果、各方权利与义务等都比较明确清晰。相对于行政手段，法律手段的规范性和稳定性更能帮助行政主体、行政相对人形成相对稳定的行为预期和行动模式，在减少混乱和矛盾、稳定和规范社会经济秩序方面成本更小、效果更好。

法律手段的有效实施以具备科学完备的法律体系、健全的组织、高素质的人才队伍、良好的法治环境为前提。在依法治国、依法行政的背景下，法律手段是其他管理手段得以施行的前提、基础和保障。

3. 经济手段

经济手段是根据社会经济运行和发展规律，运用价格、工资、税率、利率等经济杠杆和产业政策、财税政策、金融政策、就业政策等对经济和社会生活进行调控干预，达成行政管理和公共政策目标的手段的统称。公共行政经常运用的具体经济手段包括：税收、财政补贴、政府采购、政府拨款、行政与公共事业收费等。还有一种观点认为经济手段专指行政机构根据价值规律对国民经济进行调控的手段，由工资、价格、税收、利率汇率等经济杠杆和产业、财政、金融、就业等经济政策和经济规划构成。

经济手段具有以下特点：

（1）间接性。经济手段不像行政手段那样直接干预，而是综合运用经济杠杆对各方面的经济利益进行调节，进而引导社会组织与个人的行为活动朝着与政策目标一致的方向进行。

（2）利益性。经济手段之所以能达成政策目标，是因为基于对人们向往、追求经济利益的行为动机的判断，经济手段包含了显在的或潜在的利益格局，明确了获取或失去经济利益的活动与行为方式，驱动着各类主体为获取经济利益或避免利益损失调整个体行动决策。

（3）平等性。经济手段根据价值规律、借助市场机制发挥作用，在经济利益面前，各类主体地位和权利平等、共享一套规则。

（4）关联性。经济手段中包括了诸多具体手段，单靠一种手段难以达成政策目标，往往需多种具体手段综合运用、协调运行。一种手段的变化不仅会引起社会多方面经济利益关系的变动，而且会导致其他手段作出相应的调整。

市场经济激发了社会经济利益，刺激着人们的逐利动机，人们对各类经济杠杆已经熟悉和习惯；平等观念、权利意识和人本精神深入人心，影响政府部门和公共行政，呼唤着柔性管理，经济手段的上述特征与社会经济文化发展趋势相契合，成为政府履行职能、行使政府权力的基本工具和常用手段。

4. 思想教育手段

思想教育手段是行政机关通过宣传、说服、沟通、精神和行为激励，激发人们的心理认同感和行为积极性，从而实现行政管理目标的方法。思想教育手段包含的具体方法多样灵活，常见的有理论学习与灌输、典型学习和榜样教育、自我批评与教育、参与管理、行为激励等。

思想教育手段具有以下特点：

（1）间接性。思想教育手段不是直接干预社会经济行为与关系，而是通过影响人的情感、态度、价值观，进而影响人的行为动机和行为选择，最终达到行政管理目标。

（2）长期性和稳定性。对人的心理和精神世界进行影响，是一个长期、渐进、反复的过程，需要思想教育手段持之以恒，而一旦思想教育行为对教育对象的心理和精神层面产生影响，其效果也将具有长期性，教育对象会自动作出符合其价值观的行为选择，无须进行过多考虑和比较。

（3）激励性。同样是间接行政管理手段，经济手段是利用外部经济利益刺激、诱导人们作出行为选择，思想教育手段则是通过改变、维持、提升内在精神世界，激发形成自我认同的判断和选择。

思想教育手段是现代人本主义思想的体现，它尊重人的价值、尊严和自我选择，注重良好人际关系和公众参与局面的形成，与服务型政府“以人为本”“以人民为中心”的价值理念完全一致。在公共行政中，思想教育手段一般与其他手段配合使用。灵活运用和创新思想教育方式方法，是这类手段发挥效能、事半功倍的关键。

14.2.2 公共管理的新工具

公共管理的新工具泛指自20世纪80年代以来在各国政府改革、公共管理与公共治理实践中得到普遍认可并相对广泛应用的手段和方式，这里仅就其中主要几种进行介绍。

1. 民营化与公私伙伴关系

民营化（privatization）是一个含义广泛的概念。单从英文词义上看，民营化即私有化，指将公共企业产权从公共部门转移到私人部门。实际上民营化的内涵和外延要更加丰富，它不仅指公共企业的产权私有化，而且强调公共企业资产经营方式的变化，“只要是打破传统的国有国营模式就是‘民营’，包括国有承包经营、国有租赁经营、国有委托经营、国有控股经营，以及其他非国有企业采取的多种经营方式”①。世界著名的“民营化大师”萨瓦斯（Savas）立足20世纪80年代世界范围内的民营化改革实践，将民营化视为一种新型的公共服务提供机制，“核心是更多依靠民间机构，更少依赖政府来满足公众的需求，在产品或服务的生产和财产拥有方面减少政府作用，增加社会其他机构的作用”②。在此视角下，民营化意味政府在提供公共服务过程中通过市场机制吸引个体和私人部门的合作参与，建立公私伙伴关系。对民营化的这种广义理解得到了颇多认可，本书予以采纳并将其概括为：民营化指在重新界定政府角色的基础上，将部分公共资产和公共服务职能通过市场机制转移给个体和私人部门生产经营，或与个体、私人部门共同经营提供，从而创造更有效的公共价值的活动。

民营化是20世纪80年代世界各国国有企业和公共事业改革中普遍使用的一类改革工具。20世纪70年代，主张国家干预的凯恩斯主义破产，由政府建立运营的公共企业和公共事业由于巨额财政赤字和普遍低效而饱受诟病，在货币学派和供给学派“重新找回市场”思想的影响下，以英联邦国家为主的西方世界开展了声势浩大的民营化改革浪潮。这股浪潮始于国有企业产权变革，很快进入公共事业经营与公共服务提供领域，进而演变为运用市场机制改革和创新公共企业运营模式与公共提供方式的一切探索和实践。萨瓦斯将民营化归纳为三种类型（见表14-1）：

（1）委托授权。政府在公共服务的提供上依然承担全部责任，只不过把实际生产活动委托给私人部门或社会其他机构。委托授权一般通过合同外包、特许经营、补贴或凭单制、放松管制等形式来实现。

（2）政府撤资。政府通过直接的一次性行动放弃某些公共企业或公共资产的产权，转而由公共企业或事业单位员工、顾客、社会公众、私人企业拥有和经营。为此，政府可以采取拍卖出售、无偿赠与、租赁承包、股份改造等方式。

（3）政府淡出。随着市场发展，政府某些职能和部门逐渐被民营部门取代。如果说委托授权和撤资是政府主动直接采取的行动，那么政府淡出对政府来说就是一个消极间接的过程。

---

① 陈振明．竞争型政府．北京：中国人民大学出版社，2006：119.

② 萨瓦斯．民营化与公私部门的伙伴关系．北京：中国人民大学出版社，2002：6.

表14-1　民营化的类型

<table>
<tr><td rowspan="5">委托授权</td><td>合同外包</td><td>公共部门与私营企业或非营利机构签订契约，委托某种公共服务提供任务，政府按合同承担提供资金、制定标准、进行监督等责任</td><td>大部分常规公共服务；政府内部运行所需物品和服务</td></tr>
<tr><td>特许经营</td><td>公共部门通过特许协议授予私人部门经营管理某项公用事业的权利，并明确双方权利与义务，各自承担相应的风险</td><td>市政公用事业、基础设施建设等领域</td></tr>
<tr><td>补贴</td><td>公共部门通过财政补贴的方式鼓励私人部门或非营利机构生产和供给特定类型或特定领域的公共服务</td><td>大部分常规公共服务</td></tr>
<tr><td>凭单制</td><td>政府向特定公众发放公共服务消费凭单(券)，公众作为消费者自由选择公共服务生产者，生产提供商持券向政府财政兑现</td><td>公共教育、公共医疗卫生、养老服务、就业服务等</td></tr>
<tr><td>放松管制</td><td>政府通过立法减少私人部门进入某公共物品生产经营领域的资格限制或价格约束，增加该领域生产经营的多元化和竞争性</td><td>关系国计民生的重要行业和物资生产领域</td></tr>
<tr><td rowspan="4">政府撤资</td><td>拍卖出售</td><td>面向市场将国有企业或公共事业的资产通过竞价出售给私人部门，由其自由支配</td><td rowspan="4">根据具体情况灵活选用不同工具，目的是减少政府财政负担和经营管理负担，提升国有企业的活力和生产经营效率</td></tr>
<tr><td>无偿赠与</td><td>政府通过合同将国有企业或公共事业的资产赠给与该企业或事业经营利益关系紧密的员工、顾客、私人组织</td></tr>
<tr><td>租赁承包</td><td>政府将国有企业资产和企业经营权有偿转移给私人部门自主运营，停止继续注入资金、物资、人力和管理</td></tr>
<tr><td>股份改造</td><td>政府从国有企业中拿出一定比例的资产权出售给私人部门，或吸引私人部门向国有企业注资，改变既有的产权结构，实行公私联合经营或合作经营</td></tr>
<tr><td>政府淡出</td><td colspan="3">经济技术发展完善了市场或社会供给机制，使政府生产提供不再具有优势和吸引力，迫使政府退出</td></tr>
</table>

因此，民营化可以说是一个政府改革工具包，包含多种公共管理新工具。

民营化之所以成为各国政府改革的主要工具选择，是因为较之传统的公共服务提供机制，民营化具有以下优势：

（1）缓解政府财政压力。政府撤资不仅大大减轻了政府在填补国有企业亏损“无底洞”方面的负担，而且能通过资产出售和拍卖适当增加财政收入。吸纳多元公共投资主体，打破了由政府单独投资公共企业和事业的格局，缓解了政府财政窘迫。各国的民营化实践表明，合同外包等民营化方式确实能使公共服务的生产成本降低1/4到1/3。

（2）降低组织管理成本。出售、关闭国营企业或将公共服务生产职能委托给私人部门和非营利机构，政府不必再保留此领域相应的公共部门和公务人员，在令公共部门“瘦身”的同时使组织管理成本随之降低。

（3）提高公共服务质量。民营化把市场中的竞争机制引入公共服务供给，在公共部门与私人部门间、私人部门与私人部门间形成竞争性伙伴关系，竞争的压力促使各类主体产生面向市场和顾客不断改进和完善公共服务的动力，客观上提升了公共服务质量。

（4）赋予公众选择权。民营化形成了公共服务多元生产、合作供给的格局，公众可以根据自己的偏好选择不同的供给主体和更满足自己需要的产品与服务。

（5）活跃和繁荣市场。民营化把市场主体和市场机制引入原来由政府单独控制和运营的公共企业与公共事业中，扩大了市场活跃的领域，也刺激着市场根据公共服务形势和需要不断开发和创新。

民营化虽然在一定程度上缓解或解决了重重危机包围下的西方政府面临的困境和难题。但在实践中，受多种因素的影响，问题与矛盾也相应出现，既成为人们反对民营化的理由，也成为政府进一步改革的对象。我国学者张成福、党秀云总结为以下几点①：

（1）公共责任问题。民营部门特别是私人组织的盈利取向，可能使公共服务在低成本、高效率的指导下，忽略公共利益和公共责任。

（2）特权与贪污。民营化为公共部门和公共官员创设租金、牟取私利提供了机会，自利的承包商可能为了猎取租金运用非法手段进行寻租。

（3）公共服务的不公正。公共服务转至私人部门后，使用者的付费能力将决定其获得服务的数量和质量，付费能力低或无力付费者往往只能得到较低水平的服务，这会导致社会服务的等级化和不公平。

（4）规避巧用。私人部门可能对公共服务项目中不具经济效益的部分，取巧规避，故所提供的公共服务是缺损的，这种缺损会使公共服务特有的外部利益无法实现或满足。

（5）管理问题。民营化是政府转让部分职能与责任而不是放弃一切责任，政府要对公共服务供给承担最终责任，这就要求政府部门加强对私人部门提供公共服务活动的监督。但是，由于信息不对称，政府部门往往不能对被委托者进行有效监控，在此情况下，很容易出现“逆向选择”和“道德风险”问题。

民营化取得的成效和暴露出的问题向人们昭示，民营化的应用和发挥作用需要一定的环境和条件。首先，稳定的政治环境和相对完备成熟的市场体系是民营化运行的宏观制度环境。作为诞生于改革中的公共管理新工具，民营化过程是一个制度变迁与创新的过程，只有在稳定的政治环境下，制度变迁与创新才能以较低的成本完成。民营化还需要产权清晰、要素自由流动、私人部门实力雄厚的市场体系，承担起在政府退出后提供相对完善充足的公共服务的职责。其次，民营化对政府能力提出了更高要求。政府不仅要熟悉公共服务，还要熟悉市场，就如何引入市场机制、建立怎样的公私伙伴关系以提供优质高效的公共服务作出有益探索和正确判断，制定执行协调配套的制度规定对民营化过程加以支持、规范和评估；政府还要具备强大的控制和监督能力，防范私人部门在提供公共服务时弄虚作假、公私勾结，欺骗消费者、降低服务质量，以减少民营化过程中的成本和风险。

2. 听证会与志愿服务

当今世界特别是发展中国家，社会力量直接参与公共事务管理和服务供给并在其中

---

① 张成福，党秀云．公共管理学．北京：中国人民大学出版社，2001：300.

发挥越来越重要的作用，已成为公共管理实践的一种普遍现象。在社会力量参与公共管理的多种方式中，听证会和志愿服务颇具典型性和代表性。

（1）听证会。听证会是公共决策听证制度的核心和规范化体现。听证会起源于英美司法领域，原指法院为确保审判公平，在审查事实和法律问题时以公开举行的方式充分听取当事人和证人的意见，后来听证会和听证制度引申至立法和行政领域，泛指政府作出公共决策前，公开召集利益相关者及其他相关主体陈述事实、表达意见、进行讨论辩论的程序和制度。狭义的听证会单指行政听证，即行政机关作出决定前听取当事人意见的程序。

作为公共决策中的重要程序和制度，听证会体现了公开、民主法制等原则，以确保公共决策民主科学规范。首先，听证会公开召集，事前向社会公布听证事项、听证程序、听证权利和纪律、参与听证当事人等，事后将听证会上的各方主张、不同意见通过媒体向社会发布，通过听证会的公开举行，公众对公共决策的知情权和监督权得到了保障。其次，听证会主持人邀请或从申请人中随机选取个人、组织、媒体参与听证会，并允许其他各类主体旁听，各类主体可以通过现场参与、媒体报道、在线论坛等途径就听证事项充分地表达看法、发表主张、沟通意见、展开讨论，听证会成为一个表达民意、汇集民智、体现民情的平台，是公众参与公共决策的途径和渠道。最后，大多数国家包括中国，基本都通过法律法规对听证会和听证制度作出明确清晰的规定，包括听证会的适用范围（必须采用听证会的决策事项）、原则、组织程序、具体流程、结果呈现与运用等，通过听证会法制化来保障公共决策的科学化、规范化。

在我国，听证会和听证制度在公共决策中出现较晚，经历了从字面到实践、从可以到应当、应用范围不断扩大的渐进发展过程。1996 年，《行政处罚法》首次引入处罚决定听证程序，对行政处罚听证的范围、程序、要求等作出了具体规定。1997 年通过的《价格法》和 2000 年通过的《立法法》，分别对价格决策听证和地方立法听证作了规定。法律法规关于听证制度的规定，加速了听证程序建设和听证会制度的实施。2002 年，国家计委主持了铁路客运价格听证会，这是第一次全国性公开听证会，也是我国听证制度的一次有益探索，听证会从幕后走向台前。《价格法》明确规定，制定关系群众切身利益的公用事业价格、公益性服务价格、自然垄断经营的商品价格等政府指导价、政府定价，应当建立听证会制度，由政府价格主管部门主持，征求消费者、经营者和有关方面的意见，论证其必要性、可行性。听证会在我国公共决策制度中从“可以”转向“应当”，成为决策前置环节和必经程序。2004 年，国务院发布《全面推进依法行政实施纲要》，规定“社会涉及面广、与人民群众利益密切相关的决策事项，应当向社会公布，或者通过举行座谈会、听证会、论证会等形式广泛听取意见。重大行政决策在决策过程中要进行合法性论证”[①]。此要求为全面推行听证制度提供了指南。进入新时代，我国依法治国、民主行政理念和实践快速推进，听证会无论在制度上还是在实施中，日益规范化、完善化。听证会连同方式程序更加灵活的论证会、协商会已经成为我国公众参与重大公共决

① 国务院关于印发全面推进依法行政实施纲要的通知（国发〔2004〕10 号）.（2006－08－31）. https://www.gov.cn/ztzl/yfxz/content_374160.htm.

策主要的、常规化的实现机制。

当然，我国的听证会和听证制度的仍然存在一些问题，主要包括：听证会和听证制度的适用范围仍相对狭窄；听证停留在法律制度层面较多而实践操作较少；听证会主体的独立性难以保障；容易被强势利益集团操控等。这些问题和困难使得听证会和听证制度设计的意义、效能大打折扣，需要从以下方面入手克服困难和解决问题：进一步扩大政务公开的范围，增强民主参与的力度和程度，为听证会的完善发展创造良好的宏观环境；通过制定、完善法律法规，细化听证会内容和程序规则，使其更具可实施性和可操作性；通过制度设计与创新，保障听证会参与者的权利和独立性。

（2）志愿服务。志愿服务（volunteering service）指任何人在不谋求物质报酬的情况下奉献自己的时间和精力，为推动人类发展、促进社会进步、改善社会福利而提供的服务。作为一种行为或活动，志愿服务具有以下特点：

1）自愿性。志愿者基于自身意愿，自主服务于社会或他人利益，志愿者意志和行为不受他人强迫或强制。

2）无偿性。志愿者向社会或他人奉献自己的时间、技能、精力，不以谋求物质报酬为目的。

3）公益性。志愿服务的核心是“拒绝私利”，致力于社会困难群体的权利维护和社会公共利益的实现。

4）服务性。志愿服务强调提供非物质化援助，这与体现为物质化援助的捐赠区别开来。

5）组织性。为了提升服务贡献力，志愿服务一般都有组织地开展。

需要明确的是，志愿服务的自愿性并不意味着志愿者意志和行为完全不受约束，一旦进入志愿服务活动，志愿者要遵守志愿服务的活动规则和行为准则，听从指挥和协调；志愿服务无报酬，但考虑到志愿服务有成本，参与志愿服务的志愿者可以获得预付的服务成本补偿，如交通补贴、培训补助等。志愿服务有诸多形式，主要包括专项性志愿服务、专业性志愿服务、公益性志愿服务、社区性志愿服务。根据组织形式，志愿服务分为志愿者、志愿项目、志愿组织三种类型。

志愿服务是文明社会不可缺少的一部分。面对“市场失灵”和“政府失灵”，个人、家庭、非营利机构等各种社会力量加入到社会治理和服务供给中，运用互助、慈善、信任等社会资本，采取多样化的社会行动弥补市场治理和政府治理的缺陷和不足，志愿服务是社会力量开展治理行动的一种重要形式。

现代志愿服务萌芽于传统社会的慈善和互助传统。传统社会中，慈善和互助基于宗教信仰、亲缘关系、业缘联系而开展和实施，在长期的生活实践中形成了“相互帮助”“济助穷困”的理念和美德，客观上促进了社群共同体的团结，也使个人的社会伦理价值与责任得以实现并达至圆满。近代经济社会生活培育发展出市民社会和公民精神，逐渐消融、斩断了慈善、互助理念与宗教信仰、血缘亲族的传统联系，转而与公益精神、人类共同体意识、权利平等理念、社会责任观相结合，衍生出现代意义上的志愿精神与志愿服务。近现代社会以改善公众生活水平、增进社会福祉为目标的社会福利体系建设，既需要大量具有奉献精神的专职化的社会工作者，又需要招募大量志愿人员利用自己的时间、精力和技能投身于各项服务工作，辅助专职化社会工作的开展或弥补专职化社会工作的不足，志愿服务进入蓬勃发展期，由此受到政府的鼓励和重视。政府通过制定法律法规对志愿服务进行规范和支持，以遏制、减少志愿服务面临的普遍矛盾和问题，激励志愿服务的能动性和可持续性，提升志愿服务的效率和贡献力。迄今，全球各地的志愿服务规模庞大，广泛分布于扶贫开发、社区建设、环境保护、大型赛会、应急救助、海外服务等领域，已经成为社会治理和公共服务中不可或缺的重要力量。

志愿服务的价值，直接体现在弥补社会服务和公共服务的缺漏与不足，满足社会多元化、多层次服务需求尤其是困难与边缘群体的生活与发展要求，增进社会总体福利。除此之外，志愿服务以自愿、无偿为前提，为志愿者提供了体验社会、提升自我的机会，志愿者在服务他人的同时锤炼自己，有助于塑造健康的国民人格；志愿服务以无私奉献、友爱共济为宗旨，通过实践行动传递和汇集社会正能量，有利于培育良好的社会风尚；志愿服务以互助、进步为共同追求，志愿者在共同行动中熟悉、信任、合作，消解着城市化进程中社会成员间的距离感和疏离感，增加了陌生人社会的运行资本，推动着社会团结与进步。“志愿服务激发着公民的责任感、归属感和自豪感，其对‘互助、进步’的追求，既存续了中华民族助人为乐、家国融通、善济天下的传统美德，诠释和弘扬了以爱国主义为核心的民族精神和以改革创新为核心的时代精神，也为凝聚强大的国家意识奠定了厚实基础。”①

中国的志愿服务大致经历了四个时期②：新中国成立到20世纪80年代初，是以“义务运动”为特征的志愿服务时期，志愿服务实践体现在由党和政府倡导动员的爱国卫生运动、学习雷锋运动、全民义务植树运动中。改革开放初期，国外志愿服务的理念与实践经验引入中国，经济社会转型和政府职能转变对社区发展提出了客观要求，在政府部门的推动下，志愿服务进入社区层面，开展了社区互助服务的探索和尝试。1993年，团中央倡导全国青少年以“奉献、友爱、互助、进步”为宗旨，自愿、无偿参与各类社会公益活动，各地青年志愿者协会和青年志愿服务大量出现，2001年中国申奥成功点燃了全民的志愿热情，促进了志愿活动在全国的开展，以青年志愿服务和奥运服务为标志，我国的志愿服务事业进入全面迅猛发展时期。北京奥运会成功举办之后，我国的志愿服务进入了稳定的发展阶段，在灾害救助、大型活动与赛事、社区治理等领域越来越显示出其魅力和价值，志愿意识也越发深入人心，但也暴露出一些非组织化、非协调性、非专业化、志愿过剩等问题。近年来，政府通过加大制度供给、规则完善、机制创新，不断加强对志愿服务的规范和协调，通过培育和发展志愿组织，促进志愿服务的规范协调开展和专业化程度提升。

案　例

通辽市公共事业价格听证会

2012年至2018年期间，通辽市共举办5次公用事业价格听证会，涉及的公共事业包括居民管道天然气、生活用水价格及出租车燃油附加费等。2018年，通辽市调整城

① 彭志红．志愿服务的现代价值．光明日报，2015-09-23.

② 张萍，杨祖婵．中国志愿服务事业的发展历程．当代中国史研究，2013（3）：41-49.

区居民自来水价格，需要通过听证会广泛收集价格调整意见和建议。这次听证会由通辽市发改委组织，听证会召集相关信息在政府官方网站上公布，同时公布的还有面向社会招募产生公民代表的信息。听证会参加人员包括：消费者及公民代表（21人）；来自人大、政府、政协、纪检、自来水主管部门、专家学者、消费者协会的代表（13人，实际出席11人）。10月30日，听证会如期举行，市发改委副主任作为主持人首先宣布听证会事项，介绍参会人员；接着，自来水公司负责人陈述调价理由，市价格成本监审局负责人宣读成本监审结论，市发改委价格科负责人陈述听证方案；之后，听证代表对听证方案发表意见并展开讨论，在意见表达和讨论环节，各听证代表根据主持人、自来水公司负责人及成本监审部门负责人的介绍发言，并结合自己的理解和分析提出了各自的看法。讨论结束后，主持人进行总结发言并在会后形成听证会报告。这次价格听证会，使各利益相关方了解了自来水价格调整的原由和预期水平，同时向自来水管理部门和生产经营者充分展示了社会各方对自来水价格调整的意见，为通辽市自来水价格调整提供了重要的参考价值。最终，自来水调价方案全票通过。

资料来源：通辽市发改委召开通辽市主城区居民自来水价格调整听证会.（2018－11－09）.http：//www.keerqin.gov.cn/keerqin/c101072/2018－11/09/content_22b0200dde734e9991cec824ed81a158.shtml.

3. 社区治理

新公共管理范式历经几十年，其缺陷和不适应症逐渐暴露和深度显现，引起人们的反思并在实践中进行矫正。以问题为导向、倡导多元主体协商合作的治理理念得到广泛传播和实践。社区治理就是在公共治理背景下管理公共事务、提供公共服务的一种新策略、新工具。

社区治理可概括地理解为对社区范围内公共事务的治理。社区指生活在一定区域中的人们依照共同目标、意志和利益以某种方式有机结合起来的共同体，兼具地域特征和社群属性。社区存在、兴盛和发展是社区治理的基础和前提。治理是活跃在多学科领域的概念，联合国全球治理委员会（CGG）认为治理是各种公共的或私人的个人和机构管理其共同事务的各种方法的总和，是使相互冲突的或不同利益得以调和，并采取联合行动的持续过程。治理不是一整套规则也不是一种活动，而是一个过程；治理过程的基础不是控制，而是协调；治理既涉及公共部门，也包括私人部门；治理不是一种正式的制度，而是持续的互动。综上，站在公共管理角度，社区治理可以具体理解为：在社区范围内，公共部门、私人部门和社会组织等各类主体协同合作，综合运用多种机制、资源和方式对社区公共事务进行管理和提供服务的持续过程。

社区治理具有以下特点：

（1）治理客体复杂多样。社区治理的客体是社区公共事务，社区事务种类繁杂，大部分以社区资源、公共问题、社区需求和服务等形态存在。从层次和特点上看，有些由国家-社会宏观运行层面下沉到社区的事务，具有整体性、统一性和普遍要求，如社会秩序、市场运行、社会保障，有些是在社区生活中内在生成的公共事务，具有在地化色彩，如社区公共空间规划与维护、垃圾生产和处理、睦邻关系、社区文化等。这些事务在社区中交织在一起，相互作用不易区别。

（2）治理主体多元。社区外部的政府机构、市场经济组织、非营利组织，社区内部的个人和家庭、自治组织、社区社会组织都可以成为社区治理的主体，基于自己的目标、利益、资源禀赋和能力优势加入到社区公共问题的解决中来，提供公共服务、市场服务、公益服务、互助服务和自我服务。多元主体在社区治理中持续互动，彼此建立起多种多样的协作关系，通过协商与合作共同决定和解决社区公共事务，最后形成一个有机联系的治理网络。

（3）治理机制多样。在社区治理中，既有以政府为主的公共部门基于权力权威和官僚制提供宏观政策和制度，为治理提供基础性保障；又有私人部门基于市场规则调整社区利益关系与结构，还有以自治组织和非营利组织为主的社会组织通过社区认同、慈善公益机制、志愿精神来满足对社区秩序、特定服务与保障的需求，这些机制在社区治理中综合地发挥作用，以不同方式影响着社区运行。

（4）治理目标过程化。社区治理的目标不单纯停留在对社区公共事务的解决上，更着眼于在治理实践中推动社区建设和成长，包括通过社区治理培育居民的参与意识和技能、培养自主有为的社区社会组织、构建灵活有效的社区治理结构等，通过微观社区治理促进宏观的社会治理创新和发展，使公共服务有效贴合民众需求。

社区治理并非一个全新事物，它有深刻悠久的实践渊源。欧洲早在中世纪时期就有村社自治、社群内部互助和慈善救助的传统。随着西方工业化大生产的推进，城市和城市社区快速生成并扩张，政府主要在市政设施和基本社会保障方面进行宏观管理；在微观的社区层面，主要依靠慈善机构救助、社区组织互助、家庭个人志愿来解决面临的公共问题和生产社区公共物品。20世纪下半叶，城市社区日趋衰败，政府开始采取一系列措施重建或营造社区，试图重新链接各类行动主体和治理资源，通过社区治理为城市赋能。在中国，古代农业社会中“皇权不下乡”，村社内部以亲缘关系为纽带实行自治，地方乡绅、宗族主导和推动内部秩序、水利交通、灾害救助、抚孤济困等在地化公共物品的生产。到了19世纪中后期，中国传统的乡村治理格局逐渐被打破，土豪劣绅等“盈利型经纪人”与反动政权、军阀势力勾结合谋掠夺乡村，村社治理失序并迅速衰败。新中国成立后，国家通过土地改革、人民公社运动等对乡村社会进行了重组，将国家政权渗透到农村基层；在城市，建立起单位制为主、街居制为辅的社会管理体制，实现了国家对社会的高度整合，社区治理让位于以政府为主体的社会管理。20世纪80年代，农村的人民公社制度废除，村民自治快速填补了政权撤退留下的农村基层社会管理和服务空白，成为我国农村基层社会管理的新选择；在城市，单位制的解体、人口流动和城市化使基层公共事务管理职能大量转移和堆积到街道和居委会，开展社区自治、大力推进社区建设成为20世纪末中国城市社会管理的必由之路。此时，社区自治、社区建设是社会管理的微观组成部分，服务于国家进行社会管制和秩序规范的目的。

2012年以来，社区治理在中国快速兴起、迅猛发展。除了实践渊源，还有其他原因：

（1）公共事务的变化发展。进入21世纪，中国经济转轨、社会转型、高新技术发展，整体快速推进，深刻改变着社会经济文化环境，催生出巨量公共事务与公共需求，环境治理、城市规划、社会保障等新型公共事务与网络犯罪等新问题井喷式生成并迅速扩张，既有的公共事务在新环境下也变得更加复杂综合。这些公共事务与问题一方面在空间上快速扩展和演变，呈现出整体性特征，另一方面以不同的形式、特征在基层呈现、累积并影响着人们日常生活，具有在地化色彩。公共事务和问题巨量、复杂、变化的特点，要求公共管理以问题为导向，进行源头管理和综合施策，既要着眼于整体的统筹规划，又要着眼于实践行动的灵活高效。政府部门在利用权威提供具有普遍约束力的目标、规则方面效能显著，但在识别处理差异化的公共事务和满足多样化的公共需求方面，资源调配能力匮乏，反应不够及时和灵活。

（2）新型主体和机制的培育与壮大。社会主义市场经济的日益完善和成熟，不仅使市场体系更加完备，运行机制更加稳定顺畅，还培育和壮大了市场主体规模，为小微企业蓬勃发展拓展了市场范围，一大批能力强、有担当的大型企业在市场中发挥着引领作用；市场经济促进了社会结构分化，培育和塑造出关注个人权利和利益、具有一定公共精神和集体行动能力的现代公民，大量本土化的公益型或互益型社会组织同时成长起来并以不同方式、程度参与到公共生活中，在频繁的社会活动与交往中，以竞争、对话、协商、妥协、合作为主基调的社会行动机制逐渐确立，多元多中心的社会行动网络开始形成……这些主体和机制为社区治理提供了组织条件。

（3）科学技术的发展与应用。信息技术、互联网、移动终端、大数据、云计算、区块链等高新技术的更新迭代与普遍应用，增强了人们获得信息、深入识别、精准反应的能力，使社会交流和交往变得频繁、便捷、高效，为形成社会治理网络提供了强大技术支持，使社区繁杂琐碎的社区事务得到快速呈现和识别，不同意见要求得以充分讨论。

（4）执政党和政府的执政理念与政策安排。21 世纪以来，中国共产党和中国政府提出建设“服务型政府”的政府改革主张和理念。服务型政府以人民为本位、以人民为中心，强调政府在改革中尊重人民的主体地位，各项工作服务于满足人民日益增长的美好生活需要，加强政府公共服务职能。人民的力量、意愿、需求蕴藏在基层，需要充分动员、精准识别和有效满足，而社区是党和政府联系人民群众的“最后一公里”。党在十八届三中全会上正式提出了社会治理的命题，把基层治理作为完善和创新社会治理的基础，“推动社会治理重心向基层下移，发挥社会组织作用，实现政府治理和社会调节、居民自治良性互动”①。2017 年，党和政府制定发布了《中共中央 国务院关于加强和完善城乡社区治理的意见》，指出：“城乡社区是社会治理的基本单元。城乡社区治理事关党和国家大政方针贯彻落实，事关居民群众切身利益，事关城乡基层和谐稳定。”② 国家就全面提升社区治理法治化、科学化、精细化水平和组织化程度，促进城乡社区治理体系和治理能力现代化进行了部署，为大力推进社区治理提供了政策和制度遵循。

4. 流程再造

公共部门流程再造既是政府运行机制的一种改革与创新，又是公共治理与公共服务的新形态、新方式。

流程再造最先兴起于企业运行与工商管理领域。1993 年，迈克尔·哈默（Michael

① 习近平提出，提高保障和改善民生水平，加强和创新社会治理．（2017-10-18）．http：//www. gov. cn/zhuanti/2017-10/18/content_5232656. htm.

② 中共中央 国务院关于加强和完善城乡社区治理的意见．（2017-06-12）．https：//www. rmzxb. com. cn/c/2017-06-12/1588809. shtml.

Hammer）和詹姆斯·钱皮（James Champy）在《企业再造》一书中提出了流程再造的概念和相关理论，认为流程再造是“针对企业业务流程和基本问题进行反思，并对它进行彻底的重新设计，以便在成本、质量、服务和速度等当前衡量企业业绩的重要尺度上取得显著的进展”①。哈默用四个词概括流程再造的关键：根本性、彻底性、剧烈性、流程。根据二人阐述，流程再造的核心思想是以顾客满意度为最终导向和衡量标准，利用现代信息技术，改造企业原有的业务流程，使组织结构由传统的职能导向型转向流程导向型，实现企业经营方式和管理方式的根本转变，最终提高企业竞争力。20 世纪八九十年代，以英美为代表的西方国家纷纷将流程再造作为政府改革的战略工具，实施公共部门流程再造。

公共部门流程再造指以公众需求为核心，对政府部门原有组织机构、服务流程进行全面、彻底的重组，形成政府组织内部决策、执行、监督的有机联系和互动，以适应政府部门外部环境的变化，谋求组织绩效的显著提高，使公共产品或服务更能获得社会公众的认可和满意。公共部门面临的宏观环境和拥有的具体条件不同，流程再造的路径、内容、重点可能有所差异，但要遵循至少三个基本原则：（1）公众至上。流程再造必须以公众对公共治理和服务的需要为出发点，围绕公众服务而组织，致力于公众满意度的提升。（2）系统优化。公共部门流程再造是一个系统改革工程，不仅仅是业务流程的检视和重建，还包括政府职能的转变与重组、公共部门组织结构的重新塑造、管理与服务技术的更新，以及公共部门观念转变。（3）效能提升。无论流程再造的具体目标和重点是什么，目标的实现情况无不体现在结果导向的公共部门效能上，公共部门效能有多重含义，包括成本、效率、质量、回应、活力和创新等。

流程再造进入公共部门并持续发展，有以下主要背景和原因：（1）新公共管理的影响。新公共管理猛烈抨击和全面批判传统的政府管理体制——科层制，认为基于专业分工、层级节制的组织结构和被繁文缛节包裹的规则制度严重束缚了公共部门的灵活性、回应性和绩效，主张通过政府“再造”“重塑”彻底打破科层制，激发公共组织活力，为了让公众满意或顾客满意而持续改进政府运行绩效。企业流程再造的核心主张与新公共管理理念不谋而合，加上企业流程再造实践提供了大量经验和教训，流程再造进入公共部门水到渠成。（2）公共事物发展的新特点。进入 21 世纪，公共事务的复杂性加剧，由于社会流动加速、联系频繁，公共事务首先在空间上不断扩展，出现了区域性公共事务向全国性公共事务乃至国际性公共事务发展演进的趋势；各类公共事务相互交织，难以分割，呈现整体性发展趋势。公共事务的扩展性和整体性使得基于层级划分、部门分工的公共部门管理体制和运作机制无法对之快速有效地识别、判断和管理，它要求政府顺应公共事务的变化开展整体性治理，公共部门间开展经常性的协同治理。（3）信息技术的发展与应用。一方面，信息技术普遍应用于社会生活与公共管理，消解了公共部门和社会公众之间的技术鸿沟，使社会公众能快速理解和获得公共服务，迫使公共部门的业务和工作必须转向社会公众；另一方面，信息技术使层级间、部门间能够以较低的成本、极高的效率和真实度完成信息传递、资源共享、工作联动，为面向公众、面向公共治理和服务需要进行流程再造提供了技术条件。

---

① Hammer M，Champy J. Reengineering the Corporation. New York：HarperBusiness，1993：32－36.

公共部门流程再造的基本步骤包括①：第一步，战略决策，包括勾勒公共部门发展远景、高层领导参与、支持、评估分析环境，寻找流程再造良机；第二步，启动再造，包括沟通观念获得成员理解和支持、组建再造团队、拟订再造计划、重构组织绩效目标；第三步，审视既有流程，包括描述现有流程和诊断流程，寻找问题原因；第四步，大胆创新重新设计，包括设计新流程、设计与新流程配套的人力资源系统和信息系统平台、模拟和测试新流程；第五步，推广新流程，包括组织结构的重建、全方位培训工作人员、动员士气减少阻力；第六步，评估反馈并持续改善。

我国公共部门的流程再造与政府信息化改革交织在一起，“经历了以建设效率政府为目标的初期阶段、以建设整体性政府为目标的深化阶段、以建设智慧政府为目标的突破阶段三个时期”②。初期阶段，我国公共部门流程再造服务于以经济建设为中心提升政府工作效率，再造实践主要体现为对政府某一部门工作流程的精简或取消，以办公自动化和政务上网作为技术保障，与同时期的机构精简改革相辅相成，这一时期流程再造的效能十分有限。深化阶段，我国公共部门流程再造以建设整体性政府为目标，主要体现为跨部门的流程优化，在不同部门、不同层级间实现大范围政府信息与资源共享、协同办公，一站式、集成化、虚拟或实体的综合性公共服务平台是这一阶段流程再造的标志性成果，在打破部门与层级壁垒、促进部门与层级协调联动、降低服务成本、提高服务效率和质量方面取得显著成果。同时期，大部门体制改革、服务型政府建设与之配合，从组织体制和观念意识方面提供支持和保障。突破阶段，在大数据和人工智能技术的支持下，通过数据平台整合和共享信息，建立一个以数据为中心，政府、市场、社会多元协作共治的公共治理格局，在智慧政府建设中，机构、流程、机制、模式等在大数据驱动下进行重构。

案　例

上海市智慧政府增强食品监管效能

上海市为及时掌握全市食品安全动态情况，加强食品监管能力，建立了基于移动技术的餐饮电子化监管系统，不仅可以积累现场实时执法记录和数据，而且建立了覆盖2 000多家企业的视频溯源体系，每日上报业务数据6万多条，可提供从屠宰场、批发市场、配送终端、标准化菜场、超市大卖场、团体采购进销的肉类、蔬菜、淡水鱼、粮食的追溯信息，为构建食品安全的智慧化监管流程奠定了坚实的基础。上海市还通过事中事后监管“一张网”建设，实现“行政审批信息全上网、综合监管信息全入库、行政监管部门全覆盖”，通过多部门的信息互联共享和业务整合，实现多部门综合监管，形成政府内部部门协同监管的新型市场监管格局，从而节省治理资源，提升了政府的行政效能。

资料来源：大城“食”事，看上海如何智慧监管．(2018－01－21). http://big5.www.gov.cn/gate/big5/www.gov.cn/xinwen/2018－01/21/content_5259091.htm；刘浩．奋斗百年路 启航新征程·时代先锋|“智慧食安”助力创新食品安全监管方式．(2021－07－02). https://www.ccn.com.cn/Content/2021/07－02/2106451030.html.

---

① 陈振明，等．政府工具导论．北京：北京大学出版社，2009：226－229.

② 吴昌杰．政府流程再造：我国国家治理现代化的技术支持．安徽行政学院学报，2018 (4).

5. 分散决策

在社会科学领域，分散决策意味着在社会系统中，各个子系统作为一个相对独立的主体而存在，能够根据各自所处的环境及拥有的资源状况，基于理性的分析灵活作出符合自身效用最大化的决策，并以此服务于整个系统效用的最大化。

分散决策最早出现于系统论和控制论。20 世纪 70 年代，系统论和控制论学者面对系统日益复杂的趋势，提出了大系统的分解协调原理，认为如果要实现全局和整体（大系统）的最优，“可以把大系统中处在同一地位的各个子系统相互分离开来，并使它们各自都按照某种最优方式行动，系统中心则起协调统筹作用”①。这一理论很快被社会科学领域吸纳，用来帮助解决如何使日益复杂多变的社会系统实现最优化运作的问题。

当今的公共管理也是一个越来越复杂的社会系统，如何保证公共管理系统在错综复杂、变幻莫测的环境中实现最优化运作是各国公共管理者必须面对和解决的问题。在起始于 20 世纪 80 年代的公共行政改革运动中，世界各国的公共系统几乎不约而同地采用了分散决策这一新型管理工具，集中表现为打破中央政府及核心部门对公共决策权的垄断，把大部分决策权和相应的决策资源授予地方政府和原来处于被动执行地位的非核心部门，允许和鼓励它们在权衡具体的环境形势和自身能力禀赋的基础上，独立而灵活地作出决策，进行公共管理，并为此享有相应的权益和承担相应的责任。

分散决策是一个与集中决策相对应的公共管理工具。在各国的公共管理实践中，集中决策曾长期占主导地位。它以科层制组织结构为存在前提，把系统内外所有决策信息和全部决策过程都集中在中央政府或核心公共部门，以行政计划或命令的方式控制下级政府或部门执行公共决策。集中决策的优点在于使公共系统在强势控制下长期地保持稳定，但其种种弊端也随着实践积累逐渐暴露并被人们深刻认识。分散决策是在集中决策面临重重困境的情况下出现的，它在承认决策中心最高权威的同时把大量决策权和相应的责任充分下放给原来的纯粹执行机关和部门，使之成为决策主体，能够因时、因地、因势、灵活机动地规划行动、进行管理。

归纳分散决策的优势，至少有以下几点：首先，它更适应高度复杂的公共管理系统。现今的公共管理系统包含了大量的决策变量，有许多经常相互抵触的决策目标，而且各地区各部门之间在资源、禀赋等多个方面存在很大的差异和不平衡，分散决策把决策权授予非核心部门特别是直接处理公共事务的基层部门，使它们能够及时全面地收集信息，根据具体情势的变化灵活地制订和调整行动方案，这样就可以做到客观实际，提高管理效能。其次，分散决策可以激发公共管理各子系统的活力、积极性和创造力。分散决策的核心是各种权力下放或分权，它事实上认可了下级政府或部门的主体地位，下级政府或部门有了充分的自由权和强大的行动诱因，其公共管理的活力、积极性和创新精神必然会被激发出来，为实现公共管理目标、提高自身管理效益不懈努力。最后，分散决策特别适用于应对突发性公共事件。突发性公共事件频繁出现已经成为当今公共管理的一个显著特征，它事出突然且情况紧急，公共部门必须迅速作出反应，及时应对。分散决策在建立有效的突发性事件应对机制方面颇有优势，它把具体决策权交给处理事件的一

① 何伦志．集中决策与分散决策结合研究．新疆大学学报（哲学人文科学版），1986（4）.

线部门，使它们能够在最短的时间内收集和传递信息，及时采取措施，灵活机动地根据事态发展状况调整行动方案，从而收到良好的效果。

尽管分散决策有很多集中决策所不及的优势，但它并不是完美无缺的。分散决策的运行机理是强调各部分（子系统）的独立自主性，认同它们的自利理性，鼓励它们为追逐个体利益最大化而努力。但这意味着每个子系统将以“我”为中轴，在实践中可能置大系统的整体利益和长远利益于不顾，甚至产生离心现象，给政府整体控制带来困难。各子系统一心追求自身利益，容易形成各自为政的本位主义，也会造成彼此过度竞争而无法协调的问题。20 世纪八九十年代在我国中央政府对地方政府的放权过程中，由于权力放得过快过猛，同时缺乏强有力的宏观调控能力，导致地方政府大搞盲目投资、重复建设，彼此间实行封锁，进行恶性竞争，对中央政策讨价还价。

分散决策的存在和运行需要一定的内外部环境条件，其发挥积极作用的条件包括：

（1）适宜的权力下放机制。分散决策的实质是赋予各子系统更大的自主权，实现原来集中于中央政府或部门的权力顺畅合理地流向非核心政府或部门。各国的改革，如美国里根政府的“还权于州”运动、英国的“下一步行动方案”和新西兰的政府公司化，都包含了一个核心思想：权力下放。虽然各国的放权经验各不相同，但无外乎两种途径：一是中央政府向地方政府下放各种权力，它涉及对中央-地方关系的调整，主要通过激进的或渐进的政府改革，以法律形式重新确定中央和地方各级政府的权力内容与界限；二是一级政府内部核心部门向非核心部门、原决策中心向执行机构放权，这涉及一级政府内部的上下级关系，可以采取部门规章、内部协议、绩效合同等多种灵活的形式完成。权力下放需遵循适度原则，包括范围适度、强度适度与速度适度，否则会造成不良影响。

（2）强有力的宏观调控机制。如前所述，各系统获得自主权后往往会在自利动机的驱使下产生各自为政、恶性竞争、不服从上级政策与命令等威胁政府整体稳定和长久发展的负面现象，所以中央政府和各决策核心应该尽快把工作重点转移到加强政府宏观调控能力方面。一是建立合理的政府间、部门间工作协调机制，通过成立专门的协调机构，经常召开联席工作会议，定期举行工作通气会以及利用市场和社会力量协调各方面关系，保证工作的全局性和一致性；二是在赋予各子系统权力的同时明确各自相应的责任，通过绩效合同和绩效管理加强宏观监督，保证责任的落实与追究，从而建立起完善有力的全局控制机制。

（3）新型的公共组织体制和信息机制。集中决策以官僚组织为存在基础，以信息的集中与垄断为运作前提。分散决策却与之完全相反，它要求组织结构的去科层化和扁平化。扁平型组织体制中权威的层次和数目较少，上级对下级的控制是宏观的、契约式的而非微观的、命令式的，这有助于子系统主动性和积极性的发挥。另外，分散决策意味着打破决策核心的信息垄断，各子系统有能力获得充分、准确、及时的信息，作出正确的判断。所以，建立在现代信息技术基础上的反应迅速、充分共享的信息网络系统是必不可少的。

14.3　公共管理工具的选择

各种各样的公共管理工具如同政府箭囊中的箭，公共部门根据管理的需要，从中选取最合适的工具加以使用。

公共部门选择管理工具并不是一个完全理性的过程，受制于诸多因素。公共管理目标、管理工具自身特性等客观条件，社会文化、选择者的价值取向等主观因素，使不同政府、不同公共部门在选择公共管理工具方面呈现出不同的偏好。陈振明教授主编的《公共政策分析》一书对影响政府工具选择的因素进行了综合分析，对我们理解影响公共管理工具选择的因素很有借鉴意义①。

14.3.1　影响工具选择的客观因素

影响公共管理工具选择的客观因素主要有公共管理目标、公共管理主客体状况、公共管理工具的特性等。

1. 公共管理目标

公共管理目标是对管理效果的预期，由各种具体的公共政策承载和表达出来，是公共部门选择有效管理工具的基本前提，也是评估工具有效性的总标准。公共管理目标首先要明确清晰，否则会使工具选取变得草率，易出现失误。“建立竞争的行业秩序”与“建立有限竞争的行业秩序”显然会导致政府采取强度不同的管制手段。另外，现代公共管理常常包含几个管理目标，目标间的冲突不可避免但不能过于激烈，否则公共部门可能因为同时选用作用完全抵触的管理工具而变得徒劳无功；有些目标会带来实质性后果，有些则只具有象征意义，公共管理者要学会区分不同性质的目标选择和搭配恰当的管理工具。最后，目标的转变必然要求对各种管理工具及时进行调整。

2. 公共管理主客体状况

公共管理的主体状况在此专指公共管理部门具备的客观条件，包括组织形态、权力结构、管理方式、硬件设施、技术能力等。它们会对管理工具的选择起到制约作用，例如，一个电子化程度很低的政府部门一般不会选择与较高的信息化水平相联系的流程再造工具。它们还会影响到公共管理者的主观心理，使工具选择呈现某种特征，如一个高度官僚化的公共部门习惯选择传统的管理工具而对下放权力、提高民主的新型工具相当抵触。公共管理的客体状况主要指公共管理对象的利益结构和文化水平等，它们直接影响公共管理工具的可行性和可接受性，考虑到这些，公共管理者甚至不得不放弃他们认为能带来最好效果的管理工具。

3. 公共管理工具的特性

每种公共管理工具都有其特征、利弊、适用条件和适宜领域。例如，管制具有直接

---

① 陈振明．公共政策分析．北京：中国人民大学出版社，2003：167－171.

性和见效快的优点，但它会扭曲自愿性和私人活动，压制积极性和进取精神，适宜公共安全、特殊行业的管理，但应用于活跃自由的经济生活却会损害效率。民营化形式多样，在减轻政府财政负担、增强市场活力、提升经济效率方面具有明显优势，但它的成功运用需借助相对完善的市场竞争机制、健全的法律规范、政府的创新热情及强大的驾驭能力。财政性工具兼有强制和诱导双重特征，能够利用公共财政收支等手段达成多方面目标，它特别适用于政府的中宏观调控，在微观管理上则略有逊色。公共管理工具的特性是政府部门选择工具时必须详细考查的，否则科学性将无从谈起。

14.3.2 影响工具选择的主观因素

影响公共管理工具选择的主观因素主要是社会意识形态和公共部门的价值偏好。

1. 社会意识形态

社会意识形态是一个信仰体系，“不同的意识形态倾向于使用不同的政策工具”①。在西方，英国工党奉行民主社会主义，在其执政期间建立起相当规模的国营经济。20世纪70年代末，信奉自由主义的保守党政府上台后，立即掀起了声势浩大的民营化浪潮，使政府从以前涉足的经济领域撤退、回归市场。美国政府从20世纪30年代起在新自由主义的引导下也对市场和社会进行大力干预，但由于一直拥有推崇竞争与进取的社会传统，因而并没有仿效英国建立庞杂的国营经济，而是通过编织政府管制网来实现干预目标，所以80年代以新保守主义为思想基础的新公共管理运动在美国主要表现为放松管制而非民营化。瑞典、荷兰等北欧国家一直受福利主义的影响，又有集体主义作文化底蕴，故而它们的社会福利制度发达而且运作稳定，即使后来也有民营化改革，但动作较小，并不剧烈。

2. 公共部门的价值偏好

社会意识形态当然会烙印于公共部门及其活动，但公共部门及其工作人员的价值观可能并不与之完全一致，它们也许持有不同的价值取向。这些偏好可能来自利益选择——公共部门总是会欢迎能给自己带来利益（追加预算、扩大编制、提升职级、增强影响力等）的管理工具而千方百计地抗拒不能带来利益或者造成利益损失的管理工具；也可能来自专业主义思维方式——医药管理部门认为应该用价格管制来控制过高的药价，医院则认为应该通过进一步市场化解决问题；还可能来自公共部门以前长期形成的工作方式——工作人员已经十分精通既有管理工具的运作机制和技术构成，从而使任何工具革新都变得阻力重重。

在选择合适的公共管理工具的过程中，公共部门还要关注另一个问题：工具之间的合理搭配。尽管公共部门常常是针对具体的公共问题选取管理工具，但由于各公共问题联系紧密、互为因果，各种管理工具在运用过程中相互作用、彼此呼应，所以选择公共管理工具时，政府部门要考虑到工具间的匹配性，注意工具的搭配组合问题。

---

① 陈振明．公共政策分析．北京：中国人民大学出版社，2003：171.

本章小结

公共管理工具是政府公共部门在履行职能或执行政策的过程中所运用的方式和手段。政府以一定的理论为指导，在长期的公共管理实践中开发和创造出许多具体有效的管理工具（或者叫做政策工具）。20 世纪 80 年代以来的新公共管理运动把大量的市场因素和社会组织引入公共管理，并对公共管理的方式和手段进行了改革和创新，产生了一些新型的管理工具，如民营化与公私伙伴关系、听证会与志愿服务、社区治理、流程再造、分散决策等，它们对提高公共管理效率和质量、达成公共管理的新愿景起到了积极作用。对公共管理工具的选择是一个复杂的行为和过程，其中存在客观理性标准，又有一定的非理性因素的作用。

关键术语

政府工具　政策工具　新公共管理　公共治理　行政手段　法律手段
经济手段　思想教育手段　民营化　社区治理　志愿服务　听证会
流程再造　分散决策　公共管理工具选择

复习思考题

1. 什么是公共管理工具？
2. 简述公共管理工具研究兴起的原因和发展趋向。
3. 传统的行政管理手段有哪些？分别有什么特点？
4. 新型公共管理工具“新”在哪里？
5. 中国政府流程再造的理论渊源是什么？
6. 在国家治理现代化背景下，中国社区治理的意义和作用是什么？
7. 案例分析题：请认真阅读案例材料，然后按照要求分析并回答问题。

以公共自行车服务为例的公共服务民营化供给及政府监管

在公共服务民营化的背景下，近年来作为解决城市公共交通“最后一公里”出行难题的公共自行车服务在缓解城市交通拥堵、减少环境污染方面收效甚佳。2016 年共享单车在北京落地后，单车投放量呈井喷式增长，截至 2017 年 9 月，全市已有 15 家共享单车企业，投放运营车辆达 235 万辆。共享单车在方便市民出行的同时，单车破损问题较为突出，此外还产生了车辆乱停乱放、占道阻碍通行等问题，特别是在一些公交地铁站、重要交通枢纽、大型商圈等区域。

虽然共享单车均由私营企业自发的市场行为来供给，自行车服务的管理权和产权完全属于私营企业，但该服务满足了公民的“最后一公里”出行需求。根据公共物品理论，共享单车属于具有非竞争性特征，而非排他性不充分的准公共产品。共享单车作为具有典型性和时代性的案例，从政府监管的视角来看，在对公共服务民营化供给进行整体把控的同时，有必要将监管作为今后政府关注的重点环节。

首先，政府必须端正对公共服务提供机制市场化的认识，摒弃片面性，强调公共性。其次，政府应当完善准入前和公共服务供给主体的监管，设定合理的一般性行业标准。最后，随着互联网技术的蓬勃发展，政府需要保持监管的适度灵活性，在适应技术创新的同时规范公共服务，确保民营化背景下公共服务供给的规范化。

资料来源：李志，彭博成．我国公共服务民营化供给及政府监管对策：以公共自行车服务为例．安徽行政学院学报，2018（3）：57－65.

问题

请结合公共管理工具相关内容，分析如何更好地规范共享单车服务。

《本章阅读书目》

1. 萨瓦斯．民营化与公私部门的伙伴关系．北京：中国人民大学出版社，2002.

2. 盖伊·彼得斯．公共政策工具．北京：中国人民大学出版社，2007.

3. 拉塞尔·林登．无缝隙政府：公共部门再造指南．北京：中国人民大学出版社，2002.

4. 麦克尔·巴兹雷．突破官僚制：政府管理的新愿景．北京：中国人民大学出版社，2002.

第15章 公共管理的技术与方法

本章导读

在高度复杂和高度不确定性条件下，技术和方法创新越来越成为公共部门改善组织绩效的重要手段。本章基于公共管理环境的迅速变动性，从公共管理技术的基础理论、公共管理的典型技术和公共管理的科学方法三个维度，探讨了实现公共管理目标的途径和手段。

重点问题

- 公共管理技术理念及其主要内容
- 公共管理技术的类型及内涵
- 公共管理方法的类型及内容

知识结构图

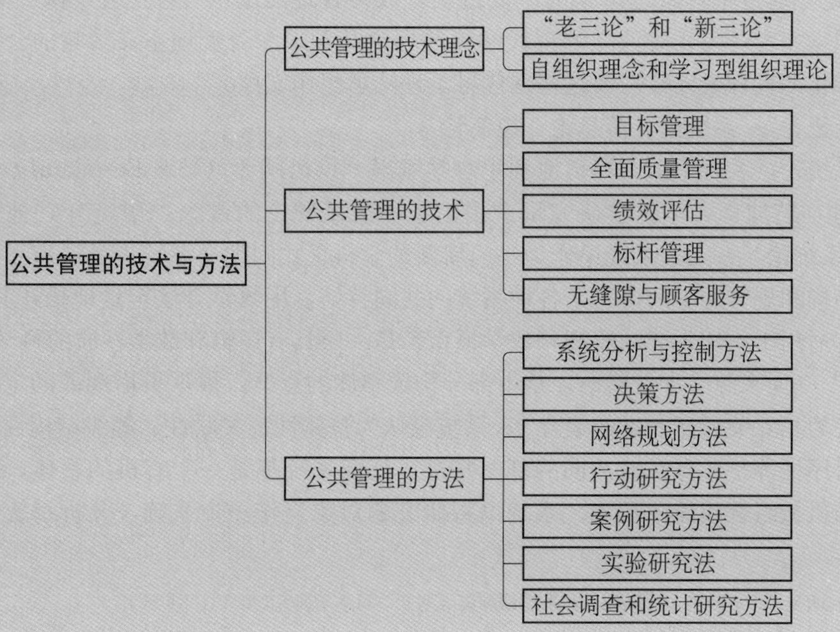

15.1　公共管理的技术理念

当前正处于中华民族伟大复兴的战略全局和百年未有之大变局的交汇期，大变局对中国的影响极为广泛、深刻、重大。面对深刻变化带来的新挑战、新课题、新情况、新考验，传统的政府公共管理理念已经不能满足社会发展的需要，公共部门需要转变和创新政府管理理念，以适应经济规律和社会发展规律，促进经济、社会全面协调发展。公共部门能否在合适的时间以恰当的方式运用合理的管理技术方法进而有效地实现组织目标，是组织实现其战略目标的关键。

15.1.1　"老三论"和"新三论"

作为经典科学理论，"老三论"和"新三论"是现代管理以科学形态发展的理论基础。"老三论"是指系统论、信息论和控制论，"新三论"是指耗散结构论、协同论和突变论。"老三论"中涉及的信息、系统、功能性、整体性、控制反馈等基本概念，不仅适用于自然学科范畴，如力学中的力和动能问题、化学中的氧化问题等，而且适用于社会学科范畴，如经济学中的商品价值交换过程、管理学中的组织流程等[①]。这种概念理解的跨学科性和普适性建构起社会科学和自然科学之间交叉研究的桥梁，"老三论"也因此被称为"一般科学方法"。"新三论"对于管理学的意义则是在将管理对象视为一个系统后，认识到这个系统是不断变化的，如何对复杂系统加以准确认知是进行管理研究的关键问题。"新三论"通过把握管理对象的演变过程，改善管理活动。"老三论"和"新三论"奠定了管理学作为一门相对独立的现代学科的理论基础。深受管理主义影响的公共管理在管理科学化的进程中同样需要这些现代科学理论思想作支撑。

1. "老三论"：系统论、信息论、控制论

（1）系统论。系统论由美籍奥地利生物学家冯·贝塔朗菲（Von Bertalanffy）创立。1937年，他在芝加哥大学哲学研究班上提出了一般系统论的概念；1945年，他发表了《关于普通系统论》一文，系统论作为一门崭新的学科正式问世。系统论是研究系统的一般模式、结构和规律的学问，对于各种系统的共同特征，用数学方法定量地描述其功能，寻求并确立适用于一切系统的原理和数学模型，是一门具有逻辑和数学性质的科学。

"系统"一词来源于古希腊语，是由部分构成整体的意思。根据贝塔朗菲的定义，系统可以定义为相互关系诸要素的集合[②]。系统论认为整体性、关联性、等级结构性、动态平衡性、时序性等是所有系统共同的基本特征，任何系统都是一个有机的整体，它不是各个部分的机械组合或简单相加。系统论将研究的对象当作一个系统，分析系统的结构

---

① 王松，胡树华，牟仁艳．区域创新体系理论溯源与框架．科学学研究，2013，31（3）．

② Bertalanffy L V. General Systems Theory：Foundations，Development，Applications. New York，Braziller，1968：55.

和功能，研究系统、要素、环境三者的相互关系和变动的规律性并优化系统。系统论的任务不仅在于认识系统的特点和规律，还在于利用这些特点和规律去管理、改造或创造系统，使它更加合乎人的目的需要。因此，系统论不仅是反映客观规律的科学认识论，而且是提供解决问题途径的科学方法论。习近平总书记就“系统观念”作出了一系列重要论述和指示要求。党的二十大报告指出，开辟马克思主义中国化时代化新境界，必须坚持系统观念。

（2）信息论。信息论是关于信息的本质和传输规律的科学的理论，是由美国贝尔电话实验室的数学家山农（Shannon）博士创立的。1948 年，山农发表了题为《通信的数学理论》的论文，1949 年发表了续篇《噪声下的通信》，信息论至此得以正式创立。“信息”的定义随着人类对自然和社会的认知不断加深而不断变化。“信息论创始人山农把信源发出的信息与统计热力学中的熵联系起来，用熵 H 来定义信息。”① 信息论可以分成狭义信息论与广义信息论。狭义信息论是关于通信技术的理论，它是以数学方法研究通信技术中关于信息的传输和变换规律的一门科学。广义信息论对信息问题的研究则超出了通信技术的范围，它以各种系统、各门科学中的信息为对象，广泛地研究信息的本质和特点以及信息的传输利用规律。信息论为控制论、自动化技术和现代化通信技术奠定了理论基础，为管理决策的科学化提供了重要的思想工具。

（3）控制论。控制论是研究各类系统的调节和控制规律的科学，由美国学者诺伯特·维纳（Norbert Wiener）等人于 1948 年创立。1943 年维纳等人发表了《行为、目的和目的论》一文，阐明了控制论的基本思想，之后，维纳在多年的研究工作中发现了重要的反馈概念。1948 年维纳发表了著名的《控制论》，标志着控制论作为一门新学科正式诞生。同时，维纳在创立控制论过程中，开发和运用了行为类比、黑箱、功能模拟、统计等方法，进而形成控制论特有的方法论。控制论认为无论自动机器，还是神经系统、生命系统，以至经济系统、社会系统，都可以看作一个自动控制系统。控制论为控制系统内复杂的因果反馈关系和信息提供了有效的解决途径，经历了反馈控制、最优控制、随机控制、自适应控制和自组织控制等多种控制模式。

2. “新三论”：耗散结构论、协同论、突变论

（1）耗散结构论。耗散结构是比利时布鲁塞尔学派著名的统计物理学家普里戈金（Prigogine）于 1969 年提出的一个概念。他认为，“耗散结构是在非平衡区的非线性系统中所产生的一种稳定化的自组织结构”②。“耗散”一词起源于拉丁文，原意为“消散”，在这里强调与外界进行能量和物质交流的特性。耗散结构论是研究非平衡态的开放系统从无序到有序的演化规律的一种理论，它借助热力学和统计物理学研究一般复杂系统，提出非平衡是有序的起源，并以此为基本出发点，在决定性和随机性两方面提出了相应的观点。耗散结构论对组织创新很有启示，系统开放和信息交流是形成耗散结构的首要条件，组织只有不断开拓发展思路、交流新信息才能实现组织的良性发展。

（2）协同论。协同论是以耗散结构论为基础，研究系统从无序到有序转变规律的理

① 郝建民．纪念信息论创立五十周年．遥测遥控，1999（3）．

② 宋毅，何国祥．耗散结构论．北京：中国展望出版社，1986：55。

论。德国理论物理学教授赫尔曼·哈肯（Herman Haken）于1971年首次提出“协同”这个概念。该概念用于描述系统中各个子系统及其系统参考变量之间的相互合作和竞争。协同论也是在非平衡状态的开放系统条件下提出的，强调在复杂的大系统内各子系统的协同行为会产生超越各要素自身的单独作用从而形成整个系统的统一作用和联合作用。协同论对于进一步认识组织系统的一般特性有着重要意义。

（3）突变论。突变论是研究客观世界非连续性突然变化现象的一门学科。突变论是法国数学家托姆（Thom）于20世纪60年代末提出的一种拓扑数学理论。突变论的出现引起各方面的重视，被称为“牛顿和莱布尼茨发明微积分三百年以来数学上最大的革命”，该理论为现实世界形态发生问题中的突变现象提供了可资利用的数学框架和工具。“突变”一词的法文原意是“灾变”，强调变化过程的间断或突然转换。突变论的主要特点是用形象而精确的数学模型来描述和预测事物的连续性中断的质变过程，运用数学方法设计解决问题的模型并用数学语言进行表达，能够提高公共管理过程的逻辑性和解决公共问题的精确性。在公共管理中运用突变论，对公共部门提升危机处理能力和应变能力具有重要意义。

15.1.2 自组织理念和学习型组织理论

1. 自组织理念

自组织是指无须外界特定指令而能自行组织、自行创生、自行演化，能够自主地从无序走向有序，形成新的有序结构的系统，“其主要研究目的是在非平衡状态下实现系统由无序走向有序，形成有序的系统结构”[①]。在公共管理中，自组织理念的引入有助于组织建立有效的协调发展机制，同时为探寻公共部门运行模式提供很好的方法论基础。自组织理念涉及公共部门组织管理的一些基本概念主要有：

（1）秩序、有序、无序。所谓秩序对于组织管理来讲包含两层意思，一种秩序的建立来自组织领导的带有强制性的指令和命令，另一种秩序的建立则来自组织内部按组织发展规律形成的运作模式。很显然，后一种秩序的建立和来源在调动组织积极性方面要明显优于前者。所谓有序，是指组织通过掌握完整且最优的组织信息，同时组织领导者意识到这种最优的组织信息并运用它们，形成组织的最优运行模式。但是这种有序在现实生活中几乎是不可能实现并保持的。所谓无序，是指组织成员由于利益偏好的不同，在组织试图改变利益关系时引起的矛盾和混乱，此时，组织会为这种无序付出代价和运行成本。

（2）竞争、协同。与传统公共行政相比，公共管理重视组织内外部竞争机制和激励机制的建立。实践证明，拒绝竞争并不能带来管理效率和有效治理。在忽视竞争的同时，其实也是对组织内外价值多元化的漠视，进而无法发挥组织内部和外部的协同功能。如何权衡竞争和协同之间的关系是自组织理论涉及的一个重要内容。

（3）组织结构。在民主结构中，组织成员可以通过自由地主张权利或放弃权利实现

---

① 吴彤．自组织方法论研究．北京：清华大学出版社，2001：49。

个人价值；而在集权结构中，组织领导者的指令和命令凌驾于组织其他成员的权利选择权之上，往往出现利益分歧，从而带来组织内耗。

对公共部门而言，重视自组织理念对于建立良性的组织协调发展机制具有重要意义，因为公共部门内部之间以及与外部的相互作用是非线性的，比一般的私营部门具有更强的复杂性；公共部门的组织发展需要不断选择和追求新的目标来应对复杂情景，需要自我完善。

2. 学习型组织理论

组织学习理念发源于 20 世纪 50 年代，西方学者研究发现，组织并非是无所不知的，组织同样需要不断更新和获取信息才能获得发展的空间和机会。1963 年，赛厄特（Cyert）和马奇（March）第一次提出组织学习的概念。组织学习的思想渊源是当时得到西方普遍认同的终身教育思想、对组织系统复杂性的深入研究以及对组织中的人的再认识等。学习型组织理论兴起于 20 世纪 80 年代末，1990 年麻省理工学院的彼得·圣吉（Peter Senge）博士出版的《第五项修炼：学习型组织的艺术与实务》一书从技术和社会方面为构建学习型组织提供了理论和实践指导，此书的出版被视为学习型组织研究的里程碑。

关于学习型组织的定义，诸多学者先后从不同的研究角度进行论述，较具代表性的定义有以下几种。彼得·圣吉认为："学习型组织是一个不断创新、进步的组织。在这个组织中，人们不断突破自己的能力上限，创造真心向往的结果，培养全新、前瞻而开阔的思考方式，全力实现共同的抱负，以及不断一起学习如何共同学习。"① 加斯哈派拉（Jashapara）认为：学习型组织是一种能够持续调适的组织，亦即掌握竞争对手的动态，满足服务对象的变化需要，并通过系统思考的方法来提升个人、团体乃至组织的学习。基姆（Kim）认为："学习型组织是指那些有意识地激励组织学习，使自己的学习能力不断增强的组织；而非学习型组织则对组织学习听之任之，从而进一步削弱其学习能力。"②

通过对上述概念的分析和综合，学习型组织强调学习是组织发展的动力，组织特征可以归结为几个方面：

（1）在组织目标方面，强调组织的目标来自组织成员的共同愿景，体现组织共同的理想价值，将组织个体凝聚在一起，积极地为组织目标的实现而努力。

（2）在组织结构方面，强调扁平化、开放式的网络结构，组织过程中的控制通过个人价值引导来完成，强调组织成员的参与和合作。

（3）在组织文化方面，重视团队精神的树立和发扬，在尊重个人价值的同时强调组织协调和集体成就。

（4）在组织领导方面，领导者不单单是组织成员的上级，最重要的任务是激励和帮助组织成员建立共同愿景，学会合作。

（5）在组织信息资源方面，强调建立和完善信息的共享机制，获取有效信息是组织学习的第一步；鼓励组织成员开展持续性的学习，与工作相结合掌握改善绩效的工具。

关于组织学习和学习型组织理论，值得注意的是，组织学习过程和学习型组织构建

① 彼得·圣吉．第五项修炼：学习型组织的艺术与实务．上海：上海三联书店，1998：3。

② 黄健．造就组织学习力．上海：上海三联书店，2003：23。

之间是有内涵上的差异的。很多类型的组织会开展内部的组织学习活动，比如员工培训、技能竞赛等，但是仅仅有组织学习的行为并不代表组织就是学习型组织，学习型组织实质上是一种结构化、制度化的组织安排和管理模式。学习型组织重视组织学习，但还必须通过构建其他组织要素来实现。

15.2 公共管理的技术

不同的经济基础和生产方式具有寻求与之相适应的有效的政府治理结构、观念以及方法论的内在动力。为顺应技术和经济社会发展，公共部门的管理技术也在不断创新。

15.2.1 目标管理

1. 目标管理的内涵

目标管理（management by objectives，MBO）的概念最早是由著名的管理大师彼得·德鲁克于1954年在其著作《管理实践》中提出的。德鲁克认为应当将目标作为指导和实施企业管理的手段。经过几十年的管理实践，目标管理已被包括政府在内的各种公共部门、私人部门等组织接受并在实践中运用，成为一种较为成熟的管理方法。从管理技术角度看，目标管理是指组织在建立参与机制和有效调动组织成员自我管理积极性的基础上，通过目标设立、实施、评估等活动来开展组织管理的一种技术方法。目标管理的主要特点有：

（1）是一个参与式的管理模式。目标管理中的目标设立和实施并不是靠自上而下的指令来实现的，组织成员对目标的认可与接受也并非是被动的。目标管理要求组织的整个目标实现过程都有组织成员的广泛参与和基层沟通，特别是目标的设立必须有组织成员的充分参与，因为经过价值引导后由组织成员自觉形成的组织目标在实现过程中将会获得积极的支持和维护。同时，培养组织成员参与制定和执行目标的能力有助于提高组织成员的团队意识。

（2）是一个成果导向的管理过程。在追求管理效率的技术理念指导下，将组织目标实现的最后成果看作衡量管理成效的最重要标准，是目标管理的又一大特色。德鲁克认为不能过于强调个体技术，而忽视最终目标的实现；目标是有层次的，应当将组织成员的注意力集中在长期目标的实现上，组织管理的一切目的在于成果。

（3）是一个组织成员自我管理与控制的管理机制。目标管理以人际关系科学特别是麦格雷戈（McGregor）的“Y理论”作为其关于人性认识的理论基础。实行目标管理的组织赋予组织成员充分而恰当的职责和任务，并认为他们可以积极发挥各自能力，为组织目标的实现作出贡献。

2. 目标管理的过程

目标管理的过程主要分为制定目标、实施目标、评价目标实现成果三个阶段。

（1）制定目标。这是组织实施目标管理的首要环节，在此基础上才能根据组织特点开展下一步的管理活动。制定目标要遵循明确性、一致性、具体性、可行性、弹性等基本标准。

目标的制定程序主要有前期准备、初步拟定目标、修订初拟目标、制订实施计划、填写目标卡片等。

（2）实施目标。与制定目标阶段相比，目标的实施阶段对组织管理人员的能力要求更高，目标最终能否真正实现，关键在于是否具备相应的组织目标执行能力和应变能力。此阶段主要涉及三项管理工作：第一，授予组织成员相应的权限和责任；第二，进行资源分配；第三，控制目标的实施过程。

（3）评价目标实现成果。目标管理强调通过对目标实现成果进行考核和评价来实现对组织成员的激励，同时衡量管理成效，为以后工作提供经验依据。成果评价分自我评价和上级评价两种方式，评价的结果与奖惩制度紧密联系。在公共部门中，由于公共管理者的报酬水平很大程度上受法律法规的限制，所以成果评价需要根据具体情况在法律允许和不违背公众意志的基础上开展。

15.2.2　全面质量管理

1. 全面质量管理的内涵

全面质量管理（total quality management，TQM）的概念最早在 1961 年由美国的费根堡姆（Feigenbaum）在其著作《全面质量管理》中提出。全面质量管理是指为了能够在最经济的水平上并考虑充分满足顾客要求的条件下，进行市场研究、设计和制造以及售后服务，把企业各部门的研制质量、维持质量和提高质量的活动构成一体的一种有效的体系。全面质量管理最初在企业管理中得以成功应用，在政府部门中的应用起源于 20 世纪 70 年代的新公共管理运动。政府希望通过从企业管理中引入全面质量管理来建立公共服务质量体系、推行市场激励竞争机制、提高公共部门的服务质量意识。

全面质量管理是一种以顾客和绩效为管理导向，通过组织成员参与，运用各种科学方法和手段不断改善工作流程来提升产品和服务质量的现代管理模式。其基本内涵主要有：

（1）是一种全面的质量管理。所谓全面质量，不仅要重视最终的产品质量，同时也要重视提升工作质量。产品质量主要涉及组织向顾客提供的产品和服务的性能、可靠性、经济性、时效性、安全性等质量特性；工作质量则主要是指为了保证产品和服务质量所完成的工作流程的质量，比如产品市场分析和开发、改善服务环境等。管理学中的“过程管理”在全面质量管理中得以充分体现。

（2）是一种全体组织成员参与的管理。要求组织各部门和成员积极参与到组织的质量管理活动中，因为组织成员是质量标准的最终执行者。成立质量控制小组是全面质量管理的重要环节。

（3）是一种以顾客为导向的全过程管理。全面质量管理始终强调以顾客的满意程度作为衡量组织绩效的标准，并且对工作的每一个环节进行质量管理。

（4）强调树立组织的质量价值观念。在建立质量管理制度的同时，要求组织成员树立追求高质量的文化价值的观念。

2. 全面质量管理的实施过程和方法

（1）全面质量管理的实施过程。

全面质量管理的具体实施过程大体上可分为三部分：组织准备、分析评估、提出改进建议并实施。

第一阶段是组织准备阶段。全面质量管理的开展不仅涉及对组织管理模式的改动，更重要的是会对组织原有结构、组织文化和工作流程等方面产生影响，因此，做好充分的组织准备是开展下一步工作的基础。

第二阶段是分析评估阶段。在此阶段，组织将基于所掌握的产品服务和工作流程的详细信息资料，对产品质量和工作质量进行专业化的全面分析和评估。首先，关键一步就是成立质量改进小组，即在现有资源的基础上集合组织内部相关成员和外部服务对象，同时赋予他们一定的权力，以小组的形式对产品和服务质量进行监督并制订改进计划。在分析评估阶段，要特别重视来自组织基层的反馈信息，工作执行人员反馈的信息往往是第一手的组织工作资料，是组织的宝贵信息资源。其次，在分析评估后期提出改进目标，即针对分析评估中总结出的问题提出改进目标。

第三阶段是提出改进建议并实施阶段。全面质量管理中的改进工作是持续性的，即将评估和改进工作贯穿整个管理过程。公共部门更是如此，公共管理目标具有难以量化的特点，而且公共管理主体面对的外部环境复杂多变，因此更需要通过建立稳定的服务质量评估机制和改进途径不断完善公共管理过程。

（2）全面质量管理的策略和方法。

作为一种规范化的管理模式，全面质量管理的实行遵循一定的工作程序并运用相应的策略方法。目前比较典型的程序策略是“PDCA 循环”，即由计划（plan）、实施（do）、检查（check）、处理（action）四个步骤构成质量管理工作的完整周期，它是由美国质量管理学家戴明（Deming）在指导日本企业进行质量管理时创造的一种工作程序。“PDCA 循环”首先通过计划、实施、检查、处理四个步骤的循环对质量管理过程中的成功经验加以认可，并形成工作标准；之后，在执行标准的过程中进行评估分析，总结新的问题；然后再制定新的工作标准。组织质量管理工作每通过一次这种循环就提高一步。在全面质量管理过程中经常采用的技术手段有：巴雷特图、直方图、关联图、控制图、树状图（或鱼刺图）、过程决策程序图等。

3. 公共服务的质量标准

公共部门最重要的一项职能就是为社会提供公共服务。如何衡量并提高公共服务的质量是公共部门全面质量管理要解决的核心问题。公共服务的质量实质上是公共服务对象对公共部门提供的服务的期望、需求和满意程度。全面质量管理在很多发达国家的公共管理实践中已经取得较好的效果，也形成了较成熟的公共服务质量标准体系，比如，美国于 1988 年成立美国联邦质量研究所，20 世纪 90 年代英国公民宪章运动取得成功等。

公共服务的质量标准主要体现在以下几个方面：

（1）绩效标准。该标准强调公共服务的提供效率和服务效果，这是公共服务的首要质量标准。

（2）信任度标准。该标准关注服务对象对公共部门提供的公共服务的信任程度，主要考察公共服务能否按照事前承诺满足公众需要。

（3）能力标准。公共部门必须具备的提供专业化公共服务的技能和实力。

（4）时间标准。这主要包括公共部门能否按照承诺持久地提供某项公共服务以及能否在最恰当的时间和环境中提供公共服务。

公共服务质量标准会根据不同的组织发展形势和外部环境变化而增加或减少。我国公共服务质量标准体系还有待完善，鉴于国情上的差异，应当有选择地借鉴发达国家的成熟做法。

15.2.3　绩效评估

1. 绩效评估的内涵

"公共部门中的绩效评估是评估主体根据公共部门的组织目标和绩效标准，运用科学的方法和程序对公共管理者完成任务的程度和公共部门的工作绩效进行分析、评价和反馈的一种管理工具。"①

（1）绩效评估的内容。绩效包含成绩、成效、效率、效益等意思。公共部门绩效是一个综合性的概念范畴，主要内容是组织绩效，不仅包括组织经济成本和经济效率，还包括公共服务的质量和公众满意度。公共部门绩效评估围绕效率、效果、公正三方面展开，政府绩效体现为政治绩效、经济绩效和社会文化绩效。随着社会环境的变迁以及公共管理理论和实践的发展，公共部门绩效评估的对象和内容越来越丰富，覆盖范畴越发广泛。

（2）绩效评估的主体。从公共部门的权力来源角度讲，绩效评估的主体应当是社会公众。在具体的评估过程中可以分为内部绩效评估主体和外部绩效评估主体。内部绩效评估主体主要是指公共部门自身；外部绩效评估主体则是指公共部门外部的包括专家学者、研究机构、咨询公司等在内的评估者。专业性较强、社会影响较大的公共部门绩效评估最好由外部评估主体来完成，以保证绩效评估的专业性和客观公正性。

（3）绩效评估的结构要素。绩效评估的顺利开展需要具备的基本结构要素包括绩效评估目标、绩效评估指标、绩效评估的制度安排、绩效评估的信息系统。

2. 绩效评估的实施过程

绩效评估的实施是在组织绩效管理总体目标的指导下，执行评估方案的动态过程。绩效评估的实施需要做好相应的组织准备和制度建设。组织准备主要包括组建评估管理机构和专家咨询机构。前者通常由公共部门中上级部门的领导或专门机构人员组成，负责拟订评估方案、制订评估计划、指导评估工作；后者主要由相关专家组成，主要通过技术和定量数据分析提出咨询意见，目的在于弥补公共部门评估管理工作中由于知识结构和经验不足带来的评估偏差。另外，为加强对公共部门绩效评估过程的监督，还可以聘请社会评估中介机构，提高公共部门绩效评估的透明度和可信度。

---

① 李佳源．公共部门绩效评估中的博弈行为：分类框架、识别策略与研究进路．公共行政评论，2021，14(3)．

绩效评估的具体实施过程通常可分为五个步骤：第一步，确立评估目标和评估对象。第二步，制订评估方案，设计评估调查内容。第三步，下达评估通知书。第四步，评估工作小组收集数据，制定评估计分标准。第五步，评估工作小组进行评议，撰写评估报告。

3. 绩效评估的主要方法

绩效评估是一项专业性很强的管理活动，需要有专门的管理者负责，并且需要运用很多技术方法。比如，在评估指标确立过程中，为收集有效的绩效基础信息资料，通常会采用文献调查法、调查问卷法、访谈法、观察法；在具体技术指标的设计过程中，用于确定指标权重的方法有定量统计法、专家评定法、层次分析法、对偶比较法等；在选择评估对象过程中，通常会用到抽样方法；在实施评估过程中，需要运用主观评估法、客观评估法、目标管理法等。

目前，在绩效评估过程中运用比较多的还有标杆管理和平衡计分卡。平衡计分卡（BSC）是在20世纪90年代初，由美国哈佛大学商学院教授罗伯特·卡普兰（Robert Kaplan）和美国复兴全球战略公司总裁戴维·诺顿（David Norton）共同开发的，是一种全面、系统、有效地考察企业管理成就的绩效评估指标体系。平衡计分卡要求管理者从四个方面来评价组织的绩效，即顾客、财务、内部管理过程、创新和发展，其核心是提供一套能够有效衡量组织绩效水平的绩效评估指标体系框架，强调上述四个评价领域对组织成功的重要性①。作为一项先进的绩效评估体系和战略管理工具，平衡计分卡可以帮助明确我国地方政府的使命和战略，体现公民导向、结果导向的行政文化，实现定量指标和定性指标的融合，促使指标体系的全面化，有利于将组织的战略目标转化为可衡量指标，能够帮助克服当前我国地方政府评估存在的诸多问题，推进地方政府行政的深化改革②。

15.2.4 标杆管理

1. 标杆管理的内涵

标杆管理（benchmarking）作为一种管理模式，是一个系统的、持续性的评估过程，通过不断地将自身与世界上居领先地位的单位相比较，获得帮助组织改善管理绩效的信息。标杆管理本质上是一种面向实践、面向过程、以方法为主的管理方式，是一个甄别和引进最佳实践的过程。标杆管理的核心是向卓越的组织学习，并将学习成果转化为本组织提升组织绩效的管理方式③。我们可从以下几个方面理解标杆管理的内涵：

（1）标杆管理中的标杆包括内部标杆和外部标杆。内部标杆主要是组织内部各部门之间互相作为参考标杆；外部标杆主要是以组织外部的其他组织作为参考标杆。公共部门在实行标杆管理时，大多采取向企业、非营利组织等外部组织学习的方式，而容易忽视公共部门系统内部各部门之间的相互学习和借鉴。

---

① 殷俊明，王平心，吴清华．平衡记分卡研究述评．经济管理，2005（2）．

② 颜海娜，鄞益奋．平衡计分卡在美国公共部门的应用及启示．中国行政管理，2014（8）．

③ 李瑛．标杆管理在公共部门绩效评估中的适用性研究．生产力研究，2009（22）．

（2）标杆管理是组织绩效评估的重要工具，两者彼此联系又有所区别。标杆的树立可以为改善组织绩效提供必要的参考模式和学习信息，但单纯的标杆设立本身并不能提升组织绩效，还需要组织将学习成果转变为管理实践活动。

（3）标杆管理是一个认识和引进最佳实践的过程。关于"最佳实践"的含义，学界众说纷纭。实际上，"所谓'最佳'并不意味着组织能够在有限的时间和条件下找到最好的、没有任何缺陷的绩效改进方法，组织也不可能在标杆管理中花费大量的组织资源去设立最好的标杆，而最佳实践应当是最合适的实践"①。

2. 标杆管理的实施过程

作为一种有效的管理模式和方法，标杆管理在公共部门中存在适用性的问题，但在主要实施步骤和程序原理方面与私人部门中的没有本质上的区别。围绕"为什么比较""和谁比较""如何比较""怎样改进"几个核心问题，目标管理在组织中的实施可以通过四个步骤来进行：（1）确立组织实行标杆管理的目标和主题；（2）选择标杆管理中的标杆；（3）标杆比较分析；（4）制订和实施改进方案。

3. 标杆管理在公共管理中的实践意义

古人云：以铜为镜，可以正衣冠；以古为镜，可以知兴替；以人为镜，可以明得失。以私人部门的优秀管理模式为"镜"，公共部门可以发现自身在提升组织绩效方面的价值迷失和方法缺失。标杆管理对公共管理的最重要的实践意义在于，为公共部门提供了通过比较、分析高绩效的非政府部门的管理模式，来评测和改进本组织绩效的途径和工具。

标杆管理开拓了公共部门的管理视野。长期以来，由于掌握着大量社会资源并扮演社会管理者的角色，以政府为主的公共部门在主观上不具备向外界学习和借鉴的发展动力，但经济社会的快速发展使得公共部门面临更多的公信力考验和对公共管理能力的挑战。固有的传统行政方法不能满足解决新问题的需要，标杆管理则为公共部门提供了向外界学习的有效工具。

15.2.5　无缝隙与顾客服务

在当代公共管理发展中，顾客导向理念与无缝隙组织理论是理论与实践的完美结合。顾客导向理念为无缝隙组织理论奠定了创建和发展的意识基础，无缝隙组织的设计则为实现无缝隙顾客服务提供有效的实现方式和途径。公共管理变革的重要内容之一就是组织结构设计上的变革，而组织结构设计的核心目的是提升公共部门的服务能力和绩效，提高公众满意度。因此，作为一种建立在顾客理念基础上的无缝隙组织理论是完善公共管理的重要工具和方法。

1. 顾客与顾客导向

"顾客"的概念，最早来源于企业管理中顾客服务的理念。以追求经济利润为核心的

---

① 帕特里夏·基利，史蒂文·梅德林，休·麦克布赖德，等．公共部门标杆管理：突破政府绩效的瓶颈．北京：中国人民大学出版社，2002：17－21.

企业认为“顾客就是上帝”，因为只有顾客接受了企业的产品并且表示满意，企业才能获得竞争力和长远利益。这种企业经营理念是伴随着社会生产力不断提高与科学技术不断发展逐渐形成的。由生产者导向向顾客服务导向转变不仅影响了私人部门的组织文化，而且推动着公共部门管理理念的变革。但是，企业管理中的“顾客”概念和公共管理中的“顾客”概念是有区别的：企业管理中的“顾客”是指那些具有消费能力或消费潜力，通过购买企业产品和服务能为企业带来经济效益的人；公共管理中的“顾客”实际上是比拟企业管理中的顾客，是所有受到公共管理活动影响的人，他们不会因缺少购买能力而丧失享受基本公共服务的权利。

顾客导向理念在公共管理中的兴起，主要源于 20 世纪 80 年代以后西方政府开始实行的全面质量管理。全面质量管理的核心理念之一就是以“顾客满意度”作为衡量组织绩效的中心标准，顾客导向成为新公共管理学派的核心概念之一。通过分析新公共管理的发展背景，我们不难发现，顾客导向理念在公共部门中的兴起绝非偶然。传统官僚制度不能满足公众对公共产品多元化和高效率的需求，而社会经济的发展增加了公众的选择权，公众有权利和能力对僵化的公共产品供给制度予以回应或不支持，对此公共管理主体不得不思考和转变新的服务理念，将公众视为接受公共服务的顾客。

2. 公共部门“顾客导向”的内涵

公共部门的“顾客导向”主要是指公共部门将公共服务对象视为顾客，将顾客的满意度和价值回应作为衡量公共服务的质量标准，把顾客满意作为公共管理的目标，在满足顾客合法需求的基础上不断提升公共部门的组织绩效和公共服务能力。公共部门“顾客导向”的内涵包括以下几方面：

(1) 公共部门的顾客分为外部顾客和内部顾客。外部顾客是指公共部门以外的接受公共服务或受到公共管理影响的公众；内部顾客则是指公共部门内部参与公共管理和内部管理的组织成员。

(2) 公共部门的顾客理念内容广泛，主要涉及顾客选择权和顾客知情权。民主社会中，在不侵犯他人合法利益的前提下，顾客拥有公共产品的自主选择机会和权利；同时，顾客有充分了解公共产品的质量信息和供给信息的权利。

(3) 公共部门“顾客导向”意味着公共部门要及时回应顾客的利益诉求，建立有效的顾客沟通机制和反馈机制。

(4) 公共部门应当树立“为顾客服务”的组织文化。在顾客导向理念指导下的公共部门，不再是凭借掌握的公共权力和社会资源凌驾于社会公众之上的组织，而应当扮演服务者的角色，为促进社会经济发展和提高公众生活水平提供必要的公共发展环境。

作为组织设计的新趋势，无缝隙组织理论是顺应时代要求和现实需求诞生的。“无缝隙组织是生产者社会向顾客导向社会转变的反应”①，目的在于为顾客提供无缝隙服务，即为顾客提供一次到位的服务，顾客与服务者直接面对面，减少服务中间环节。

① 韩兆柱，杨洋．新公共管理、无缝隙政府和整体性治理的范式比较．学习论坛，2012，28 (12).

案　例

数字化改革方法路径

按照系统分析V字模型持续迭代，将“业务协同模型和数据共享模型”的方法贯穿到数字化改革的各领域、各方面、全过程。

1. 业务协同模型。以“定准核心业务—确定业务模块—拆解业务单元—梳理业务事项—确定业务流程—明确协同关系—建立指标体系—汇总数据需求”为路径，从梳理党政机关核心业务出发，逐层拆解到最具体最基本的事项，并从治理与服务两个维度加以标识形成业务事项清单，逐一明确支持事项及业务流程的数据指标，实现事项的标准化、数字化，形成可认知、可量化的部门职责体系。

2. 数据共享模型。以“形成数据共享清单—完成数据服务对接—实现业务指标协同—完成业务事项集成—完成业务单元集成—完成业务模块集成—形成业务系统”为路径，按照数据需求清单，逐项明确数据所在系统与所属部门，明确数据共享方式与对接接口，加快业务单元、业务模块的数据定义和系统开发，开发支撑部门职责体系的业务系统。

3. V字模型持续迭代。以党中央、国务院和省委、省政府重大决策部署、“十四五”重大任务、年度重大任务为核心，推进原有业务协同叠加重要精神、八八战略、疫情防控等新的重大任务，从“一件事”视角，持续迭代原有业务协同模型，建立新的系统集成的业务协同模型。同步推进数据共享模型迭代升级，打造一批多部门多场景的综合应用，设计一批标志性应用场景，找到“破点—连线—成面—立体”的最优方案，推动整体智治体系的整体性优化和系统性重塑。

资料来源：浙江省数字化改革总体方案．(2021-09-01)．http：//wl. wenzhou. gov. cn/art/2021/9/1/art_1229564251_58895415. html?eqid=846a3b5a0001627d00000004642e2c22.

15.3　公共管理的方法

科学的方法是实现公共管理目标的手段。所谓科学的方法，与理论和原理并不是同一范畴，它是一种思维方式，是研究可解释事物本质和规律的手段。在公共管理中运用科学的管理方法是对专业化和职业化发展趋势的积极回应。

15.3.1　系统分析与控制方法

1. 系统分析方法

系统分析方法是科学运用系统理念的具体体现，是一种将定性方法和定量方法相结合的工具，通常用来辅助组织决策者选择行动方案。其基本内容涉及系统研究、系统设计、系统量化、系统修改与简化、系统评价等。与内容相对应的系统分析流程遵循以下逻辑过程：第一，系统目标的分析与确立；第二，制订系统方案；第三，建立系统模型；第四，系统优化分析；第五，系统评价。

2. 控制方法

控制是公共管理过程中需要运用的重要管理方法，控制工作的有效开展是应对错综复杂的环境和维持组织正常运行机制的必备环节。控制对象是组织的主要构成要素，包括组织成员、财务、信息、绩效等。控制的过程大体分为三步：第一步，制订计划和标准；第二步，评价实际效果；第三步，纠正组织偏差。根据控制阶段的不同，控制的类型分为反馈控制、同期控制与前馈控制。

15.3.2 决策方法

决策是为达到某种目标，从若干个备选方案中选出一个最合理的方案的过程。公共管理中的决策方法按照性质分为定性决策方法和定量决策方法。

1. 定性决策方法

定性决策方法是决策者根据所掌握的信息，通过对事物运动规律的分析，在把握事物内在本质联系基础上进行决策的方法，包括价值分析、个人决策法、德尔菲法、头脑风暴法、电子会议法等。下面介绍具有代表性的定性决策方法。

（1）头脑风暴法。头脑风暴法，即通过有关专家之间的信息交流，引起思想碰撞，产生组合效应，从而导致创造性思维。典型的头脑风暴会议中，群体领导者以明确的方式向所有参与者阐明问题，使参与者在完全不受约束的条件下，打开思路，畅所欲言。在一定的时间内自由提出尽可能多的方案，不允许任何批评，并且所有方案都当场记录下来，留待稍后再讨论和分析。头脑风暴法的目的在于创造一种畅所欲言、自由思考的氛围，诱发创造性思维的共振和连锁反应，从而产生更多的创造性思维。

（2）德尔菲法。德尔菲法是由美国著名的兰德公司（Rand）首创并用于预测和决策的方法。该法以匿名方式通过几轮函询征求专家的意见，组织预测小组对每一轮的意见进行汇总整理后作为参考，再发给各专家，供他们分析判断，以提出新的论证。几轮反复后，专家意见渐趋一致，最后供决策者参考。德尔菲法具有匿名性、多轮反馈性、统计性的特点，是一种广为适用的预测决策方法。其基本步骤如下：第一，确定预测题目；第二，选择专家；第三，制定调查表；第四，预测过程；第五，作出决策建议。

2. 定量决策方法

定量决策方法是利用数学模型对决策方案进行优选的决策方法。

（1）盈亏平衡点法。盈亏平衡点法又称量本利分析法或保本分析法，是进行产量决策常用的方法。该方法的基本特点是，把成本分为固定成本和可变成本两部分，然后与总收益对比，以确定盈亏平衡时的产量或某一盈利水平的产量。

（2）决策树法。决策树法是用树状图来描述各方案在不同情况（或自然状态）下的收益，据此计算每种方案的期望收益从而作出决策的方法。

15.3.3　网络规划方法

网络规划方法的基本原理是："把一项工作或项目分成多个工序，对各工序时间进行估算，然后根据作业顺序和相互关系进行排列，绘制网络图，找出关键工序和关键线路，并对整个工程或项目进行统筹规划和控制，以便用最少的人力、物力、财力，用最快的速度完成工作。"①

网络图用一系列箭线和圆圈等图解形式形象地表示一个任务或工程项目之间的逻辑关系，并形成时间的流程图，用来计算时间参数、规划工程任务和确定关键路线。网络图由工序、事项和线路三部分构成。用网络图来规划管理活动的优势是能够通过一种直观的图形、有逻辑和数学根据的规划模型，完整地解释一项规划所包含的全部工作以及工作之间的相互关系。关键路线的确定可以帮助管理人员有重点地开展工作，并且运用最优化原理对管理过程进行合理安排，进而提高管理效率。

网络规划方法的总体过程包括确立工程任务和目标、分解出子工序并确定相互关系、绘制网络图并找出最优方案。具体技术过程主要包括：网络图的绘制、作业时间的确定、关键路线的确定、网络的最优化处理等。

15.3.4　行动研究方法

行动研究（action research）是著名社会心理学家库尔特·勒温（Kurt Lewin）提出的行为社会科学研究方法。"行动研究"有两层基本含义：一层含义是指对人们行动过程的外部表现如组织冲突、社会动乱、行为习惯、团体氛围等方面的研究。另一层含义是指一种研究方法，研究人员同实际工作密切配合，从实际参与者那里收集、获取信息，经理论分析或实验研究后将结果反馈到实际参与者那里，对实际工作或团体行为过程产生影响。在这一研究过程中，反馈是关键环节，它是研究和行动的中介，它可以发现事实和利用事实之间的有效联系，是沟通实际与理论的桥梁。

行动研究改变了行为社会科学群体从事科学研究的基本范式。以前社会科学家们从事科学研究的程式是，先对某一群体或某一现象作某些方面的观察、分析研究，最后把研究结果、建议与见解写成文章、著作，这是典型的书斋式、象牙塔式研究。研究者们不在意其研究结果的作用与反馈，更没有将这种反馈作为影响现实社会、组织、团体、个人的一种方式。行动研究则以改变现实世界为己任，勒温、怀特从事领导方式和行动研究，目的是以社会心理实验促进民主化进程；勒温、米德从事食物习惯行动研究，试图改变美国人的饮食习惯，为战争分忧解难。行动研究把改变现实生活的成效作为检验研究结果的最重要效度，实际上奉行的是"实践是检验真理的唯一标准"，改变了过去社会人文科学检验研究成果的评判价值趋向。

---

① 谭跃进．定量分析方法．3版．北京：中国人民大学出版社，2012．

15.3.5 案例研究方法

案例研究法（case study）在公共管理理论中具有重要的方法论意义。对案例研究的重视可以追溯到哈佛商学院所代表的案例学派（the case approach）和早期的经验学派（the empirical approach）。孔茨于1961年在其管理论文《管理理论丛林》中就划分出了案例学派。1980年，孔茨在其论文《管理理论丛林再论》中，再次肯定案例学派的地位及其在理解管理问题、探求基本规律、提出或论证管理原则等方面的重要作用[①]。

"案例研究是对真实生活情境中的现象进行实证调查，当研究者认为情境与所研究的现象极为相关，但现象与情境之间的界限并不总是很明显时所采取的研究方法。"[②] 案例研究方法的优点主要集中在：案例中身临其境的现实感容易被更多的普通大众接受，并提供了易于理解的解释；案例研究方法可能发现被传统的统计方法忽视的特殊现象[③]。案例研究法的主要过程包括：确定研究问题、理论抽样、收集资料、分析资料、撰写研究报告[④]。罗伯特·殷（Robert Yin）提出案例设计五个层次的要素：需要研究的问题；相关问题的理论假设；分析对象的确定；把数据与理论主张相联系的方法或途径；诠释数据的标准[⑤]。

15.3.6 实验研究法

实验研究法基于西方基督教宗教信仰中的理性学派传统，萌芽于文艺复兴后期，成形于近代资本主义早期，目前已成为自然科学、社会科学的重要研究方法[⑥]。实验研究法旨在运用心理学的理论和方法从个体和群体的态度与行为层面来研究公共管理领域的问题，以寻求更加可靠的因果关系推论[⑦]。实验研究法涉及公共管理的各个层面，既包括政府的主体和对象行为，也包括公民体验的各个方面[⑧]，研究者在控制所有无关变量的情况下，对实验变量进行实验处理，并观察和分析实验变量的变化对因变量产生的影响[⑨]。

实验研究法的范围非常宽泛，并非只有实验室实验一种。詹斯·布洛姆汉森（Jens

---

① 欧阳桃花．试论工商管理学科的案例研究方法．南开管理评论，2004（2）.

② 张春娥．案例研究法在旅游研究中的应用效果探讨：基于旅游学刊2009年～2013年的统计．广州大学学报（社会科学版），2015，14（4）.

③ 王振波．国内案例研究方法的图景概况与审思评判．管理案例研究与评论，2022，15（3）.

④ 唐权，杨立华．再论案例研究法的属性、类型、功能与研究设计．科技进步与对策，2016，33（9）.

⑤ 罗伯特·殷．案例研究设计与方法．重庆：重庆大学出版社，2017.

⑥ 景怀斌．专栏导语：强化公共管理实验研究的几个问题．公共行政评论，2015，8（3）.

⑦ 代涛涛，陈志霞．行为公共管理研究中的实验方法：类型与应用．公共行政评论，2019，12（6）.

⑧ 马亮．公共管理实验研究何以可能：一项方法学回顾．甘肃行政学院学报，2015（4）.

⑨ 李晓倩．行为公共管理学实验：基于SSCI期刊（1978—2016）相关文献的分析．公共行政评论，2018，11（1）.

Blom-Hansen）等人通过五个问题来区分公共管理中的不同研究设计，其中包括目前较为常见的五种实验设计形式：实验室实验、问卷实验/调查实验、现场实验/田野实验、自然实验、准实验①。李晓倩和马亮在此基础上提出诸多的分类标准，如实验场所可以分为实验室（lab）和实地场景（field），可以根据实验设计是否进行人工操控、随机分组和控制而分为真实验（true）和伪实验（pseudo）②。目前使用较多的仍然是调查实验，相对来说，调查实验的成本低、操作简便，因此受欢迎程度较高。但是，调查实验的局限性也显而易见，"研究者操控或干预的手段不多且力度不够"③。研究设计的选择着眼于所考察的研究问题，面临很多客观条件的限制，因此需要灵活选择。国内学者提出可以根据六个问题来逐步对不同的研究设计进行区分和选择，见图15-1。

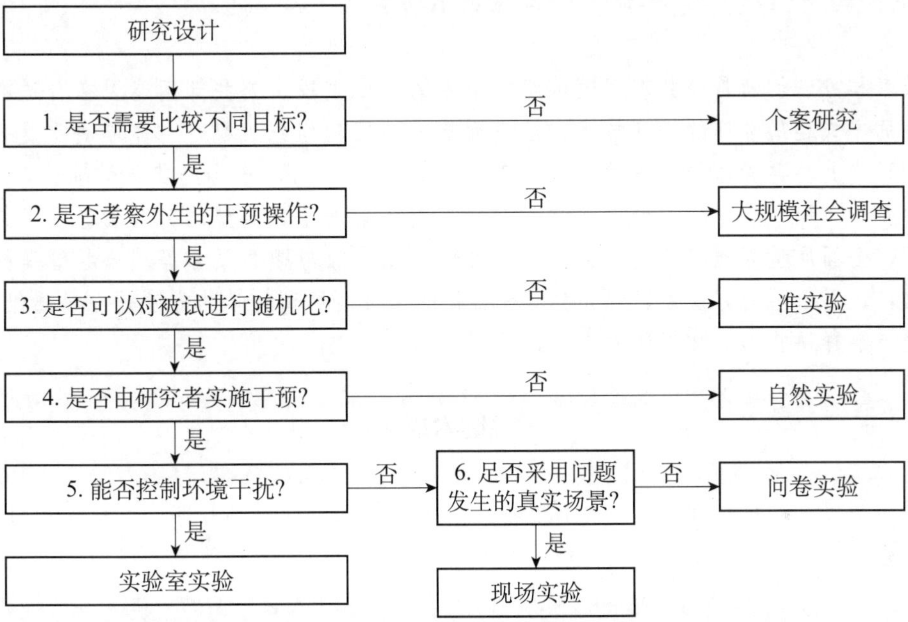

图15-1 根据六个问题来逐步对不同的研究设计进行区分和选择

资料来源：代涛涛，陈志霞．行为公共管理研究中的实验方法：类型与应用．公共行政评论，2019，12（6）.

15.3.7 社会调查和统计研究方法

在管理实践中，社会调查方法和统计研究方法是密不可分的。前者为后者提供准确的数据支持，后者则是实现前者目的的重要手段和方法。社会调查和统计研究是认识社会现象、客观分析社会问题、获取准确的社会信息，进而有效开展公共管理的基本方法。

① Blom-Hansen J，Morton R，Serritzlew S. Experiments in Public Management Research. International Public Management Journal，2015，18（2）.

② 李晓倩，马亮．公共管理实验研究中的实验报告：现状与评价——以国际期刊论文为例．公共管理与政策评论，2021，10（1）.

③ 同②.

（1）社会调查方法。社会调查是人们有意识、有目的地通过对社会现象的考察、了解和分析，来认识社会生活本质及其发展规律的认识活动和实践活动。即人们通过运用特定的手段和方法，从社会现实中收集有关社会事实的资料信息并对其作出描述和解释的活动。社会调查方法应当遵循客观性、实证性和系统性原则①。

（2）统计研究方法。从社会调查中得到的信息资料只有通过进一步的定量分析才能在公共管理中发挥作用。作为在社会学和管理学中应用广泛的定量分析方法，统计研究方法在公共管理中的实践应用日益受到重视。“统计学具有强大的功能来系统描述一个整体的数据或信息，能把一个过程或现象的直观想法进行经验上的测试。”②

本章小结

技术和方法创新是公共部门改善组织绩效的重要手段。公共部门能否在合适的时间以恰当的方式运用合理的管理技术方法进而有效地实现组织目标，首先取决于是否树立了科学正确的公共管理技术理念。公共管理技术理念方面，作为经典科学理论，“老三论”和“新三论”是现代管理以科学形态发展的基础理论。典型的公共管理技术包括目标管理、全面质量管理、绩效评估、标杆管理和无缝隙与顾客服务等。公共管理的方法论方面，运用科学的方法是实现公共管理目标的途径。所谓科学的方法是一种思维方式，是研究与解释事物本质和规律的手段。

关键术语

组织学习　目标管理　标杆管理　绩效评估　顾客导向　结果导向
网络规划　系统分析　无缝隙组织　自组织　全面质量管理

复习思考题

1. 简述公共管理的技术理念。
2. 绩效评估的主要过程和意义是什么？
3. 如何理解顾客导向理念和无缝隙政府？
4. 案例分析题：请认真阅读案例材料，然后按照要求分析并回答问题。

智慧化改造的“青岛样板”

老旧小区改造一头连着民生，一头牵着发展。青岛市以提升城市功能品质为抓手，将数字化建设与民生事业有机融合，实现老旧小区“面子”“里子”一起改，打造出社区智慧化改造的“青岛样板”。以胶州为例，该市2005年以前建成的城区老旧小区共有301

① 谭跃进．定量分析方法．3版．北京：中国人民大学出版社，2012：37.

② 肯尼思·迈耶，杰弗里·布鲁德尼．公共管理中的应用统计学：第5版．北京：中国人民大学出版社，2004：3.

个，2020年，胶州市把老旧小区改造作为保障和改善民生、推进城市有机更新的“一号工程”，携手海尔·海纳云打造了3个试点小区，拉开了高品质旧改的大幕。

改造过程中，胶州市打造了“1＋3＋N”解决方案，即“1个平台（胶州市绿色智慧社区平台），3大体系（社区综合治理、社区运营和社区生活服务体系），以及智慧安防、出行等N个智慧场景”。构建起一个“市—街道—社区—物业等服务资源—居民”五级自运转和自造血的生态体系，上连政府基层治理，下连服务运维体系，最终实现居民幸福、社区智能，治理高效的美好愿景，为老旧社区改造蹚出一条“胶州路径”。

改造后，居民生活、物业服务和政府管理效率显著改善，实现了物业等运维管理人员成本降低50%、安全风险降低90%、服务满意度提升90%、公共安全事件追溯率100%、消防隐患100%预警、社区应急响应提升100%……这是胶州老旧小区智慧化改造所带来的“数字红利”。

资料来源：杨光．以数字城市思维蹚出新路径，全省住建观摩海纳云老旧小区改造样板．青岛日报，2021-12-15.

问题

结合案例及其他实践，分析我国城市治理数字化转型中存在哪些不足。

《本章阅读书目》

1. 朱迪丝·霍尔顿，伊莎贝尔·沃尔什．经典扎根理论．北京：北京大学出版社，2021.

2. 科琳·格莱斯．质性研究入门指南：第5版．北京：北京大学出版社，2021.

3. 李亮，刘洋，冯永春．管理案例研究：方法与应用．北京：北京大学出版社，2020.

4. 曾荣光．管理研究哲学．北京：北京大学出版社，2020.

PART FIVE

| 第5篇 |

5 公共管理的中国式创新

第 16 章

中国式“制度之治”

本章导读

经国序民，正其制度。制度优势是一个国家的最大优势，制度竞争是国家间最根本的竞争。中国共产党在长期治理实践中总结先进经验，系统构筑包括党的领导制度体系、人民当家作主制度体系、中国特色社会主义法治体系、中国特色社会主义行政体制、社会主义基本经济制度、繁荣发展社会主义先进文化的制度、统筹城乡的民生保障制度、共建共治共享的社会治理制度、生态文明制度体系、党对人民军队的绝对领导制度、“一国两制”制度体系、独立自主的和平外交政策、党和国家监督体系等 13 个方面的制度在内的中国特色社会主义制度图谱，奠定了“中国之治”的制度基石。中国特色社会主义制度在推动国家治理、维护国家稳定等方面发挥着显著成效。“中国之治”的制度密码该如何理解？“中国之制”又是如何成就“中国之治”的？本章围绕上述问题进行阐述。

重点问题

- “中国之治”的制度密码的内涵
- 党的领导制度体系的基本框架、逻辑结构和优化路径的主要内容
- “一国两制”新时代的构想与实践
- “一国两制”的主要特点
- “一国两制”未来发展的主要内容

知识结构图

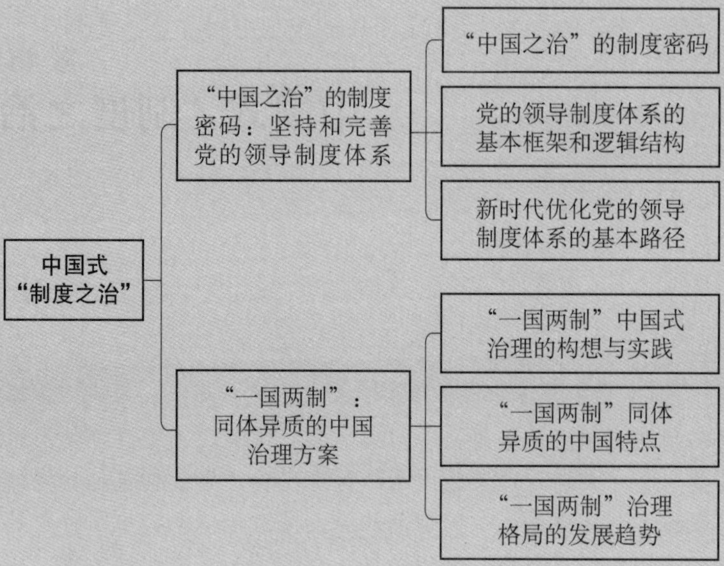

16.1 “中国之治”的制度密码：坚持和完善党的领导制度体系

16.1.1 “中国之治”的制度密码

1. “中国之治”的本质是“制度之治”

现代国家制度在国家治理中起到根本性、全局性、稳定性、长期性的作用，是现代国家治理体系中的主导性要素。制度是“一个国家所特有的政治、经济和其他社会关系的形式、结构、体系、机制和秩序”①，也是国家长治久安的根本保障。

“制度之治”就是将根本制度、基本制度和重要制度科学地运用到中国的现代化进程当中。它要求治理的规则化和规范化。规则化为国家治理提供基本框架体系，要求国家治理有制可依、有规可守。规范化则要求制度必须按照预期的设计运作与执行，必须得到足够的尊重和维护。

在中国特色社会主义伟大实践中，中国共产党依据本国国情，不断探索并提炼经验，最终领导人民找到了治理国家的中国治理体制和中国治理道路。“中国之治”是前所未有的新型国家治理体系。它立足于党的领导和社会主义制度，借鉴国内外先进治理经验和治理实践，将不同层面、不同类型的制度相互连接，形成中国特色社会主义制度体系的治理优势，推动国家治理体系和治理能力的现代化，实现我国经济快速发展和社会长期稳定。

① 宋才发．制度优势是“中国之治”的根本优势．广西社会科学，2020（2）.

“中国之治”蕴含的中国式治理理念根植于中国特色社会主义制度体系的土壤。党的十九届四中全会指出：“我国国家治理一切工作和活动都依照中国特色社会主义制度展开，我国国家治理体系和治理能力是中国特色社会主义制度及其执行能力的集中体现。”[①]中国共产党在百年探索与实践中，通过根本制度、基本制度和重要制度实现对国家治理的全覆盖。国家制度和法律制度也为国家治理提供全领域式的制度支撑，最终形成包括政治制度、经济制度、文化制度、社会制度、生态文明制度和党的建设制度等在内的国家治理体系[②]。中国特色社会主义制度为国家治理提供依据，确立了我国国家治理的目标、主体、对象、机制、方法等，指导着我国的具体治理实践，为中华民族实现从站起来、富起来到强起来的历史性飞跃提供了根本制度保证。“中国之制”以最广大人民的利益为价值取向，根植于人民，服务于人民，保证人民当家作主。这也使得“中国之治”具有鲜明的人民性，在“中国之制”的支撑下，它能够充满活力地有效运行，并将发展成果公平地惠及全体人民。由此可见，“中国之治”的本质就是“制度之治”，“制度之治”为“中国之治”提供了制度密码。

2. “制度之治”的密码是党的领导制度体系

（1）从“党的领导制度”到“党的领导制度体系”。党的领导制度体系的形成，经历了一个历史的过程。党的十一届三中全会后，以邓小平同志为主要代表的中国共产党人吸取“文化大革命”的经验教训，深刻认识到制度的极端重要性，明确不要搞运动，要从制度上解决问题，并在党的历史上首次提出“党的领导制度”这一重大命题。通过恢复民主集中制、推行党政分开、改革干部人事制度、恢复和加强党的纪律等措施，深化党的领导制度改革。党的十三届四中全会后，以江泽民同志为主要代表的中国共产党人以制定党内法规为抓手，把党的领导原则转化为一系列的体制机制和制度规范，如推进民主集中制的规范化，将其作为党的根本组织制度和领导制度；确立党管干部原则，建立健全党的思想领导和组织领导制度等。党的十六大后，以胡锦涛同志为代表的中国共产党人主动适应经济全球化浪潮，不断健全民主集中制，改革领导干部选拔任用制度，推动党内监督制度的建设，使党的领导制度发展符合时代要求，更加科学化、制度化、规范化。

党的十八大以来，以习近平同志为主要代表的中国共产党人注重党的制度建设和治理能力建设，“把党的领导制度建设改革纳入全面深化改革的总体部署，把党的领导制度作为国家制度的首要内容和根本制度，统筹推进依法治国、制度治党和依规治党，深化党和国家机构改革，更加注重建立制度、完善体系、制度执行”[③]，最终确立起总揽全局、协调各方的党的领导制度体系。党的十九届四中全会对此进行部署，包括建立不忘初心、牢记使命的制度；完善坚定维护党中央权威和集中统一领导的各项制度；健全党的全面领导制度；健全为人民执政、靠人民执政各项制度；健全提高党的执政能力和领导水平制度；完善全面从严治党制度。

---

① 中国共产党第十九届中央委员会第四次全体会议文件汇编．北京：人民出版社，2019：3.

② 周叶中．“中国之治”的制度密码．(2019－11－22)．https：//m.gmw.cn/baijia/2019－11/22/33339650.html.

③ 李正华．党的十八大以来改革开放的重要特征．马克思主义研究，2020（1）.

从“党的领导制度”到“党的领导制度体系”，虽然只增加了“体系”二字，但其中的内涵大不相同。党的领导制度体系，是对党的各项具体领导制度的系统集成，是一个具有系统性和开放性的有机整体。制度体系统筹安排了党的领导的各项基本内容，有利于党的领导效能的发挥，可以有效避免党的领导的碎片化、离心化倾向；制度体系将党的主要领导内容进行梳理与归纳，使得党的领导职能分工更加科学；制度体系也明确了新时代党的领导所涉及的关键议题，为党的领导行为确立了规范准则。

（2）党的领导是中国特色社会主义制度的最大优势。党的二十大报告提出：“坚决维护党中央权威和集中统一领导，把党的领导落实到党和国家事业各领域各方面各环节，使党始终成为风雨来袭时全体人民最可靠的主心骨。”党的领导是全面的、系统的、整体的，必须全面、系统、整体加以落实。在中国特色社会主义的探索道路上，中国共产党始终是领导者和开拓者，中国特色社会主义最本质的特征是中国共产党领导，中国特色社会主义制度的最大优势是中国共产党领导。

中国共产党的领导优势主要体现在以下几个方面：第一，党的政治领导能够指引明确的政治方向。中国共产党是最高政治领导力量，坚持党中央集中统一领导是最高政治原则，系统完善党的领导制度体系，全党增强“四个意识”，自觉在思想上政治上行动上同党中央保持高度一致，不断提高政治判断力、政治领悟力、政治执行力，确保党中央权威和集中统一领导，确保党发挥总揽全局、协调各方的领导核心作用，这是中国特色社会主义制度能够保持、发挥自身优势的根本保障。第二，党的思想领导能够确定正确的思想路线。党在治理实践中高度重视思想和理论建设，坚持用新时代中国特色社会主义思想统一思想、统一意志、统一行动，并运用其指导中国特色社会主义制度的发展。党的思想领导是中国特色社会主义制度发挥优势的科学方法和精神动力。第三，党的组织领导能够统领先进的组织建设。党始终坚持党管干部原则，坚持德才兼备、以德为先、五湖四海、任人唯贤，把新时代好干部标准落到实处。通过组织建设和队伍建设不断提高干部队伍的素质和能力，加强自身人才队伍建设，为中国特色社会主义制度建设提供坚实的人才支撑。第四，党的社会领导能够凝聚强大的社会力量。中国共产党的强大群众组织力和社会号召力，能够将个人力量凝聚成社会合力，彰显了中国特色社会主义制度的优势。

作为中国特色社会主义事业的领导核心，党的领导的制度优势能够产生西方国家治理体系所无法复制的治理效能。党对国家重大事项的集中统一领导，能够发挥举国体制优势，实现资源利用的最大化，产生治理的集成效应。党也能够协调好治理体系中各治理主体之间的关系，统筹不同的治理层级，减少权力掣肘带来的不良影响，使各主体高效配合，发挥协同效应。同时，中国共产党作为“具有超越性和广泛利益代表性的政党，能够不受利益集团左右，这种自主性、超越性有助于较好统合和整合社会，让各治理主体、各治理领域服从社会主义国家治理方向，服务于党和国家工作的大局”[①]。党的领导不仅体现在国家治理的各具体领域和环节，也体现在党能够总揽全局，协调各方利益，补

---

① 陈文泽．治理的中国语境：“党的领导”是中国特色社会主义制度的最大优势．河南社会科学，2020，28（12）．

齐治理过程中的短板和弱项，防止治理的失灵和失衡，确保我国社会主义现代化建设的正确方向，确保拥有团结奋斗的强大政治凝聚力、发展自信心，避免治理的短期效果。

16.1.2 党的领导制度体系的基本框架和逻辑结构

1. 党的领导制度体系的基本框架

党的领导制度体系在国家治理体系和治理能力现代化中起着关键作用，在总体上学习了党的领导制度体系对“制度密码”的统摄作用后，还需进一步了解党的领导制度体系的基本框架。

2021年7月1日，习近平总书记在庆祝中国共产党成立100周年大会上宣布，我们党已经“形成比较完善的党内法规体系”。这对推动党内法规制度建设、党的建设以及国家治理现代化具有里程碑式的重大意义。中共中央办公厅法规局发布了《中国共产党党内法规体系》，该文件围绕党内法规体系提出了“1＋4”的基本框架：“在党章之下分为党的组织法规、党的领导法规、党的自身建设法规、党的监督保障法规四大板块。”[①] “1＋4”党内法规体系基本框架对构建党的领导制度体系基本框架具有重要参考意义。可依据“1＋4”的思路来构建党的领导制度体系基本框架。“1”是指最根本的党章，“4”是指党的领导制度、党的组织制度、党的自身建设制度、党的监督保障制度。这种分析框架可以构建出一个较为清楚明晰的党的领导制度体系。

党章是党的根本大法，是立党、治党、管党的总章程。它对党的性质和宗旨、路线和纲领、指导思想和奋斗目标、组织原则和组织机构、党员义务和权利以及党的纪律等作出根本规定[②]。党章是党和人民在历史实践中智慧的结晶，统领全党的思想与行动，是党依法执政、治理国家的行动指南与根本遵循。

党的领导制度是我国的根本领导制度，统领着其他国家制度。习近平总书记指出：“中国特色社会主义制度是一个严密完整的科学制度体系，起四梁八柱作用的是根本制度、基本制度、重要制度，其中具有统领地位的是党的领导制度。”[③] 这恰好证明党的领导制度是党的领导制度体系框架的重要内容。

党的组织制度是党各项制度建设的强大生命力源泉。它由党的组织原则、机构及纪律等组成，并以党内规章制度的形式展现出来。同时，党的组织制度包含设置、运行与管理等，对党的领导制度体系建设具有重要价值。

党的自身建设制度是提高党的建设质量的重要保障。它主要对党的政治建设、思想建设、组织建设、作风建设和纪律建设等方面进行调整，对党严格管党治党有重要推动作用。

党的监督保障制度是保证党组织与党员履行好职责使命的制度保障。它的工作重心

---

① 中国共产党党内法规体系．(2021-08-06)．https://www.gov.cn/xinwen/2021-08/06/content_5629962.htm.

② 同①.

③ 习近平．中国共产党领导是中国特色社会主义最本质的特征．求是，2020 (14)．

是调整党内监督与保障和党内奖惩与问责，并要求持续提升党“四自能力”[①]，将从严治党向纵深推进。

“1＋4”体系每个层面各司其职，整体辩证统一、相互融通，形成了党的领导制度体系系统完备、科学合理的基本框架。

2. 党的领导制度体系的逻辑结构

十九届四中全会提出的六大制度是党的领导制度体系的基本要素，研究各要素间存在的逻辑结构对新时代坚持和完善党的领导制度体系并使其朝正确的方向前进具有重要作用。立足于六大制度，分析其功能定位，并整体划分为三个层次，最终形成党的领导制度体系的逻辑结构。

（1）党的领导制度体系的六大功能定位。在中国特色社会主义制度的发展过程中，党的领导制度体系的六大制度形成了一个较为复杂又相互作用的耦合整体。“从某种意义上讲，制度功能的有效发挥成为制度单元存在的合法性依据，制度单元的功能定位决定其在制度体系中的结构性位置。”[②] 我们可以从思想基础、核心要义、关键举措、根本方式、重要抓手和根本保障六个层面来理解党的领导制度体系的功能定位。

第一，不忘初心、牢记使命的制度是党的领导制度体系的思想基础。它体现了党的性质与宗旨，是党夯基垒台强根基的根本保证，是永葆党的生机活力的不竭源泉。

第二，维护党中央权威和集中统一领导的各项制度是党的领导制度体系的核心要义。其体现的是党员的政治站位问题，保证全党思想行动统一，有利于增强凝聚力与战斗力。

第三，党的全面领导制度是党的领导制度体系的关键举措。它是对总揽全局、协调各方领导作用的精准定位，确保党在各类组织中发挥领导作用，推动各方同心协力。

第四，为人民执政、靠人民执政各项制度是党的领导制度体系的根本方式。该制度与“以人为本”发展思想有机统一，将为人民服务理念贯穿国家治理全过程，是党为民执政的制度体现。

第五，提高党的执政能力和领导水平制度是党的领导制度体系的重要抓手。这是党有效应对危机风险的必然要求，对国家治理体系和治理能力现代化有推进作用。

第六，全面从严治党制度是党的领导制度体系的根本保障。党要从制度与思想上规范行为、解决问题，以求推进党的自我革命，永葆党的先进性与纯洁性。

这六大基本要素分工明确，布局合理，通过不同的功能定位构成了一个各尽其责、相互关联的有机整体，发挥着不可替代的制度保障功能，驱动制度效能更好地转化为国家治理效能。

（2）党的领导制度体系的三个层次。党的领导制度体系主要划分为三个层次，分别是制度内核、中间保护带和外围制度，见图 16－1。

第一个层次为制度内核，是整个体系的圆心。它包括不忘初心、牢记使命的制度和为人民执政、靠人民执政各项制度，是党的领导制度体系的核心，为党长期执政凝聚更

---

① 党的“四自能力”是指党的自我净化、自我完善、自我革新、自我提高能力。

② 唐皇凤，梁新芳．党的领导制度体系：构成要素、逻辑结构和优化路径．新疆师范大学学报（哲学社会科学版），2020，41（4）．

多人民力量，也为提升国家治理能力提供稳定的思想动力。

第二个层次被称作中间保护带，包裹着制度内核，为保护圆心不受外部压力影响而调适。它包含坚定维护党中央权威和集中统一领导的各项制度、党的全面领导制度、提高党的执政能力和领导水平制度。它为制度内核与外围制度紧密联系提供了一个充分沟通的制度渠道，积极调动各层次下制度的功能活力，给政党治理体系和治理能力现代化奠定了基础。

第三个层次为外围制度，也就是全面从严治党制度，它是制度内核和中间保护带的守卫阵地。制度建设贯穿全面从严治党制度的全过程，充分彰显了政党治理的严肃性。外围制度为内部两个层次的五大制度提供了可以机动调整的空间与用作缓冲的区域。

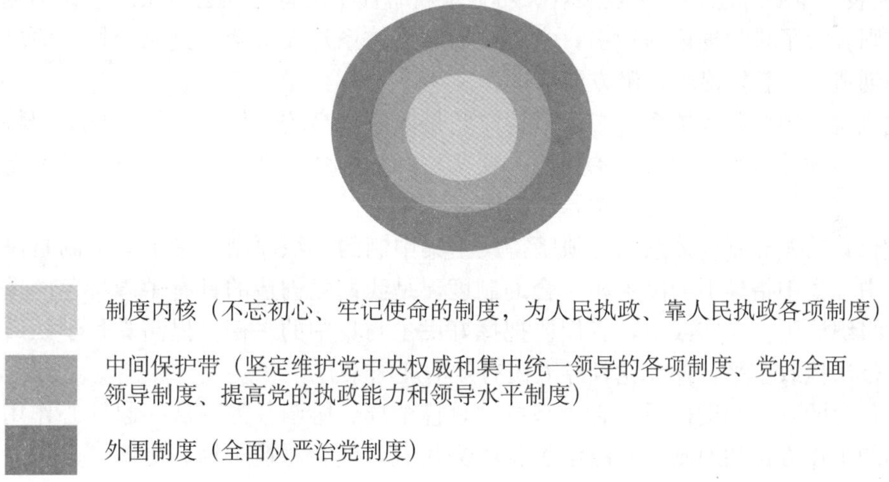

图 16－1　党的领导制度体系的三个层次

总体来讲，这六大制度是党的领导制度体系的基本要素，它们之间兼容互补、联系贯通，共同构建了新时代党的领导制度体系的逻辑结构。在遵循党的领导制度体系的基础上，六大制度充分发挥功能作用，共同构成了一个有机整体，达到了整体大于部分之和的制度组合效力，彰显出整个党的领导制度体系的强大生命力与显著优越性。在全面建成社会主义国家现代化强国的时代进程中，要坚持和完善党的领导制度体系，使其成熟稳定发展；同时党的领导制度体系的完善也能够为提升党治国理政的能力和水平提供动力支撑，推动制度建设创新与发展。

16.1.3　新时代优化党的领导制度体系的基本路径

新时代优化党的领导制度体系，要把握以下几个基本路径：

1. 增强领导意识，维护制度权威

党政军民学、东西南北中，党是领导一切的，中国共产党是中国最高政治领导力量。党的 70 多年治国理政实践表明，历史和人民选择中国共产党领导中华民族伟大复兴事业是正确的，因此我们必须长期坚持党的领导，永不动摇。这也要求在推进国家治理体系和治理能力现代化的进程中，我们党需要有强烈的领导意识、领导责任和领导觉悟。

制度作为破题之钥、治理之基，是增强党的领导意识、优化党的领导制度体系的关键要义。习近平总书记强调："制度一经形成，就要严格遵守，坚持制度面前人人平等、执行制度没有例外，坚决维护制度的严肃和权威性。"[①] 我们要立足于社会主义现代化建设的需要，认真落实党的领导制度体系，增能力、提效能，大力推进治理体系和治理能力现代化。同时各级党委和政府以及各级领导干部要切实强化制度意识，带头维护制度权威，做制度执行的表率，带动全党全社会自觉尊崇制度、严格执行制度、坚决维护制度[②]，最终形成人人遵守制度、人人敬畏制度的良好氛围。

2. 坚持领导原则，发挥核心作用

优化党的领导制度体系，必须坚持把马克思列宁主义、毛泽东思想、邓小平理论、"三个代表"重要思想、科学发展观、习近平新时代中国特色社会主义思想作为党的思想指导原则。有了科学理论的指引，党的领导制度体系建设就会更具系统性、原则性、预见性和创造性，就能沿着正确方向前进。

优化党的领导制度体系，必须坚持"党是国家最高政治领导力量，是中国特色社会主义的坚强领导核心"这一政治原则。要坚持和加强党的全面领导，坚定维护党中央权威和集中统一领导，发挥党的领导核心作用。

优化党的领导制度体系，必须坚持民主集中制的组织原则。民主集中制是民主基础上的集中和集中指导下的民主相结合的制度，是我们党创造的具有中国特色的重要领导制度和组织原则。在实践中，我们要把握好民主与集中的平衡，提高党科学执政、民主执政、依法执政水平，保证党领导人民有效治理国家。

优化党的领导制度体系，必须坚持"总揽全局、协调各方"这一起核心作用的党领导一切的工作方针和原则。坚决维护党中央权威，健全总揽全局、协调各方的党的领导制度体系，把党的领导落实到国家治理各领域各方面各环节。

3. 完善领导体制，提升制度体系的系统性和协调性

优化党的领导制度体系，必须着眼于坚持和完善党的领导体制。通过改革探索，形成一个在党中央集中统一领导下，严格遵守党章规范，由党的中央组织、党的地方组织、党的基层组织、党组、地方党委、党的工作机关、党支部等组成的权责分明、统一完备、科学有效的领导体制机制。

党的领导制度体系是党的各项具体制度的有机组合，各具体制度之间相互配套、相互作用，组成了一个相互联系的逻辑系统。因此，需要增强党的领导制度体系中不同层级制度体系或制度单元之间的兼容性、耦合性和协调性[③]，提高党面对风险挑战的调节和适应能力。

完善党的领导体制，不仅可以从党的领导制度体系内部出发，增强各具体制度单元的兼容性、耦合性和协调性；也可以加强意识形态建设，从思想上引导和影响人民群众对党的领导制度体系的信心，牢固树立制度权威的社会心理基础，让党的领导制度体系

---

① 十八大以来重要文献选编（上）．北京：中央文献出版社，2014：318.

② 任仲文．新时代大国治理．北京：人民日报出版社，2020：142.

③ 唐皇凤，梁新芳．党的领导制度体系：构成要素、逻辑结构和优化路径．新疆师范大学学报（哲学社会科学版），2020，41（4）.

渗透到社会机体内部，成为国家治理体系和治理能力建设的内在精神。

4. 创新领导方式，提高制度执行力

在优化党的领导制度体系工作中，要着力于改进、创新党的领导方式，使党的领导方式符合时代发展需求和人民需要，能够解决好人民日益增长的美好生活需要和不平衡不充分的发展之间的矛盾。党领导人民治理国家的过程中面临着复杂的新形势、新挑战、新任务、新风险，这就需要不断创新和发展党的领导方式，坚持群众路线这一基本领导方法，坚持依法执政这一基本领导方式，不断强化战略思维、历史思维、辩证思维、创新思维、法治思维、底线思维，保证党领导人民治理国家的有效性。

制度的生命力在于执行，切实提高制度的执行力是优化党的领导制度体系的重要环节。提高制度执行力，首先要坚定制度自信，形成制度执行最持久而强大的动力。狠抓制度执行，要注重落实，要培养党员干部尊崇制度、遵守制度、捍卫制度的优良意识，把权力关进制度的笼子里。提高制度执行力，领导干部要在熟知制度内容的基础上充分领会制度精神，发挥好表率作用，营造好制度执行的浓厚氛围。同时，领导干部也需要提高运用制度履行职责的能力和水平，在贯彻执行制度中提高自己的领导本领和工作科学化专业化水平。对制度执行力的提升，也离不开对制度执行的监督。要加大对制度执行的监督检查力度，认真查处和严肃问责严重破坏制度的问题，追究相关领导人员责任，切实维护制度的严肃性、权威性。

5. 提高领导本领，建设高素质专业化干部队伍

提高领导本领，是优化党的领导制度体系的重要内容和重要保证。领导干部必须要有过硬的本领，锻造敢担当的铁肩膀。要增强学习本领，自觉拜人民为师，向能者求教，向智者问策；增强政治领导本领，提升自己的担当作为能力；增强改革创新本领，善于结合实际创造性地推动工作，善于运用互联网技术和信息化手段开展工作；增强科学发展本领，善于贯彻新发展理念，不断开创发展新局面；增强依法执政本领，树立法治意识和法治观念，坚持情为民所系，权为民所用，利为民所谋；增强群众工作本领，做好群众工作，组织动员广大人民群众坚定不移跟党走；增强狠抓落实本领，强化务实作风，说实话、谋实事、出实招、求实效；增强驾驭风险本领，增强领导干部的忧患意识。

领导干部是党和国家事业发展的“关键少数”，是党和国家各项事业的中坚力量。因此，需要建设一支高素质、专业化的干部队伍，为优化党的领导制度体系提供充足的人力资源支持。首先，要坚持党管干部原则，严格落实党的路线方针政策，提升干部专业素养，坚持将制度执行力和治理能力作为干部考核的重要依据，确保准确识人，建设一支德才兼备的高素质执政骨干队伍。其次，要坚持党管人才原则，准确把握人才发展情况和人才工作规律，把握好人才工作的正确方向，创新和完善人才制度，支持各类人才为国家治理体系和治理能力现代化建设建言献策，为优化党的领导制度体系储备好丰富的人才资源。

16.2 “一国两制”：同体异质的中国治理方案

“一国两制”是中国政府为实现祖国统一提出的中国方案，是我国的基本国策。“一国两制”最初是为解决台湾问题提出的，但率先在香港和澳门得到实践。实践证明，“一国两制”是中国特色社会主义的伟大创举，是香港、澳门回归后保持长期繁荣稳定的最佳制度安排，必须长期坚持。“一国两制”是一种同体异质的中国治理方案，即在不改变中国单一制结构的情况下允许发展两种不同的政治体制，扩大了单一制的包容性。该政策方针下中央全面管治权和特别行政区高度自治权的关系、行政机关与立法机关的关系以及两种不同的政治体制的关系的协调发展极具中国特色。

16.2.1 “一国两制” 中国式治理的构想与实践

1. “一国两制”中国式治理的构想

“一国两制”是指在一个中国的前提下，国家的主体坚持社会主义制度，香港、澳门、台湾保持原有的资本主义制度长期不变。这是以邓小平同志为核心的党的第二代中央领导集体从国家和民族的根本利益出发，在毛泽东、周恩来关于和平解决台湾战略思想的基础上提出的中国式治理方案。

20世纪60年代，党和政府根据政治变化的形势，确定对台湾采取“和平统一”的政策，并提出了“一纲四目”，该政策为“一国两制”的伟大构想打下了坚实的思想基础。1981年叶剑英发表重要谈话，进一步阐明解决台湾问题的方针政策。他表示，“国家实现统一后，台湾可作为特别行政区，享有高度的自治权……台湾现行社会、经济制度不变，生活方式不变，同外国的经济、文化关系不变。私人财产、房屋、土地、企业所权、合法继承权和外国投资不受侵犯”[①]。1982年邓小平首次提出“一个国家，两种制度”构想，邓小平指出：“九条方针是以叶副主席的名义提出来的，实际上就是一个国家两种制度。两种制度是可以允许的。”1983年邓小平全面系统地阐释“一国两制”问题：“问题的核心是祖国统一。和平统一已成为国共两党的共同语言。但不是我吃掉你，也不是你吃掉我……我们不赞成台湾‘完全自治’的提法。自治不能没有限度，既有限度就不能‘完全’。‘完全自治’就是‘两个中国’，而不是一个中国。制度可以不同，但在国际上代表中国的，只能是中华人民共和国。我们承认台湾地方政府在对内政策上可以搞自己的一套。台湾作为特别行政区，虽是地方政府，但同其他省、市及至自治区的地方政府不同，可以有其他省、市、自治区所没有而为自己所独有的某些权力，条件是不能损害统一的国家的利益。”[②] 1992年江泽民指出，我们坚定不移地按照“和平统一、一国两制”的方针，积极促进祖国统一。2017年习近平在十九大报告中强调要坚持“一国两制”，推进祖国统一。

“一国两制”是中国实现和平统一的重要制度安排，是中国特色社会主义的一个伟大创举，是香港、澳门回归后保持长期繁荣稳定的最佳制度安排，是中国政府一项长期不变的基本国策。“一国两制”方针有四个基本点：一个中国、两制并存、高度自治、和平谈判。“一国两制”是一个完整的概念。“一国”是指在中华人民共和国内，香港、澳门

① 叶剑英向新华社记者发表的谈话（1981年9月30日）.（2006-02-28）.http：//www.gov.cn/test/2006-02/28/content_213302.htm.

② 邓小平．邓小平文选：第三卷．北京：人民出版社，1993：30.

特别行政区是国家不可分离的部分，是直辖于中央人民政府的地方行政区域。"两制"是指在"一国"之内，国家主体实行社会主义制度，香港、澳门实行资本主义制度。在"一国"与"两制"的关系中，"一国"是实行"两制"的前提和基础，"两制"从属和派生于"一国"并统一于"一国"之内①。

2. "一国两制"中国式治理的实践

1997年中国政府恢复香港主权，香港特别行政区成立，香港自此进入了"一国两制"、"港人治港"、高度自治的新纪元。1999年澳门回归，澳门特别行政区成立，开启了澳门发展的新篇章。"一国两制"中国式治理，确保了香港、澳门发展经济、改善民生，破解了经济社会发展中的深层次矛盾和问题，发挥了香港、澳门的优势和特点，巩固和提升了香港、澳门在国际金融、贸易、航运航空、创新科技、文化旅游等领域的地位。

多年来，我国坚持和完善"一国两制"制度体系，落实中央全面管治权和"爱国者治港""爱国者治澳"原则。始终坚持中央全面管治权和保障特别行政区高度自治权相统一，坚持行政主导，支持行政长官和特别行政区政府依法施政，香港和澳门在全面治理能力和管治水平提升、行政区司法制度和法律体系建设方面取得一定成就。

在过去的二十多年里，"一国两制"在实践中不断探索，在探索中不断完善，沿着正确的轨道向前发展。在民主政治方面，香港特区以"双普选"为目标和主要内容推进政制改革，香港的民主发展走向正轨，"一国两制"的民主政治建设取得巨大成果；在制度建设方面，中央行使全面管治权保障香港稳定发展，先后颁布《中华人民共和国特别行政区维护国家安全法》《关于香港特别行政区立法会议员资格问题的决定》《全国人民代表大会关于完善香港特别行政区选举制度的决定》，修补香港原有制度的漏洞。

"我们全面准确推进'一国两制'实践，坚持'一国两制'、'港人治港'、'澳人治澳'、高度自治的方针，推动香港进入由乱到治走向由治及兴的新阶段，香港、澳门保持长期稳定发展良好态势。"②

1999年澳门回归，澳门特别行政区成立。在"一国两制"、"澳人治澳"、高度自治方针指引下，澳门体制建设、政治和经济等方面取得巨大成就。回归后的澳门根据《政府组织纲要法》等法律，在行政长官之下建立了司、局、厅、处四级行政机构体系，并不断调整；并且澳门发展和完善均衡参与式民主制度，在代议制民主之外，还发展了协商民主；同时澳门采取"合理的经济转型和产业结构调整政策，确立以博彩旅游为龙头、适度多元的发展战略，使澳门经济取得长足发展"③。习近平指出澳门成功实践的经验有四点：第一，始终坚定"一国两制"制度自信；第二，始终准确把握"一国两制"正确方向；第三，始终强化"一国两制"使命担当；第四，始终筑牢"一国两制"社会政治

---

① 台湾问题与新时代中国统一事业．(2022-08-10)．https：//www.gov.cn/zhengce/2022-08/10/content_5704839.htm.

② 习近平．高举中国特色社会主义伟大旗帜 为全面建设社会主义现代化国家而团结奋斗：在中国共产党第二十次全国代表大会上的报告．(2022-10-25)．https：//www.gov.cn/xinwen/2022-10/25/content_5721685.htm.

③ 王振民，刘林波．"一国两制"澳门实践：成就、经验与展望．港澳研究，2020，(1)：40-47，94.

基础[①]。实践证明，“一国两制”有利于维护国家主权、安全和发展利益，有利于保持港澳特别行政区的长期繁荣稳定。

案 例

解放军驻港部队：坚决拥护香港国安法颁布实施

2020 年 7 月 1 日晚，中国人民解放军驻香港部队发表声明表示，解放军驻港部队坚决拥护香港国安法颁布实施，驻军官兵将坚决贯彻中央决策部署，全面贯彻“一国两制”方针，依法履行防务职责，完成好党和人民赋予的各项任务。声明表示，6 月 30 日，十三届全国人大常委会第二十次会议表决通过了《中华人民共和国香港特别行政区维护国家安全法》，国家主席习近平签署第 49 号主席令予以公布；表决通过了全国人民代表大会常务委员会关于增加香港特别行政区基本法附件三所列全国性法律的决定。中国人民解放军驻香港部队坚决拥护香港国安法颁布实施。声明指出，国家安全是定国安邦的基石，是人民安居乐业的保障。制定实施香港国安法符合所有爱国爱港人士的共同期盼，有利于遏制、惩处任何企图分裂国家、颠覆国家政权、组织实施恐怖活动以及勾结外国或境外势力危害国家安全的犯罪行为，展示了我们在维护国家安全问题上的严正立场和坚强意志。声明强调，驻军官兵将坚决贯彻中央决策部署，全面贯彻“一国两制”方针，依法履行防务职责，完成好党和人民赋予的各项任务，有决心、有信心、有能力维护国家主权、安全和发展利益，维护香港长期繁荣稳定。

资料来源：解放军驻港部队：坚决拥护香港国安法颁布实施．(2020-07-02)．https://baijiahao.baidu.com/s?id=1671054806773616754&wfr=spider&for=pc.

16.2.2 “一国两制” 同体异质的中国特点

“一国两制”政策方针的中国特色集中体现在对中央全面管治权和特别行政区高度自治权的关系、行政机关与立法机关的关系以及两种不同的政治体制的关系的处理中。

1. 单一制结构与同体异质结构

单一制是指由若干行政区域构成的具有统一主权国家的结构形式，与之相对立的是复合制。单一制结构的特点是地方政府的权力是中央让与的，地方政权服从中央政权，并在宪法和相关法律允许的范围之内行使其职权。“一国两制”方针政策实现了两种不同的政治体制在单一主权国家内和平发展，是一种同体异质的结构，“‘同体’是指制度性质不同的地区结合于一个共同的政治架构，服从于同一主权，‘异质’是指不同地区在经济、政治、文化、制度等方面具有性质上的差异”[②]。

中央政府与香港、澳门特别行政区政府的关系在本质上是单一制下中央政府与地方

---

① 习近平在庆祝澳门回归祖国 20 周年大会暨澳门特别行政区第五届政府就职典礼上的讲话．(2019-12-20). https://www.gov.cn/xinwen/2019-12/20/content_5462807.htm.

② 王英津．从“两德模式”看“一国两制”港澳模式：优势、特色及评价．学术探索，2012，(10)：20-24.

自治政府的关系，特区的宪制秩序及权力源于国家宪法，特区高度自治，但不是完全自治。“中国特色的单一制国家结构被赋予了‘一国两制’的新主题和新内涵，是为解决中华民族共同体国家和平统一问题而做出的一项重要制度安排。”① “一国两制”实践之前，国际舞台上并不存在两种不同的制度在同一个主权国家和平共处的局面。“一国两制”的出现是一种全新的尝试，它将两种不同的制度安放在一个主权国家内，这不仅没有改变中国单一制国家的结构形式，反而赋予其鲜明的中国特色，也形成了同体异质的中国模式。这种同体异质的结构尊重制度差异，允许香港、澳门特别行政区按各自的特色发展，扩大了单一制的包容性，同时实现了异质政体在统一政治架构下和平共处与共同发展，能够维护国家的稳定和统一。

2. 中央的全面管治权与特区政府的高度自治权

管治权是主权国家对其所属领土行使的管辖和治理权，中央的全面管治权是指中央对地方所有事务进行直接或者间接的管辖和治理。中央政府对特别行政区拥有的全面管治权可以从两个方面认识：以香港特别行政区为例，首先，香港特别行政区的全区域都属于中央管辖的范围；其次，中央对特别行政区的全面管治权，既包括中央直接行使的权力，也包括授权香港特别行政区依法实行高度自治，对于香港特别行政区的高度自治权，中央具有监督权力。特别行政区的高度自治权是指基本法规定的特别行政区享有的行政管理权、立法权、独立的司法权和终审权。特别行政区享有的高度自治权既不是本身固有的也不是无限制的，是中央授予地方的事务管理权，其唯一的来源是中央。

中央的全面管治权和特别行政区的高度自治权是源与流、本与末的关系，中央的全面管治权是授权特别行政区高度自治的前提和基础，高度自治权是中央行使全面管治权的体现。“中央政府对特别行政区拥有全面管治权，这是特别行政区高度自治权的源头，同时中央充分尊重和坚定维护特别行政区依法享有的高度自治权。”② 中央的全面管治权和特别行政区的高度自治权是有机统一的整体，高度自治权是全面管治权的具体实现，两者统一于“一国两制”方针，两者的有机结合是实现“一国两制”方针政策的关键环节。

3. 行政主导与协商民主

特别行政区实行的是以行政为主导的政治体制，即行政主导制，指在行政、立法、司法之间，行政力量居于主导地位。“行政主导制的核心就是将行政长官设计为上下（中央与特别行政区）左右（行政、立法和司法）连接的环节。”③ 以香港为例，根据香港基本法，香港特别行政区行政长官既是特别行政区的首长，代表特别行政区，又要对中央人民政府和香港特别行政区负责，“行政长官和特别行政区政府是香港的当家人，也是治理香港的第一责任人”④。行政力量占主导地位并不意味着行政主导一切，特别行政区在

---

① 任维德．“中华民族共同体”的国家结构内涵、功能与构建．内蒙古大学学报（哲学社会科学版），2021，53（6）：5-11.

② 习近平在庆祝香港回归祖国25周年大会暨香港特别行政区第六届政府就职典礼上的讲话．人民日报，2022-07-02.

③ 骆伟建．“一国两制”理论和实践经验研究．广州：广东经济出版社，2020：253.

④ 同②.

处理有关内部改革和人民切身利益的问题上实行社会主义协商民主制度。“协商民主是在中国共产党领导下，人民内部各方面围绕改革发展稳定重大问题和涉及群众切身利益的实际问题，在决策之前和决策实施之中开展广泛协商，努力形成共识的重要民主形式。”[①]社会主义协商民主是中国人民民主的特有形式和独特优势，是重大理论创新。

行政主导的政治体制主要在以下几个方面体现了协商民主：一是行政长官的产生，基本法规定行政长官“通过选举或协商产生”；二是行政与立法的协商，“行政长官如拒绝签署立法会再次通过的法案或立法会拒绝通过政府提出的财政预算案或其他重要法案”时，双方可就此进行协商；三是行政会议，行政会议是协助行政长官决策的机构，由行政机关的主要官员、立法会议员和社会人士组成，行政长官在作出重要决策、向立法会提交法案、制定附属法规和解散立法会前，须征询行政会议的意见；四是特别行政区可与全国其他地区的司法机关通过协商依法进行司法方面的联系和相互提供协助。

4. 两种制度的自然演进与渐进式融合

“一国两制”方针政策通过渐进统一的方式对特别行政区的政治体制进行改革。香港、澳门的政治体制改革不是让一种制度去替代另一种制度，而是循序渐进地让两种不同的政治制度自然演进与融合。这种渐进式的融合方式既维护了香港、澳门特别行政区发展过程中的稳定，也避免了一种制度替代另一种制度带来的混乱。

香港推进“双普选”是循序渐进的重要体现。香港基本法规定行政长官和立法会的产生需根据香港特别行政区的实际情况并遵循循序渐进的原则，最终达至普选产生的目标。2004 年全国人大常委会对《中华人民共和国香港特别行政区基本法》进行解释并作出决议，指出香港尚不具备普选条件，2007 年行政长官与 2008 年立法会的选举不实行全部议员由普选产生的办法，强调要根据香港特别行政区的实际情况、循序渐进发展香港的民主制度原则，这体现了中央主张并支持在香港特别行政区发展民主的一贯立场。

16.2.3 “一国两制”治理格局的发展趋势

1. 一个国家、两种制度与三种方案的新格局

“一个国家，两种制度”科学构想是我国创造性的国家治理政策，在香港和澳门二十多年的实践中，“一国两制”制度体系逐步完善发展，取得巨大成就，也对探索“一国两制”台湾方案产生深刻影响。新时代“一国两制”制度体系的发展将形成一个国家、两种制度与港澳台三种方案的新格局。

香港、澳门和台湾三个地区，不论从历史文化、价值观念、社会现实，还是从地理面积、人口数量、物质资源等方面来看，都存在不同的情况。香港作为“一国两制”制度体系率先实施的特别行政区，为坚持和完善国家治理体系积累了丰富的理论成果和实践经验。同时，“一国两制”在澳门也继续彰显了生机与活力，成为该制度体系成功实践的典范。香港、澳门作为“一国两制”制度体系的先行者，不仅保持了本身的优势与特点，还保持了地区长期的繁荣发展，更对两岸探索解决台湾问题的最优方案和推进国家

---

① 中共中央印发《关于加强社会主义协商民主建设的意见》.（2015－02－09）. https：//www.gov.cn/xinwen/2015－02/09/content_2816784.htm.

治理体系和治理能力现代化有重要的指导参考价值。

2. “一国两制”台湾方案

探索“一国两制”台湾方案，是“一国两制”治理格局在制度层面的进一步推动落实。“一国两制”台湾方案可以从港澳实践中直接借鉴和充分参考，但台湾问题又涉及更多时代性、复杂性的历史问题、国际政治等因素，所以需要依据新时代背景来因地制宜地探索具体内容。

2022年8月发表的《台湾问题与新时代中国统一事业》白皮书再次重申：“以和平方式实现祖国统一，最符合包括台湾同胞在内的中华民族整体利益，最有利于中国的长期稳定发展，是中国共产党和中国政府解决台湾问题的第一选择。”① “和平统一、一国两制”是两岸和平解决台湾问题的政策主张和最优方案，是原则性、包容性、前瞻性与现实性的有机结合，更是推进祖国和平统一实现的基本方针。

（1）坚持一个中国原则和“九二共识”。一个中国原则是两岸关系和平发展的政治基础，而“九二共识”正体现了一个中国原则。“九二共识”指明海峡两岸共属一个中国，是两岸和平发展的关键，是两岸政党交往的基础。此基础上，推进同台湾各党派、各界别、各阶层人士就两岸关系和国家统一开展广泛深入协商，共同推动两岸关系和平发展、推进祖国和平统一进程②。

（2）推动两岸关系和平发展，深化两岸融合发展。两岸关系和平发展是夯实和平统一的重要途径，两岸融合发展是构建两岸命运共同体的必要方式。要在两岸关系和平发展中深化两岸融合发展，加深两岸交流合作，探索发展示范区，形塑情感与利益联结线，增强两岸人民情感与文化认同，使两岸命运共同体成为日益生动的现实。

（3）坚决反对“台独”分裂行径和外部势力干涉。促进国家和平统一要坚决反对“台独”和外来势力干涉。“台独”分裂是阻碍国家统一大业实现的最大障碍，要坚决打击“台独”势力与分裂行径，依法惩治“台独”顽固分子。同时，台湾问题是中国的内政，要坚决打击外来干涉图谋，坚决捍卫国家主权完整和领土完整，“牢牢把握两岸关系主导权和主动权”③。

（4）团结台湾同胞共同实现中华民族伟大复兴的中国梦。中华民族伟大复兴的中国梦是两岸同胞的共同梦想，也与两岸同胞前途密切相关。“一国两制”如何在台湾落实，会充分考虑到当地实际情况，也会积极听取两岸声音，更会充分照顾到台湾同胞利益和感情。两岸同胞要携手共同奋斗，加深对祖国大陆的认知，走出历史误区，坚守民族大义，汇聚起推进祖国统一和民族复兴的磅礴力量。

3. “一国两制”模式为全球治理提供中国方案

“一国两制”模式是中国为解决国家统一问题的成功实践，它是根据国内外新形势提出的，充分体现了该治理制度的包容性与灵活性，也为全球治理提供了中国方案。“一国

① 台湾问题与新时代中国统一事业．(2022-08-10)．https：//www.gov.cn/zhengce/2022-08/10/content_5704839.htm.

② 习近平．高举中国特色社会主义伟大旗帜 为全面建设社会主义现代化国家而团结奋斗：在中国共产党第二十次全国代表大会上的报告．(2022-10-25)．https：//www.gov.cn/xinwen/2022-10/25/content_5721685.htm.

③ 同②.

两制”是港澳地区繁荣稳定与和平发展的最佳制度安排，在推进国家治理体系和治理能力现代化的同时，也提高了特别行政区的社会治理能力与水平，为全球解决历史遗留问题和现实问题提供了新思路。坚持和完善“一国两制”模式，还有利于构建中华民族命运共同体，对构建人类命运共同体、全球团结统一构建新的全球治理体系有重要的参考价值。

本章小结

坚持党的领导制度体系和“一国两制”是中国特色“制度之治”的重要组成部分。“中国之治”的本质是“制度之治”，在其支撑下，可以更好地将中国制度优势转化为国家治理效能。党的领导制度体系的基本框架是“1+4”体系，逻辑结构由六大制度的功能和层次构成，各层次要素相互作用、紧密联系。坚持和完善党的领导制度体系，是助力党长期执政能力建设的表现，是推进国家治理体系和治理能力现代化的重要举措。“一国两制”是中国政府为实现祖国统一提出的中国方案，有利于维护国家主权、安全和发展利益，有利于保持港澳特别行政区的长期繁荣稳定。“一国两制”治理方案围绕历史文化与实际情况，体现出同体异质的中国特点。当前，“一国两制”形成一个国家、两种制度与港澳台三种方案的新治理格局，也为全球治理提供了中国方案。

关键术语

中国之治　　制度之治　　党的领导　　党的领导制度　　党的领导制度体系
一国两制　　同体异质　　行政主导　　全面管治权　　高度自治权　　特别行政区

复习思考题

1. 为什么说“中国之治”的本质是“制度之治”？
2. 请描述从“党的领导制度”到“党的领导制度体系”的演变过程。
3. 为什么说党的领导是中国特色社会主义制度的最大优势？
4. 党的领导制度体系的基本框架与逻辑结构是什么？
5. 新时代优化党的领导制度体系的基本路径是什么？
6. “一国两制”同体异质的治理方案有哪些特色？
7. 如何理解中央的全面管治权与特区政府的高度自治权之间的关系？
8. 请简要概述行政主导制的特色。
9. 探索“一国两制”台湾方案有两个基本原则。一是充分考虑台湾现实情况，二是有利于统一后的台湾长治久安。请具体分析“一国两制”台湾方案的内容。
10. 案例分析题：请认真阅读案例材料，然后按照要求分析并回答问题。

“爱国者治港”新实践 选贤举能开新篇

2022年5月8日，香港特别行政区第六任行政长官选举顺利举行，李家超高票当选。这是完善香港特别行政区选举制度后首次举行的行政长官选举，是全面贯彻落实“爱国者治港”原则新的生动实践，有利于香港巩固由乱到治局面，有利于香港实现良政善治，有利于“一国两制”实践行稳致远，对维护香港长期繁荣稳定意义重大。

第六任行政长官选举严格按照香港基本法、全国人大及其常委会有关决定和香港特区有关选举制度进行，选举过程依法依规、公开公正、平稳有序。完善香港选举制度后的首次选举委员会选举、立法会选举、行政长官选举均顺利完成，新选举制度全面落实，展现了香港民主实践新气象。

一些反中乱港分子曾通过各类选举进入香港特区管治架构，不择手段干扰、阻挠、破坏特区政府施政，破坏香港正常政治秩序。2021年，中央依法完善香港选举制度，从制度机制上全面落实“爱国者治港”原则。这是依法治港、拨乱反正的必要之举，是维护国家安全和特区法治秩序的治本之策，也是确保香港的民主发展始终在正确轨道上前进的固本之基，体现了中央坚持和完善“一国两制”制度体系、维护香港长期繁荣稳定的历史担当。

根据新的选举制度，选举委员会由原来1 200人扩大到1 500人，由四大界别扩大到五大界别，覆盖面更广、代表性更强、社会各界参与更加均衡。新的提名规定使行政长官候选人能得到选委会各界别的认可，其参选政纲和当选后的施政更能兼顾各方利益和诉求。

回应关切、凝聚共识，第六任行政长官选举充分彰显新选制的进步性和优越性。候选人李家超在参选过程中，广泛拜会社会团体、探访基层市民，听取意见、完善政纲。香港社会各界对行政长官选举热烈关注，积极参与，以各种方式踊跃向候选人团队建言。上百个青年团体也为香港发展献策，反映青年一代对新的管治团队的期待。候选人政纲的形成过程是香港社会民主咨询、民主协商的过程，公布的政纲是各界共同参与的结果，也是对香港未来期许的集中体现。

新选制选贤与能，新选制开启新局。第六任行政长官选举充分证明，完善后的香港特区选举制度，全面准确贯彻“一国两制”方针和香港基本法，符合香港特区实际情况，能切实维护香港社会整体利益和各界别各阶层利益，是香港民主制度的优化提升和与时俱进。香港社会各界普遍认为，新选制使得竞选活动更加理性、公平、有序，更加注重民生和发展，更加注重参选人的能力和素质，有利于选出管治能力强的爱国者、“一国两制”的守护者、良政善治的推动者、融入国家发展大局的促进者。新选制真正体现选举本意，真正为香港人谋实惠、谋福祉。

资料来源：人民日报评论员：“爱国者治港”新实践 选贤举能开新篇．(2022-05-08). https://export.shobserver.com/baijiahao/html/483287.html.

问题

（1）结合案例，谈谈如何全面理解“一国两制”。

（2）从案例中归纳分析“一国两制”的特点。

本章阅读书目

1. 张占斌．制度制胜：中国国家治理的制度优势．北京：中共中央党校出版社，2020.

2. 于建荣，何芹．读懂大国优势：中国之治的制度密码．北京：东方出版社，2020.

3. 靳诺，刘伟．中国之治的制度密码．北京：中国人民大学出版社，2020.

4. 骆伟建．“一国两制”理论和实践经验研究．广州：广东经济出版社，2020.

第17章
中国式“政策之治”

本章导读

中国式“政策之治”是党的十八大以来公共政策回应中国治理实践的新成果。我国正处在中国式现代化建设的关键期，各地经济、社会发展水平差异较大，诸多问题难以通过标准化的“立法先行”予以“齐步走”解决。“政策之治”紧紧立足于社会主义中国这一大前提，是扎根于中华文化厚土里的内生性治理理念与治理方略。本章从政策试点、对口支援和跨域治理的政策模式出发，深入诠释作为“政策之治”助力“中国之治”的本土化政策模式，它们既具有中国特色，又突显人民本位，同时还能为“世界之治”“全球治理”提供中国智慧和中国方案。

重点问题

- 政策试点模式
- 府际对口支援政策模式
- 跨域治理政策模式

知识结构图

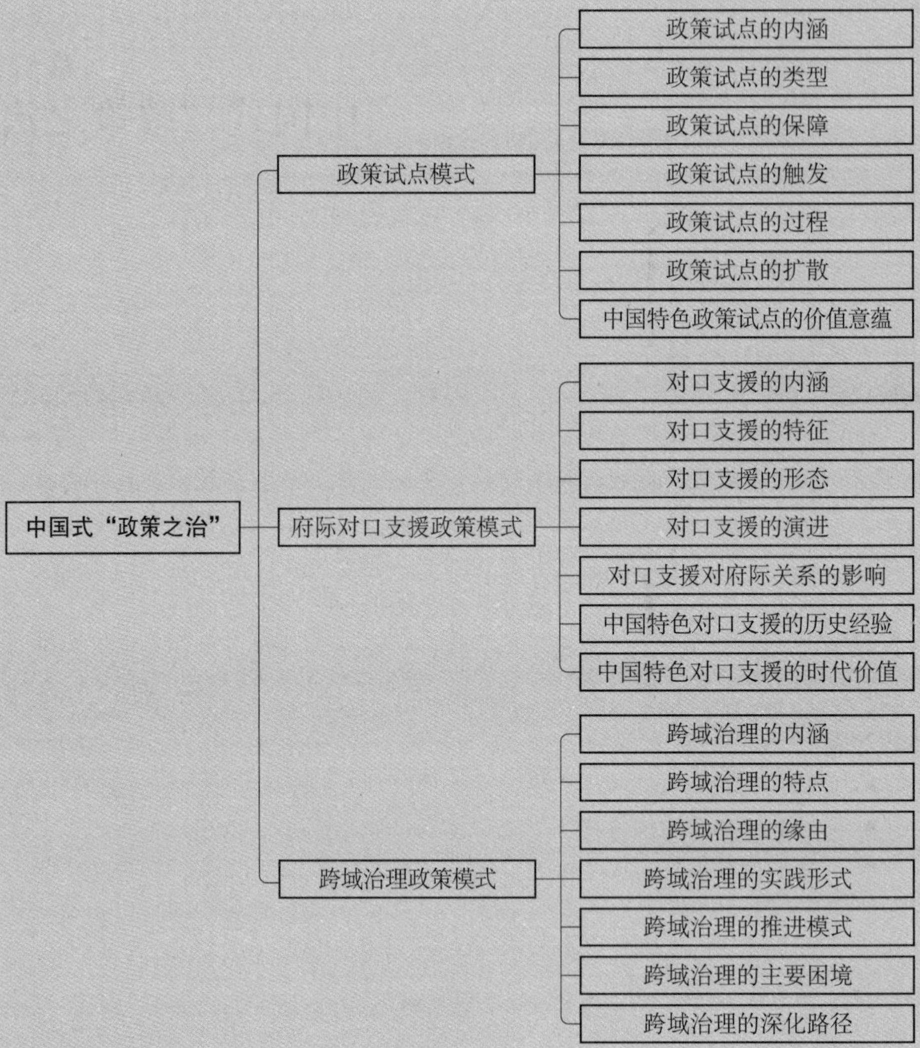

17.1 政策试点模式

政策试点作为一种特殊的政策类型，突破了制度刚性的限制，增强了政策的灵活性和适应性，实现了整个社会秩序与活力的内在统一，是治国理政的重要策略和工具。从具体实践来看，无论是雄安新区、粤港澳大湾区、先行示范区等宏观层面的国家政策试验区，还是智慧城市、河长制、营商环境优化等中观层面的区域政策试点项目，抑或是网格化管理、公共服务外包、社区治理等微观层面的基层政策创新，政策试点始终发挥着提升示范效应、降低改革风险和激发社会活力的作用，逐渐实现了从经验性“工具”向规范性

“机制”的转变。总体而言，具有中国特色的政策试点机制伴随着实践经验的总结升华逐渐演化形成，发挥着上承顶层设计和下启地方创新的作用，是理解“中国之治”的关键。

17.1.1 政策试点的内涵

所谓“政策试点”，又称为“政策试验”，有时亦简化为“试点”“试验”，是指凡属影响持久、深入、广泛的大型公共决策，在可能的情况下，要选择若干局部范围（如单位、部门、地区）先试先行，然后在总结经验的基础上，再形成整体性政策或者再全面铺开政策实施的做法，是中国治理实践中特有的一种政策测试与创新机制。

政策试点包括狭义和广义两个方面。狭义的政策试点是指政策测试，指党政机关为了验证政策方案的正确性、可行性，并取得实施这些方案的具体化细则，而在一定范围内进行的一种局部性的决策施行活动。广义的政策试点则包括政策测试和政策生成两个方面。与政策测试不同，政策生成的主要目的在于寻求全新的政策方案，进行制度创新。它一般是指中央为寻求新的制度或政策工具而进行的分权式试验，以及地方自行发起的政策试点活动及相应实践等。

17.1.2 政策试点的类型

政策试点的具体类型包括各种形式的试点项目、试验区等。试点项目侧重于时间维度，是中国政策过程中最典型和普遍的一种政策试点类型，它是指在一定时间段和一定范围（特定的地域、政府部门或企事业单位）内所进行的一种局部性政策探索及实施活动。试验区侧重于空间维度，是指为探索或实施某一项或某一领域的新政策、新制度而选定的一个地域性区划单位，具体表现为各种样式的综合性试验区、专门性试验区以及特区、新区、开发开放区、示范区、合作区等。

17.1.3 政策试点的保障

政策试点的历史可以追溯到中国共产党领导的革命战争时期。1943年，毛泽东概括总结了中国共产党“由点到面”的调控式政策试验工作方法，并将其提升为工作指导方针。新中国成立后的土地改革采用试点方法，即“小心谨慎、创造典型”“典型突破、逐步推跳”“点面结合、全面展开”，最终实现了农民“耕者有其田”。十一届三中全会后，邓小平反复强调改革开放是很大的试验，要“大胆地试，大胆地闯”[①]。党的十八大以来，政策试点历久弥新，对中国全面深化改革的价值和作用更加凸显。2017年，习近平在中央全面深化改革领导小组第三十五次会议上指出，试点是重要改革任务，更是重要改革方法。2018年，习近平在庆祝改革开放40周年大会上讲道，“坚持试点先行和全面推进

① 邓小平．邓小平文选：第三卷．北京：人民出版社，1993.

相促进，既鼓励大胆试、大胆闯，又坚持实事求是、善作善成，确保了改革开放行稳致远”①。

为什么政策试点能够在当代中国的改革开放中大放异彩？答案就是中国特色的政治制度为政策试点搭建了必不可少的制度保障。

第一，中国共产党发挥总揽全局、协调各方的领导核心作用。在中国特色社会主义政治体系中，中国共产党领导核心作用的一个基本体现，就是对改革开放各个阶段、各个领域的重大改革举措进行战略指导，提出具有统领性、统摄性的大概念、大理论，如“社会主义初级阶段”“社会主义市场经济体制”等等。有这些政策理念或战略构想的指引，各项具体的政策试点就有了方向，就可以解放思想，在理论联系实际的基础上大胆探索。

第二，实行民主集中制的组织制度和实行群众路线的领导制度，是保障政策试点在公共决策中有效运作的制度性因素。没有这样的组织制度和领导制度作支撑，政策试点的“试验—推广”过程就失去了持续的基础。

第三，中国特色社会主义政治制度体系为“不争论，大胆地试”留下了制度空间。中国政治制度的优势在于具有制度弹性，这种弹性的一个重要表现就是容纳多样性，鼓励试验、探索和创新。在各项重点改革举措的决策上，可以“不争论，大胆地试，大胆地闯”“允许看，但要坚决地试”。这样从“点”到“面”，用事实说话，就能够在重大改革举措的决策上消除分歧，达成共识。

17.1.4 政策试点的触发

从中央政府推动力和地方政府竞争力交互影响出发，地方政府和政策试点的关系可以分为争取、指定、追认、自发四种情形。

一是政策试点资格存在竞争，地方政府往往会极力争取。“试点”通常意味着宽松的政策待遇、宽容的上级态度、更大的行动空间，依据分红的逻辑，只要是有助于本地经济增长和收入提高的试验项目都会受到地方官员强力追捧。从分级治理的制度安排来看，政策试点是在推行国家意图和调动地方资源的双重目标下，中央政府对地方政府进行的非科层制竞争性授权。面对政策试点的“国家发包”，地方政府唯有主动“抓包”才能获取竞争性资源。

二是中央政府指定地方政府进行政策试点。有研究表明，为了示范，中央政府倾向于挑选出一些成功的“点”进行试验。这既减少了“盲目”执行的问题，又让中央政府得以将试验风险分散到地方，从而降低政策失败的影响。如果没有来自上级的支持，地方创新往往无路可走，或至少走不远。然而，这种靠中央“高位推动”而触发的地方政策试点，地方往往不“在意”或不“上心”，所做的试验更多是对既定政策程序的提炼和改进，缺少政策创新。一些缺乏创新动机的地方政府实际上仅达到了试点的最低要求。

三是地方政府的自主政策试点在取得成果和经验后被中央认可。有学者对《人民日

---

① 习近平．在庆祝改革开放40周年大会上的讲话．人民日报，2018－12－19.

报》1992—2003 年间有关试点报道的分析表明，中央和各部委发起的试点仅占 37.81%，有六成以上是由省及省级以下政府发起的[①]。如果仅仅将政策试点视为中央政府的一种主动行为，就窄化了政策试点主体范围，地方政府理应成为推动政策试点的主体力量。不过，另一些研究指出，改革开放中后期，基层创新的竞争越来越激烈，地方政府之间的相互模仿越来越多，但真正被中央政府采纳并在全国推行的试点政策少之又少。

四是地方政府自行在本地区实施的试点。自发试点的原因可能是申请中央试点的难度较大、周期较长、当地特殊性等。

17.1.5 政策试点的过程

一旦地方政府拥有“试点”的身份，随后便进入具体实施过程。政策试点实施过程主要有政策过程阶段论和央地关系论两种研究视角。

政策过程经典理论侧重于将政策试点划分为前后衔接的若干阶段。目前较为流行的阶段划分至少有四种：两阶段论，如“试点—推广”样式；三阶段论，如试验对象选择阶段、试验方案设计和完成阶段、试验经验扩散和推广阶段；四步骤论，如设计试验方案、选择试验对象、组织（执行）试验方案、评估（总结）试验结果四个步骤；五阶段论，如媒体报道、上级肯定、树为典型、党政发文总结推广经验、制度化五阶段。还有学者结合阶段与步骤，将政策试点过程归纳为“两阶段十环节”，具体是指“先试先行”的试点展开和“由点到面”的成果推广两个阶段，以及与之对应的选点、组织、设计、督导、宣传、评估以及部署、扩点、交流、总结十个环节，体现出政策试点的运行过程与一般政策制定过程的差异[②]。

政策试点实施过程的央地关系研究视角侧重于将中央与地方互动关系视为决定政策试点过程的关键变量。对于央地关系下的政策试点过程，概括起来有三种较有代表性的理论观点。一是“分级制政策试验”观点，该观点以央地互动机制为基础，将政策试点过程分解为地方试验、国家筛选典型、起草试点方案、地方同时试点、由点到面经验推广、最高领导颁布政策法规、政策解释和执行、执行效果评估八个循环过程。其中，存在诸多反馈流程，比如政策解释和执行阶段的反馈可能导致新的地方试验或重新起草“试点”方案[③]。二是“学习-适应”观点，该观点以中国的强学习能力和强适应能力为背景，认为政策试点过程分为三阶段：首先，决策者深信只有通过本土“试验”而非域外“照搬”，才能找到解决问题的有效途径；其次，在多领域开展分权式试验；最后，对试验中产生的新成果，进行纵向和横向推广应用。三是“中央选择性控制”观点，该观点对上述两种解释提出质疑，认为中央在多数情况下对试验并无明确目标，而是要求地方依其实际情况执行中央宏观政策指导精神，中央从政治权力体系结构出发，对地方试验

① 梅赐琪，汪笑男，廖露，等．政策试点的特征：基于《人民日报》1992—2003 年试点报道的研究．公共行政评论，2015（3）．

② 周望．中国“政策试点”研究．天津：天津人民出版社，2013.

③ Heilmanns. Policy Experimentation in China's Economic Rise. Studies in Comparative International Development，2008（1）.

活动进行认定和诠释。

17.1.6 政策试点的扩散

实际上，无论如何划分政策试点过程，都是在强调这种政策试验过程与常规政策制定过程的不同之处。然而，阶段划分只是描述了政策试验的时间逻辑，还不能刻画其内在的运行逻辑。因此，近年来的政策扩散研究逐渐成为政策试点研究中新的增长点。

政策扩散联结了政策从制定到完善再到全面推广的全过程，在试点研究中具有重要地位，一些研究尝试构建政策扩散模型，主要包括全国互动模型、区域传播模型、领导-跟进模型与垂直影响模型等①。有的通过具体的政策试点案例探讨政策扩散。以新高考改革试点为例，强调通过试点来控制政策风险以实现政策的全面推广。在政策试点—推广过程中，政府间横向的自发式扩散和纵向的推动式扩散共同发挥着重要作用，使创新成果得以最大限度地推广②。政策扩散逐步演变为在中央与地方反复互动中，通过“试点—筛选—扩散”的机制，实现政策在全国范围内的推广。由此可见，在政策扩散理论的基础上，政策试点遵循吸纳—扩散的运行逻辑。即首先由中央（上级）完成对地方（下级）经验的吸纳，包括“先进典型”“典型示范”等；然后将吸收而来的地方经验进行扩散式的推广，实现由点到面、逐步推广。

17.1.7 中国特色政策试点的价值意蕴

首先，在宏观层面，政策试点让制度变迁和创新以一种较为平稳的方式发生，是中国渐进主义改革方法论的集中体现。诺斯从制度变迁的角度指出，中国的制度结构具有非比寻常的适应能力，因为它允许运用不同的方式开展试验。国外学者把政策试点视为中国发展道路获得成功的三条基本经验之一，将政策试点比作政治上的“企业家精神”，可以带来地方政府的制度创新，认为政策试点完全可以灵活地运用于未来各种改革活动中。

其次，在中观层面，政策试点是一种改革思维、试错机制或技术手段。政策试点具有降低公共政策生产成本、以点带面、减少改革阻力等功能。上级政府往往通过建立领导小组、联席会议、联系点制度和行政督导来推进试点，从而有助于政策落地。

再次，在微观层面，政策试点是一种把来自基层的建议和地方积累的经验注入国家政策的一种实践机制。在中国，试点这种土生土长的方法有其深厚的合法性，对经济、社会、公共治理等领域的改革作出了重要贡献，成为塑造“中国奇迹”的基础性治理实践机制之一。中国推行的任何一项较为重大的政策，几乎都要经过试验阶段。

最后，在理论层面，政策试点补充和扩展了西方公共政策过程的理论谱系。目前主

---

① 朱亚鹏．政策创新与政策扩散研究述评．武汉大学学报（哲学社会科学版），2010（4）．

② 靳亮，陈世香．横向自发与纵向推动：我国政策扩散的双重逻辑——以地方文化体制改革为例．广西社会科学，2017（11）．

流的政策过程理论主要产生于西方国家的实践经验。然而，中国的政策试验既不同于西方国家的政策实践，也不能简单套用主流的政策过程理论进行牵强解释。因此，基于这一研究的理论成果将会对充实政策过程理论体系起到实质性作用，有助于扩展政策过程学说的理论版图。

案　例

以试点推动内外贸一体化高质量发展

党的二十大报告提出，加快构建新发展格局，着力推动高质量发展，明确要求“把实施扩大内需战略同深化供给侧结构性改革有机结合起来，增强国内大循环内生动力和可靠性，提升国际循环质量和水平”。

商务部发布公告，将江苏、浙江（含宁波）、福建（含厦门）、广东（含深圳）、北京、上海、重庆、湖南和新疆等 9 个地区作为内外贸一体化试点地区，面向社会公示。通过试点，加快培育一批内外贸一体化经营企业，形成可复制推广的经验和模式，为促进内外贸融合发展发挥示范带动作用。

近年来，我国内外贸一体化取得长足发展，内外贸市场规模日益壮大。2022 年 1 月，国务院办公厅印发《关于促进内外贸一体化发展的意见》。同年 5 月，商务部等 14 部门发布《关于开展内外贸一体化试点的通知》，决定在部分地区率先开展内外贸一体化试点。

与此同时，受新冠疫情等不确定因素的影响，越来越多的外贸企业对国内国际市场有了新的认识，在打好“外贸牌”的同时，更加有效统筹用好国内国际两个市场、两种资源，促进企业发展更加稳健有力、进口和出口更加协调发展。

推动内外贸一体化发展，能够扩大国内市场需求、挖掘消费潜力，助推消费提质升级，同时也能增强国内国际两个市场两种资源联动效应，提升贸易投资合作质量和水平。随着推动内外贸一体化发展的各项政策落实到位，将进一步激发企业活力，丰富市场供给，满足人民日益增长的美好生活需要，为构建新发展格局做出更大贡献。

资料来源：杜海涛．推动内外贸一体化高质量发展（市场漫步）．(2022－11－16)．http：//finance.people.com.cn/n1/2022/1116/c1004－32566967.html.

17.2　府际对口支援政策模式

对口支援是新中国在长期的区域治理实践中不断探索而逐步建立和完善起来的一种援助模式，是在中国特定政治生态中孕育、发展和不断完善的一项具有中国特色的政策模式。其在加快区域协调发展、消除绝对贫困、促进民族团结与提升抗风险能力等方面发挥了不可替代的作用。在长期实践中，对口支援政策模式不仅充分彰显了坚持全国一盘棋、调动各方面积极性、集中力量办大事的显著优势，而且体现出中华民族伟大的团结协作精神，使得无论是受援方还是援助方都充分体悟到社会主义大家庭的温暖。

17.2.1 对口支援的内涵

中国是一个人口众多、地域差异性显著以及社会结构较为复杂的国家。超大规模的疆土跨度，既使得中国在面对危机时拥有充足的缓冲空间，又使得国家内部各区域之间的社会经济发展差距较大，阻碍了各族人民共同富裕目标的实现。对口支援即是在这一时代背景下提出的富有中国特色的制度设计和政策实践。

围绕对口支援的基本内涵，学界展开了深入探讨，其中，较有影响的主要是：第一，从政府协作意义上，认为对口支援是中国特有的政府协作行为、政策模式或工具。对口支援是长时期政府主导下促进区域平衡发展的重要模式，在区域间协调资源与互助方面发挥重要作用[①]。第二，从财政功能意义上，将对口支援界定为地方政府间“财政横向转移支付”。对口支援是同级别政府间的财政转移支付，是财政平衡视角下的政府行为，是国家转移支付系统中中央对地方纵向转移支付的有益补充[②]。第三，从决策主体上，认为对口支援是中央政府行政命令下的政府间“政治馈赠”行为。对口支援的发起和决策源自中央政府，是中央政治权威领导下的地方政府间无偿援助，有助于构建“远亲合作型”地方间政府关系[③]。

结合上述讨论，我们认为对口支援的内涵可以分为狭义和广义两方面。从狭义上讲，对口支援是指在中央或上级统筹安排下，某些经济发达的地区对经济不发达地区、受灾地区或因贫生活生存困难地区等开展援助的国家政策性行为，它是社会主义制度优越性和大协作精神的体现。从广义上讲，对口支援泛指国家在制定宏观政策时为支持某一区域或某一行业，采取不同区域或行业之间结对形成支援关系，是区域、行业乃至部门间开展合作与交流的有效形式，从而使双方区位或行业的优势得到有效发挥。从参与主体来看，对口支援既有中央统筹下地方政府、国家部委和中央企业的统一性协同，也有企业、社会组织和公民个人的自发性介入。无论是狭义上还是广义上，对口支援并不是单向度的，在具体的实践中提倡优势互补、互惠互利、长期合作、共同发展。

17.2.2 对口支援的特征

对口支援是具有中国特色的为促进特定地区发展而实施的一项特殊政策，是我国运用马克思主义理论解决中国实际问题的成功尝试。它具有以下几个特征[④]。

第一，对口支援的本质是一种政治机制。一方面，对口支援依托公共权力并由它驱动运行，中央权威是维系对口支援在各类主体间有序运行的基本凭借与主导力量，中央权威的政治主张，使得对口支援在实践中成为中央赋予的重大而光荣的“政治任务”。另

① 朱光磊，张传彬．系统性完善与培育府际伙伴关系：关于“对口支援”制度的初步研究．江苏行政学院学报，2011（2）．

② 石绍宾，樊丽明．对口支援：一种中国式横向转移支付．财政研究，2020（1）．

③ 李瑞昌．界定“中国特点的对口支援”：一种政治性馈赠解释．经济社会体制比较，2015（4）．

④ 王禹澔．中国特色对口支援机制：成就、经验与价值．管理世界，2022（6）．

一方面，对口支援机制的运行主体具有鲜明的政治属性，比如代表党中央和国务院承担决策、督促、评估与终结对口支援职能的各类领导小组或委员会（如扶贫开发领导小组）和负责实施的中央部门、地方政府主体，具有鲜明的政治属性。

第二，对口支援的根本初衷是以人民为中心。对口支援的功能性目标是解决发展的区域性不平衡问题，其本质性目标是实现全体人民共同富裕，因此，对口支援具有鲜明的人民属性，它以人民利益为最终归宿和第一诉求，以全面提升全体人民的共同发展为治理目标。

第三，对口支援的核心功能是解决空间发展失衡问题。实践表明，无论是对口支援贫困地区，还是对口支援受灾受困地区，都是为了解决特定场域和时空的资源供需关系失衡问题，因此，对口支援本质上是通过政治权力机制来实现资源再配置，从而解决"区域发展不平衡""资源供给与需求失衡"问题，推进其从不平衡转向动态平衡。

第四，对口支援的运作关键是从"输血"到"造血"。对口支援要把短时的"输血项目"和长期的"造血项目"统一起来，把工作重点放在提高受援方"自身造血"功能上。如果不解决欠发达地区自我发展能力不足问题，这些地区很可能陷入"贫穷—援助—贫穷"的恶性循环陷阱而不能自拔，因此，帮助受援地区建立"自身造血"功能，是对口支援运作的关键。

17.2.3 对口支援的形态

在长期的历史发展过程中，对口支援呈现多种形态，对这些形态进行类型划分，可以更加清楚地显示对口支援整体发展图景。

第一，按照支援的任务类型，可以将对口支援划分为五种形态[①]。一是少数民族与边疆地区全面性对口支援。从中国少数民族地区的地理分布来看，其与西部边疆地区具有很大程度的重合性，对少数民族地区的对口支援，基本上也是东部地区对西部地区的对口支援，其理论支点是邓小平同志提出的"两个大局"理论。如对口支援西藏、四川省藏区和新疆、内蒙古、云南等边境地区。二是国家重大工程实施地区补偿性对口支援。重大工程实施地区主要指三峡库区和南水北调中线水源地的丹江口库区，对于这类实施超越地区自身利益的重大工程的地区开展对口支援工作。三是贫困地区发展性对口支援。1992年，邓小平在南方谈话中提出，一部分地区有条件先发展起来，一部分地区发展慢点，先发展起来的地区带动后发展起来的地区，最终达到共同富裕，如中央定点扶贫、东西部扶贫协作等。四是严重灾害地区赈灾应急对口支援。主要是通过横向转移支付的手段，解决灾害发生地区由于灾后重建需要大量资金而本地区无法解决的问题，其核心是应急性区域财政收支平衡问题。如对口支援汶川灾后重建和新冠疫情防控。五是基本公共服务落后地区专项性对口支援。主要是为了较好地实现不同地区基本公共服务水平的均等化，从而改善基于生存权、发展权的欠发达地区广大人民群众的基本人权。例如对赣南等原中央苏区对口支援、卫生对口支援、教育对口支援等。

---

① 李曦辉．对口支援的分类治理与核心目标．区域经济评论，2019（2）．

第二，按照支援主体的结对关系，可以将对口支援划分为三种形态。一是中央对地方的对口支援。这其中又可以分成两种形式：一类是以国家的名义，针对某一地区发展严重滞后或者资源暂时极度失衡的状态做出的直接支援，如中央支援“三西”农业建设、2020 年新冠疫情前期国家派出医疗队对口支援接管武汉各大医院；另一类是中央授权所属部门、单位对地方的对口支援，如中央定点扶贫，中央单位直接对口帮扶结对贫困县。二是地方与地方之间的对口支援。通常是经济发达省份对口支援经济欠发达或者有重大紧急需求的省份，如东西扶贫协作、对口援疆、对口支援汶川灾后重建等。三是地方内部的结对支援。省级企事业单位和市场、社会组织对本辖区内单一贫困县、贫困村的支援属于此类型。

第三，按照支援的战略意图，可以把对口支援划分为三种类型。一是维护边疆稳定的对口支援。作为我国拥有众多少数民族聚居之地，西藏、新疆等边疆地区的治理影响着国家的稳定和安全。因此，边境民族地区对口支援的首要目的是维护边疆稳定，不断促进民族团结，铸牢中华民族共同体意识。二是均衡发展导向的对口支援。中央通过纵向的财政转移支付满足受援助地区的资金需求，通过“命令、指挥—服从、执行”的方式要求经济条件好的地方政府不折不扣地按照对口支援方案进行省际的援助行动。例如东西扶贫协作、振兴东北对口合作、教育和卫生领域的对口帮扶等，这一类对口支援可以推动资源横向流动，具有保障基本公共服务均等化、增进全国一盘棋的目的，是政府长期规划的政策体现。三是应急管理导向的对口支援。主要适用于局部性、紧急性、阶段性任务，启动迅捷、方式灵活、见效迅速的横向支援（如抗震救灾、新冠疫情防控、精准扶贫等对口支援项目）。

第四，按照支援的模式差异，对口支援还有三种拓展类型。一是对口帮扶。对口帮扶是对口支援的一种拓展。在《国务院关于印发中国农村扶贫开发纲要（2001—2010年）的通知》中，将“扶贫协作”换成“对口帮扶”，也称为“东西部扶贫协作”。对口帮扶分为三个层次：一是在中央政府的统一安排下，以地方政府为主导的东西部协助扶贫，即东部发达省市帮扶西部贫困省区；二是中央和各级国家机关、企事业单位帮扶辖区内的贫困县区；三是社会组织、民间组织和民主党派到贫困地区进行产业投资、合作和智力帮扶。二是对口协作。对口协作是对口帮扶的一种扩展，在南水北调工程中首次提出。“协作”与“帮扶”明显不同，不再是指一方对一方的单向支援，而是指双方协力、共同完成某项任务。在“对口协作”政策的语境下，“对口”双方还不是对等的合作，而是强调发达地区在协作中对欠发达地区的帮助。另外，对口协作的任务往往比较单一，双方就共同的任务进行协作。从这个意义上看，对口协作的适用范围比对口支援或对口帮扶要窄。三是对口合作。由中央安排的对口合作目前有两种：第一种来自汶川地震发生后外地对灾区的对口支援实践。由于对灾区的援建有时间期限，灾区的恢复重建任务完成后对口支援便可以停止了，但是有的支援和受援双方把对口支援关系转变为对口合作关系。因此，对口合作不是对口支援的简单扩展，而是包含了转向，即由单向帮扶转为双向合作。另一种对口合作是由中央直接安排。例如，2016 年印发的《国务院关于深入推进实施新一轮东北振兴战略加快推动东北地区经济企稳向好若干重要举措的意见》提出，“组织辽宁、吉林、黑龙江三省与江苏、浙江、广东三省，沈阳、大连、长春、哈尔滨四市与北京、上海、天津、深圳四市建立对口合作机制”。中央在安排对口合作“对子”的时候，双方的发展水平一般比较接近，比如辽宁与江苏都在东部沿海地区，这与对口支援中发达地区帮助欠发达地区的政策设计不同，但这种对口合作仍然有帮扶任务。

17.2.4　对口支援的演进

我国的对口支援萌芽于社会主义建设初期，起初主要用于工农业现代化进程中的地方城乡工农协作，此后，在长期的发展过程中，对口支援机制围绕着不同时期经济社会发展的突出矛盾和任务，经历了萌芽探索、规范发展、创新推进等三个阶段。

1. 改革开放前的萌芽探索阶段

对口支援的概念最早可见于《山西日报》在 1960 年发表的社论，该社论对 20 世纪 50 年代末以来，山西经纬纺织机械厂与曙光公社在机械农具、技术人才及生产基地等方面采取的“对口支援、一包到底”的举措进行了充分肯定。随后《人民日报》转载并发表社论，从国家战略的宏观角度对对口支援模式取得的突破进行支持和宣传，促进了对口支援这一模式在各层次各方面的推广应用。1956 年，党的八大提出，国家的主要任务是集中力量发展社会生产力，实现国家工业化。在此背景下，国家要求各行各业都来支援农业。从 20 世纪 50 年代中期到 70 年代，对口支援从省内的城市支援农村开始发展成为省际的协作与支援，主要表现为沿海支援内地，支援形式以干部、知识分子和工人从沿海到内地支援建设为主。从 20 世纪 50 年代末到 70 年代末，各地方在对口支援上以工业支援农业、城市支援乡村的模式进行了有益探索，并见之于《人民日报》、地方报纸等媒体的报道，逐渐得到了从基层到中央的高度肯定和认可，为对口支援成为国家官方的政策模式奠定了实践基础①。

2. 改革开放后到党的十八大前的规范发展阶段

改革开放以后，中央确定“以经济建设为中心”的基本路线，建设小康社会成为经济社会发展目标，对口支援围绕这一目标得以确立、运用和发展。

1979 年全国边防工作会议召开并首次提出了对口支援政策，由此开启了全国范围内的对口支援实践。对口支援的首要场域是边境和民族地区。1979 年，中央确定北京支援内蒙古、天津支援甘肃、河北支援贵州、山东支援青海、江苏支援新疆和广西、上海支援宁夏和云南、全国支援西藏。1982 年 10 月，国务院要求深入推进对口支援工作，明确对口支援与经济协作由国家经委牵头。1984 年，《中华人民共和国民族区域自治法》颁布，提出“上级国家机关应当组织和支持经济发达地区与民族自治地方开展经济、技术协作，帮助和促进民族自治地方提高经营管理水平和生产技术水平”，为对口支援的开展提供了坚实的法律保障。对口支援的另一场域是对口帮扶欠发达地区的经济社会发展，主要涉及中央定点扶贫、东西扶贫协作以及相应的教育、医疗对口支援。对口支援还逐步应用于国家重大工程建设和应急救灾。1992 年，国务院发布《关于开展对三峡工程库区移民工作对口支援的通知》，要求各地区、各部门对口支援三峡工程移民。1996 年，

---

① 黄基鑫，等．从全面小康到共同富裕：对口支援的作用、经验与展望．经济与管理研究，2022（2）．

国务院作出部署由浙江等13个省市对宁夏等10个省区开展扶贫协作，这标志着我党正式开启了扶贫工作中的“对口支援”。2000年国务院制定了西部大开发若干政策措施，提出要给予西部贫困地区特别援助。针对以前的对口支援多为经济项目的物质帮扶，很少有文化层面的精神帮扶的情况，2000年2月，文化部等提出了要加强发达地区的文化对口支援，帮助民族地区建设文化基础设施，实现县有文化馆和乡有文化站。教育部于2001年也要求支持西部地区高等教育的发展，配套推进和深化对口文化支援。2008年5月，四川省汶川县境内发生里氏8.0级地震，地震影响波及大半个中国。同年6月，中央决定按照“一省帮一重灾县”的原则，由山西等19个省市对口支援，并且成为受灾地区恢复重建应用对口支援的典范。

3. 党的十八大以来的创新推进阶段

新时代以来，我国社会的主要矛盾是人民日益增长的美好生活需要和不平衡不充分的发展之间的矛盾，对口支援在解决这一矛盾的实践中不断创新和推进。

新时代对口支援的首要任务是聚焦脱贫攻坚，并且创新推进定点扶贫、东西协作、支援边疆民族地区等重点任务。2013年11月，习近平总书记到湖南湘西考察时首次作出了“实事求是、因地制宜、分类指导、精准扶贫”的重要指示。2014年9月中央民族工作会议召开，习近平总书记在会上指示要发挥好中央、发达地区、民族地区三者积极性，把政策动力和内生潜力两者结合起来。2016年7月，习近平总书记在宁夏调研期间专门召开东西部扶贫协作座谈会，指出东西部扶贫协作和对口支援共同营造了国家区域发展“优势互补、长期合作、聚焦扶贫、实现共赢的良好局面”，必须长期坚持、深化帮扶、确保成效。2020年12月，习近平总书记在中央农村工作会议上提出，中共中央决定脱贫攻坚目标任务完成后，各项帮扶政策保持总体稳定，逐步实现由集中资源支持脱贫攻坚向全面推进乡村振兴平稳过渡。2021年2月25日，习近平总书记在全国脱贫攻坚总结表彰大会上庄严宣告：“我国脱贫攻坚战取得了全面胜利，现行标准下9 899万农村贫困人口全部脱贫，832个贫困县全部摘帽，12.8万个贫困村全部出列，区域性整体贫困得到解决，完成了消除绝对贫困的艰巨任务，创造了又一个彪炳史册的人间奇迹！”这就意味着，以全面小康为目标的对口支援将向以共同富裕为目标的对口支援转变。

新时代对口支援运用的典型场域是抗击新冠疫情。2020年，新冠疫情在湖北等地爆发，中央迅速决策，派出国家医疗队对口支援武汉重点医院，同时，部署以“一省包一市”的方式调度19个省份对口支援湖北16个市州县，在最短时间内实现了医疗资源和物资供应从紧缺向动态平衡的跨越式提升。

17.2.5 对口支援对府际关系的影响

府际关系又称政府间关系，是指中央政府与各级地方政府之间纵横交错的网络关系，它包括中央政府与地方政府关系、各级地方政府间关系，也包括同级地方政府间关系以及不存在行政隶属关系的非同级地方政府间关系①。

① 吕朝辉．边疆治理视野下的精准对口支援研究．云南民族大学学报（哲学社会科学版），2016（3）．

1. 对口支援对纵向府际关系的影响

对口支援使得纵向府际关系里出现了国家职能向下分派、国家职能的部门承担、中央直接介入地方发展等新的现象[①]。

一是国家职能向下级政府分派。对口支援任务的分派以地方服从中央、下级服从上级的国家权力结构和等级制为政治和行政依据。中央分派的对口支援任务并不是只依靠政治命令，而是通过政治动员，如采取不定期召开相关地方政府领导人和部门负责人座谈会的形式，说服和动员地方政府。通过政治动员，对口支援政策得到地方政府的高度重视，各地方政府都会积极按时按量完成中央安排的对口支援任务。

二是国家职能向部门和央企分派。中央把对口支援任务分派给部委，分派给中央直属的国有企业。中央部门众多，涉及经济、科技、教育、文化、交通、卫生、金融、基础设施等众多领域，这些部门都与受援地区建立结对关系，不同部门承担了帮助受援地区不同方面发展的任务。央企或国有企业的性质还决定其要为政府的政治职能和社会职能服务，通过投资项目、设立分公司等方式，在增加就业、基础设施建设、公共产品服务、特色优势产业培育、企地共建等方面与受援地区开展交流与合作。

三是中央直接介入基层地方的发展。与中央政府直接打交道的是省级政府，中央政府与其他层级政府之间的联系是以省级政府为中介的。对口支援政策实施中，中央政府越过了省级政府，直接安排受援地区的市、县级政府与支援方结对。中央的规划细致地规定了结对地区的行政体制改革、国企改革、民营经济发展、高校以及科研院所的合作交流、人才交流等方面，中央直接安排支援方在哪些方面帮助受援方。

2. 对口支援对横向府际关系的影响

跨省的横向对口支援使支援地区与受援地区建立了联系，相互之间开展帮扶和合作，加强了省际的横向联系，扩展了横向府际关系。

一是增加了横向府际关系的内容。对口支援在政治和经济两个方面增加了地方政府间横向关系的内容。支援方会成立由党委领导担任组长的对口支援某地的领导小组，在政府系列里规定专门的部门负责对口支援工作；在受援地设立对口支援某地的“前方指挥部”，成立临时党委，按照政治任务的方式进行组织保障。横向间的对口支援在受援地区与支援地区建立起飞地式经济联系，飞地经济的形成标志着对口支援从单向援助向双向互利合作的转变，援受双方从援助关系变为互利合作关系。

二是实现了财政横向转移支付。横向对口支援的内容不仅包括现金和实物，还包括技术、人才、医疗、教育等各类资源的转移。横向转移支付的一个结果是区域间的财政重新分配，目的是实现区域间的均等化。对口支援绩效评估的依据是受援方的状况是否得到改善，这使得支援方政府行动的依据不再是自身的利益，而是把对方利益的增进作为自己行动的依据。

三是推进了领导干部双向交流。在对口支援中，干部交流是一项重要的人事制度。这种制度既体现为东部地区选派优秀干部到边远贫困地区工作，也包括边远贫困地区干部到东部省市挂职学习。地方政府通过“长期支援、相互轮换”的办法，形成各兄弟省

---

① 杨龙，李培．府际关系视角下的对口支援系列政策．理论探讨，2018（1）．

市领导干部协同挂职锻炼的工作机制，密切和加深了横向府际交流。

四是地方政府间形成网络关系。多个地方政府支援一个地方政府，形成了“多对一”关系。反过来，一个地方政府接受多个地方政府的支援，又形成了“一对多”关系。这种双重一多对应的关系形成了一种府际关系网络。在这些网络中，尽管参与方政府的行政级别不同，但作为府际网络中的一个节点，各自地位是平等的，是为共同目标而形成的相互依赖关系。

17.2.6 中国特色对口支援的历史经验

对口支援是我国创造出来的具有中国特色的政策模式，作为“先富带后富”的典型方式，在帮助欠发达地区、消除绝对贫困和全面建成小康社会中发挥着重要的作用。分析总结中国特色反贫困历程，尤其是新时代脱贫攻坚中的对口支援的伟大成就和实践过程，不难发现，党的领导、以人民为中心的发展思想、中国特色社会主义政治经济制度体系、“一核多元”协同共治是对口支援机制有序运行和取得治理优效的历史经验①。

党的领导是对口支援的政治保障。中国共产党是中国特色社会主义事业的领导核心，是最高的政治领导力量。中国共产党领导是中国特色社会主义最本质的特征，是中国特色社会主义制度的最大优势。对口支援依赖于党的全面领导，需要党中央的权威来提供政治保障；对口支援依托于党的组织与动员能力，党的领导贯穿对口支援反贫困的全过程；对口支援与党领导下的强大执行能力密不可分，能够确保各项决策与任务分解的高效运转。

以人民为中心是对口支援的价值取向。社会主义的本质要求是解放生产力，发展生产力，消灭剥削，消除两极分化，最终达到共同富裕。党的十八大以来，党和国家贯彻以人民为中心的发展思想，积极实现全体人民共同富裕的目标要求。因此，在新时代，坚持发展为了人民、发展依靠人民、发展成果由人民共享，走全体人民共同富裕道路的发展理念，为对口支援反贫困实践确定了根本的价值取向。

中国的制度优势是对口支援的制度前提。对口支援机制要求结对的双方在科技创新、产业就业、人才交流、资金支持、社会动员等各个方面协作与对口支援，无论是作为“条”的中央部门单位、还是作为“块”的省以下各级政府，健全对口支援专门机构，确保结对双方层层落实支援活动。中国的单一制国家结构形式和中央集权体系，构成了对口支援机制构建和运行的重要体制基础。

协同共治是对口支援机制的运行方式。中国共产党是对口支援的最高政治领导力量，党和国家通过政治主导机制、市场主体机制、社会动员机制对政府、企事业单位和社会组织等形成复合激励，党领导下的“一核多元”对口协同机制，为对口支援提供了协同效能。

---

① 王禹澔．中国特色对口支援机制：成就、经验与价值．管理世界，2022（6）．

17.2.7　中国特色对口支援的时代价值

对口支援不仅打破传统的税收转移再分配机制，而且优化了贫困地区经济和社会发展的生产条件和资源配置，为巩固脱贫攻坚成果与乡村振兴有效衔接、推进共同富裕提供了宝贵经验，是国家治理的独特创新。此外，对于发展中国家治理也具有借鉴意义。

1. 巩固脱贫攻坚、推进乡村振兴

脱贫攻坚是乡村振兴的基础，乡村振兴是脱贫攻坚的延续和提升。对口支援在脱贫攻坚领域取得成功，从资源配置等方面推动乡村振兴。建立党领导政府、市场与社会协同帮扶体系，在总结对口支援反贫经验上，从医疗、教育、产业、生态等方面不断完善，对口支援乡村振兴，推进第二个百年奋斗目标的实现。

2. 有效推进国家治理的新型举国体制

国家全面建成小康社会以后，对口支援作为一项长期性国家治理与区域协调发展的政策，进入新的历史阶段。政治机制激活了市场与社会机制，丰富了治理主体与范围，拓宽了治理资源与渠道，明确了治理责任与边界。要正视地方政府治理能力，更好发挥对口支援的制度优势，坚持全国一盘棋，调动各方面积极性，集中力量办大事。

3. 为发展中国家实现均衡发展贡献智慧方案

发展中国家面临的一个重要问题是区域发展不均衡，很多国家依赖市场调节机制，结果愈加严重。对口支援通过资源再配置，尤其是进行人力资源支持，派驻各类人才对落后地区进行技术、经验和制度创新的帮扶传授，可以提升医疗卫生水平、推动教育发展、维护生态平衡，对口支援是推动区域协调发展、协同发展，加强区域合作，优化产业布局的重大举措。

知识专栏 17－1

人才帮扶助力对口支援

国家发展靠人才，民族振兴靠人才。习近平总书记强调：“要下大气力全方位培养、引进、用好人才。”

紧盯需求精准选派。近年来，山东从文旅、农牧、工信等领域选派干部人才，到青海省海北藏族自治州工作，并组织山东的企业家、专家学者赴青开展活动共计 36 次。既立足当地发展重点，又围绕民生利益关切，把用人需求落在实处，让人才与岗位相适配，确保人尽其才、才尽其用。

搭建平台汇聚人才。建立“山东援青人才库”，入库专家已有 230 余名；成立鲁青高原生态农牧产业专家工作站，山东 200 余名农牧专家通过驻站服务、云端服务等形式助力海北农牧业发展等。山东在援青过程中，注重聚焦问题、理顺重点、拓宽渠道、搭建平台，为当地引入了满足发展需要的专家人才。

大力培养当地人才。在援青过程中，山东把培养当地人才作为检验人才帮扶工作成效的重要标准，建立制度机制，创新形式方法，积极开展“传帮带”。

事业激励人才，人才成就事业。当前，无论是经济社会发展还是对口支援工作，都格外需要用好用活各类人才，让人才有用武之地。

随着山东援青工作的持续深入，立足青海所需和山东所能，不断强化资源统筹、注重精准高效，让各类人才干事创业的创造力竞相迸发，一定能把援青工作做实、做好，共同书写对口支援的新篇章。

资料来源：赵庆平．人才帮扶助力对口支援．人民日报，2022-04-01.

案　例

对口支援汇聚决胜之力

坚持全国一盘棋，调动各方面积极性，集中力量办大事，是我国国家制度和国家治理体系的显著优势之一。

新冠肺炎疫情发生以后，习近平总书记亲自部署、亲自指挥，强调疫情防控要坚持全国一盘棋。党中央全面部署疫情防控工作，统筹调配全国救治防护资源集中支援武汉等疫情严重地区，要求抓好防治力量的区域统筹，建立对口支援机制，明确由19个省份对口支援湖北省武汉以外地市，为我们决胜武汉、决胜湖北、决胜全国，坚决夺取这场保卫人民群众生命安全和身体健康严峻斗争的全面胜利，提供了根本保证。

对口支援是我国制度优势的生动体现。从汶川地震后的恢复重建，到脱贫攻坚的主战场，对口支援机制都发挥了巨大作用。连日来，19个省份坚决服从党中央统一指挥、统一协调、统一调度，第一时间与受援地市精准对接，第一时间制订对口支援工作方案，第一时间动员集结精锐力量奔赴受援地市，和当地一道齐心协力坚决打赢这场阻击战。

"积力之所举，则无不胜也。"在以习近平同志为核心的党中央坚强领导下，充分发挥我国制度优势，集中力量办大事，下好全国一盘棋，顽强作战，奋力攻坚，我们一定能打赢这场疫情防控的人民战争！

资料来源：对口支援汇聚决胜之力．(2020-02-20)．https://www.hnsjw.gov.cn/sitesources/hnsjct/page_html5/yddwzlm/pl/article2abe7e3e328a43d5973fe1109443f29a.html.

17.3　跨域治理政策模式

随着全球化、工业化、城市化和区域一体化的不断推进，地区之间的联系日益广泛和密切，传统的囿于行政区划、依靠政府主体、各自为政的管控型治理模式在现实面前遭遇重重困境。近年来，我国区域协调发展战略不断深入和推进，一方面，党中央提出了西部大开发、中部崛起、全面振兴东北老工业基地等统筹区域发展的战略构想；另一方面，长三角一体化、珠三角一体化、京津冀一体化等战略不断实施；再者，"一带一路"倡议极大地推动了构建人类命运共同体等全球性跨域治理。在此背景下，跨域治理成为推动地方政府间实现资源和行动整合的有效政策工具，也成为"精明政府"现实而必要的选择[1]。

17.3.1　跨域治理的内涵

跨域治理强调组织上的跨部门，地理上的跨行政区域，以及横跨各个政策领域的协力合作。在这里，对“域”的理解主要有两类观点[2]：一类是把“域”理解为地理空间，侧重研究在某个特定地理空间或行政区划内，政府之间、政府与非政府组织之间如何开展合作与治理，涵盖了城市治理、地方治理、大都市区治理、广域行政、区域治理与空间治理等；另一类则把“域”理解为组织界限和不同的行动者，关注因特定问题而产生的合作与治理过程，包括合作治理、伙伴关系、网络治理、府际管理、多层次治理、整体治理等。

由于对“域”的理解有差异，因此在跨域治理的概念认识上也存在分歧[3]。一是政治地理学视角。政治地理学视角主要从区域的政治结构、功能以及政治区域之间的相互关系进行分析。代表学者陶希东认为，“跨界治理实质上就是在现代行政边界依然发挥约束力的作用下，行政区政府顺应区域经济和社会公共事务跨界发展的趋势和特征，积极推动区域政治改革，寻求与时代发展相适应的新型政府间关系，以促进集体行动的能力、扩大区域集体利益”。曾瑞佳则认为，跨域治理的内涵是“跨越土地管辖权及行政区划的合作治理”。二是组织管理学视角。组织管理学视角下的跨域治理概念，理解为不同类型的组织、团体、行动者，如政府组织、非政府组织、志愿者团体等因特定问题产生的合作与治理，强调跨组织的跨域治理围绕合作者之间的互动关系进行探讨。丁煌认为跨域治理是指为了“应对跨区域、跨部门、跨领域的社会公共事务和公共问题，政府、私人部门、非营利组织、社会公众等治理主体携手合作建立伙伴关系，综合运用法律规章、公共政策、行业规范、对话协商等治理工具，共同发挥治理作用的持续过程”。

整合上述两种视角观点，国内学者张成福将跨域治理定义为[4]：两个或两个以上的治理主体，包括政府（中央政府和地方政府）、企业、非政府组织和市民社会，基于对公共利益和公共价值的追求，共同参与和联合治理公共事务的过程。这种治理关系的实现可能是基于法律授权、地理毗邻、业务相似或者治理客体的特殊性，通过政府（包括中央政府与地方政府）、企业、非政府组织与社会组织等多元主体之间的互动、谈判、协商与合作，实现公共事务治理的良好绩效。具体而言，跨域治理作为一种多元主体的协作治理，包含三种基本类型：一是纵向层面即垂直型协作治理，包括中央政府和地方政府、上下级地方政府间的合作治理，这不再是以指挥命令为基本特征的等级关系，而是不同层级政府在平等基础上的联合共治；二是横向层面即水平型协作治理，即不同地方政府之间的合作，应当摒弃地方本位主义下的恶性竞争关系，实现平行政府间的伙伴协作治理；三是跨部门协作治理，即地方政府与企业、非政府组织和社会组织的合作，这是一

---

① 唐纳德·凯特尔．权力共享：公共治理与私人市场．北京：北京大学出版社，2009：144.

② 申剑敏，朱春奎．跨域治理的概念谱系与研究模型．北京行政学院学报，2015（4）：38－43.

③ 蓝启先．我国跨域治理研究述评．现代管理科学，2019（8）：17－19.

④ 张成福，李昊城，边晓慧．跨域治理：模式、机制与困境．中国行政管理，2012（3）：102－109.

种战略性伙伴关系的构建，已经超越过去简单的民营化和效率追求，成为公民参与、地方政府塑能与地方民主化进程的体现。

17.3.2 跨域治理的特点

1. 跨域治理主体的多元性

跨域治理主体包括政府、市场、非政府组织和社会组织等多元主体，这是跨域治理区别于传统治理模式的基本特征：传统的以政府为唯一权力主体，以行政区划为界的管理，本质上体现的是集中控制和统治的思维，政府是绝对的权力中心；跨域治理主体的多元化体现了分权化思维，实现了公共权力在多元主体之间的共享，强调平行的交互和制约。

2. 跨域治理主体的互动性

官僚组织依靠权威和层级，是一种僵硬的单向指挥命令模式，跨域治理则是基于信任的互动，是平等基础上的双向博弈，通过互动实现了跨域治理主体的沟通、谈判与协商，进而促进合作治理的实现。

案　例

北京三区五街镇跨域治理为民解忧

昌平区回龙观街道瑞旗家园社区常住人口一万多人，停车位严重不足。今年5月以来，瑞旗家园的居民们把车停进了相邻的海淀区西三旗街道的共享停车场，还与该街道居民一样享受优惠价格。

2020年6月，海淀区获批成为全国“市域社会治理现代化第1期试点建设区”。以此为契机，在前期广泛合作的基础上，着眼于社会管理、经济发展、公共服务领域的共建协作、共解问题、共享资源、共商发展，西三旗街道与交界的四街镇分别签订《市域社会治理合作协议书》，建立了跨域治理工作机制，形成“2+1+1+3”（即2个框架协议、1个实施办法、1个工作方案、3个工作机制）的制度体系。

西三旗街道联手回龙观街道启动跨域治理第一个项目：对西三旗北路东西两段协同改造。在昌平区“疏解整治促提升——微提升项目”支持下，回龙观街道先对西三旗北路西段进行修缮，堵了十多年的断头路被打通。西三旗街道随后启动西三旗北路东段大修工程，并将西段道路南侧小区的外墙粉刷一新。双方又在东、西路段同步设立了道路交通管理设施，重新划线、安装非机动车隔离护栏、规范车辆行驶停放。乱停车现象不见了，行人、自行车特别是学生的安全通行得到了保障。整个街区焕然一新，环境大大提升。

资料来源：北京三区五街镇跨域治理为民解忧.（2021-07-26）. http：//www.mzyfz.com/html/1099/2021-07-26/content-1501121.html.

3. 跨域治理对象的跨域性

跨域治理的对象是跨域性的公共事务和公共议题，这里的跨域包括管理权限、地理范围以及组织边界的跨越。随着工业化和信息化不断推进，基础设施、交通工具、通信技术不断完善，地域之间的联系和交往更加密切，诸如地方治理、府际关系、整体政府、公私伙伴关系、部际关系等，以及流域治理、区域发展、垃圾处理、空间开发等公共议题不断扩展蔓延，逐渐突破了行政层级的管理权限、行政区划的地域分割以及单一组织部门的运行边界。

4. 跨域治理结构的网络化

跨域治理是一种网络化治理，包括中央政府和地方政府的纵向协作治理，地方政府间的横向协作治理，以及政府、企业、非政府组织和市民社会的跨部门的伙伴关系协作治理，这是一种不同于政府、市场的组织间网络，具有多元性、开放性、分权性、动态性等特征。组织网络不是一种正式的结构，其治理依靠的既有正式制度，也有非正式制度，网络关系尊重每一个参与个体的意愿及其利益，因此具有较强的凝聚力和稳定性。

5. 跨域治理目标的前瞻性

相比较而言，传统政府管理以稳定、秩序和效率为基本的价值追求；市场模式下的经济人假设和对竞争的推崇，体现的也是实用主义的思维模式。跨域治理基于区域问题的有效解决，以及区域可持续发展的愿景和目标，体现了整体眼光和长远思维。

17.3.3　跨域治理的缘由

1. 资源的稀缺性和组织的互赖性

任何组织的生存和发展都必须依附于一定的环境并从周围环境中汲取所需的资源，从而实现组织的生存和发展，这种依赖关系推动组织之间相互支持、资源共享和彼此借力，最终实现资源的有效利用和组织利益最大化，可以说正是资源的稀缺性和组织的互赖性从根本上推动着组织互动与合作的实现。

2. 公共问题和公共议题的跨域性

随着市场经济深化发展，生产要素开始跨域流动。基础设施建设、环境保护、生态建设、流域治理等问题日益具有跨域性。当人们面临的很多公共问题和公共议题逐渐具有了跨域性特征后，其解决就难以控制在单一区域、依靠单一组织圆满实现，跨域合作治理成为必然。

3. 公共服务和公共产品的外溢性

通过跨域治理，共建共享区域内的公共服务体系，实现正外部性的合理共享。对于负外部性公共事务的合作治理，可以通过成本分摊、责任追究等方式实现有效的规制与约束，同时加强受损害群体的保护与权利救济，促进可持续发展与科学治理。

4. 全球化竞争不断加剧的需要

当代国家竞争已不仅仅局限于单一县市或省份，而是区域甚至国家整体实力的竞争，是在全球范围内的竞争。如果地方政府各自为政，缺少整体的、长远的、国际化的眼光，没有把区域的发展、国家的发展看成一个整体，就会分散和降低我国在国际上的综合竞争力。因此，在全球化竞争不断加剧的背景下，实现跨区域的协作治理有利于整合区域发展，提高区域实力，进而提升区域和国家实力，不断在全球竞争中争取优势地位。

17.3.4 跨域治理的实践形式

1. 跨域基础设施共建

为打破行政区之间的空间壁垒，可以考虑以空间设施布局为契机和切入点，实现区域空间结构重组，主要有基础设施建设、重大工程项目建设和有秩序的产业结构调整与空间转移等途径。通过区域内外重大基础设施的建设，可以提供区域合作的空间载体，连通区域内外的生产资料供应，提高生产协作效率，为跨区产业协作与经济融合奠定基础。

知识专栏 17－2

数据共享促区域高效协同

以全国一体化大数据中心建设为引领，加强长三角数据要素共享与政策协同。2016年10月，习近平总书记提出，建设全国一体化的国家大数据中心，推进技术融合、业务融合、数据融合，实现跨层级、跨地域、跨系统、跨部门、跨业务的协同管理和服务。建立一体化城市大数据中心，不单是配置服务器、网络设备等基础设施，更要推动城市社会数据资源整合和共享，基础设施和机制的互联互通是数字经济发展的基石。依据国际国内数据中心发展现状，未来应着重推动以下两项工作。一是整合各地数据中心体系架构中的功能性平台，统一各类信息交换、云计算、机构和企业业务平台的数据口径，推动数据中心一体化、绿色化建设，推进相关产业优化和升级。二是重视核心城市数据中心建设引领作用，发挥好上海信息和数据中心建设对长三角区域的集聚作用，增强辐射效应。

探索长三角一体化的数据监管协同，积极防范化解风险。打破地区界限，依据国家数据安全法、个人信息保护法，建立统一的城市共享数据监管平台，形成数据合作规范和数据应用标准，保护个人及企业的合法权益。此外，监管部门出台数据应用细则，通过数据预警防范、审计、法律人才援助、案例联合分析等形式建立长效的社会宣传与培训机制。

资料来源：高标准推进长三角一体化．（2021－11－10）．https：//baijiahao. baidu. com/s?id＝1715989390466113552&wfr＝spider&for＝pc.

---

2. 跨域生态区共保护

具有空间不可分割性的生态环境资源，在界限分明的行政区划管理体制下容易出现"公地悲剧"，而且资源利用外部效应的存在导致环境纠纷层出不穷。建立生态保护专项区，旨在摆脱分割的行政区划造成的束缚，实现整体保护与合理利用。

3. 跨域行政空间重组

随着我国政治、经济体制改革的不断深化，以市场导向为主、开放性的区域经济一体化是空间经济发展的必然趋势。行政资源整合使行政资源与经济资源相辅相成，可以消除行政壁垒进而推动统一市场的发育。

4. 跨域行政组织重构

建立“行政主导，引入市场机制、推动社区参与”的跨域治理合作伙伴关系。参与跨域协调的行动者包括政府部门、私营部门和第三部门等。

17.3.5　跨域治理的推进模式

1. 中央政府主导模式

跨域治理离不开中央政府的主导和推动，通过中央政府的行政命令或政策支持的方式推动跨域治理，这类模式往往通过中央政府成立跨行政区域的协调机构或者要求地方政府成立具有一定权力的区域治理机构，并在政策、资金、人才等方面给予地方政府一定的支持，执行性较强，因此在跨域治理模式中最具有权威。在中央政府主导模式下，治理机构可以由中央政府相关部委领导组成的派出机构担任，通过政府任命的方式产生，其组织形式为执行机构或委员会，派出机构通常享有非常有限的权力，比如制订区域性的空间规划、建立和整合区域协调发展战略，以及在区域规划、人才交流、环境保护和生态治理等某些领域进行合作性框架探讨等非实质性合作。

2. 平行区域协调模式

平行区域协调模式是地方政府基于自身利益的追求，具有更多主动合作的意愿，因此这一模式下治理主体具有更强的自愿性，是平等的治理主体基于互信互利而主动寻求协同治理，治理主体在遵守合作的规章之下允许自由地加入和退出。这一模式下，中央政府不再直接干预主导，而是赋予地方政府更多的自主权和选择权，具体形式也更加灵活。基于利益驱使和治理绩效的改善，地方政府将更加主动鼓励、吸引第三部门的参与，协作关系更加多元、稳定和长久，同时在不断交流中合作的理念和文化也在不断培育。平行区域协调模式下，协作伙伴关系更多表现为共同生产伙伴和联合投资伙伴。共同生产伙伴以提供公共服务为主要目标，参加者包括公共部门、企业团体与非政府组织等，通过建立伙伴关系，各自发挥生产中的比较优势，提高生产效率和质量，实现规模效益，其中最适用公共交通、医疗卫生、公共安全等事项。

3. 多元驱动网络模式

多元驱动网络模式的基础是跨域治理的参与主体——政府、企业、非政府组织和社会组织治理能力不断提升，特别是非政府组织和社会组织的力量不断壮大，全社会对于合作的认同和需求不断提高。这一模式下，协作治理动力来自广泛的议题驱动，治理领域更加扩大，治理模式更加灵活多样，第三部门参与更加广泛深入，治理主体的主动性和独立性更强，共享利益共担风险的合作理念广泛形成，是一种多元自发的合作治理网络，治理主体可以参与并在多个治理网络之间变动。多元驱动网络模式下，协作伙伴类型是全方位的协力合作伙伴关系，参与者除公私部门外，还结合了社区组织、公民团体等更加广泛的第三方机构，协力合作的领域着重于基础性公共服务和公共设施建设，比如科教文卫事业、社会治安、公共安全、公共危机等领域。

整体来看，中央政府主导模式是一种外生型模式，其动力来自上层权威的推动，因此其实施的好坏、范围和程度主要取决于中央政府，但是权威的强制性保证了高度的执行性；平行区域协调模式和多元驱动网络模式则源自内生型动力，这种基于自身利益和问题导向的合作模式，使得跨域治理的主体能动性更强，相互关系更紧密。在我国跨域治理模式转型的初期，合作的理念和视野并没有广泛形成，信任、信誉等社会资本较为薄弱，中央政府主导的跨域治理依然十分必要。

17.3.6 跨域治理的主要困境

1. 利益协调障碍

利益如何分配是政府间合作的核心，也是决定政府主体间是否合作的关键。各个政府“投入了什么、投入了多少”以及“收获了什么、收获了多少”都是合作主体考虑的重要方面。由于缺乏合理的规范化的利益分配机制，地方政府间的合作率低且合作效率低下。投入和分配的不公，导致各个政府主体的合作意愿低。对于投入高、收益低的政府主体没有合理的利益补偿，而低投入、高收益的主体又不可能主动承担损害后果。这样，地方政府可能误认为合作会损及其现有利益及资源，从而缺乏动力加入到合作的整体布局中来。

2. 机会主义行为

“囚徒困境”揭示了个人理性与集体理性之间的矛盾，即从个人利益出发的行为往往不能实现团体的最大利益；同时也揭示了个人理性自身的内在矛盾，即从个人理性出发的行为最终也不一定能实现个人的最大利益，甚至会得到相当差的结果。由于区域内地方政府具有“经济人”的特征，且往往会追求地方利益最大化，因此，尽管合作可能对双方有利，但是在一次性博弈中，这种合作策略几乎不可能，双方的机会主义行为使得地方政府间的合作陷入“囚徒困境”，从而损及区域整体利益。

3. 地方保护主义

地方保护主义的根源在于地方利益，在自身利益最大化动机的驱动下，地方政府在利益博弈上出现共同的策略：从趋利避害的“成本-收益”估算原则出发，偏好采取一种“先要利己，不管利他”的主导战略。当每个地方政府都以“利己”决策为出发点时，就会陷入一种正负相抵的零和博弈局面，即一方的收益会以另一方的付出为代价。

4. 绩效管理和评估不健全

要想反映跨域治理的绩效，唯有通过政策评估来具体把握，这意味着必须把跨域治理事项设计成具体的评估指标，并通过相关机构来评价。但显然目前国内跨域治理发展并没有建立相关的管理、评价体系。与之相关的是，跨域治理网络在多方进场协商的机制下，无法建立有效的监督和问责机制，跨域治理效果甚微。

5. 缺乏有效监督

监督是一个完整的合作程序必备的环节。当前跨域合作组织主要采用跨区域联席会、沟通会或者区域领导人高层会议的形式，更多带有象征性的宣示意义。这种较为松散的非功能性的组织机构，由于缺乏跨区域的行政监督，很难实现区域内跨越行政区界限或功能区界限的更大范围的合作。由于缺乏监督，地方政府在合作中“议而不决、决而不定、定而不行”相当普遍，整个合作过程办事效率低、人浮于事。

17.3.7 跨域治理的深化路径

1. 完善跨域治理的利益整合

是否把利益整合作为跨域治理的核心关注点，是跨域治理能否实现以及是否有效的关键。在跨域治理进程中，可以充分利用毗邻区域间利益互补、能力增益的协力经营型方式，从整个跨域合作片区发展的战略高度出发进行跨区域的利益规划，统一规划布局、统一分工协作、统一要素市场，在区域统筹发展的基础上实现利益整合。同时，要进一步强化跨域治理的利益诱因机制和利益补偿机制。通过稳固业已形成的利益共识，基层政府积极利用协商民主的治理形式，确定跨域合作的可能范围与先导领域，实现区域治理的利益协同整合。

2. 优化跨域治理的组织耦合

跨域治理可采取政府间横向互动平台与伙伴关系网络的区域联盟形式，赋予组织正式化、法制化的运作基础，注重在以政治协调为主的功能下，区域整体共同进行事务协调，通过协调决策、一致执行、共同监督来规范或促进集体协作行为，达到对区域合作资源的优化配置，有效监督以推进区域规划的整合执行。

3. 完善跨域治理的法律规制

为了更好地实现跨域治理中的事权转移，基层政府跨域合作需要从立法上对政府间合作方式具体化、完备化，既包括静态角度的合作法律实体性组成部分的参与合作主体资格、涉及合作的内容范围以及合作的行为方式等，也包括动态角度程序性流程规则的合作机制的产生、运行、保障涉及的相关问题，还有必要修改完善《行政诉讼法》，允许相关利害关系人对区域合作中违反合作协定和政策规范的抽象行政行为进行行政诉讼，通过责任追究来制约行政行为的随意性和减少决策失误造成的区域发展损失。除了针对跨域合作中的实体性法律、程序性规则之外，也需要对合作行政协议的规范进行格式文本的列示。

4. 厘清跨域治理的执行流程

跨域治理的工作推进之所以停留在合作协议或者规划意向的签订阶段，主要的原因还在于执行流程中缺乏预设的运作协商机制，未能对合作过程中管理和操作层面的细节问题有针对性地解决。因此，要细化基层政府合作过程中管理和操作层面的流程，明确合作战略的实施进路，要创造公平、平等、开放的协商环境和氛围，以确保治理主体对协商结果的认同和执行。通过构建地区间多元、多维的沟通、协商机制，不断增强政府以及公众对区域合作的了解，减少合作中由于信任缺失导致的重复无效决策，或者单方行为产生的恶意竞争，减少跨域治理制度执行上的阻碍和代价。

5. 加强跨域治理的资金保障

在跨域治理中，资金机制是必要的。区域的资金来源主要有以下几个方面：一是上级政府拨款，作为鼓励区域发展和合作的政策性支持；二是各当局政府拨付的区域资金，主要用于鼓励本地区的一些专项区域合作项目；三是私营部门筹资，通过倡议、项目方式向企业、私人筹资，这种方式有利于私人企业部门参与区域治理。

本章小结

具有中国特色的政策试点机制伴随着实践经验的总结升华逐渐演化形成，发挥着上承顶层设计和下启地方创新的作用，是理解“中国之治”的关键。

中国特色的政治制度为政策试点搭建了必不可缺的制度保障。不仅仅因为中国共产党的总揽全局、协调各方，还因为我们实行民主集中制的组织制度和实行群众路线的领导制度，加之中国政治制度的优势在于具有制度弹性，使得政策试点能够在当代中国的改革开放中大放异彩。

对口支援政策模式不仅充分彰显了坚持全国一盘棋、调动各方面积极性、集中力量办大事的显著优势，而且体现出中华民族伟大的团结协作精神，使得无论是受援方还是援助方都充分体悟到社会主义大家庭的温暖。

从狭义上讲，对口支援是指在中央或上级统筹安排下，某些经济发达的地区对经济不发达地区、受灾地区或因贫生活生存困难地区等开展援助的国家政策性行为；从广义上讲，对口支援泛指国家在制定宏观政策时为支持某一区域或某一行业，采取不同区域或行业之间结对形成支援关系，是区域、行业乃至部门间开展合作与交流的有效形式。

近年来，我国区域协调发展战略不断深入和推进，一方面，党中央提出了西部大开发、中部崛起、全面振兴东北老工业基地等统筹区域发展的战略构想；另一方面，长三角一体化、珠三角一体化、京津冀一体化等战略不断实施；再者，“一带一路”倡议还极大地推动构建了人类命运共同体等全球性跨域治理。

跨区域治理是指两个或两个以上的治理主体，包括政府（中央政府和地方政府）、企业、非政府组织和市民社会，基于对公共利益和公共价值的追求，共同参与和联合治理公共事务的过程。

关键术语

政策之治　　政策试点　　对口支援　　府际关系　　跨域治理

复习思考题

1. 分析政策试点的过程和价值意蕴。
2. 分析对口支援的形态和演进。
3. 分析中国特色对口支援的历史经验。
4. 分析评价跨域治理的实践形式。
5. 分析跨域治理的主要困境及深化路径。
6. 案例分析题：请认真阅读案例材料，然后按照要求分析并回答问题。

粤港澳大湾区跨区域协作治理

粤港澳大湾区是典型的跨境治理与跨制度合作区域，面临一个国家、两种制度、三个关税区、四个核心城市的制度环境与空间格局。粤港澳之间社会差异和制度的多样性，是粤港澳大湾区跨制度合作治理的特色和优势。但与此同时，一国之下横跨不同区域、不同社会制度、不同关税区以及多核心城市的特点，无疑也给大湾区的发展建设与治理运作带来了诸多制度障碍以及协调成本。目前，在中央层面，国家于 2018 年 8 月正式成立“粤港澳大湾区建设领导小组”。这表明国家层面给予了粤港澳大湾区建设强大的推进力度与政策支持。与此同时，在粤港澳大湾区层面，粤港澳三地政府相继成立了直接对接和负责大湾区事务的领导机构。2018 年 11 月，澳门特区政府为紧密配合中央总体部署，设立了“建设粤港澳大湾区工作委员会”，负责统筹澳门特区参与粤港澳大湾区建设的短、中、长期总体设计和工作部署，推动展开相关研究，制定有关政策；制订年度工作方案并监督落实，并就拟开展的活动订定方针及发出指引。该工作委员会隶属行政长官运作，并由其担任主席。2019 年 2 月 28 日，广东省正式成立“推进粤港澳大湾区建设领导小组办公室”，建立统筹协调工作机制，负责协调推进相关重点领域专项工作；并制定广东省贯彻落实《粤港澳大湾区发展规划纲要》的系列配套文件，系统推进规划贯彻实施。2020 年 11 月 23 日，香港特区政府政制及内地事务局宣布“粤港澳大湾区发展办公室”正式成立，专责协调国家相关部委、广东省政府、澳门特区政府，以及香港特区政府相关政策局和部门，以加强推动和协调香港特区政府有关大湾区建设的工作。粤港澳大湾区目前已经逐步建立了以“议事协调机构＋联席会议＋专责小组”为政策导向的区域合作治理机制。但目前粤港澳三地合作治理机制及其运作仍然存在一些问题，亟需进一步落实和完善。一是粤港澳大湾区合作指向仍局限于粤港或粤澳双方，粤港澳三方协调力度小；二是粤港澳三地区域规划和地市层面参与协作治理受到法律制度的制约明显；三是粤港澳三地专责小组之间横向协调不足，以纵向传导为主的治理机制难以适应联动性网络化治理的要求。由此可见，要深入推进粤港澳大湾区跨区域治理，仅靠现有的中央与粤港澳三地以及府际之间建立的协调机制是不够的，还要积极构建并形成行之有效的社会协作机制，即要建立三地政府、企业、社会组织与公众共同参与的多层次社会协作机制，将各级政府、市场、公共机构、社会组织与公众等纳入粤港澳大湾区治理结构之中，并有效发挥社会组织等各协作治理主体的功能与作用。

资料来源：吴巧瑜，黄颖．第三方治理：粤港澳大湾区社会组织跨区域协作治理研究：以 Y 青年总会会例．学术研究，2022（3）．

问题

请结合跨域治理相关内容，分析粤港澳大湾区如何逐步构建起多元主体共同参与的协作治理机制。

本章阅读书目

1. 周望．中国“政策试点”研究．天津：天津人民出版社，2013.

2. 陶希东．全球城市区域跨界治理模式与经验．南京：东南大学出版社，2014.

3. 李瑞昌．中国特点的对口支援制度研究：政府间网络视角．上海：复旦大学出版社，2016.

4. 童星．中国社会治理．北京：中国人民大学出版社，2018.

PART SIX

| 第6篇 |

6 公共管理的发展趋势

第18章
公共管理的变革

本章导读

公共管理问题作为公共组织尤其是政府组织主导的社会事务和社会发展的前沿问题，关乎人类社会发展命运。自1887年威尔逊提出政治与行政二分问题后，公共管理学的发展已走过130多个年头。中国公共管理学作为从西方引入的新兴学科，至今也有几十年的历史。100多年来，无论是西方公共管理还是中国公共管理都在无时无刻发生着新的变化。因此，本章将以理论、实践、制度、价值四种形态作为切入点，从全球实际出发，探讨中外公共管理的发展趋势。

重点问题

- 作为理论形态的公共管理发展趋势
- 作为实践形态的公共管理发展趋势
- 作为制度形态的公共管理发展趋势
- 作为价值形态的公共管理发展趋势

知识结构图

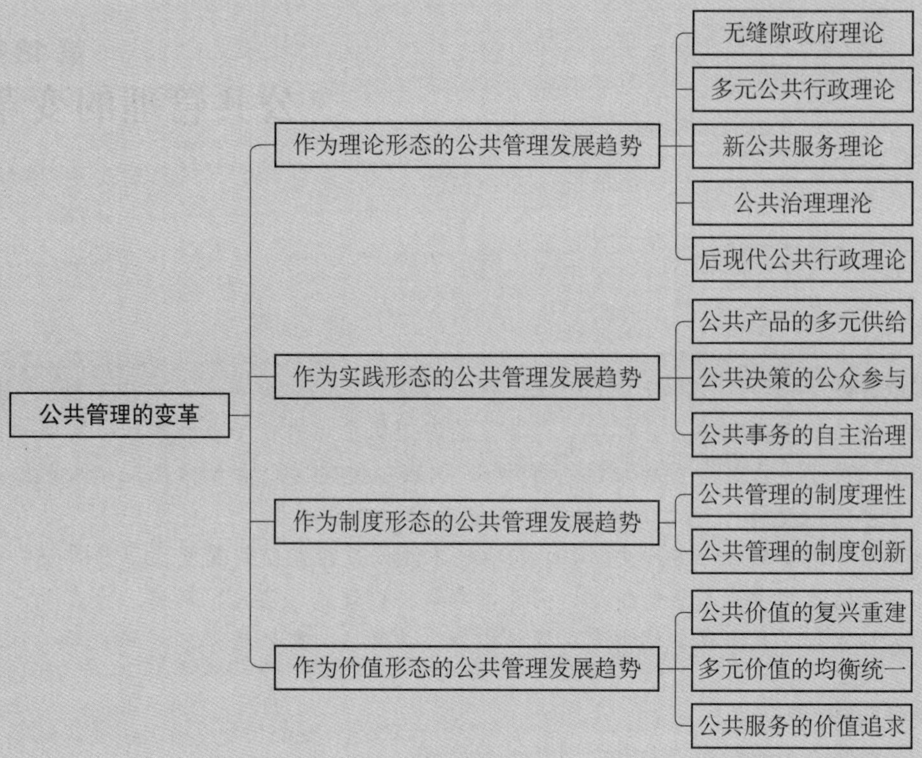

18.1　作为理论形态的公共管理发展趋势

18.1.1　无缝隙政府理论

拉塞尔·林登在《无缝隙政府：公共部门再造指南》一书中指出，公共部门变革始于全球范围内正从生产者导向的社会逐渐发展成为顾客导向的社会，而新的顾客社会正成为公共管理——“这场静悄悄的革命”的推动力。在顾客导向的社会，“无缝隙政府”概念直接参照了通用电气前总裁杰克·韦尔奇的“无边界组织”概念。无缝隙组织是指可以用流动的、灵活的、弹性的、完整的、透明的、连贯的等词语来形容的组织形态。无缝隙组织以一种整体的而不是各自为政的方式提供服务。无缝隙政府（seamless government）是指政府打破传统的部门界线和功能分割的局面，整合政府所有的部门、人员和其他资源，以单一的界面为公众提供优质高效的信息和服务。

在把层级节制的官僚机构转变为无缝隙组织的过程中，需要寻求一种新的思维方式和一整套不同的组织原则，即“再造”（reengineering），这是实现组织转变的强有力的工具。再造，就是从根本上对整个体系进行重新设计，围绕过程和结果，而不是围绕职能或者部门展开工作，从而使组织充满新的活力。为此，拉塞尔把再造原理运用到政府的管理之中，阐述了怎样进行政府再造以满足顾客无缝隙的需求。要将无缝隙组织转变为现实，就要把顾客导向、竞争导向和结果导向作为政府再造的重要内容。

1. 顾客导向

一是努力提升公共产品与服务的价值。公共产品与服务的价值主要不在于经济价值和技术含量，而在于多大程度地满足了最多顾客的需要。二是以无缝隙的方式追求顾客零成本。政府要尽力将顾客使用公共产品与服务的成本降为零，采用政务公开、电子政务、现场办公、集中服务、上门服务等灵活多样的方式，尽力为顾客提供方便，使其购买和使用公共产品与服务的过程尽量简单、快速、有效，提高顾客的满意度，培养忠诚顾客。三是强化政府内部顾客也是“上帝”的观念。政府之外的普通公众是公共产品与服务的顾客，政府之内的国家公务员也是公共产品与服务的顾客。内外顾客应该一样对待。四是加强与顾客之间的交流与沟通，使顾客在不满意中理解、在稍不满意中满意、在满意中更满意。

2. 竞争导向

无缝隙政府不是简单的机构精简和人员重组，而是要改变政府官僚体制的独占性，在更多的层面上对政府进行大规模的变革。在市场经济的背景下，把一些公共产品与服务推向市场，允许和鼓励民间参与和提供，使得公共机构与民营机构之间、公共机构之间、民营机构与民营机构之间彼此展开竞争，提供更加有效的公共服务。当然，这样的竞争不是完全市场化的竞争，而是以最大限度地提高顾客满意度为目的的竞争。

3. 结果导向

通过顾客与过程，强调积极的目标、具体的结果与产出，强调工作的实际结果、预算和绩效并重。全面质量管理、绩效管理、自我管理团队等方法是实现结果导向的重要手段。在确定目标的前提下，重组管理结构，建立扁平化的组织结构，超越局部利益，面向整个过程和整体利益，直接面对顾客展开工作，按时完成预期阶段性成果，及时控制和导向阶段性结果，形成以结果为导向的管理体制。

总之，无缝隙政府是以满足顾客无缝隙的需要为目标的一种组织变革。无缝隙政府不是全盘推翻现有的行政运行程序，不是以部门、职能为导向或以数量、规模为导向，而是以顾客为导向、以竞争为导向、以结果为导向，使政府每一项资源投入、人员活动、公共产品或服务的提供等，都能真正而有效地符合顾客的需求，顾客能够在任何时间和任何地方得到想要的服务，真正实现“为民服务”的目标。

18.1.2　多元公共行政理论

美国著名行政学家罗森布鲁姆在《公共行政学：管理、政治和法律的途径》一书中提出，应当从管理、政治和法律等多元视角和研究途径来认识和探究公共行政，从而全面、系统地把握公共行政的本质。

1. 管理视角的公共行政观

（1）传统管理途径。传统管理途径的思维逻辑主要建立在政治-行政二分法的基础之上。威尔逊极力主张行政问题是管理问题，而不是政治问题。公共行政的意义在于追求效能、效率以及经济的最大化。

（2）新公共管理途径。新公共管理途径与传统管理途径的发源类似，也主要是改革取向的，其目的在于改善公共部门的绩效。政府应扮演“掌舵者”而非“划桨者”的角色，应尽可能朝着弹性、创新、解决问题、具有企业家精神的方向发展。如今，新公共管理已成为许多西方国家公共行政的主导管理途径。

2. 政治视角的公共行政观

与强调公共行政之“应然”层面的传统公共行政研究不同，公共行政研究的政治途径强调从经验观察的角度建立理论。政治途径推崇的价值是“代表性”“政治回应性”“责任”等。公共行政研究的政治途径认为，这些价值不仅是建立宪政的重要元素，而且应将其贯穿于政府各个层面的运作之中，公共行政自然也不能例外。

3. 法律视角的公共行政观

罗森布鲁姆认为，公共行政研究的法律途径主要是将公共行政视为特定情境中应用法律和施行法律的活动。其兴起的源头主要有三个：第一是行政法，它由法律、行政命令，以及诸如人事、预算、服务等中央行政机关的约束性指令和宪法决定构成，主要是指管制一般行政过程的一套法律和法规。第二是公共行政“司法化”的发展，它主要是将行政运作程序视为与司法程序一样，其目的在于确保个人合法权益不受侵犯，行政决策以裁决的形式由听证检察官或行政法官作出，行政机关的行为方式日益趋近于法院的工作方式，结果是法律价值开始在行政活动中发挥越来越重要的作用。第三是宪法，宪法不仅对公民相对于行政机关的程序性权利、隐私权、平等保护权利、基本人权以及公民自由等进行了界定，而且对行政官员处理涉及公民个人福利、公共雇佣关系以及公共教育机会终止事宜时应当遵循的正当程序作出了规定。随着法官把宪法应用于新的形势并作出新的解释，宪法对公共行政的影响也是不断变化的，而且会出现一些过去没有的权利，有些权利的范围也可能缩小。

18.1.3 新公共服务理论

新公共服务理论是以美国著名公共行政学家登哈特为代表的一批公共行政学者基于对新公共管理理论的反思，特别是针对作为新公共管理理论之精髓的企业家政府理论缺陷的批判而建立的一种新的公共行政理论。

所谓新公共服务，指的是关于公共行政在以公民为中心的治理系统中所扮演的角色的一套理念。在新公共服务理论家看来，公共行政官员在其管理公共组织和执行公共政策时应该集中于承担为公民服务和向公民放权的职责，他们的工作重点既不应该是为政府“掌舵”，也不应该是为其“划桨”，而应该是建立一些明显具有完善整合力和回应力的公共机构。

1. 政府的职能是服务，而不是“掌舵”

公务员日益重要的角色就是帮助公民表达并满足他们共同的利益需求，而不是试图通过控制或掌舵使社会朝着新的方向发展。在新公共服务理论家看来，现今政府的作用在于，与私营及非营利组织一起，为社区所面临的问题寻找解决办法。其角色从控制转变为议程安排，使相关各方坐到一起，为促进公共问题的解决进行协商、提供便利。在这样一个公民积极参与的社会中，公共官员将要扮演的角色不再是服务的直接供给者，而是调停者、中介人或裁判员。

2. 公共利益是目标而非副产品

公共行政官员必须致力于建立集体的、共享的公共利益观念，这个目标不是要在个人选择的驱使下找到快速解决问题的方案，而是要创造共享利益和共同责任。因此，公共行政官员应当积极地为公民能够通过对话清楚地表达共同的价值观念并形成共同的公共利益观念提供舞台，应该鼓励公民采取一致的行动，而不仅仅是通过促成妥协来简单地回应不同的利益需求。

3. 在思想上要具有战略性，在行动上要具有民主性

通过集体努力和协作过程，那些满足公共需要的政策和方案可以得到最有效并且最负责任地实现。新公共服务理论认为，为了实现集体意识，下一步就是规定角色和责任并为实现预期目标确立具体的行动步骤。人们必须逐步认识到，政府是开放的并且是可以接近的，否则，就不会有政府；政府是有回应力的，否则，就不会有政府；政府存在的目的在于满足他们的需要，否则，就不会有政府。于是，这里的目标就在于确保政府具有开放性和可接近性，具有回应力，能够为公民服务并且为公民权创造机会。

4. 为公民服务，而不是为顾客服务

新公共服务理论认为，公共利益不是由个人的自我利益聚集而成的，而是产生于一种关于共同价值观的对话。因此，公务员不仅要对"顾客"的要求作出回应，还要集中精力与公民以及在公民之间建立信任与合作关系。在新公共服务理论看来，政府与其公民的关系不同于企业与其顾客的关系。在公共部门，我们很难确定谁是"顾客"，因为政府服务的对象不只是直接的当事人。在政府中，公正与公平是其提供服务时必须考虑的一个重要因素，政府不应该首先或者仅仅关注"顾客"自私的短期利益。

5. 责任并不简单

无论是传统公共行政理论还是新公共管理理论都倾向于将责任问题简单化。新公共服务理论认为，这样的理论模型并未反映当今公共服务的需求和现实，责任问题其实极为复杂，公共行政官员已经受到并且应该受到包括公共利益、宪法法令、其他机构、其他层次的政府、媒体、职业标准、社区价值观念和价值标准、环境因素、民主规范、公民需要在内的各种制度和标准等复杂因素的综合影响，而且他们应该对这些制度和标准等复杂因素负责。

6. 重视人，而不是只重视生产率

通常，人们往往将生产力改进系统、过程重塑系统和绩效测量系统视为设计管理系统的工具。但新公共服务理论家却认为，从长远的观点来看，这种试图控制人类行为的理性做法在组织成员的价值和利益并未同时得到充分关注的情况下很可能会失败。在他们看来，如果要求公务员善待公民，那么公务员本身就必须受到公共机构管理者的善待。因此，分享领导权的概念对于为公共雇员和公民提供机会以便使他们的言行符合其公共服务的动机和价值至关重要。

7. 公民权和公共服务比企业家精神更重要

新公共服务理论明确地认识到，公共行政官员不是所在机构和项目的所有者，政府的所有者是公民。公共行政官员有责任通过担当公共资源的管理员、公共组织的监督者、公民权利和民主对话的促进者、社区参与的催化剂以及基层领导等角色来为公民服务。这是一种与看重利润和效率的企业所有者大不相同的观点。

18.1.4 公共治理理论

所谓“治理”（governance），就是对合作网络的管理，它指的是为了实现和增进公共利益，政府部门和非政府部门（私营部门、第三部门或公民个人）等众多公共管理主体彼此合作，在相互依存的环境中分享公共权力，共同管理公共事务的过程。作为一种新型的公共管理理论，公共治理理论是对作为传统公共管理理论的公共行政理论进行反思和批判，并且对新公共管理理论和新公共服务理论之合理内核进行整合的结果。其核心观点是主张通过合作、协商、伙伴关系，确定共同的目标等途径，实现对公共事务的管理，其主要内容包括以下几点。

1. 公共治理是由多元的公共管理主体组成的公共行动体系

政府并非公共管理的唯一主体，除此之外，私营部门、第三部门等非政府组织在公共事务的管理中也扮演着重要角色，它们在介于市场经济与公共部门之间的“社会经济”领域内积极活动并且依靠自身资源参与管理共同关切的社会事务，在某些领域，非政府组织和个人甚至比政府拥有更大的优势。政府则将大量任务和职权下放、转移给包括志愿团体、社区互助组织、非营利组织在内的公共行动者。可见，治理的主体可以是公共部门，可以是私营部门，可以是第三部门，还可以是三者多种形式的合作。

2. 多元化的公共管理主体之间存在着权力依赖和互动的伙伴关系

所谓公共管理主体间的权力依赖，是指参与公共管理活动的各个组织，无论其是公共组织还是私人组织，它们都不拥有独立解决一切问题所需的充足知识和资源；它们必须相互依赖，进行谈判和交易，在实现共同目标的过程中实现各自的目的。正是由于公共管理主体之间存在着这种权力依赖的关系，公共管理过程便成为一种互动的过程。在这种互动过程中，政府与其他社会机构建立起各种各样的合作伙伴关系。

3. 公共治理是多元化公共管理主体基于伙伴关系进行合作的一种自主自治的网络管理

与传统公共管理单一等级制下的协调方式和依靠“看不见的手”进行操纵的市场机制不同，在公共治理理论视野下，多元化公共管理主体及其相互间的权力依赖和合作伙伴关系以及其中的协商、谈判和交易机制，最终必然会推动公共管理朝着一种自主自治的网络化方向发展。在这种网络化公共管理系统中，参与公共治理的各方主体为了获得他人的支持和帮助而必须放弃自己的部分权利，对于社会组织和个人来说，放弃的是自己的部分经济自主权，而对于政府而言，放弃的则是自己的部分强制权。这种网络化公共管理的特征不再是监督，而是自主合作；不再是集权，而是权力在纵向和横向上的同时分散；不再是追求一致性和普遍性，而是追求多元化和多样性基础上的共同利益。

4. 公共治理语境下的政府在社会公共网络管理中扮演着“元治理”角色

公共治理理论在关注公共管理主体多元化的同时，对政府的“元治理”角色进行了定位。公共治理理论认为，在公共管理网络中，虽然政府不具有最高的绝对权威，但是它承担着建立指导社会组织行为主体的大方向和行为准则的重任，它被视为“同辈中的长者”，特别是在那些基础性工作中，政府仍然是公共管理领域最重要的行为主体。

作为合作型网络管理在理论上的映射，这种一开始就表现出强大生命力的新型公共管理理论，不仅对传统公共管理理论进行了反思，超越了新公共管理理论与新公共服务理论而提供了一种新的认识模式，而且也是认识公共事务领域正在发生的显著变化的一种组织框架。作为公共管理理论的新发展，公共治理理论不仅在一些国家和地区发起治理变革的过程中发挥了重要的指导作用，而且正在并必将对人类社会的集体决策和公共活动产生深远的影响。

18.1.5 后现代公共行政理论

后现代公共行政理论是后现代公共管理理论中的先锋派。代表作是查尔斯·福克斯和休·米勒的《后现代公共行政：话语指向》。后现代公共行政理论采用后现代解构主义的方法对现有公共行政模式即官僚制及其替代模式进行了全面的解构，并在此基础上提出了自己建立在真实、真诚、诚实和坦诚的对话基础上的话语理论。

后现代主张从经验的具体，上升到本质的抽象，再从本质的抽象，回到更高实践的具体。所以，“回到事物本身”这个“回到”，是理解后现代的关键。从后现代公共行政的观点来看，无论是新公共管理还是治理理论，都没有彻底回到政治本身。因为它们语义中的政治，还只是一种本质、一种抽象，而每个公共利益是具体的。后现代公共行政从本质的抽象，再回到现象的具体，使公共行政可以响应公民个性化的公共需求。

1. 后现代公共行政对传统公共行政理论的反思

后现代公共行政理论认为，传统公共行政所主张的实证研究方法不可避免地将公共行政的研究范畴限制在可以测度的行政效率等狭隘的范围内，而把民主、公正等价值因素排除在公共行政的研究范畴之外。为了矫正这种研究方法的缺陷，后现代公共行政提出要用一种知识获得的解释方法来代替实证主义的研究方法，该方法更加关注价值（而不是只关注事实），更加关注主观的人类意义（而不是只关注客观的行为），并且更加关注现实人们之间的关系所蕴含的各种情感[①]。

传统公共行政模式所主张的那种“民主代表负责制的反馈循环民主模式”，在后现代的多元化语境下是无法真正反映公民意愿的，因而也是无法发挥出其民主作用的。显然，在这种“独白式的对话”基础上产生的公共政策，只能是政府和官僚精英的政策偏好，而不是公民的政策偏好。后现代公共行政认为，现代社会已经是一个多元化的社会，而这种多元化趋势在后现代社会中将更加明显，因此，指导人们行为的价值观也必将呈现

① 珍尼特·登哈特，罗伯特·登哈特．新公共服务：服务，而不是掌舵．北京：中国人民大学出版社，2004：38.

出多元化的景象。在这样的社会里，绝对的权威和意识形态，甚至政府所提供的标准化的公共服务都与这种多元化的要求相去甚远。

2. 后现代公共行政的核心概念：公共能量场

后现代公共行政理论的核心概念，就是"公共能量场"（public energy field）。场是作用于情境的力的复合。能量这一概念意味着：场中有足够的目标和意图，这些目标和意图吸引、激动并改变着人们。公共事务就是这样一种能量场，在这个能量场中，有着各种能量和力的作用，它们各有自己的意向性或目的。

首先，我们看"力"这个概念。以往的公共管理都只注重几种主要的力，以及力与力之间线性的联系。因此提供公共产品的力，仅限于政府等主体，而忽视了其他可以起作用的力（如社会中介组织）。后现代观点则认为，力是一个场，不是粒，而是波，是力的有机场。现象学用意向性说明这种力，要求回到力的本身，回到力的源泉来认识力。

其次，再看"情境"。这是需求方的概念。公民的公共需求虽然可以概括成一些抽象的条条框框，但回到需求本身看，每个公民的公共需求其实都是非常具体的，具体到可以还原成可体验情境。在这个场中，有四年才响应一次的全体公民的发力节点（如总统选举），也有每时每刻都在对公民进行响应的发力节点（如基层组织）。同样，公共行政主体表现的意向性，也越来越变成切合情境的意向性，保证话语是针对特定事件、特定语境的行为，强调普遍的参与以及实质性的贡献。这就是公共能量场的理论。

公共能量场是公共政策得以制定和修改的表达社会话语的场所。这一制定和修改的过程同时也是各种话语进行对抗性交流的过程，是具有不同意向性的政策话语在某一重复性的实践语境中为获取意义而相互斗争的过程。

18.2 作为实践形态的公共管理发展趋势

20世纪下半叶以来兴起的公共选择、社群主义、商谈民主等理论流派，在扬弃传统公共行政模式的基础上，分别从公共产品的多元供给、公共决策的公众参与、公共事务的自主治理等角度，阐释了公共管理的现代发展趋势，预示着公共管理新的实践模式兴起的可能性。

18.2.1 公共产品的多元供给

由威尔逊和韦伯创立的传统公共行政模式的要义之一，是以科层式的官僚组织实现高效率。将此种观念应用于公共产品供给时，无疑会强调官僚组织生产公共产品的优越性。在这种观念的指导下，由政府行政组织直接组织公共产品的生产几乎成为各个国家的惯例。

然而，官僚制组织本质上是等级依赖性组织，自上而下的权力链造成了逐级服从关系。不论官僚制组织自身采用何种管理方式，其决策总是由少数上层精英作出。这种由少数人决策并借助官僚组织生产公益品的方式，带来公共产品和公共服务在生产供给方面的垄断性和消费需求方面的不可选择性。为克服这些弊端，公共选择理论的倡导者们力图从决策规则和组织形式的高度改造官僚制。为此，他们在引入“经济人”假设和复杂交换范式的前提后，着力于投票规则和决策规则的研究，力图阐释公共产品的多元需求表达与多种组织供给的均衡方式，以便用市场中的竞争关系、契约关系、服务购买关系等来改造官僚制提供公共产品的缺陷，用竞争条件下的谈判和交换契约冲淡乃至部分替代垄断条件下的强制性命令。他们认为，公益品外溢性的大小和不可分性的强弱，决定着其最佳规模和最合适的生产者，进而决定着应以何种方式达到互利协议、服务购买、竞争妥协、冲突裁决的良好结果。

据此，公共选择理论的组织设计是，发展“交叠管辖和权威分散”的多组织安排。这种通过自下而上的多层决策及按公益品的性质由多级组织以不同方式提供公共产品，有利于消除官僚制提供公共产品的垄断性和不可选择性。据此，美国学者奥斯特罗姆将交叠管辖和权威分散的多组织安排看成民主制行政范式的一条基本定理。

尽管发展交叠管辖和权威分散的多组织安排，尚需相应的社会文化条件和政治法律条件与之匹配，既不能单靠理论论证而普遍推行，也不能单靠行政指令而落地生根。然而，作为与官僚制相区别的提供公共产品的方式，它无疑代表着公共管理的一种现代发展趋势。

18.2.2　公共决策的公众参与

官僚制决策的特点在于决策制定权集中于上层，由极少数精英人物行使，由此带来了独断、秘密操作、易于被特殊利益集团操控，以及执行中的强制性等诸多弊端。为消除这些弊端，哈贝马斯倡导的商谈民主理论主张通过公众的话语权和交往权利，从制度上加以规整，使公共决策民主化。

哈贝马斯认为，在后传统社会中，“不存在基本信仰的同质性，不存在假设的共同阶级利益，相反，相互角力的平等的生活方式具有无法透视的多元性”。面对此种情况，“从多元性内部是否能够突出一种可作为公共舆论标准的普遍利益”[①]，就成为民主理论必须解决的一个基本问题。他认为，商谈民主理论基于行使话语权而取得“辩论共识”的见解，即是对解决此问题的贡献。

辩论共识是在沟通过程中的理解、尊重、信任以及在此基础上的偏好调整；它是交往理性的应用而不是工具理性的应用。辩论共识不是把德性和公益看成早已存在的普遍意志，而是看作公共交往的产物。能使交往结果获得合法性并冠之以公共价值的，是共同意愿的形成过程，而不是已经形成的意愿的总和。换言之，具有合法性的公共价值是普遍讨论的结果，而不是外在于讨论过程的普遍意志的表达。此种辩论共识，显然只能在充分的话语权行使中形成。正因为如此，如何在制度上保障公众的话语权，成为协商民主理论极为关注的问题。

哈贝马斯把来自市场系统的金钱对话语权的侵犯，以及来自行政系统的权力对话语权的侵犯，分别称为金钱暴力和权力暴力，并认为“以民主方式阻挡系统对生活世界的

① 哈贝马斯．公共领域的结构转型．上海：学林出版社，1999：19－23.

殖民干预”是生活世界的内在要求。消除这些障碍的途径，不可能从行政系统和经济系统内部找到，而必须在它们之外建立公共交往、公共讨论、公共批判的制度平台，才能屏蔽金钱暴力和权力暴力的干预，使平等对话充分展开。为此，发展不依附政府权力和商业利益的公共论坛、政策听证、公民授权、公民参与、报刊传媒、政党社团等制度形式，就成为民主政治建设中不可或缺的要素。由它们所构成的公共交往领域，被哈贝马斯称为社会的总体交往条件。哈贝马斯认为，只有合理的交往条件才能保证公共交往不受操纵并具有批判性；而交往条件是否合理，则由平等公民的公共讨论和批判决定。换言之，如果没有公众认可的公共领域，民主生活将无从谈起，平等的话语权也无从谈起。此时的公民参与仅有装饰性意义，公共领域中的公共价值不一定反映辩论共识，可能带有虚幻性质。

当然，公共领域中形成的辩论共识主要是关于公共利益和公共价值的共识。它为公共决策提供了十分重要的价值前提，但它本身不能代替公共决策，特别是不能代替国家规模上的代议制政府决策。换言之，由平等话语权体现的交往权利虽然是一类基础性权利，但替代不了管理权力，只是从合法性高度制约管理权力。

18.2.3 公共事务的自主治理

公共事务的自主治理既不同于官僚制政府治理，也不同于私人领域的自律，它是通过政府之外的自治性机构自主地处理特定范围内的公共性问题。其明显特点是：既不借助法律明文规定的权利义务来规范人们的行为，也不借助市场的交易互换来调节人们的行为，而是通过社群性的认同，建立相应的规则制定和修正机制、规则执行机制、规则监督和制裁机制以及冲突调解和解决机制，并由相应的机构加以实行。能使这些机制得以建立的理性，显然不同于追求个人效用最大化的市场理性。奥斯特罗姆称之为第二代理性，并明确指出：“信任、尊重和互惠这些变量是第二代理性选择模型的核心。”①

其实，基于“信任、尊重和互惠”等公共伦理，通过协商对话取得辩论共识从而建立各类自治组织，以便自主地处理公共性问题的这种自主治理方式，原本是公共管理的固有传统。早期城邦民主和中国封建体制下的基层自治及欧洲中世纪的城市自治，均具有此种性质。

问题是，近200年的代议制实践是在“环式民主”构架下借助官僚制运行的。它完全抛弃了公共事务自主治理的传统，用自上而下的行政指令控制社会公共生活造成的各种弊端，往往使之脱离公共性目标，出现不同形式的危机。对于代议制公共行政的弊端，公共选择理论更重视消除官僚制的垄断性和强制性，主张用多元组织自下而上的决策取而代之；社群主义更关注官僚制中公共价值的缺失，主张用社群的善加以制约；商谈民主理论则前进一步，把代议制的操纵性视为公共性缺失的根源，主张用名副其实的话语权来保证公共决策的公众参与。

---

① 哈贝马斯．公共领域的结构转型．上海：学林出版社，1999：4.

上述理论流派的共同点是，把代议制政府所抛弃了的自治精神，以新的形式重新注入公共事务的治理中，以此打造公共行政和自治治理的良性互动机制。在这种机制中，凡公益品的受益范围可界定、受益群体内部的冲突可自行调节、其“外部损害”可协商补救的社群，均可建立自治组织，进行自主治理，政府不以行政指令加以干预，仅提供法律政策性支持，使其具有必要的宪政前提；对那些外溢性过大的公共产品或社群间冲突较多的领域，政府以对话组织者的身份提供协商平台，并在协商基础上作出有实质约束力的决策。无论提供法律政策性支持，还是提供协商对话平台，政府均处于公众监督、立法监督和司法监督之下，以防止其脱离公共目标，确保成为公共价值的实践者和倡导者。简言之，代议制政府依然是必要的，但它的操控性将由于公众话语权的获得而受到限制，其垄断性将由于多元自治组织的出现而受到抵制，它的目标置换现象也会由于公共价值的注入而受到监督矫正。

18.3 作为制度形态的公共管理发展趋势

18.3.1 公共管理的制度理性

理性是人依据自身所掌握的知识和法则，在其自身目的和意识的支配下，通过对客观事物的观察与分析而形成的普遍性认识、选择、评价和反思的能力。制度的理性是“制度本身所包含的理性，具体指制度中所凝聚的人的理性意识与能力，通过生成具有普遍性特征的规则体系和规范行动，面向制度对象发挥规定、引导、约束和控制功能的品质精神和作用能力”①。公共管理制度作为对公共管理活动一系列规范性约束的总体概括，是一种典型的人类理性化活动，体现着人的理性认识与能力。想要更好地认识作为制度形态的公共管理发展趋势，就必须从理性层面出发进行探索。

1. 公共管理制度理性的维度

马克斯·韦伯以社会行为为出发点，提出了社会行为的四种类型：以目的为趋向的工具理性；以价值为趋向的价值理性；自觉或不自觉遵从风俗、习惯的传统行为；行为人受感情和情绪影响的“情绪化”行为。他认为：目的合乎理性的，即通过对外界事物的情况和其他人的举止的期待，并利用这种期待作为“条件”或者作为“手段”，以期实现自己合乎理性所争取和考虑的作为成果的目的；价值合乎理性的，即通过有意识地对一个特定举止——伦理的、美学的、宗教的或作任何其他阐释的——无条件的固有价值的纯粹信仰，不管是否取得成就。② 这里主要借鉴韦伯的观点，从工具理性与价值理性两个维度来对公共管理的制度理性进行剖析。

（1）公共管理制度的工具理性。工具理性的关键在于“计算”：针对确定的目标，计算成本和收益，找到最优化的手段。它“指向的是具体目的，基于思考、权衡，合乎方

---

① 教军章，杜威．公共管理制度的理性悖异及其整合进路．行政论坛，2020，27（4）.

② 马克斯·韦伯．经济与社会：上卷．北京：商务印书馆，1997：56.

法手段最优、效果最好，成本最小、收益最大的原则”①。公共管理制度的工具理性体现在公共管理主体对公共管理制度作出的工具合理性规定。例如，工具理性在制度创立之初会考虑制度的科学性与可计算性，在制度运行过程中则会重点关注制度的可操作性、规范性以及非人格化倾向，在制度的变革上强调效率至上等。

（2）公共管理制度的价值理性。价值理性权衡的是一种价值判断，强调动机的纯正和选择正确的手段达到自己的目的，而不管是否取得成就，甚至无视可以预见的后果。公共管理制度的价值理性体现在公共管理主体对公共管理制度作出的价值合理性规定。例如，价值理性在制度创立之初强调制度对公共性与“善”的追求，在制度运行上则强调人格化的倾向，在制度的变革中崇尚的是以人为本的关怀的普适性。

知识专栏 18-1

工具理性和价值理性的不同理解——韦伯的社会学思想

韦伯在不同层面理解、使用价值理性和工具理性，形成了与它们相关的另外两组概念：形式合理性—实质合理性；责任伦理—信念伦理。

“形式合理性”是指“货币核算用于经济目的的程度”，即经济活动的参与者利用货币来计算成本和收益的最大机会，以图追求货币收益的最大化。形式合理性的实质是工具理性在经济行为中的典型体现。为了追求利润的最大化，资本主义在经济过程中选择了形式化的手段，其表现在：市场契约和贸易自由，生产资源的私人所有，成本核算，企业经营与家政分离，以及自由的劳动力市场，可能还包括合理配置资源的组织管理——大企业的科层化和流水生产线等。这些都是资本主义经济行为中最有效率、成本最低的形式化手段。

“实质合理性”是指社会价值规范对纯粹货币核算用于经济活动所允许的程度。韦伯承认，实质合理性是一个含义十分模糊的概念，因为它取决于判断所依赖的价值标准。当人们把用金钱计算一切看作罪恶时，这种经济的形式合理性与实质合理性是对立的；如果把为最大限度的人口提供最大限度的物品当作评价标准，形式合理性与实质合理性在相当程度上就是吻合的。问题在于你把什么作为判断的终极价值或绝对价值——是平等、效率，还是最大多数的福利。所以，实质合理性与价值理性密切关联。

在“以政治为职业”的演说中，韦伯提出著名的政治家的“责任伦理”和“信念伦理”问题。韦伯指出，持信念伦理（或终极目的伦理）的人认为宇宙和人类是理性的、善良的，相信善良的意图会带来好的结果。他们认为，每一次政治行为都必须是道德的，他们为了行为的纯洁性，甚至无视行为的结果。韦伯指出，持信念伦理的人常常把纯洁的行为导致罪恶的后果，归结为世界和人的缺陷，甚至天意和神命。尤其是在历史实践中，他们为了实现至善信念，如“千年至福王国”的到来，不惜动用血腥和暴力的手段。韦伯尖锐地批评道：持信念伦理的政治家实质上是不负责任的。

相对照，持责任伦理的人认识到世界和人不完美的本质，知道最善良的意图往往会带来相反的结果，认识到政治有一定独立的领域，不可能总是用“纯道德”的手段行动，

① 徐青．价值理性的本真与建构．河南师范大学学报（哲学社会科学版），2017，44（4）．

政治家必须为自己所选择的手段之可预见的后果负责。可以看出，韦伯的信念伦理就是政治家职业伦理中的价值理性，而责任伦理就是政治家职业伦理中的工具理性。韦伯还指出，政治本质上是某种“恶”的东西，信念伦理和责任伦理很难和谐相处。一个理性的政治家必须按责任伦理行动，但这不意味着放弃价值理性而纯粹以工具理性行动，当一个政治家要奉献于民族和国家的事业时，就是价值理性行为。

资料来源：王锟．工具理性和价值理性——理解韦伯的社会学思想．甘肃社会科学，2005（1）.

2. 公共管理制度理性的辩证关系

在公共管理制度的发展过程中，工具理性和价值理性相互依赖、相辅相成。“公共管理制度既需要依托工具理性的考量为实践提供技术支撑和物质保障，也需要依靠价值理性的不断追问为实践提供精神支撑和价值尺度。”[①] 制度的工具理性与价值理性在公共管理制度的创设、运行、变革、评价等过程中共同存在、相互促进，工具理性确保公共管理制度实施的高效率，价值理性则保证公共管理制度的公共性及社会性。

然而，两者在公共管理制度的实践过程中却逐渐产生裂隙，这其实反映出了公共管理制度实践过程中工具化诉求与价值化诉求之间的矛盾。一方面，传统公共管理制度所表现出的工具理性秉承“经济人”假设，强调效率至上，将人物化为公共管理制度实践中“活的机器”和追求制度目标的手段，忽视、冷落和排斥人的情感与价值，弱化人的主体性和公共性；另一方面，工具理性下的制度构建忽视人的心理与情感偏好，将制度预设为非人格化的“机器”，缺乏对公共价值的追求，造成公共人格的扭曲与分裂。这些明显反映出公共管理制度工具理性与价值理性两者性质的相悖性。因此，在公共管理制度实践中，我们必须认清工具理性与价值理性的优势所在，在反思工具理性弊端的基础上，发扬价值理性的长处，探寻有利于两者共生互益且能够维系两者动态平衡的治理制度。

18.3.2　公共管理的制度创新

1. 西方国家公共管理制度创新的特点

20世纪最后20余年，为迎接全球化、信息化、国际竞争加剧的挑战以及摆脱财政困境和提高政府效率，西方各国相继掀起了公共管理制度创新浪潮。尽管西方各国公共管理创新所选择的基本类型与具体路径各异，但就总体而言，仍有一些共同的特点。比如，重点之一是试图创建一个“企业化政府”（entrepreneurial government），这实际上是当代政府治理理念发生根本性变革的标志。可以说，西方国家公共管理制度创新为我国政府应对变革时代的挑战、改善治理能力、提升施政品质，提供了许多有价值的思考和启示。

（1）政府角色的重新定位。西方国家公共管理制度创新的基点是政府角色的重新定位。这涉及两方面内容：第一个方面，把市场能够做的事情交给市场，政府则致力于市场机制无法发挥作用的领域，把政府职能转变到协调宏观经济运行、维护市场秩序、提供部分公共物品、维护社会公正等方面来。第二个方面，调整政府与社会的关系，把政

① 教军章，杜威．公共管理制度的理性悖异及其整合进路．行政论坛，2020，27（4）.

府管不了、管不好的职能转移给社会自身来承担。这在客观上要求第三部门或非营利组织承接政府转移出来的职能。建立以政府为核心、非营利组织为重要主体、公众和私人部门共同参与的多元化的公共管理体系已经成为一种客观趋势。政府的新角色是宏观调控者，而不是微观管理者；是游戏规则制定者，而不是游戏参与者；是裁判员，而不是运动员；是有效政府，而不是全能政府。

（2）公共服务的市场化、社会化。在当代西方国家公共管理制度创新中，政府充分利用市场和社会的力量，推行公共服务市场化和社会化已成趋势。主要采取以下形式：1）政府业务合同承包。合同承包使某些具体公共服务的供给过程按照市场逻辑运作，其实质在于政府通过合同的形式在公共领域引入市场机制，通过投标者的竞争和制约行为完成公共服务提供的“准市场化”。2）以私补公，打破政府垄断，建立政府部门与私营企业的伙伴关系。为了弥补政府能力和财力的不足，西方各国在政府管理创新的过程中，采取利用私营企业补充公共部门的方式，打破政府对一切公共服务垄断的传统，建立起公共部门与私营企业的伙伴关系，实现二者的良性互动。3）公共服务社会化。政府授权社区并鼓励社区举办各种公共事业如老人院、收容院、残疾人服务中心等，政府机构如社会保障部门、警察局出面组织邻里互助、街道联防等，以改进社会服务和控制犯罪活动。

（3）政府公共管理职能分权化。当代西方国家公共管理制度创新的目标之一就是分散政府管理职能，核心是削减中央政府职能或把中央政府的职能转移到地区或地方政府以及非营利组织中去。分权化的政府放弃了传统的官僚制集权模式，采取了扁平化的组织结构，以便于更好地实现上情下达与下情上达。在西方政府的机构重组中，在调整中央与地方关系的同时，还调整了中央政府部门内部上下级之间的层级关系，许多政府经济部门被改造为准政府机构或非营利组织。这种改革实现了决策权从地方向中央集中和管理财务权从中央向地方下放的有机结合。其中，最激进的当属英国的“下一步行动方案”和新西兰的公司化改革，这些改革都取得了不同程度的成功。

（4）引入现代化管理技术。当代各国政府内部公共管理制度创新的最显著特征是公共行政中的管理主义倾向，即引进现代化管理技术尤其是私营部门的管理技术来“重塑政府”，实现政府管理的现代化，建立一个市场化、企业化政府。被广泛用于政府管理的管理方法有：战略管理、全面质量管理、成本管理、标杆管理等。同时，利用信息技术，发展电子政府。电子政府不是一个单纯的技术概念，而是一种以信息技术为基础的政府治理新模式。西方各国的政府管理创新是以广泛地应用信息技术尤其是网络技术为标志的。

（5）公共人事制度创新。在公共人事制度创新方面，西方国家采取的主要措施有：1）放松管制，增强灵活性。西方各国在人事录用、报酬、职位分类、培训等方面放松管制，增强灵活性，举措包括消除繁杂的规则，减少繁文缛节以及办事拖拉等。2）公共管理者的非职业化。文官终身受雇制受到改革的猛烈冲击，强制性裁员和日益增多的短期合同打破了职位永久性原则。合同雇佣制和临时聘用已经成为公共部门以及政府机构用人的常见方式。3）绩效评估以及灵活的付酬制度。西方公务员制度创新的另一个基本取向是注重结果而非过程控制，重视绩效评估，并采取灵活的付酬与奖励措施。

2. 中国公共管理制度创新的特点

把实现好、维护好、发展好最广大人民群众的根本利益作为一切工作的出发点和落脚点，更加自觉地使改革开放的发展成果更多更公平地惠及全体人民，中国共产党、政府、各类非政府组织以及人民群众等公共管理创新主体依法对现存有缺陷的、失效的或者缺失的公共管理制度进行修改、废止或者制定，使得公共管理制度能够进一步完善发展，这一过程便是中国的公共管理制度创新。该过程是持续构建新发展格局和推动高质量发展的必然要求，是推进国家民主政治建设的内在引擎。自20世纪80年代以来，我国在持续进行公共管理制度的创新，这些创新特点为今后发展提供了一定的思路。

（1）立足国情，本土化与国际化相结合。中国公共管理制度创新立足于国情，坚持将本土化与国际化相结合。一方面，我国公共管理制度创新强调从优秀传统文化出发、从实际出发，要具有本土化的思考。另一方面，为顺应时代发展，我国公共管理制度创新还强调要具有国际化视野。中国公共管理制度创新的发展经过了数十年的积累，从单方面的吸收引进西方理论知识到坚持本土化与国际化相结合，逐渐探索出一条具有中国特色的创新道路。中华优秀传统文化中有着丰富的管理思想，植根本国、本民族历史文化沃土，将中华传统文化精华与我国公共管理实际和国际先进理论贯通起来，对当下公共管理中协调、组织与决策等方面的制度创新有着重要的现实意义。扎根于乡土，在消化吸收西方公共管理制度创新的基础上，“作出符合中国实际和时代要求的正确回答，得出符合客观规律的科学认识，形成与时俱进的理论成果”①，能更好地对我国公共管理制度创新形成深入而独特的成果。

（2）以人为本，多元主体间互动与合作。坚持以人民为中心的公共管理理念是中国公共管理制度创新的基本原则。这是人民主权原则在公共管理中的直接体现，意味着在作公共决策前，需要把尊重人民意愿、维护人民权利放在首位，“要站稳人民立场、把握人民愿望、尊重人民创造、集中人民智慧，形成为人民所喜爱、所认同、所拥有的理论”②。同样地，中国公共管理制度创新以“公共性”为前提，其多元化主体强调将人民放在第一位。它的多元化主体主要指中国共产党、政府、各类非政府组织以及人民群众，我国公共管理制度的持续创新正是这些多元主体在相互作用下所形成的合力的产物。增强合力效应对我国公共管理制度创新有重大意义，首先要协调好各主体之间的关系，保证各分力发挥作用时的方向保持一致性。其次要加强各主体自身的建设与发展，打好基础，使得每个分力能发挥更多作用，从而提升多元主体的合力效能。值得一提的是，各主体之间的相互协调若以制度的形式呈现，就是公共管理制度创新的内容，而为促使它们自身发展所制定的制度与创新也属于公共管理制度创新的重要部分。

（3）公开透明，回应性与责任性相结合。中国公共管理制度创新是以公开与透明为特征的。有回应和负责任的公共管理必然是透明的管理，是主动向人民群众公开一切在法律允许范围内可以公开的信息的过程，让公民充分享有知情权，从而从根本上保障公民其他民主权利的实现。在此过程中，政府建立了制度化的沟通机制，在保障信息安全与公民隐私权的前提下，提供了公民接触政府信息的途径与渠道。同时，回应性是体现政府责任的方式之一，政府要努力提高回应性，及时回应公民需求，建立完善长效回应机制，提升责任担当意识。

---

① 习近平．高举中国特色社会主义伟大旗帜 为全面建设社会主义现代化国家而团结奋斗：在中国共产党第二十次全国代表大会上的报告．（2022-10-25）．https：//www.gov.cn/xinwen/2022-10/25/content_5721685.htm.

② 同①.

（4）深化服务，高效率与高绩效相结合。高效率和高绩效是判断中国公共管理制度创新程度的重要标准，两者的有效结合对深化公共服务意识与提高公共服务能力有着正向作用。高效率和高绩效代表着各公共部门可以充分利用各种资源来推进公共管理目标的实现，重视时间与结果，秉持一切为了人民的原则，强调服务的价值。我国公共管理制度创新的过程实际上是对现有资源进行最佳配置的过程。在一些具体操作中，公共部门改变繁冗的格局，精简了不必要的机构与人员，简化了管理过程与方式，并对体系内部进行了重组或关闭，“健全基本公共服务体系，提高公共服务水平，增强均衡性和可及性”①，建设数字政府与服务型政府，提升现代治理能力。

案　例

“一站式”服务 跑出便民服务“加速度”

青海都兰县政务服务大厅现进驻单位14个，开通窗口29个，工作人员30名，纳入政务服务事项104项。服务窗口下移到乡镇，各乡镇设置综合服务中心配套多个民生服务窗口，各村社充分发挥党群综合服务中心的作用，从严落实值班值守制度，第一时间解决群众诉求，通过推行“一站式”服务，让老百姓“进一个门，办完所有事”。

新冠疫情防控期间，都兰县大力推行“不见面”审批，政务服务大厅进驻邮政局办事窗口，即办理业务后，经办事企业、群众同意，均可免费快递送达审批结果，切实方便企业群众办事。

同时，都兰县以青海政务服务平台为枢纽，向全省一体化的政务服务平台体系和电子监察系统靠拢，所有办事窗口统一使用青海省统一认证平台进行办公，确立监督监察主体，明确办理事项不同环节时间节点、责任人，从咨询、申请、受理、审批、办结全过程进行电子政务网络实时监督，及时发现和有效杜绝政务服务不规范现象和违纪违法问题，使中心服务在统一的标准、规范和有效监督下运行。

资料来源：奋进新征程 建功新时代.（2022-01-01）. https://baijiahao.baidu.com/s?id=1720706070241956279&wfr=spider&for=pc.

（5）立足法治，以依法行政促阳光政府。立足法治、依法行政是我国公共管理制度创新的必然选择。法治化是国家治理体系现代化的主导原则，构建法治秩序是我国治理现代化的必由之路②，政府要按照宪法和法律规定的条例依法行政，其公共管理权力也必将受到监督和制约。坚持依法行政，要让权力在阳光下运行，在促进阳光政府的同时建设法治政府，“深化行政执法体制改革，全面推进严格规范公正文明执法，加大关系群众切身利益的重点领域执法力度，完善行政执法程序，健全行政裁量基准”③，完善依法行

① 习近平．高举中国特色社会主义伟大旗帜 为全面建设社会主义现代化国家而团结奋斗：在中国共产党第二十次全国代表大会上的报告．（2022-10-25）．https：//www.gov.cn/xinwen/2022-10/25/content_5721685.htm.

② 唐皇凤．构建法治秩序：中国国家治理现代化的必由之路．新疆师范大学学报（哲学社会科学版），2014，35（4）：19-28.

③ 同①.

政的办事程序，加强对行政活动的管理监督，从而达到提升政府依法行政与依法治理能力的效果。

18.4　作为价值形态的公共管理发展趋势

18.4.1　公共价值的复兴重建

公共产品多元供给的要义，在于强调基层自治组织的合理性。问题在于，此种基层自治组织如何建立？因为正是在这里，公共行政赖以存在的、以个人权利至上为特征的自由主义思想基础受到了挑战。其理论表现形态是囚徒困境、公地悲剧、奥尔森逻辑以及阿罗不可能定理。所有这些以理论模型形式表现出来的困境、悲剧和不可能性均是有力的警告：表明在坚守自由主义的前提下，意欲通过直接民主方式找到群体认同的决策，建立自治自主组织会困难重重。

应对此种挑战的种种补救方案多是在公共选择理论框架内提出。与那些在自由主义框架内进行修补的见解不同，社群主义者从文化价值观角度，主张用公共的善和社群公益来规整人与人之间的相互关系。社群主义者把人与人相互联系的方式区分为三种：市场、国家、社群。在社群主义看来，社群是既区别于国家也区别于市场的一类社会组织。它既不直接依靠政治较量中所形成的宪法和法律黏结起来，也不直接依靠市场交易中所形成的机制和规则黏结起来；在社群中起黏结剂作用的，主要是伦理价值上的文化认同。这种认同首先表现为对社群公共利益的价值认同，并由此而使公共利益、公共价值成为社群内德性和正义的基础。换言之，社群的公共利益体现为公共价值，对公共价值的追求将社群黏结为一个整体，为实现公共价值作出的贡献又提供了判断德性和正义的尺度。此种来自德性和正义的激励，正是社群有别于国家和市场的主要黏结力量。

为了回答“公共价值如何能够成为一种激励力量”这个在自由主义看来无法解答的问题，社群主义者将个人利益区分为外在利益和内在利益。他们认为，外在利益（诸如权力、名声、金钱等）本质上是竞争的对象，带有零和博弈的性质；内在利益（从公共品中分享的利益，如安全、健康、福利等）则不一定是竞争的对象，它们的特性是它们的实现有益于参加实践的整个群体①，而拥有和践行德性才能获得内在利益。由此出发，社群主义者断言，个人追求内在利益的过程将与社群实现公共利益的过程相生相伴，公共价值由此成为一类激励力量。在它的激励下，成员通过参与社群公益活动获得成员资格，成员资格所具有的权利又使之进一步参与社群公益活动。这样，公共价值不断被创造出来，个人利益也不断得到满足。

社群主义旗帜鲜明地倡导公共价值，动摇着自由主义思想的基础。它把公共行政模式中淡漠了的公益性原则重新凸显出来，阐释了公共事务自主治理的观念条件，以及防止官僚制组织中目标置换的伦理途径。从这个意义上说，公共价值的复兴重建，同样代

① 彭正波．后现代语境中的公共行政解读．中共济南市委党校学报，2004（4）．

表着现代公共管理的一种发展趋势。

18.4.2 多元价值的均衡统一

伴随着公共管理范式的变迁，公共管理的价值导向也发生改变。不同的公共行政范式导致公共行政价值的多元化。学者们大都认同，"公共行政价值发生着与公共行政范式相对应的消解、重构与嬗变"①。在社会经济、政治、科技、文化的不断发展和演进下，西方公共行政经历了四大历史发展阶段，从传统公共行政（traditional public administration，TPA）的由上而下治理到新公共行政（new public administration，NPA）的参与式治理，再到新公共管理（new public management，NPM）的绩效式治理，正在走向公共价值管理（public value management，PVM）的网状治理。与之相对应，公共行政的核心价值也从效率至上到公平主导，再到"3E"（经济、效率、效能）和质量取向，正在走向效率、公平与责任并重②。

"20世纪90年代中后期，新公共管理理论的日渐式微，公共管理场域公共价值缺失、民主治理碎片化，加上公共服务提供和公共政策执行的日益复杂化，越来越多的学者关注和重视'公共价值'，形成了马克·穆尔（Mark. Moore）为代表的创造公共价值、波兹曼（Bozeman）为代表的公共价值失灵、斯托克（Stoker）为代表的网络化治理新途径的公共价值管理等观点。"③ 近年来公共价值管理理论大行其道的原因在于，公共价值管理在对传统公共行政与新公共管理反思批判的基础上，既有继承，也有创新。其建立在更广阔的人性视野之上，弥补了新公共管理的纯粹技术的缺陷，同时兼顾技术与价值，成功地实现了效率与公平、民主与责任的协调，工具理性与价值理性的融合，标志着从主要关注结果和效率转向实现更广泛的政府公共价值创造目标。④ 为应对愈加复杂的多重网络治理困境和愈演愈烈的公共政策领域价值冲突，公共价值管理研究亟待进一步完善，尤其是范式演进、理论建构、公众参与机制、公共价值创造和公共价值测量应用等方面⑤⑥。

"公共价值是公共行政研究的基础性问题，往往被视为对公民本位的回归，有助于政府回应公民诉求、获取公民信任并维持政体合法性。"⑦ 在公共管理中，公共行政价值并非按照价值和范式一一对应的关系而存在，其发展演进也并非独立割裂，更强调多元并

---

① 汪大海，刘金发．转型期中国公共行政市场价值和公共价值的整合．中国行政管理，2011（11）：10-14.

② 汪大海．社会治理转型中的公共行政价值的回应与平衡．北京行政学院学报，2005（4）：1-6.

③ 韩兆柱，郭红霞．公共价值管理理论的研究进展与前瞻．河北大学学报（哲学社会科学版），2017，42（6）：118-127.

④ O'flynn J. From New Public Management to Public Value：Paradigmatic Change and Managerial Implications. Australian Journal of Public Administration，2007，66（3）.

⑤ 王佃利，王铮．国外公共价值理论研究的知识图谱、研究热点与拓展空间：基于SSCI（1998—2018）的可视化分析．中国行政管理，2019（6）：103-110.

⑥ Bryson J M，Crosby B C，Bloomberg L. Public Value Governance：Moving Beyond Traditional Public Administration and New Public Management. Public Administration Review，2014，74（4）.

⑦ 王学军，张弘．公共价值的研究路径与前沿问题．公共管理学报，2013，10（2）：126-136，144.

存和动态博弈。社会治理范式变迁与公共行政范式转换相生相伴，每一种社会治理范式实际上都在寻求回应与平衡效率、责任、公平等核心价值，社会治理的每种范式都有各自的优缺点，在社会治理实践中的大多数体制都是各种范式的综合运用。正因如此，效率、公平、责任等价值取向从来都是交叉并存的，只是在社会治理的不同发展阶段有所侧重而已。

随着社会治理范式的变迁，公共行政的核心价值呈现出一种从效率到公平，再到经济、效率与效能，正在走向效率、公平与责任相统一的价值回归的特性。公共行政艺术的精髓在于实现公共行政多元价值的整合，公平、责任等价值取向正在日益凸显，并在实践和理论的构建过程中寻求与以效率为导向的工具性价值的平衡。

“理解公共价值的平衡性和回归性，有助于厘清效率、责任、民主和公平之间的关系，回应人民群众对美好生活的向往和期望，对于准确把握当代中国社会治理发展的价值取向具有重要的借鉴意义和现实意义，并推动政府治理、文化感召和价值追求三者的有机融合。”① 党的二十大报告对社会治理作出了清晰且系统的论述：“完善社会治理体系。健全共建共治共享的社会治理制度，提升社会治理效能”“畅通和规范群众诉求表达、利益协调、权益保障通道”“建设人人有责、人人尽责、人人享有的社会治理共同体。”树立“以人民为中心”的社会治理理念是新时代社会治理的核心目标和价值取向，体现以人民为中心的本位，充分发挥公众的参与性和主体性，同时有助于促进多元价值的均衡统一。

18.4.3 公共服务的价值追求

传统的管理主义或市场模式认为公共政策或公共利益是所有个体追求自身利益的最后结果，公共利益成为个人选择的副产品。21世纪，登哈特基于公民权、民主和为公共利益服务的新公共服务模式，认为政府应该像一个民主政体那样运作，政府绩效评估价值选择的核心理念是公平、民主、公共利益，强调追求民主价值和公共利益的最大化、最优化②。新公共服务理论认为，政府的职能是为公民服务，目标是实现公共利益。在新公共服务理论者看来，政府在把人民集合在允许他们就社会应该的朝向而无拘无束真诚对话的这一过程中扮演着一种至关重要的角色，在公共组织中，政府所执行的活动意在保持和维护公民的生活方式，同时通过回应和发展来促进社会的变革，而公共服务是体现社会发展程度较为直接和重要的领域。因而，面对公共服务供求矛盾导致的发展失衡以及潜在的复杂社会问题，公共部门管理者应该是战略家，而不是技工，他们始终思考着如何通过有效的公共服务促进社区和国家的可持续发展③。

从价值层面来看，新公共服务理论在一定程度上认同新公共管理“3E”价值观的基础上，认为公共行政的精髓在于“为公民服务以增进共同的利益”，强调行政人员服务于

---

① 伍玉振．新时代政府治理与公共行政的价值取向研究．湖北行政学院学报，2019（3）：28-34.

② 姜晓萍，郭金云．基于价值取向的公共服务绩效评价体系研究．行政论坛，2013，20（6）：8-13.

③ 何艳玲．“公共价值管理”：一个新的公共行政学范式．政治学研究，2009，（6）：62-68.

公民、追求公共利益、重视公民权和人的价值。登哈特曾经呼吁，从根本上来看，无论是对他们而言还是对我们来说，真正重要的不是我们所做的工作多么有效率，而是我们怎样促进了大家生活水平的提高①。新公共服务理论的终极价值目标是：（1）提高公共服务的尊严和价值；（2）将民主、公民权和公共利益的价值观重新肯定为公共行政的卓越价值观②。

在我国，随着服务型政府目标的确立，政府认识到现代政府的核心职能是公平有效地提供公共服务，必须突出公共利益最大化和公平公正价值。与此同时，我国也将社会公众的需求作为政府存在、发展的前提和目标，政府绩效评估开始由效率至上偏向于公平至上，由组织绩效评估转为公共服务绩效评估。

《本章小结》

公共管理的理论与实践发展迅速。从公共管理的理论发展趋势来看，无缝隙政府理论主张政府打破传统的部门界线和功能分割的局面，整合政府所有资源，以单一的界面为公众提供优质高效的信息和服务。多元公共行政理论认为公共行政研究应从管理、政治和法律途径及其整合视角进行。新公共服务理论是针对新公共管理理论缺陷建立起来的新的理论。公共治理理论的核心观点是主张多元公共管理主体通过合作、协商、伙伴关系，确定共同的目标等途径，实现对公共事务的管理。后现代公共行政，就是从本质的抽象，再回到现象的具体，使公共行政可以响应公民个性化的公共需求。从公共管理实践来看，20世纪下半叶以来兴起的公共选择、社群主义、商谈民主等理论流派，在扬弃传统公共行政模式的基础上，分别从公共产品的多元供给、公共决策的公众参与、公共事务的自主治理等角度，阐释了公共管理的现代发展趋势，预示着公共管理新的实践模式兴起的可能性。西方各国公共管理制度创新呈现出普遍性特征，即政府角色的重新定位；公共服务的市场化、社会化；政府公共管理职能分权化；引入现代化管理技术；公共人事制度创新。

《关键术语》

无缝隙政府　　新公共服务　　后现代公共行政　　公共能量场　　理性的维度
公共管理范式　　公共价值管理　　公共价值

《复习思考题》

1. 无缝隙政府的含义是什么？
2. 简述多元公共行政理论的内容。

---

① 珍妮特·登哈特，罗伯特·登哈特．新公共服务：服务，而不是掌舵．北京：中国人民大学出版社，2004.
② 同①.

3. 列举新公共服务理论的主要观点。

4. 列举后现代公共行政理论的主要观点。

5. 公共管理的价值导向的变化趋势。

6. 案例分析题：请认真阅读案例材料，然后按照要求分析并回答问题。

成渝双城文旅公共服务产品采购大会

为深入贯彻中央关于成渝地区双城经济圈建设的重大战略部署，推动文化和旅游公共服务高质量发展，2022年成渝双城文化和旅游公共服务产品采购大会暨成都市第四届公共文化服务超市活动将于10月30日正式启动。该活动由文化和旅游部公共服务司指导，由全国公共文化服务发展中心、四川省文化和旅游厅、重庆市文化和旅游发展委员会、成都市文化广电旅游局共同主办，四川省文化馆、四川省图书馆、重庆市群众艺术馆、成都市文化馆共同承办。

超大平台，虚位以待

此次活动由“线上＋线下”两部分构成。其中，线上超市平台连通了国家公共文化和旅游产品交易平台及四川省、重庆市相关数字平台，将开展一系列精彩的线上活动，为参展商提供充分的展示、推介和交流机会。该活动作为成渝两地共建的文旅公共服务品牌，立足四川、重庆两地优质公共文化和旅游资源，始终致力于进一步推动供需有效对接，为需方发现优质供给，为供方提供更多机会。

即日起，2022年超市活动面向社会广发邀请函。川渝及国内外从事文艺创作展演、文旅讲座培训、文旅策展布展、文旅艺术导赏、文旅项目策划实施等文旅公共服务行业的相关企事业单位，均可于2022年10月30日至11月13日期间，通过登录“文化天府”云平台、“四川公共文化云”平台报名参与，优质报名参展商将被邀请至线下超市参展。

精彩云端 一站体验

本次超市活动将开设展览展示、产品推介、文化艺术推广等线上活动，通过打造文旅公共服务超市，发布采购清单、产品清单、各类产品大数据TOP榜单，进一步释放公共服务领域的巨大潜力。同时，通过网络直播、直播推介等创新的形式，展示、推介公共文化和旅游服务产品。

“依托相关数字平台，我们将为市民搭建起学习浏览、参与体验、互动分享的‘云平台’。通过专属定制的数字化公共文化服务内容，营造线上‘文娱空间’，全方位、多层次地满足广大市民日益提高的精神文化需求。活动还将发布‘最受群众喜爱的公共文化服务产品榜单’。”一位主办方的相关负责人表示。

据了解，本次超市活动线上部分有两大阶段：第一阶段包含云展区、云美学、云发布和云展演四大部分；第二阶段则包含发布需求清单、直播推介和评选活动三大部分。在“评选活动”部分，为进一步增强广大市民的参与感，市民可在“文化天府”平台上浏览云上展区、云展演项目之后，点赞、好评、留言，最后活动将依据线上流量产生包括“人气参展商”“人气产品”“视频热播榜”等在内的TOP榜单。

多元活动 共谋发展

线下活动也值得期待。11月18日至11月20日，线下活动将在成都市文化馆举行。本次超市线下（现场）部分以“1＋1＋2＋N”为活动主体，即：一场启动仪式、一场实体展示、两场交流研讨会、N 场优质产品推介展演活动。通过实体展示、推介展演、交流座谈等丰富的形式，既为业内人士搭建起专业的交流平台，也让广大市民可观可感。

其中，实体展示活动将在成都市文化馆设置专题展览展陈区，邀请四川、成都、重庆、贵州、云南、西藏、广西等地区的创新型亮点公共文化服务产品在特展区内进行实体展陈。同时，还将从线上报名超市活动的优质企业中，邀请 50 家具有特色优质产品代表的单位在成都市文化馆外公共区域进行实体布展，设置企业（产品）个性化展陈区。

两场交流研讨会则分别以“营造城市文化新场景——沉浸式文化专委会发展专题研讨”和“川渝、成德眉资同城化发展全民艺术普及公共文化服务创新探索”为主题，聚焦公共文化服务的细分场景及未来发展趋势，为区域公共文化服务发展建言献策。

据悉，“公共文化服务超市”自 2015 年开办以来已开展至第四届，是与上海文采会和粤港澳大湾区文采会遥相呼应的活动品牌。谈及公共文化服务超市活动的出发点，主办方一位负责人表示，本次活动主要是为了进一步搭建区域性一体化的文旅产品平台，盘活区域内文旅公共服务资源，释放能量、创造流量，实现区域资源共享、平台共建、活动共办，为文旅公共服务高质量发展提供更多有价值的思路和举措。

资料来源：刘海天．成渝双城文旅公共服务产品采购大会定于 30 日举行．（2022－10－29）．http：//sc. people. com. cn/n2/2022/1029/c345509－40174302. html.

问题

结合案例思考，我国在公共产品和公共服务提供方面呈现怎样的特点。

《本章阅读书目》

1. 拉塞尔·林登．无缝隙政府：公共部门再造指南．北京：中国人民大学出版社，2002.

2. 查尔斯·福克斯，休·米勒．后现代公共行政：话语指向．北京：中国人民大学出版社，2002.

3. 珍尼特·登哈特，罗伯特·登哈特．新公共服务：服务，而不是掌舵．北京：中国人民大学出版社，2004.

参考文献

普雷姆詹德．公共支出管理．北京：中国金融出版社，1995.

盖伊·彼得斯．未来政府的治理模式．北京：中国人民大学出版社，2014.

巴殿君，范令，王胜男．论全球治理“中国角色”的构建．学习与探索，2022（4）.

保罗·萨缪尔森，威廉·诺德豪斯．微观经济学：第17版．北京：人民邮电出版社，2004.

保建云．新公共治理变革与世界秩序重塑：中国面临的挑战、机遇及战略选择．人民论坛，2020（11）.

毕旭．政府绿色管理：政府管理发展的新思路．山西青年管理干部学院学报，2012，25（4）.

彼得·德鲁克．管理：任务、责任、实践（上）．北京：中国社会科学出版社，1987.

戴维·波普诺．社会学：第10版．北京，中国人民大学出版社，1999：99.

查尔斯·金德尔伯格．世界经济萧条（1929—1939年）．上海：上海译文出版社，1986.

陈晓萍，沈伟．组织与管理研究的实证方法．3版．北京：北京大学出版社，2018.

陈文泽．治理的中国语境：“党的领导”是中国特色社会主义制度的最大优势．河南社会科学，2020，28（12）.

陈庆云．公共管理基本模式初探．中国行政管理，2000（8）.

陈庆云．强化公共管理理念 推进公共管理的社会化．中国行政管理，2001（12）.

陈庆云．我国公共管理研究的基本内容及其重点．江苏社会科学，2002（6）.

陈振明．从公共行政学、新公共行政学到公共管理学：西方政府管理研究领域的“范式”变化．政治学研究，1999（1）．

陈振明．公共管理范式的兴起与特征．中国人民大学学报，2001（1）．

陈振明．公共政策分析导论．北京：中国人民大学出版社，2015．

陈振明．公共部门战略管理途径的特征、过程和作用．厦门大学学报（哲学社会科学版），2004（3）．

陈振明．竞争型政府．北京：中国人民大学出版社，2006．

陈振明．公共政策分析．北京：中国人民大学出版社，2003．

陈振明，薛澜．中国公共管理理论研究的重点领域和主题．中国社会科学，2007（3）．

陈振明，等．政府工具导论．北京：北京大学出版社，2009．

陈朋．把握党的制度体系建设研究的三大着力点．新华日报，2022－05－31．

陈家刚．全球治理：概念与理论．北京：中央编译出版社，2017．

陈长宁．伪多边主义无法为霸权干涉遮丑．光明日报，2021－04－05．

陈伟光，明元鹏．世界贸易的大国行为逻辑．现代国际关系，2020（2）．

陈共．财政学．10 版．北京：中国人民大学出版社，2020．

陈共．积极财政政策及其财政风险．北京：中国人民大学出版社，2003．

陈力丹．舆论学：舆论导向研究．北京：中国广播电视出版社，1999．

陈伟光．后疫情时代的全球化与全球治理：发展趋势与中国策略．社会科学，2022（1）．

戴维·奥斯本，彼德·普拉斯特里克．摒弃官僚制：政府再造的五项战略．北京：中国人民大学出版社，2002．

戴维·奥斯本，特德·盖布勒．改革政府：企业精神如何改革着公营部门．上海：上海译文出版社，1996．

戴维·罗森布鲁姆，罗伯特·克拉夫丘克，德博拉·戈德曼·罗森布鲁姆．公共行政学：管理、政治和法律的途径：第 5 版．北京：中国人民大学出版社，2002．

丹尼斯·缪勒．公共选择理论．北京：中国社会科学出版社，1999．

丁远朋．弹性化治理：“工作组”机制的运行及治理逻辑探究．社会主义研究，2018（1）．

杜鹏．一线治理：乡村治理现代化的机制调整与实践基础．政治学研究，2020（4）．

萨瓦斯．民营化与公私部门的伙伴关系．北京：中国人民大学出版社，2002．

埃瑞·维戈达，孙晓莉．从回应到协作：治理、公民与未来的公共行政．国家行政学院学报，2003（5）．

泰勒．科学管理原理．北京：团结出版社，1999．

法约尔．工业管理和一般管理．北京：团结出版社，1999．

范宏云．“一国两制”下的中央全面管治权．特区实践与理论，2014（5）：49－52．

范和生，刘凯强．从黑色文明到绿色发展：生态环境模式的演进与实践生成．青海社会科学，2016（2）．

盖伊·彼得斯．公共政策工具．北京：中国人民大学出版社，2007.
格罗弗·斯塔林．公共部门管理．上海：上海译文出版社，2003.
葛玉辉．公共部门人力资源管理．北京：清华大学出版社，2016.
谷春德．中国特色社会主义法治理论与实践研究．北京：中国人民大学出版社，2019.
郭树勇．大危机下的国际合作与外交转向：国际政治科学的视角．当代世界与社会主义，2020（3）.
彭和平，叶舟．国外公共行政理论精选．北京：中共中央党校出版社，1997.
管兵．政府向谁购买服务：一个国家与社会关系的视角．公共行政评论，2016（1）.
乔治·弗雷德里克森．论新公共行政学//彭和平，竹立家．国外公共行政理论精选．北京：中共中央党校出版社，1997.
哈贝马斯．公共领域的结构转型．上海：学林出版社，1999.
哈罗德·孔茨，海因茨·韦里克．管理学．北京：经济科学出版社，1998.
哈尔·范里安．微观经济学：现代观点：第6版．上海：上海人民出版社，2006.
韩运荣，喻国明．舆论学：原理、方法与应用．北京：中国传媒大学出版社，2005.
韩兆柱，郭红霞．公共价值管理理论的研究进展与前瞻．河北大学学报（哲学社会科学版），2017，42（6）：118-127.
韩震．大国博弈与未来世界．北京：中共中央党校出版社，2022.
何水．中国公共管理制度创新主体研究．郑州大学学报（哲学社会科学版），2006（4）.
何颖．公共行政研究方法及其走向评析．中国行政管理，2005（10）.
何伦志．集中决策与分散决策结合研究．新疆大学学报（哲学人文科学版），1986（4）.
胡象明．关于公共部门的界定与公共管理学的研究范围：兼谈公共管理学与行政管理学的关系．武汉大学学报（社会科学版），2001（5）.
胡键．全球经济治理体系的嬗变与中国的机制创新．国际经贸探索，2020（5）.
胡昭，马泽波．云南推进生态文明排头兵建设：实践透视、影响因素与路径优化——以红河州为例．红河学院学报，2022，20（4）.
黄爱宝．政府绿色管理能力建设：内涵、动因与任务剖析．云南社会科学，2008（4）.
黄荣护．公共管理：第2版．台北：商鼎文化出版社，2000.
加里斯·摩根．驾御变革的浪潮：开发动荡时代的管理潜能．北京：中国人民大学出版社，2002.
教军章，杜威．公共管理制度的理性悖异及其整合进路．行政论坛，2020，27（4）.
卡尔·帕顿，大卫·沙维奇．公共政策分析和规划的初步方法．北京：华夏出版社，2002.
克里斯托弗·胡德．国家的艺术：文化、修辞与公共管理．上海：上海人民出版社，2004.

拉塞尔·林登．无缝隙政府：公共部门再造指南．北京：中国人民大学出版社，2002.

莱斯特·萨拉蒙．公共服务中的伙伴：现代福利国家中政府与非营利组织的关系．北京：商务印书馆，2008.

李允杰，丘昌泰．政策执行与评估．台北：国立空中大学出版社，1999.

李普曼．舆论学．北京：华夏出版社，1989.

李芬．绿色管理：一种新的政府管理模式．前沿，2008（10）.

李正华．党的十八大以来改革开放的重要特征．马克思主义研究，2020（1）.

李明月．我国政府绿色管理能力建设研究．南京：南京工业大学，2012.

李瑞昌．中国特点的对口支援制度研究：政府间网络视角．上海：复旦大学出版社，2016.

廖为建，张宁．政府公共关系．2版．北京：中国人民大学出版社，2014.

梁聪生，陈晓峰．“绿色新政”背景下政府绿色管理的意义、内容与实现途径．经济研究导刊，2012（24）.

林怀东．“绿色公共管理”引导下地方政府建设能力的思考．商，2016（34）.

林尚立．中国共产党与国家建设．天津：天津人民出版社，2017.

林钟沂．行政学．台北：三民书局股份有限公司，2001.

刘贞晔．国际政治领域中的非政府组织中互动关系的分析．天津：天津人民出版社，2005.

凌胜利，李汶桦．全球治理变革背景下的中国国际制度创建．国际关系研究，2021（5）.

骆伟建．“一国两制”理论和实践经验研究．广州：广东经济出版社，2020.

约瑟夫·奈，约翰·唐纳胡．全球化世界的治理．北京：世界知识出版社，2003.

罗伯特·奎因．深刻变革：从改革中发现领导者．北京：中央编译出版社，2000.

罗德里克·克雷默，汤姆·泰勒．组织中的信任．北京：中国城市出版社，2003.

马宝成．有效治理“局部空转”要抓住“关键少数”．人民论坛，2019（36）：46-49.

马丁·休伊森，蒂莫西·辛克莱，张胜军．全球治理理论的兴起．马克思主义与现实，2002（1）.

麦克尔·巴兹雷．突破官僚制：政府管理的新愿景．北京：中国人民大学出版社，2002.

曼昆．经济学原理：微观经济学分册：第4版．北京：北京大学出版社，2006.

孟小平．揭示公共关系的奥秘：舆论学．北京：中国新闻出版社，1989.

牛文元．可持续发展理论的基本认知．地理科学进展，2008（3）.

尼古拉斯·亨利．公共行政与公共事务：第8版．北京：中国人民大学出版社，2002.

宁骚．公共政策学．北京：高等教育出版社，2003.

欧文·休斯．公共管理导论：第3版．北京：中国人民大学出版社，2007.

欧阳静．政治统合制及其运行基础：以县域治理为视角．开放时代，2019（2）.

欧阳静．简约治理：超越科层化的乡村治理现代化．中国社会科学，2022（3）.
潘慧玲．社会科学研究典范的流变．教育研究资讯，2003（1）.
彭正波．后现代语境中的公共行政解读．中共济南市委党校学报，2004（4）.
齐明山．行政学导论．北京：大众文艺出版社，2001.
乔治·弗雷德里克森．公共行政的精神．北京：中国人民大学出版社，2003.
乔恩·谢泼德，哈文·沃斯．美国社会问题．太原：山西人民出版社，1987.
秦亚青．全球治理：多元世界的秩序重建．北京：世界知识出版社，2019.
全钟燮．公共行政：设计与问题解决．台北：五南图书出版公司，1994.
任剑涛．找回国家：全球治理中的国家凯旋．探索与争鸣，2020（3）.
任维德．“中华民族共同体”的国家结构内涵、功能与构建．内蒙古大学学报（哲学社会科学版），2021，53（6）.
阮宗泽．一个世界，两种秩序．国际问题研究，2020（3）.
杰伊·沙夫里茨，艾伯特·海德．公共行政学经典：第7版（中国版）．北京：中国人民大学出版社，2019.
宋才发．制度优势是“中国之治”的根本优势．广西社会科学，2020（2）.
宋煜萍．生态型区域治理中的地方政府执行力建设：迈向“绿色公共管理”的思考．马克思主义与现实，2014（2）.
申剑敏，朱春奎．跨域治理的概念谱系与研究模型．北京行政学院学报，2015（4）.
孙钰，郭媛媛．推动生态文明建设的绿色革命：访清华大学国情研究院院长、公共管理学院教授胡鞍钢．环境保护，2013，41（21）.
史本叶，马晓丽．后疫情时代的全球治理体系重构与中国角色．东北亚论坛，2020，29（4）.
史蒂文·科恩，威廉·埃米克．新有效公共管理者：在变革的政府中追求成功：第2版．北京：中国人民大学出版社，2001.
十八大以来重要文献选编（上）．北京：中央文献出版社，2014.
孙柏瑛．当代地方治理．北京：中国人民大学出版社，2004.
唐皇凤，梁新芳．党的领导制度体系：构成要素、逻辑结构和优化路径．新疆师范大学学报（哲学社会科学版），2020，41（4）.
唐皇凤．构建法治秩序：中国国家治理现代化的必由之路．新疆师范大学学报（哲学社会科学版），2014，35（4）：19-28.
唐纳德·凯特尔．权力共享：公共治理与私人市场．北京：北京大学出版社，2009.
陶希东．全球城市区域跨界治理模式与经验．南京：东南大学出版社，2014.
童星．中国社会治理．北京：中国人民大学出版社，2018.
托克维尔．论美国的民主．北京：商务印书馆，1995.
钱满素．美国自由主义的历史变迁．北京：三联书店，2006.
汪大海．社会治理转型中的公共行政价值的回应与平衡．北京行政学院学报，2005（4）：1-6.
汪大海，刘金发．转型期中国公共行政市场价值和公共价值的整合．中国行政管理，

2011（11）：10－14.

王勇．和平统一、一国两制是解决台湾问题的最佳方案．中国青年报，2022－08－11.

王佃利，王铮．国外公共价值理论研究的知识图谱、研究热点与拓展空间：基于SSCI（1998—2018）的可视化分析．中国行政管理，2019（6）：103－110.

王学军，张弘．公共价值的研究路径与前沿问题．公共管理学报，2013，10（2）：126－136，144.

王绍光．多元与统一：第三部门国际比较研究．杭州：浙江人民出版社，1999.

王乐夫，陈干全．公共性：公共管理研究的基础与核心．社会科学，2003（4）.

王新才．政府信息资源管理．北京：科学出版社，2019.

汪玉凯．电子政务在中国：理念、战略与过程．北京：国家行政学院出版社，2006.

王中美．新南北矛盾与多边体系的困境．国际经贸探索，2019（4）.

王振民，刘林波．“一国两制”澳门实践：成就、经验与展望．港澳研究，2020，（1）．

王英津．从“两德模式”看“一国两制”港澳模式：优势、特色及评价．学术探索，2012，（10）．

王明国．全球治理机制碎片化与机制融合的前景．国际关系研究，2013（5）.

王磊．中国疫苗是提供给全世界的国际公共产品．（2021－02－09）．https：//www.gmw.cn/xueshu/2021－02/09/content_34611730.htm.

王毅．试论新型全球治理体系的构建及制度建设 // 俞可平，阿里夫·德里克．中国学者论中国与全球治理．重庆：重庆出版社，2018.

卫思谕．中美学者聚焦全球公共治理．中国社会科学报，2021－09－29.

伍玉振．新时代政府治理与公共行政的价值取向研究．湖北行政学院学报，2019（3）：28－34.

吴成钢，崔彦．论公共行政管理的伦理基础：一个公共伦理分析视角．伦理学研究，2006（3）.

吴昌杰．政府流程再造：我国国家治理现代化的技术支持．安徽行政学院学报，2018（4）．

吴茜茜．新时期中国参与全球治理的挑战与对策研究．法制与社会，2019（22）.

吴琼恩．行政学的范围与方法．台北：五南图书出版公司，2005.

文森特·奥斯特罗姆．美国公共行政的思想危机．上海：上海三联书店，1999.

威廉·邓恩．公共政策分析导论：第2版．北京：中国人民大学出版社，2010.

习近平．习近平谈治国理政：第一卷．北京：外文出版社，2018.

习近平．习近平谈治国理政：第三卷．北京：外文出版社，2020.

习近平．习近平谈治国理政：第四卷．北京：外文出版社，2022.

习近平．高举中国特色社会主义伟大旗帜 为全面建设社会主义现代化国家而团结奋斗．人民日报，2022－10－26.

习近平．在庆祝改革开放40周年大会上的讲话．人民日报，2018－12－19.

谢明．公共政策分析．北京：首都经济贸易大学出版社．3 版，2018.
肖显静．生态政治：面对环境问题的国家抉择．太原：山西科学技术出版社，2003.
谢治菊．公共伦理：概念辨析、价值取向、时代精神．天府新论，2011 (3).
薛军堂，王嘉．基于绿色管理视角的政府管理创新．科技管理研究，2008 (6).
星野昭吉．全球社会和平学．北京：北京师范大学出版社，2007.
星野昭吉．全球政治学：全球化进程中的变动、冲突、治理与和平．北京：新华出版社，2000.
徐明强．指挥部如何指挥?：精准扶贫中地方政府的组织型变与政策执行．经济社会体制比较，2021 (4).
徐淑英，李绪红，贾良定，等．负责任的管理研究．北京：北京大学出版社，2018.
徐淑英，任兵，吕力．管理理论构论文集．北京：北京大学出版社，2016.
薛澜．全球公共治理：中国公共管理未来 30 年研究的重要议题．公共行政评论，2012 (1).
亚历山大・温特．国际政治的社会理论．上海：上海人民出版社，2014.
亚里士多德．政治学．北京：商务印书馆，1983.
杨华，袁松．行政包干制：县域治理的逻辑与机制：基于华中某省 D 县的考察．开放时代，2017 (5).
杨龙．西方新政治经济学的政治观．天津：天津人民出版社，2004.
余致力．公共管理之诠释//黄荣护．公共管理．2 版：台北：商鼎文化出版社，2000.
俞可平．治理与善治．北京：社会科学文献出版社，2000.
约翰・克莱顿・托马斯．公共决策中的公民参与：公共管理者的新技能与新策略．北京：中国人民大学出版社，2005.
阎坤，王进杰．公共支出理论前沿．北京：中国人民大学出版社，2004.
喻国明，刘夏阳．中国民意研究．北京：中国人民大学出版社，1993.
郁建兴，沈永东．调适性合作：十八大以来中国政府与社会组织关系的策略性变革．政治学研究，2017 (3).
郁建兴，高翔．浙江省“最多跑一次”改革的基本经验与未来．浙江社会科学，2018 (4).
俞可平．全球治理引论．马克思主义与现实，2002 (1).
詹中原．新公共管理：政府再造的理论与实务．台北：五南图书出版公司，1991.
詹姆斯・斯科特．国家的视角：那些试图改善人类状况的项目是如何失败的．北京：社会科学文献出版社，2019.
詹姆斯・安德森．公共政策制定：第 5 版. 北京：中国人民大学出版社，2009.
张超，亓利．公务员能力标准体系建设的思考．学术交流，2008 (12)：88－91.
张宇燕，倪峰，杨伯江，等．新冠疫情与国际关系．世界经济与政治，2020 (4).
张康之．走向合作的社会．北京：中国人民大学出版社，2015.
张康之．公共管理伦理学．北京：中国人民大学出版社，2009.

张康之．公共管理学的学科体系构想．求索，2002（4）.
张康之，李传军，程倩．公共行政学．3 版．北京：经济科学出版社，2017.
张康之，郑家昊．公共管理学．2 版．北京：中国人民大学出版社，2019.
张成福，党秀云．公共管理学（修订版）．北京：中国人民大学出版社，2007.
张国庆．公共政策分析．上海：复旦大学出版社，2004.
竺乾威．公共行政学．3 版．上海：复旦大学出版社，2008.
郑杭生．社会学概论新修．5 版．北京：中国人民大学出版社，2019.
郑杭生．社会学概论新修（修订本）．北京：中国人民大学出版社，1998：106－107.
张梦中，杰夫·斯特劳思曼．美国联邦政府改革剖析．中国行政管理，1999（6）.
张梦中．论公共行政（学）的起源与范式转变（下）．中国行政管理，2001（7）.
张梦中．美国公共行政（管理）历史渊源与重要价值取向：麦克斯韦尔学院副院长梅戈特博士访谈录．中国行政管理，2000（11）.
张志斌．新公共管理与公共行政．武汉大学学报（哲学社会科学版），2004（1）.
张康之，程倩．作为一种新型社会治理模式的服务行政：现实诉求、理论定位及研究取向．学习论坛，2006（5）.
张康之．论“公共性”及其在公共行政中的实现．东南学术，2005（1）.
张康之．走向合作治理的历史进程．湖南社会科学，2006（4）.
张康之．寻找公共行政的伦理视角．北京：中国人民大学出版社，2002.
张云．新冠疫情下全球治理的区域转向与中国的战略选项．当代亚太，2020（3）.
张成福，党秀云．公共管理学．北京：中国人民大学出版社，2001.
张成福，李昊城，边晓慧．跨域治理：模式、机制与困境．中国行政管理，2012（3）.
张萍，杨祖婵．中国志愿服务的发展历程．当代中国史研究，2013（3）.
朱德米．网络状公共治理：合作与共治．华中师范大学学报（人文社会科学版），2004（2）.
朱光磊，张传彬．系统性完善与培育府际伙伴关系：关于“对口支援”制度的初步研究．江苏行政学院学报，2011（2）.
周望．中国“政策试点”研究．天津：天津人民出版社，2013.
庄贵阳．我国实现“双碳”目标面临的挑战及对策．人民论坛，2021（18）.
珍妮特·登哈特，罗伯特·登哈特．新公共服务：服务，而不是掌舵．北京：中国人民大学出版社，2004.
郑振宇．绿色公共管理的兴起、特征及核心主题．嘉应学院学报，2011，29（9）.
张成福，董克用．公共管理的制度创新．人民日报，2003－07－11.
Robertson R. Globalization：Social Theory and Global Culture. Sage，1992：8.
Korolev A. De-Ideologized Mass Line，Regime Responsiveness，and State-Society Relations. China Review，2017，17（2）.
Appadurai A. Modernity at Large：Cultural Dimensions of Globalization. University of Minnesota Press，1996：12.

Baum F. The New Public Health. 2nd ed. Melbourne：Oxford University Press，2002.

Boli J，Hhomas G. World Culture in the World Polity：A Century of International Non-Governmental Organization. American Sociological Review，1997（2）.

Bhatia S. Decolonizing Psychology：Globalization，Social Justice，and Indian Youth Identities. Oxford University Press，2017：9.

Courmont P B. La Chine au Chevet de la Mondialisation. https：//www. iris-france. org/145590－la-chine-au-chevetde-la-mondialisation/.

Bryson J M，Crosby B C，Bloomberg L. Public Value Governance：Moving Beyond Traditional Public Administration and New Public Management. Public Administration Review，2014，74（4）.

Cox R W，Schechter M G. The Political Economy of a Plural World. New York：Routled，2002.

Rosenau J N. Turbulence in World Politics. Princeton：Princeton University Press，1990.

Hudson J，Mekhennets. G－7 Failed to Agree on Statement after U. S. Insisted on Calling Coronavirus Outbreak ："Wuhan Virus" . The Washington Post，March 26，2020.

Masten A S，Best K M，Garmezy N. Resilience and Development：Contributions from the Study of Children Who Overcome Adversity. Development & Psychopathology，1990，2（4）：425－444.

Maynard A E，Chaudhary N. Globalization，Culture，and Development：Concepts，Clarifications，and Concerns. Human Development，2020，64（4－6）.

Hammer M，Champy J. Reengineering the Corporation. New York：Harper Business，1993.

Rosenau J N. Governance，Order and Change in World Politics，in Rosenau J N et al. Governance without Govemant：Order and Change in World Politics. Cambridge：Cambridge University Press，1992.

Rosenau J N. Toward an Ontology for Global Governance，in Hewson M，Sinclair T. Approaches to Global Governance Theory. Hewgon Albany：State University of New York Press，1999.

Stephen D K. Problematic Sovereignty：Contested Rules and Political Possibilities. Columbia University Press，2001.

Commission on Global Governance. Our Global Neighborhood：The Report of the Commission on Global Governance. Oxford and New York：Oxford University Press，1995：2.

Veltmeyer H. Capitalism，Development，Imperialism，Globalization：A Tale of Four Concepts. Globalizations，2020，17（8）.

Tsai W H，Liao X M. Mobilizing Cadre Incentives in Policy Implementation：Poverty Alleviation in a Chinese County. China Information，2020，34（1）.

O'flynn J. From New Public Management to Public Value：Paradigmatic Change and Managerial Implications. Australian Journal of Public Administration，2007，66（3）.

Willetts P. Transnational Actors and International Organization in Global Politics，in Baylis J. The Globalization of World Politics：An Introduction to International Relations. Oxford：Oxford University Press，1997.

Young O R. Global Govemace：Drawing Insights from the Environmental Experience. Cambridge：The MTT Press，1997.

人大版公共管理类教材

公共管理类专业教材——学科基础课教材

书名	作者
现代管理学原理（第三版）（“十一五”国家级规划教材）	娄成武　魏淑艳
一般管理学原理（第四版）	张康之　周　军
管理学基础（第三版）	方振邦
政治学原理（第三版）	景跃进　张小劲
现代政治学原理（第四版）	石永义　刘玉萼　张　璋
公共管理学（第二版）	陈振明
公共管理学——一种不同于传统行政学的研究途径（第二版）	陈振明
公共管理学（第三版）（数字教材版）（“十二五”国家级规划教材）	蔡立辉　王乐夫
公共管理学（精编版）	王乐夫　蔡立辉
公共管理学（第二版）	张康之　郑家昊
公共管理概论（第二版）	朱立言　谢　明
公共政策导论（第六版）（数字教材版）	谢　明
公共政策概论（第二版）	谢　明
公共政策学——政策分析的理论、方法和技术（“十一五”国家级规划教材）	陈振明
公共政策学（第二版）	杨宏山
政策科学——公共政策分析导论（第二版）	陈振明
公共经济学（第三版）（“十二五”国家级规划教材）	高培勇
公共经济学教程	秦立建
政府经济学（第四版）（“十一五”国家级规划教材）	郭小聪
政府经济学（第四版）	潘明星　韩丽华

公共管理类专业教材——方法课教材

书名	作者
公共管理研究方法	何兰萍　张俊艳
行政学研究方法与应用案例	萧鸣政　等
管理定量分析：方法与技术（第三版）	刘兰剑

公共管理类专业教材——行政管理、公共事业管理专业教材

书名	作者
行政法学导论	姜晓萍
公共部门人力资源管理（第四版）	孙柏瑛　祁凡骅
公共部门人力资源开发与管理（第五版）（“十二五”国家级规划教材）	孙柏瑛　祁凡骅
公共部门人力资源管理（第三版）	滕玉成　于　萍
公共部门人力资源管理概论（第二版）	方振邦
公共部门人力资源管理案例	周均旭
行政管理学（第五版）（数字教材版）	郭小聪
公共行政学（第五版）	彭和平
公共行政学（第二版）	张康之　张乾友
行政学导论（第三版）	齐明山

书名	作者
行政管理学导引与案例	陈季修
管理心理学（第三版）	范逢春
公共组织行为学（第三版）（“十一五”国家级规划教材）	孙　萍　张　平
公共组织学（第四版）	李传军
行政组织学（第二版）	张　昕　李　泉
公共组织理论	陆明远　冯　楠
公共事业管理概论（第三版）	朱仁显
公共组织财务管理（第三版）（“十一五”国家级规划教材）	王为民
国家公务员制度（第五版）（数字教材版）（“十二五”国家级规划教材）	舒　放　贾自欣
国家公务员制度概论（第二版）	刘碧强　郗永勤
公务员制度概论	李如海
公务员制度	温志强　王彦平　郝雅立
当代国家公务员制度：理论与实践	胡春艳
行政领导学（第三版）	朱立言　李国梁
领导学（第五版）	邱霈恩
领导学	孙　健
现代市政学（第五版）（数字教材版）	王佃利
市政管理学（第五版）（“十一五”国家级规划教材）	杨宏山
社区管理（第四版）	汪大海　魏　娜　郇建立
社区管理原理与案例	魏　娜
电子政务教程（第三版）（“十一五”国家级规划教材）	赵国俊
电子政府与电子政务（第二版）（“十一五”国家级规划教材）	张锐昕
行政伦理学教程（第四版）（“十二五”国家级规划教材）	张康之　李传军
公共危机管理概论（第二版）	王宏伟
公共危机管理	唐　钧
当代中国政府与政治（第二版）	景跃进　陈明明　肖　滨
当代中国政府与行政（第三版）	魏　娜　吴爱明
地方政府学概论（第二版）	方　雷
地方政府管理（第二版）	陈瑞莲　张紧跟
管理秘书实务（第三版）	赵锁龙
行政秘书学	唐　钧
公文写作与处理	赵国俊
机关管理的原理与方法（第三版）	赵国俊　陈幽泓
公共部门绩效管理（第二版）	方振邦
政府绩效管理（第二版）	方振邦　葛蕾蕾
政府绩效评估	蔡立辉
政府公共关系（第二版）（“十一五”国家级规划教材）	廖为建　张　宁
西方行政学理论概要（第二版）（“十一五”国家级规划教材）	丁　煌
公共行政学史（第二版）	何艳玲
西方公共管理名著导读	汪大海
文化管理学（第三版）（“十二五”国家级规划教材）	孙　萍
文化创意产业导论	魏鹏举
卫生事业管理（第二版）（“十一五”国家级规划教材）	李　鲁
现代公用事业管理	崔运武

公共管理类专业教材——劳动与社会保障专业教材

书名	作者
社会保障概论（第七版）	孙光德　董克用
社会保障学	戴卫东
劳动经济学（“十一五”国家级规划教材）	董克用　刘　昕
劳动法与社会保障法	黎建飞
社会保险学（第四版）	孙树菡　朱丽敏
社会保障基金管理	李春根
社会保障国际比较	仇雨临

公共管理类专业教材——土地资源管理专业教材

书名	作者
土地经济学（第八版）（“十一五”国家级规划教材）	毕宝德
土地法学（中国人民大学“十三五”规划教材）	严金明
土地资源学	张正峰　赵文武
土地资源管理学（第二版）	张正峰
国土空间规划学	张占录　张正峰
不动产估价（第二版）（“十一五”国家级规划教材）	叶剑平　曲卫东
土地信息系统	曲卫东　韩　琼
地籍管理（第五版）（“十一五”国家级规划教材）	谭　峻　林增杰

公共管理类专业教材——城市管理专业教材

书名	作者
城市管理学（第四版）	杨宏山
城市管理学：公共视角	陆　军　等
城市管理法	王丛虎
城市总体规划原理	郐艳丽　田　莉

公共管理类教材——应急管理专业教材

书名	作者
应急管理导论：原理与案例	李燕凌　朱正威 张海波　章文光
应急管理概论	王宏伟
应急管理理论与实践	唐　钧
突发事件风险管理	张小明
应急管理新论	王宏伟
新媒体时代的应急管理与危机公关	唐　钧
公共安全风险治理	唐　钧

公共管理硕士（MPA）教材——核心课教材

书名	作者
全国公共管理硕士（MPA）核心课程教学指导纲要	全国公共管理专业学位 研究生教育指导委员会
社会主义建设理论与实践（第三版）	李景治　蒲国良

书名	作者
公共管理英语（修订版）	顾建光
学术规范和论文写作	胡宏伟
公共管理学（第三版）（全国优秀教材二等奖）	张成福　党秀云
公共管理学原理（修订版）	陈振明
公共管理导论	竺乾威　朱春奎　李瑞昌
公共政策分析	陈振明
公共政策分析导论	陈振明
公共政策分析概论（修订版）	谢　明
公共部门经济学（第三版）	高培勇　崔　军
公共经济学	唐任伍
行政法学（修订版）	皮纯协　张成福
行政法学概论（第三版）	胡锦光
非营利组织管理概论（修订版）	王　名
非营利组织管理	王　名　王　超
公共管理伦理学（修订版）	张康之
社会研究方法	陈振明
电子政务理论与方法（第五版）	金江军
公文写作概论	高永贵

公共管理硕士（MPA）教材——专业方向必修课、选修课教材

书名	作者
公务员制度教程（第六版）	舒　放　王克良
比较政府与政治（修订版）	卓　越
当代中国政府与政治（第三版）	吴爱明　朱国斌　林　震
公共部门人力资源管理及案例教程（第三版）	陈天祥
公共部门绩效评估（修订版）	卓　越
公共部门危机管理（第三版）	张小明
应急管理通论（第二版）	李雪峰
公共部门战略管理（修订版）	陈振明
MPA 学位论文写作指南	汪大海

图书在版编目（CIP）数据

公共管理学：理论、实践与方法/汪大海主编；刘金发，钟振明副主编．--北京：中国人民大学出版社，2025.1

新编21世纪公共管理系列教材

ISBN 978-7-300-32210-0

Ⅰ.①公… Ⅱ.①汪… ②刘… ③钟… Ⅲ.①公共管理-教材 Ⅳ.①D035-0

中国国家版本馆CIP数据核字（2023）第183236号

新编21世纪公共管理系列教材

公共管理学：理论、实践与方法

主　编　汪大海

副主编　刘金发　钟振明

Gonggong Guanlixue：Lilun、Shijian yu Fangfa

出版发行	中国人民大学出版社		
社　　址	北京中关村大街31号	**邮政编码**	100080
电　　话	010-62511242（总编室）		010-62511770（质管部）
	010-82501766（邮购部）		010-62514148（门市部）
	010-62515195（发行公司）		010-62515275（盗版举报）
网　　址	http：//www.crup.com.cn		
经　　销	新华书店		
印　　刷	北京市鑫霸印务有限公司		
开　　本	787 mm×1092 mm　1/16	**版　　次**	2025年1月第1版
印　　张	26 插页1	**印　　次**	2025年1月第1次印刷
字　　数	582 000	**定　　价**	68.00元

中国人民大学出版社　管理分社

教师教学服务说明

中国人民大学出版社管理分社以出版工商管理和公共管理类精品图书为宗旨。为更好地服务一线教师，我们着力建设了一批数字化、立体化的网络教学资源。教师可以通过以下方式获得免费下载教学资源的权限：

★ 在中国人民大学出版社网站 www.crup.com.cn 进行注册，注册后进入“会员中心”，在左侧点击“我的教师认证”，填写相关信息，提交后等待审核。我们将在一个工作日内为您开通相关资源的下载权限。

★ 如您急需教学资源或需要其他帮助，请加入教师 QQ 群或在工作时间与我们联络。

中国人民大学出版社　管理分社

教师 QQ 群： 648333426（工商管理）　114970332（财会）　648117133（公共管理）
教师群仅限教师加入，入群请备注（学校+姓名）

联系电话： 010-62515735，62515987，62515782，82501048，62514760

电子邮箱： glcbfs@crup.com.cn

通讯地址： 北京市海淀区中关村大街甲 59 号文化大厦 1501 室（100872）

管理书社　　人大社财会　　公共管理与政治学悦读坊